中国年鉴精品工程
High Quality Project of China's Yearbook

2023

兴国年鉴

XINGGUO YEARBOOK

《兴国年鉴》编纂委员会
兴国县史志研究室 编

方志出版社
Publishing House of Local Records

图书在版编目（CIP）数据

兴国年鉴. 2023 /《兴国年鉴》编纂委员会，兴国县史志研究室编. -- 北京：方志出版社，2023.12

ISBN 978-7-5144-6188-6

Ⅰ. ①兴… Ⅱ. ①兴… ②兴… Ⅲ. ①兴国县—2023—年鉴 Ⅳ. ①Z525.64

中国国家版本馆CIP数据核字（2023）第253101号

责任编辑：刘　芳
责任校对：张玉霞
责任印制：梅中英
出 版 者：方志出版社
地　　址：北京市朝阳区潘家园东里9号（国家方志馆4层）
邮　　编：100021
网　　址：http://www.zgfzcb.cn
发　　行：方志出版社图书营销中心（010-67110500）
印　　刷：赣州市康达印刷有限公司
开　　本：889毫米×1194毫米　1/16
印　　张：24.875
字　　数：715千字
版　　次：2023年12月第1版
印　　次：2023年12月第1次印刷
定　　价：380.00元

《兴国年鉴 2023》编纂委员会

《兴国年鉴 2023》总编室

编辑说明

一、《兴国年鉴》是由《兴国年鉴》编纂委员会、兴国县史志研究室编纂，系统记述兴国县自然、政治、经济、文化、社会和生态文明等方面情况的资料性文献。1990年首卷出版，自2012年起每年出版一卷，本卷为总第16卷。

二、《兴国年鉴（2023）》以马克思列宁主义、毛泽东思想、邓小平理论、“三个代表”重要思想、科学发展观、习近平新时代中国特色社会主义思想为指导，坚持辩证唯物主义和历史唯物主义的立场、观点和方法，为读者提供了解兴国各方面情况的基础性资料。

三、本卷年鉴以兴国县现有行政区划为记述范围。记述时限为2022年1月1日至12月31日。部分内容根据需要适当上溯或下延。

四、本卷年鉴采用分类编辑法，按类目、分目、条目三个层次设置，部分内容需设子分目，条目为记事单元。全书设特载、专记、大事记、县情概览、中国共产党兴国县委员会、兴国县人民代表大会、兴国县人民政府、中国人民政治协商会议兴国县委员会、中国共产党兴国县纪律检查委员会 兴国县监察委员会、群众团体、法治、军事、经济管理、农业、工业、商贸服务业·经贸合作、旅游业、金融业、交通、邮政·通信、城乡建设、乡村振兴、生态环境保护、教育、科学技术、文化、卫生健康、体育、社会生活、应急管理、乡镇、人物·荣誉、统计资料、附录。

五、本卷年鉴在保持框架相对稳定的前提下，对部分内容更新、调整、充实，突出地域特色和时代特征。前彩页设置：数读兴国、模范兴国、年度视点、苏区振兴十周年专栏。专记类目设兴国县苏区振兴10周年蝶变、传承苏区干部好作风 再创新时代“第一等工作”——兴国县建设工业强城乡美百姓富作风好的“模范兴国”纪实内容，县情概览类目新设名胜古迹、遗址旧居、兴国非物质文化遗产条目。

六、本卷年鉴的稿件、资料由县直各部门（单位）、各乡镇和有关驻县单位确定专人撰写或提供，经总编室编辑而成，再经供稿单位审定。大事记由编辑部根据“兴国发布”（微信公众号）的材料整理而成。统计资料由县统计局提供，各单位提供的数据与县统计局数据不一致时，以县统计局数据为准。

七、全书使用的机构名称，原则上以各级编制机构核定的名称为准。数字、标点符号的用法分别采用国家标准《出版物上数字用法》（GB/T15835—2011）、《标点符号用法》（GB/T15834—2011），计量单位采用国家技术监督局1993年12月发布的《量和单位》系列国家标准。少数计量单位因记述需要适从习俗。单位撰稿人、照片摄影者署名于条目或照片说明后括号内。文中省指江西省、市指赣州市。

八、为方便读者检索，卷首设有详细目录，卷尾编制主题索引和图表索引。

序

国务院办公厅2015年8月印发的《全国地方志事业发展规划纲要（2015—2020年）》（以下简称《规划纲要》）要求，到2020年要做到地方综合年鉴一年一鉴，公开出版，实现省、市、县三级综合年鉴全覆盖。《规划纲要》还要求，坚持存真求实，正确处理质量与进度的关系，将精品意识贯穿于年鉴编纂出版工作全过程。2015年12月，中国地方志指导小组办公室启动中国年鉴精品工程，将其与先期实施的中国志书精品工程视为姊妹工程，一道作为加强地方志质量建设的重要抓手。

实施中国年鉴精品工程有助于推动中华优秀传统文化传承发展。近年来，在党中央、国务院的高度重视和关心支持下，全国地方志事业发展迎来最好的发展时期。年鉴编纂发端于欧洲，鸦片战争后被引入我国，在我国走过了100多年的发展历史。在长期的编纂中，年鉴在内容和形式上不断发展，逐渐演变成为适合反映中国国情、具有鲜明中国特色的一种文化载体，并在改革开放后出现了快速发展的局面。2006年5月，国务院《地方志工作条例》颁布施行，明确将地方综合年鉴纳入地方志工作范畴，年鉴工作走上了有法可依的轨道。《规划纲要》出台，为从依法编鉴转变到依法治鉴指明了方向。2016年12月，中国地方志指导小组印发《全国年鉴事业发展规划（2016—2020年）》，更进一步明确了到2020年全国年鉴事业的任务书、时间表、路线图。经过多年的发展，年鉴工作已经成为地方志工作的重要组成部分，成为中华民族优秀文化传统的有机组成部分，其存史、育人、资政作用日益彰显。实施中国年鉴精品工程，是年鉴工作者紧扣时代脉搏、坚持创新发展的一项重要举措，对于坚定文化自信，传承弘扬好中华优秀传统文化意义重大。

实施中国年鉴精品工程有助于为全面建成小康社会提供更多智力支持和历史借鉴。党的十八大作出全面建成小康社会的战略部署。党的十八届五中全会提出到2020年如期实现全面建成小康社会的目标要求。完成《规划纲要》确定的目标任务是年鉴工作者的神圣使命，更是年鉴工作者以自身力量为全面建成小康社会献上的厚礼。一方面，可以更好地利用年鉴这种年度资料性文献，及时记录各地区在全面建成小康社会伟大征程中每年取得的新成绩和新经验、出现的新情况和新问题、涌现的优秀人物和典型事迹等；另一方面，可以更好地积累地情、国情资料，为推动经济社会发展和深化改革提供智力支持，为推进国家治理体系和治理能力现代化提供历史借鉴。

实施中国年鉴精品工程有助于全面推进地方志事业转型升级。地方志不是单纯修志编鉴工作，而是全体方志人“修志问道，以启未来”的一项事业，这项事业包含着巨大的时代担当与使命追求。地方志工作要在“五大建设”总体布局和“四个全面”战略布局中发挥与其自身价值、功能相匹配的作用，就要因时而谋、乘势而上、顺势而为，全面推进地方志事业转型升级。转型升级，当下最重要的目标就是完成“两全”目标，包括“年鉴全覆盖”目标；长远的目标就是基本形成地方志编修体系、理论研究和学科建设体系、质量保障体系、资源开发利用体系、工作保障体系“五位一体”的地方志事业发展综合体系，包括“五位一体”的年鉴事业发展综合体系。中国年鉴精品工程是一项探索工程，也是一项创新工程，是推进地方志事业转型升级的重要内容。通过实施中国年鉴精品工程，不仅有助于确保年鉴质量，不断编纂出版具有鲜明时代特征、年度特点和地域特色的精品年鉴，也有助于推动年鉴工作适应经济社会发展形势和时代需要，不断改革创新，与时俱进。

多年来，在中国地方志指导小组办公室的指导和全国各级地方志工作机构的共同努力下，年鉴种类数量快速增长，年鉴成果粲然可观，为实施中国年鉴精品工程奠定了坚实的基础。实施中国年鉴精品工程，就是要在全国地方志系统起到示范作用，进一步培育精品意识，打造精品年鉴，以点带面，在提高年鉴质量方面探索出一条切实可行之路，使这项探索工程和创新工程能够积累经验，发挥引领作用。

“万山磅礴，必有主峰；龙衮九章，但挈一领。”实施中国年鉴精品工程，是筑牢地方志事业特别是年鉴事业发展根基之举，其意义与价值不言而喻。但编修出年鉴精品佳作，绝非朝夕之功，需要付出长期艰辛的努力。希望通过实施中国年鉴精品工程，能够进一步推进年鉴质量建设，使年鉴真正成为传承中华民族优秀传统文化的重要载体，成为展示中国国情、地情的重要窗口，成为“为当代提供资政辅治之参考、为后世留下堪存堪鉴之记述”的资源宝库，在全面建成小康社会过程中作出更大贡献。

是为序。

中国社会科学院原副院长
原中国地方志指导小组常务副组长　李培林

数读兴国

总面积	3215平方千米	实际利用外资	407万美元
森林覆盖率	72.2%	公路客运量	67.80万人
户籍人口	86.02万人	医疗卫生机构床位数	4015张
地区生产总值	241.04亿元	执业(助理)医师	1815人
财政总收入	24.29亿元	全县售电量	10.94亿千瓦时
地方一般公共预算收入	10.07亿元	金融机构存款余额	371.05亿元
地方一般公共预算支出	55.68亿元	金融机构贷款余额	278.28亿元
粮食总产量	26.24万吨	住户存款	314.00亿元
外贸出口	9.12亿元	社会消费品零售总额	111.28亿元
外贸进口	0.21亿元	城镇居民人均可支配收入	36011元
规模以上工业企业单位	96个	农村居民人均可支配收入	15719元

茶园乡十八排风光

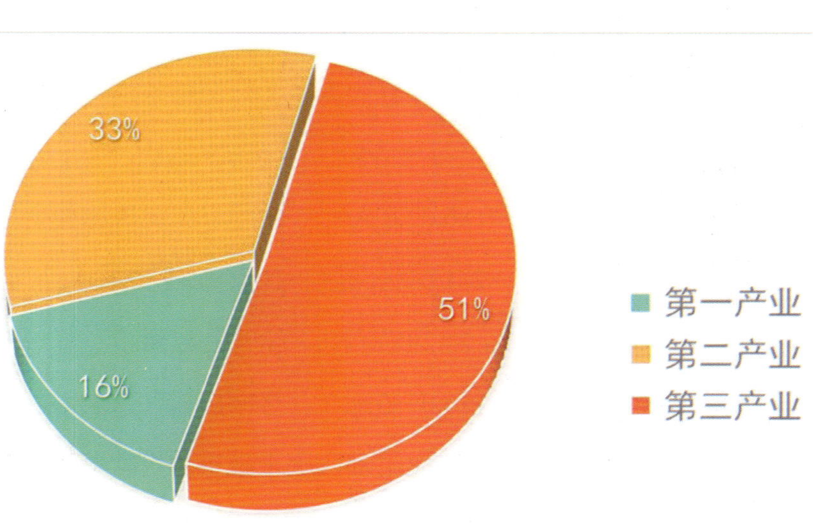

2022年兴国县地区生产总值构成图

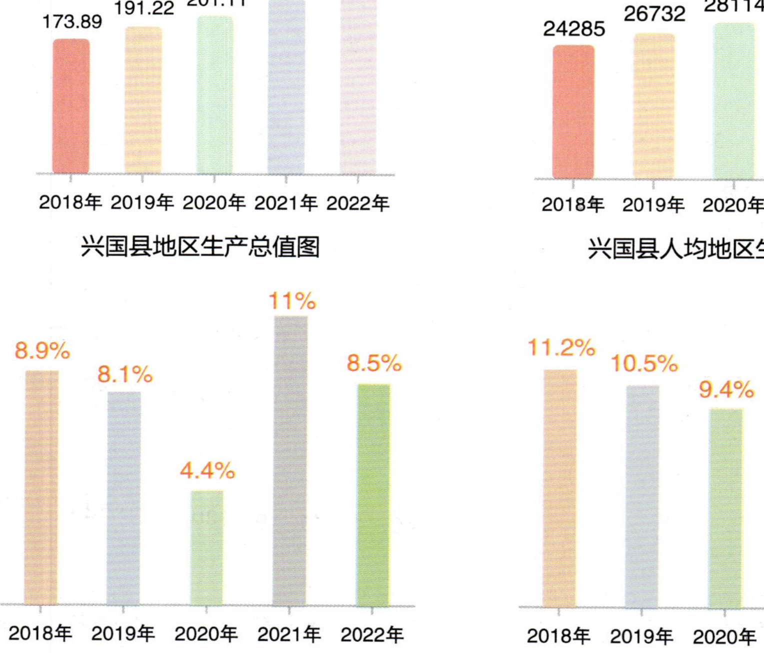

兴国县地区生产总值图

兴国县人均地区生产总值图

兴国县规模以上工业增加值增速图

兴国县固定资产投资增速图

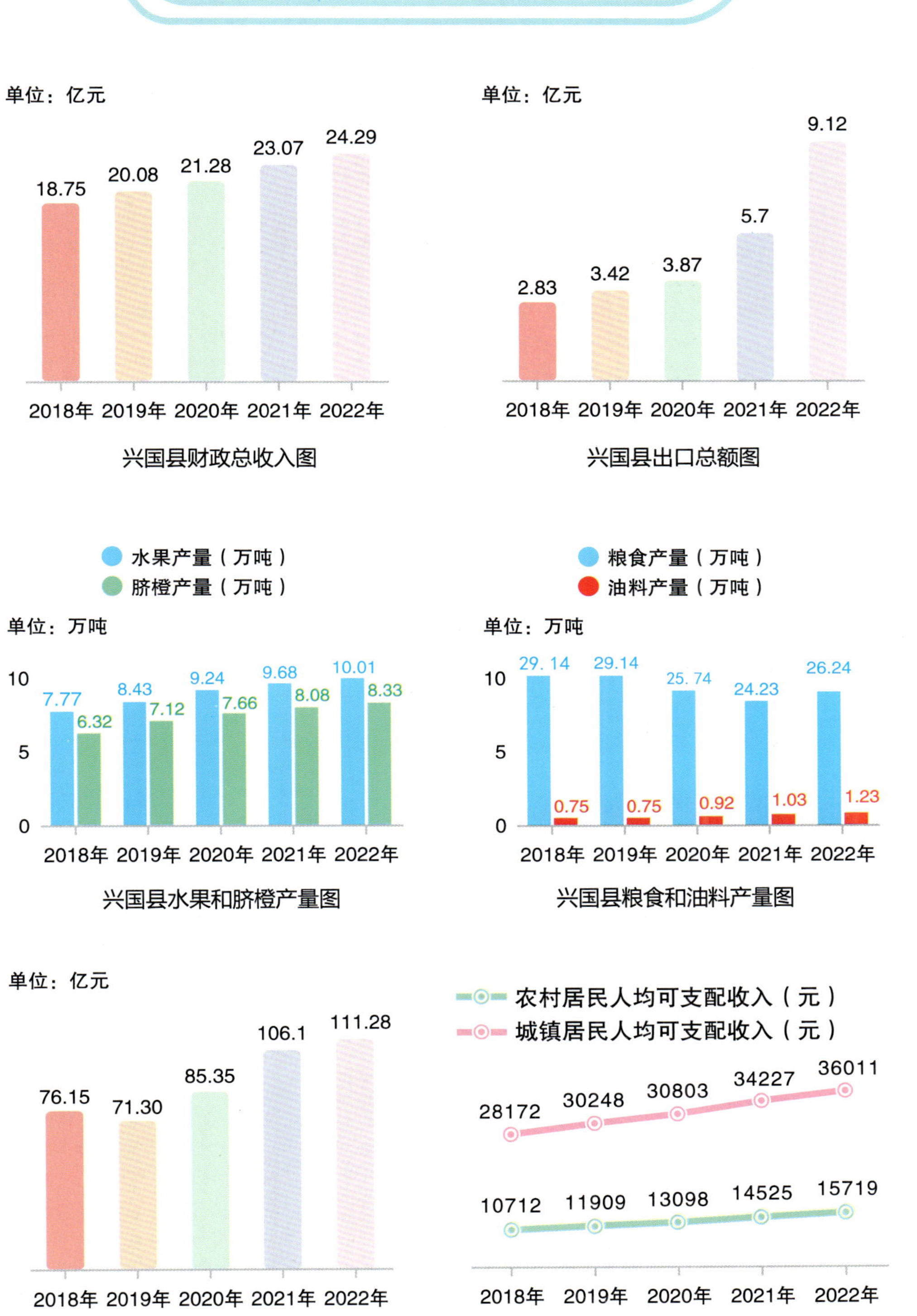
单位：亿元
18.75
20.08
21.28
23.07
24.29
2018年 2019年 2020年 2021年 2022年
兴国县财政总收入图
单位：亿元
2.83
3.42
3.87
5.7
9.12
2018年 2019年 2020年 2021年 2022年
兴国县出口总额图
水果产量（万吨）
脐橙产量（万吨）
单位：万吨
10
5
0
7.77 6.32
8.43 7.12
9.24 7.66
9.68 8.08
10.01 8.33
2018年 2019年 2020年 2021年 2022年
兴国县水果和脐橙产量图
粮食产量（万吨）
油料产量（万吨）
单位：万吨
10
5
0
29.14 0.75
29.14 0.75
25.74 0.92
24.23 1.03
26.24 1.23
2018年 2019年 2020年 2021年 2022年
兴国县粮食和油料产量图
单位：亿元
76.15
71.30
85.35
106.1
111.28
2018年 2019年 2020年 2021年 2022年
兴国县社会消费品零售总额图
农村居民人均可支配收入（元）
城镇居民人均可支配收入（元）
28172 30248 30803 34227 36011
10712 11909 13098 14525 15719
2018年 2019年 2020年 2021年 2022年
兴国城乡居民人均可支配收入图

模范兴国

江西省赣州市兴国县，位于江西省中南部、赣州市北部，是闻名全国的红军县、模范县、烈士县、将军县，苏区时期，毛泽东同志曾称赞“兴国的同志们创造了第一等的工作，值得我们称赞他们为模范工作者”，并亲笔题写了“模范兴国”四个大字赠予兴国。

进入新时代，有着光荣革命传统的兴国人民在中国共产党的领导下，弘扬苏区精神，传承红色基因，感恩奋进，再创新的“第一等工作”。

将军园全景，园中有56位兴国籍开国将军的雕像和生平事迹展（2022年）（陈鹏 摄）

将军馆
将军縣

县城全景（2022年）　　　（县委宣传部 供图）

城南朱华宝塔（2022年）　　（周钦前 摄）

毛泽东旧居——潋江书院，是全国“爱国主义教育示范基地”、全国重点文物保护单位（2022年）

（萧远明 摄）

毛泽东在兴国县举办土地革命干部培训班旧址（2022年） （县委宣传部 供图）

长冈乡调查纪念馆（2022年） （周钦前 摄）

兴国县是闻名全国的“烈士县”，有姓名可考的烈士23179名，位列全国县市之首。图为位于高兴镇的散葬烈士墓群（2022年）　　（县委宣传部 供图）

苏区干部好作风陈列馆，是全国唯一以“苏区干部好作风”为主题的陈列馆（2022年）
（县委宣传部 供图）

江西军区是中国人民解放军历史上第一个军区。图为江西军区旧址（2022年）
（周钦前 摄）

官田中央兵工厂旧址群（2022年） （县委宣传部 供图）

中央苏区反“围剿”老营盘战斗纪念碑（2022年）（县委宣传部 供图）

中央苏区反“围剿”红军高兴圩战斗纪念碑（2022年）（周钦前 摄）

刘启耀是原江西省苏维埃政府主席，被称为“腰缠万贯的讨米人”。图为位于龙口镇睦埠村的“刘启耀纪念馆”（2022年）（周钦前 摄）

开国上将萧华故居，位于县城东街萧屋村（2022年）（萧远明 摄）

开国上将陈奇涵旧居，位于潋江镇坝南村陈屋（2022年）（县委宣传部 供图）

年度视点

长冈派出所获全国“枫桥式公安派出所”称号

2022年5月25日，兴国县公安局长冈派出所获全国“枫桥式公安派出所”称号授牌仪式在长冈派出所举行。全省近1600个派出所参评这一荣誉称号，3家派出所成功获评，赣州市仅有长冈派出所获评。长冈派出所依托本地红色文化资源，传承红色基因，弘扬苏区精神，践行苏区干部好作风，队伍建设和公安工作不断迈上新台阶。

5月25日，长冈派出所获全国“枫桥式公安派出所”称号授牌仪式在长冈派出所举行

（长冈派出所 供图）

长冈派出所快速破案，为长冈乡谢女士挽回经济损失10万元。图为谢女士家属赠给长冈派出所的锦旗　　（长冈派出所 供图）

长冈派出所民警救助被困于洪水的村民　　（黎金 摄）

长冈派出所民警在上社村田间地头开展反诈宣传　　（黄坚 摄）

长冈派出所为军人办理户籍业务提供延时服务　　（胡金华 摄）

长冈派出所开展“万警千车下基层活动”，走访上社村居民　　（长冈派出所 供图）

红创设计大赛作品展示 >>>

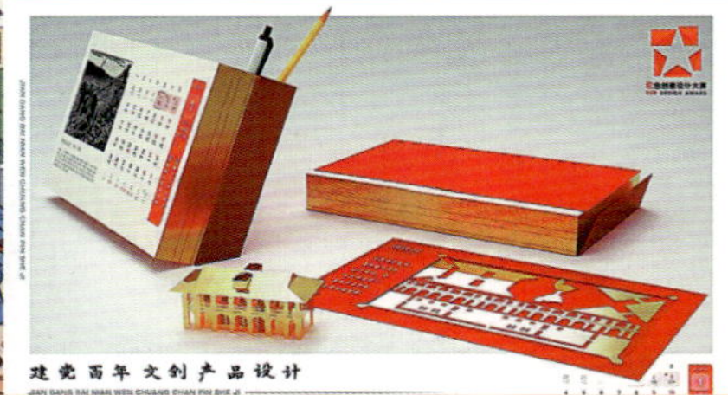

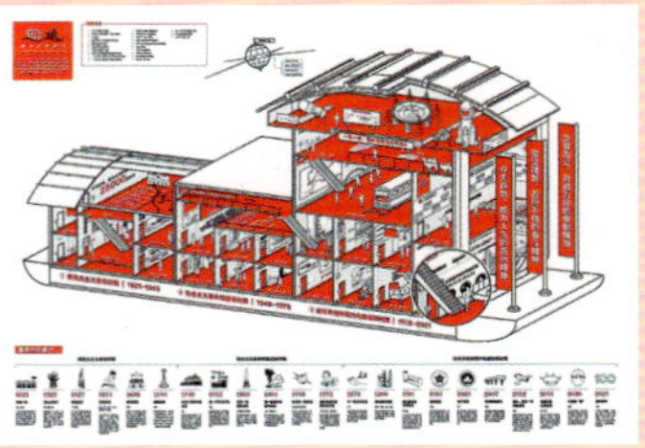

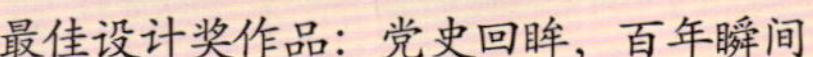

最佳设计奖作品：党史回眸，百年瞬间　　最佳设计奖作品：铭记　　最佳设计奖作品：船承

首届红色创意设计大赛颁奖典礼在兴国举行

2022年7月15日，首届红色创意设计大赛颁奖典礼暨设计赋能数字乡村建设高峰论坛在兴国县举行。首届大赛以“红色基因，文创传承”为主题，共收到来自中国海峡两岸30个省级行政单位以及韩国、日本等国内外设计师、设计团队的参赛作品6246件。大赛评选出最佳设计奖3件、好设计奖10件、优秀奖20件以及提名奖42件。

7月15日，首届红色创意设计大赛颁奖典礼暨设计赋能数字乡村建设高峰论坛在兴国县举行　　（县委宣传部 供图）

首届红色创意设计大赛以“红色基因，文创传承”为主题，共收到来自国内外参赛作品6246件。图为来宾观赏设计大赛获奖作品（县委宣传部 供图）

大赛评选出最佳设计奖3件、好设计奖10件、优秀奖20件以及提名奖42件。图为嘉宾为最佳设计奖获得者颁奖（县委宣传部 供图）

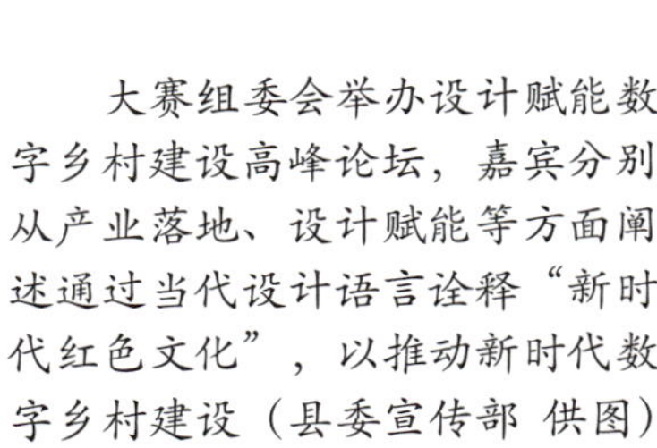

大赛组委会举办设计赋能数字乡村建设高峰论坛，嘉宾分别从产业落地、设计赋能等方面阐述通过当代设计语言诠释“新时代红色文化”，以推动新时代数字乡村建设（县委宣传部 供图）

大赛组委会举办红色创意设计版权对接会

（县委宣传部 供图）

兴国县建成全省首个数字人力共享中心

2022年7月27日，兴国县数字人力共享中心举行揭牌仪式。这是全省建成的首个数字人力共享中心。为打通企业招工与居民就业之间供需衔接“最后一公里”，促进企业用工和人才就业，兴国县投资1500余万元，在县经济技术开发区建成全省首个数字人力共享中心。中心通过突出“招、稳、引、育、留”五大功能，建立线上管理平台，在企业及各乡镇（区）配备招工就业服务终端460个，实现用工需求和劳动力资源供给的智能匹配和高效对接。

7月27日，兴国县数字人力共享中心举行揭牌仪式。这是全省建成的首个数字人力共享中心　　（县委宣传部 供图）

8月14日，县数字人力共享中心帮助兴国汇晨科技有限公司培训员工　　　（蔡斌 摄）

9月28日，县数字人力共享中心在县国防教育基地举办退役军人专场招聘会

（刘道煌 摄）

县数字人力共享中心举办“企业招聘日”活动

（县数字人力共享中心 供图）

永磁磁浮空轨列车“兴国号”全国首发

2022年8月9日，国内首条稀土永磁磁浮轨道交通工程试验线——“红轨”在兴国县顺利竣工。在竣工仪式上，国内首列磁浮空轨列车——“兴国号”成功实现全国首发。“红轨”正线长约800米。“红轨”悬挂式永磁磁浮轨道交通运输系统，是全球建成的首条永磁磁浮轨道交通试验线，是继常导磁悬浮、超导磁悬浮后的又一种新型轨道交通模式。“红轨”试验线的建成，标志着一个安全、便捷、高效的中低速、中低运量的新制式轨道交通系统诞生，为中国构建多层次、一体化、智能化、现代化轨道交通网开启了新的里程碑。

“兴国号”车身由红白相间的颜色组成，两侧车头标有56颗星星，寓意“将军县”兴国走出56位开国将军；车身的红色火炬，寓意“星星之火可以燎原”。

乘上“兴国号”首发式的乘客
（县委宣传部 供图）

“红轨”全景 （县委宣传部 供图）

8月9日，国内首条稀土永磁磁浮轨道交通工程试验线——“红轨”，在兴国县竣工。在竣工仪式上，国内首列磁浮空轨列车——“兴国号”成功实现全国首发（梁昊 摄）

此次建成的试验线南起永丰站(高铁兴国西站)，线路正线长度约800米，均为钢构高架线。磁浮列车采用2辆编组，载客能力为座席32个、定员88人，最高设计运行速度为每小时80千米。图为“红轨”永丰站（县委宣传部 供图）

兴国山歌进校园入选“中国民间文化艺术之乡”建设典型案例

2022年12月28日，文化和旅游部批准“校园唱响‘哎呀嘞’，兴国山歌进校园”为“中国民间文化艺术之乡”建设典型案例。为传承红色基因，弘扬中华文化，振兴兴国山歌，自2002年起，县实验小学持续开展“山歌进校园”活动，是“校园唱响‘哎呀嘞’，兴国山歌进校园”最典型的案例。

兴国山歌省级传承人姚荣滔给县实验小学的孩子们讲述“一首山歌三个师”的红色故事（赖勇 摄）

文化和旅游部颁授兴国县为2021—2023年度“中国民间文化艺术之乡”（县文化馆 供图）

县实验小学的小山歌手在“打擂”——唱山歌比赛（赖勇 摄）

县文化馆在县实验小学开展“非遗”进校园活动 （赖勇 摄）

苏区振兴十周年

城乡面貌　焕然一新

苏区振兴十年来，兴国县着力推进乡村振兴和新型城镇化建设有机融合、协调发展，城市公共服务水平和能级品位有力提升，城乡人居环境明显改善，城乡面貌焕然一新。截至2022年，城区建成面积扩大至28.8平方千米，被评为“江西省森林城市”；投入资金8.25亿元，建设和谐秀美新农村点2565个。

由兴国籍上将萧华作词的大型声乐套曲《长征组歌》，被誉为20世纪华人音乐经典。图为以《长征组歌》命名的长征组歌大剧院（县文化艺术中心）　　（周钦前 摄）

五福广场夜景　　（吕君 摄）

恒茂外滩　　（周钦前 摄）

潋江浮桥　（王昌宗 摄）

航拍县城　（县委宣传部 供图）

崇贤乡圩镇新貌 （周钦前 摄）

茶园乡幸福新村 （县委宣传部 供图）

潋江镇澄塘村景 （县委宣传部 供图）

枫林铭恩新村　（陈鹏 摄）

脱贫攻坚　乡村振兴

为打好脱贫攻坚战，全县综合实施产业、教育、健康、就业、水利、安居、搬迁、兜底等扶贫措施，开展干部与贫困户结对帮扶，全力推动脱贫攻坚与乡村振兴有效衔接。2020年4月，兴国县正式退出贫困县序列，全县建档立卡贫困人口30199户129418人全面脱贫，贫困发生率由18.18%降至0，全县147个贫困村全部退出。兴国县被确定为首批全国脱贫攻坚交流基地、全省巩固拓展脱贫攻坚成果考核试点县。

乡村振兴新画卷。图为潋江镇澄塘村新貌　　　（陈鹏　摄）

为解决贫困农户就近就业的问题，兴国县鼓励引导企业到社区村头开设“扶贫车间”，拓宽了贫困户的增收途径。图为高兴镇黄群村的贫困妇女在“扶贫车间”纺线

（县委宣传部　供图）

为拓宽农村贫困妇女就业渠道，兴国县构建培训平台，强化岗位对接，打造“兴国表嫂”服务品牌。如今，“兴国表嫂”已经成为赣南地区家政服务的一块“金字招牌”。图为贫困户免费参加“兴国表嫂”家政服务平台举办的母婴护理员岗位培训

（县委宣传部 供图）

为推动产业发展，助力乡村振兴，兴国县积极实施“人才回引工程”，制定优惠政策，吸引本土乡贤返乡投资办厂。图为县城投公司投资1.2亿元建成的高兴镇返乡创业园，总建筑面积4.5万平方米 （周钦前 摄）

江背镇传承客家刺绣，带领村民致富
（县史志研究室 供图）

江背镇肉牛养殖，助力贫困户走上脱贫致富之路 （县史志研究室 供图）

高兴镇移民新村 （周钦前 摄）

梅窖镇贫困户入住保障房　（县委宣传部 供图）

首批农村保障房交付仪式　（县委宣传部 供图）

产业优化　转型升级

兴国县紧盯高质量跨越式发展目标，加快产业结构调整和转型升级，促进产业发展质速并进，三次产业结构从2011年的27.6：36.7：35.7优化调整为2021年的15.9：32.4：51.7。至2022年，兴国农业生产稳定，工业主导地位进一步凸显，服务业发展持续向好，经济结构不断优化，消费市场繁荣活跃，社会各领域得到全面发展。

入驻兴国经济开发区的电子信息企业有69家，2022年电子信息产业实现营业收入41.58亿元。图为县经开区中的电子科技园主题园区（县委宣传部 供图）

县经开区光电产业园区，已建成以盖板、缓冲、触摸、液晶、背光等为主的光电显示闭环产业链（县委宣传部 供图）

威保（江西）运动器材有限公司入驻县经开区，占地11.2公顷，以生产手套、运动服饰为主，2022年安排劳动就业人员682人

（县委宣传部 供图）

纺织服装产业是县“首位产业”，入驻县经开区园区的纺织服装企业有81家，2022年实现营业收入8.3亿元。图为入驻园区的长裕服饰（集团）有限公司

（县委宣传部 供图）

联纲电子车间

（县委宣传部 供图）

潋江镇村民喜领年终分红现场　（张声 摄）

灰鹅养殖基地　（张声 摄）

埠头乡垓上村现代化农业示范园　（周钦前 摄）

国兴集团百丈泉食品饮料有限公司员工正在晾鱼丝 （县委宣传部 供图）

潋江镇澄塘村大棚蔬菜基地 （陈鹏 摄）

江背镇洛江村现代农业蔬菜基地 （潘毓祥 摄）

道路交通　全面升级

苏区振兴十年来，兴国不断加大道路交通、能源、水利等基础设施建设投资力度，补短板、强后劲，突破发展“瓶颈”，为加快发展奠定坚实基础。昌赣高铁、兴泉铁路、兴赣高速及其北延线相继建成通车，高铁时代呼啸而来。建成高速公路146.1千米，国、省道305.4千米，“四纵四横”交通网基本成型。2022年，兴国作为赣州北部的综合交通枢纽，连南贯北、承东启西、客货兼备、通江达海区位优势更加凸显。

2022年12月，红军桥建成通车　（梁昊 摄）

兴国大桥夜景　（县委宣传部 供图）

2019年12月26日，昌赣高铁建成通车，兴国境内全长38千米。图为兴国西站　（县委宣传部 供图）

昌赣高铁列车员正在进行服务演练
（县委宣传部 供图）

兴赣高速与泉南高速鼎龙枢纽　（县委宣传部 供图）

兴赣高速兴国南出口　　　　　　（县委宣传部 供图）

泉南高速方太乡路段　（县委宣传部 供图）

238、319、356国道穿城而过，德星桥路段是这三条大道在县城的共线路段。图为三条大道的交会处——文明大道与模范大道十字路口 （周钦前 摄）

环形人行天桥 （梁昊 摄）

新建的潋江之春停车场，有地上车位144个，地下车位138个 （周钦前 摄）

民生事业高质量发展

苏区振兴十年来，兴国县始终聚焦民生短板，坚持将新增财力的2/3以上用于改善民生事业，一大批突出民生问题得到解决。教育事业优先发展，公办幼儿园从无到有，民办幼儿园规范有序发展。教育城域网覆盖100%，被评为“全国义务教育发展基本均衡县”、国家级“农村职业教育和成人教育示范县”。医疗水平不断提升，县人民医院、县中医院、县妇保院完成迁建，村卫生室全面投入使用，医疗卫生和服务保障水平全面提升。

2016年9月1日，在新址上规划兴建的兴国中学完成整体搬迁，揭牌投入使用（周钦前 摄）

兴国县在国家烟草专卖局支持下新建的县红军子弟小学，于2015年9月1日揭牌投入使用

（陈虞标 摄）

乐享营养午餐。图为均村乡高溪小学的同学在用营养餐
（张声 摄）

公办幼儿园从无到有。图为县第七幼儿园的孩子们开运动会
（陈虞标 摄）

县职业技术学校于2018年改名为“兴国中等专业学校”。图为校区俯瞰 （周钦前 摄）

兴国县非常重视老年工作，县老年大学成为多学科、多层次的老年教育阵地，为老年群体增长知识、丰富生活、陶冶情操、服务社会搭建平台。图为县老年大学摄影班学员在摄影老师的带领下外出采风　　（姚名春 供图）

埠头乡田庄上养老中心入选全国公办养老机构改革优秀案例。图为田庄上养老中心的老人在下棋

（陈虞标 摄）

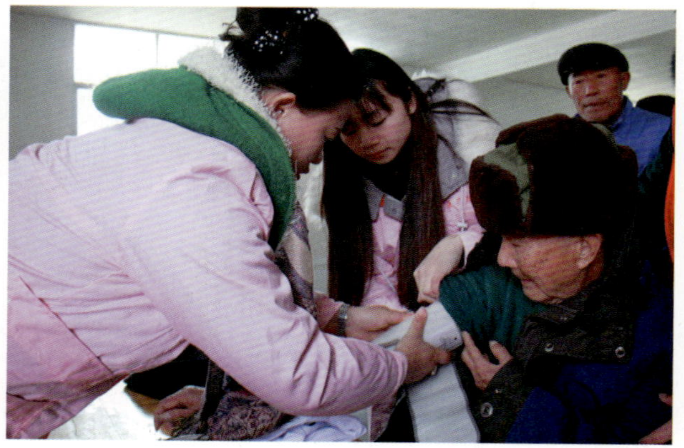

长冈乡敬老院的护工为老人检查身体

（姚名春 摄）

2020年4月5日，县人民医院整体搬迁至潋江镇文明大道699号　（周钦前 摄）

2018年1月16日，县第八届运动会在新建的县体育公园举行。图为运动场场景　（县委宣传部 供图）

生态环境 持续向好

苏区振兴十年来，兴国县统筹推进蓝天、碧水、净土保卫战，加强森林资源管护，高标准推进低质低效林改造，全面提升森林资源质量，连续四年获评“全市低质低效林改造工作先进县”。塘背水保科技示范园获评国家级“水保科技示范园区”“全国水土保持科普基地”。

治理前后的塘背河小流域一角（周钦前 摄）

兴莲乡官田村谢坑低产油茶林改造示范基地 （县委宣传部 供图）

治理后的永丰镇凌源村崩岗区 （县委宣传部 供图）

大力发展清洁能源——茶园十八排风力发电项目　（县委宣传部 供图）

重点保护的饮用水水源地——丹霞湖　（县委宣传部 供图）

方太乡的宝石仙境　（县委宣传部 供图）

潋江国家湿地公园属赣江支流贡水平固江水系，是鄱阳湖流域的重要生态屏障，也是兴国县饮用水水源地。2017年12月，潋江湿地公园通过国家林业局验收，成为国家湿地公园　　（黄盛 摄）

潋江国家湿地公园俯瞰
（陈虞标 摄）

市民在潋江国家湿地公园晨练
（县委宣传部 供图）

总目录

目录

特载

专记

大事记

县情概览

中国共产党兴国县委员会

兴国县人民代表大会

兴国县人民政府

中国人民政治协商会议兴国县委员会

中国共产党兴国县纪律检查委员会兴国县监察委员会

群众团体

法 治

军 事

经济管理

农　业

工　业

商贸服务业·经贸合作

旅游业

金融业

交　通

邮政 · 通信

城乡建设

乡村振兴

生态环境保护

教 育

科学技术

文　化

卫生健康

体 育

社会生活

应急管理

乡 镇

人物·荣誉

统计资料

附　录

索引

特 载

县委常委会工作报告

——2023 年 1 月 16 日在中共兴国县委十九届四次全体（扩大）会议上

县委书记　李贱贵

2022 年是中国特色社会主义进入新时代的第十年，也是在全党全国各族人民迈上全面建设社会主义现代化国家新征程、向第二个百年奋斗目标进军的关键一年。一年来，在中央、省委、市委坚强领导下，县委常委会坚持以习近平新时代中国特色社会主义思想为指导，深入学习贯彻习近平总书记视察江西和赣州重要讲话精神，聚焦“作示范、勇争先”目标定位和“五个推进”重要要求，坚决贯彻落实党的二十大精神，大力实施“三大战略、八大行动”，解放思想、振奋精神、勠力同心，奋力建设工业强城乡美百姓富作风好的“模范兴国”，再创新时代“第一等工作”，不断开创高质量跨越式发展新局面，获评全国信访系统先进集体、财政管理绩效先进县、自然资源节约集约示范县，全省绿色有机农产品示范县、粮食生产先进县、耕地保护先进县。

一、深入学习宣传贯彻党的二十大精神，坚定捍卫“两个确立”、坚决做到“两个维护”

迅速传达学习　坚持把学习宣传贯彻党的二十大精神作为首要政治任务和长期战略任务，严格按照中央、省委、市委统一部署，迅速行动、认真组织、周密安排，在全县掀起学习宣传贯彻党的二十大精神的热潮。召开全县领导干部大会、县委中心组专题学习会等，专题学习党的二十大报告，县领导示范带头原原本本读原文、认认真真悟原理，吃透精神实质，把握核心要义。全县各单位、各部门通过召开党委（党组）中心组、全体干部大会、“三会一课”等形式开展集中学习，采取制定系统学习计划、撰写学习心得体会等方式，力求学深悟透、融会贯通。组织开展党员集中轮训，分期分批对党员干部进行系统培训，开展政法系统科级干部政治轮训班，把学习党的二十大精神纳入县委党校（行政学院）教育培训的必修课，作为学校思政教育和课堂教学的重要内容，推动党的二十大精神入脑入心、变为行动。

深入开展宣传　组织开展迎接党的二十大召开系列活动，开设《喜迎二十大》《献礼二十大》等专栏，为党的二十大胜利召开营造浓厚氛围。县领导以上率下，带头深入挂点乡镇、网格、企业，带头到学校上思政课，广泛宣传宣讲党的二十大精神。精心遴选骨干力量，组建县委宣讲团分赴各乡镇、各单位宣讲，组织各类宣讲队伍 35 支，深入基层一线开展对象化、分众化、互动化宣讲，目前开展基层理论宣讲 350 余场。用好新时代文明实践站（点）、屋场会、居民恳谈会等平台，发挥乡贤能人和“五老”作用，结合群众关切深入田间地头、集中安置点宣讲，让党的政策和温暖“飞入寻常百姓家”，引领全县党员领导干部群众感党恩、听党话、跟党走。积极开展网络宣讲，利用“学习强国”“模范兴国”App等平台，举办网络直播、网络交流、知识竞答等活动，形成了学习宣传贯彻党的二十大精神的强大声势和浓厚氛围。

认真贯彻落实 制定下发《中共兴国县委关于认真学习贯彻党的二十大精神的通知》《兴国县贯彻落实党的二十大精神阶段性安排》等文件，紧密结合省委“六个江西”、市委“三大战略、八大行动”部署要求，结合全县工作实际，对党的二十大部署的各项工作逐项制定落实举措、明确责任分工，全力推动落实。对照党的二十大提出的宏伟目标、总体任务、战略部署及省委、市委工作要求，研究制定系列贯彻落实举措，推动党的二十大精神在兴国落地生根、开花结果。

二、加快融入新发展格局，高质量跨越式发展迈出坚实步伐

工业倍增势头强劲 坚定不移把工业作为安身立命之本、兴县强县之要，全力以赴推动工业倍增升级。启动建设智能制造、恒海洗水等产业园区，电子信息、新材料、轻工纺织三大主导产业配套日益完善，产业集聚集群发展水平加速提升，电子信息、新材料、轻工纺织产业预计全年营收分别达25.48亿元、20.09亿元、9.62亿元，累计占规上工业营收74.57%。聚力打好招大引强“大会战”，组建12支专业队、56个单位招商队和3支驻点招商小分队，创新中介招商、以商招商、基金招商等模式，实现招大引强“大丰收”。全年累计签约项目83个，签约资金467.3亿元；其中亿元以上项目58个，“5020”项目7个，单个项目平均投资额达5.6亿元。园区基础设施和配套服务设施加快提升，2022年标准厂房、红门大桥重建等项目提速推进，智慧终端产业园、南区1200亩地块平整等项目即将收官，20天完成遗留8年的经开区南区扩区132栋房屋征迁。开发区体制机制改革全面启动，结构合理、运行高效的管理体制正在逐步形成。

创新动能加速集聚 大力实施科技创新赋能行动，深入开展重点产业重大创新平台清零，强化与浙江工业大学、南昌大学等高校科研院（所）合作交流，组织感恩电子、博领智显申报省、市级技术创新中心，全年申报市级各类科技项目5项，引进省市科技特派团5个32人。世界首条稀土永磁磁浮轨道交通工程试验线——“兴国号”永磁磁浮空轨列车正式通车。着力推进数字经济“一号发展工程”，完成500万元以上数字经济核心产业项目24个，建成5G基站446个，建立全省首个县级数字人力共享中心——“兴国数字人力共享中心”。全力扶持企业技改升级，推动兴氟化工、南方水泥等龙头企业打造“5G+工业互联网”，旭航城、中萤发展、锐兴通讯等12家企业完成智能化改造，完成企业上云1070家，3家企业列入2022省级信息化和工业化融合示范企业名单。

城市面貌焕然一新 按照“四精”要求，高品质推进城市建设。引进上海同济大学建筑设计研究院高标准做好城市规划设计，扎实推进“一心四区”组团式发展。大力实施城市更新行动，红军大桥建成通车，和睦公园以及老旧小区、背街小巷、街道立面改造等项目建设稳步推进，首个城市综合体顺利建成开业，新建5座人行天桥，建成一批深受市民欢迎的“口袋公园”。打通和睦片区纬二路、兴国中学南门沿河路等一批“断头路”，完成城区主要道路的“白改黑”和景观绿化，全面推进城区33个网格常态化整治，畅通了城市内外循环、刷新了城市颜值、提升了城市气质。

乡村振兴扎实有序 持续巩固拓展脱贫攻坚成果，牢牢守住不发生规模性返贫的底线，共消除风险1278户5499人。坚决扛牢粮食安全政治责任，落实面积84.24万亩，超额完成粮食生产任务。持续壮大“135”农业产业，累计建成蔬菜大棚85个2.33万亩，芦笋种植面积5160亩，全省面积最大、品质最好，圆满承办2022年全省蔬菜（芦笋）产业技术现场观摩会。加大集团100万头生猪屠宰深加工项目顺利竣工投产，大力引进预制菜和食品加工项目，食品产业园有序推进，现代农业产业链不断优化提升。建立完善网格化管理、差异化考核、常态化曝光等机制，全力改善农村人居环境；安排资金8150万元打造31个乡村振兴示范村，投入5.45亿元整治农村房屋突出问题，乡村面貌大幅改善，乡村全面振兴重点工作综合排名连续三季度列全市第一。

生态建设稳步推进 以美丽兴国建设为抓手，打好蓝天、碧水、净土保卫战。全年空气质量优

良天数比例94.8%，地表水考核断面年均评价水质达到Ⅱ类标准，县级集中式饮用水水源地水质优良率100%。建立土壤重点监管单位隐患排查制度，受污染耕地安全利用率达93%以上。切实抓好环保督察问题整改，中央和省环保督察、长江经济带生态环境警示片、省生态环境警示片、赣南专员办通报等指出问题均达整改时序进度。扎实推进生态修复保护，完成低质低效林改造9.55万亩，修复治理崩岗104处，“矿山修复+土地整治”经验入选省级生态修复典型案例，经开区被评为省循环化改造试点园区。加快推进绿色低碳发展，实施可再生能源替代行动，大力推进“全民减碳”，入选为全省林业碳中和试点县；茶园、大水山、莲花山、云风嶂风电场全部并网发电，绿色发展水平逐步提升。

三、持续深化改革开放，经济社会发展活力不断增强

营商环境全面优化　深入推进优化营商环境“一号改革工程”，在全市率先实现“亲清赣商”线上惠企资金兑付，设立“惠企资金池”1亿元，实现210项权力事项“一枚印章管审批”，相关做法在《江西日报》头版头条刊发报道。加快大数据和电子政务平台建设，“赣服通”兴国分厅4.0建成使用，上线县本级特色便民服务事项965项、电子证照种类超210种。推行工程建设项目“一站式集成”审批，实行一窗受理、并联审批、内部循环，有效压减审批时间，推进“市县同权”改革，审批效率进一步提高。探索政企圆桌会议、“亲清潋江”政企餐叙、“企业服务日”等机制，认真落实国家、省、市稳经济一揽子政策措施，创新出台助企纾困政策65条措施，为713家企业兑现惠企政策资金2.39亿元，“干就赣好”和“兴速办”营商环境品牌进一步打响。

重点改革深入实施　紧紧围绕改革促发展定位，在经济体制、城市建设、民生发展、社会治理、党的建设等重点领域实施了一批改革事项。积极探索红色资源活化利用新路径，通过科学保护、延伸产业等方式，增添红色文化资源传承新动能，得到省市领导批示肯定，相关经验做法在《人民日报》整版刊发。探索村干部能上能下机制，明确“八种情形、七项处置、六个步骤”，相关做法获市委主要领导批示肯定。深化人才体制机制改革，设立了全省首个县级人才发展基金，相关做法在中央主流媒体报道。积极推进招稳引育留试点，打造全省首家县级数字人力共享平台，得到省市领导高度肯定。

开放合作持续深化　用好部委对口支援、定点帮扶等政策，紧盯新时代支持革命老区振兴发展、国家稳经济一揽子政策等机遇，向上争取资金67.8亿元，同比增长24.8%，完成年度争资目标任务的113.1%。主动放大坐标系、找准参照地，出台《兴国县对标赶超先进县实施方案》，全方位对标福建省泉州市德化县，努力跨越赶超，实现“大县大作为”。

持续扩大对外开放，积极融入“一带一路”、粤港澳大湾区建设等国家战略，启动建设江闽物流港项目，对外开放合作活力进一步释放，全年预计实际利用外资407万美元、进出口总额9.09亿元，分别同比增长299.78%、51.49%。

四、下大力气改善民生，群众获得感幸福感安全感不断提升

民生保障迈上新台阶　坚持量力而行、尽力而为，40件民生实事基本完成，45个提高民生品质行动项目扎实推进，一批群众“急难愁盼”问题得到解决。坚持教育优先发展，全年投入16.5亿元，新改扩建项目92个，新改建校舍面积21.9万平方米，被评为全国义务教育发展基本均衡县、国家级农村职业教育和成人教育示范县。大力发展医疗卫生事业，县人民医院二期（传染楼）、嘉和医院、南坑乡卫生院等项目加速推进，城乡居民医疗保障水平不断提升，江背镇高寨村获评全国老龄系统先进集体，为全省唯一。把就业作为最大民生，全年实现新增城镇就业4594人、转移农村劳动力9015人，就业创业形势总体平稳。高标准实施21个乡镇敬老院提升改造“暖心工程”，完成192户特殊困难老年人居家适老化改造。成功举办第二届“模范兴国”慈善晚会，募集资金690万元。

文化事业实现新发展　大力推动文化保护传承，积极打造红色文化传承发展创新示范区，我县红色资源活化利用课题被《人民日报》整版刊发、省改革报刊登推广，并获省委常委、宣传部部长庄兆林批示肯定。兴国山歌进校园入选文旅部“中国民间文化艺术之乡”建设典型案例，大

型兴国山歌剧《苏区干部好作风》获第十二届江西玉茗花戏剧节编剧奖、新人奖等四个奖项，举办“长征先锋”超级 IP 发布暨产业融合大会，红色教育主题动画片《长征先锋》多次登榜同类影视全国收视第一，《长征组歌》驻地演出项目扎实推进，“苏区干部好作风”模范兴国文旅品牌持续打响。有序推进苏区干部好作风纪念园服务质量提升，长征国家文化公园（兴国段）、龙口启耀故里、崇贤茶旅小镇等项目建设，大力推动“本地人游本地”，驿博红兴谷研学旅行营地获评全省科普教育示范基地，潋城文创街区成为“网红打卡地”，2022 年游客接待同比增长 22.85%，旅游综合收入同比增长 24.48%。持续优化公共文化服务供给，实施乡镇文化站提升工程，推进文化馆、图书馆总分馆建设，打造城乡 15—20 分钟公共文化服务圈，承办赣州市第六届运动会，群众文体生活更加丰富。

社会治理得到新提升 始终把政治安全放在首位，严密防范化解重大涉稳风险，深化反渗透反颠覆反分裂反恐怖反邪教斗争，筑牢维护政治安全的铜墙铁壁。大力推进市域社会治理现代化，创新“红色文化＋信访工作治理”模式，初信初访和信访积案不断减少，信访形势彻底扭转，“红色治理＋信访”工作经验得到中央信访督导组肯定。常态化推进扫黑除恶、全民反电诈、打击整治养老诈骗等工作，严厉打击“黄赌毒”等违法犯罪活动，群众满意度、安全感不断提升，社会大局保持安全稳定，长冈派出所被命名“全国枫桥式公安派出所”，埠头派出所被评为“全国优秀公安基层单位”，县公安局获评全省“五型”政府建设先进集体。

五、加快民主法治建设，团结奋斗力量进一步凝聚

积极发展民主政治 积极支持人大行使监督、决定、任免、代表等职权，执行重大事项请示报告制度，人大工作制度化、规范化和程序化水平进一步提高。高规格召开了县委人大工作会议，出台贯彻落实意见，全覆盖规范提升乡镇、城市社区人大代表联络工作站，人大会议期间 220 件代表建议全部按规定期限办理完毕。加强和改进新时代人民政协工作，充分发挥人民政协专门协商机构作用，支持社会各界人士开展政治协商、民主监督、参政议政。推动 207 名政协委员深入基层开展履职实践活动，协商解决群众出行难、农贸市场管理难等问题 75 件，“赣事好商量·和协兴国”协商议事品牌进一步打响。同时，工会、共青团、妇联、文联、社联、残联、侨联、台联、科协、红十字会等群团工作得到进一步加强。

广泛汇聚各界力量 召开县委统战工作会议，支持各民主党派、工商联、无党派人士积极发挥作用，全年收集转办委员提案 260 余件，巩固和发展最广泛的爱国统一战线。深入开展民族团结进步创建，依法加强对宗教事务管理，打击非法传教，民族宗教领域安定有序。大力促进非公经济健康发展和非公经济人士健康成长，组织开展万企兴万村、“大走访、大调研”活动，走访企业 200 多次，收集解决各类诉求 21 件。各乡镇成立乡贤联谊会，建成乡村两级乡贤联谊组织 200 多个、乡贤阵地 20 多个，“模范·兴＋”统战工作系列品牌进一步打响。落实党管武装制度，深入开展国防教育，推行“尊崇工作法”，持续开展新时代双拥创建，始终带着感情、带着责任做好转业军人安置、困难退役军人帮扶、随军家属就业、子女入学等“三后”工作，大力推进烈士纪念设施升级改造，广泛营造军民军政团结一家亲的良好氛围。

加快建设法治兴国 夯实法治之基，全面推进依法治县，扎实推进法治政府建设，加大开展行政执法“三项制度”“双随机、一公开”监管力度，办理行政执法案件 26 件，行政执法更加规范。全面组织实施“八五”普法规划，持续开展法治宣传教育，深入乡镇集市、田间地头开展普法，下大力气解决“执行难”、预防“民转刑”问题，强力推进“法律明白人”培养工程，全年组织“法律明白人”培训 200 余场。加强公共法律服务供给，县公共法律服务中心和 26 个乡镇区工作站建设有序推进。常态化开展“法律服务回访”和“群众投诉受理”，累计开展回访 1267 起；充分利用 364 个各类调解组织，调解案件成功数 3718 件，成功率 96%，尊法学法守法用法在全社会蔚然成风，有力维护了社会和谐稳定。

六、切实加强新时代党的建设，全面从严治党向纵深推进

班子自身建设不断增强 坚持和加强政治建

设，深入学习习近平新时代中国特色社会主义思想和党的二十大精神，坚决捍卫“两个确立”、坚决做到“两个维护”，不断提高政治判断力、政治领悟力、政治执行力。严肃政治纪律和政治规矩，带头执行民主集中制、请示报告等各项制度，完善请销假报备、常委会议题报送、每日工作汇编等制度，县委常委会工作更加规范高效。以上率下，带头推动机关党员干部“三进三为”（进帮扶乡村、进共建社区、进困难企业，为基层解难、为群众解忧、为企业纾困），营造真抓实干、争创一流的干事氛围。认真过好双重组织生活，自觉开展批评与自我批评，及时咬耳扯袖、红脸出汗，县委常委班子的凝聚力与战斗力不断增强。

主流思想舆论巩固壮大 切实加强党对意识形态工作的全面领导，严格落实意识形态工作责任制，把落实意识形态工作责任制作为班子及成员民主生活会、年度“五述”报告中的重要内容，对333位拟提拔使用、调任考核期满、晋升职级和拟记三等功对象进行审查，进一步推动基层党委（党组）意识形态工作落实。持续唱响主旋律、传递正能量，在纳入考核的中央主要新闻媒体发稿113篇，省级媒体发稿268篇，“学习强国”学习平台发稿95篇，位居全市前列。“你所不知道的兴国”系列文章在人民日报客户端刊登52篇，社会舆情信息工作排名全市第一，兴国好声音得到大力弘扬。大力开展精神文明创建活动，选取15个示范点，启动新时代文明实践延伸领域建设，获评市五星级新时代文明实践中心、全市仅4个。开展“扶德扶志、感恩教育”活动1500场次，评选表彰2022年“兴国好人”13名。扎实推进乡风文明建设三年专项行动，开展移风易俗乡风文明专项整治，“文明幸福卡”经验做法被央视报道，案例在全市推广。全面深化网络生态治理，开展网络文明建设，深入推进争做中国好网民工程，网络空间正能量更加充盈。

基层党建质量有力提升 以党建质量过硬行动为抓手，不断夯实基层战斗堡垒。加强党建与乡村振兴、产业发展、乡村旅游、集体经济融合发展，深挖兴国特色红色资源，打造市以上红色名村10个，2022年村均经营性收入37.52万元，同比增长15.3%，实现“六连增”。探索不胜任不称职村干部处置、统筹优化村（社区）人员力量、“有事找书记”等3项特色做法入选全省第三届党务技能大赛项目。理顺“两新”党建工作体制，建立“一工委四党委”议事机制，在全市率先出台新业态新就业群体领域党建工作“八条措施”，引导新业态新就业群体投身城市基层治理。优化调整城市社区网格，实现“多网合一”，率先在全市完成专职网格员招聘工作，专职网格员配备率达到100%。以打造“让党放心、人民满意模范机关”为抓手扎实推进机关党建，打造模范机关创建示范点10个，探索建立“模范机关你来评”机制，组织开展政治家访、“三进三为”、“五看五比”等活动，有力推动机关党组织全面进步、全面过硬。

干部人才队伍更加过硬 全面落实新时代好干部标准，进一步健全完善党外干部培养选拔工作联席会议制度，树立正确用人导向，在“八大行动”等中心工作一线、急难险重任务中锻炼选拔干部，共提拔使用优秀干部131人，晋升职级183人。用好“奔牛奖”“蜗牛奖”等激励机制，推动干部能上能下、能进能出，激励广大干部担当作为、争先创优。高质量抓好干部培训教育，邀请知名专家学者授课，不断提高干部抓发展的眼界和水平。大力实施“兴贤兴国”人才回引工程，建立招才引智联络站，聚焦数字经济、现代金融、城市建设等领域，全年新引进培育产业领军人才（团队）1个、高层次人才72人、急需紧缺人才655人，为我县高质量跨越式发展提供强有力的人才支持。

正风肃纪反腐持续深化 以勤廉兴国建设为抓手，落实落细管党治党责任，创新构建“两个责任‘三化’”工作体系，县委常委同志带头开展政治谈话，2次召开县委全面从严治党形势分析会，县委常委同志以上率下深刻剖析查摆“七个有之”问题并深入整改。持续开展“赓续红色血脉 传承红色基因”行动，向“十种”干部现象、“四种”不良风气宣战，干部作风持续好转。开展落实中央八项规定精神十周年“回头看”活动，查处违反中央八项规定精神问题35起55人。坚持一体推进“三不腐”，全年立案196起197人，查处群众身边腐败和作风问题55件88人，形成了强大震慑。发挥巡察利剑作用，完成十九届县

委二、三轮巡察，提升对村（社区）巡察质效试点工作在全省推介。打造勤廉文化品牌，开展勤廉文化“七个一”活动，编印《勤廉榜样在兴国》得到省委副书记、市委书记吴忠琼的批示肯定。

在肯定成绩的同时，我们清醒地认识到工作中还存在一些差距和不足，面临不少困难和挑战。主要是产业发展层次较低、带动性引领性强的项目不多、民生事业仍有一定欠账，干部作风离上级和群众期盼还有差距。县委常委会将以习近平新时代中国特色社会主义思想为指导，把习近平总书记视察江西和赣州重要讲话精神作为总方针总纲领总遵循，全面贯彻党的二十大、省委十五届三次全会和市委六届四次全会精神，坚决落实省委全面建设“六个江西”和市委“三大战略、八大行动”，着力建设工业强城乡美百姓富作风好的“模范兴国”，再创新时代“第一等工作”。

政府工作报告

——2023 年 2 月 4 日在兴国县第十九届人民代表大会第三次会议上

县长　刘章宏

一、2022 年工作回顾

2022 年是党的二十大召开之年，也是兴国发展进程中极为重要的一年。在市委、市政府和县委的坚强领导下，我们坚持以习近平新时代中国特色社会主义思想为指导，深入贯彻习近平总书记视察江西和赣州重要讲话精神，按照“疫情要防住、经济要稳住、发展要安全”重要要求，统筹做好战疫情、抗灾情、促发展、保稳定等各项工作，开创了新时代高质量跨越式发展新局面。

一年来，我们大干快上抓项目、扩投入，发展基础持续巩固。经济指标企稳向好。全年 GDP 增长 5.1%，一般公共预算收入增长 4.7%，固定资产投资增长 10.2%，规上工业增加值增长 8.5%，社会消费品零售总额增长 4.9%，城镇、农村居民人均可支配收入分别增长 5.5%、8.8%。出口总额、现汇进资增幅迈入全市“第一方阵”，分别增长 56.1%、299%。项目建设推进有力。全年实施 157 个重点项目，完成年度投资 101.6 亿元。永磁磁浮空轨“兴国号”全国首发，兴泉铁路全线贯通运营，国家管网西气东输三线向兴国开口供气，新建县委党校投入使用。全年争取上级资金 67.8 亿元、增长 24.8%，平江灌区、樟树至兴国高速等 30 个重大项目列入国家“十四五”支持革命老区基础设施建设盘子。招商引资成效明显。全年签约引进项目 83 个、投资额达 467.3 亿元，其中 20 亿元以上项目 7 个、10 亿元以上项目 15 个，晶华微电子、海文生物等 31 个项目实现当年引进、当年投产，艾克佩特服装科技产业园、中国兵工集团军民融合项目加快推进，项目招引个数、投资额度均创历史新高。

一年来，我们聚精会神扶实体、兴产业，经济结构不断优化。工业产业加速突破。工业固定资产投资、用电量等指标逆势上扬，跻身全市前列，全年新增规上工业企业 23 家、总数达 96 家，营业收入增速达 29.1%、预计列全市第 5 位。平台建设扎实推进，仅用 20 天完成了遗留 8 年的经开区南区扩区 132 户征迁任务，清退闲置低效用地 565.3 亩，腾退厂房 4.5 万平方米，新建标准厂房 24.6 万平方米，获评省级“两化融合”数字化转型示范园区。农业产业蓬勃发展。建成高标准农田 4.5 万亩，粮食播面 84 万亩，总产量达 26.2 万吨。生猪出栏 64.2 万头、增长 7.5%，加大集团 100 万头生猪屠宰深加工项目投产运营。建成设施蔬菜基地 2.3 万亩，其中富硒芦笋种植面积达 5160 亩，为全省面积最大、品质最好。新认证富硒农产品、绿色有机产品品牌 24 个，“方太妹”白茶获 2022 年庐山国际名茶名泉博览会金奖。文旅产业提档升级。中国官田兵器博物馆主体完工，五星级酒店建设取得突破，长征国家文化公园（兴国段）、启耀故里红色旅游示范村等一批重点项目加快推进，红兴谷、潋江书院等 8 个场馆入选全市第一批红色教育培训基地，数量居全市之首。《长征先锋》推荐参评中宣部“五个一”工程，“兴国山歌进校园”入选文旅部典型案例。数字产业迅速崛起。新增5G基站446座，完成企业上云1070家，规上工业企业上云覆盖率达100%，500万元以上数字经济核心产业项目数量居全市第4位。与华为技术有限公司联袂建设“数治兴国”项目，成立全省首个县级数字人力共享中心，国泰特种化工等3家企业获评省“两化融合”示范企业，2家企业认定为市级电商示范基地，海文生物项目数字孪生平台接受全市项目大会战流动现场会检阅。

一年来，我们攻坚克难补短板、强弱项，城乡融合加速推进。城市品质持续提升。投资158.5亿元，实施城市能级提升项目36个。兴国人民期盼多年的红军大桥建成通车，翡翠广场综合体开业运营，城南、五丰农贸市场完成改造提升，七中等5座人行天桥投入使用，潋江之春地下停车场、第二水厂立体停车楼顺利完工，新增城区停车位近700个、公厕12座，城市功能更加完善。改造提升老旧小区4个、小街小巷5条，完成城区道路雨污分流19.5公里、“白改黑”22.6公里，拆除主次干道沿线外挑式防盗网5.6万平方米、铁皮棚4万平方米，整治破损道路1.8万平方米，拆除违法建筑223处1.9万平方米，完成苏区大道等主干道绿化景观提升，城市面貌展现新姿。乡村环境更加清爽。长冈、永丰、梅窖、社富等10个美丽乡镇建设稳步推进，潋江澄塘、崇贤贺堂、茶园全坑、城岗白石、良村前村、樟木螺形、南坑富兴等31个示范村建设全面完成，乡村全面振兴行动6项重点工作连续四个季度综合排名全市第一。拆除“空心房”8400栋88.8万平方米；整治“赤膊房”1.2万栋449万平方米，面积为2021年的5倍；整改户厕2880余户，打造市级“改厕样板村庄”2个；新改建“四好农村路”74.9公里、农村生命防护工程20.4公里、中小桥梁15座。生态环境不断优化。空气质量优良天数比率达94.8%，$PM_{2.5}$平均浓度全面达标，集中式饮用水水源地、出境断面水水质优良率均达100%。完成东村乡小洞村等废弃矿山治理1600亩，“矿山修复+土地整治”经验入选省级生态修复典型案例，获全国自然资源节约集约示范县。完成20个市级生态村创建，高兴镇获评省级生态园林城镇，古龙岗营前、埠头龙砂、均村长竹、杰村曾田等8个村获评省级森林乡村，入选省林业碳汇试点县。

一年来，我们大刀阔斧抓改革、促创新，发展活力更加强劲。营商环境优化升级。出台中小企业纾困解难“35条”，累计减税降费2.5亿元，在全市率先上线“亲清赣商”惠企政策兑现平台、累计兑付资金2.4亿元，全年新增各类市场主体6500余户、增长3.1%。纵深推进“放管服”改革，210项权力事项实现“一枚印章管审批”，965件服务事项实现“掌上办”，224项高频事项实现“跨省通办”，企业开办实现“半天、零成本”，“兴速办”品牌越来越响。科技创新蓄势赋能。建成省、市科技创新平台5个，高新技术产业增加值占规上工业增加值比重首次突破30%。设立全省首个县级人才发展基金，引进培育产业领军人才（团队）1个、高层次人才72人、急需紧缺人才655人，入选省“双千”计划2人，兴国聚众文化创意园被认定为省博士后创新实践基地。重点改革走深走实。新组建县政务服务和大数据发展中心，“市县同权”、工程项目“一站式”集成审批、“全产业一链办”等改革全面落实，在全市率先推行“一照多址”和企业歇业备案制度改革。国资国企改革加快推进，县城控集团资产规模近200亿元、主体信用评级达AA。普惠金融改革深入实施，全县存款增幅13.1%、贷款增幅15.1%，存贷比上升1个百分点。实施“一级政府、一级财政”试点，乡镇管理体制改革稳步推进。建立兴国中专经开区职业教育实训基地，积极探索产教融合新模式。

一年来，我们齐心协力办实事、惠民生，群众生活更加幸福。脱贫成果持续巩固。统筹整合涉农资金3.89亿元，购买防返贫保险788.5万元，新增监测对象556户2453人、消除风险109户472人，守住了不发生规模性返贫底线，代表全省顺利通过国家衔接推进乡村振兴补助资金绩效评价及考核。社会事业长足发展。全年投入民生资金48.4亿元，40件民生实事基本完成。新建公租房500套、保障性租赁住房300套。新增城镇就业4600余人，农村劳动力转移就业9000余人。统筹资金16.5亿元，实施校建项目92个，新增园位1600个、学位5000余个。高考考取清华、北大4人，为全市县级最多，创历史最好成绩。县人民医院二期等项目加速推进，华山医院等帮扶成效持续深化，县域医共体建设稳步推进，城乡医疗保障水平显著提升。实施方太、鼎龙、枫边、兴江等17个乡镇敬老院暖心工程，完成近200户特殊困难老年人居家适老化改造，入选全国“深化乡村地名服务点亮美好家园”试点县。江背镇高寨村被评为“全国老龄系统先进集体”，为全省唯一。社会大局和谐安定。疫情防控精准有效，最大限度保护了人民群众的生命安全和身体健康。市场监管公平有序，各类风险破解有力，安全生产态势平稳，市域社会治理成效明显。县信访局获“全国信访系统先进集体”，埠头派出所获评“全国优秀公安基层单位”，长冈派出所被命名“全国枫桥式公安派出所”，县公安局获评全省“五型”政府建设先进集体。隆坪乡隆坪村获评全省综合减灾示范村。

与此同时，武装工作扎实推进，国防动员和双拥共建持续加强，退役军人事务、审计、统计调查、应急管理、消防救援、外侨、烟草、气象、人防、科协、通讯、民宗、残联、红十字、工商联、工青妇等工作都取得了新成绩。

全面掀起学习宣传贯彻党的二十大精神热潮，持续巩固拓展党史学习教育成果，“五型”政府建设焕发新气象。认真开展落实中央八项规定精神十周年“回头看”活动，狠抓省委巡视发现涉及政府职能方面问题整改，政风行风明显好转。“八五”普法、法治政府建设扎实推进，办理人大代表建议210件、政协提案111件，解决老百姓急难事麻烦事烦心事2085件。树牢过“紧日子”思想，大力压减非急需非刚性支出，县级“三公”经费只减不增，县级财政管理绩效获财政部通报表扬。

各位代表！登山凿石方逢玉，入水披沙始见金。过去的一年，面对种种风险和挑战，我们以发展为卷、奋斗为笔，书写了追赶跨越、振兴发展的崭新图景。这一切成绩的取得，得益于习近平新时代中国特色社会主义思想的科学指引、领航定向，得益于上级党委、政府和县委的坚强领导、科学决策，得益于县人大、县政协的有力监督、大力支持，得益于民政部、自然资源部、国家烟草专卖局等国家部委的无私关爱、倾情帮助，得益于全县干群的精诚团结、奋力拼搏。在此，我谨代表县人民政府，向在全县各条战线上辛勤工作的广大党员、干部、群众，向人大代表、政协委员和老领导、老同志，向驻县部队、武警官兵、公安干警、消防队员，向所有关心、支持和参与兴国发展的各界人士，致以崇高的敬意和衷心的感谢！

需要说明的是，受疫情等超预期因素影响，和其他地方一样，GDP、社会消费品零售总额指标低于预期。同时，我们也清醒认识到，当前发展中依然存在一些困难和问题，主要是：经济总量不大、产业层次不高、龙头企业不多，发展整体竞争力有待增强；乡镇经济比较薄弱，基础设施、生态环保等领域还有不少短板，民生改善任务依然艰巨；少数干部的作风和能力还不适应新形势、新要求，等等。我们一定全力改进工作，决不辜负全县人民期待！

二、2023年工作安排

2023年是全面贯彻落实党的二十大精神的开局之年，做好今年工作意义重大。总体要求是：以习近平新时代中国特色社会主义思想为指导，全面贯彻落实党的二十大精神，深入贯彻习近平总书记视察江西和赣州重要讲话精神，认真落实中央、省委经济工作会议以及省委十五届三次全会、市委六届四次全会和县委十九届四次全会精神，扎实推进中国式现代化，坚持稳中求进工作总基调，完整、准确、全面贯彻新发展理念，加快构建新发展格局，更好统筹疫情防控和经济社会发展，更好统筹发展和安全，扎实做好稳增长、稳就业、稳物价工作，有效防范化解重大风险，全力推进“三大战略、八大行动”，加快建设工业强城乡美百姓富作风好的“模范兴国”，再创新时代“第一等工作”。

主要预期目标是：GDP增长7.5%左右，规模以上工业增加值增长10%左右，固定资产投资增长10%左右，社会消费品零售总额增长8.5%左右，一般公共预算收入增长4%以上，实际利用省外2000万元以上项目资金增长10%以上，实际使用外商直接投资额稳中有进，出口总额稳中提质，城镇居民人均可支配收入增长7.5%左右，农村居民人均可支配收入增长9.5%左右，城镇调查失业率控制在5.5%以内，节能减排完成省市下达任务。

围绕“拼经济、拼发展”主题，新一年我们将重点抓好七个方面工作。

（一）聚焦工业倍增升级，跑出工业强县新速度

坚持抓龙头、补链条、强平台，举全县之力打好工业崛起“攻坚战”，挺起产业发展“硬脊梁”。

培育壮大产业集群　围绕电子信息、轻工纺织、新材料产业，开展强链补链延链行动，力争三大主导产业集群年营业收入达65亿元。净增规上工业企业20家，规上工业企业营业收入突破100亿元。深耕电子信息产业细分行业，加强与深圳电子行业协会等机构合作，推动光电产业、智能终端等上下游集聚配套，打造赣南电子信息“芯屏端网”新高地，力争规上营业收入增长25%以上。围绕全市纺织服装“一核四区”布局，主攻时尚牛仔、休闲服装、户外运动等细分市场，强力实施“三品”战略，力争规上营业收入增长30%以上。瞄准无机氟化盐、锂电材料等新材料细分领域，积极招引一批上下游配套企业，力争规上营业收入增长25%以上。加快推进矿产品加工产业园建设，支持潋江矿业钼矿年采选300万吨技改项目，做大做强矿业经济。

扶持企业梯次成长　狠抓企业项目建设，年度计划投资116.4亿元，实施工业项目40个，其中新开工建设智能机械制造产业园等项目32个、续建恒海水洗等项目8个，力争中国兵工集团军民融合等21个项目年内实现竣工投产。深入实施企业梯次培育行动和龙头企业倍增计划，推动晶华微电子、海文生物、富视兴等企业达产达标，支持联纲电子、长裕实业等企业发展壮大，培育营业收入超10亿元企业1家以上、超5亿元企业2家以上。全面落实支持民营经济发展各项政策要求，重点推动兴氟化工布局发展高纯湿电子化学品、氟化锂等产品，扶持南方水泥增产扩能，支持企业通过技改升级、整合资源等方式实现“老树发新芽”。稳步推进企业上市工作。

夯实园区承载平台　全面推进经开区高质量发展“进位赶超”三年行动，力争园区营业收入超100亿元，全省排位进入前60名。启动经开区扩区调区前期工作，持续推进南区2500亩土地平整工程，建成标准厂房70万平方米，加大闲置低效用地清理和“腾笼换鸟”力度，强化园区要素保障。启动纺织服装产业园、数字经济产业园等项目建设，加快推进污水处理厂扩容建设，实施老园区雨污分流改造，开工建设创业服务中心和商会大厦，加快建设南区综合体、小学、幼儿园等功能配套项目，增强园区承载能力。全力推进经开区管理运营体制机制改革，加大放权赋能力度，激发内生活力，进一步强化经开区发展经济、服务企业职能。

强化数字赋能增效　深入实施数字经济做优做强“一号发展工程”，实施数字经济重点项目10个，完成年度投资14亿元，数字经济核心产业营业收入实现两位数增长。持续扩大5G基站建设，拓展5G与VR/AR、医疗、旅游、教育等领域的典型应用。推进“5G+工业互联网”发展，实施上云用数赋智工程、“万家企业上云”专项行动，打造智能工厂、数字车间改造企业10家，培育上云标杆企业2家以上，新增农业物联网示范基地2家以上，新入规工业企业上云覆盖率达100%。

（二）多措并举扩大内需，激活经济发展新动力

牢牢把握扩大内需战略基点，坚定不移扩投资、促消费，充分挖掘经济增长潜力。

持续扩大有效投资　紧盯国家宏观取向、政策导向和资金投向，加大城市更新、乡村振兴、教育卫生、养老托幼等公共服务项目储备力度，争取更多重大项目纳入国家、省市盘子，全年争取各类资金70亿元以上，其中专项债18亿元以上、基金4.5亿元以上。强力推进项目建设“四大攻坚行动”，年内启动樟树至兴国高速等项目前期工作，加快G72泉南高速官田互通出口建设，积极推动瑞兴于快速交通走廊（一期）、G356均村至五里隘公路改建、S219蕉坑至莲塘公路改建（二期）、S449樟木圩绕线改建等工程全线开工，大力实施长冈220千伏、南外110千伏、龙口35千伏等输变电项目，开工建设平江灌区先导工程，补齐交通、能源、水利等基础设施短板，力争全年实施省大中型项目24个、完成投资79.6亿元，县级重点项目159个、完成投资226.3亿元。

促进消费复苏升级　深入推进商贸消费提质扩容行动，推动消费加速回暖，力争全年限额以上消费品零售额增长35%以上。支持潋城文化街区、翡翠广场综合体等特色街区做大做强，加快和睦片区中心商贸街区、平固街历史文化街区

建设，着力打造一批特色不一、风情各异的新兴消费集聚区。全面提振汽车、家电、家居等大宗商品消费，不断做旺节庆消费。大力培育“直播经济”“网红经济”。推进崇贤茶旅小镇、温泉旅游度假酒店、均福山乡村民宿等项目建设，精心打造一批红绿交融的精品研学研修路线，持续做热文旅业态。

加大开放合作力度　主动融入大湾区，积极参与“粤企入赣”活动，深化在产业转移、创新转换、制造协作、教育医疗等方面的对接合作。对接长三角，加强与中化集团、宁波材料所等企业、机构的联系，积极发展新能源、新材料产业。聚焦海西区，加强与七匹狼等龙头服装企业的沟通对接，提高轻工纺织建链补链水平。加快推进陆港建设，完善县乡村三级物流体系，全力打造赣州北部的区域性物流中心。深入实施招大引强、靠大联强战略，加大委托招商、平台招商和资本招商力度，全年引进项目 80 个以上，其中亿元以上项目 60 个以上、20 亿元以上项目 4 个，力争 50 亿元和 100 亿元项目实现历史性突破。

（三）全面深化改革创新，塑造跨越赶超新动能

坚持以改革创新破难题、促发展，不断激发高质量发展的动能和活力。

深化重点改革　做大做优做强县城控集团，鼓励提升企业资质、拓展经营业态，力争总资产突破 230 亿元。加快健全现代财税体系，强化预算绩效管理和资金项目绩效评估。持续推进普惠金融改革，不断提升金融服务实体经济质效。抓好农业农村“三改合一”试点改革，有序推进农村宅基地制度改革，继续推行“一级政府、一级财政”试点。健全不动产登记制度，加快自然资源统一确权登记，逐步实现自然资源登记全覆盖。

优化营商环境　深入实施营商环境优化升级“一号改革工程”，力争满意度测评进入全省“第一方阵”。完成“赣服通兴国分厅”5.0 版迭代升级，实现高频政务服务事项“一网通办”“跨省通办”，上线“一件事一次办”事项 100 件以上，推出免证办理事项 150 项以上。积极推进“县乡同办”改革试点，让更多高频事项办理“不出乡”。加强市场主体全生命周期服务，开展市场主体培育“春蕾”工程，精准高效落实各项惠企政策，大力促进“个转企、小升规”。深入开展营商环境四大专项治理行动，坚决整治“小鬼难缠”顽疾，硬拳处理“吃拿卡要”典型。

强化创新驱动　加大创新主体培育力度，鼓励和支持企业加大研发投入，力争全社会研发经费支出占 GDP 比重达 1.2%，培育“瞪羚”企业 2 家以上、认定高新技术企业 5 家以上、入库科技型中小企业 55 家以上。围绕“2+1+N”产业发展布局，千方百计抓好平台建设，争取获批省级技术创新中心 1 家以上、市级技术创新中心 2 家以上。

（四）加快城市能级提升，彰显魅力兴国新形象

坚持以绣花功夫雕琢城市节点，完善城市功能，让城市品质与品位兼具、精细与优美共存。

强化城市规划　高标准落实国土空间总体规划，推进“多规合一”应用，形成国土空间开发保护“一张图”。用好“三区三线”划定成果，加快城区开发边界内控规全覆盖。编制住房发展、海绵城市、市政基础设施等领域专项规划，优化提升沿江沿路节点规划。强化空间规划刚性约束，严厉打击未批先建、偷建抢建等违法违规行为。

提升城市品质　实施片区更新提质工程，开展潋江之春、城南小区等 7 个老旧小区改造，推进富源街、和睦等城市片区整治，启动部分重点路段杆线下地。实施城市功能优化工程，启动新市民中心、和睦片区五星级酒店、坝南片区城市综合体等项目建设，抓好二手车、汽车销售等专业市场建设，推进潋城、自来水公司停车场建设。实施节点景观提升工程，抓好模范大桥、潋江大道、将军园、五福广场、中心花园等城区重要节点改造，因地制宜建设一批“口袋公园”和街头绿地。实施城区道路畅通工程，持续推进长征大道、滨江西大道南北延伸项目建设，优化红军大桥等重要路口交通组织。

精细城市管理　纵深推进城市网格化管理，积极探索城中村管理新模式，常态化开展人车分流、按道行驶、出店经营、车辆停放、户外广告等专项整治，提升城市管理秩序。继续实施城区雨污分流改造，完成 12 个黑臭水体点治理，城市污水收集率达 40% 以上。加快建筑垃圾、餐厨垃圾处置项目建设，深入推进主城区生活垃圾分类工作。持续推进“数治兴国”项目，建成城

市运营指挥中心，贯通城管、公安、综治、市监、环保等数据应用，逐步推进城市治理数字化、现代化转型。全面启动国家卫生城市、省级文明城市创建，抓好“微管理”“微服务”，提升城市卫生文明水平。

（五）推进乡村全面振兴，绘就“五美”农村新图景

全面落实“产业兴旺、生态宜居、乡风文明、治理有效、生活富裕”总要求，促进农业高质高效、乡村宜居宜业、农民富裕富足。

提质提效现代农业　落实“藏粮于地、藏粮于技”战略，切实加强耕地保护，推进6万亩高标准农田建设。抓实水稻、油菜等重要农产品生产，完成水稻播面69万亩、总产达25万吨以上。实施农业产业高质量发展三年行动，年内蔬菜播面达21万亩、芦笋播面达1万亩，完成油茶林新植改造1.8万亩、烟叶种植1.23万亩、脐橙标准果园认定2万亩以上。积极推动茶产业绿色发展，高标准建设富硒茶叶基地3000亩，培育“兴国高山云雾茶”区域品牌。启动预制菜产业发展三年行动，加快推进食品产业园、智慧冷链物流产业园建设，大力推动生猪、家禽、果蔬全产业链发展，年内力争培育预制菜企业1家以上，新增省级现代农业产业园1个、市级以上农业龙头企业3家，创建市级高标准富硒产业基地4个以上、粤港澳农产品供应基地2个以上。

大力实施乡村建设　推进美丽乡镇建设五年行动，接续实施鼎龙、杰村、兴江、隆坪等乡镇圩镇提升改造项目。开展农村人居环境整治提升工作，全域铺开美丽乡镇、村庄、庭院创建，探索农村垃圾分类减量和资源化利用，实施“两水共治”，建成乡镇污水设施建设项目（二期），实现农村无害化卫生厕所普及率99.5%以上、生活污水处理率达40%以上。完成65个重点村庄规划编制，加强农村建房和建筑风貌管控。实施县乡道路提质三年行动，推进19个建制村通双车道、31座危桥改造等项目建设。继续推进洋池口水库、长龙水库应急备用水源等项目建设，完成山塘整治111座、新建35座，上半年实现城乡供水一体化服务全覆盖。深入推进乡风文明建设，大力推动移风易俗，让农村更美、乡风更淳。

巩固拓展脱贫成果　聚焦“三落实一巩固”，把牢“监测预警、识别纳入、精准帮扶、风险消除”四个关口，坚决守住不发生规模性返贫底线。继续统筹整合涉农资金，优化项目安排，确保中央财政衔接资金用于产业发展的比例达60%以上。持续落实“五个一批”措施，加大产业、就业帮扶力度，确保脱贫群众和监测对象增收途径不减、成效不降。加强扶贫项目资产管理和监督，盘活农村闲置资源，力争90%以上的村集体年经营性收入达20万元。

（六）着力改善生态环境，展现绿色发展新面貌

坚定不移落实“两山”理念，厚植生态底蕴，推进绿色发展，在生态文明试验区建设上争创样板、争当一流。

严格污染防治　全面推进新一轮“八大标志性战役、30个专项行动”，以更高标准打好“三大保卫战”。加大对餐饮、制砖等涉气企业监管执法力度，强化工地扬尘综合治理，严格VOCs重点行业环评审查，确保$PM_{2.5}$平均浓度控制在每立方米25微克以下，空气质量优良天数比例达97.1%以上。加强长冈水库等饮用水水源地巡查管理，继续开展畜禽养殖污染、城乡黑臭水体及污水直排问题专项整治，确保出境断面和集中饮用水水源地水质优良率均达100%。开展第三次全国土壤普查，加强固废处置和综合利用，推动农药化肥减量增效，受污染耕地安全利用率达93%以上。

加强生态修复　开展矿山修复“扫一遍”行动，抓好14个废弃矿山综合治理，落实采矿权延续、变更登记实地踏勘联审制度，年内完成修复面积200亩以上，创建绿色矿山2个。推进水土流失治理，完成25平方公里、10个生态清洁小流域工程建设，争创国家水土保持示范县。持续抓好低质低效林改造工程，加快森林防火带建设，年内力争完成改造面积10万亩以上。深入开展湿地保护专项行动，建成方太、枫边等一批小微湿地。推进东村全域土地综合整治，积极争取区域性地质灾害综合防治体系建设项目（二期）。

创建绿色示范　实施碳达峰“十大行动”，探索建设数字“双碳”平台，推动林业碳汇和碳中和试点，打造一批低碳、碳汇先进示范基地和企业，年内争创国家试点1个、省级试点2个。加大制度创新力度，建立“污染者付费+第三方治理”及合同能源管理模式，探索“环境修复+

开发建设”一体推进路径，推行环保管家、环境顾问服务，形成一批绿色发展“兴国经验”。

（七）持续厚植民生福祉，不断满足群众新期盼

坚持把群众的关注点作为政府工作的着力点，恪守为民情怀，多谋民生之利，多解民生之忧。

落实就业优先政策　推进高质量充分就业，力争年内新增城镇就业4000人以上、转移农村劳动力9000人以上。加快县数字人力共享中心网络延伸，建立县乡村三级零工市场，加大创业孵化基地建设，大力开展职业技能培训，多渠道支持高校毕业生、退役军人、农民工等重点群体就业创业。健全残疾人、脱贫人口、农村低收入人口就业帮扶长效机制，确保零就业家庭动态清零。

办好人民满意教育　实施“教育强县·教育兴国”战略，争创全省新时代基础教育模范县。实施教育扩容工程，持续推进平川中学北校区、兴国职校新建等8个重点项目，建成八中、八小等项目，新增学位6000个。实施师资提升工程，落实新时代基础教育强师计划，抓好“县管校聘”改革，打造一批名教师、培育一批名校长。实施教育提质工程，深入推进“名校+分校”“强校带弱校”，深化课程改革和教学创新，力争初中学业水平考试综合评价、高考成绩位居全市前列。办好平川中学百年校庆活动。

推进健康兴国建设　加强重大疫情医疗救治和防控体系建设，落实新冠病毒感染“乙类乙管”，全力保健康、防重症。持续深化“三医联动”改革，抓好DIP付费试点工作，继续推进县域医共体建设。深化华山医院对口帮扶人民医院工作，加快优势学科建设，提升示范带动能力。支持县中医院全力打造特色专科，提升中医药服务水平，力争通过三级中医医院评审。加快县妇保院改革发展，进一步提升妇女儿童健康保障能力，力争我县妇幼健康工作进入全省前列。加快兴国卫校新建、县人民医院二期、嘉和医院、南坑卫生院等项目建设，持续提升县乡医疗服务水平。全力办好第六届市运会。

提升社会保障水平　新扩建崇贤等6所乡镇敬老院，新增养老床位320张。推动精神病人福利院改扩建，完善县乡村三级未成年人保护机构，扎实做好城镇困难群众解困脱困工作，兜牢弱势群体民生保障。推进1.1万套公共租赁住房、人才住房和保障性租赁住房建设，落实1200套城市棚户区改造任务，着力解决新市民、青年人才、乡镇干部、乡村教师等群体住房需求。

提高社会治理效能　加强国防动员和国防后备力量建设，强化退役军人服务保障，积极创建全国、全省双拥模范县。不断完善金融监管体系，持续强化政府债务管理，落实“保交楼”工作，全力防范化解重大风险。完善应急基础能力建设，狠抓自建房、城镇燃气、道路交通等重点领域安全隐患排查整治，落实落细食品药品安全“两个责任”。深入开展法治政府示范建设，深化行政执法体制改革。抓实初信初访和信访积案化解，依法依规严厉打击电信诈骗等各类违法行为，常态化推进扫黑除恶斗争，努力建设更高水平的平安兴国。

各位代表，新的蓝图已经绘就，新的征程已经开启。我们将始终牢记初心使命，忠诚履职担当，坚定不移落实党建质量过硬行动，加强新形势下“五型”政府建设，努力打造让党放心、人民满意的模范政府。矢志不渝践忠诚。坚持用习近平新时代中国特色社会主义思想凝心聚魂，严格遵守政治纪律和政治规矩，坚定捍卫“两个确立”，坚决做到“两个维护”，不断提高政府系统政治判断力、政治领悟力和政治执行力，不折不扣推动上级党委、政府和县委各项决策部署落地见效。解放思想闯新路。旗帜鲜明为改革创新者“松绑”、为干事创业者“撑腰”，鼓励广大干部勇敢“闯”、大胆“试”、踏实“干”，不断在产业发展、城乡建设、民生改善、社会治理等领域蹚出新路子、书写新篇章，创造更多叫得响、立得住的“兴国经验”“兴国品牌”。真抓实干促落实。始终把抓落实作为政府工作的生命线，以系统观念谋划和推进工作，加强督查督办，强化跟踪问效，严格考核奖惩，确保“定了就干、干就干好”，让敢担当、抓落实成为全县政府系统的鲜明特质。全心全意优服务。始终牢记政府前面的“人民”二字，把群众的“安危冷暖”“急难愁盼”放在心上、抓在手上；时刻不忘人民后面的“公仆”二字，强化“有为”意识、增强“能为”本领、找准“善为”路径，真正把群众期盼的事变成我们在干的事，把我们在干的事干成群众点赞叫好的事。清正廉洁守底线。坚

决落实全面从严治党主体责任和“一岗双责”，推动勤廉兴国建设走深走实。锲而不舍落实中央八项规定精神，严肃财经纪律，全面加强审计、统计监督，严控“三公”经费支出，以政府的“紧日子”换取群众的“好日子”、企业的“富日子”。

各位代表，东风浩荡，正当扬帆起航；任重道远，更需策马扬鞭！让我们更加紧密地团结在以习近平同志为核心的党中央周围，在县委的坚强领导下，以永不懈怠的状态干事创业，一往无前的姿态锐意进取，奋力谱写新时代建设工业强城乡美百姓富作风好的“模范兴国”辉煌篇章！

《政府工作报告》名词注释

1. 两化融合：信息化和工业化的高层次深度结合，以信息化带动工业化，以工业化促进信息化，核心是信息化支撑。

2. 四好农村路：建好、管好、护好、运营好农村公路。

3. “双千”计划：面向省外和国（境）外，引进1000名左右“高精尖缺”优秀高层次人才和100个左右高层次创新创业团队，面向省内重点培养1000名左右高层次人才。

4. 三大战略：推进新时代赣南苏区振兴发展、打造对接融入粤港澳大湾区桥头堡、建设省域副中心城市。

5. 八大行动：工业倍增升级、科技创新赋能、深化改革开放、乡村全面振兴、城市能级提升、美丽赣州建设、提高民生品质、党建质量过硬行动。

6. 芯屏端网：芯片—新型显示屏—智能终端—互联网。

7. 全市纺织服装“一核四区”：“一核”，指以于都县为核心，大力发展生产服务业，着力提高产业数字化能力。“四区”，指形成宁都县、石城县、瑞金市、兴国县四个产业聚集区。

8.“三品”战略：增品种、提品质、创品牌战略。

9. 项目建设“四大攻坚行动”：城市棚户区改造、“大交通”、大南昌都市圈轨道交通和水利领域基础设施建设4个重点领域实施攻坚行动。

10. 农业农村“三改合一”改革：统筹农村集体产权制度、土地制度、经营制度三项改革，以乡镇或村为单位在一个项目平台集中实施。

11. 四大专项治理：“新官不理旧账”、行政审批中介服务、招标投标领域、营商环境领域腐败和作风问题专项治理。

12. “瞪羚”企业：进入高成长期的企业，具有成长速度快、创新能力强、专业领域新、发展潜力大的特征。

13. 三区三线：“三区”指城镇空间、农业空间、生态空间三种类型的国土空间，“三线”指永久基本农田保护红线、生态保护红线、城镇开发边界三条控制线。

14. 口袋公园：面向公众开放、规模较小、形状多样、具有一定游憩功能的公园绿化活动场地，包括小游园、小微绿地等。

15. 两水共治：将农村生活污水治理和城乡供水一体化相结合，统筹谋划，同步施工。

16. 三落实一巩固：“三落实”指责任落实、政策落实、工作落实。“一巩固”指提质提效巩固拓展脱贫攻坚成果。

17. 五个一批：劳务输出就业一批、产业联结带动一批、扶持创业帮扶一批、帮扶车间吸纳一批、公益岗位安排一批。

18. 三大保卫战：蓝天保卫战、碧水保卫战、净土保卫战。

19. VOCs: 挥发性有机化合物。

20. 碳达峰“十大行动”：实施能源、工业、城乡建设、交通运输等4个重点领域绿色低碳行动，配套实施节能减污降碳增效、循环经济降碳、科技创新引领、固碳增汇强基、绿色低碳全民、试点示范建设等6个保障行动。

21. 县管校聘：全体公办义务教育学校教师和校长全都实行县级政府统一管理，特别是统一定期强制流动到县域内的义务教育学校，从而将教师和校长从过去的某学校的“学校人”改变为县义务教育系统的“系统人”。

22. DIP付费：区域点数法总额预算和按病种分值付费，是用一个模糊数学的办法来解决医保支付的问题，包括了按病种付费和总额预算管理，这种付费方式将统筹区域内所有医疗机构的利益捆绑在一起，让医疗机构结合成“命运共同体”，彼此之间相互监督和约束。

23. 保交楼：保障已售逾期难交付商品住宅项目完成建设交付。

本栏编辑：钟贞培

专　记

兴国县苏区振兴 10 周年蝶变

自 2012 年以来，在中共中央、国务院亲切关怀及国家部委鼎力支持下，中共兴国县委、兴国县人民政府积极抢抓国家实施赣南等原中央苏区振兴发展战略有利契机，深入落实《国务院关于支持赣南等原中央苏区振兴发展的若干意见》《国务院关于新时代支持革命老区振兴发展的意见》等文件精神，积极弘扬苏区干部好作风，团结带领全县人民感恩奋进、主动作为、真抓实干，经济社会有了日新月异变化，彻底甩掉 33 年贫困县帽子，入选首批全国脱贫攻坚交流基地、全国脱贫攻坚考察点。

一、兴国县苏区振兴发展十年成就

兴国县是苏区模范县、红军县、烈士县和将军县，是苏区精神和苏区干部好作风重要发源地，是闻名全国的红色故土。十八大以来，在中共中央总书记习近平亲切关心推动下，《国务院关于支持赣南等原中央苏区振兴发展的若干意见》《国务院关于新时代支持革命老区振兴发展的意见》（以下简称《若干意见》《新时代意见》）等重大政策文件相继出台，为赣南革命老区振兴发展注入强大动力。兴国县始终牢记习近平总书记殷殷嘱托，紧抓机遇、感恩奋进、真抓实干、接续奋斗，推动振兴发展取得喜人成绩。经过十年努力，兴国县实现地区生产总值和城乡居民人均可支配收入翻番，彻底甩掉戴 33 年的贫困县帽子，曾经落后的老区县、山区县正朝着红色名县、开放高地、生态之洲蝶变，群众的获得感、幸福感、安全感明显增强。

（一）部委扶持注入新动力

十年来，兴国县紧抓国家部委对口支援，积极邀请部委领导来兴调研，为兴国振兴发展把脉问诊。2013 年以来，民政部、国家烟草专卖局累计落实帮扶资金 36.6 亿元。民政部首次从部本级掌握支配的福利彩票公益金中直接切块拨付兴国，实现对口支援机制上的突破，支持兴国打造全国首个县级民政项目园，提升改造养老机构 27 个，建成居家养老服务中心 225 个。其中，特困失能老人集中照护做法入选中组部“不忘初心、牢记使命”主题教育案例。国家烟草专卖局每年给予兴国大量项目资金支持，帮助高标准建设七小七幼、红军子弟小学、第一幼儿园等教育基础设施，有效促进兴国教育事业高质量均衡发展，同时，援资实施长冈、长龙灌区改造、洋池口水库等水源工程，援建兴国县经济开发区第 15 栋标准厂房等项目，为兴国巩固拓展脱贫攻坚成果、推动基本民生保障实现大发展、实施新一轮工业发展提供强有力支撑。此外，自然资源部、中国兵器工业集团等部委先后把兴国作为重点联系帮扶县，给予有力扶持。

（二）经济发展跃上新台阶

十年来，兴国县紧紧围绕《若干意见》《新时代意见》明确的发展定位，解放思想，实事求是，成功实现经济社会持续健康较快发展，经济总量不断攀升、规模不断扩大。如表1所示，地区生产总值GDP由2011年的89.7亿元增长到2021年的225.85亿元；人均GDP由2011年的12448元增加到2021年的31577元，年均增长9%。2021年人均GDP比2011年增加19129元，2017年、2021年人均GDP分别突破2万元、3万元。财政总收入由2011年的7.61亿元增长到2021年的23.07亿元；一般公共预算收入由2011年的4.18亿元增加到2021年的9.62亿元；2021年全县财政总收入占GDP的比重达10.21%，比2011年提高1.73个百分点。同时，规模以上工业增加值实现年均增长9.9%；社会消费品零售总额、500万元以上固定资产投资、出口总额，分别实现年均增长12%、17.4%、22%。2022年上半年，GDP同比增长4.4%，500万元以上固定资产投资同比增长18.7%，社会消费品零售总额同比增长5.2%。2021年全县城镇居民、农村居民人均可支配收入分别达34227元、14525元，分别是2011年的3.14倍、3.83倍。

（三）脱贫攻坚开启新篇章

为打好脱贫攻坚战，兴国县坚持尽锐出战、精准发力，综合实施产业、教育、健康、就业、水利、安居、搬迁、兜底等扶贫措施，开展干部与贫困户结对帮扶，全力推动脱贫攻坚与乡村振兴有效衔接。2020年4月，兴国县正式退出贫困县序列，全县建档立卡贫困人口30199户129418人全面脱贫，贫困发生率由18.18%降至0，147个贫困村全部退出。兴国县被确定为首批全国脱贫攻坚交流基地、全省巩固拓展脱贫攻坚成果考核试点县，埠头乡枫林村被评为首批全国脱贫攻坚考察点。

脱贫政策全面落实 兴国县累计投入扶贫项目资金46.91亿元，建成扶贫产业基地811个，链接贫困户22708户，为贫困户增收3.75亿元；累计完成贫困户入户道路硬化534.5千米，改水29608户、改厕29694户。“十三五”易地扶贫搬迁计划全面完成，1274户“危房改造户”住上“安心房”。创新实施红军后代及孤儿特困生关爱工程，5735人次享受免费就读和生活补助；

兴国县2011—2021年GDP、人均GDP及增速统计表

表1

年　份	生产总值（亿元）	比上年增长（%）	人均生产总值（元）	比上年增长（%）
2011	89.70	10.7	12448	11.5
2012	100.09	11.3	13908	11.4
2013	110.84	10.4	15423	10.6
2014	121.82	10.9	16974	11.0
2015	129.68	9.4	18089	9.5
2016	138.34	9.4	19312	9.5
2017	154.49	9.1	21570	9.1
2018	173.89	9.3	24270	9.3
2019	191.22	8.4	26706	8.5
2020	201.11	3.4	28114	3.5
2021	225.85	8.3	31577	8.3
年均增长率		9.0		9.0

数据来源：历年兴国统计年鉴　制表：曾炜

累计发放寄宿生补助9305.98万元，受益学生14万人次；实施四道医疗保障线和慢性病保障提标扩面工程，贫困户医疗费自负比例由35%降至10%左右。建立“绿色通道”“两个池子”（“项目池”“资金池”）加快脱贫攻坚项目建设，学生营养餐等先进经验做法得到省政府的肯定与推广。

乡村振兴稳步实施 兴国县严格落实“四个不摘”（摘帽不摘责任、不摘政策、不摘帮扶、不摘监管）和五年过渡期要求，持续巩固拓展脱贫攻坚成果，坚决筑牢防止返贫动态监测防线，消除风险1410户6120人，易地扶贫搬迁“点长制”在全省推广运用。扎实推进乡村建设，整合涉农资金打造3条精品干道、25个示范村庄和244个新农村建设点。全面整治农村人居环境，深入推进农业水价综合改革，乡村面貌焕然一新。

（四）产业升级迈出新步伐

十年来，兴国紧盯高质量跨越式发展目标，重点围绕工业经济、现代农业、现代服务业，加快产业结构调整和转型升级，促进产业发展质速并进。三次产业结构从2011年的27.6:36、7:35.7优化调整为15.9:32、4:51.7。其中，第一产业十年平均增长4.6；第二产业十年平均增长9.5；第三产业十年平均增长10.7。当前，兴国农业生产稳定，工业主导地位进一步凸显，服务业发展持续向好，经济结构不断优化，消费市场繁荣活跃，社会各领域得到全面发展。

现代农业提质增效 始终严守“耕地红线”，粮食年产量稳定在27万吨以上；将蔬菜产业确定为农业首位产业，通过出台专项扶持政策，实现蔬菜、油茶、脐橙、肉牛、灰鹅等特色产业竞相发展，芦笋、脐橙、咸鸭蛋等富硒农产品通过国家认证。截至当前，全县实施蔬菜基地面积1546.66公顷，主导品种富硒芦笋种植面积344公顷，4个蔬菜基地13个蔬菜品种获得富硒产品认证；2个蔬菜基地4个蔬菜品种通过粤港澳大湾区“菜篮子”生产基地认证；1个蔬菜基地2个蔬菜品种获得有机转换认证。兴国县先后获评全省绿色有机农产品示范县、粮食生产先进县、耕地保护先进县。

兴国县2011—2021年农业总产值及增速统计表

表2

年　份	农业总产值（亿元）	增速（%）
2011	34.22	4.3
2012	36.85	3.9
2013	39.79	5.7
2014	42.14	5.8
2015	44.00	4.2
2016	47.83	4.3
2017	46.75	4.7
2018	43.56	3.7
2019	51.05	3.2
2020	56.62	10.9
2021	58.77	9.6
年均增长率		5.6

如表2所示，2021年，全县实现农林牧渔总产值58.77亿元，按可比价计算，相对2011年增加24.55亿元。农作物播种面积由2012年的7.87万公顷增加到2021年的8.22万公顷；2021年全年粮食作物面积5.45万公顷、总产量26.2万吨，其中水稻总面积4.37万公顷、总产量24.23万吨；全县生猪出栏量56.68万头，猪肉产量4.94万吨，家禽出笼1219.48万羽，水产品总量2.54万吨，水产养殖面积4200公顷。

工业产业集聚发展 兴国县始终坚持以工业为突破口，大力实施招商引资“一把手”工程，举全县之力加速工业崛起。聚焦首位产业，做大做强以电子信息、纺织服装和新材料为主导的“2+1+N”产业集群。电子信息产品畅销“一带一路”沿线国家，服务世界500强。2022年1—8月，电子信息产业产值达14.77亿元。引进亿元以上服装企业6家，创建自主品牌13个，服装企业做大做强。不断突出科技创新，建链补链强链，培育壮大产业新动能。国内首条稀土永磁磁浮轨道交通工程试验线——“红轨”在兴国县正式竣工，成为迄今为止建成的世界首条永磁磁浮轨道交通系统工程试验线。新材料、轨道交通、人工智能、无线通信、智能制造、电机驱动等多个战略性新兴产业即将成为高质量发展新引擎。富硒食品、新型建材、矿产品加工、新能源、机械制造等特色产业加速发展。园区基础设施投入不断加大，城市综合体、标准厂房等项目加快实施，园区承接产业转移、集聚产业发展能力日益增强。

2021 年，全县规模以上工业企业单位个数由 2012 年 46 家增加到 102 家，净增 56 家；规模以上工业增加值由 2011 年 27.15 亿元增长到 2021 年的 55.66 亿元，年均增长 9.7%，具体如表 3 所示。

规模以上工业企业实现营业收入 57.72 亿元，其中首位产业（含电子信息、纺织服装及配套企业）实现营业收入 25.65 亿元，占全县规模以上工业总营业收入 47.83%；含氟新材料产业实现营业收入 8.47 亿元，占全县规模以上工业总营业收入 15.8%；食品加工产业实现营业收入 3.54 亿元，占全县规模以上工业总营业收入 6.61%；新型建材类产业实现营业收入 13.96 亿元，占全县规模以上工业总营业收入 26.03%；

兴国县 2011—2021 年工业增加值及增速统计表

表 3

年　份	工业增加值（亿元）	比上年增长（%）
2011	27.15	19.9
2012	29.03	13.6
2013	30.64	13.6
2014	32.55	13.5
2015	34.23	9.6
2016	35.87	9.6
2017	41.77	7.9
2018	47.45	9
2019	50.07	8.2
2020	50.93	3
2021	55.66	9.3
年均增长率		9.7

矿产品加工产业实现营业收入 1.6 亿元，占全县规模以上工业总营业收入 3%；新能源产业实现营业收入 4.1 亿元，占全县规模以上工业总营业收入 7.66%。

现代服务业提档升级　大力发展全域旅游，“红、绿、古”色旅游协同发展，擦亮“苏区干部好作风”模范兴国红色品牌，长征国家文化公园（兴国段）、驿博红兴谷创建国家 4A 级旅游景区和研学旅行营地示范区等文旅项目有序推进，瑶岗背文化创意街区项目成为新晋“网红打卡地”，温泉旅游度假村酒店、三僚文化景区整改全面完成并加快创建国家 4A 级旅游景区步伐。《苏区干部好作风》等 18 套精品课程全面推出，圆满承办“第六届全国苏区精神研讨会暨 2019 年苏区干部好作风理论研讨会”、人民军工创建 90 周年等系列活动。长征超级 IP 系列文创产品《长征先锋》在央视、卫视、网络平台播映，获第三届陕西历史文化动漫游戏大赛二等奖，热播收视率第一。2021 年，全县接待游客 719.16 万人次，实现旅游综合收入 65.21 亿元，同比分别增长 13.56%、16.77%。全县服务业增加值由 2011 年 31.99 亿元增加到 2021 年 116.8 亿元。

（五）基础设施得到新改善

十年来，兴国不断加大道路交通、能源、水利等基础设施建设投资力度，补短板、强后劲，突破发展“瓶颈”，为加快发展奠定坚实基础。

交通区位优势凸显　昌赣高铁、兴泉铁路、兴赣高速及其北延线相继建成通车，高铁时代呼啸而来。兴国至樟树、兴国至桂东高速等重大交通项目列入上级规划，建成高速公路 146.1 千米、国省道 305.4 千米，“四纵四横”交通网基本成型。兴国作为赣州北部的综合交通枢纽，连南贯北、承东启西、客货兼备、通江达海区位优势更加凸显。2021 年末，兴国县公路总里程 4452 千米，实现组组通水泥路、村村通客车，全年完成客运量 101 万人次、客运周转量 9280 万人千米，完成货运量 56 万吨、货运周转量 7319 万吨千米。

能源保障更加有力　坚持绿色发展理念，大力发展风力发电和电网改造项目，着力壮大绿色经济，实现可持续发展。2012—2020 年，累计投入电网改造资金 6.1254 亿元，建成 220 千伏变电站 1 座、110 千伏变电站 4 座、35 千伏变电站 12 座。大水山、莲花山、云峰嶂风电场并网发电，新能源汽车充电桩实现城乡全覆盖。

水利设施有效改善　长冈灌区、长龙灌区渠道改造顺利实施，平江灌区项目列入《关于“十四五”支持革命老区基础设施建设的实施意见》和《赣州革命老区高质量发展示范区建设方案》。2012—2020 年，实施病险水库除险加固 57 座，洋池口水库城市应急备用水源项目进展顺利，新建农村安全饮水工程 558 处，解决不安全饮水人口 40.15 万人。2012 年被水利部授予“全国农田水利基本建设先进单位”，并分别获评 2012—2014 年度、2015—2017 年度江西省“鄱阳杯”水利建设先进单位。

（六）城乡面貌展现新变化

大力推进乡村振兴和新型城镇化建设有机融合、协调发展，城市公共服务水平和能级品位有力提升，城乡人居环境明显改善，城乡面貌焕然一新。潋江湿地公园、潋城、体育公园、长征文化艺术中心等一批“网红打卡地”成为城市亮丽名片。至 2021 年，人均公园绿地面积提升至 11.4 平方米。城市综合体和火车站完成升级改造，红军桥重建等项目加快推进，体育公园、长征文化艺术中心等一批项目投入使用。建成县城智慧停车平台，4254 个市政停车泊位实现快速停放。城区建成面积扩大至 28.8 平方千米，被评为“江西省森林城市”。2021 年，投入资金 8.25 亿元，建设和谐秀美新农村点 2565 个。开展以“建好、管好、护好、运营好”农村公路为主要内容的“四好农村路”建设，实施“四好农村路”项目 584 个，实现 303 个行政村村村通客车、25 户以上自然村通水泥路及组组通水泥路。累计拆除、修缮“空心房”1023.8 万平方米。龙口镇睦埠村获评全省唯一“国家森林乡村创建样板村”，杰村乡含田村被授予“江西省十佳森林乡村”称号。

（七）民生事业取得新成就

十年来，兴国县始终聚焦民生短板，坚持将新增财力的三分之二以上用于民生改善，一大批突出民生问题得到解决。

教育事业优先发展　至 2021 年，累计新改扩建校建项目 1175 个，改扩建校舍面积 102.1 万平方米。改造薄弱学校 233 所，全面完成农村薄弱学校改造工程。公办幼儿园从无到有，民办幼儿园规范有序发展。教育城域网覆盖达 100%，被评为“全国义务教育发展基本均衡县”、国家级“农村职业教育和成人教育示范县”。至 2021 年末，全县各类学校 849 所，比 2011 年末增加 525 所；在校学生 17.36 万人，比 2011 年末增加 2.72 万人；在校教职工 12175 人，比 2011 年末增加 5564 人；校园占地面积 397.334 万平方米，比 2011 年末增加 138.4 万平方米；校舍面积 182.18 万平方米，比 2011 年末增加 103.31 万平方米。

医疗水平不断提升　复旦大学附属华山医院对口帮扶进一步深化，县人民医院、县中医院、妇保院完成迁建，294 所村卫生室全面完工并投入使用，医疗卫生和服务保障水平全面提升，县域内就诊率稳定在 95% 以上。常态化做好疫情防控，医学场所规范分类管理做法在全市推广。到 2021 年末，全县各类医疗卫生机构 896 个；病床总数 4204 张，比 2011 年末增加 2902 张；卫生技术人员 4965 人，比 2011 年末增加 3510 人。

社会保障扎实有力　全面落实稳就业政策，2021 年比 2011 年新增城镇就业人口 4.18 万人、新增公益性岗位 1292 个。2021 年，提升改造 26 个乡镇养老院，建成 178 个居家养老服务中心。田庄上养老中心入选全国公办养老机构改革优秀案例，夕阳红老年公寓获评全国首批老龄健康医养结合远程协同服务试点。

（八）生态文明展现新成效

持续打好污染防治攻坚战，中央、省环保督察及“回头看”反馈问题整改到位。统筹推进蓝天、碧水、净土保卫战。睦埠桥断面、平江江口断面、县城集中式饮用水水源地水质优良率达 100%。加强森林资源管护，高标准推进低质低效林改造、松材线虫病疫木除治工作，全面提升森林资源质量，连续四年获评“全市低质低效林改造工作先进县”。金龙金矿等一批废弃矿山综合治理加快推进，东村乡列入全国全域土地综合整治试点，塘背水保科技示范园获评国家级“水保科技示范园区”“全国水土保持科普基地”。

（九）改革开放释放新活力

持续深化“放管服”改革，政务服务效率进一步提升。“跨省通办”范围持续扩大。2012—2021年，先后与上海、江苏等8个地区签署“跨省通办”协议，确定44条“跨省通办”合作内容。重点领域改革成效明显，积极开展山水林田湖草治理试点，废弃矿山生态修复治理市场化运作模式得到自然资源部肯定，获评“全国农田水利基本建设先进县”“江西省森林城市”“全市最美县城”。积极融入长江经济带、粤港澳大湾区等国家战略，不断深化区域经济合作，互联互通开放格局加速形成。如表4所示，2021年，全县实际利用外资12545万美元，是2011年的2.3倍，年均增长8.7%；全县进出口总额达6亿元，其中，出口总额5亿元，年均增长22%。

（十）政治生态展现新风貌

扎实开展新时代党员干部“十带头”先锋创绩活动，红色基因得到进一步传承弘扬。推进基层党建“三化建设”，整顿提升软弱涣散村党

兴国县2011—2021年实际利用外资及增速统计表

表4

年 份	实际利用金额（万美元）	比上年增长（%）
2011	5432	0.8
2012	4561	–16.0
2013	6667	46.2
2014	7101	6.5
2015	7812	10.0
2016	8607	10.2
2017	9468	10.0
2018	10431	10.2
2019	11232	7.7
2020	11947	6.4
2021	12545	5.0
2012—2021年均增长	2.75	8.7

组织，全县各基层党组织面貌焕然一新。连续多年获评全市意识形态和新闻宣传先进县。纵深推进全面从严治党，大力整治“怕担责吃亏、拖慢扯皮、弄虚作假、庸碌无为、懒懒散散”五种“怕慢假庸散”作风顽疾，严肃查处群众身边不正之风和腐败问题，深入推进廉洁兴国试点，一体推进不敢腐、不能腐、不想腐，群众对正风肃纪反腐的获得感持续增强。支持人大工作与时俱进创新发展、支持政协民主协商参政议政，统战和民族宗教工作取得新进展，党管武装工作进一步加强，工青妇等群团组织作用得到较好发挥，民主政治建设扎实推进。

二、十年振兴发展经验启示

十年感恩奋进，苏区振兴事业阔步向前。回顾十年发展历程，中共兴国县委、县人民政府始终牢记中共中央总书记习近平“作示范、勇争先”的殷殷嘱托，把苏区振兴发展作为一项重大政治任务，带领全县干部群众，逐步走出一条适合县情的高质量跨越式发展路径。主要经验启示有：

（一）坚持强作风，弘扬优良传统

兴国县始终把优良的作风作为推动苏区振兴发展重要保障，积极发扬苏区干部好作风，不断强作风、扬正气。在全县党员干部中开展以新时代“十带头”为主要内容的先锋创绩活动，树立重实干实绩的用人导向，设立重点工作“奔牛奖”“蜗牛奖”，向不良作风“宣战”，锻造新时代好作风干部队伍。全县党员干部自觉捍卫“两个确立”，坚决做到“两个维护”，不断增强苏区振兴发展的责任感和使命感，以昂扬向上的工作状态，奋进务实的工作作风，坚决扛起苏区振兴发展的主体责任。

（二）坚持抓落实，积极对接争取

兴国县坚决摒弃“等靠要”思想，建立“县领导一周一调度、县政府半月一调度、县委一月一调度”工作机制，始终以“赶考”的精神状态，坚持一手抓当前、解决眼下难题，一手谋长远、积蓄发展后劲。不断强化政策研究，常态化“北上”对接争取，持续在激活内生动力上下功夫。一系列配套政策、扶持资金和重大项目密集

落地：319 国道债务贷改拨，小山变电站地方贴息取消等政策成功落地；平江灌区项目列入《关于“十四五”支持革命老区基础设施建设的实施意见》《赣州革命老区高质量发展示范区建设方案》；西气东输三线兴国 161# 阀室开口通气获得国家管网集团批复同意；兴国城控实业发展集团有限公司 3 亿美元境外债发行通过国家发展和改革委员会批复。

（三）坚持促改革，创新工作思路

紧抓“先行先试”政策优势，坚持不断研究新情况，探寻新思路，围绕落实《若干意见》《新时代意见》等政策体系，积极探索促进经济发展的有效措施。在全省率先实施易地搬迁后续扶持“点长制”，其做法得到省委主要领导同志批示肯定，在全省推广运用。在全省率先探索建立“政府主导、政策扶持、社会参与、市场化运作”的生态修复新模式，引起媒体争相报道和众多单位参考学习，得到部、省领导肯定及好评。通过实施山水林田湖崩岗综合治理项目，将政府、群众、环境、发展捆绑起来，为贫困地区脱贫致富、生态保护探索出一条扎实有效、可复制推广的有益模式。通过政府购买服务引进专业力量进行免费集中照护，兜住养老“最后一公里”，农村特困失能老人集中照护做法入选中组部《贯彻落实习近平新时代中国特色社会主义思想在改革发展稳定中攻坚克难案例》丛书，2020 年在中央电视台《新闻联播》播出。2021 年 9 月，在全省县级城市中第一个举办“模范兴国”慈善晚会，募集资金近 900 万元，用于慈善事业和乡村振兴，其典型经验在全省推广。2016—2020 年，引导风电企业出资近 7000 万元，探索建立风电资源反哺振兴发展机制。

三、兴国县未来振兴发展的定位及目标

面对未来，兴国县将继续以中共中央总书记习近平视察江西和赣州重要讲话精神为总遵循，完整、准确、全面贯彻新发展理念，紧密围绕赣州高质量发展示范区建设重点任务，以推动高质量发展为主题，以深化供给侧结构性改革为主线，以改革创新为根本动力，以满足人民日益增长的美好生活需要为根本目的，深入落实省委“二十四字”工作思路，聚焦市委“三大战略”和“六大主攻方向”，立足新发展阶段，贯彻新发展理念，融入新发展格局，争创新时代工业强城乡美百姓富作风好的“模范兴国”新荣光。

兴国县未来振兴发展总体目标是，到 2025 年，工业经济总量跃居全市前列，综合实力显著增强，主要经济指标位列全市第一方阵、高于省市平均水平。

工业强势崛起　贯彻新发展理念，融入新发展格局，以更大力度推进工业倍增升级，持续壮大工业经济，提升兴国竞争优势。持之以恒主攻电子信息、纺织服装首位产业，引进一批龙头型、旗舰型项目，提高首位产业集聚度，力争到 2025 年实现首位产业产值破 500 亿元。

城乡加速融合　城乡空间发展格局全面优化，城市功能品质大幅提升，努力创建国家卫生县城、省级文明城市。交通路网更加发达、完善，城市功能品位进一步提升，城乡人居环境明显改善。乡村振兴全面推进，农村发展短板基本补齐。生态系统治理不断完善，绿色发展水平稳步提升。

社会和谐美好　城乡居民收入差距进一步缩小，社会就业更加充分、更高质量，教育、医疗、文化、住房、养老、托幼等基本公共服务能力持续增强，养老服务体系更加健全，社会治理水平明显提升，群众获得感成色更足、幸福感更可持续、安全感更有保障。

干部作风优良　赓续红色血脉，传承红色基因，苏区干部好作风得到进一步传承和弘扬。拉高标杆、勇争一流，见贤思齐、务实担当在兴国蔚然成风。干事创业热情进一步激发，工作合力进一步凝聚，政治生态风清气正。

（曾　炜　杨艺播）

传承苏区干部好作风　再创新时代“第一等工作”

——兴国县建设工业强城乡美百姓富作风好的“模范兴国”纪实

海文生物开工 8 个月即实现投产，再次刷新工业项目建设“兴国速度”；5 座人行天桥横跨县城主干道，既保障了行人安全，又提升了“兴国颜值”；遗留多年的一系列征迁难题顺利破解，展现了“兴国担当”……心齐劲足、百舸争流，新时代的兴国朝着工业强城乡美百姓富作风好的“模范兴国”蝶变，展现出朝气蓬勃的新气象。

近年来，兴国县全县上下深入学习习近平新时代中国特色社会主义思想和党的二十大精神，围绕省委“六个江西”和市委“三大战略、八大行动”决策部署，着力建设工业强城乡美百姓富作风好的“模范兴国”，再创新时代“第一等工作”，不断开创高质量跨越式发展新局面，2022 年 GDP 增长 5.1%，一般公共预算收入增长 4.7%，固定资产投资增长 10.2%，规上工业增加值增长 8.5%，社会消费品零售总额增长 4.9%，城镇、农村居民人均可支配收入分别增长 5.5%、8.8%。出口总额、现汇进资增幅迈入全市“第一方阵”，分别增长 56.1%、299%，获评全国信访系统先进集体、财政管理绩效先进县、自然资源节约集约示范县，全省绿色有机农产品示范县、粮食生产先进县、耕地保护先进县。

一、聚焦“工业强”，产业升级迈出新步伐

走进兴国经济开发区智能终端产业园的江西富视兴电子科技有限公司车间内，原料玻璃经过一道道标准化工序，“走”完 100 多米长的智能产线后，最终以液晶显示屏成品形态呈现眼前。作为“粤企入赣”的重要成果，富视兴电子主要生产研发销售智能穿戴、手机屏、平板电脑屏、导航、玩具等电子产品所配套的电子 LCD 显示屏模组及智能穿戴系类产品，可提供 1500 个就业岗位。

科学谋划定产业　兴国县坚定不移把工业作为安身立命之本、兴县强县之要，全力以赴推动工业倍增升级。多次召开专题会议研究产业发展方向、发展路径等问题，明确产业发展定位，并聘请第三方机构编制专项产业发展规划，组织工信、商务等部门研究专项产业扶持政策。围绕做大做强电子信息、纺织服装、新材料等“2+1+N”主导产业，以建链补链为主战场，深入实施产业链链长制，成立了电子信息、纺织服装、新材料三大产业链协调推进小组，紧盯产业链抓规划、强招商、促建设，为实现工业倍增升级积蓄动能。2022 年工业固定资产投资、用电量等指标逆势上扬，跻身全市前列，全年新增规上工业企业 23 家、总数达 96 家，营业收入增速达 29.1%，三大主导产业累计占规上工业营收 74.57%。

聚焦产业强招商　四套班子领导多次带队外出调研、考察、招商，洽谈引进了华锦体育、联佳电子、安徽思驰锂离子电池等一批建链、延链、补链项目。全年签约引进项目 83 个、投资额达 467.3 亿元，其中 20 亿元以上项目 7 个、10 亿元以上项目 15 个，晶华微电子、海文生物等 31 个项目实现当年引进、当年投产，艾克佩特服装科技产业园、中国兵工集团军民融合项目加快推进，项目招引个数、投资额度均创历史新高，为工业高质量发展注入新动力。

紧盯落地建平台　为了让引进项目早日落地见效，扎实推进平台建设，启动建设智能制造、恒海洗水等产业园区，建立兴国中专经开区产教融合实训基地，成立全省首个县级数字人力共享中心，清退闲置低效用地 565.3 亩，腾退厂房 4.5 万平方米，新建标准厂房 24.6 万平方米，获评省级“两化融合”数字化转型示范园区，主导产业配套日趋完善。针对项目落地遇到的问题，主要领导靠前调度协调，并压实责任单位、责任项目具体责任，每周对照倒排工期表开展现场督查，严格贯彻落实项目建设每周调度、每月公布“红黑榜”、每季开展项目建设流动现场会并评定“奔牛奖”“蜗牛奖”的工作机制。

对标湾区优服务　深入推进优化营商环境“一号改革工程”，按照“大湾区能做的，我们也要

能做到”要求，出台中小企业纾困解难35条，累计减税降费2.5亿元，在全市率先上线“亲清赣商”惠企政策兑现平台，累计兑付资金2.4亿元，新增各类市场主体6500余户、增长3.1%。纵深推进“放管服”改革，210项权力事项实现“一枚印章管审批”，965件服务事项实现“掌上办”，224项高频事项实现“跨省通办”，企业开办实现“半天、零成本”。建成省、市科技创新平台5个，高新技术产业增加值占规上工业增加值比重首次突破30%。完成企业上云1070家，规上工业企业上云覆盖率达100%。新组建县政务服务和大数据发展中心，“市县同权”、工程项目“一站式”集成审批、“全产业一链办”等改革全面落实，在全市率先推行“一照多址”和企业歇业备案制度改革，“干就赣好”和“兴速办”营商环境品牌进一步打响。

二、聚焦“城乡美”，城乡融合绘出新画卷

每天夜幕降临，附近居民便从四周会聚和睦公园，有的沿着栈道散步，有的在健身区健身，有的在跳广场舞，人如潮涌。公园占地110多亩，紧邻文化艺术中心，周边楼盘林立，园内涵盖水体景观、城市规划展览馆、游步道、景观绿化于一体，既是“城市绿肺”，也成为居民休闲娱乐胜地。

城市品质持续提升　按照“四精”要求，坚持以绣花功夫雕琢城市节点，完善城市功能，让城市品质与品位兼具、精细与优美共存。引进上海同济大学建筑设计研究院高标准做好城市规划设计，扎实推进“一心四区”组团式发展。大力实施城市更新行动，投资158.5亿元，实施城市能级提升项目36个，红军大桥建成通车，和睦公园建成开园，首个城市综合体翡翠广场建成开业，新建5座人行天桥，潋江之春地下停车场、第二水厂立体停车楼顺利完工，新增城区停车位近700个、公厕12座，建成一批深受市民欢迎的“口袋公园”。打通和睦片区纬二路、兴国中学南门沿河路等一批“断头路”，改造提升老旧小区4个、小街小巷5条，完成城区道路雨污分流19.5公里，完成城区主要道路的“白改黑”和景观绿化，全面推进城区33个网格常态化整治，畅通了城市内外循环、刷新了城市颜值、提升了城市气质，城市面貌展现新姿。

乡村环境更加清爽　持续巩固拓展脱贫攻坚成果，牢牢守住不发生规模性返贫的底线，共消除风险1278户5499人。坚决扛牢粮食安全政治责任，落实面积84.24万亩，总产量达26.2万吨，超额完成粮食生产任务。持续壮大“135”农业产业，累计建成蔬菜大棚85个2.33万亩，富硒芦笋种植面积5160亩，全省面积最大、品质最好，圆满承办2022年全省蔬菜（芦笋）产业技术现场观摩会。加大集团100万头生猪屠宰深加工项目顺利竣工投产，大力引进预制菜和食品加工项目，食品产业园有序推进。新认证富硒农产品、绿色有机产品品牌24个，“方太妹”白茶获2022年庐山国际名茶名泉博览会金奖，现代农业产业链不断优化提升。建立完善网格化管理、差异化考核、常态化曝光等机制，全力改善农村人居环境；安排资金8150万元打造长冈、永丰、梅窖、社富等10个美丽乡镇，潋江澄塘、崇贤贺堂、茶园全坑、城岗白石等31个乡村振兴示范村，投入5.45亿元整治农村房屋突出问题，乡村面貌大幅改善，乡村全面振兴行动6项重点工作连续四个季度综合排名全市第一。

拆除“空心房”8400栋88.8万平方米，整治“赤膊房”1.2万栋449万平方米，面积为2021年的5倍；整改户厕2880余户，打造市级“改厕样板村庄”2个；新改建“四好农村路”74.9公里、农村生命防护工程20.4公里、中小桥梁15座。

生态质量不断优化　以美丽兴国建设为抓手，打好蓝天、碧水、净土保卫战。全年空气质量优良天数比例94.8%，$PM_{2.5}$平均浓度全面达标，地表水考核断面年均评价水质达到Ⅱ类标准，县级集中式饮用水水源地、出境断面水水质优良率100%。建立土壤重点监管单位隐患排查制度，受污染耕地安全利用率93%以上。切实抓好环保督察问题整改，中央和省环保督察、长江经济带生态环境警示片、省生态环境警示片、赣南专员办通报等指出问题均达整改时序进度。扎实推进生态修复保护，完成低质低效林改造9.55万亩，修复治理崩岗104处，“矿山修复+土地整治”经验入选省级生态修复典型案例，获评全国自然资源节约集约示范县，经开区被评为省循环化改造试点园区。加快推进绿色低碳发展，实施可再生能源能替代行动，大力推进“全民减碳”，入选为全省林业碳中和试点县；茶园、大水山、莲

花山、云峰嶂风电场全部并网发电，绿色发展水平逐步提升。完成 20 个市级生态村创建，高兴镇获评省级生态园林城镇，古龙岗营前、埠头龙砂、均村长竹、杰村曾田等 8 个村获评省级森林乡村，入选省林业碳汇试点县。

三、聚焦“百姓富”，乡村振兴展现新成色

深入践行以人民为中心的发展思想，着力解决人民群众就业、教育、医疗、文化、安全等生活所需所盼，全年城镇、农村居民人均可支配收入分别增长 5.2%、8.2%。

民生保障迈上新台阶 坚持量力而行、尽力而为，投入民生资金 48.4 亿元，40 件民生实事基本完成，45 个提高民生品质行动项目扎实推进，一批群众“急难愁盼”问题得到解决。坚持教育优先发展，全年投入 16.5 亿元，实施校建项目 92 个，新改建校舍面积 21.9 万平方米，新增园位 1600 个、学位 5000 余个，考取清华、北大共 4 人，为全市县级最多，创历史最好成绩，被评为全国义务教育发展基本均衡县、国家级农村职业教育和成人教育示范县。大力发展医疗卫生事业，县人民医院二期（传染楼）、嘉和医院、南坑乡卫生院等项目加速推进，华山医院等帮扶成效持续深化，县域医共体建设稳步实施，城乡居民医疗保障水平不断提升。把就业作为最大民生，全年实现新增城镇就业 4594 人、转移农村劳动力 9015 人，就业创业形势总体平稳。新建公租房 500 套、保障性租赁住房 300 套。高标准实施 21 个乡镇敬老院提升改造“暖心工程”，完成 192 户特殊困难老年人居家适老化改造，入选全国“深化乡村地名服务点亮美好家园”试点县，江背镇高寨村获评全国老龄系统先进集体，为全省唯一。成功举办第二届“模范兴国”慈善晚会，募集资金 690 万元。

文化事业实现新发展 大力推动文化保护传承，积极打造红色文化传承发展创新示范区，红色资源活化利用课题被《人民日报》整版刊发、省改革报刊登推广，并获省委常委、宣传部部长庄兆林批示肯定。兴国山歌进校园入选文旅部“中国民间文化艺术之乡”建设典型案例，大型兴国山歌剧《苏区干部好作风》获第十二届江西玉茗花戏剧节编剧奖、新人奖等四个奖项，举办“长征先锋”超级 IP 发布暨产业融合大会，红色教育主题动画片《长征先锋》多次登榜同类影视全国收视第一，被推荐参评中宣部“五个一”工程，《长征组歌》驻地演出项目扎实推进，“苏区干部好作风”模范兴国文旅品牌持续打响。有序推进苏区干部好作风纪念园服务质量提升、长征国家文化公园（兴国段）、龙口启耀故里、崇贤茶旅小镇等项目建设，大力推动“本地人游本地”，驿博红兴谷研学旅行营地获评全省科普教育示范基地，红兴谷、潋江书院等 8 个场馆入选全市第一批红色教育培训基地，数量居全市之首，潋城文创街区成为“网红打卡地”，2022 年游客接待同比增长 22.85%，旅游综合收入同比增长 24.48%。持续优化公共文化服务供给，实施乡镇文化站提升工程，推进文化馆、图书馆总分馆建设，打造城乡 15—20 分钟公共文化服务圈，承办赣州市第六届运动会，群众文体生活更加丰富。

社会治理得到新提升 始终把政治安全放在首位，严密防范化解重大涉稳风险，深化反渗透反颠覆反分裂反恐怖反邪教斗争，筑牢维护政治安全的铜墙铁壁。疫情防控精准有效，最大限度保护了人民群众的生命安全和身体健康。大力推进市域社会治理现代化，创新“红色文化＋信访工作治理”模式，初信初访和信访积案不断减少，信访形势彻底扭转，县委信访局获评“全国信访系统先进集体”，“红色治理＋信访”工作经验得到中央信访督导组肯定。常态化推进扫黑除恶、全民反电诈、打击整治养老诈骗等工作，严厉打击“黄赌毒”等违法犯罪活动，群众满意度、安全感不断提升，社会大局保持安全稳定，长冈派出所被命名全国“枫桥式公安派出所”，埠头派出所被评为“全国优秀公安基层单位”，县公安局获评全省“五型”政府建设先进集体。隆坪乡隆坪村获评全省综合减灾示范村。

四、聚焦“作风好”，队伍建设得到新提升

遗留 6 年的平固街棚改 27 户征迁任务不到三个月时间全面收官，遗留 8 年的经开区南区 132 户房屋征迁不到一个月完成，停工烂尾 9 年的“江山一品”楼盘盘活追回房屋 220 套并交付业主……短短一年内，县委县政府以作风提升为抓手，传承发扬苏区干部好作风，破解了一系列困扰发展、影响民心的历史遗留问题，呈现出干

群心齐劲足的新气象。

坚持领导干部带头，严明规章制度　坚持和加强政治建设，通过县委理论学习中心组、“学习日”等形式，深入学习习近平新时代中国特色社会主义思想和党的二十大精神，坚决捍卫“两个确立”、坚决做到“两个维护”，不断提高政治判断力、政治领悟力、政治执行力。严肃政治纪律和政治规矩，县领导带头执行民主集中制、请示报告等各项制度，完善请销假报备、议题报送、每日工作汇编等制度，以上率下，带头推动机关党员干部“三进三为”（进帮扶乡村、进共建社区、进困难企业，为基层解难、为群众解忧、为企业纾困），营造真抓实干、争创一流的干事氛围。研究出台《关于锻造新时代“模范干部好作风”的若干措施》等文件，召开全县深化干部作风建设动员会议，向“夹生型、躺平型、松散型、投机型、老好人型、门神型、太极型、老爷型、两面型、变质型”等“十种干部”宣战，组织重点工作“奔牛奖”“蜗牛奖”评选，导向鲜明促担当作为，激发干部队伍活力。

抓好党建示范引领，锻造过硬队伍　以党建质量过硬行动为抓手，推进“让党放心、人民满意模范机关”创建，不断夯实基层战斗堡垒。加强党建与乡村振兴、产业发展、乡村旅游、集体经济融合发展，深挖兴国特色红色资源，打造市级以上红色名村 10 个，2022 年村均经营性收入 37.52 万元，同比增长 15.3%，实现“六连增”。在全市率先出台新业态新就业群体领域党建工作“八条措施”，探索建立“模范机关你来评”机制，探索不胜任不称职村干部处置、统筹优化村（社区）人员力量、“有事找书记”等 3 项特色做法入选全省第三届党务技能大赛项目。优化调整城市社区网格，实现“多网合一”，率先在全市完成专职网格员招聘工作，专职网格员配备率达到 100%。全面落实新时代好干部标准，进一步健全完善党外干部培养选拔工作联席会议制度，用好“奔牛奖”“蜗牛奖”等激励机制，树立正确用人导向，在“八大行动”等中心工作一线、急难险重任务中锻炼选拔干部，共提拔使用优秀干部 131 人，晋升职级 183 人。设立人才发展基金，持续改善乡镇办公和生活条件，切实关心关爱干部，高质量抓好干部培训教育，提高抓发展的眼界和水平。

推进“勤廉兴国”建设，维护社会和谐　以勤廉兴国建设为抓手，落实落细管党治党责任，创新构建“两个责任‘三化’”工作体系，领导干部带头开展政治谈话。持续开展“赓续红色血脉 传承红色基因”行动，开展落实中央八项规定精神十周年“回头看”活动，向“十种”干部现象、“四种”不良风气宣战，查处违反中央八项规定精神问题 35 起 55 人。坚持一体推进“三不腐”，全年立案 196 起 197 人，查处群众身边腐败和作风问题 55 件 88 人，形成了强大震慑。打造勤廉文化品牌，开展勤廉文化“七个一”活动，编印《勤廉榜样在兴国》得到省委副书记、市委书记吴忠琼的批示肯定。加大开展行政执法“三项制度”“双随机、一公开”监管力度，办理行政执法案件 26 件，行政执法更加规范。下大力气解决“执行难”、预防“民转刑”问题，强力推进“法律明白人”培养工程，全年组织“法律明白人”培训 200 余场，充分利用 364 个各类调解组织，调解案件成功数 3718 件，尊法学法守法用法蔚然成风，有力维护了社会和谐稳定。

（张昌祯）

本栏编辑：钟贞培

大事记

1月

3日　兴国县中医院收治的一名突发“右侧颞叶脑出血破入脑室”患者成功捐献“一肝两肾”，挽救3名患者的生命。这是兴国县2022年首例器官捐献。

5日　县妇幼保健院举办“致敬老区健康中国乡村行”免费妇女健康公益筛查活动，免费为700名妇女提供健康筛查套餐(含“两癌”筛查)。

10日　全市项目大会战流动现场会转入兴国县。与会人员实地察看驿博红兴谷（景行研学）项目、瑶岗背老旧片区文化创意改造运营项目、江西特瑞森智能厨电有限公司智能家用电器项目，检阅兴国县2021年经济社会高质量发展新成效、新进展。

11日　十九届县委第一轮巡察暨涉粮问题专项巡察监督检查整改方案5部门联审工作会在县纪委县监委会议室召开。

13日　兴国县劳动模范协会成立暨第一次会员代表大会召开。

14日　全县党史学习教育总结会召开。会议通报表彰“我为群众办实事”十佳典型事例和党史学习教育工作先进个人、先进巡回指导组、巡回指导工作先进个人，传达学习中央、省、市党史学习教育总结会议精神。

同日　县委经济工作会议暨“八大行动”（工业倍增升级、科技创新赋能、深化改革开放、乡村全面振兴、城市能级提升、美丽赣州建设、提高民生品质、党建质量过硬）动员部署会在兴国宾馆会堂召开。会议总结2021年经济工作，部署2022年经济工作和“八大行动”工作。

同日　县委农村工作会议暨城乡环境综合整治大会战动员部署会召开。

25日至3月31日　兴国县开展2022年“春风送温暖、就业送真情”暨“孩子喊父母回家上班”行动大型招聘活动、2022年就业援助月（1月26日至2月26日）专项活动。

26—28日　全县乡村振兴“三比三看”（比作风、比业绩、比创新、看精神面貌、看执行力度、看发展活力）流动现场会召开。28日，在兴国宾馆会堂召开兴国县乡村振兴“三比三看”流动现场会点评会议。

27日　兴国县第十九届人大常委会第三次会议召开。

28日　县政协召开十六届三次常委会会议。

30日　中共兴国县第十九届纪律检查委员会第二次全体会议召开。

同日　全县“三请三回”（请乡友回家乡、请校友回母校、请战友回驻地）招商推介会暨各界人士座谈会在沃尔顿国际大酒店举行。现场举行项目集中签约仪式，签约项目11个，签约金额116.3亿元。

2月

8日　兴国县第九幼儿园正式开园。该园的建成，有效缓解兴国县城东片区公办幼儿园学位不足问题。

10—12日　中国人民政治协商会议兴国县第十六届委员会第二次会议在兴国宾馆会堂召开。邱小林作工作报告。雷从华作政协兴国县第十六届委员会常务委员会关于十六届一次会议以来提案工作情况的报告。

11日 兴国县第十九届人民代表大会第二次会议的人大代表和县政协第十六届委员会第二次会议的全体政协委员们集中参观视察瑶岗背老旧片区文化创意改造运营项目、驿博红兴谷（景行研学）项目。

12—13日 兴国县第十九届人民代表大会第二次会议在长征组歌大剧院召开。刘章宏代表兴国县人民政府向大会报告工作。

13日 2022年兴国县武装工作暨县委武委会和国动委会议在长征组歌大剧院召开。

14日 全县领导干部会议召开。会议通报中共兴国县委、兴国县人民政府2021年度综合绩效考核结果并现场颁奖。

同日 县市场监督管理局在丹枫龙廷小区组织开展迎新春“你送我检”现场快检活动。活动检测各类食用农产品21批次，检测合格率为100%。

15日 兴国县2021年度基层党建工作述职评议会议在兴国宾馆会堂召开。

16日 组织全县各级干部群众465人参加义务植树活动，栽种苗木31820株计28.73公顷。

同日 兴国县举行2022年全县重大项目协同联动开工活动。此次协同联动开工18个项目，涵盖工业、教育、能源等多个领域，投资总额达79亿元，年度计划完成投资49.4亿元，其中基础设施项目3个、公共服务项目1个、产业升级项目11个、生态环保项目3个。

21日 全县宣传思想文化工作会议召开，会议总结2021年全县宣传思想文化工作，部署2022年宣传思想文化工作。

同日 县应急管理局组建突击队，清理崇贤、南坑等乡镇结冰路面6千米。此前，兴国县于20日起出现大强度降温天气，北部边远山区持续低温并伴有雨夹雪等。

同日 兴国县召开应对雨雪冰冻天气灾害专题调度会。

23日 复旦大学附属华山医院对接帮扶县人民医院工作会议在兴国宾馆会堂召开。复旦大学附属华山医院党委书记邹和建，院长毛颖通过视频连线出席会议并致辞。

24日 兴国县十九届县委第二轮巡察工作动员部署会召开，启动2022年度首轮巡察工作。市委巡察工作指导督导组到会指导。

同日 县政协召开十六届二次会议提案审查暨重点提案评审会。对县政协十六届二次会议以来收到的161件提案进行“过筛式”审查。经审查，立案提案120件、转社情民意21件、因各种原因不予立案19件、并案1件，推荐重点提案20件。会议邀请县委办、县政府办督查室负责提案工作的人员以及部分提案承办单位的人员参加。

25日 全县委统战工作会议召开。

同日 兴国县农业农村工作调度会召开，全面部署农业农村重点工作。

3月

1日 全县纺织服装产业研讨会暨工业专题调度会召开。

2日 全县重点项目推进会议暨招商引资誓师大会召开。县委书记李贱贵为专业招商队授旗。

同日 兴国县深化发展和改革双“一号工程”推进部署会召开。会议解读《兴国县深化“放管服”改革打造新时代“模范兴国第一等”营商环境工作方案》《兴国县深入推进数字经济做优做强“一号发展工程”实施方案》。

同日 356国道均村至五里隘段公路等国省道及城乡交通工程签约仪式在兴国宾馆举行。兴国县与江西省公路投资有限公司此次签约合作的交通基础设施建设项目总投资36.1亿元。

3日 兴国县2022年“喜迎二十大青春志愿行”“学雷锋”公益活动暨“学雷锋志愿服务月”启动仪式在五福广场举行。

4日 兴国县拓展新时代文明实践中心建设工作暨推动党的基层阵地资源整合和新时代文明实践中心建设领导小组第一次全体（扩大）会议召开。

6日 庆祝“三八”国际妇女节112周年表彰大会在兴国宾馆举行，表彰2021年度兴国县三八红旗手（集体）、巾帼建功标兵、优秀妇女工作者代表。

7日 兴国县科技创新赋能行动领导小组第一次调度会召开。

上旬 驻赣全国政协委员向全国政协十三届五次会议提交联名提案，建议设立“全国苏区干部好作风陈列馆”，将江西省兴国县内的“苏区干部好作风陈列馆”提升为“全国苏区干部好作风陈列馆”。

11日 省委副书记、市委书记吴忠琼到兴国城乡开展党建质量过硬行动、乡村全面振兴行动暗访调研。吴忠琼先后到枫边乡石印村、良村镇西岭村、鼎龙乡麦鹅村，走进村委会办公场所，察看干部在岗及为民服务情况。

13日 县委全面深化改革委员会第十二次全体会议暨深化改革开放行动领导小组第一次会议召开。

16日 县委党建工作领导小组会暨党建质量过硬行动工作布置会召开。

17日 全国双拥工作领导小组办公室副主任、中央军委政治工作部群众工作局局长、少将肖安水一行到兴国县开展全国双拥模范城（县）届中考评调研。

18日 县委“八大行动”领导小组第一次会议召开。

24日 兴国县第十九届人大常委会第四次会议召开。

25日 《人民日报》第18版刊发《科技助春耕 节本又增效》一文，对兴国县良种良法推广，集中育秧、种再生稻，稳步提升种粮效益进行大篇幅报道。

27日 全县反电信网络诈骗工作推进会召开。

31日 平安江西建设表彰大会暨市域社会治理现代化试点工作推进会召开，兴国县长冈乡被评为2017—2021年度平安江西建设示范乡镇（街道），并作为示范乡镇（街道）唯一代表进行交流发言。

4月

1日 县退役军人事务局组织干部、志愿者在兴国县革命烈士纪念馆悼念广场、烈士陵园园区举行“2022·奋进·清明祭英烈”代祭扫活动。

同日 兴国籍开国少将、原沈阳军区副政委邹衍因病于沈阳逝世，享年107岁。

6日 县文化馆被中央宣传部、文化和旅游部、国家广播电视总局评为“第九届全国服务农民、服务基层文化建设先进集体”。

同日 兴国县举行“五型”（忠诚型、创新型、担当型、服务型、过硬型）政府建设监督员续聘仪式。

8日 兴国县城区第一座人行天桥—凤凰大道五中卫校路段人行天桥竣工正式投入使用，有效缓解兴国城区相关路段上下学高峰期交通拥堵问题。

同日 兴国县生活垃圾焚烧发电项目整套机组“72+24小时”试运行顺利通过，生活垃圾焚烧发电厂正式投运。

10日 2022年县级总河（湖）长总林长会议召开。

同日 全县生态文明建设（碳达峰、碳中和工作）领导小组、县推动长江经济带建设领导小组暨县生态环境保护委员会2022年第一次会议召开。

11—13日 县人大常委会调研组到县发展改革委、县商务局、县工信局、县住建局、县行政审批局、县市场监管局、县工商联等单位部门，并与相关开发区和有关企业、个体工商户等座谈，对县优化营商环境情况进行调研。

13日 兴国县招商引资项目线上线下集中签约仪式在县融媒体中心举行。县人民政府与贵州神奇虎、嵘耀塑胶、深圳新艺智能、东莞智科智能等10家公司进行线上线下签约。签约总投资129.5亿元，涉及新能源锂电池、智能穿戴设备、新材料、数码终端等领域。

同日 兴国县举行捐赠支援上海华山医院抗疫物资启程出发仪式。

14日 县人民医院骨二科（脊柱外科）在“天玑”骨科手术机器人辅助下，成功完成1例一期同体位前后联合入路治疗腰椎爆裂性骨折并脱位手术，是全市首家开展骨科手术机器人辅助骨科手术的医院。

17日 县委网络安全和信息化委员会第四次会议召开。

20日 市政协主席徐兵一行到兴国县国泰特种化工有限公司、喜晨步步高玛特购物广场、红军桥重建项目现场督导督查安全生产工作并召开座谈会。

20—24日 全县各乡（镇）、城市社区分别举行新时代文明实践志愿服务项目预赛。

21—22日 省农业农村产业发展服务中心党委书记刘长城一行到兴国埠头乡垓上村、高兴镇文溪村等地，现场督导调研春耕生产工作并座谈。

22日 县委统战工作领导小组2022年第一次全体（扩大）会议暨全县民族宗教工作会议召开。

23日 第27个世界读书日，兴国县开展“世界读书日”新时代文明实践系列活动。

25日 市委常委、宣传部部长许忠华一行到兴国县调研长征国家文化公园赣州段建设。先后到人民兵工精神主题展厅及兴莲乡官田中央兵工厂旧址群、官田村新时代文明实践站参观考察。

同日 庆祝“五一”国际劳动节大会召开，表彰全县各条战线上涌现出来的先进集体和先进个人。大会授予徐峰等50名先进个人“兴国县‘五一’劳动奖章”，授予兴国县供电分公司梅窖供电所等20个先进集体“兴国县工人先锋号”。

26日 县人民政府与市金盛源融资担保集团有限公司合作签约仪式在兴国宾馆举行。

同日 兴国县田庄上养老中心护理工王丹（女），获2022年江西省“五一”劳动奖表彰。

27日 兴国县4月政企圆桌会暨“五一”期间“项目不停工、工业企业不停产”工作会召开。

29日 全县生态环境保护委员会2022年第二次会议暨出境断面水质指数下降调度会召开。

同日 兴国县在省AAAA级乡村旅游点高兴镇老营盘归元生态园景区，与泰和县同步举行“打卡红土地·携手嘉游赣”两地互动互游活动启动仪式。

30日 兴国县红兴谷北部红色军工主题板块正式开放试营业。

5月

2日 全县房屋安全隐患排查整治工作会议召开。会议要求认真贯彻落实上级要求，深刻汲取“4·29”湖南长沙房屋建筑坍塌事故教训，举一反三开展好自建房领域安全风险隐患排查工作。

同日 赣州市公布52个中小学研学基地，兴国县“红领巾少年军校”“官田中央兵工厂旧址”入选。

6日 全县“八大行动”推进会暨“强攻二季度、确保双过半”动员部署会召开。会议通报一季度经济运行情况、重点项目建设进展及争资争项争政策工作情况，通报一季度“奔牛奖”“蜗牛奖”评选结果并进行颁奖。

7日 县政协组织调研组赴上犹、崇义学习考察基层协商民主建设工作。

9日 兴国县防汛抗旱工作调度会召开，对防汛工作作具体部署。

11日 长冈派出所被公安部正式命名为全国第二批“枫桥式公安派出所”。25日举行授牌仪式。

12日 兴国县龙口镇睦埠村刘启耀纪念馆被江西省妇联公布为全省第三批家风家教实践基地。

15日 由县公安局、县金融服务中心、县市场监管局等单位和人民银行兴国支行、工商银行兴国支行联合举办，以“与民同心 为您守护”为主题的打击和防范经济犯罪宣传日暨打击非法集资工作宣传活动在兴国城区开展。

16日 微电影《忠诚》开机仪式在兴国县苏区干部好作风陈列馆举行。该剧由县创新发展研究院、深圳市兴国商会共同创作，以兴国籍革命英烈刘启耀为原型，重点讲述刘启耀和“赣宁同乡会”的战友们坚持斗争、忠于革命、一心为党的革命故事。

19日 由兴国县联合赣南日报社推出的《赣南日报·兴国新闻》版正式上线，主要宣传兴国县各项工作开展情况。

同日 全县乡贤联谊组织建设工作现场推进会召开。

24日 全县平安兴国建设领导小组、扫黑除恶斗争工作领导小组暨依法治县委员会会议召开。

25日 县公安局埠头派出所获评“全国优秀公安基层单位”。

26日 县信访局被表彰为“全国信访系统先进集体”。

27日 兴国县第十九届人大常委会第五次会议召开。

30日 兴国县人民政府与江西理工大学战略合作框架协议签约仪式在兴国县举行。

同日 晶华液晶显示屏暨黄金数字产业园两个总投资45亿元项目签约仪式在兴国县融媒体中心举行。

同日 兴国县科技创新赋能行动项目团队“稀土永磁悬浮轨道交通运输系统团队”获赣州市“十大科技创新人物”称号。

6月

1日 《经济日报》《科技日报》分别刊发《首条永磁磁悬浮空轨开始调试》《国内首辆磁浮空轨列车“兴国号”预计7月通车实验》文章，报道兴国永磁磁浮空轨示范线项目。新华社客户端、新华网、人民网、光明网、《赣南日报》等媒体转载报道。

2日 全县“扬长征精神，

树志愿品牌”兴国县新时代文明实践志愿服务项目大赛（复赛）暨志愿服务项目展示交流会在县融媒体中心举行。

2 日至 7 月 31 日　县委派出 6 个巡察组分别对杰村乡、埠头乡、隆坪乡、方太乡、良村镇和南坑乡等 6 个乡（镇）党委及所辖 60 个村党组织开展常规巡察，并对其中 18 个村级党组织进行直接巡察。

9 日　兴国县正式出台《兴国县人才发展基金设立和运行方案》，是赣州市首个县级人才发展基金。

11—21 日　为期 11 天的“兴国表嫂”就业技能培训均村乡第一期中式面点培训班开办。

14 日　市政协党组书记、主席徐兵一行到兴国县龙口镇向阳水库、睦埠村地质灾害隐患点等地调度督导防汛工作，并在睦埠村村委会主持召开调度会。

16 日　兴国县《兴国专窗专办“难办事”》《兴国迎来“红色记忆图书馆”为全国乡村首个》2 件新闻作品获评第二十四届江西报刊网络新闻奖。

17 日　兴国县抗疫队员凯旋欢迎仪式暨先进事迹报告会在兴国宾馆会堂举行。大会向驰援上海及本省南昌、上饶、宜春等抗击新冠疫情一线的 76 名医疗队员和 10 名公安干警敬献鲜花，组织开展先进事迹报告会，援沪抗疫代表分享奔赴抗击新冠疫情一线的感人故事。

同日　江西省兴国县政协与福建省石狮市政协缔结友好政协签约仪式在福建省石狮市公务大厦举行。中共石狮市委书记黄春辉及两地政协主席、副主席出席签约仪式。

21 日　兴国县杰村乡含田村获评第七批“江西省民主法治示范村（社区）”。

22 日　兴国县在国家级支付平台“云闪付”上线“智慧兴国”金融服务平台，是“赣州智慧金融”平台在全市推广后率先上线的县。

22—23 日　全市红色教育培训课程开发推进会在兴国召开，对 2022 年全市红色教育培训工作作安排部署，围绕红色教育培训课程开发进行讨论。

22—23 日　县政协提案委组织开展“打造乡村旅游特色村助推乡村振兴”专题调研。

23 日　中央广播电视总台江西总站党委书记宋大珩一行到江西兴国永磁磁浮技术工程试验线项目点、红兴谷研学基地、龙口镇睦埠村刘启耀纪念馆、埠头乡龙砂村新时代文明实践站、兴国将军馆、苏区干部好作风陈列馆等地调研采访。

24 日　兴国中等专业学校县经济开发区校区产教融合实训基地揭牌仪式举行。

同日　县人大常委会召开 2022 年助推乡村振兴活动动员部署会。会议通报县人大常委会开展“乡村全面振兴 人大携手助力”专题活动 2022 年实施方案，宣读县人大农城环资委助推乡村振兴联系点和农民贴心人名单，为 25 个助推乡村振兴联系点授牌，为 76 名农民贴心人颁发聘书。

27 日　中国工程院院士、南京农业大学资源与环境科学院教授沈其荣一行到兴国县作农业农村专题讲座。

同日　民政部规划财务司司长冯亚平一行到兴国县开展民政部对口支援振兴发展 10 周年回访调研。民政部规划财务司资产管理（审计）处处长杨亮，规划财务司规划（统计）处二级调研员龙鑫随同调研。

28 日　国家烟草专卖局党组成员、副局长徐瑾一行到兴国开展对口支援兴国县振兴发展 10周年回访活动并召开座谈会。国家烟草专卖局计划司司长张全在、经济运行司司长徐维华以及曾在兴挂职的李伟、廖柏华、王鹏、申维东出席回访活动。其间，徐瑾一行到埠头乡枫林村烟叶基地、兴国县第七小学以及第七幼儿园实地调研。

同日　县人大常委会组织驻县省十三届人大代表围绕“打造新时代‘第一等’营商环境”主题开展专题调研。

29—30 日　中国农业发展银行党委委员、执行董事、副行长孙兰生一行到兴国县考察调研，农发行江西省分行党委委员、副行长钟晓成等陪同调研。

30 日　市金融专家服务团在兴国县开展 2022 年度“金融专家服务团在行动”活动。

同月　良村镇前村村 5G 基站设备调试完成，700M 频段 5G 信号正式开启。全县 150 个 5G 基站（移动、联通、电信）建设项目提前竣工并开通。

7 月

1 日　由兴国打造，功夫动漫股份有限公司制作的长征 IP《长征先锋》全国收视率第一。

同日　“喜迎二十大 永远

跟党走 奋进新征程”音乐党课暨青年红歌大赛在县文化艺术中心长征组歌大剧院举行。

5 日 江西省第二批不可移动革命文物名录公布，兴国县胡屋巷毛泽东旧居、刘启耀纪念馆等 13 处入选。

6 日 江西省“三区”（边远贫困地区、边疆民族地区、革命老区）人才支持计划粮油科技人员到兴国县古龙岗镇建设村（畲族村）开展少数民族科技服务，科技人员为村民开展白莲种植培训，助力乡村振兴。

11 日 全县教育工作会议在长征文化艺术中心召开。

13 日 长征国家文化公园（兴国段）项目建设调度会召开。

同日 设立在古龙岗镇江夏村、江湖村的全县二号、三号“兴法铺子”正式揭牌启用。

15 日 首届红色创意设计大赛颁奖典礼暨设计赋能数字乡村建设高峰论坛在兴国县举行。县委书记李贱贵，市委宣传部二级调研员李建华，清华大学艺术与科学研究中心设计管理研究所所长蔡军，厦门文广传媒集团党委委员、副总经理冷晓兰等出席颁奖典礼。大赛共收到来自中国海峡两岸 30 个省级行政单位以及韩国、日本等国内外设计师、设计团队的参赛作品 6246 件，62 件获奖作品进行版权登记。

同日 兴国县慈善会第二届会员代表大会在品禄园酒店举行。赣州市慈善总会会长温会礼出席并致辞。大会审议通过《第一届慈善理事会工作报告》《慈善会 2017—2021 年财务工作报告》《兴国县慈善会章程》《兴国县慈善会第二届会员大会选举办法》。聘任县委书记李贱贵为名誉会长，县人大常委会原主任陈文俊当选会长。会上表彰全县慈善工作先进单位和慈善楷模。

17 日 兴国县城岗镇迴龙村依托乡村振兴帮扶政策，成立迴龙村乡风文明基金理事会。是兴国县首个村级乡风文明基金理事会。

18 日 华为智慧城市展车中国行巡展活动团队走进兴国进行巡展。

18—22 日 省人防办在兴国县举办为期 5 天的江西省人防办党的十九届六中全会精神专题学习暨党性教育培训班。省人防办党组书记、主任李绪先，党组成员、副主任林承杰，二级巡视员陈文平参加。

19 日 兴国县推进新时代产业工人队伍建设改革协调小组会议暨产改工作现场推进会召开，研究部署全县产改工作。

21 日 兴国县组织收听收看省市“厕所革命”工作调度会议，并召开全县农村“厕所革命”工作培训调度会。

同日 复旦大学附属华山医院第八批对口支援专家，入驻兴国县人民医院，开展为期 6 个月的工作帮扶。

22 日 “红土情深·嘉游赣”，2022 赣州红色文化旅游推介会在厦门举办，推介会上兴国县《马前托孤践初心》将革命烈士李美群马前托孤的感人故事声情并茂地呈现在观众面前。

24 日 兴国县消防安全服务中心暨乡（镇）消防所集中揭牌仪式在县长征文化艺术广场举行，县消防安全服务中心和 25 个乡（镇）消防所揭牌。

25 日 县委十九届三次全体（扩大）会议召开。

同日 县人民医院健康体检科为兴国中队的全体武警官兵提供免费健康体检服务。

27 日 兴国数字人力共享中心揭牌仪式举行。省人社厅党组成员、副厅长王成兵，就业促进和失业保险处处长王克、副处长薛旭亮，市人社局党组成员、副局长谢庚福，江西倬云信息产业有限公司党委书记、董事长龚汉城，县委书记李贱贵等出席。是赣州市首家数字人力共享中心。

同日 “财经人 · 济世路”中央财经大学乡村振兴研究生服务站揭牌仪式在兴国举行。省赣南等原中央苏区振兴发展工作办公室副主任、赣州市委常委、副市长提名人选杜飞轮，中央财经大学党委研究生工作部部长、研究生院院长张学勇，县委副书记、县长刘章宏等出席揭牌仪式。

27—28 日 赣州市首届半专业扑火队大比武在兴国县国防教育训练基地举行。潋江镇半专业扑火队获团体第 1 名、风力灭火机操作单项集体第 1 名、1500 米负重跑单项集体第 1 名。

28 日 兴国县与泉州港务集团战略合作框架协议签约仪式在兴国宾馆举行。

同日 兴国县组织全县各乡（镇）党委书记赴全南县学习考察农村人居环境整治相关工作。

8 月

1 日 兴国县 2022 年“八一”

军地座谈会在兴国宾馆会堂举行，庆祝中国人民解放军建军95周年和“八一”建军节。

5日 兴国县与华为技术有限公司签订“数治兴国”合作项目。

9日9时30分，“兴国号”永磁磁浮空轨列车驶出永丰站，国内首条永磁磁浮轨道交通工程试验线——“红轨”在兴国县顺利建成。同时，由江西理工大学牵头，与兴国县人民政府联合中铁六院、中铁工业、国家稀土功能材料创新中心等单位共同完成的永磁磁浮技术工程试验线竣工仪式暨“红轨”产业招商推介会在兴国县举行。

同日 为防范暑假学生溺水事故，兴国县启动“一乡一池”建设，实现“一乡一池”全覆盖。

上旬 兴国县在县经济开发区、长冈乡便民服务中心分别投放1台“赣服通”24小时自助服务综合一体机，实现“24小时不打烊”自助政务服务进园区。

18日 第八届江西艺术节·第十二届江西玉茗花戏剧节在抚州市举行。兴国县大型原创山歌剧《苏区干部好作风》在抚州市汤显祖大剧院集中展演。

同日 兴国县党外知识分子联谊会三届一次理事大会召开。

同日 兴国县2022年“中国医师节”庆祝大会召开。

25日 县人大代表视察监督组对政府性投资工程建设项目进行视察监督。

27日 兴国县组织收听收看全省、全市抗旱救灾调度视频会议，召开全县抗旱救灾工作调度会，就抗旱救灾、森林防火、防溺水等工作作安排部署。县委副书记、县长刘章宏主持会议并讲话。

同日 兴国县“文明集市”活动在永丰镇开展。

29日 15时29分，兴国实施人工增雨作业，发射火箭弹2枚，作业影响范围潋江镇、江背镇、古龙岗镇、兴江乡、良村镇、樟木乡、茶园乡、高兴镇等乡（镇），平均增加雨量大于5毫米，全力抗旱保丰收。

29—31日 全市专业森林消防队大比武活动在兴国县举办。来自全市20个县（市、区）的320名专业森林消防队员参加活动。

9月

1日 十九届县委第三轮巡察整改谈话会召开，与本轮接受巡察的杰村乡、埠头乡、隆坪乡、方太乡、良村镇和南坑乡等6个乡（镇）党政主要负责人员逐一谈话，督促做好巡察整改“后半篇文章”。

同日 全国台企联考察团一行到兴国县江西联纲电子科技有限公司、威保（江西）运动器材有限公司、兴国汇晨科技有限公司、苏区干部好作风陈列馆、驿博红兴谷研学营地等地参观考察调研。

2日 兴国县官田中央兵工厂入选全国首批“大思政课”实践教学基地。

3日 省委常委、省委宣传部部长庄兆林到兴国县融媒体中心、县新时代文明实践中心调研媒体融合、文明实践志愿服务工作。省委宣传部副部长、省政府新闻办主任傅云随同。其间庄兆林还到兴国将军馆、江西永磁磁浮科技有限责任公司调研。

5日 中国兵器工业集团有限公司党组书记、董事长刘石泉一行到兴国县官田中央兵工厂旧址、兴国县革命烈士纪念馆、长冈乡调查纪念馆调研，副总经理、党组成员邹文超等随同。

8日 兴国县选送的《双拥旗更艳》获全国双拥主题文艺作品歌曲类三等奖，是江西歌曲类唯一入选作品。

9日 兴国县2022年教师节座谈会在兴国宾馆会堂召开。

上旬 兴国在各乡（镇）通过山歌宣讲、文化讲堂、志愿服务、送戏下乡等方式持续开展《习近平谈治国理政》（第四卷）巡回宣讲进基层活动。

11日 省委副书记、市委书记吴忠琼到兴国县督导疫情防控工作，看望慰问抗疫一线人员。吴忠琼先后来到兴国县高兴镇与吉安市交界的老营盘村等多处重点防疫关卡，实地督查疫情防控措施的落实。

15日 兴国开展“互联网+数字化”助推就业智能化活动。全县有5家企业代表现身由兴国县就业创业服务中心、江西中智经济技术合作有限公司联合举办的“暖兴就业，职在兴国”线上带岗直播间，共为求职者提供上百个优质岗位。

19日 兴国县实验小学少先队员颜灿被评为“全国优秀少先队员”。

21日 全县稳增长、防风险、保稳定、惠民生工作部署会召开。

22 日　兴国县第十九届人大常委会第八次会议召开。

23 日　全县安全生产工作会议召开，部署全县安全生产工作。

26 日　十九届县委第四轮巡察工作动员部署会召开，举行县委第一批巡察整改监督特派员聘任仪式。

同日　赣州市安委会巡查兴国县安全生产动员汇报会召开。市安委会第六巡查组组长、市应急管理局党委委员、副局长刘康生出席并讲话，县委副书记、县长刘章宏汇报全县安全生产工作并讲话。

同日　“兴国红鲤”纳入全国名特优新农产品名录，是继“兴国灰鹅”之后兴国县第二个全国名特优新农产品。

27 日　省稳经济增长督导和服务工作组第二督导服务组组长、省交通运输厅厅长王爱和一行到兴国县红兴谷研学基地，永磁磁浮技术工程试验线项目等地开展稳经济增长督导和服务工作。

同日　兴国县兴莲乡官田小学举行“八一爱民学校”揭牌仪式。兴莲乡官田小学实现红色教育、国防教育常态化和仪式化，被教育部、中央军委政治工作部、全国双拥办确立为“八一爱民学校”，是江西省 8 所“八一爱民学校”之一。

28 日　以“喜迎二十大科普向未来”为主题的全国科普日活动启动。此次“全国科普日”活动持续至 10 月 3 日。

30 日　在全国第九个烈士纪念日，兴国县开展网上祭英烈活动，在兴国县革命烈士陵园广场举行纪念活动。

同日　县委深改委第十四次会议暨十大改革攻坚行动推进会、深化改革开放行动领导小组第三次会议召开，传达学习中央及省、市深改委有关会议精神，审议有关改革文件，研究部署下一步改革工作。

同日　兴国县推进基层协商民主建设领导小组（扩大）会暨工作推进会议召开。

同日　省委台办主任邓保生一行到兴国县威保（江西）运动器材有限公司、赣州市崧岚电子科技有限公司等地调研台资企业发展情况，捐赠防疫口罩。

10 月

1 日　由县新时代文明实践中心主办，县委宣传部、县妇女联合会、县民政局、共青团兴国县委等单位承办的“庆国庆 迎盛会 树新风 结同心”集体婚礼在兴国县城潋城举行，10 对新人在鲜花和祝福声中见证爱情，喜结连理，共同庆祝新中国 73 周年华诞，倡导移风易俗、婚事新办简办文明新风尚。

3 日　全县森林防灭火工作调度会召开。

16 日　中国共产党第二十次全国代表大会开幕。全县组织各地各单位广大干部群众收听收看大会开幕式直播盛况。

17 日　省委副书记、市委书记吴忠琼到兴国县埠头乡人大代表联络工作站调研，以代表身份接待选民，面对面倾听意见建议，和基层干部群众一起学习中共二十大报告精神。

20 日　中共兴国县委党校新校区揭牌仪式在党校新校区综合楼举行。

21 日　兴国县与深圳市电子行业协会签约活动在兴国宾馆举行。

24 日　全县食品产业发展调度会召开。

25 日　全县巩固拓展脱贫攻坚成果工作调度暨考核部署会召开。

同日　全县领导干部会议召开。会议传达党的二十大和全省、全市领导干部会议精神。

25—26 日　县政协对县发改委、县退役军人事务局、县委网信办、县财政局、县住建局、县工商联等单位开展营商环境领域问题专项民主监督。

26 日　兴国在全县范围内的公园、火车站、汽车站、大型商超、景区等 17 个公共场所首次投放自动体外除颤仪（AED），致力于为全县居民打造 1 张全方位的急救网。

30 日　兴国县平固街历史文化街区城市设计会议召开。

11 月

2 日　全县前三季度经济运行分析会暨“决战四季度、夺取全年胜”动员部署会召开。

同日　县文明委第二次全体（扩大）会议暨创建省级文明城市、乡风文明三年专项行动动员会召开。

3 日　兴国县举办 2022 年四季度银企融资对接签约活动。12 家银行与 15 家企业分别进行融资贷款签约，签约授信金额 19.07 亿元。

3—6日 县委副书记、县长刘章宏率队赴上海招商考察。6日，参加第五届中国国际进口博览会赣州专题活动赣南高水平对外开放推介会，会上与安徽瑞邦生物科技有限公司签订投资20亿元的烟酰胺单核苷酸生产项目。

4日 兴国县城市社区管理委员会、埠头乡人民政府、樟木乡人民政府获评江西省第七次全国人口普查先进集体。

7日 兴国县政法系统科级干部学习贯彻党的二十大精神暨政治轮训班在县委党校开班。

9日 兴国县生态环境保护督察问题整改调度会召开。

同日 兴国县举行“学习贯彻党的二十大精神争创新时代第一等党务工作”党务技能大赛决赛。

10日 兴国县人民政府任命国家工作人员就职宪法宣誓仪式在兴国宾馆会堂举行。

11日 兴国县第二届“模范兴国”慈善晚会在实验小学报告厅举行。此次慈善募捐资金690多万元。

26日 学习贯彻党的二十大精神市委宣讲团报告会在兴国宾馆会堂举行。市委宣讲团成员、市工信局党组书记、局长宋鹏作宣讲报告。

同日 县委宣讲团前往各乡镇、各单位宣讲党的二十大精神。

28日 县委教育工作领导小组2022年第一次全体会议召开。

29日 县委党建质量过硬行动领导小组会暨全面建设勤廉兴国工作调度会召开。

12月

1日 省委副书记、市委书记吴忠琼到兴国县调研农村饮水安全、冬修水利和乡村振兴等工作。吴忠琼先后到樟木乡幸福新村集中供水工程现场，了解集中供水水源、覆盖人口、水费改革等情况；在古龙岗镇万溪村，吴忠琼实地察看农村饮水工程管网建设进度，详细了解村民生活生产用水情况。市委副书记熊运浪参加。

同日 江西省兴国县炁脉健康职业培训学校报送的《传承中医文化的职教扶贫新探索》入选“2021—2022国家治理创新经验（健康中国与文化强国）典型案例”。

6日 兴国县组织全县各级各部门干部、群众收听收看江泽民追悼大会。10时防空警报鸣响，兴国县干部群众肃立默哀。

8—9日 省林业局党组书记、局长邱水文到兴国县宣讲党的二十大精神，调研指导乡村振兴和林业重点工作。

10日 兴国县召开城区富源街片区棚户区改造攻坚行动动员会。

14—15日 《江西省平江灌区工程规划报告》项目咨询会在兴国县召开，省水利厅原副厅长杨丕龙，专家组组长黎文杰，中水北方公司、中铁水利设计公司、赣州水利设计公司有关设计人员等70余人参加会议。

16日 《勤廉榜样在兴国》赠阅仪式在兴国宾馆会堂举行。

17日 兴国县“文明集市”活动在龙口镇睦埠村举办。

18—19日 中国共产主义青年团兴国县第二十三次代表大会召开。

23日 兴国县医药总公司调运退烧药品、口罩等物资，于9时进行第一批次免费药品发放，在全县46家药店向群众免费发放退热药包1万份。

25日 全县警示教育大会暨全面从严治党“两个责任‘三化’”动员会召开。

29日 县政务服务和大数据发展中心举行揭牌仪式。

30日 兴国至泉州铁路（简称兴泉铁路）清流至泉州段建成开通，至此兴泉铁路全线贯通运营。此次开通的清流至泉州段长290千米，共设20座车站。

同月 赣州市交通运输局下发《关于开展网络预约出租汽车县级报备试点工作的通知》，兴国县被列为开展网约车报备三个试点县之一。

本栏编辑：黄裔灵

县情概览

建置区划

【位置面积】 兴国县位于江西省中南部、赣州市北部，东与宁都县接壤，东南与于都县相邻，南与赣县区相连，西与吉安市万安县交界，西北与吉安市泰和县为邻，北靠吉安市永丰县、吉安县。地处北纬26° 03′—26° 41′，东经115° 01′—115° 51′。全县总面积3215平方千米。兴国县人民政府驻潋江镇。

【建置沿革】 三国 东吴嘉禾五年（236），析赣县地，开始建县，置平阳县，属扬州庐陵南部都尉。

西晋 太康元年（280），改平阳县为平固县。三年，罢南部都尉置南康郡，县属扬州南康郡。元康元年（291），南康郡归江州领辖，隶属江州南康郡。

南北朝 南朝宋永初元年（420），改南康郡为南康国。南朝齐永明元年（483），复改南康国为南康郡，县属江州南康国（郡）。

隋 开皇九年（589），平固归并赣县。改赣县为南康县，属洪州虔州南康县。大业三年（607），复改虔州为南康郡，改南康县为赣县，属洪州总管府南康郡赣县。

北宋 太平兴国七年（982），从赣县划出七乡，加上庐陵、泰和部分地区，以年号为名，建兴国县。设县治于潋江镇，属江南西路虔州。

南宋 建炎四年（1130），合江南东、西路为江南路，县属江南路虔州。绍兴元年（1131），江南路复分东、西路，县属江南西路虔州。二十三年改虔州为赣州，县属江南西路赣州。

元 至元十三年（1276），设江西行中书省，县属江西行中书省赣州。元贞元年（1295），改赣州为路，县属江西行中书省赣州路。

明 洪武二年（1369），改赣州路为赣州府，县属江西行中书省赣州府。九年，革行中书省，置江西布政使司，县属江西布政使司赣州府。

清 沿明代建置和隶属。

中华民国 民国3年（1914），兴国隶属江西省赣南道。民国15年（1926）撤道，改隶江西省直辖。民国19年（1930），兴国县苏维埃政府成立，直属江西省苏维埃政府领导。民国23年（1934）10月至民国38年（1949）7月，兴国县隶属江西省第八行政区。

中华人民共和国 1949年8月8日，兴国县全境解放，隶属江西省赣州专区。10月中旬后，隶属江西省赣西南行政区宁都分区。1952年8月撤销宁都分区，隶属江西省赣州专区。1954年6月改赣州专区为赣南行政区，隶属江西省赣南行政区。1964年5月，重改赣南行政区为赣州专区，隶属江西省赣州专区。1971年2月，改赣州专区为赣州地区，隶属江西省赣州地区。1998年12月，国务院批准撤销赣州地区设立赣州市，撤销县级赣州市改为章贡区，兴国县隶属赣州市。

【行政区划】 2022年，兴国县辖潋江镇、江背镇、古龙岗镇、梅窖镇、龙口镇、永丰镇、高兴镇、良村镇、城岗镇、兴江乡、樟木乡、东村乡、兴莲乡、杰村乡、社富乡、埠头乡、隆坪乡、均村乡、茶园乡、崇贤乡、枫边乡、方太乡、南坑乡、鼎龙乡、长冈乡25个乡镇、1个经济开发区、1个城市社区管委会、303个行政村、20个社区（居委会）。

自然地理

【地形地貌】 兴国县东西长84千米，南北宽71.5千米，地貌以低山、丘陵为主，局部有中山、低山，属江西山区县。雩山支脉绵延全境，东西北三面环山，中南部丘陵亘绵。南部最低处是龙口镇睦埠村，海拔127.9米；北部最高处为枫边乡大乌山，海拔1204米；东部、西部高山，海拔均在1000米以上；地势由东北西边缘逐渐向中南部倾向，形成以县城为中心的小盆地。

【山脉河流】 兴国县河网密布，河网密度每平方千米0.23千米。县内河流主要属赣江贡水支流的平固江水系，以及孤江、良口河、梅江、云亭河，共五大水系，干流788.6千米。

【气候水文】 气温 2022年，年平均气温19.9℃，比历年平均19.3℃偏高0.6℃，1月、3月、7—11月平均气温均比历年同期偏高，2月、4—5月、12月平均气温比历年同期偏低，6月平均气温与历年同期持平。年极端最高气温41.0℃，出现在8月24日；年极端最低气温-1.7℃，出现在12月18日，日平均气温稳定通过10℃的初日为3月27日。

降水量 2022年，年降水量1150.2毫米，比历年平均1581.5毫米偏少431.3毫米，1月、4月、7—8月、10—12月降水量均比历年同期偏少，2—3月、5—6月、9月降水量均比历年同期偏多，年雨日163天，年1小时最大降水量为41.7毫米，年24小时最大值为112.1毫米，最长连续降水日数10天，出现在6月5—14日，最长连续无降水日数54天，出现在9月9日至11月1日。年内出现暴雨3次（4月26日55.8毫米、4月27日112.1毫米、6月13日63.7毫米）。

日照 2022年，日照时数1742.2小时，比历年平均1686.8小时偏多55.4小时，3—4月、7—10月均比历年同期偏多；1—2月、5—6月、11—12月均比历年同期偏少。年内出现大雾天气11次，大风2次，无霜期日数279天，超过35℃的高温日68天。

【自然资源】 水资源 全县水资源总量76.3亿立方米。境内河流密布，流域面积10平方千米以上河流53条，主要干流788.6千米，河网密度为每平方千米0.23千米。全县多年平均径流总量26.87亿立方米，可开发利用水能资源2.92万千瓦，全部开发年发电量可达1.02亿千瓦时。全县有666.7公顷优质水面，适合发展水面养殖。2022年，兴国县境内地表水考核断面Ⅰ—Ⅲ类水质比例达到100%；集中式饮用水水源地达到或优于Ⅲ类水质比例达100%。

森林资源 2022年，兴国县共有林地面积24.65万公顷，森林覆盖率为75.36%。林木常见树种有384种，按用途可分为三大类。用材林，主要有杉树、松树、樟树、枫树、泡桐、木荷、榕树、黄檀、毛竹等数十种。全县现有用材林8.00万公顷、可供开发毛竹2.00万公顷。经济林，主要树种有油茶、茶叶、板栗、山苍子、山桐子、乌桕等十多种。其中油茶林达666.7公顷，被称为“江南绿色油库”。薪炭林，主要有马尾松、白栎、青皮木等。有被称为“活化石”的银杏，以及楠木、福建柏、花榈木等珍贵稀有树种。

矿产资源 兴国矿产资源丰富，探明矿种25种，矿床矿化点160余处。主要矿种有金、钨、稀土、铅锌、铌钽、铀、铁、硫铁、萤石、石灰石、白云石、花岗石、硅石、水晶、瓷土、高岭土、钾长石、泥炭、水海石、软玉、石棉、煤、矿泉水等，其中萤石储量和品位在全国居重要地位，石灰石、花岗石储积量均居江南县市之首，瓷土储积量居华东之冠，高岭土储量达2000万吨。

土地资源 兴国县土地总面积28.53万公顷，其中山地22.40万公顷，耕地3.13万公顷。25度以下缓坡山地1.33万公顷，均适宜果业开发；紫色页岩面积2733.47公顷，适宜发展烤烟生产。

【土壤】 农田土壤 水稻土壤分潴育型、淹育型、潜育型、表潜型、侧渗型5个亚类，34个土属，61个土种。潴育型水稻土面积2.36万公顷，占耕地面积的82.5%，是兴国县农业生产的主要基地，分布于河谷平原的塅田、山丘冈地的坑田、垅田中部。生产条件优越，熟化程度较高，耕层较厚，有机质含量较丰富，肥力中等偏高，种植水稻等农作物，一般能稳产高产；淹育型水稻土面积3079公顷，占耕地面积的10%，分布在河谷平原高阶地、丘陵、山地的高排田，又见于近河岸平缓地和沙坝地塅，有机质含量较少，耕层浅薄，肥力较低，易受干旱；潜育型水稻土面积2333.3公顷，分布面广而零碎，在平原、丘陵、山区的低洼渍水区或有冷渗侵入的地方，不利于水稻等农作物生长；表潜型水稻土面积933.3公顷，主要分散在花冈岩、变质岩地区的丘陵和沿河附近，河高田低的坑、垅低平区域，以及山区排水不良的坑田地塅，影响农作物生长；侧渗型水稻土面积200公顷，分布于社富、均村、龙口、枫边、方太、古龙岗、兴江等地的河谷平原阶地边缘，排田、梯田的中下部地段，土壤养分随水流失，宜种性不广，常年产量不高。

旱地土壤　即种植旱作物土壤，包括果、茶、菜等园林土壤。在兴国还有草甸土亚类的冲积土，红壤类中红壤亚类的熟化红壤，棕红壤亚类的熟化棕红壤，黄红壤亚类的熟化黄红壤和紫色土亚类的熟化紫色土以及熟化红色石灰土等6个土属15个土种，面积1866.6公顷，零星分布于全县各地，以红壤面积最大。在兴国盆地丘陵地段有较多的紫色土，而石灰岩仅在梅窖镇附近，面积很小。

山地土壤　兴国山地土壤分布于冈地、台地、丘陵和山地，河滩地较少。一般呈垂直地带规律变化，计有红壤、紫色土、山地黄壤和石灰岩土4个土类。红壤续分为红壤、棕红壤、黄红壤3个亚类；紫色土有紫色土亚类，酸性紫色土很少出现；山地黄壤只有山地黄壤亚类；石灰岩土有棕色石灰土亚类，共计8个土属29个土种，计面积22.4万公顷，占全境面积的69.1%。

自然灾害

【水灾】　兴国是山区县，山高林密，东部、北部及西部高山多，南部高山少，境内高山形成的溪河，绝大多数由潋、涉二水于县城汇入平固江。山高水急，暴雨时易成灾患，兴国自古水灾频繁。水灾多造成山区房屋因崩岗、泥石流导致倒塌，居民埋葬。山洪暴发，冲毁桥梁、淹埋农田，损毁农作物、冲走家禽家畜乃至劳作的农民。严重时如1984年4月、5月连降大暴雨，洪峰导致全县227个行政村、1632个村民小组、6897户人家受灾，其中无处安身农户73户415人，倒塌房屋2099间，受灾农田3105.6公顷，冲毁农田521.32公顷，河堤决口3.9万米，损毁水电站4座，冲毁水陂907座，冲毁桥梁865座，其中公路桥17座，冲毁公路76千米、电杆307根。淹死3人，房屋倒塌压死7人，伤21人。

【旱灾】　大涝必然有大旱，从《兴国县志》记载的水灾及旱灾次数来看，兴国的大旱次数不及水灾的三分之一。兴国旱灾每隔3—5年降临一次，从季节上看，春夏秋冬受旱没有规律可循。历史记载近期较为严重的一次旱灾是1983年5—7月，兴国55天未下一滴雨，全县大旱，农作物受旱面积8671公顷，其中颗粒无收农作物面积667公顷。

【风、雷、雪、雹灾】　兴国县雪、雹灾害时间多在每年11、12月及春季3、4月间，而风、雷灾害则多发生在7—9月。风灾，多折断树木、吹倒民房，如1973年4月11日7时，兴国县城风力达10级，大风从县境北部进入，从均福山经方太，转向县境东部，一路往樟木、梅窖，历时一小时，大树连根拔起，吹倒房屋3500多间，重灾82户，房屋倒塌压死12人。雪、雹灾害则寒冷，冰雹可至树木冻折，导致山区道路交通堵塞。雷击灾害也时有发生，1956年7月上旬兴国一中礼堂兼膳厅遭雷击，死1人，伤20余人；1957年夏方太乡圩口一晒谷场遭雷击，死3人。

【虫灾、兽灾】　兴国虫灾以危害农作物的蝗虫、浮尘子、稻飞虱为主；松毛虫则多为危害松树等林木资源；进入2020年后，兴国赣南脐橙以患黄龙病居多。兽灾主要发生在20世纪70年代及以前的老虎伤人、咬人为主。《兴国县志》记载，清同治二、三、四年（1863—1865年），兴国各乡镇时见怪兽，形似马而小，色白，童男、童女被吃者数百。1970至1971年，兴国龙口、永丰、均村、埠头、五里亭、长冈、高兴、崇贤频频发生老虎吃人事件，《兴国县志》1986年版记载12件，共咬死15人，咬伤4人。1972年后，老虎咬人事件再无发生。

【病疫】 兴国时有病疫发生，《兴国县志》记载，明嘉靖二十三年（1544）秋，兴国疫病盛行，死人很多；明万历五年（1577），兴国时疫大发，死人很多。此后，兴国病疫虽然偶尔发生，但并没有“死人很多”的记载。民国元年（1912年）夏，兴国县城发生霍乱，传染很快，县城大街右侧一郭姓人家5儿，一天之内死4个，城内吕姓一家3儿，一日之中死2个。霍乱、乙型脑炎，甲型流感病毒、乙型流感病毒、新型冠状病毒等流行性病毒病疫以及禽流感等病毒病疫，均为兴国病疫灾害的主要来源。

人口·民族·宗教

【人口】 2022年末，兴国县户籍总户数23.37万户，户籍总人口86.02万人，其中城镇人口23.5万人，乡村人口62.52万人；出生人口7644人，死亡人口3048人。年末常住人口71.6万人，其中城镇常住人口33.42万人，乡村常住人口38.18万人，常住人口城镇化率为46.68%。

【民族】 2022年，兴国县有汉族、畲族、回族、藏族、苗族、彝族、壮族、布依族、满族、瑶族、土家族、哈萨克族、黎族等34个民族，少数民族8308人（其中畲族7399人），约占全县总人口的1%。1个少数民族工作重点乡——均村乡，4个少数民族村（古龙岗镇瑶前村、古龙岗镇建设村、枫边乡社坪村、崇贤乡龙潭村），41个民族村小组。全县民族村、组涉及15个乡镇33个村。

【宗教】 2022年，兴国县有佛教、道教、天主教和基督教，登记备案活动场所214处，其中佛教场所178处、道教场所32处、天主教场所1处、基督教场所3处。有省级重点宗教活动场所2处（普惠寺、大圣寺）。宗教教职人员117人，其中佛教56人、道教46人、基督教15人；信众4万余人。有登记备案宗教团体组织2个（县佛教协会、县道教协会）。

兴国名片

【模范兴国】 民国23年（1934）1月21日，中华苏维埃共和国第二次全国工农兵代表大会在瑞金召开，兴国被中华苏维埃共和国中央政府授予“模范县”光荣称号。毛泽东在大会上称赞“兴国的同志们创造了第一等的工作，值得我们称赞他们为模范工作者”，并欣然亲笔题赠“模范兴国”4个大字。为鼓舞全县人民争取永久的模范县而努力，兴国县苏区干部把“模范兴国”制成4块匾额，高挂在县城东、南、西、北4个城门。“模范兴国”从此闻名遐迩，传颂至今。“第一等的工作”也成为苏区各项工作的最高标准和追求。

苏区时期，兴国党组织带领广大干部群众，发扬争创“第一等的工作”精神，在党的工作、政权建设、扩大红军、参战支前、土地革命、经济建设和文化教育等各项工作中出色完成任务，扩大红军、支前参战、慰劳红军、推销公债、捐献军粮、优待红军红属、节省运动、合作社运动、生产运动、教育工作10方面都是全苏区的模范。全县干部群众，信念坚定，作风优良，为着革命战争的胜利，真正做到尽一切力量支援革命战争。

“模范兴国”，是毛泽东等老一辈无产阶级革命家在创建中央革命根据地的斗争中亲手树立的一面红旗，亲自推广的一个典型。民国18—22年（1929—1933），毛泽东曾先后7次到兴国，亲自指导兴国的革命斗争。他亲自写下著名的《兴国县土地法》《兴国调查》《长冈乡调查》。在一个县留下如此之多革命文献，在全国实属仅有。民国22年（1933）“红五月”，周恩来在中央苏区7个模范少年先锋团集会上说：“中国外国不如兴国，南京北京不如瑞金。”1992年春，邓小平在鹰潭火车站接见时任江西省委书记毛致用和省长吴官正时说："苏区的工作，兴国是第一。"

【将军故里】 1956年至1964年中国人民解放军授少将以上军衔1614人中，兴国籍开国将军56位，名列江西第一，全国第二，被誉为共和国将军县。

56位兴国籍开国将军，南征北战，血染沙场，他们为人民军队的发展和壮大，为中华民族的独立和解放建立不朽功勋。上将萧华，13岁任少共兴国县委书记，17岁任少共国际师政委，22岁任纵队司令员，39岁被授予上将军衔，是著名的《长征组歌》词作者。上将陈奇涵，曾任黄埔军校教官，民国15年（1926）5月，毅然辞去国民党官职，返回家乡开展工农革命运动，被毛主席誉为"赣南农民运动的一面旗帜"。中将朱明，长征途中受张国焘迫害，从军团政治部主任，降职担任地方区委书记，为党的事业而忍辱负重，完成长征。少将杨卓，攻打会理城任敢死队队长，却拄着拐杖，一路要饭到达陕北，成为解放军里的"瘸腿将军"。少将谢良，在西征祁连山时脚负重伤，被困荒山8个昼夜，弹尽粮绝，几乎绝望，一条腿历尽艰辛抵达延安，成为著名的"独脚将军"。

兴国籍56位将军中，除5位坚持南方三年游击战争外，有30余位是长征中红军师以上指挥机关的干部。他们是担任师团以上干部的萧华、陈奇涵、温玉成、谢良、朱明、魏洪亮等人，红军指挥部里的参谋黄有凤、曾美、江学彬、邱会魁，秘书黄玉昆、吕黎平，报务员雷永通、龚兴贵，医务干部马泽迎、曾兴泮，保卫干部王屏、叶运高、陈美福、钟人仿、谢立全、李良汉；青年干部钟文法、钟生溢、刘耀宗；干部工作团康志强、陈远波；特殊连队党支部文书谢有法等。长征中云集在红军师以上指挥机关的兴国籍干部，为兴国日后成为将军县奠定坚实的基础。

【军工摇篮】民国20年（1931）10月，中央革命军事委员会在兴国官田创办中央兵工厂，又名"中革军委兵工厂""中央红军兵工厂"。民国20—23年（1931—1934），官田中央兵工厂修配步枪4万余支、机枪2000多挺、迫击炮100多门；共生产子弹40余万发、马尾炸弹6万余颗、地雷5000余颗。不仅制造和修配大量武器弹药，有力支援革命战争，更重要的是造就一批技术骨干和管理人才，为中国军事工业的发展奠定坚实基础。同时也在思想政治工作、企业民主管理等方面积累丰富经验。

官田中央兵工厂，是中国共产党在苏区时期创建的第一个综合性大型兵工企业，从无到有、从小到大、从弱到强，"把一切献给党"，为支援革命战争，建设新中国作出了不可磨灭的历史贡献。官田中央兵工厂旧址群，2001年6月经中共中央宣传部批准公布为全国爱国主义教育示范基地，2006年5月经国务院批准公布为全国重点文物保护单位，2009年1月经国防科技工业局批准公布为首批全国军工文化教育基地，2014年经住房和城乡建设部、文化部、财政部和国家文物局批准公布为第二批"中国传统村落"，2019年入选"中国工业遗产保护名录"，2022年入选工业文化专题实践教学基地，被誉为共和国军工摇篮。

【山歌之乡】 兴国山歌是一种客家民歌，起源于秦代山中伐木工人的劳动号子，成熟于唐宋时期。自古以来，兴国人民唱着她、继承她、发展她，形成了颇具地方特色的艺术风格，成为中华民族优秀文化宝

10月10日，兴国县喜迎二十大"文明集市·山歌宣讲专场"活动在五福广场举办
（县委宣传部 供图）

库中一朵璀璨夺目、清香四溢的民间艺术奇葩，兴国县也成为中国著名的民间艺术山歌之乡。1956年，兴国籍山歌手曾子贞赴北京参加全国首届民间文艺观摩会演，被邀请到怀仁堂为毛泽东、刘少奇、周恩来、朱德等党和国家领导人演唱；1957年7月，兴国山歌队队长刘承达出席在北京召开的全国民间文艺工作者代表大会，受到毛泽东等国家领导的接见并合影留念。

1986年，兴国县委提出“振兴兴国山歌，建设精神文明”号召，决定重阳节期间举行“重阳山歌会”（第四届开始改称山歌艺术节）。至2021年，兴国县已举办十一届山歌艺术节。兴国山歌艺术节成为省内知名的群众文化品牌，2009年被中国群众文化学会、《中国文化报》评为全国首届“群文品牌”，2010年被文化部评为政府群文最高奖第十五届项目类“群星奖”。从1996年开始，兴国县连续8届26年被文化部命名为“中国民间艺术山歌之乡”。2006年，兴国山歌被列为国家级非物质文化遗产保护名录。

历史人文

【名胜古迹】 潋江书院 位于兴国县县城文昌路8号，为清代古建筑，始建于清乾隆三年（1738），后几经修葺，1978年全面修复，是江西省保护最为完整的古代书院。书院由南而北建在中轴线上，依次建有门庭、讲堂、拜亭、魁星阁和文昌宫。书院左侧建有崇圣祠，墙上至今保存有苏区标语12条。民国18年（1929）4月，毛泽东来到兴国住在书院，并在崇圣祠举办“土地革命干部培训班”。2001年，潋江书院被列为全国第二批百个“爱国主义教育示范基地”；2006年，被列为全国重点文物保护单位。

朱华塔 位于兴国县埠头乡程水村横石组，保存完好。始建于唐代，元代受毁，明嘉靖二十九年（1550）重建，清嘉庆八年（1803）修葺；1984年重修，2013年再次全面维修。该塔为壁内折上楼阁式砖塔，8面7级，通高25米，平面为八角形，顶层和基座为红条石所砌。塔各层边长及高度自下而上依次递减，1—7层塔心柱为正方形；第1层南、北门额上嵌有“朱华宝塔”和“横石宝塔”红石匾额；各层用砖叠涩出檐。塔外壁和塔心柱共置石雕佛像34尊，形态各异；塔内壁各级均有碑刻及铭文砖，字迹清晰，记有建塔年月及捐建者姓名。

文天祥“永镇江南”题额 位于兴国县枫边乡大乌山顶大乌山寺正门之上。南宋景炎二年（1277）6月，右丞相文天祥率抗元义军开都督行府于兴国。其间，文天祥登上大乌山挥毫“永镇江南”4个字，以表抗元复宋决心。后来，“永镇江南”4个字被做成麻条石刻嵌在大乌山寺正殿门额上，题额长1.17米、宽0.47米。“永镇江南”题额，字体刚劲，刻工精细，记录着文天祥抗元复宋历程，具有重要的历史和艺术价值。

钟绍京越国公祠 位于兴国县城西街12号，又名钟氏宗祠，始建于清嘉庆八年（1803），是为纪念唐朝江南第一宰相钟绍京而建。建筑结构呈下山虎形，坐西北向东南，三进，厅中开有天井，占地面积1200多平方米。民国19年（1930）7月，红一军团总指挥朱德率领红军北上从长汀前往长沙途经兴国，在此居住。在兴国，朱德召开中共兴国县委、兴国县革命委员会负责人会议，听取县委、县苏维埃政府负责人关于分田和武装斗争情况汇报，参加欢送红军北上大会。

海公坝 明嘉靖年间，海瑞在兴国任职知县。据新编《兴国县志》记载，为根治水患，海瑞曾带领民夫在兴国县城郊河坝上广种松树，十里长堤，郁郁葱葱，蔚为壮观，时人称之为“万松坝”，又叫“海公坝”。随着历史变迁，当年坝上松树逐年减少，但因坝上多竹，人们改称此地为“竹坝”，直至今日。竹坝，地处潋、涉二水汇合之处，在兴国民间传统习俗上，人们便将潋水以南、潋江大桥以东至洪门的整个平原坝区，统称为“竹坝”。

【遗址旧居】 中共苏区中央局旧址 旧址位于兴国县古龙岗镇古龙岗圩上。民国20年（1931）6月，中共苏区中央局从永丰县龙冈迁驻于此。7月4日，中革军委后方电台在此用“豪密”与红一方面军总部建宁台（前线台）首次联络成功，发出“敌人开始第三次进攻苏区”的重要情报，为红军第一次无线电密码通信。其间，项英、任弼时、王稼祥、叶剑英、曾山等曾在此居住。旧址系邹氏宗祠，建于清光绪年间，坐北朝南，砖木结构，悬山屋顶，风火墙，分左右两祠，占地面积700平方米。左祠于1984年修葺，右祠于2000年修复。1999年2月被列为兴国县文物保护单位。

红一方面军总司令部旧址 民国20年（1931）7月，毛泽东、朱德率红一方面军主力从闽西建宁向赣南进发。28日，到达兴国西部高兴圩。31日，得知敌军主力向兴国方向急进，毛泽东、朱德遂率部向兴国东部莲塘（今兴莲）、良村方向突进。其间，8月6日，毛泽东、朱德即在莲塘黄氏宗祠召开团以上干部会议，决定集中兵力迅速歼灭敌人。8日，毛泽东、朱德在良村约溪万寿宫发布红一方面军以全力消灭龙冈之敌的命令。17日，毛泽东、朱德在城岗白石胡家祠召开营以上军事扩大会议，研究部署反“围剿”作战计划和红军整训工作。9月，主力红军相继取得老营盘、高兴圩、方石岭3次战斗的胜利，彻底粉碎国民党军第三次“围剿”。

旧址有3处，分别位于兴国县兴莲乡莲塘村、良村镇约溪村、城岗镇白石村。莲塘旧址又名黄氏宗祠，坐南向北，砖木结构，悬山屋顶，面开三门，前后两厅，1999年2月被列为兴国县文物保护单位；2018年3月被列为江西省文物保护单位；约溪旧址又名万寿宫，占地面积370平方米，坐西北朝东南，砖木结构，板瓦屋面；白石旧址又名胡家祠，占地面积198.8平方米，坐北向南，砖木结构，硬山屋顶，板瓦屋面；2008年11月被列为兴国县文物保护单位。

中共苏区中央局坝南军事会议旧址 旧址位于兴国县潋江镇坝南村。民国21年（1932）8月，红一方面军从广东南雄水口一带进入兴国，司令部驻设坝南村一陈姓民房。月初，中共苏区中央局在红一方面军司令部驻地召开军事会议，讨论红一方面军行动方向问题，会议决定红军主力北上攻打乐安和宜黄。8日，中革军委下达发起攻打乐安、宜黄战役训令，同时恢复毛泽东红一方面军总政治委员职务，并在前方由周恩来、毛泽东、朱德、王稼祥组成最高军事会议，周恩来为主席。11日，红军从兴国出发向乐安、宜黄推进。旧址占地面积240平方米，建于民国初年，坐西向东，土木结构，悬山屋顶，1983年8月被列为兴国县文物保护单位，2006年12月被列为江西省文物保护单位。

中国工农红军军医学校旧址 旧址位于兴国县鼎龙乡茶岭村。民国20年（1931）7月，为满足红军对医务人员的需要，中革军委军医处创办中国工农红军军医学校。初创时期，学校随军行动，10月迁驻兴国县鼎龙乡茶岭村李氏宗祠，在此正式授课。学校以培养“政治坚定，技术优良”军医为宗旨，坚持“教学一致，学用一致”教导原则，在兴国两年多时间，办学3期，招收学员580余名。民国22年（1933）8月，学校迁驻瑞金，并更名为红军卫生学校。旧址占地面积420平方米，坐北朝南，砖木结构，硬山屋顶，板瓦覆盖，上下两厅，1999年2月被列为兴国县文物保护单位，2018年3月被列为江西省文物保护单位。

中央红军总医院旧址 旧址位于兴国县鼎龙乡茶岭村。民国20年（1931）10月，红一方面军在兴国县城岗正气坑创办红军后方医院，后迁驻鼎龙茶岭，更名为中央红军总医院。总医院有职工300多人，分设总务、财政、医务3个科，下设5个医务所，有病床200余张，50mA X光机1台。在兴国，有3000多名从第三次反“围剿”前线送医的红军伤病员得到医治，恢复健康重返前线，肖克、罗瑞卿、陈正人、王稼祥等红军领导干部都曾在该院治疗伤病。旧址原为曾姓民居，并列3幢，占地778平方米，坐西朝东，悬山屋顶，砖木结构，1999年2月被列为兴国县文物保护单位，2000年7月被列为江西省文物保护单位。

中共江西省委旧址 旧址位于兴国县潋江镇背街牛坑塘。民国21年（1932）1月，中共江西省委迁驻兴国。驻兴国期间，中共江西省委组织和领导全省人民努力扩大红军，大力发展地方武装，进行经济文化建设，巩固和扩大革命根据地，改善群众生活，各项工作蒸蒸日上。旧址原为黄姓民房，始建于清末民初，坐北向南，砖木结构，硬山顶，占地415平方米，1983年8月被列为兴国县文物保护单位，1987年12月被列为江西省文物保护单位。

江西省苏维埃政府旧址　旧址位于兴国县潋江镇凤凰村社门前。民国20年（1931）10月，江西省苏维埃政府迁驻兴国。驻兴国期间，江西省苏维埃政府领导和组织全省人民踊跃参军参战、大力开展经济文化建设、全力保障红军物质需要，各项事业蓬勃发展。民国21年（1932），辖有18个县，240万人。民国22年（1933）1月，省苏维埃政府迁至宁都七里村。旧址原为李氏宗祠，占地面积为1145平方米，砖木结构，坐北向南，硬山屋顶，上下两厅。1983年8月被列为兴国县文物保护单位，2006年12月被列为江西省文物保护单位。

江西军区（含红军检阅台）旧址　旧址位于兴国县潋江镇筲箕村。民国21年（1932）1月9日，江西军区总指挥部在兴国成立，陈毅任总指挥兼政治委员，周子昆任参谋长，蔡会文任政治部主任。在兴国期间，江西军区动员全省青壮年积极参加红军，大力发展地方武装，配合主力红军作战，巩固革命根据地，保卫红色政权。民国21年（1932）8月，兴国模范师组建。民国22年（1933）6月6日，兴国模范师上前线誓师大会在筲箕窝广场举行，江西军区总指挥陈毅在红军检阅台检阅队伍，并代表中革军委向兴国模范师授予“中国工农红军兴国模范师”军旗。会后，兴国模范师被编为中国工农红军第三军团第六师。

旧址原为黄氏洋房，日式两层建筑，占地面积688.82平方米，坐东向西，砖木结构，硬山屋顶，前后两进，中间天井，上下两层。红军检阅台建于民国22年（1933）5月，系专为欢送兴国模范师上前线而建，坐西向东，土木结构，悬山屋顶，高5.6米，深7.85米，宽8.4米，占地65.94平方米。江西军区旧址（含红军检阅台），1983年8月被列为兴国县文物保护单位，1987年12月被列为江西省文物保护单位，2001年6月被列为全国爱国主义教育示范基地，2006年5月被列为全国重点文物保护单位，2017年被列为江西省国防教育基地。2015年7月，中共江西省委、江西省人民政府、江西省军区对旧址进行修缮和陈列布展。

长冈乡调查旧址　旧址位于兴国县长冈乡长冈村。民国22年（1933）11月，毛泽东率领临时中央政府检查团来到兴国县长冈乡进行为期1周的实地调查。通过召开座谈会、参加劳动、个别访问等方法，对长冈乡的19项工作作详细调查，总结长冈乡工作经验。通过系统调查，毛泽东写下著名文献《长冈乡调查》。旧址原为列宁小学校舍，占地面积231平方米，坐北向南，土木结构，二层楼房，悬山屋顶，前后两进，中间天井。1983年8月被列为兴国县文物保护单位，1987年12月被列为江西省文物保护单位，2001年6月被列为全国爱国主义教育示范基地，2006年5月被列为全国重点文物保护单位。

毛泽东旧居　旧居有县城文昌宫、县城胡屋巷、兴莲乡生福排、城岗胡家祠、长冈乡长冈村、隆坪乡高园村等6处。

文昌宫旧居，位于兴国县城潋江书院内。民国18年（1929）4月，毛泽东首次来到兴国，入住文昌宫。其间，在潋江书院举办土地革命干部训练班，在鸡心岭召开群众大会，主持制定《兴国县土地法》，帮助修订《兴国县革命委员会政纲》。

胡屋巷旧居，位于兴国县城胡屋巷。民国19年（1930）7月，毛泽东率红一军团从长汀向长沙进军途经兴国，入住胡屋巷。其间，毛泽东听取兴国县委、县苏维埃政府负责人关于武装斗争和分田情况的汇报，并指

毛泽东旧居（潋江书院文昌宫）　（县文化馆 供图）

示应进行第二次分田，以纠正3月分田不均匀的偏差。离开兴国不久，毛泽东给兴国县委来信，了解兴国赤化区与白区边缘的社会情况。旧居系胡氏民房，坐北向南，砖木结构，硬山屋顶，占地面积244平方米。

生福排旧居，位于兴国县兴莲乡莲塘村。民国20年（1931）8月，毛泽东在此部署和指挥第三次反“围剿”莲塘战斗。旧居系黄氏民房，坐南朝北，土木结构，悬山屋顶，占地面积158平方米。

胡家祠旧居，位于兴国县城岗镇白石村。民国20年（1931）8月，毛泽东率部在城岗白石一带休整。其间，经常访贫问苦，昼夜批复文件。旧居系胡氏祠堂，坐北向南，砖木结构，悬山房顶，上下两厅，有门楼。

长冈村旧居，位于兴国县长冈乡长冈村。民国22年（1933）11月，毛泽东率领临时中央政府检查团在长冈乡开展实地调查。旧居坐北向南，建筑面积200平方米，土木结构，悬山屋顶，分前后2栋。2008年11月被列为兴国县文物保护单位。

高园旧居，位于兴国县隆坪乡高园村。民国20年（1931）8月，毛泽东率部转移到兴国茶园一带隐蔽休整，待机歼敌。旧居系刘氏宗祠，建筑面积170平方米，坐东向西，砖混结构，悬山屋顶，风火墙。2019年5月被列为兴国县文物保护单位。

朱德旧居 位于兴国县潋江镇西街。民国19年（1930）7月，朱德率红一军团进军南昌途经兴国，入住西街越国公祠。在兴国，朱德与毛泽东一起发布红一军团由兴国出发向樟树进军的命令，出席在县城召开的红军和地方武装北上万人誓师大会。旧居原为越国公祠，坐西南向东北，砖木结构，悬山屋顶，两层楼房。2008年11月被列为兴国县文物保护单位。

彭德怀旧居 位于兴国县鼎龙乡茶岭村。民国18年（1929）2月，彭德怀率领红五军进入兴国县鼎龙乡茶岭村进行休整。彭德怀入住茶岭村一户李姓农家。在兴国，彭德怀率领部队召开军民联欢大会，宣传红军革命宗旨，号召群众组织起来打土豪、分田地，建立工农政权。旧居系李姓民房，坐北朝南，砖木结构，硬山屋顶，板瓦覆盖，占地面积213.3平方米。

萧华故居 位于兴国县潋江镇背街萧屋村。萧华，民国5年（1916）出生于兴国县潋江镇萧屋村。民国19年（1930）3月参加中国工农红军，同年7月加入中国共产党。参加了长征。历任少共国际师政委、八路军东进抗日挺进纵队司令员兼政治委员、第四野战军特种兵司令员、中国人民解放军空军政委兼政治部主任，中国人民解放军总政治部主任、中共甘肃省委书记、中国人民政治协商会议第六届全国委员会副主席等职。1955年被授予上将军衔。其作词的《长征组歌》被评为20世纪华人经典音乐作品之一。1985年8月12日病逝。故居原为萧家祠堂，占地面积186平方米，坐西向东，砖木结构，硬山顶，抬梁式梁架，左右配有厢房，房前有门楼和照墙。2007年4月被列为兴国县文物保护单位，2018年3月被列为江西省文物保护单位。

陈奇涵故居 位于兴国县潋江镇坝南村。陈奇涵，1897年出生于兴国县潋江镇坝南村。民国14年（1925）进入黄埔陆军军官学校，同年加入中国共产党。参加了长征。历任中共赣南特委军事部部长、红四军参谋长、红一军团参谋长、中央军委总参谋部教育局局长、绥德警备区司令员、辽宁军区司令员、东北军区参谋长、江西军区司令员、江西省政协主席、中国人民解放军军事审判庭庭长、军事法院院长、中华人民共和国最高人民法院副院长。1955年被授予上将军衔。1981年6月19日病逝。故居占地面积655平方米，坐北朝南，砖木结构，硬山顶，两层楼，左右配有厢房。2007年4月被列为兴国县文物保护单位，2018年3月被列为江西省文物保护单位。

【纪念馆场】 *兴国将军园* 位于兴国县潋江镇将军大道。2005年建成开园。全园占地面积33.87公顷，由将军馆、将军广场、大型群雕、上将亭、将军湖、将军岛、休闲广场等组成。将军馆是园内主体建筑，馆内展陈56位兴国籍共和国开国将军生平事迹；将军广场按长征路线进行规划，安放着56位兴国籍共和国开国将军雕像和12块《长征组歌》石刻。休闲广场建有三面红旗大型群雕。群雕由“中国工农红军兴国模范师”“中国工农红军少共国际师”“中国工农红军中央警卫师”3面军旗组成，象征着在苏区扩大红军运动中，兴国县一马当先，率先成立兴国模范师，继而组建“少共国际师”和“中央警卫师”的壮举。大型群雕现成为兴国县标志性建筑，是全县大型活动的重要场所，央视“心连心”艺术团曾2次在此演出。2004年9月，兴国将军园被列为江西省爱国主义教育基地。胡锦涛、吴邦国、李瑞环等党和国家领导人曾先后参观考察兴国将军园。

中央苏区烈士陵园兴国烈士纪念园 位于兴国县高兴镇老圩村腊石寨。2014年始建，系赣州市人民政府根据《国务院关于支持赣南等原中央苏区振兴发展的若干意见》关于“支持中央苏区烈士陵园等红色文化教育基地建设”精神而建。中央苏区烈士陵园兴国烈士纪念园是中央苏区烈士陵园的前期项目，由民政部对口援建，占地面积15.07公顷，有烈士墓群、烈士悼念广场、烈士纪念广场、烈士浮雕墙、烈士瞻仰台、樟树林烈士追思区等6大区块，至2022年，有集中安葬烈士墓10282座。

兴国县革命烈士纪念馆（兴国县革命烈士陵园） 位于兴国县潋江镇红军路宝长山。1950年，在县城西门外建成革命烈士纪念塔，后迁建县城宝长山；1955年，在县城鸡心岭建立兴国革命烈士纪念馆，后迁建县城宝长山。1977年，塔馆同园，命名为兴国县革命烈士陵园。1980年后，相继在陵园内建有革命烈士纪念亭、革命烈士英名碑和广场等设施。兴国县革命烈士陵园占地面积1.7万平方米。兴国县革命烈士纪念馆是园内主体建筑，馆内重点展出130多名兴国籍著名英烈的生平事迹。1987年3月，被列为江西省重点革命烈士纪念建筑保护单位；1996年4月，被列为全国重点革命烈士纪念建筑保护单位。2001年6月，被列为全国爱国主义教育示范基地。

苏区干部好作风纪念园 位于兴国县潋江镇将军大道，与兴国将军园毗邻。2015年建成开园。纪念园由苏区干部好作风陈列馆、模范兴国县委书记纪念亭、纪念广场、长征5号运载火箭模型等组成。苏区干部好作风陈列馆是园内主体建筑，是全国唯一以苏区干部好作风为主题的陈列馆，建筑面积6000多平方米，陈展面积4970平方米，分5个展厅，分别展陈调查研究、求真务实，艰苦奋斗、清正廉洁，模范带头、争创一流，优良作风、同心永铸，发扬传统、继往开来等5个主题，全面展示苏区干部好作风的精神内涵。

长冈乡调查纪念馆 位于兴国县长冈乡长冈村，距县城约4千米。兴国县长冈乡是苏区时苏维埃政府工作模范乡，民国22年（1933）11月毛泽东率中央政府调查团到长冈乡作调查，后整理出著名的《长冈乡调查》。1976年，经中共中央宣传部批准，毛泽东作长冈乡调查纪念馆建成开馆，2014年更名为“长冈乡调查纪念馆”。纪念馆主要展陈毛泽东作长冈乡调查的历史资料和长冈乡创建苏区模范乡的工作经验。纪念馆占地面积7028平方米，1995年4月被列为兴国县爱国主义教育示范基地，1999年2月被列为兴国县文物保护单位，2001年6月被列为全国爱国主义教育示范基地，2004年9月被列为江西省爱国主义教育基地，2010年7月被列为中国井冈山干部学院现场教学点。

【兴国非物质文化遗产】 提线木偶 兴国提线木偶，是流传在兴国均村等地的民间传统戏曲，在祝寿、丧事、庙会、过年、闹元宵等重大民事和民俗节庆活动中都会演出。剧目题材广

长冈乡调查纪念馆 （县红保中心 供图）

泛、内容丰富，腔调独特、旋律幽雅。在现存剧目中，有的从民间说唱本改编，有的由历史小说、演义以及民间传说故事改编，有的来源元曲及明清杂剧。剧本文学性强，语言诙谐风趣，唱词优美生动。“提线木偶”形象完整，制作精美，粉彩细腻，神韵含蓄，栩栩如生，堪称民间工艺珍品。“提线木偶”线工繁复奇妙，根据不同角色，系线分别为5—12根，有的多至20余根。剧本有单本、连台本、折子戏等，主要以口耳相传，鲜有刊刻剧本，留有手抄本。代表剧目有《加寿图》《满堂福》《全家禄》《西游记》《摇钱树》《双麒麟》等。2010年，兴国提线木偶被列入省级非物质文化遗产保护名录。

兴国端戏　又称蚊帐戏，是流传在兴国樟木等地的民间传统戏曲，至今有百余年历史，在老幼寿诞、婚丧喜事、佛法庙会、春节、元宵节等民俗活动中都会有演出。兴国端戏，设备简单，人员精干，一个艺人一副戏担，不管大戏小戏、文戏武戏，生旦净末丑，吹打弹唱耍，全靠一个人手、脚、口、舌并用，十指灵活调度完成。剧目丰富，文学性强，题材有人情戏、公案戏、宫廷戏、武侠戏，也有长书大传本历史戏，还有艺人自编、口口相传的讲书本。唱腔以西皮快慢板、二黄等为常见，古朴，纯真，自成流派。兴国端戏，集民间文学、木偶表演、戏剧曲艺、雕塑绘画等艺术形式于一体，艺人身兼数职，表演形式极富特色。2013年，兴国端戏被列入省级非物质文化遗产保护名录。

三僚堪舆文化　唐僖宗年间，堪舆学界一代宗师、金紫光禄大夫杨筠松（号救贫仙师），因躲避战乱，携“宫庭秘籍”，云游天下，被兴国三僚村（兴国县梅窖镇三僚村）状如太极阴阳鱼图形的独特风水形胜所吸引，先后收曾文辿、廖三传2人为徒，从此3人结茅为庐，在此开基立业，传经布道。其后，曾、廖两姓子孙后代，世代家传，绵延不绝。三僚村因此成为中国风水地理发祥地，声名远播，影响遍及赣闽粤、我国港澳台地区乃至南洋各地，每年到此“朝圣”和拜谒“杨公祠”的风水弟子、易经研究专家学者络绎不绝。至今全村有数百村民，长年以风水地理为业，足迹遍布大半个中国（含港台）与海外。三僚堪舆文化既是一种民间信仰，更是一种人居和丧葬习俗。2006年，三僚堪舆文化被列为省级非物质文化遗产保护名录。

【民俗方言】　民俗　清代《兴国县志·风俗》说，兴国“地界深山长谷，民鲜商贩，惟务农力产，以田多寡为优劣。旧家崇尚朱子家礼，好积古器，重谱牒、志铭。孀妇多守节。士夫重礼义。”“闾阎朴实，非达官贵人，不衣罗绮。旧家嫁娶，糜费颇多。款媒之滥，反过纳币。”“市少帛肆，途绝游妇。子孙乐绳祖宗之美，虽废坠必为重修，不以让人。”“兴俗无所纷华，衣安布素，民务稼穑。嫁奁之难，至于溺女。停丧择吉，置棕瓦屋。”宋文天祥在《文山集》中说，兴国“人物伉健。大概去南渐近，得天地之阳气，不可以刑威慑，而可以礼义动。”宋翰林学士郭知章在《改迁儒学记》中说，兴国“民习刚悍，挟气尚斗。”这些记述说明：勤劳朴实，知礼重义，刚强而富有斗争性，是兴国人民固有的风尚；浓郁的宗族姓氏观念、陈腐的封建道德标准和顽固的小农经济习惯势力，长期束缚着人们的思想。民国8年（1919）“五四”运动后，革命浪潮开始冲击旧的意识形态，一批接受了新思想、新文化的革命青年，起来进行反封建的革命斗争。经过土地革命，特别是新中国成立以后，物质文明和精神文明的建设，人们移风易俗，既发扬传统的美德，又不断革除陈规陋习，逐渐形成一代社会主义新风。

方言　兴国方言基本上属客家话系统。兴国居民多是客籍人，大部分是从广东、福建迁入。据城郊五里亭乡（今潋江镇五里亭村）统计，全乡有20多个自然村的一些姓氏都是由广东迁来的。此外从山西太原、河南开封、江苏、福建、南京乌衣巷等地迁来的也有一小部分。从本省其他县迁至此的，以寻乌、信丰为多。这些姓氏随着历史上的移民，先到广东，再到寻乌、信丰，然后迁兴国定居。由于客籍人较多，客家话就自然地成为兴国方言的主流。新中国成立后，社富、龙口、留龙等乡从赣县划入，还有永丰镇的凌源、洙坊等地与赣县交界，这些地方都说赣县话。南坑、良村等乡从永丰县划入，这些乡民说的都是永丰县龙冈方言。原兴国县的枫边、城冈、古龙冈等乡与之接壤，语音也跟良村一带近似。此外，兴国境内还有县城话、本地话、新圩话。少数姓氏如均村乡部分吴姓、杨姓、魏姓原从福建连城迁来，老一辈尚保存了连城话，年青一代改用客家话。极个别地方如社富的座石、埠头的船田，他们对内都说漳州话，对外就用其他方言。因此，兴国方言相当复杂。总的说来，兴国人讲客家话的居多，如鼎龙、江背、东村、永丰、隆坪、均村、茶园、高兴、崇贤、方太等乡均普遍通行客家话，就是说其他方言的人们也会说客家话，因此客家话在县境内到处通行。从语言的发展趋势来看，兴国方言受普通话的影响日益增大，现在的年青一代，一般都能说普通话，反而不会说地地道道的方言。另外，由于城乡交往日益频繁，因此，县城话同客家话有逐渐融合的趋势。综上所述，兴国方言是以潋江镇方言（县城话）为代表，只是在语音、词汇方面稍微涉及一下其他方言。

名菜小吃

【兴国县风味名菜四星望月】 兴国县的风味名菜，为江西名菜。将鲜鱼肉切成1.5厘米宽、0.03厘米厚的鱼片，拌上辣椒酱、味精、茶油、姜末、豆粉等，待装入笼。蒸笼底铺上一层青菜，菜叶上放上用沸水余至八成熟的并拌好盐、油、味精、辣椒酱的湿粉干。将蒸笼入锅内用旺火蒸，待上热气后，放入鱼片，复用旺火蒸15分钟，再将辣椒酱、酱油、味精、熟茶油调成的卤汁浇在鱼片上，撒上葱花即成。此菜色泽金黄，清香浓郁，肉质嫩滑，鲜辣无腥。民国18年（1929）4月，毛泽东到兴国县，为此菜命名“四星望月”。众人一致叫好。此菜流传至今，成为赣州客家名菜。郭沫若品尝“四星望月”时，称赞该菜为“天下第一菜”。2017年，兴国“四星望月习俗”被列入省级非物质文化遗产保护名录。

兴国县风味名菜四星望月 （县文化馆 供图）

【兴国鱼丝】 兴国鱼丝，别名“与你相思”，多产于县城周边。相传宋朝，兴国有位嫁给船工的聪明女子，为让经常外出的丈夫不贪恋外面的繁华世界，便仿效制粉干的方法，以鱼肉和薯粉为原料，精心制成鱼肉粉丝，并取名“与你相思”，让丈夫带着路上食用。丈夫每每吃到便会想起娇妻，按时回家。兴国鱼丝就此流传，世代相传。兴国鱼丝以草鱼和鲤鱼为主要原料。兴国鲤鱼体型肥大、肉厚骨细，食味鲜美，营养丰富。兴国鱼丝制作过程极其讲究，必须有厨艺精湛的师傅严格按照传统配方规范操作，才能做成色香味俱佳的鱼丝。主要流程概括：剖鱼—剔骨—剁鱼泥—放盐—和粉—擀皮子—蒸鱼丝—折鱼丝—切鱼丝。兴国人逢年过节、操办红白喜事、接待宾客，兴国鱼丝必是不可少的筵席主菜。2010年，兴国鱼丝制作技艺被列入省级非物质文化遗产保护名录。

【三僚豆腐宴】 三僚村位于江西省兴国县梅窖镇，该地盛产水豆腐及传习风水学而出名。据有关考察分析，三僚村因井水含有多种矿物质，制作的水豆腐风味独特，白嫩细腻，滑溜香甜，隔夜不馊。三僚豆腐宴，由油煎豆腐、焖豆腐、豆腐脑、酒酿豆腐、酿豆腐、豆浆、豆花、油炸三角豆腐、四角油豆腐等10余种组成。2022年，兴国水豆腐制作技艺被列入市级非物质文化遗产保护名录。

【兴国倒蒸红薯干】 “倒蒸红薯干”是兴国传统名优特产，遍布城乡各地，以茶园乡、高兴镇所产最负盛名。坊间传说，明朝中叶海瑞出任兴国知县时，经常轻车简从，深入乡间体察民情。为了不扰民，他自带晒干的番薯白片做干粮，放到村民饭甑里蒸一下再食用。不料，反复蒸过的番薯片变得金黄透亮，既软又韧，香甜可口。消息传开后，家家户户如法炮制，流传至今，成为兴国的一道特色美味小吃。兴国倒蒸红薯干淀粉含量高，口感好，甜、软、糯兼具，能保存数月之久，深受群众喜爱，是兴国人居家食用、招待客人、馈赠亲友的必备食品。2022 年，兴国倒蒸红薯干制作技艺被列入市级非物质文化遗产保护名录。

2022 年经济社会发展

【经济建设】 2022 年，全县实现地区生产总值（GDP）241.04 亿元，按可比价比上年增长 5.1%。完成财政总收入 24.29 亿元，比上年增长 5.3%。其中，一般公共预算收入完成 10.07 亿元，比上年增长 4.7%。全县城镇居民人均可支配收入 36011 元，比上年增长 5.2%；农村居民人均可支配收入 15719 元，比上年增长 8.2%。

全年实现农林牧渔业总产值 62.36 亿元，按可比价比上年增长 4.6%。粮食播种面积 5.58 万公顷，比上年增长 2.51%；粮食总产量 26.24 万吨，比上年增长 0.13%；油料产量 1.23 万吨，比上年增长 19.13%，其中油菜籽 2498 吨，比上年增长 186.8%；蔬菜播种面积 1.32 万公顷，比上年增长 2.02%。

规模以上工业企业实现营业收入 76.43 亿元，比上年增长 29.1%。其中，首位产业（含电子信息、纺织服装及配套企业）实现营业收入 19.74 亿元，占全县规模以上工业总营业收入 25.83%，比上年减少 5.48 个百分点；含氟新材料产业实现营业收入 12.46 亿元，占全县规模以上工业总营业收入的 16.3%，比上年提高 6.61 个百分点。完成经开区南区扩区 132 户房屋征迁，清退闲置低效用地 37.69 公顷，腾退厂房 4.5 万平方米，新建标准厂房 24.6 万平方米，经开区获评省级“两化融合”（信息化和工业化的高层次深度结合）数字化转型示范园区。

社会消费品零售总额 111.28 亿元，比上年增长 4.9%；货物进出口总额为 9.31 亿元，比上年增长 59.04%；实际利用外资（现汇进资）407 万美元，比上年增长 299.02%。

规上服务业企业 46 家，实现营业收入 13.95 亿元，比上年增长 16.5%；利润总额 0.95 亿元，比上年下降 7.54%。固定资产投资比上年增长 10.2%，其中民间投资比上年增长 10.83%。分产业统计，第一产业 500 万元以上固定资产投资，第二产业投资比上年增长 6%，第三产业投资比上年增长 23.2%。

出台中小企业纾困解难 35 条，累计减税降费 2.5 亿元，在全市率先上线“亲清赣商”惠企政策兑现平台，累计兑付资金 2.4 亿元。全年新增各类市场主体 6500 余户，比上年增长 3.1%。推进“放管服”改革，210 项权力事项实现“一枚印章管审批”，965 件服务事项实现“掌上办”，224 项高频事项实现“跨省通办”，企业开办实现“半天、零成本”。建成省、市科技创新平台 5 个，高新技术产业增加值占规上工业增加值比重首次突破 30%。设立全省首个县级人才发展基金，引进培育产业领军人才（团队）1 个、高层次人才 72 人、急需紧缺人才 655 人，入选省“双千”计划 2 人。组建县政务服务和大数据发展中心，在全市率先推行“一照多址”和企业歇业备案制度改革。

【政治建设】 2022 年，中共兴国县委聚焦“作示范、勇争先”目标定位，深入学习习近平新时代中国特色社会主义思想，坚决贯彻落实中共二十大精神，实施“三大战略、八大行动”，推动机关党员干部“三进三为”（进帮扶乡村、进共建社区、进困难企业，为基层解难、为群众解忧、为企业纾困）。以党建质量过硬行动为抓手，加强党建与乡村振兴、产业发展、乡村旅游、集体经济融合发展，挖掘红色资源，打造市级以上红色名村 10 个。探索不胜任不称职村干部处置、统筹优化村（社区）人员力量、“有事找书记”等3项特色做法，入选全省第三届党务技能大赛项目。理顺“两新”（新经济组织和新社会组织）党建工作体制，在全市率先出台新业态新就业群体领域党建工作“八条措施”。以勤廉兴国建设为抓手，构建“两个责任‘三化’”工作体系，2次召开县委全面从严治党形势分析会，县委领导以上率下深刻剖析查摆“七个有之”问题并深入整改。持续开展“赓续红色血脉，传承红色基因”行动，向“十种”干部现象（夹生型、躺平型、松散型、投机型、老好人型、门神型、太极型、老爷型、两面型、变质型）、“四种”不良风气（吃喝风、赌博风、天线风、诬告风）宣战，干部作风持续好转。开展落实中央八项规定精神十周年“回头看”活动，查处违反中央八项规定精神问题35起55人。坚持一体推进“三不腐”，全年立案196起197人，查处群众身边腐败和作风问题55件88人。完成十九届县委二、三轮巡察，提升对村（社区）巡察质效试点工作在全省推介。打造勤廉文化品牌，开展勤廉文化“七个一”（上好一堂“勤廉课”、办好一个“培训班”、编排一部“山歌剧”、创作一批“地方戏”、编印一本“勤廉书”、打造一档“勤廉节目”、建设一批“勤廉点”）活动，编印《勤廉榜样在兴国》工作做法得到省委副书记、市委书记吴忠琼批示肯定。

【文化建设】 2022年，全县积极打造红色文化传承发展创新示范区，红色资源活化利用课题被《人民日报》整版刊发、《江西改革》刊登推广，获省委常委、宣传部部长庄兆林批示肯定。兴国山歌进校园入选文旅部“中国民间文化艺术之乡”建设典型案例，大型兴国山歌剧《苏区干部好作风》获第十二届江西玉茗花戏剧节编剧奖、新人奖等4个奖项，举办“长征先锋”超级IP发布暨产业融合大会，红色教育主题动画片《长征先锋》多次登榜同类影视全国收视第一，《长征组歌》驻地演出项目扎实推进，“苏区干部好作风”模范兴国文旅品牌持续打响。有序推进苏区干部好作风纪念园服务质量提升、长征国家文化公园（兴国段）、龙口启耀故里、崇贤茶旅小镇等项目建设，大力推动“本地人游本地”，驿博红兴谷研学旅行营地获评全省科普教育示范基地，潋城文创街区成为“网红打卡地”，全年游客接待比上年增长22.85%，旅游综合收入比上年增长24.48%。持续优化公共文化服务供给，实施乡镇文化站提升工程，推进文化馆、图书馆总分馆建设，打造城乡15—20分钟公共文化服务圈，赣州市第六届运动会承办工作各项建设进展有序。

坚持教育优先发展，统筹资金16.5亿元，实施校建项目92个，新改建校舍面积21.9万平方米，新增园位1600个、学位5000余个。高考考取清华大学、北京大学4人，为全市县级最多，创历史最好成绩，被评为全国义务教育发展基本均衡县、国家级农村职业教育和成人教育示范县。

实施科技创新赋能行动，深入开展重点产业重大创新平台清零，全年申报市级各类科技项目5项，引进省市科技特派团5个32人。世界首条稀土永磁磁浮轨道交通工程试验线——“兴国号”永磁磁浮空轨列车正式通车。着力推进数字经济“一号发展工程”，完成500万元以上数字经济核心产业项目24个，建成5G基站446个，建立全省首个县级数字人力共享中心——“兴国数字人力共享中心”。全力扶持企业技改升级，推动兴氟化工、南方水泥等龙头企业打造“5G+工业互联网”，旭航城、中萤发展、锐兴通讯等12家企业完成智能化改造，完成“企业云”上线306家，3家企业列入2022省级信息化和工业化融合示范企业名单。

【社会建设】 2022年，兴国县投入民生资金48.4亿元，40件民生实事建设基本完成。新建公租房500套、保障性租赁住房300套。新增城镇就业4600余人，农村劳动力转移就业9000余人。统筹资金16.5亿元，实施校建项目92个，新增园位1600个、学位5000余个。高考考取清华大学、北京大学4人，为全市县级最多，创历史最好成绩。县人民医院二期等项目加速推进，华山医院等帮扶成效持续深化，县域医共体建设稳步推进，城乡医疗保障水平显著提升。实施方太、鼎龙、枫边、兴江等17个乡镇敬老院暖心工程，完成近

200 户特殊困难老年人居家适老化改造，入选全国“深化乡村地名服务点亮美好家园”试点县。全年完成职业技能提升培训 4464 人，发放创业担保贷款 2.34 亿元；城镇失业人员再就业人数 1100 人，城镇登记失业率有效控制在 4.5% 以内；失业保险扩面参保人数 2011 人，参保企业 661 家，发放失业保险金 163.88 万元，失业补助金 205.9 万元；公益性岗位安置就业 5303 人；有 33223 人得到政府最低生活保障，其中城镇居民 1922 人，农村居民 31301 人。

【生态文明建设】 2022 年，全县空气质量优良天数比例达 94.8% 以上，$PM_{2.5}$ 浓度控制在 26 微克 / 立方米以内。出境断面水质、集中饮用水水源地水质优良率 100%。城区流域水环境综合治理工程（二期）、经开区雨污分流工程（二期）全面完工，新建、改建污水管网 35 千米。新增绿色建筑面积 49.72 万平方米，新增节能建筑面积 19.86 万平方米。完成水土流失治理面积 30.84 平方千米，建设污水处理站点 65 个，整改农村户厕 2880 户。获评省级生态乡（镇）1 个，省级森林乡村 8 个、省级生态园林城镇 1 个、省级水生态文明村 2 个。查办生态环境损害赔偿案件 11 例，查处环境违法行为 10 起。

本栏编辑：张开泉

中国共产党兴国县委员会

综述

【概况】 2022年，中共兴国县委统筹疫情防控和经济社会发展，统筹发展和安全，全县经济运行稳中有进，社会大局保持安定稳定。深入学习贯彻中共中央总书记习近平视察江西和赣州重要讲话精神，聚焦“作示范、勇争先”目标定位和“五个推进”重要要求，坚决贯彻落实中共二十大精神，大力实施“三大战略、八大行动”，奋力建设工业强城乡美百姓富作风好的“模范兴国”，再创新时代“第一等工作”，不断开创高质量跨越式发展新局面。至12月，获评全国信访系统先进集体、财政管理绩效先进县、自然资源节约集约示范县，全省绿色有机农产品示范县、粮食生产先进县、耕地保护先进县。全年实现地区生产总值比上年增长5.1%，总量241.04亿元，规模以上工业产值比上年增长8.5%，社会消费品零售总额比上年增长4.9%，城镇、农村居民人均可支配收入分别比上年同期增长5.2%、8.2%。

【学习贯彻中共二十大精神】 2022年，兴国县坚持把学习宣传贯彻中共二十大精神作为首要政治任务和长期战略任务，制定下发《中共兴国县委关于认真学习贯彻中共二十大精神的通知》《兴国县贯彻落实中共二十大精神阶段性安排》，召开全县领导干部大会、县委中心组专题学习会等，专题学习中共二十大报告。开展党员集中轮训、举办政法系统科级干部政治轮训班，把学习中共二十大精神纳入县委党校（行政学院）教育培训的必修课。开展迎接中共二十大召开系列活动，开设“喜迎二十大”“献礼二十大”等专栏，制作《喜迎二十大 我想对党说》《奋进新征程 建功新时代》等系列微视频，推送图文稿件80余篇，其中在中央主流媒体刊播6篇。遴选骨干力量，组建县委宣讲团分赴各乡镇、各单位宣讲，组织各类宣讲队伍35支，开展二十大精神宣讲350余场。用好新时代文明实践站（点）、屋场会、居民恳谈会等平台，发挥乡贤能人和“五老”作用，深入田间地头、集中安置点宣讲，引领全县党员领导干部群众感党恩、听党话、跟党走，推动中共二十大精神在兴国落地生根、开花结果。

【红色文化传承发展创新示范区建设】 2022年，全县推动文化保护传承，积极打造红色文化传承发展创新示范区，兴国县红色资源活化利用课题被《人民日报》整版刊发、省改革报刊登推广。兴国山歌进校园入选文旅部“中国民间文化艺术之乡”建设典型案例，大型兴国山歌剧《苏区干部好作风》获评第十二届江西玉茗花戏剧节编剧奖、新人奖等4个奖项，举办“长征先锋”超级IP发布暨产业融合大会，红色教育主题动画片《长征先锋》多次登榜同类影视全国收视第一，《长征组歌》驻地演出项目扎实推进，“苏区干部好作风”模范兴国文旅品牌持续打响。有序推进苏区干部好作风纪念园服务质量提升、长征国家文化公园（兴国段）、龙口启耀故里、崇贤茶旅小镇等项目建设，大力推动“本地人游本地”，驿博红兴谷研学旅行营地获评全省科普教育示范基地。潋城文创街区成为“网红打卡地”，2022 年游客接待比上年增长 22.85%，旅游综合收入比上年增长 24.48%。持续优化公共文化服务供给，实施乡（镇）文化站提升工程，推进文化馆、图书馆总分馆建设，打造城乡 15—20 分钟公共文化服务圈。

重要会议

【县委十九届三次全体（扩大）会议】 2022 年，中共兴国县委召开全体会议 1 次。7 月 25 日，兴国县委十九届三次全体（扩大）会议召开。会议应到的县委委员 58 名，实到 49 名；应到候补委员 10 名，实到 9 名。全会传达贯彻全省上半年经济运行分析会暨“拼搏三季度、奠定全年胜”动员会、市委六届三次全体（扩大）会议精神，总结分析上半年工作，研究部署下半年工作，动员全县上下进一步认清形势、保持定力、主动作为，全面完成全年各项目标任务，着力建设工业强城乡美百姓富作风好的“模范兴国”，再创新时代“第一等工作”，以优异成绩迎接中共二十大胜利召开。会上，通报县第十九次党代会精神落实情况督查报告；通报全县上半年经济运行情况。

【县委常委会会议】 2022 年，中共兴国县委常委会召开会议 43 次。

1 月 24 日，第 13 次县委常委会会议召开，听取兴国县 2021 年度国家巩固脱贫成果后评估综合核查工作情况汇报，研究巩固拓展脱贫攻坚成果同乡村振兴有效衔接工作；听取全县 2021 年度政法工作、县人大常委会党组、县人民政府党组、政协兴国县委员会党组情况汇报，并研究部署下一步工作；研究讨论县人大常委会党组提交的《关于召开兴国县第十九届人民代表大会第二次会议的请示》。

2 月 16 日，第 15 次县委常委会会议召开，研究讨论落实上级涉粮问题巡视巡察监督检查整改有关工作、《县委领导班子党史学习教育专题民主生活会整改方案（讨论稿）》《2022 年县委巡察工作计划（讨论稿）》；听取 2021 年县委巡察工作情况汇报。

3 月 13 日，第 17 次县委常委会会议召开，研究讨论县人民政府党组提交的有关请示、《兴国县十八大以来农村发展党员违规违纪问题认定及处理的补充意见》。

5 月 22 日，第 22 次县委常委会会议召开，研究讨论县人民政府党组提交的有关请示、《2021 年度基层党（工）委书记抓基层党建工作综合评价建议》等；听取十九届县委第一轮巡察暨粮食问题专项巡察监督检查反馈意见整改落实情况报告、十九届县委第二轮巡察综合情况报告。

6 月 6 日，第 25 次县委常委会会议召开，听取全县落实涉粮问题专项巡视巡察监督检查反馈问题整改进展情况汇报、全县公安工作情况汇报，并研究部署下一步工作；研究讨论县人民政府党组提交的有关请示。

8 月 23 日，第 31 次县委常委会会议召开，听取标准厂房建设及 2021 年以来招商引资项目进展情况汇报、全县近期疫情防控工作情况汇报，研究部署下一步工作；研究讨论《贯彻落实县委人大工作会议重点任务分工方案（讨论稿）》《全面建设勤廉兴国实施方案（讨论稿）》，县人民政府党组提交的有关请示。

11 月 4 日，第 37 次县委常委会会议召开，研究讨论《中共兴国县委关于认真学习宣传贯彻中共二十大精神的通知（讨论稿）》《兴国县学习宣传贯彻中共二十大精神阶段性安排（讨论稿）》。

12 月 18 日，第 43 次县委常委会会议召开，研究讨论县人大常委会党组提交的《关于召开兴国县第十九届人民代表大会第三次会议的请示》，县政协党组提交的《关于召开政协兴国县第十六届委员会第三次会议的请示》《兴国县巡察工作考核评价实施办法（试行）〔讨论稿〕》《兴国县关于提升对村（社区）巡察质效工作的实施意见（讨论稿）》、调整有关机构编制的事项、《中共江西兴国经济开发区工作委员会、江西兴国经济开发区管委会职能配置、内设机构和人员编制规定（讨论稿）》《2022 年县委履行全面从严治党主体

责任抓党建工作情况的报告（讨论稿）》、调整部分县委常委工作分工事项。

重大决策

【“八大行动”】 2022年，兴国县深入贯彻落实市委“三大战略、八大行动”（深入推进新时代赣南苏区振兴发展、打造对接融入粤港澳大湾区桥头堡、建设省域副中心城市“三大战略”，大力实施工业倍增升级、科技创新赋能、深化改革开放、乡村全面振兴、城市能级提升、美丽赣州建设、提高民生品质、党建质量过硬“八大行动”）部署要求，统筹推进经济社会发展和党的建设各项工作。

工业倍增升级　全年实施工业倍增升级项目30个，完成投资41.9亿元，其中列入省大中型工业项目7个，完成投资34.2亿元、完成率达135.7%。签约项目83个、签约资金467.3亿元，其中亿元以上项目58个，“5020”（国家级开发区每年至少引进一个投资超50亿元的产业项目、省级开发区每年至少引进一个投资超20亿元的产业项目）项目7个，规模以上工业增加值增长8.5%，工业固定资产投资完成55.47亿元、增长7.4%；工业用电量逆势上扬，比上年增长22.78%，跻身全市前列。

科技创新赋能　全年建成省、市工程技术研究中心6家、省级科技众创空间1家，引进培育高层次人才54人、省市科技特派团5个32人。世界首条稀土永磁磁浮轨道交通工程试验线——“兴国号”永磁磁浮空轨列车正式通车。建立全省首个县级数字人力共享中心——“兴国数字人力共享中心”。

深化改革开放　全年落实省全面深化改革攻坚行动任务384项，具体举措437个；承担国家级试点任务14项；落实深化改革开放行动任务54项，具体举措118个；落实全面深化改革工作要点集成化改革任务81项，具体举措154个，均达到时序进度，全部完成，并取得良好成效。纵深推进“放管服”改革，210项权力事项实现“一枚印章管审批”，965件服务事项实现“掌上办”，224项高频事项实现“跨省通办”，企业开办实现“半天、零成本”。

乡村全面振兴　全年牢牢守住不发生规模性返贫的底线，共消除风险1278户5499人，前三季度乡村全面振兴重点工作综合排名均排全市第一。坚决扛牢粮食安全政治责任，落实面积5.61万公顷，超额完成粮食生产任务。打造31个乡村振兴示范村，整治“赤膊房”等农村房屋突出问题1.2万栋，乡村活力持续迸发。

城市能级提升　全年打通平川大道北延等一批“断头路”，红军大桥建成通车，新建人行天桥5座，首个城市综合体顺利建成开业，完成城区主要道路“白改黑”和景观绿化，老旧小区、背街小巷改造等项目快速推进，城市颜值、功能品质大幅提升。

美丽赣州建设　全县推进城区33个网格常态化整治，全年空气质量优良天数比例94.8%，地表水考核断面年均评价水质达到Ⅱ类标准，县级集中式饮用水水源地水质优良率100%。推进生态修复保护，完成低质低效林改造0.63万公顷，修复治理崩岗104处，“矿山修复+土地整治”经验入选省级生态修复典型案例，县经开区被评为省循环化改造试点园区。入选全省林业碳中和试点县。

提高民生品质　全县推进45个提高民生品质行动项目，一批群众“急难愁盼”问题得到解决。坚持教育优先发展，全年投入16.5亿元，新改扩建项目92个，新改建校舍面积21.9万平方米，被评为全国义务教育发展基本均衡县、国家级农村职业教育和成人教育示范县。大力发展医疗卫生事业，县人民医院二期（传染楼）、嘉和医院、南坑乡卫生院等项目加速推进，城乡居民医疗保障水平得到提升，江背镇高寨村获评全国老龄系统先进集体，为全省唯一。全年实现新增城镇就业4600余人、转移农村劳动力9000余人。实施乡镇敬老院提升改造“暖心工程”17个，完成特殊困难老年人居家适老化改造192户。成功举办第二届“模范兴国”慈善晚会，募集资金690万元。

党建质量过硬　全年加强党建与乡村振兴、产业发展、乡村旅游、集体经济融合发展，打造市级以上红色名村10个，村均经营性收入37.52万元，比上年增长15.3%。探索不胜任不称职村干部处置、统筹优化村（社区）人员力量、“有事找书记”等3项特色做法，入选全省第三届党务技能大赛项目。以勤廉兴国建设为抓手，深入推进反腐败斗争攻坚战持久战，一体推进“三不腐”，立案196起197人，形成强大震慑，政治生态持续向上向好。

【“五大会战”】 2022年，兴国县继续推进“五大会战”（招商引资、项目建设、征地拆迁、信访积案化解、城乡环境整治）。招商引资方面。签约引进项目83个、投资额达467.3亿元，其中20亿元以上项目7个、10亿元以上项目15个，晶华微电子、海文生物等31个项目实现当年引进、当年投产，艾克佩特服装科技产业园、中国兵工集团军民融合项目加快推进，项目招引个数、投资额度均创历史新高。项目建设方面。实施157个重点项目，完成年度投资101.6亿元。永磁磁浮空轨“兴国号”全国首发，兴泉铁路全线贯通运营，国家管网西气东输三线向兴国开口供气，新建县委党校投入使用。全年争取上级资金67.8亿元，增长24.8%，平江灌区，樟树至兴国高速等30个重大项目列入国家“十四五”支持革命老区基础设施建设盘子。征地拆迁方面。加大闲置低效用地清理和“腾笼换鸟”力度，清退闲置低效用地37.68公顷，腾退厂房4.5万平方米。信访积案化解方面。大力推进市域社会治理现代化，创新“红色文化+信访工作治理”模式，初信初访和信访积案不断减少，信访形势彻底扭转，“红色治理+信访”工作经验得到中央信访督导组肯定，县信访局获评“全国信访系统先进集体”。城乡环境整治方面。全年将城区划分为33个网格，实施城区环境网格化整治，畅通城市内外循环、刷新城市颜值、提升城市气质。打造乡村振兴示范村31个，拆除“空心房”8400栋88.8万平方米，整治“赤膊房”1.2万栋449万平方米，整改户厕2880余户，打造市级“改厕样板村庄”2个，乡村活力持续迸发。为推动“五大会战”，建立“奔牛奖”“蜗牛奖”考核机制，制定《兴国“奔牛奖”“蜗牛奖”评定办法（试行）》，设立招商引资、项目建设、征地拆迁、信访积案化解、城乡环境整治等重点工作“奔牛奖”“蜗牛奖”。全年开展评定4次，评定招商引资“奔牛奖”8个、“蜗牛奖”4个，项目建设“奔牛奖”8个、“蜗牛奖”4个，征地拆迁“奔牛奖”7个、“蜗牛奖”0个，信访工作“奔牛奖”8个、“蜗牛奖”2个，城市网格化环境整治“奔牛奖”8个、“蜗牛奖”4个，农村人居环境整治“奔牛奖”8个、“蜗牛奖”4个。

【向“十种干部”作风“宣战”】 2022年6月，兴国县委出台《关于锻造新时代“模范兴国好作风”的若干措施》，聚焦“作风好”目标，明确“坚决纠治形式主义官僚主义、打造一等营商环境、优化选人用人机制、严格规范公务接待、常态化整治酒驾、赌博风、严肃考勤纪律、强化跟踪问效机制、推行无为问责机制、落实容错免责机制、完善考核激励机制”等十条措施。7月，召开全县深化干部作风建设动员会，以刮骨疗毒、壮士断腕的勇气担当向“十种干部”作风“宣战”（夹生型、躺平型、松散型、投机型、老好人型、门神型、太极型、老爷型、两面型、变质型），干部队伍活力充分激发，干事创业氛围空前浓厚。2022年，全县立案196起197人，动真碰硬查处群众身边腐败和作风问题55件88人，形成强大震慑，政治生态持续向上向好。

【创建省级文明城市】 2022年，兴国县继续按照《兴国县创建省级文明城市实施方案》，深入推行网格化管理、城乡环境整治，实施“网格十”行动，推动创建工作从城市向乡村延伸，形成以城区带乡镇、以乡镇带村组的全域创建格局。健全县级领导主抓、部门各负其责、社会共同参与的创建工作机制，有效整合各种资源，形成工作合力，让城乡居民共享文明城市创建成果。完成新时代文明实践中心（所、站）全覆盖，建成五星级中心1个，五星级示范所1个，五星级所1个，四星级所1个，三星级所3个，五星级示范站3个，五星级站7个，四星级站19个，三星级站41个。

【乡风文明三年专项行动】 2022年，兴国县继续按照《兴国县乡风文明三年专项行动实施方案》，持续推进乡风文明建设，深入全县26个乡（镇、区）开展兴国县移风易俗乡风文明“专项整治行动”，形成《兴国县移风易俗乡风文明“专项整治行动”调研报告》。组织各村、组（屋场）集中开展“扶德扶志、感恩教育”活动3500场次，教育群众10.5万余人次，联合长青艺术团、巾帼志愿服务队等各类民间艺术团开展移风易俗主题文艺会演200余场次。

县委综合事务

【概况】 2022年，中共兴国县委办公室（以下简称县委办）围绕学习贯彻中共二十大精神这条主线，尽心当参谋、尽职抓协调、尽力强保障，推动县委各项决策部署全面落实和县委机关高效运转。全年围绕工业强、城乡美、百姓富、作风好等主题开展调研活动30余次，为县委和上级科学决策提供有力参考。《兴国县探索红色资源活化利用新路径》等多篇改革经验文章在《人民日报》等主流媒体刊载，探索村干部能上能下机制获市委主要领导批示肯定。组织保密干部业务轮训“保密大讲堂”4次，综合运用进驻式检查、保密专项巡察、“飞行检查”等方式，对115个机关单位进行全覆盖保密检查。

【办文办会】 2022年，县委办科学制定并严格执行年度发文、会议、调研计划，严格落实督查检查考核要求，坚持提前介入、提前谋划，精心组织全县各类重大会议、重大接待、重大活动。高质量完成国内首条永磁磁浮技术工程试验线竣工仪式暨“红轨”产业招商推介会等重要接待任务80余次。持续推进基层减负，统筹安排会议，坚持少开会、开短会，少发文、发短文，全年全县发文4605件，比上年下降8.08%，县本级共召开会议68次，比上年下降2.85%。

【文稿起草】 2022年，县委办牵头研究制定《中共兴国县第十九届委员会常务委员会工作规则》《兴国县“工业强”高质量发展实施意见》《兴国县深入推进数字经济“一号发展工程”实施方案》等重要文件，起草完成十九届三次全体（扩大）会议报告、43次县委常委会会议等重要材料，按时保质起草完成县委领导讲话稿、全县汇报材料等综合性文稿150余篇，撰写县委常委会、书记专题办公会等会议纪要30余篇。

【督查工作】 2022年，兴国县推行党委统一领导、党政齐抓共管、部门协调联动的督查工作机制，构建“大督查”格局。全年县委督查室下发《兴国督查》《督查专报》51期，督办函41份，推动各项决策部署落实落细。重点跟踪督办市委主要领导暗访调研兴国县指出的6个问题，问题均整改到位。

【信息工作】 2022年，县委办信息中心将9月设立为“信息攻坚月”，强化信息报送力度与上级信息部门沟通对接，全年，组织上报常规信息230余条，省、市采用90余条。加强党务公开网信息更新发布工作，规范发布流程，加强信息发布内容审核，落实发布保密审查，全年更新660余条动态信息，严格对标对表紧急信息上报要求，及时上报紧急信息，杜绝迟报、漏报现象。

（黄玉玲　谢中涛）

组织工作

【概况】 2022年，兴国县组织工作推进党建质量过硬行动，加强领导班子、领导干部和党员、人才队伍建设，推动组织工作高质量发展。全县组织工作部门获评江西省组织系统网络宣传先进单位、赣州市组织部门新闻宣传先进单位。年底，县委下设直属党（工）委49个，各党（工）委下属基层党组织929个，党员24283人。其中，女性4463人，占18.38%；35岁以下（含35岁）7138人，占29.4%；高中以上文化程度（含高中）16419人，占67.62%。

【党员发展】 2022年，兴国县党员发展工作坚持“一村一名入党积极分子”、非公有制企业（社会组织、新就业群体）“一支部一名入党积极分子”重点培养机制，建立动态管理机制，加强对入党积极分子的考察考核，及时调整不合格对象，努力改善新党员队伍结构。科学制定年度党员发展工作计划，通过“一月一通报、一月一排名”，督促各基层党（工）委做到“成熟一个、发展一个”。3月，县委组织部印发《兴国县农村党员档案管理办法（试行）》，就农村党员档案内容、档案保管、档案查阅借阅、档案转递等方面作出明确规定，推动农村党员档案管理工作制度化、规范化。4月，出台《关于进一步加强和改进流动党员教育管理工作的实施意见》，为在外流动党员提供必要的经费保障，开展走访慰问工作，督促指导兴国（北京）流动党支部顺利完成换届选举工作。年底，全县发展党员（含入党积极分子）515人。

【干部队伍建设】 2022年，兴国县组织工作树立崇尚实干、实绩的鲜明用人导向，在“三大战略、八大行动”等县委、县政府中心工作中检验、识别、提拔一批政治过硬、业绩突出、作风扎实的优秀干部，全年共提拔使用131人，晋升职级193人；选配28名优秀干部到乡镇领导干部岗位，选配“90后”干部14人，2名“95后”干部提任乡（镇）党委委员，领导干部队伍年龄、学历结构得到进一步优化。用好干部“负面清单”管理，将47名违纪、违法、违规、失信干部纳入“负面清单”管理，进行跟踪教育。注重关心关爱干部，落实干部职工免费体检，干部谈心谈话全覆盖，落实乡镇干部夫妻跨县分居“团圆机制”，不断推进乡镇“五小”（小食堂、小澡堂、小卫生间、小阅览室、小文体活动室）建设，激发干部干事创业热情。加大年轻干部培养使用力度，选派51名年轻干部到重点中心工作一线培养锻炼。

【干部教育培训】 2022年，兴国县组织工作围绕“凝心·强基·赋能”主题大培训行动，对全县干部完成全覆盖培训，全年举办新提任乡（镇）领导班子成员培训班、村（社区）党组织书记培训班、科级干部学习贯彻党的十九届六中全会精神集中轮训班等主体班次15期，参训5000余人次。举办兴国县“学习贯彻党的二十大精神 争创新时代第一等党务工作”党务技能大赛，通过比党务、赛技能，集中展示全县党建工作成效、党务工作者风采，营造“比学赶超、创先争优”的浓厚氛围。持续深化“党课开讲啦”活动，组织各级党组织书记、党员领导干部等讲党课1054次，收听党员2.23万人次。按照“七有”标准（有组织机构、有场地设施、有师资队伍、有规章制度、有培训计划、有教学活动、有经费保障）要求，推动26个乡镇（城市社区）完成党校建设，实现乡（镇）党校建设全覆盖。各乡镇（城市社区）通过党委党校完成培训50余期，培训2300人次。在2022年全市干部教育培训教学计划设计暨“好课程”“微课程”教学大赛中，1门教学计划设计被评为“全市十大精品教学计划设计”、2门课程被评为“全市精品好课程”、3门课程被评为“全市精品微课程”。探索建立科级干部和优秀一般干部政治理论水平考试制度，并首次组织804名科级以下干部参加理论考试，相关做法被市委组织部作为全市干部教育培训工作亮点向省委组织部汇报。

【干部管理监督】 2022年，兴国县组织工作贯彻落实“从严管理干部”要求，结合县委巡察，加大对各党委（党组）落实班子成员分工报备、县直单位股级干部轮岗交流、出国（境）证件管理等工作的检查力度，222名股级干部进行轮岗交流，推动各级党组织敢抓敢管、敢于监督。制定下发《关于进一步加强全县干部职工考勤考核工作的通知》，在全县范围内实行干部职工“钉钉”App考勤打卡，将考勤结果作为干部职工评优评先、提拔使用、晋升职级的重要参考指标，进一步推动干部严肃作风纪律，营造良好的干事创业氛围。

【公务员管理】 2022年，兴国县考试录用公务员61名，为干部队伍注入“新鲜血液”。按照有工作分工、有办公场所、有考勤记录、有考核结果等“四有”要求，将全县职级公务员纳入一体化考勤考核管理。充分发挥职级公务员个人特点专长，安排担任乡村振兴指导员、党建指导员、巡察整改监督特派员和社区网格员，其中首批担任乡村振兴指导员3人、首批担任县委巡察整改监督特派员11人，起到较好的示范带动作用。

【人才工作】 2022年，兴国县深入实施“人才强县”战略，抓重点、攻难点、破节点，大力推进引才育才留才工作。探索实施“兴贤兴国”人才计划，回引在外乡贤人才回乡创业就业，新引进培育产业领军团队1个、高层次人才72人、急需紧缺人才655人，全县人才总量实现稳步增长。在全省率先设立数字人力共享中心，缓解企业人才紧缺问题。推进校地企合作，沈其荣、黄路生等多名院士与兴国县开展合作，产学研用更具活力。全球首条永磁磁浮轨道交通系统工程试验线“红轨”在兴国竣工，成功落地稀土材料应用及永磁磁浮轨道系统研究的重大科技成果。在“红轨”产业招商推介会上，现场集中签约10个项目，总投资114.3亿元。新增省、市创新平台6个，全县高新技术产业增加值占规上工业增加值比重提高19个百分点。举办博士讲堂6次，开展乡村人才学校培训200余期2万余人次，乡村人才学校做法先后获评全国、全省“人才工作创新最佳案例”。组织申报省“双千计划”15人（2人入围考察），市“苏区之光”101人（4人入围考察），申报及入围考察人数居全市前列。推动建成首个县级人才发展基金，县财政每年投入不少于500万元，融入社会资本和捐赠资金，为人才发展提供保障，做法被《人民日报》等多家主流媒体报道。人才待遇兑现全部上线“亲清赣商”平台，兑现资金超1800万元。新建人才公园占地7.33公顷，建成人才驿站25个，全力推进人才住房建设、分配，人才走访、国情研修更具实效，人才获得感、幸福感显著提升。

【基层党建】 2022年，兴国县用好用活不胜任、不称职村干部退出机制，相关做法获评全市党建特色创新案例评选二等奖。开展村“两委”干部任职资格县、乡联审147人，取消3人参选资格，出台加强对村干部特别是“一肩挑”人员管理监督的实施细则，村“两委”班子建设不断加强。选树乡村振兴模范党组织10个（其中省级9个）、乡村振兴担当作为好支书14名（其中省级2名、市级2名），整顿提升软弱涣散村党组织6个，提升改造村级组织活动场所27个，基层党组织战斗堡垒作用发挥更加充分。选培“新时代赣鄱乡村好青年”345人，培养党员致富带头人939人，向重点乡村选派驻村第一书记和工作队员617人，选树乡村振兴优秀驻村干部23名。出台《推动村集体经济提质增效的若干措施》《推动村集体经济提质增效三年行动计划（2022—2024年）》，争取中央财政资金扶持资金壮大村集体经济项目27个资金1350万元，促进村级集体经济稳定增收。深挖红色资源，重点打造长冈乡长冈村、高兴镇老圩村等10个主题特色鲜明的红色名村，其中5个省级以上红色名村通过市级验收。开设兴国县乡村振兴“云课堂”，探索一条提升基层干部能力素质的新路子、新形式，开展培训15期，5万余人次参训。

【“两新”组织党建】 5月，县委组织部出台新业态新就业群体领域党建工作“八条措施”，关心关爱新业态群体，引导投身城市基层治理，凝聚“新动能”。“党建赋能新业态 凝聚社会治理新动能”相关做法在《城市党建周刊》报道。统筹安排31名县领导挂点联系、96个机关企事业单位结对共建“两新”组织党组织。县委组织部在“两新”，发挥“一工委、四党委”（县委“两新”工委，县非公有制经济组织党委、县社会组织党委、县“小个专”综合党委、县经济开发区“两新”综合党委）组织架构作用，推动成员单位勤勉履行职责，以学习贯彻中共二十大精神为主抓手，推动“两新”党建实现有效覆盖。

【老干部工作】 2022年，县委组织部开展对20位离休干部、36位县级退休干部、6位老红军遗孀的走访慰问，认真征求老干部对县委、县政府工作的意见和建议，帮助老干部解决生活实际困难。加强管理服务单位在职干部与离退休干部之间的联系互动，以结对服务形式，掌握每一位离退休干部的基本信息，做到规范管理。对长期异地居住、流动性较大的离退休干部，建立动态信息管理制度，确保离退休干部党员底数清、动向明。兴国老年大学办学经费提高至30万元，增拨预算外经费7万元，稳定师资队伍、改善办学条件。举办“春满鸡心岭”元旦迎春文艺晚会、庆祝建党101周年主题党日活动、首届学员毕业典礼大会和各班级汇报演出，实施“六红”教育工程（唱红色歌曲、演红色戏剧、讲红色故事、听红色历史、读红色经典、制作红色作品），真正把老年大学办成具有红色元素的特色学校。

【“网格党建+基层治理”】2022年，县委组织部创新实施“网格党建+基层治理”，打造“多网合一”网格85个，构建“县委—城市社区党工委—社区党组织—网格党支部”4级城市基层党建引领基层治理体系。成立县城市基层党建引领基层治理工作领导小组及5个专项工作组，优化调整城市社区网格85个，每个网格配备一名专职网格员，率先在全市公开招聘专职网格员85名，动员83名社区干部参加社工职业资格考试，19人获得社会工作者职业资格证书。全县4562名在职党员到社区报到，组建服务团队125个、开展志愿服务1.42万次、帮助解决实际困难4616个。推进中小学校党组织领导的校长负责制宣传落实，对全县中小学校进行领导体制调整59所。4月，县委组织部印发《兴国县城市社区2022年城市基层党建工作重点任务清单》《兴国县城市社区2022年度城市基层党建质量过硬行动工作方案》等系列文件，优化提升7个社区活动场所服务功能，社区用房办证29处，推进进城进园集中安置点公共服务配套、就业创业、社区管理、社会融入、权益保障等工作，实现稳定就业689人，落实帮扶政策，实现高质量脱贫305户1674人，脱贫不稳定户全部消除风险8户50人。

（钟衍明　陈子文）

宣传工作

【概况】2022年，兴国县宣传工作以习近平新时代中国特色社会主义思想为指引，深入学习宣传贯彻中共二十大精神，围绕中心、服务大局，自觉承担“举旗帜、聚民心、育新人、兴文化、展形象”的使命任务，在理论武装、舆论引导、思想教育、文化建设、文明培育、基层宣传等方面，完成各项工作任务。“探索红色资源活化利用新路径”改革项目经验做法得到省委宣传部充分肯定。年内，先后获评赣州市新闻报道工作“先进奖”、全市社会舆情信息工作“先进单位”、赣州市第一批学习型单位等荣誉。全年，省级文明村镇6个、市级文明村镇12个、县级文明村镇236个、省级文明单位8个、市级文明单位19个、县级文明单位57个。

【意识形态工作】2022年，兴国县压实意识形态“第一责任人”责任，加强中国共产党对意识形态工作的全面领导，严格落实意识形态工作责任制，全年召开县委常委会会议研究意识形态工作6次。召开全县宣传思想文化工作会议，县委宣传部每季度召开意识形态工作务虚会，定期研判部署意识形态工作，牢牢掌握意识形态工作主动权。严格落实意识形态工作监督考核机制，组织开展意识形态年中督查，围绕“五个重点”开展意识形态领域风险隐患排查。将意识形态工作纳入县委巡察，掌握意识形态领域动态。把落实意识形态工作责任制作为班子及成员民主生活会、年度“五述”（述德、述职、述廉、述学、述法）报

6月2日，兴国县举办“扬长征精神，树志愿品牌”新时代文明实践志愿服务项目大赛（复赛）暨志愿服务项目展示交流活动　（县委宣传部 供图）

告中的重要内容，对405位拟提拔使用、调任考核期满、晋升职级和拟记三等功对象进行意识形态审查。11月23日，兴国县在全省意识形态工作专项实地督查座谈会上作典型发言。

【理论学习与宣讲】2022年，兴国县深化“学习日”制度和“3+X”（重温入党誓词、诵读红色经典、缴纳党费，自选动作）学习模式，开展县委理论学习中心组集中学习22次，落实党委（党组）中心组理论学习巡听指导制度，形成县委中心组带头学、各级领导深入学、干部群众全面学的浓厚氛围。坚持管好用好“学习强国”学习平台，通过学习表彰、知识竞赛等方式，激发全县学习热情，兴国县作为前三季度“学习强国”学习平台学用工作先进单位被市委宣传部通报表扬。推进理论宣讲，邀请省人大常委会法工委主要领导等专家来兴讲学，组织县委宣讲团、山歌宣讲队常态化开展分类别、分领域专题宣讲活动，编写《习近平谈治国理政》（第四卷）中共二十大精神主题宣讲山歌，全年开展理论宣讲358场，受众2万余人，推动党的创新理论“飞入寻常百姓家”。

【新闻宣传】2022年，兴国县新闻宣传工作量质齐升，在纳入省、市考核的中央主要新闻媒体发稿125篇，省级媒体发稿302篇，居全市前列，获评“赣州市新闻宣传工作先进单位”。“你所不知道的兴国”系列文章在人民日报客户端刊登60篇。“兴国发布”获评“2022年度赣州市十佳政务微博”，“茶园宣传”获评“2022年度赣州市优秀政务微信（乡镇）”。社会宣传氛围浓厚，利用宣传牌（栏）、电子显示屏、景观小品等形式，完成重大活动、重要会议的氛围营造工作，全年设置各类标语横幅4650余条、宣传小品20多个、更换各类刀旗画面1万余张、协调16处大型电子显示屏和400余处临街商铺电子显示屏刊播宣传标语，1843个文明实践广播覆盖全县城乡。

【媒体融合发展】2022年，兴国县开发“兴国融媒体”微信视频号，抖音号，整合模范兴国App客户端，实现采、编、播、发一次生成、多元传播。推进“两微一端”和“两中心一平台”（新时代文明实践中心，县级融媒体中心，“学习强国”学习平台）融合发展，加大对新媒体的运营力度和管理，全年完成直播场次18场，视频号发布作品760条，抖音发布作品1320个，为社会发展营造良好舆论氛围。

【网络安全】2022年，兴国县未发生重大网络安全事件，被评为2022年度全市网络安全工作先进集体。年内常态化开展网络安全检查，与江西海博科技公司签订网络安全技术服务协议，确保每季度对全县重点网站、重点领域关键信息基础设施及重点单位进行全面细致的网络安全检查，检查发现64个紧急漏洞、205个高危漏洞、775个中危漏洞、132个低危漏洞，并整改到位。开展网络安全事件应急演练，有效提升各单位网络安全工作人员的应急处突能力。举办第九届国家网络安全宣传周活动和网络安全知识“六进”活动（进机关、进乡村、进社区、进学校、进企业、进单位），多方面多角度向群众普及网信法律法规和各类网络安全知识，覆盖320个村居、65个单位，发放宣传手册2000余份，通过中国移动、中国联通、中国电信三大运营商发送网络安全内容短信20余万条。在兴国县第五小学、兴国县第七小学、南坑中心小学、南坑中学开展全县网络安全进课堂试点工作，加强网络安全教育宣传，参与学生3000余人，试点学校每周开设一节网络安全课，组织开展教学竞赛、网络安全讲故事大赛、手抄报比赛等活动，不断提升师生网络安全素养。

【文明幸福卡品牌创建】2022年，兴国县建立积分评价体系，推行文明幸福卡家庭积分制，涵盖“产业兴旺、生态宜居、乡风文明、治理有效、生活富裕”5个方面的37种文明实践活动，村民参与即可获得积分，同时对16种不文明行为（家庭成员违法被判刑的；参与违法违章建房的；不履行法院判决义务，或被法院列入黑榜的；家庭成员受到党纪政纪处分的；家庭成员存在不赡养老人、不抚养子女等行为的；婚丧喜庆大操大办，铺张浪费，兴起或追随攀比之风的；收取10万元以上彩礼的；参与赌博、打架斗殴、散布谣言等，未构成犯罪的；党小组长、村民小组长、妇女小组长不积极履行职责的；家庭卫生“五净一规范”不达标的；闲置附建、“空心房”经动员不拆除的；野外用火的；建档立卡贫困户参加“五净一规范”评比，被评为三星户的；不执行殡葬改革规定，遗体不实行火化的；组织、参加非法宗教活动，组织、参加邪教活动的；违反交通规则被查处的，酒驾经查实的）进行扣分。各村（社区）经村民小组评议会商议，根据本村实际情况制定积分、扣分的详细要求，指定一家超市作为积分兑换定点超市。兴国县有 7.93 万户家庭参与文明幸福卡家庭积分制，村级开展集中兑换活动296场次。“文明幸福卡”经验做法被央视报道，相关做法在全市推广。兴国县新时代文明实践中心被评为省级五星级实践中心。

（李思妍　刘厚锋）

统一战线

【概况】 2022 年，兴国县委统战工作围绕了解情况、掌握政策、协调关系、安排人事、增进共识、加强团结等职责，统战工作取得全面提高。年内，获评赣州市统战工作综合考核先进单位、赣州市年度统战宣传工作先进单位；《树湾区思维，建湾区标准，推进基层统战工作融湾发展》调研文章获评赣州市年度统战工作融湾调研成果一等奖；《创新备案管理，闯出民间信仰工作新路径》实例获评赣州市年度统战工作实践创新成果二等奖。

【党外代表人士队伍建设】 11 月，县委统战部印发《关于建立党外干部培养选拔工作联席会议制度的实施意见》，建立完善全县党外干部信息数据库，定期召开县委组织部、县委统战部党外干部培养使用工作联席会议，研究部署党外干部培养选拔使用工作，安排 1 名党外干部交流到县民政局任主要负责人，补齐政府部门长期以来只有一名党外正职的短板。完成知联会换届工作，成立县知联会卫健分会，指导县知联会深入乡村、社区、学校开展义诊、专业咨询、文化宣传及送技下乡等社会服务活动 7 场次。组织知联会“围绕中心 服务大局”大调研成果专题调研，向党委、政府提交高质量调研文章 5 篇，为推进全县优化营商环境、教育、卫生、粮食安全等工作贡献智慧。

【新乡贤统战工作】 3 月，县委统战部印发《2022 年统战品牌暨乡贤联谊组织建设工作推进方案》，建立指导组联系乡（镇）推进制度，全力推动乡贤联谊组织建设。组织召开全县乡贤联谊组织建设工作现场推进会，成立乡村两级乡贤联谊组织平台 200 多个，建起乡贤馆等乡贤阵地 20 多处，将散落在各地、各领域的 1500 余名乡贤凝聚起来。年内，全县引导新乡贤引入产业项目 15 个，开展助力乡村振兴活动 300 余场次，成功调解矛盾纠纷 60 余起，议政建言达 100 余条，投入乡村振兴资金 4000 余万元。

【新的社会阶层人士统战工作】 2022 年，全县有新的社会阶层人士 3 万余人，其中民营企业和外商投资企业管理技术人员 2100 余人、中介组织和社会组织从业人员 6000 余人、自由职业人员 2.1 万余人、新媒体从业人员 2000 余人。兴国县新的社会阶层人士联谊会（简称兴国县新联会）设会

5 月 19 日，全县乡贤联谊组织建设工作现场推进会在城岗镇乡贤馆召开

（县委统战部 供图）

长1名，常务副会长1名，副会长7名，理事14名，下设秘书处、财务办公室、法务部、商务拓展部、宣传策划部和社会公共事业部。会员约100人。会员当中，有市人大代表2人，市政协委员1人，有县人大代表8人，县政协委员17人。兴国县新联会创建“模范·兴廉”“模范·兴法”等多个实践创新基地和“网络人士直播平台”“新媒体同心e站”等2个创新创业平台。年内，开展普法教育46场、助农直播带货19场、公益慈善37场、新阶层人士亲清政商关系廉政教育21场，直播平台带货销售兴国特产等农副产品突破500余万元，为助力乡村振兴、助力经济社会发展贡献力量。

【非公有制经济工作】2022年，兴国县对标粤港澳大湾区，以全力打造营商环境“一号改革工程”为工作主线，县委统战部联合法院、检察院定期组织召开企业家座谈会，持续开展“万所联万会”“法治体检”和“法律三进”活动，发挥非公有制企业维权服务站作用，做好非有制公企业维权工作。开展“大走访、大调研”活动，在走访调研中收集企业困难问题，并建立台账，着力帮助企业排忧解难，年内走访企业200余次，收集企业发展中各类诉求21件，召开各类企业家座谈会11次，协助完成上级各类调研9次，印发最新惠企政策汇编宣传资料300余份。建立县领导对接联系商会制度和县领导挂点帮扶重点企业机制，推进规范化常态化政企沟通机制，着力构建亲清政商关系，优化民营企业营商环境。研究印发《兴国县民营企业参与“万企兴万村”行动结对帮扶安排表》，组织召开“万企兴万村”行动推进会，鼓励引导104家非公有制企业参与结对帮扶活动，打造枫边乡茅坪村和埠头龙砂村等多个“万企兴万村”示范点。

【“模范·兴+”品牌创建】2022年，兴国县继续打造“模范·兴+”统战品牌。组织开展交流联谊、教育引导、参政议政、服务社会、创新发展功能等系列活动，拓展统战成员施展才华新舞台，增进统战成员思想政治新共识，彰显新时代统战工作新作为。

“模范·兴商”品牌　坚持团结、服务、引导、教育的方针，全力推动企业发展。成立非公有制维权服务站、经开区工商联分会，构建亲清政商关系，打造“四最”（政策最优、成本最低、服务最好、办事最快）营商环境。指导成立工商联商会20余个，打造百丈泉食品有限公司、益香园茶业有限公司等“百企兴百村”实践创新基地2个，百丈泉食品有限公司被全国工商联、国务院扶贫办联合授予全国“万企帮万村”先进民营企业。

“模范·兴智”品牌　立足会员专业和资源优势，组建“同心圆专家服务团”，开展送教、义诊、技术下乡等同心志愿服务活动60余次。打造“党外知识分子之家”“议政建言直通车”平台，成立党外知识分子联谊会行业分会，吸纳各行业优秀党外知识分子近200名，动员广大知联会会员围绕乡村振兴、产业发展、社会治理等中心工作和群众关心的热点难点问题，开展调查研究、参政议政、建言献策，“知联会”载体功能更加丰富拓展。

“模范·兴和”品牌　以促进民族地区团结进步、和谐发展为主题，打造“更加繁荣发展、更加整洁美丽、更具民族特色、更加和谐宜居”的民族团结进步实践创新基地。年内，打造枫边社坪畲族村、均村高溪高枧畲族点等少数民族“特色村寨”创新实践基地2个，其中枫边乡社坪畲族村被评为全省民族团结进步模范集体。

“模范·兴睦”品牌　以促进宗教关系和睦和顺为主题，以“四进”活动为切入点，以建设“五好”（爱国爱教好、民主管理好、安全稳定好、环境整洁好、服务社会好）宗教活动场所为目标，健全完善场所人员和财务管理，推进各宗教场所建设教风纯正、管理规范、活动有序、安全整洁，积极引导宗教与社会主义社会相适应，宗教界爱党爱国爱社会主义氛围更加浓厚。至年底，全县有省重点寺院2所，市级规范管理示范点15个。

“模范·兴力”品牌　围绕“五个一”（搭建一个平台、打造一个品牌、创新一批基地、开展一系列活动、完善一套机制）工作思路，成立新的社会阶层人士联谊会和新联会网络分会，含人员100余名。创建新联之家，授牌确认“模范·兴廉”“模范·兴法”“模范·兴力”同心e站、“模范·兴力”电商驿站等实践创新基地4个。

“模范·兴侨”品牌　开展“侨资企业服务年”“侨法宣传月”“侨爱心工程”等活动，做实服务工作，当好“贴心人”。在县委统战之家、崇贤乡、东街社区、兴国经济开发区打造“侨胞之家”，定期组织归侨、侨眷“回家”相聚。

（姚荣臻　卢　健）

县直机关党建

【概况】2022年，兴国县机关党建工作坚持“321”（狠抓3项重点任务落实、聚焦2个难点问题突破、打造1批特色亮点）总体思路，制定打造模范机关4大项17条工作任务清单和机关党建9条措施，落实“月抽查，季督导，半年检，年考评”工作机制，创新建立“模范机关你来评”评议机制，推动全县机关党建工作取得较好成效。县委办、县发改委、县行政审批局获评2022年度全市打造模范机关工作先进单位，推行项目党建相关经验做法在中组部《组工信息》刊发，“模范机关你来评”评议机制获评全市机关党建创新（特色）案例三等奖，调研文章《向“十种干部”问题开战 再创新时代苏区干部好作风》获评全市一等奖。全年有8个机关党委，11个党总支，149个党支部。

【机关党的思想建设】2022年，兴国县探索建立政治理论学习巡听指导机制，组织开展中共十九届六中全会精神、中共二十大精神、中共中央总书记习近平视察江西和赣州重要讲话精神及对本行业本领域工作重要指示批示精神、党章专题等学习活动，打牢理论基础，提升理论素养。严格落实意识形态工作责任制，将意识形态工作责任制落实情况列入述职报告内容。持续落实县直单位党组（党委）会“第一议题”，坚持“3+X”集中学习模式，扎实推进“每月学习日”、理论学习中心组等制度，推动学习党的创新理论走深走实。落实中央《关于推动党史学习教育常态化长效化的意见》，大力传承红色基因，深化“我为群众办实事”实践活动，巩固拓展党史学习教育成果。

【基层党组织建设】2022年，兴国县开设《打造兴国模范机关》专栏，建立书记访谈、干部论坛、先锋人物推介、典型事迹展示等平台，刊播《书记访谈》35期、《干部论坛》12期，营造创建模范机关浓厚氛围。加强党员队伍建设，坚持政治标准，严把党员入口关，分层分级组织对机关党员进行集中轮训，全面完成每名党员集中培训每年不少于32个学时，实现县直机关党员培训全覆盖。7月，举办机关党组织书记（党务干部）业务培训班和全县机关企事业单位干部“凝心·强基·赋能”主题培训班，坚定机关党员干部理想信念，提升履职尽责能力。加强党员关心关爱，落实“七一”、春节等重要节假日走访慰问、困难党员扶助等措施。

【机关党风廉政建设】2022年，兴国县开展廉政课堂进机关工作，采取“线上+线下”（线下集中培训和线上直播学习）模式，利用县委党校、“学习强国”、江西干部网络学院及县乡村振兴“云课堂”、干部教育培训班次等载体平台，推动机关党风廉政建设，用“身边事”教育“身边人”，强化警示教育，提高廉政教育的针对性、实效性，实现机关党组织书记、党员干部廉政教育有形有效全覆盖。理顺机关纪委组织机构，全面梳理县直机关纪委及纪检干部队伍建设情况，推动纪委监委、自然资源局、住建局、水利局、农业农村局、商务局、市场监管局、税务局等8个机关党委成立机关纪委，并配齐机关纪委班子成员，督促机关党（总）支部配强配齐纪检委员。

【机关效能和作风建设】2022年，兴国县狠抓作风建设，组织开展政治谈话、“十种干部”（夹生型、躺平型、松散型、投机型、老好人型、门神型、太极型、老爷型、两面型、变质型）作风大整治、“我为群众办实事”“将心比心、一线体验营商环境”“政企连心、亲清暖心”“三进三为”（进帮扶乡村、进共建社区、进困难企业、为群众解忧、为企业纾困、为基层解难）等活动，推动4562名机关党员干部到居

住地社区报到，帮助社区居民解决实际困难4385个，开展志愿服务1.34万次。

【“党建+”重大项目和重点任务】2022年，兴国县做好“党建+”结合文章，在重大项目和重点任务中成立临时党组织13个，组建党员突击队和党员先锋队157个。推进机关党员干部“十带头”（带头坚定信念、解放思想、学习进步、服务群众、推动发展、促进和谐、实干担当、遵纪守法、弘扬正气、争当模范），聚焦“三大战略、八大行动”、深化发展和改革双“一号工程”等中心工作，创建党员先锋岗516个，设定党员责任区278个，开展“五看五比”（看干劲比效率、看形象比作风、看责任比质量、看变化比发展、看业绩比贡献）活动，推动党员干部在重点中心工作中作示范、勇争先。

【探索建立“模范机关你来评”评议机制】10月，县委组织部探索建立“模范机关你来评”评议机制，统一制定信息公开透明、依法依规履职、政策落实落地、办事高效便捷、服务态度积极等5项共性评议指标，作为各机关单位必选评议内容。同时，倡导各机关单位结合实际，制定个性化的评议指标，采取“一码一队一会一热线”（二维码、调查队、评议测评会、服务热线电话）等形式，畅通“线上+线下”全方位评议渠道，推动全县机关单位各项工作面向社会、面向群众、面向企业，以阳光透明的评议成果来检验模范机关建设成效，全年评议机制机关单位72个。

（廖香煌　刘冠彤）

机构编制工作

【概况】2022年，兴国县机构编制工作重点做好事业单位改革、机构编制日常管理，理顺核心区体制机制，优化机构编制资源配置。全县设置党政群机构77个，其中乡镇机关25个，县直党政群机关37个，人大机关1个，政协机关1个，群团机关13个。事业机构305个，其中县委县政府直属事业单位15个、县委县政府派出机构2个，部门所属事业单位75个，乡镇事业单位50个，乡镇卫生院25个，乡镇敬老院25个，中小学校75个，公办幼儿园38个。

【机构设置】2022年，兴国县25个乡（镇）设立乡（镇）党委和人民政府，古龙岗镇、良村镇、城岗镇、永丰镇、兴江乡、杰村乡、社富乡、隆坪乡、均村乡、南坑乡、方太乡、鼎龙乡设置党政办公室（社会治理办公室）、党建办公室、财政经济和乡村振兴办公室、社会事务办公室4个内设机构，潋江镇、梅窖镇、兴莲乡、埠头乡、茶园乡除设置上述4个内设机构外，另外分别设立重点项目办公室、主攻工业和产业发展办公室、官田兵工特色小镇建设办公室、重点工程项目办公室和旅游产业发展办公室；江背镇、龙口镇、樟木乡、东村乡、崇贤乡、枫边乡、长冈乡设置党政办公室（社会治理办公室）、党建办公室、财政经济和乡村振兴办公室、社会事务办公室、产业发展办公室等5个内设机构；参照经济发达镇做法的高兴镇设置党政办公室（社会治理办公室）、党建办公室、社会事务办公室、农业农村办公室、财政经济办公室、规划建设办公室、行政审批办公室（综合便民服务中心）、综合行政执法大队等8个机构。每个乡（镇）下设2个事业单位，即综合便民服务中心和综合行政执法大队。

【机构变更】2022年，全县增设内设机构和股室5个，增挂加挂牌子13块，设立公办幼儿园7所，小学4所，中学3所，撤销兴国县思源实验学校，成立兴国县思源实验小学、兴国县思源实验中学。6月5日，整合县政府直属正科级事业单位县大数据中心和县行政审批局（县政务服务数据管理局）下属副科级事业单位县政务服务中心（县“12345”政务服务便民热线管理中心、赣州市公共资源交易中心兴国县分中心），组建兴国县政务服务和大数据发展中心（兴国县“12345”政务服务便民热线管理中心、赣州市公共资源交易中心兴国县分中心），为县政府直属正科级全额拨款公益一类事业单位，由县行政审批局代管。11月7日，设立兴国县法学会和中国国际贸易促进委员会江西省兴国县委员会。12月27日，县纪委县监委下属副科级事业单位赣州市党风廉政教育兴国管理中心更名为赣州市兴国县留置分中心。12 月 30 日，县公安局机关承担的食品药品与环境犯罪侦查等相关职责划至县公安局森林分局承担，原在县治安管理大队挂牌的县食品药品与环境犯罪侦查中队不再保留。

【机构编制管理】2022 年，县委编办印发《兴国县直机关部门职责分工协调办法（试行）》，明确协商和协调的工作原则，细化机构编制部门协调的工作程序，强化事后执行的监督检查与评估，为各部门理顺职责、化解争议、优化流程、推进协同高效履职提供制度保障。7 月 31 日，县委编办印发《关于调整乡镇事业单位编制的通知》，围绕盘活乡镇编制资源，以各乡（镇）人口数量为依据，统筹考虑各乡（镇）行政编制配置情况，优化乡（镇）事业单位事业编制配置，保障基层乡镇的用编需求。县委编办联合县委组织部、县委政法委、县财政局、县司法局、县行政审批局印发《关于进一步巩固改革成果推动基层治理能力提升的实施方案》，有序推进深化基层体制机制改革，推动基层治理体系和治理能力现代化建设，提升基层治理社会化、法治化、专业化水平，创新助推基层治理提质增效。11 月 9 日，重新核定全县中小学职工编制，中学 4088 名、小学 4862 名，共 8950 名。

（谢荣培　邓水金）

党校工作

【概况】2022 年，县委党校（行政学校）坚持政治建校、创新兴校、从严治校，将党校打造成为展示优良作风的重要窗口。在赣州市干部教育培训教学计划设计暨“好课程”“微课程”教学大赛中，兴国县委党校获评市委组织部“先进单位奖”，刘毅主讲的《寻根官田初心地　传承基因再出发——中国兵器工业集团党员干部党性教育教学设计》获评“精品教学计划设计”奖；黄英军主讲的《人民兵工从这里走来》和范颖、钟庭根主讲的《坚守革命信仰，岁月见证初心——烈士遗孀池煜华老人的深情守望》获评精品“好课程”奖。7 月 21 日，党校新校区落成，10 月 20 日举行揭牌仪式，校区的办学条件和承接能力在全省县级党校位居前列。

【干部培训】2022 年，县委党校按照年度干部教育培训计划，突出主业主课，把习近平新时代中国特色社会主义思想、中共十九届六中全会精神、省市县党代会精神纳入主体班培训课程，加强党的理论教育和党性教育，科学设置教学内容，提高干部培训的针对性和实效性。2022 年主体班办班 9 期，培训人数 4281 人次。6 月，举办全县科级干部学习贯彻党的十九届六中全会精神集中轮训班，围绕习近平新时代中国特色社会主义思想、党的十九届六中全会精神，深刻领悟“两个确立”、坚决做到“两个维护”，党的百年奋斗历程重大成就和历史启示等内容开展课堂专题教学；9 月，举办新录用（聘用）机关事业单位工作人员培训班，其中公务员轮训以突显时代性、针对性和实用性为要旨，开设中共十九届六中全会精神、党风廉政建设、公文写作、习近平总书记重要论述等课程。

【红色培训】2022 年，县委党校挖掘和整合以模范兴国和苏区干部好作风为核心的红色名人、红色故居、红色乡村、红色山歌、红色旧址、红色故事等红色资源，创新红色文化传承方式，以坚定理想信念、锻炼干部党性的目的，以“传承红色基因，赓续红色血脉”为基本要求，以革命旧址旧居、纪念场馆为依托，围绕“一园（将军园）、一院（潋江书院）、五馆（将军纪念馆、苏区干部好作风陈列馆、革命烈士纪念馆、革命历史纪念馆、长冈乡调查纪念馆）、七大革命旧址（土地革命干部训练班旧址、中共江西省委旧址、江西省第一次工农兵代表大会旧址、江西军区旧址、长冈乡调查旧址、中央兵工厂旧址、中国工农红军总医院暨红军军医学校旧址）”，把红色资源转化为教学资源，把红色阵地转变为干部党性教育课堂，研发一系列专题教学、现场教学、激情教学、情境教学、访谈教学、体验教学、沉浸式教学等多种教学形式的精品课程。先后开发 23 门特色课程，其中15门专题课和微党课获赣州市干部教育培训精品课程，4门专题课和微党课获评江西省干部教育培训精品课程，2门入选中国网络干部学院课程库。受疫情影响，2022年承接外省市县红色培训班次有所下降，承接红色培训班次12期，累计915人次。

【教学科研】2022年，县委党校聚焦县委、县政府重大决策部署以及社会热点难点问题，组织教师参与上级党校教学教研工作。《兴国农村失能老人集中供养的实践探索》《模范带头 争创一流》《继承先烈遗志 坚守初心使命》3篇论文获评省社会科学规划办公室项目结题；《毛泽东中央苏区调查研究的历史考察》论文在全省党校系统第十四届优秀科研成果评比中获评省二等奖；江西省社科联课题——《模范兴国创造"第一等的工作"成功经验研究》立项，实现首个省社科类项目课题研究零的突破；资政报告《加大挖掘力度，做强"研修研学"两篇文章》《新形势下做强干部培训产业的几点思考》中的许多建议被县深改办采纳。

【课程开发】2022年，县委党校新研发一系列精品课，开发《人民兵工从这里走来》《从政治高度深刻领悟"2个确立"的决定性意义》《"死到阴间不反水，保护共产党万万年"——汲取江善忠烈士为理想信念慷慨赴死的精神力量》《坚守革命信仰，岁月见证初心——烈士遗孀池煜华老人的深情守望》《运用法治思维和法治方式提升社会治理效能》等5堂精品课。

（陈春生　刘　毅）

史志工作

【概况】2022年，县史志研究室组织开展资料征集、书稿编纂、课题研究、宣传教育等工作。加强与县红色文化研究会等民间组织的沟通协作，年内和协会会员、民间党史爱好者开展座谈12次。服务全县乡村振兴建设，为城岗等6个乡（镇）文化振兴提供史志方案。探索党建与史志工作相融相促方法路径，以"党建+"为抓手，加强与社区（村）、企业共建联创联建，开展主题党日、志愿服务、疫情防控宣传等活动，推动史志工作发展。

【资政辅治】2022年，县史志研究室梳理出全县10个红色名村的红色史料，并完成市委组织部、市委党史研究室组织编写的《赣南红色名村录》兴国部分资料上报。组织精干力量编写《刘启耀烈士纪念馆陈列大纲》，并成功通过各级专家评审，为兴国县打造乡村振兴示范样板村提供文化支撑。配合长征国家文化公园（兴国段）建设，做好长征文化公园的史料挖掘工作。

【编研成果】2022年，县史志研究室完成《兴国文存2020—2022》《黄健民调访录》《情暖兴国》等书稿的终审付印；完成《兴国勤廉故事》《兴国党史通讯》《2022年兴国党史大事记》等书稿撰写工作。如期完成全县各单位年鉴资料的征集，并按照市里要求，征集图片近百份；完成2022年年鉴编写工作。根据省政府办公厅文件精神，年初启动《兴国扶贫志（1949—2020）》编纂工作，安排专人撰写兴国扶贫志（1949—2020），至年末完成该志大事记以及25个乡镇专题内容。

【史志研究】5—12月，县史志研究室开展《兴国县新时期土地改革》《兴国水土保持》《长冈水库》等开创性研究，填补党史研究多项空白。创新性出版《兴国图谱》书刊，《兴国图谱》是兴国县第一部以图片形式系统介绍兴国历史与建设现状的综合类志书全书。全书纲目结构，以图叙史，以志书的形式清晰地呈现兴国经济社会发展的时代脉络，全面展现兴国千年来特别是改革开放和中共十八大以来所取得的辉煌成就。

【资料征集】2022年，县史志研究室挖掘本土革命历史和红色记忆，整理出兴国红色档案目录文件资料707件（份），全年向社会和个人征集红色档案215件（份），其中收集兴国籍开国将军史料65份，邓存伦等老红军史料130份，兴国籍抗日英烈资料80余份。

【史志宣传】2—5月，县史志研究室开展党史“六进”（进机关、进学校、进社区、进农村、进企业、进网络）活动，向社区、学校、挂点村及相关单位赠送2000余册红色党史书籍，满足党员和群众对党史作品的精神需求。开展“学习中共二十大，永远跟党走，奋进新征程”教育讲座8场。充分利用好微信公众号平台，宣传好兴国地方党史，刊发宣传稿30篇。撰写党史研究文章60篇，在人民网江西频道发表《毛泽东在兴国举办中央苏区第一个干部培训班》等党史文章。全年服务到兴国考察调研的上级领导和专家学者70批次400余人次。

（黄晓明　曾　雄）

档案管理

【概况】2022年，兴国县进一步加强档案行政管理工作，4月2日，在县委办内设机构档案管理室增挂“兴国县档案局”牌子。严格按档案接收规定接收档案，抓好有全宗号单位的档案业务指导，年内接收7个全宗单位的各类档案26698卷、15692件、实物档案153件。

【数字化档案馆建设】2022年，兴国县档案馆完成第一期县馆纸质档案数字化工作任务，著录电子档案目录8个全宗档案8204卷、6468件，扫描档案图像数据74.98万页、28.33万条。8月，启动馆藏婚姻档案数字化工作，至年底，完成馆藏婚姻档案9.22万件电子著录及挂接，全年实现馆藏民生档案数字化60%以上。

【业务指导】5月，县委办公室、县政府办公室印发《关于加强全县档案规范化管理工作的通知》《兴国县乡镇档案工作规范化建设三年行动计划（2022—2024年）》，县委办公室印发《关于全面推行机关档案分类方案、文件材料归档范围和档案保管期限表三合一制度的通知》，通过开展全县乡镇档案工作规范化建设三年行动，全面提升全县乡镇档案管理水平，推动实现全县27个乡镇（含城市社区、经开区）档案室规范化建设全覆盖。县档案馆到各部门、各单位、各乡（镇）、村开展档案整理、档案进馆、档案安全管理、乡镇档案室规范化建设等业务指导。按时全面完成2022年度档案事业统计年报工作。

【依法治档】2022年，兴国县档案局配合市委档案行政执法监督检查组（第二组）开展档案执法检查工作，对赣州市公路发展中心兴国分中心开展重点建设项目档案执法检查，对潋江镇开展乡镇（街道、城市社区）档案工作规范化和档案工作规范化省二级晋升评估。

【法规宣传】6月9日，县档案局与县档案馆以“喜迎二十大 档案颂辉煌”为主题，联合开展庆祝第十五个“6·9国际档案日”系列宣传活动。通过制作《档案法律法规宣传手册》、各单位各部门电子显示屏、横幅标语宣传、组织收听国际档案日专题讲座等方式向市民宣传档案相关知识。

【开发利用】2022年，县档案馆接待社会各界档案利用者1221人次，951卷次、5516件次，开具档案证明1138份，网上办理查档15件。10月，开展红色档案征集整理工作，启动编纂兴国县历届党代会和人民代表大会文件汇编工作。

（黄　琳）

本栏编辑：曾　雄

兴国县人民代表大会

综 述

【概况】 2022年，兴国县第十九届人大常委会引导全县各级人大代表积极履职，踊跃参与“聚焦八大行动、争当四个模范”主题活动和“助推乡村振兴”专题活动，开展体验式调研，组织开展视察评议，提交一批高质量的意见建议，助推全县营商环境、乡村振兴等工作进一步提升，彰显人大代表主体作用。全年组织召开人民代表大会1次，人大常委会会议7次，主任会议13次，听取和审议报告24项，开展视察调研12次，工作评议5项，作出决定决议36项，选举任免国家工作人员44人次，办理代表建议306件。对全县乡（镇）和城市社区的28个人大代表联络工作站进行规范提升，全县人大代表联络站建设工作得到市委、市人大常委会肯定。

【人大代表构成】 2022年，兴国县第十九届人民代表大会实有代表323人，其中男221人、女102人；汉族318人、畲族5人；中共党员223人（预备党员4人）、群众100人。年内补选2人。

【人大常委会自身建设】 2022年，兴国县人大常委会发挥把方向、管大局、保落实的作用，履行党建、意识形态、党风廉政建设主体责任保持正确政治方向。制定党组《关于构建“两个责任‘三化’”工作体系进一步推动全面从严治党向纵深发展的实施方案（试行）》，落实全面从严治党主体责任清单。从党组和机关两个层面，配合省委巡视和县委巡察工作，健全并坚持民主生活会、组织生活会制度，运用批评和自我批评武器，深化思想政治建设。常委会坚持围绕中心、服务发展大局，帮扶企业解难题促发展，挂点项目保质量提进度，主动带队外出招项目谈合作，指导乡（镇）产业促发展，视察调研推动项目暖民心合民意，通过主动履职、协调解决问题，推动党委各项决策部署得到有效贯彻落实。加强人大宣传工作，讲好人大故事，展现履职风采，增强人民代表大会制度自信。配合全国、省、市人大常委会开展危险废物安全处置、农村人居环境建设、文旅融合发展、民族宗教等专题调研，接待各地人大到兴国县考察交流34余次。

重要会议

【县人民代表大会会议】 2月12—13日，兴国县第十九届人民代表大会第二次会议在长征组歌大剧院召开。大会应到代表323人，实到代表308人。大会表决通过关于政府工作报告的决议、关于兴国县2021年国民经济和社会发展计划执行情况与2022年国民经济和社会发展计划的决议、关于兴国县2021年全县和县本级财政预算执行情况与2022年全县和县本级财政预算的决议、关于2021年生态文明试验区建设情况报告的决议、关于兴国县人民代表大会常务委员会工作报告的决议、关于兴国县人民法院工

2月12日，兴国县第十九届人民代表大会第二次会议在长征组歌大剧院开幕
（县人大办 供图）

作报告的决议、关于兴国县人民检察院工作报告的决议。

【县人大常委会会议】2022年，县人大常委会会议召开7次。1月27日，兴国县第十九届人大常委会第三次会议召开。会议审议通过提请兴国县第十九届人大二次会议的县人大常委会工作报告（讨论稿）、县人民政府工作报告（讨论稿）、县人民法院工作报告（讨论稿）、县人民检察院工作报告（讨论稿）、县财政计划报告（讨论稿）、县财政预算报告（讨论稿）、县生态文明试验区建设情况报告（讨论稿）；审议通过关于召开兴国县第十九届人大二次会议的有关草案、关于设立兴国县第十九届人民代表大会常务委员会代表资格审查委员会的决定草案；听取县第十九届人大常委会代表资格审查委员会关于部分预留名额代表选举情况的报告。

3月24日，兴国县第十九届人大常委会第四次会议召开。会议审议表决通过县人大常委会组成人员守则（修改稿）、县人大代表履职考核办法（试行）；听取县人大常委会监司备审工委关于2021年规范性文件备案审查工作情况报告、县人民政府关于解决高中阶段教育相关问题应对措施的专项工作报告，对县人民政府组成部门和县人民法院、县人民检察院副职2021年度工作进行述职评议和满意度测评。

5月27日，兴国县第十九届人大常委会第五次会议召开。会议听取和审议县人民政府关于优化营商环境工作情况的报告；听取和审议县人民政府关于2020年度审计查出问题整改情况的报告，并开展满意度测评；听取县人民政府关于巩固拓展脱贫攻坚成果情况的报告，县人民政府关于县城交通路网和城市绿地建设规划情况报告、县人民政府关于社会保障“一卡通”应用工作情况报告、县人民法院关于道路交通事故案件审理工作的专项报告。

7月27日，兴国县第十九届人大常委会第六次会议召开。会议听取和审议县人民政府关于2022年上半年国民经济和社会发展计划执行情况的报告；听取和审议县人民政府关于2021年财政决算（草案）和2022年上半年财政预算执行情况的报告；听取县人民政府关于县十九届人大二次会议代表建议办理情况的报告；县人民检察院适用认罪认罚从宽制度工作情况的报告；听取和审议县工信局工作情况报告，并进行满意度测评。会议决定并为新任命人员颁发任命书，组织新任命人员进行宪法宣誓。

8月16日，兴国县第十九届人大常委会第七次会议召开。会议表决通过部分人大代表辞去赣州市第六届人民代表大会代表职务的议案；审议通过许可对兴国县十九届人大代表尹某某采取强制措施并暂停其执行县人大代表职务的议案。

9月22日，兴国县第十九届人大常委会第八次会议召开。会议听取和审议县人民政府关于完善提升“红兴谷”周边业态工作情况的报告、县人民政府关于2021年财政预算执行和其他财政收支情况的审计工作报告；听取县人民政府关于“八五”普法工作安排情况的报告、县人民政府关于环境保护工作情况的报告、县人民政府关于落实《县人大常委会对关于优化营商环境工作情况报告审议意见》情况的报告。会议听取和审议县交通运输局、县农业农村局工作情况的报告，进行满意度测评。

11月22日，兴国县第十九届人大常委会第九次会议召开。会议传达学习中共二十大精神，听取和审议县人民政府关于兴国县应急管理体系和应急能力建设情况的报告、县人民政府贯彻实施《中华人民共和国水污染防治法》情况的报告；审议通过县人民政府关于2022年兴国县一般公共预算和政府性基金预算调整方案的议案；听取县人民政府关于2021年国有资产管理情况的综合报告、县人民政府关于优化营商环境代表建议办理情况的报告、县监委关于群众身边腐败和作风问题整治工作情况的专项报告；会议听取县应急管理局、县行政审批局工作情况报告，并进行满意度测评。

【县人大常委会主任会议】 1月19日，兴国县十九届人大常委会第五次主任会议召开。会议讨论通过《兴国县人民代表大会常务委员会工作报告》（讨论稿）、《兴国县人大常委会2022年工作要点》（讨论稿）、《兴国县人大常委会主任关于提名肖林同志任职的议案》、召开县十九届人大二次会议的有关草案、《兴国县人大常委会对县人民政府组成部门工作评议五年计划方案》、县十九届人大常委会第三次会议时间、建议议程。

2月24日，兴国县十九届人大常委会第六次主任会议召开。会议传达学习省十三届人大六次会议、市六届人大二次会议精神，研究贯彻落实意见；传达学习2月14日全县领导干部会议精神，研究贯彻落实意见；听取县十九届人大二次会议小结情况（秘书组织组、会务宣传组、后勤保障组的工作小结、存在问题、改进措施）；研究布置县十九届人大二次会议人大代表建议交办工作。

3月18日，兴国县十九届人大常委会第七次主任会议召开。会议讨论和修改县人大常委会议事规则（修改稿）、县人大常委会主任会议议事规则（修改稿）、县人大常委会组成人员守则（修改稿）、县人大代表履职考核办法；讨论县人大常委会监司备审工委关于2021年规范性文件备案审查工作情况报告、对县人民政府组成部门和“两院”副职2021年度工作进行述职评议，讨论通过县十九届人大常委会第四次会议时间、建议议程。

4月26日，兴国县十九届人大常委会第八次主任会议召开。会议传达学习中共中央、国务院印发的《信访工作条例》；讨论常委会有关工作。

5月23日，兴国县十九届人大常委会第九次主任会议召开。会议专题学习省委贯彻落实中央人大工作会议推进会精神；研究讨论县人大常委会调研组关于优化营商环境的调研报告、关于加强对乡（镇）人大工作督导的有关事项、人大代表建议督办工作、县十九届人大常委会第五次会议时间、建议议程；初审县十九届人大常委会第五次会议需听取和审议的6个报告。

6月9日，兴国县十九届人大常委会第十一次主任会议召开。会议传达学习全县深化干部作风建设动员会议精神；讨论关于组织兴国县市六届基层人大代表开展专题调研工作；研究讨论县人大常委会贯彻落实全县深化干部队伍作风建设的举措。

7月19日，兴国县十九届人大常委会第十二次主任会议召开。会议传达学习市委人大工作会议精神、市人大常委会贯彻落实市委人大工作会议精神部署会精神，研究贯彻落实意见；传达学习全市人大代表联络站规范化建设现场会精神，研究贯彻落实意见；讨论县人大常委会关于批准兴国县2021年财政决算的决议（草案）、县人大财经委关于2021年县级财政决算草案的审查报告、县人大常委会关于县检察院适用认罪认罚从宽制度工作情况的调研报告、县人大常委会关于对县工信局工作评议的调查报告、《关于开展对完善提升“红兴谷”周边业态工作情况进行专题调研的方案》、讨论县十九届人大常委会第六次会议时间、建议议程；初审县十九届人大常委会第六次会议需听取和审议的报告。

7月27日，兴国县十九届人大常委会第十三次主任会议召开。会议传达学习县委人大工作会议精神，研究贯彻落实意见。

8月16日，兴国县十九届人大常委会第十四次主任会议召开。会议传达学习市委六届三次全体（扩大）会议精神；讨论通过部分人大代表辞去赣州市第六届人民代表大会代表职务的议案、审议通过许可对县十九届人大代表尹某某采取强制措施和暂停执行县人大代表职务的决定、研究讨论《关于对兴国县人民政府性投资工程建设项目开展视察监督的方案》；讨论县十九届人大常委会第七次会议时间、建议议程。

9 月 20 日，兴国县十九届人大常委会第十五次主任会议召开。会议传达学习县委作风建设专题分析会暨“七个有之”专项治理工作会议；讨论对县行政审批局、县应急管理局开展工作评议的方案、对全县应急管理体系和应急能力建设情况开展调研的方案、县十九届人大常委会第八次会议时间、建议议程；初审县十九届人大常委会第八次会议需听取和审议的报告。

10 月 21 日，兴国县十九届人大常委会第十六次主任会议召开。研究讨论《兴国县人大常委会机关干部职工 2022 年度考核方案（征求意见稿）》、关于组织县乡人大干部和人大代表外出开展履职培训的请示、县人大代表向原选区选民开展述职活动的工作方案。

11 月 18 日，兴国县十九届人大常委会第十七次主任会议召开。会议传达学习《中共中央关于认真学习宣传贯彻党的二十大精神的决定》精神；研究讨论关于 2022 年度全省市县综合考核有关“加强党委对人大工作领导”的工作；讨论县十九届人大常委会第九次会议时间、建议议程；初审县十九届人大常委会第九次会议需听取和审议的报告。

12 月 9 日，兴国县十九届人大常委会第十八次主任会议召开。会议传达学习中共江西省委十五届三次全体（扩大）会议精神；研究讨论关于成立兴国县第十九届人民代表大会第三次会议筹备工作领导小组的事项、关于召开兴国县第十九届人民代表大会第三次会议有关事项、关于调整县人大专门委员会机构的事项、《关于规范“一府一委两院”向县人大常委会报告工作的意见》、关于补选县第十九届人大代表的工作。

重大事项决定和依法人事任免

【重大事项决定】 1 月 27 日，兴国县第十九届人大常委会第三次会议召开，通过关于召开兴国县第十九届人民代表大会第二次会议的决定。

2 月 12—13 日，兴国县第十九届人民代表大会第二次会议召开，表决通过关于政府工作报告的决议、关于兴国县 2021 年国民经济和社会发展计划执行情况与 2022 年国民经济和社会发展计划的决议、关于兴国县 2021 年全县和县本级财政预算执行情况与 2022 年全县和县本级财政预算的决议、关于 2021 年生态文明试验区建设情况报告的决议、关于兴国县人民代表大会常务委员会工作报告的决议、关于兴国县人民法院工作报告的决议、关于兴国县人民检察院工作报告的决议。

7 月 27 日，兴国县第十九届人大常委会第六次会议召开，接受李建华同志辞去兴国县监察委员会主任职务的请求，通过关于批准兴国县 2021 年财政决算的决议。

8 月 16 日，兴国县第十九届人大常委会第七次会议召开，接受龚建明辞去赣州市第六届人民代表大会代表职务的请求。

11 月 22 日，兴国县第十九届人大常委会第九次会议召开，通过关于批准 2022 年兴国县一般公共预算和政府性基金预算调整方案的决议。

【依法人事任免】 2022 年，兴国县人大常委会选举任免“一府一委两院”（人民政府、监察委员会、人民法院、人民检察院）

2022 年兴国县人大常委会任命国家机关工作人员一览表

表 5

姓　名	任命职务	县人大常委会决定任职的届次会议及时间
肖　林	县人民代表大会社会建设委员会副主任委员	1 月 17 日县十九届人大常委会第三次会议
曾宪章	县人民法院审判员	3 月 24 日县十九届人大常委会第四次会议
练绪磷	县人民法院审判员	3 月 24 日县十九届人大常委会第四次会议

续表 5

姓　名	任命职务	县人大常委会决定任职的届次会议及时间
张荣琳	县人民法院审判员	3 月 24 日县十九届人大常委会第四次会议
雷玮炜	县人民检察院检察委员会委员	3 月 24 日县十九届人大常委会第四次会议
王　芳	县人民检察院检察员	3 月 24 日县十九届人大常委会第四次会议
陈瑞珍	县人大常委会办公室副主任	5 月 27 日县十九届人大常委会第五次会议
余晓龙	县人民政府办公室主任	5 月 27 日县十九届人大常委会第五次会议
钟齐俊	县林业局局长	5 月 27 日县十九届人大常委会第五次会议
钟林轶	县民政局局长	5 月 27 日县十九届人大常委会第五次会议
肖　鹏	县人民法院刑事审判庭副庭长	5 月 27 日县十九届人大常委会第五次会议
胡　颖	县人民法院民事审判庭副庭长	5 月 27 日县十九届人大常委会第五次会议
练绪磷	县人民法院行政审判庭副庭长	5 月 27 日县十九届人大常委会第五次会议
黄运焜	县人民法院城岗人民法庭副庭长	5 月 27 日县十九届人大常委会第五次会议
曾宪章	县人民法院永丰人民法庭副庭长	5 月 27 日县十九届人大常委会第五次会议
柴一凡	县人民政府副县长	7 月 27 日县十九届人大常委会第六次会议
陈　铭	县人民政府副县长	7 月 27 日县十九届人大常委会第六次会议
温秋宁	县监察委员会副主任、代主任	7 月 27 日县十九届人大常委会第六次会议
宋润生	县人民法院副院长	9 月 22 日县十九届人大常委会第八次会议
王承强	县人民法院审判委员会委员	9 月 22 日县十九届人大常委会第八次会议
温　斌	县人民法院审判委员会委员	9 月 22 日县十九届人大常委会第八次会议
谢兼明	县人民法院审判委员会委员	9 月 22 日县十九届人大常委会第八次会议
杨彩茂	县人民检察院副检察长	9 月 22 日县十九届人大常委会第八次会议
谢文煊	县人民检察院副检察长	9 月 22 日县十九届人大常委会第八次会议

2022 年兴国县人大常委会免去国家机关工作人员一览表

表 6

姓　名	免去职务	县人大常委会决定免职的届次会议及时间
钟修斌	县人民法院审判员	3 月 24 日县十九届人大常委会第四次会议
刘新华	县人民法院审判员	3 月 24 日县十九届人大常委会第四次会议
吴小林	县人民法院审判员	3 月 24 日县十九届人大常委会第四次会议
廖兴东	县人民法院审判员	3 月 24 日县十九届人大常委会第四次会议
郭复彬	县人民检察院检察委员会委员、检察员	3 月 24 日县十九届人大常委会第四次会议
钟振滨	县人民检察院检察委员会委员、检察员	3 月 24 日县十九届人大常委会第四次会议
曾祥高	县人民检察院检察委员会委员、检察员	3 月 24 日县十九届人大常委会第四次会议

续表6

姓　名	免去职务	县人大常委会决定免职的届次会议及时间
郑兰生	县人大常委会办公室副主任	5月27日县十九届人大常委会第五次会议
李晓玲	县民政局局长	5月27日县十九届人大常委会第五次会议
兰业福	县人民法院审判委员会委员	5月27日县十九届人大常委会第五次会议
李旭丹	县人民政府副县长	7月27日县十九届人大常委会第六次会议
申维东	县人民政府副县长	7月27日县十九届人大常委会第六次会议
李建华	县监察委员会主任	7月27日县十九届人大常委会第六次会议
宋润生	县人民法院行政审判庭庭长	9月22日县十九届人大常委会第八次会议
徐宏煦	县人民法院副院长、审判委员会委员	9月22日县十九届人大常委会第八次会议
肖久明	县人民法院副院长、审判委员会委员	9月22日县十九届人大常委会第八次会议
赖怀鸿	县人民法院审判委员会委员	9月22日县十九届人大常委会第八次会议
黄兴文	县人民法院古龙岗人民法庭庭长	9月22日县十九届人大常委会第八次会议
吕先荃	县人民法院城岗人民法庭庭长	9月22日县十九届人大常委会第八次会议
胡嘉应	县人民检察院副检察长	9月22日县十九届人大常委会第八次会议

国家工作人员44人次，补选人民代表6名，接受辞呈1人次。

依法监督

【经济运行监督】 2022年，兴国县人大常委会定期听取和审议国民经济和社会发展计划执行情况报告、经济运行情况报告、财政预决算执行情况报告；听取和审议县国有资产管理情况的综合报告；听取和审议县人民政府关于2020年度审计查出问题整改情况的报告，对审计查出问题整改情况开展专题询问和满意度测评，推进整改取得成效；围绕完善提升“红兴谷”周边业态工作情况开展调研，助力打响兴国研学研修品牌。

【民生事业监督】 2022年，兴国县人大常委会听取巩固脱贫攻坚成果情况报告、解决高中阶段教育相关问题应对措施工作情况报告、县城交通路网和城市绿地建设规划情况专项报告、应急管理体系和应急能力建设工作情况报告、社会保障“一卡通”应用工作情况报告。为及时回应人民群众对提升出行、常态化疫情防控等工作的呼声，提出合理规划县城交通路网、城市绿地建设等意见建议。

【生态环境监督】 2022年，兴国县人大常委会听取和审议2021年生态文明试验区建设的情况报告。开展贯彻实施《中华人民共和国水污染防治法》情况执法检查，听取和审议贯彻实施《中华人民共和国水污染防治法》情况的报告，推进水污染防治及工业、城乡污水处理和畜禽污染的防治；配合做好省人大开展环保赣江行活动前期调研、市人大开展“美丽赣州三江源环保行”活动和富硒农业产业发展情况专题调研。

【政府性投资工程建设项目视察监督】 8月25日，县人大常委会组织视察监督组，对高铁兴国西站“红轨磁浮”项目、集中医学观察点、兴国县经开区2019年度标准厂房、红军桥重建项目等政府性投资工程建设项目进行视察监督，有效防范政府性投资工程建设质量风险和廉政风险，提升资金使用绩效。通过实地察看、听取介绍、现场交流等方式，详细了解各个工程建设项目的推进情况、

8 月 25 日，县人大常委会对政府性投资工程建设项目开展视察监督

（县人大办 供图）

存在的问题和困难。实地视察后，召开专题询问会，对政府性投资工程建设项目的相关情况开展专题询问，从“科学谋划、严格监管，加强管理、有序推进”等方面提出建议。

【法治建设监督】 2022 年，兴国县人大常委会对县人民政府组成部门和“两院”副职开展年度述职评议和满意度测评；对县工信局、县交通运输局、县农业农村局、县应急管理局、县行政审批局 5 个政府组成部门开展工作评议；听取规范性文件备案审查工作情况报告，依法审查 2022 年度规范性文件 144 件；听取关于道路交通事故案件审理工作报告、适用认罪认罚从宽制度工作情况报告、“八五”普法工作情况报告；首次听取县监察委员会关于群众身边腐败和作风问题整治工作情况的专项报告；县司法局和长征社区人大代表联络工作站被列为市六届人大常委会基层立法联系点，发挥全县基层立法联系点接地气、察民情、聚民智的民意“直通车”作用。规范化组织拟任命人员开展法律知识考试等，增强新任命国家机关工作人员的法律意识和法治思维。

6 月，县人大常委会组织县公安局、县委政法委、县人民法院对县人民检察院适用认罪认罚从宽制度工作情况进行专题调研 （县人大办 供图）

视察调研

【水污染防治法执法检查】 10 月，县人大常委会组织执法检查组，对全县贯彻实施《中华人民共和国水污染防治法》情况进行执法检查。其间，检查组到 18 个乡（镇）30 多个站点，对全县工业水污染防治、城镇水污染防治、农业农村水污染防治和饮用水水源保护、医疗废水处理等情况进行专项检查，采取现场调研、实地核查、听取汇报、座谈讨论等方式全面了解掌握情况，指出存在的主要问题，提出针对性的意见建议 5 条，督促相关部门按要求整改到位。

【优化营商环境专题调研】 4 月，县人大常委会组织调研组，对全县优化营商环境情况开展调研。实地了解县发改委、县商务局、县工信局、县住建局、县行政审批局、县市场监管局、县工商联等单位部门相关情况，到兴国县经济开发区和有关企业、个体工商户进行调研，发现存在的问题和成因，提出改进意见和建议 5 条。

【提升“红兴谷”周边业态工作专题调研】 7月，县人大常委会组织调研组，对完善提升“红兴谷”周边业态工作的情况进行专题调研。其间，对红兴谷研学旅行营地开展实地调研，采取召开座谈会的形式，听取县文广新旅局、县农业农村局、县发改委、县教科体等14个部门汇报，到安远、上犹等县考察学习好的经验做法，指出“红兴谷”周边业态工作存在的主要问题，提出针对性的意见建议。

【政府组成部门工作评议调研】 2022年，县人大常委会组织对县工信局、县交通运输局、县农业农村局、县应急管理局、县行政审批局5个政府组成部门开展工作评议，通过召开评议动员大会、测评会、开展评议调研、进行会议评议、督促整改落实等方式监督县人民政府组成部门强化法律意识、大局意识、服务意识，促进县人民政府各组成部门依法行政、公正执法，增强人大监督工作实效。

代表工作

【概况】 2022年，兴国县有省十四届人大代表5名，市六届人大代表42名，县十九届人大代表323名。全年组织县人大代表列席县人大常委会24人次，参加调研视察、执法检查等活动1882人次，安排人大代表参加征求意见会、行风政风评议、执法评议和县举行的大型活动。开展专题调研4次、法律法规实施情况检查2次。

【代表联系群众】 2022年，县委、县人民政府主要领导带头以普通代表身份到原选区开展联系群众、接待选民活动。县人大常委会推动各级人大代表在选民接待日与选民交流，收集选民意愿和需求，架起代表与群众之间的“连心桥”。年内，全县人大代表联络工作站开展活动160余场次，接待群众1300余人次，收集意见建议500余条，协助化解矛盾纠纷100余件。

【代表履职服务保障】 2022年，县人大常委会组织代表履职培训。6月，举办全县县、乡人

2022年兴国县十九届人大代表一览表

表7

届次	属地	姓　名	人数（人）
县十九届人大代表	兴江乡	范景元　林慧珍（女）　叶广垠　何绍明　钟　明（女）　杨经鼎　曾　群　杨　岚（女）　江桂凤（女）　邹兴强　温科雄	11
	古龙岗镇	陈俊奇　梁祖斌　陈积慧　曾庆斌　肖光辉　曾宪炘　邹福秀（女）　陈兰香（女）　吴福林（女）　吴祖辉　雷石凤（女）　王雪妹（女）　李冬生　郑光连　刘志强　韩维才　江思举	17
	梅窖镇	钟太斐　谢玉平　兰雪萍（女）　丁煜峰　吴腾飞　廖金留　曾清华（女）　曾菊明　李韫涵（女）　曾小明	10
	樟木乡	王　姝（女）　涂剑峰　赖　湉　黄金发　邱观秀（女）　邱　杭	6
	东村乡	邱先华　贺松涛　江南昌　钟玉连（女）　胡怀珍（女）　杨海平　凌连安　陈冬连（女）	8
	兴莲乡	刘玉林　谢　申　杨广慧　钟玉金（女）　巫福兴　黄代华　陈祚荣　陈　林　陈丽兰（女）	9
	江背镇	李　敏　赖云峰　李　杰　宋愈胜　刘东升　张爱群（女）　周海峰　杨飞云（女）　李和春　曾辉平（女）　黎发奎　欧阳晓兰（女）	12
	杰村乡	王丽娟（女）　林　霞（女）　彭同芳　邱日桦　张爱玲（女）　刘文成　赖声炎　张清志　魏彩霞（女）	9
	社富乡	谢　灯（女）　康小青（女）　邹志斌　邱文超　刘献拥　刘和子　闻　洪　孙华军　方姣君（女）　周元相　刘福华　黄烈忠　肖家辉　曾　磊（女）　谢　娟（女）　曾美芳（女）　黄红梅（女）	17

续表 7

届次	属地	姓　名	人数（人）
县十九届人大代表	龙口镇	邱小林　李燕平　明　南　杨春辉　钟红生　邓秋华（女）　邓习才　刘国章　李凤兰（女）　陈桃香（女）	10
	埠头乡	张人富　李人庆　钟功斌　刘方明　赖家钿　刘　俊　吴年凤（女）　刘名优　邓经平　梅　青（女）　易秋生　郑小平（女）　周加成　钟军元　马华生　张剑平　钟贵雄	17
	永丰镇	邹芬芬（女）　胡智荣　廖石明　黄春华（女）　张栩滔　钟崇禧　余　波　温海英（女）　王天年　黎秋华（女）　谢丽君（女）　邓经财　谢晓健　钟玉华（女）　陈河军　邹泽良	16
	均村乡	曾祥海　黄翔机　张丽群（女）　王世鹍　张朝阳　朱耀盛　蔡裕华　陈锦茂　陈智锋　黄金秀（女）　蓝兴玉　罗小艳（女）　肖永良　陈福洋　高玉仁　宋蔚雁（女）　曾　娟（女）　赖雄风	18
	隆坪乡	刘韩斌　陈名武　张祖芹　王晓艳（女）　黄传福　钟　云	6
	茶园乡	江　华　刘和春　唐怀忠　陈衍达　何观秀（女）　王　成　韩石福　邱联和　上官泱（女）	9
	高兴镇	李贱贵　曾春生　郭小平　谢　磊　黄青梅（女）　张永松　赖如钦　吕　泓　黄水宝　肖玉燕（女）　钟继祥　刘益平　尹良鸿　夏佐柱　邱新兰（女）　庄胜球　王斯林　肖　燕（女）　欧阳品榆　王友群　钟道辉　钟春连（女）　傅荣华　郭群华	24
	崇贤乡	魏国寿　姚荣臻　王　芳（女）　黄承福　曾华连（女）　肖小平　刘用文　雷道金　李炳丽（女）　陈发坤　万文艳（女）	11
	枫边乡	谢思敏　胡怀珍　阙持清　陈云飞　兰　萍（女）　彭　靓（女）	6
	方太乡	谢剑云　肖燚娜（女）　刘威宏　李韦荣（女）　朱　鑫　陈　旭（女）　杨金魁	7
	城岗镇	庄　敏（女）　王兴华（女）　王文锋　钟衍胜　谢怡君（女）　胡启常　杨海娟（女）　李业涛　郑小琴（女）　余拔深　黄小玉（女）	11
	良村镇	刘震民　李虞森　刘厚祥　李　炳　谢　帅　何绍福　钟　剑（女）　温绵寿　罗冬梅（女）　李　群（女）　翁立新	11
	南坑乡	刘文岩　杨文俊　应　学　方小林（女）　陈名丽（女）	5
	鼎龙乡	温秋宁　凌传昌　黄森澜　侯乐法　李　芸（女）　杨　鑫　钟国洪　李年良　郭炳连（女）　韩海东　欧阳代瑞	11
	长冈乡	王　冰　陈　平　王仁俊　何久泉　肖　林　张瑞荃　陈嗣有　赖光胜　涂英柱　谢建平　廖　明　刘　琼（女）　卢星彤（女）　李盛桂　谢寨生　谢邦泉　谢青梅（女）　吕建梅（女）	18
	潋江镇	刘章宏　李崇星　杨朝晖　林周敏　刘叶飞　曾振华　温健法　杨　军　黄　盛　王晓敏（女）　魏恩平　王声辉　王永禄　刘瑞明　曾庆龙　黄牡红（女）　欧阳九凤（女）　吕先东　王富扬　钟春兰（女）　谢佩兰（女）　刘衍有　涂亚平（女）　李明媚（女）　温永林　杨小英（女）　钟更生　谢新平　陈　宁（女）　何绍明　刘小军　杨春兰（女）　黄　娇　谢开洲　黄　艳（女）　刘晓慧（女）　严小飞（女）　李　浩　张　念　肖志萍（女）　黄红美（女）　刘万生　蔡英玲（女）　赖清华	44

大代表及人大系统干部履职培训班；7 月，组织驻县市六届人大基层代表和乡（镇）人大工作者参加省、市人大举办的履职培训班，全年培训 323 人次，提高全县各级人大代表和人大系统干部的履职能力和政治素质；开展代表履职活动。围绕打造“第一等”营商环境，

组织全县各级人大代表参与优化营商环境调研，全年开展体验式调研37批次，发放营商环境倡议书2000余份，参与代表1800余人次，收到意见建议522条。开展县乡人大代表“乡村全面振兴·人大携手助力”专题活动，建立助推乡村全面振兴联系点25个，聘请农民贴心人76名，搭建以联系点为主体的工作网络和以贴心人为纽带的沟通机制。坚持邀请基层代表参加视察调研、列席常委会会议等工作制度，提高代表履职能力。

议案建议

【概况】 兴国县第十九届人民代表大会第二次会议期间，共收到代表建议、批评和意见220条，意见建议内容涉及全县经济、政治、文化、社会、生态文明建设等各个方面。其中，教科文卫体类36条、财政经济类5条、农业农村类106条、政治法律类2条、工交城建环保类58条、社会公共事务类5条、其他8条。“聚焦打造新时代‘第一等’营商环境人大代表在行动”主题活动期间，收到人大代表意见建议28条。6月，组织1次意见建议办理督查，组成6个督办组，每组由1名县人大常委会副主任带队，相关工委（办）牵头负责，并向县人民政府办发函推进代表建议加快办理。全年248条意见建议全部办理完毕。

【关于设立“办不成”综合窗口的建议】 兴国县第十九届人民代表大会第二次会议期间，钟衍胜等11名代表提出“关于设立‘办不成’综合窗口的建议”。2022年，兴国县在政务大厅设立“办不成事”“兜底办”专窗，受理人员第一时间反馈给带班负责人或相关分管领导，复杂问题由相关部门研究解决，5个工作日内答复并销号；特别复杂的，10个工作日解决、答复并销号。

【关于打通工业园南区快递物流服务的建议】 兴国县第十九届人民代表大会第二次会议期间，黄承福等11名代表提出“关于打通工业园南区快递物流服务的建议”。2022年，兴国经开区南区设有专门快递物流公司上门揽件收件，针对电商发货，企业与顺丰、中通、圆通、韵达等快递公司签订协议，采取上门取件发件；对于企业原配件及产品的大件运输有德邦、顺丰速运、安能、货拉拉等主营大件货物的物流公司以及诚兴、速达、新颜等专线物流公司上门揽件。南区企业员工的生活快递，由顺丰、京东、极兔三家快递负责收发件业务，另有菜鸟驿站1家、中通快递站点1家、快递临时代收点1家，基本能满足员工需求。

【关于优化投资软环境的建议】 兴国县第十九届人民代表大会第二次会议期间，杨文俊等11名代表提出“关于优化投资软环境的建议”。2022年，兴国县按省、市“互联网+监管”有关部门要求，在江西省“互联网+监管”系统里认领监管事项，每月督促各行政执法单位定期报送执法行为监管动态和监管曝光台信息，动态调整“双随机、一公开”（在监管过程中随机抽取检查对象，随机选派执法检查人员，抽查情况及查处结果及时向社会公开）等相关数据，确保监管实效；年内，建立“审管互动”平台，并将划转的事项录入至平台，可在业务办理后，即时将平台数据或相关资料推送到监管部门，全面实现事项的审管联动机制，避免审批与事中事后监管脱节。

【关于定期召开企业发展座谈会的建议】 兴国县第十九届人民代表大会第二次会议期间，王晓敏等11名代表提出“关于定期召开企业发展座谈会的建议”。2022年，兴国县定期召开企业发展座谈会，通过组织入企帮扶、政企圆桌会议、“亲清潋江”政企餐叙等活动，常态化开展“工业企业帮扶日”活动，落实涉企问题解决办理，年内解决企业突出问题42个。

【关于深化最多跑一次改革，降低企业设立时间成本的建议】 兴国县第十九届人民代表大会第二次会议期间，江西南昌等11名代表提出“关于深化最多跑一次改革，降低企业设立时间成本的建议”。2022年，兴国县推行企业开办便利化，企业开办实现“半天，零成本”，开办环节由6个合为1个，申请材料由30个减至7个；通过“赣服

2022年兴国县人大代表重点建议一览表

表8

序号	标题	承办单位	办理结果
1	建议设立“办不成”综合窗口	行政审批局	A
2	关于优化营商环境的建议	行政审批局	A
3	关于打通工业园南区快递物流服务“最后一公里”的建议	经开区、交运局	A
4	关于建立完善的行政审批事项目录清单政府部门责任清单的建议	行政审批局	A
5	建议行政审批局等相关部门，深化最多跑一次，改革降低企业设立时间成本	行政审批局	A
6	关于打造新时代 “第一等”营商环境的建议	自然资源局	A
7	关于配套建设乡村小微企业标准厂房的建议	人社局、自然资源局	A
8	关于解决疫情期间企业用工和资金困难的建议	人社局、经开区、城投公司、住建局、经开区	A
9	关于优化投资软环境的建议	行政审批局、“互联网+监管”成员单位	A
10	关于在乡镇适当规划工业用地用于发展企业的建议	自然资源局	A
11	关于在县级层面成立营商环境专班，加大对企业的对口技术指导，减少对企业的督导检查的建议	工信局、司法局、商务局	A
12	关于优化营商环境的建议	人社局、县委组织部	A
13	关于环保安全生产等部门，在开展执法检查时，优化执法检查方式，遵循动物疫病防疫管控要求的建议	司法局、生态环境局、应急管理局	A
14	关于定期召开企业发展座谈会的建议	工信局、税务局、人社局、行政审批局、财政局	A
15	关于建议加强审管联动，进一步塑造营商服务新形象建议	行政审批局、 “放管服”成员单位	A

通”企业开办专区或江西省企业登记网络服务平台进行网上申请，实现“全程网办”“一次不用跑”。将一般注销程序的登报发布公告改为通过国家企业信用信息公示系统免费公告，简易注销公告时间由45天压缩至20天。在精简经营许可审批程序方面，启动“企业全生命周期平台”建设，围绕企业准入、准营、变更、退出等全生命周期，打破部门界限，推行企业开办和涉企经营许可、备案事项联审联办，通过“一照一码”并联整合，实现“一窗填报、并联审批、证照联办”服务模式，加快推进“一照通办”改革。

人大专门委员会工作

【社会建设委员会工作】1月，社会建设委员会召开对口联系部门的工作座谈会；4月，对县社保卡“一卡通”应用工作情况进行专题调研；5月，在全市人大社会建设工作座谈会上作交流发言；9—10月，开展应急管理体系和应急能力建设情况专题调研，并协助市人大常委会在兴国县开展应急管理体系建设情况调研；配合省、市人大对兴国县民族地区乡村振兴工作情况开展调研，陪同省人大常委会调研组到古龙岗建设村进行实地调研；配合市人大社会委在兴国县开展《中华人民共和国无障碍环境建设法（草案）》《中华人民共和国慈善法（修订草案）》的立法调研工作。

【教育科技文化卫生委员会工作】 3月，教育科技文化卫生委员会听取县人民政府关于解决高中阶段教育相关问题应对措施的专项报告；7月，对完善提升“红兴谷”周边业态工作情况开展调研；配合做好全国人大网络学院视频教材《人民代表大会制度从这里走来》拍摄制作工作，市人大考察苏维埃代表大会制度宣传及革命遗址保护工作；配合做好省人大常委会来兴国县开展文物保护“一法一条例”（《中华人民共和国文物保护法》《中华人民共和国文物保护法实施条例》）执法检查的“回头看”和科技创新调研工作。

【法制委员会工作】 3月，法制委员会协助市人大常委会调研组在兴国县开展市人民检察院诉讼监督工作情况专题调研；4月，对兴国县关于《中华人民共和国禁毒法》贯彻实施情况进行执法检查，落实县人大常委会听取县法院关于司法体制综合配套改革相关措施落实情况的专项报告；6月，对兴国县关于法律援助工作情况进行调研；9月，落实县人大常委会听取县检察院关于加强对民事诉讼和活动法律监督工作情况的报告。

【财政经济委员会工作】 3月，财政经济委员会召开廉洁兴国建设暨2021年审计查出问题整改情况专题询问会；4月，开展对兴国县优化营商环境的调研；开展对县工信局、县行政审批局、交通运输局的工作评议；开展对兴国县2022年上半年国民经济和社会发展计划与财政预算执行情况的调研、对兴国县2021年度财政预算执行和其他财政收支的审计情况与财政决算情况的调研及审查、对兴国县2023年国民经济和社会发展计划与财政预算编制情况的调研；配合省市人大财经委开展对兴国县国有资产管理情况的调研。

【农业和城乡建设环境资源保护委员会工作】 3—4月，农业和城乡建设环境资源保护委员会组织部分常委会委员和县人大代表对全县巩固脱贫攻坚成果、县城交通路网和城市绿地建设规划情况进行专题调研；6月，开展“乡村全面振兴人大携手助力”专题活动；8月，对县农业农村局进行工作评议；10月，组织执法检查组对兴国县贯彻实施《中华人民共和国水污染防治法》情况进行执法检查；11月21日，接待全国人大农业与农村委员会委员张烈英一行来兴参观红色革命旧址，到将军园、长冈乡调查纪念馆参观学习。

（何绍东　李　诚）

本栏编辑：曾　雄

兴国县人民政府

综 述

【概况】 2022年，兴国县以习近平新时代中国特色社会主义思想为指导，落实党中央、国务院决策部署和省委、市委、县委各项要求，坚持稳中求进工作总基调，做好“六稳”“六保”工作，有效应对复杂多变的外部环境和各项风险挑战，全县经济稳中向好，各项主要经济指标稳定增长，结构调整深入推进，基本民生保障有力，居民生活水平稳步提升。兴国县获评全省绿色有机农产品示范县、粮食生产先进县、耕地保护先进县。实现地区生产总值241.04亿元，增长5.1%；一般公共预算收入10.07亿元，增长4.7%；固定资产投资增长10.2%，规上工业增加值增长8.5%，社会消费品零售总额增长4.9%，城镇、农村居民人均可支配收入分别增长5.2%、8.2%。出口总额、现汇进资增幅迈入全市第一方阵，分别增长64.59%、299%。

【疫情防控】 2022年，兴国县按照“疫情要防住、经济要稳住、发展要安全”的重要要求，统筹做好战疫情、抗灾情、促发展、保稳定等各项工作，促进经济社会持续发展。

【民生实事】 2022年，兴国县投入民生资金48.4亿元，40件民生实事基本完成。新建公租房500套、保障性租赁住房300套。新增城镇就业4600余人，农村劳动力转移就业9000余人。统筹资金16.5亿元，实施校建项目92个，新增园位1600个、学位5000余个。高考考取清华大学、北京大学4人，为全市县级最多，创历史最好成绩。推进县人民医院二期建设等项目，深化华山医院等帮扶成效，推进县域医共体建设，提升城乡医疗保障水平。实施方太、鼎龙、枫边、兴江等17个乡（镇）敬老院暖心工程，完成近200户特殊困难老年人居家适老化改造，入选全国“深化乡村地名服务 点亮美好家园”试点县。江背镇高寨村被评为“全国老龄系统先进集体”，为全省唯一。

【决策咨询】 2022年，兴国

2022年，持续推进民生实事重点项目——兴国县人民医院二期工程

（县政府办 供图）

县政策法规室紧紧围绕政府中心工作，紧密、高效联系法律顾问，认真履行决策咨询服务职能，集中力量组织研究涵盖全县经济、社会、文化等领域的重点决策问题。针对重大事项出具意见书52份，规范性文件审查56份，审查、修改合同文本43份。

重要会议

2月13日，县政府全体（扩大）会议在兴国宾馆召开　（县政府办 供图）

【概况】　2022年，兴国县召开县政府全体会议2次、县政府常务会议20次、县政府办公会14次，研究讨论有关政治、经济、社会、文化、生态等方面的内容，提出具体解决方案。

【县政府全体（扩大）会议】
2月13日，县政府全体（扩大）会议召开。会议传达学习全县“两会”精神，安排部署重点工作，推动全县各项工作开好局、起好步。县委副书记、县长刘章宏出席会议并讲话，县委常委、常务副县长邹芬芬主持会议，副县长文武、刘震民、唐芳浩、刘文、张茶根、毕潋出席会议。会议书面传达学习兴国县十九届人大二次会议、县政协十六届二次会议精神。

7月14日，县政府全体（扩大）会议召开。会议全面总结梳理上半年政府各项工作落实情况，为全力拼搏三季度、全年胜奠定坚实基础。会议书面通报2022年政府工作报告和重点工作（含项目建设、经济运行、民生实事等工作）落实情况。县政府各相关副县长分别就经济运行、重点项目建设、财税、“双一号”工程、安全生产、民生实事、工业倍增升级、招商引资、生态环保、信访稳定、扫黑除恶、乡村振兴、旅游产业发展、疫情防控、防溺水、教育市场监管等分管领域重点工作进行部署。

【县政府常务会议】　2022年，县政府常务会议召开20次。1月29日，县政府第6次常务会议召开，研究讨论政府工作报告（讨论稿）、2021年国民经济和社会发展计划执行情况与2022年国民经济和社会发展计划草案的报告（讨论稿）、2021年生态文明试验区建设情况的报告（讨论稿）、2021年全县和县本级财政预算执行情况与2022年全县和县本级财政预算（草案）的报告（讨论稿）、2022年兴国县政府预算草案汇编（讨论稿）、研究关于拨付2021年部分重点工程项目工作经费的问题、关于2021年度招商引资、项目建设、征地拆迁、城乡环境整治、信访积案化解“五大会战”“奔牛奖”“蜗牛奖”考核评定的问题、关于2022年粮食生产工作方案的问题、关于经济开发区闲置土地和低效用地清查处置工作方案的问题、关于终止经济开发区南区F-02-01地块《工业用地使用权先租后让合同》并收回租赁土地使用权的问题等。

2月17日，县政府第7次常务会议召开，研究讨论关于进一步规范政府性投资项目工程增量管理的问题、关于调整公办幼儿园保育教育收费标准的问题、关于实施兴国县国家储备林建设PPP项目的问题、关于兴国县乡村振兴暨教育基础设施补短板PPP项目实施的问题、关于促进建筑业高质量发展问题、关于兴国县2022年度党政领导干部安全生产重点工作责任清单和兴国县2022年安全生产工作要点、关于兴国县安全生产专项整治三年行动重点推动任务清单的问题、关于无偿划拨兴国县灵山寺项目用地问题、关于无偿划拨兴国县生活污水处理厂（扩建）项目用地和兴国西站安置区项目用地问题。

2月27日，县政府第8次常务会议召开，研究讨论关于2022年重点项目安排的问题、关于产业集群和重大项目发展基金设立与运作方案的问题、关于惠企政策兑现“线上一网线下一窗”改革工作方案的问题、关于县本级惠企政策专项资金管理暂行办法的问题、关于申报2022年县直事业单位公开招聘人员岗位计划的问题、关于明确城区流域水环境综合治理工程（二期）有关事项的问题、关于永丰镇荷岭村上龙组路段道路交通安全隐患整治的问题、关于明确与海星生物（瑞邦生物）科技有限公司发展合作相关事项的问题等事宜。

3月8日，县政府第9次常务会议召开，研究讨论县疫情防控工作情况汇报、关于兴国县长征大道（滨江西向北、向南延伸段）项目合作实施方案的问题、关于兴国县气象事业发展“十四五”规划的问题、关于兴国县全域创建绿色有机农产品基地先行先试工作方案（2021—2023年）的问题等事宜。

3月18日，县政府第10次常务会议召开，研究讨论关于全民科学素质行动规划纲要实施方案（2021—2025年）的问题、关于“十四五”生态环境保护规划的问题、关于进一步加强统筹整合财政涉农资金项目管理的问题、关于以兴国县汇金融资担保有限公司全部股权入股赣州市金盛源集团有限公司的问题、关于企业“安静生产期”制度实施办法（试行）的问题、关于城市更新（人行天桥新建及桥梁整治）项目采用设计、采购、施工总承包模式的问题、关于与江西理工大学有关合作事宜、关于城区环卫作业服务市场化过渡期间委托服务的问题、关于无偿划转教育医疗养老等资产的问题、关于长征大道（将军中学至集瑞路段）项目合作实施方案的问题、关于土地整治开发项目指标申请异地调剂的问题等事宜。

3月27日，县政府第11次常务会议召开，研究讨论关于印发兴国县“十四五”应急体系规划的问题、关于下达县十九届人大二次会议代表建议和政协十六届二次会议委员提案办理任务的问题、关于调整村党组织书记基本报酬标准和明确村级纪检委员（纪委书记）、专职党建宣传员、乡村振兴信息员报酬待遇标准的问题，关于审批兴国县2022年人民医院二期（传染病房）项目实施方案的问题、关于同意通过国有资产经营权转让方式筹集资金的问题、关于同意面向社会公开采购社会化招商中介服务的问题等事宜。

4月11日，县政府第12次常务会议召开，研究讨论国土空间总体规划（2021—2035年）工作进展汇报、关于项目建设、招商引资、征地拆迁、信访维稳和人居环境整治“五大会战”一季度“蜗牛奖”“奔牛奖”的问题、关于2022年度国有建设用地供应计划的问题、关于土地综合整治项目实行市场化运作有关事项的问题、关于实施城乡环卫一体化作业及相关费用的问题等事宜。

4月28日，县政府第13次常务会议召开，研究讨论关于兴国县安全生产工作职责规定（讨论稿）的问题、关于兴国县安全生产专项整治三年行动巩固提升攻坚战实施方案（讨论稿）的问题、关于审批兴国城控集团组织与薪酬设计方案的问题、关于兴国县潋水（江背镇段）清淤疏浚砂石综合利用方案的问题、关于申报县2022年“三支一扶”计划岗位的问题、关于省环保资金专项审计发现兴国县城区、农村环卫一体化项目少购买环卫设备问题的整改建议和省环保资金专项审计反馈问题整改方案的问题等事宜。

5月19日，县政府第14次常务会议召开，研究一季度工业经济情况，听取兴泉铁路建设工作情况、现代物流业运行情况；研究讨论关于明确泉南高速兴国县兴莲乡官田互通项目有关事项的问题、关于明确兴国县智慧能源产业园项目相关事项的问题，关于明确与匹克（中国）有限公司发展合作相关事项的问题，关于明确与深圳晶华显示电子股份有限公司发展合作相关事项的问题、关于无偿划拨第七小学和第五幼儿园、第十幼儿园、第十一小学和第十一幼儿园、第十二幼儿园、第十三幼儿园建设项目用地的问题等事宜。

5月22日，县政府第15次常务会议召开，会议就县委组织部、枫边乡、县市场监管局依据县政府第14次常务会意见重新研究修改后，再次联合提报的《关于恳请明确兴国县智慧能源产业园项目相关事项的请示》进行专题研究。

6月10日，县政府第16次常务会议召开，研究讨论《兴国县稳经济促发展保民生若干措施》《关于开展机制砂行业专项清理整顿行动的通知》《兴国县政府融资平台优化升级推进方案》《兴国县突发事件总体应急预案》《关于提请政府研究同意〈兴国县招商引资投资优惠政策（试行）〉的请示》《关于恳请同意〈兴国县2022年富硒产业发展工作方案〉的请示》《关于请求同意泉南高速兴国官田互通新建工程项目合作建设有关事项的请示》《关于恳请明确与山东孔氏文旅产业发展集团有限公司发展合作相关事项的请示》《关于请求对国甫智造产业园项目"一事一议"事项进行审议的请示》《关于无偿划拨兴国县人民法院社富人民法庭建设项目用地的请示》《关于无偿划拨兴国县社富乡中心敬老院项目用地的请示》《关于批准兴国县经济开发区南区F-04-02地块国有建设用地使用权出让方案的请示》《关于恳请同意〈兴国县兴江乡抽水蓄能电站项目投资合作框架协议〉的请示》《关于恳请批复〈兴国县"十四五"畜禽养殖污染防治规划（2021—2025）〉的请示》《关于同意组建中交一公局（兴国）建设发展有限公司有关事项的请示》等。

6月21日，县政府第17次常务会议召开，听取全县上半年经济运行情况汇报、全县上半年重点项目建设情况汇报、全县安全生产工作情况汇报、全县信访工作情况汇报；研究《关于提请政府研究同意〈兴国县招商引资投资优惠政策（试行）〉的请示》《兴国县水环境质量提升方案》《关于批准兴国县原经济林场地块国有建设用地使用权出让方案的请示》《关于批准兴国经济开发区南区G-01-01地块国有建设用地使用权出让方案的请示》等。

7月17日，县政府第18次常务会议召开，听取全县上半年政务公开情况汇报；研究项目建设、招商引资、征地拆迁、信访维稳和人居环境整治"五大会战"二季度"蜗牛奖""奔牛奖"有关工作、《兴国县民政事业发展"十四五"规划》《兴国县妇女发展规划（2021—2030年）》《兴国县儿童发展规划（2021—2030年）》《兴国县经济开发区高质量发展"进位赶超"三年行动方案》《兴国县高井渡口撤渡工作实施方案》《关于批准兴国经济开发区南区C-03地块国有建设用地使用权出让方案的请示》《关于无偿划拨兴国县专业森林消防大队营房建设项目（应急救援物资仓储）用地的请示》《关于无偿划拨兴国县特勤消防站及培训基地建设项目用地的请示》《关于兴国塘坝上现代林业博览园项目用地终止合同处置意见》《关于申报县2022年下半年事业单位公开招聘人员岗位计划的请示》《关于请求租赁将军小学校舍用于举办公办小学的请示》等。

8月22日，县政府第19次常务会议召开，听取县政府投资类标准厂房违法转租等问题专项治理暨惠企政策宣传服务工作开展情况汇报、标准厂房建设及2021年以来招商引资项目进展情况汇报；研究《关于请求批准将已梳理的资产办理至县城控集团的请示》《兴国县智能机械制造产业园项目实施方案》《关于明确与中国农业发展银行赣州市分行合作事宜的请示》《关于请求明确天图（兴国）综合物流园项目有关政策事宜的请示》《关于划拨部分批而未供土地使用权给相关单位的请示》《关于批准兴国县开发区东区A-03地块国有建设用地使用权出让方案的请示》《兴国县"十四五"教育事业发展规划》《关于促进县职业学校、技工学校学生"留兴干"的实施意见》《关于兴国县餐厨垃圾处理项目相关事项的请示》等事宜。

9月18日，县政府第20次常务会议召开，听取2022年信访形势及信访积案化解工作情况汇报、经济开发区上半年主要经济指标完成情况汇报；研究《关于推进兴国经济开发区体制机制改革的实施方案》《关于请求移植兴国经济开发区老园区城市污水管网雨污分流改造工程（二期）范围内部分苗木的请示》《兴国县政府投资项目预结算评审管理办法（试行）》《关于2022年8月项目建设"红黑榜"评选结果的通报》《兴国县2022—2023年度松材线虫病防控工作方案》《关于建设兴国永磁磁浮技术工程试验线二期项目有关事宜的请示》《关于同意出资组建兴国县黄金数字产业园项目公司的请示》《关于请求批准2022年美丽乡（镇）建设项目的请示》《关于恳请配备城市社区专职网格员及解决专职网格员薪酬待遇的请示》《关于恳请增加社区“两委”干部的请示》等事宜。

10月10日，县政府第21次常务会议召开，听取兴国县“五型”政府建设工作情况汇报，研究《关于新形势下进一步推进“五型”政府建设走深走实的实施意见》；听取十五届省委第一轮巡视发现普遍性问题涉及政府层面问题整改工作进展情况汇报、江西宝华山实业集团公司联合重组期间合同纠纷仲裁案的情况汇报；研究《关于引进社会资本建设均福山民宿项目并明确有关事项的请示》《兴国县属国有企业负责人履职待遇业务支出管理实施意见》《关于请求同意共建兴国县粤港澳大湾区电子信息产业基地有关事项的请示》《关于恳请明确与江西天图汽车有限公司发展合作相关事项的请示》《关于同意将埠头生活垃圾填埋场存量垃圾转运服务实行政府采购相关事项的请示》《关于成立兴国潋江文化旅游发展有限公司的请示》；讨论《关于接收安置2022届农村订单定向医学毕业生的请示》；研究《关于拟新增均村乡均村社区的请示》《关于恳请审核同意兴国县2022年度符合政府安排条件退役士兵岗位安置工作的请示》等。

10月30日，县政府第22次常务会议召开，研究项目建设、招商引资、征地拆迁、信访维稳和人居环境整治“五大会战”三季度“蜗牛奖”“奔牛奖”有关工作、《兴国县“十四五”卫生健康事业发展规划》；研究讨论《兴国县机制砂产业发展规划（2022—2030年）》《兴国县切实稳住经济发展若干接续措施》《关于加强新时代司法行政工作的意见》《关于恳请批复兴国县农饮提档升级推进城乡供水一体化先行县建设两年攻坚行动方案的请示》《关于恳请同意县林业局均福山林场场外造林相关事宜的请示》《关于转呈〈关于请求落实潋城文创街区品牌招商补贴有关事项的函〉的请示》《关于批准兴国县平固街A、B、C地块国有建设用地使用权出让方案的请示》《关于同意兴国城控集团参与投资开发房地产项目的请示》《关于无偿划拨兴国县基层公共卫生设施建设项目一期（南坑卫生院整体迁建项目）用地的请示》《关于接收安置2020年“三支一扶”大学生的请示》《关于拟聘用王丽云等503人为中小学幼儿园教师的请示》等。

11月11日，县政府第23次常务会议召开，研究《兴国县对标看齐先进县实施方案》《兴国县危险化学品事故灾难应急预案（修订稿）》《关于申请批复〈江西省赣州市兴国县乡村振兴暨教育基础设施补短板PPP项目政府和社会资本合作（PPP）协议及补充协议〉的请示》《兴国县“数治兴国”项目实施方案》《关于向赣州银行股份有限公司增加股份的请示》《兴国县星级饭店建设优惠和奖励政策》《关于组建开发兴国县平固街棚改地块项目公司的请示》《关于明确赣闽国际陆港项目有关事宜的请示》《关于拟收购中国农业发展银行兴国县支行三处房产的请示》《关于无偿划拨兴国县气象局新址建设项目用地的请示》《关于将2022年服务期满特岗教师入编聘为正式教师的请示》《关于恳请兑现2021年度银行业金融机构支持县域经济发展考核奖励的请示》《关于同意潋江桥等六座桥梁维修加固相关事项的请示》《项目建设“四大攻坚行动”方案》等。

11月28日，县政府第24次常务会议召开，研究《关于恳请明确与深圳市睿赛珂实业有限公司发展合作相关事项的请示》《关于恳请同意兴江乡抽水蓄能电站项目投资建设合作协议相关事项的请示》《关于审批潋城文创街区运营考核方案及运营补贴事宜的请示》《关于参与投资赣州市高质量发展绿色优势产业投资基金的请示》《关于同意兴国城投与九江濂溪城投、赣州倍尔公司成立平台公司相关事项的请示》《关于请求明确兴国县G356均村至五里隘等17个公路建设项目相关事项的请示》《关于将2022年服务期满特岗教师入编聘为正式教师的请示》《关于请求同意与中体空间企业管理有限公司有关合作事宜的请示》《关于恳请收回古龙岗镇一宗国有建设用地使用权的请示》《关于批准兴国县隆坪乡中心幼儿园旁B-1、B-2、B-3、B-4、A-3、A-4地块国有建设用地使用权出让方案的请示》《关于批准兴国县樟木乡塘埠村A（A6、A7、A8、A9、A10）地块国有建设用地使用权出让方案的请示》《关于批准兴国县兴江乡杉村村三角组D1-D8地块国有建设用地使用权出让方案的请示》;《关于批准兴国县开发区南区C-03地块国有建设用地使用权出让方案的请示》《关于批准兴国县和睦片区B-09-02地块国有建设用地使用权出让方案的请示》等。

12月28日，县政府第25次常务会议召开，研究《兴国县人民政府与信通院（江西）科技创新研究院有限公司战略合作协议》《兴国县2023年度重点项目安排》《关于恳请同意〈中国兵器工业集团有限公司投资协议〉的请示》《关于明确与北方信息控制研究集团有限公司合作发展相关事项的请示》《关于恳请继续执行新入库“四上企业”享受要素成本补贴以及企业项目“一套表”统计补助政策的请示》《关于恳请配备基层专职统计员及解决专职统计员薪酬待遇的请示》《关于恳请明确与浙江艾克佩特文创有限公司发展合作相关事项的请示》《关于引进社会资本建设温泉旅游度假村酒店项目的请示》《关于聘用2019年基层水利专业技术人员定向培养生的请示》《关于明确矿产品加工产业园建设相关事项的请示》《关于同意采取融资租赁方式获取资金支付两个PPP项目政府付费的请示》《关于恳请同意统一兴国县民生工程PPP项目建设期和运营期的请示》等。

【县长办公会】 2022年，县政府县长办公会议举行16次会议，即县政府第1次至第16次会议。

1月5日，县政府第1次县长办公会议召开，研究讨论关于2022年地方政府专项债项目工作，布置关于2021年收官工作和2022年工作谋划、重点项目和挂点乡（镇）调研督导工作、民生实事工作、经济指标工作、维护社会和谐稳定工作等重点工作。

2月7日，县政府第2次县长办公会议召开，研究讨论关于《兴国县政府工作报告（讨论稿）》的问题、关于《2022年重点项目责任分工安排》的问题、关于补充2022年中小学及幼儿园教师的问题等。

2月13日，县政府第3次县长办公会议召开，研究讨论关于江西广蓝传动科技股份有限公司向县自然资源局借款用于缴交职工养老保险费的问题、关于项目建设、企业纳税先进奖励有关事项的问题等。

2月18日，县政府第4次县长办公会议召开，研究讨论关于请求同意专项债券城区学校建设项目选址意见的问题、关于兴国县残疾人就业保障金征收使用管理实施办法的问题、关于接收安置2021届农村订单定向医学毕业生的问题、关于将2017—2020年县人民医院等三所县级公立医院549名卫生专业技术人员纳入编制“备案制”管理的问题、关于解除田庄上康养小镇投资运营管理合作协议的问题、关于将高兴镇部分重点项目借款调整为县财政拨款的问题等。

3月6日，县政府第5次县长办公会议召开，听取第三次全国国土调查主要情况汇报和第三次全国国土调查基本情况及主要成果；研究讨论关于优化调整2022年巩固拓展脱贫攻坚成果同乡村振兴有效衔接到户奖补政策的问题、兴国县2022年农村房屋整治提升工作方案的问题、兴国县2022年农村房屋整治、美丽乡（镇）建设项目资金计划的问题、兴国县2022年度第一批次村庄建设（农民建房）用地的问题、《兴国县高兴示范镇建设专项规划》的问题、关于解决兴国县城市管理局综合行政执法大队办公用房的问题、关于增加退养民办教师离岗退养费的请示问题等。

4月11日，县政府第6次县长办公会议召开，研究讨论关于印发兴国县火灾事故调查处理规定的问题、关于拨付2021年项目开发与争资争项工作补助经费的问题、关于对接“市县同权”改革建立市县联动审批机制的问题、关于工程建设项目“一站式集成”审批改革的问题、关于解决县法院基层基础建设项目经费的问题、关于2021年度政府专项债券项目“红黑榜”评定的问题等。

4月28日，县政府第8次县长办公会议召开，研究讨论关于政务信息化项目管理办法的问题、关于兴国中等专业学校经开区产教融合实训基地租赁场地的问题、关于购买应急救援运兵车辆的问题、关于新增城岗镇晨光社区的问题、关于设立和运行人才发展基金的问题、关于明确兴国县道路交通安全隐患整治责任单位及资金解决方案的问题、关于解决2022年拟建交通运输项目资金渠道的问题、关于推进乡（镇）财政管理体制改革试点的问题、关于给予江西恒海纺织有限公司洗水项目补偿的问题、关于2022年度金融机构支持县域经济发展考核办法的问题、关于医疗卫生单位全市统一招聘卫生专业技术人员的问题等。

5月25日，县政府第10次县长办公会召开，研究讨论《进一步做好残疾人群体服务保障工作实施意见》《关于恳请解决我单位公车平台办公用房的请示》《关于批准城市生活垃圾填埋场（龙口）渗滤液处理站相关事项的请示》《关于进一步规范采矿权延续、变更登记相关工作的通知》等。

5月29日，县政府第11次县长办公会召开，研究全县经济运行工作；研究5月全县重点项目建设"红黑榜"名单《兴国县政府融资平台优化升级推进方案》《国家规定限额以下、省分散采购限额以上政府性投资工程项目选取入规入统建筑业企业施工单位实施细则（试行）》等。

7月4日，县政府第13次县长办公会召开，研究《兴国县加快推进优质企业培育工作考核办法》《兴国县推进省域副中心城市建设2022年工作要点》《兴国县打造对接融入粤港澳大湾区桥头堡2022年工作要点》《新时代兴国苏区振兴发展2022年工作要点》《关于调整LNG天然气销售价格的意见》《兴国县规范建筑材料（石料）、矿产品开采（加工）行业税收管理工作实施方案》《关于县城区部分未命名道路命名的请示》《关于恳请批准〈兴国县建设全国水土保持高质量发展先行区实施方案（2022—2025年）〉的请示》《兴国县松材线虫病疫情防控五年攻坚行动计划（2021—2025年）》《关于批准兴国县崇贤乡幸福小区A4、A6、A7地块国有建设用地使用权出让方案的请示》《关于恳请同意更新购置2022年度公务用车并调剂4辆公车至相关乡（镇）的请示》等。

7月31日，县政府第14次县长办公会召开，研究《兴国县委"八大行动"重点项目"红黄绿"亮牌预警管理制度》《关于明确与智纲智库策划咨询（深圳）有限公司合作相关事项的请示》《关于明确清淤疏浚项目经费保障标准的请示》《关于审批中心城区路网提升工程（兴国中学南门沿河路）建设项目工程增量的请示》《关于审核〈长征组歌〉驻地演出项目经费的请示》等。

9月4日，县政府第15次县长办公会召开，听取《关于对代表建议和委员提案、县乡行政服务效能等工作进行调查的报告》、省、市综合考核工作对接落实情况、全县自建房安全隐患排查整治工作情况汇报、现代农业产业发展情况汇报；研究《兴国县健身设施建设补短板五年行动计划(2021—2025年)》《兴国县强化科技创新赋能若干政策措施》《关于兴国县2022年度第二批次村庄建设(农民建房)用地的请示》等。

12月7日，县政府第16次县长办公会召开，听取乡（镇）赋权工作情况汇报；研究《关于进一步提高政府监管效能推动高质量发展实施方案》《关于请求批准兴国县人民政府与华中科技大学社会学院合作共建科研实践基地有关事宜的请示》《关于加强农村村民建房管理的通知》《关于与江西省地质局工程地质大队开展地质调查等工作战略合作的请示》《关于恳请同意江西海文项目建设相关事项的请示》《关于恳请解决应急救援车辆及应急救援装备的请示》《关于恳请增加县专业森林消防大队队员人数的请示》《关于恳请提高县专业森林消防大队现有队员工资、福利待遇并解决扩编队员工资、费用的请示》《关于请求明确永丰镇示范镇建设项目推进相关事宜的请示》《关于请求对兴国县永兴公交公司增加经营性亏损补贴的请示》《关于恳请同意兴国县营商环境优化提升咨询服务项目协议的请示》等。

施政纪要

【"五型"政府建设】 2022年，兴国县坚持深入贯彻落实习近平总书记视察江西（赣州）重要讲话精神，按照"作示范、勇争先"的目标定位，聚焦建设工业强、城乡美、百姓富、作风好的"模范兴国”，促进“五型”政府建设与县级各项中心、重点工作有机结合，推动全县“五型”政府建设工作出特色、出亮点、出成效，兴国县公安局获评省“五型”政府建设先进集体。

【经开区南区扩区】 2022年，兴国县经济开发区南区扩区项目征地拆迁涉及房屋150栋，由县自然资源局牵头负责攻坚，其中潋江镇43栋，江背镇107栋，补偿资金约2.3亿元，仅20天完成。加大闲置低效用地清理和“腾笼换鸟”力度，强化园区要素保障，推进南区166.66公顷土地平整工程，清退闲置低效用地37.68公顷，腾退厂房4.5万平方米，新建标准厂房24.6万平方米，获评省级“两化融合”数字化转型示范园区。

【乡村全面振兴行动】 2022年，兴国县聚焦全面打造乡村振兴“兴国样板”，大力实施乡村全面振兴行动，取得良好成效。年内新认证“赣鄱正品”2个、富硒农产品12个、绿色食品3个、有机农产品21个，再认证有机农产品21个，全县累计认证“赣鄱正品”4个、富硒农产品89个、绿色有机产品54个。年内培育县级以上农业龙头企业52家、示范社17家、示范家庭农场65家。2022年龙口镇文院村、埠头乡垓上村、长冈乡塘石村、高兴镇长迳村4个全国文明村镇，长冈乡、潋江镇、茶园乡茶园村、均村乡高溪村、杰村乡含田村、潋江镇五里亭村6个全省文明村镇复查通过。年内，全县村集体平均经营性收入37.52万元。中共兴国县委农村工作领导小组被评为全省农业和农村工作先进集体；乡村全面振兴重点工作综合排名连续四季度列全市第一。

【“兴速办”品牌打造】 2022年，兴国县全面推行企业开办便利化改革。在服务市场主体上，全县企业开办实现“0.5天，零成本”，开办环节由6个合为1个，申请材料由30个减至7个，实现“全程网办”“零跑动”。承接“市县同权”改革事项118项，同步在政务大厅二楼设立6个“市县同权”综合受理窗口，上线“市县同权”联动审批平台，实现企业办事不出园、不出县。全面落实工程建设项目“一站式集成”审批改革。建成工程建设项目“一站式集成”审批专区，将工程建设项目所涉事项审批人员与40项工程类审批事项集中进驻专区，工程建设项目审批由原来的4个阶段减少为3个阶段，审批事项从49个减少至40个，审批材料缩减30%，政府投资及企业投资项目审批时间分别压缩至75个、45个工作日。全力推行“1+N”通用综合窗口。采用“专业团队运作+组建行政办事员队伍”运行模式，实现窗口服务的“五化”（标准化、规范化、智能化、人性化、便利化）建设，推进政务服务的高质量发展。在全市率先接入“亲清赣商”惠企政策兑现平台并实现线上兑付，线下设立“惠企政策兑现专区”，在县行政审批局设立1亿元“惠企资金池”。2022年，全县梳理上线惠企政策65条，为1324家企业及个人兑付1.65亿元惠企政策资金。

新时代苏区振兴发展

【概况】 2022年，兴国县认真落实《国务院关于新时代支持革命老区振兴发展的意见》，全力争取革命老区“1+N+X”政策支持，推动新时代苏区振兴发展迈出崭新步伐。全年实

3月18日，兴国县举行“亲清赣商”惠企政策兑现平台上线暨首批直达企业惠企资金发放仪式 （县行政审批局 供图）

际利用外资407万美元、进出口总额9.31亿元，分别比上年增长299.02%、64.59%，出口总额、现汇进资增幅迈入全市第一方阵。推进农村基础设施建设，加快乡镇对外公路、较大人口规模自然村（组）通硬化路建设改造，完成新改建农村公路59.8千米，美丽生态文明路6.1千米。推动纺织服装产业品牌化、智能化、数字化转型，建设纺织服装等国家级检验检测中心，帮助江西达特服饰有限公司、江西德宏服饰有限公司完成数字化改造。

【政策措施】 2022年，兴国县制定《兴国县委“八大行动”重点项目推进工作机制》《兴国县重点项目重大问题解决机制》《兴国县项目建设“红黑榜”评定办法》等系列工作机制，出台《新时代兴国苏区振兴发展2022年工作要点》等系列文件，在城乡协调发展、产业创新升级、生态文明建设、内陆双向开放合作、健全公共服务体系、红色基因传承升级等方面分别制定落实政策。

【争资争项】 2022年，兴国县主动“北上对接”，向中央、省、市争取苏区振兴发展项目。全年共争取上级各类资金67.8亿元，比上年增长24.8%，完成年度争资目标任务的113.1%。锁定通过省级政策性开发性基金项目13个，通过率达86.7%，审核通过国家发改委五大领域财政贴息贷款设备更新改造项目23个，争取中央预算内项目7个，获得中央预算内补助资金1.04亿元，争取省基建投资项目3个，总投资124万元。

【重点领域改革】 2022年，兴国县在全市率先推行“一照多址”和企业歇业备案制度改革，简易注销公告时间压缩至20天；210项权力事项实现“一枚印章管审批”，工程建设项目审批事项减少至40个，审批材料缩减30%；率先接入“亲清赣商”惠企政策兑现平台，兑付惠企政策资金1.2亿元，做法被中央纪委国家监委网站、《赣南日报》、今日头条等媒体集中宣传报道。率先建立全省首个数字人力共享中心——“兴国数字人力共享中心”，建成县乡应急指挥中心平台、智慧停车信息平台、智慧安防小区（一期）等智能系统、智慧平台，成功与华为技术有限公司达成“数治兴国”合作项目；新增337家工业企业上云，规模以上企业上云占比48.04%；1—8月，全县500万元以上数字经济核心产业项目24个，列全市第4。

【民政部对口支援】 2022年，民政部在政策、资金、项目等方面持续支持兴国县，针对兴国“缺人才、缺资金、缺项目、缺技术”的现状，协调国家林业和草原局、中国妇女发展基金会、京东集团京东云计算有限公司、华中科技大学社会学院等单位，引进森林防火综合治理项目、“加油木兰”公益项目、京东—兴国产教融合项目，建立科学研究与社会服务合作基地。联系对接中国乡村发展基金会、中国航天基金会、中国社会福利基金会、中国红十字会、SK基金会等10个社会组织，捐赠奶粉、图书、鞋服、防疫用品等各类公益物资，价值1600万元。

【国家烟草专卖局对口支援】 2022年，国家烟草专卖局批复兴国县新农村建设项目2个，涉及产业增收、教育事业等方面，援建项目总资金4500万元。其中，兴国县第十一小学建设项目总投资4365万元，位于潋江镇猫岭村老村委会东面，占地约2.6公顷，有效缓解兴国县经济开发区义务教育资源严重不足的状况，解决进城务工人员子女入学后顾之忧，年内完成项目工作量清算和项目重新选址工作；烟叶产业土地流转补助项目投资135万元，项目实施后，能更好地调动广大烟农种植烟叶的积极性，稳定烟叶种植规模，增加村集体、烟农的经济收入。年内，土地流转项目实地实施完成，全县确认烟叶产业土地流转面积1.23万亩，烟叶收购后，提交县财政审核后兑付。

（谢 彤 曾 炜）

政府综合政务

【政务信息】 2022年，县政府办公室向省、市报送各类政务信息310条，上级约稿76篇，其中《秋冬季困难群众民生期盼》等7篇约稿得到国务院领导批示。

【政务督查】 2022年，国务院“互联网+督查”、中国政府网、省长建言等平台有关兴国留言线索146条，“问政江西”“问政赣州”平台反馈问题2085件，县政府督查室及时跟踪督查，相关问题得到解决。年内，县政府督查室编发督查通报和专报7期，围绕重点工作下发《每周工作情况通报》24期，办理各级领导批示件723件，组织“五型”政府监督员开展监督活动2次。5月，围绕上级领导交办事项、县政府工作报告任务、政务信息公开、代表建议委员提案、群众“急难愁盼”问题“回头看”、专项债券项目、“五上”企业（规模以上工业、有资质的建筑业、全部房地产开发经营业、限额以上批发零售业和住宿餐饮业、规模以上服务业法人单位）培育、精文简会及规范公务接待等工作，到政府系统各单位、乡镇和经济开发区开展综合监督。10月，围绕“五型”政府建设、森林防灭火、道路交通安全等工作进行督查，抽查部分上级反馈的国务院“互联网＋督查”线索问题，经现场核查，茶园乡河背村、里溪村饮水问题、兴莲乡睦田村水利设施问题、樟木乡螺形村光伏发电问题均得到解决。

【民生实事督办和建议提案督办】 7月，兴国县人民政府办公室印发《2022年民生实事工程安排方案》的通知，县政府督查室多次督办，督促相关单位推进民生实事工作。12月，针对进度较慢的11件民生实事，实行“一日一督办”，推动民生实事如期完成。年内，做好县人大代表建议、县政协委员提案交办、督办工作，对2022年县“两会”期间210件人大代表建议和111件政协委员提案进行交办，并邀请县人大选任联工委、政协提案委和部分代表委员现场督导，年内全部办结。组织办理闭会期间代表建议84件，其中营商环境28件，县处级领导进站收集建议56件，年内全部办结。

【外事及港澳台侨工作】 外事工作 2022年，兴国县接待美国、越南、缅甸、德国等国家和地区外宾28批32人次。开展外事服务进企业，外事知识进园区、进企业，领事宣传等宣讲活动12次。县外事办公室联合县委办、县政府办、县委宣传部、县发改委、县财政局、县商务局、县公安局等单位在全县范围内开展对全县在土耳其、叙利亚、巴基斯坦、阿富汗等国家和地区企业、人员的安全情况排查，确保在外企业和人员的安全，维护其海外利益。

港澳台侨工作 2022年，兴国县接待华侨华人、港澳同胞27批57人次，其中华侨华人6批8人次，港澳同胞21批49人次。抓好惠台政策宣传解读和督促落实，强化部门协调配合，推动中央“31条”“26条”“农林22条”以及省、市惠台惠企政策措施落地见效，年内开展“精准服务台企月”主题活动12次，帮助台企解决招工难、用地难、销售难、融资难等30次，为台企提供与大湾区“无差别”的办事服务。年内，依托侨胞之家召开座谈会，举办侨资企业、侨界人士法律知识讲座等多种形式做好侨法宣传，组织侨属侨眷、侨资企业开展座谈会10场，组织10余家侨资企业负责人赴茶园乡开展“侨企同心跟党走”联谊活动，走访归侨、侨眷15户，为侨属侨眷办好事17件。组织全县4所高中参加第22届世界华人学生作文大赛。年内，通过组织走访、接待、慰问等方式加强与归侨、侨眷的联系、增进友谊。

行政审批

【概况】 2022年，县政务服务数据管理局、县政务服务和大数据发展中心与县行政审批局深度融合，审批工作更加高效协同。年内，实现210项事项“一枚印章”管审批，深化“放管服”改革，优化营商环境，“兴速办”政务服务和营商环境品牌首次提出并快速打响，企业、群众的满意度和获得感明显增强。

【数字化平台建设】 2022年，兴国县推进数字新基建。大力发展5G通信网络，推动5G网络实现乡（镇）全覆盖、行政村基本覆盖，重点覆盖园区、学区、城区，为数字化经济发展提供强有力支撑。5G基站建设项目获得县政府建设“红榜”表扬。建立“赣服通”“赣政通”前店后厂模式。完成“赣服通”兴国分厅4.0建设，升级打造“赣服通”兴国分厅5.0专区服务，建成21个特色场景，上线县本级特色便民服务事项965项，上线电子证照种类超过210种；完成“赣政通”注册单位数113个，激活率100%，活跃工作群达400余个，用户平均活跃率提升至80%以上，活跃率全市动态排名居前列。打通“数据孤岛”，提升数据要素共享水平。依托赣州市政务大数据交换平台开展水、气、公共交通领域的数据归集，强化人力资源、审计监督、智慧税务、生态环境、普惠金融等省级平台的数据支撑，推动各单位、各平台数据资源整合共享。

【政务服务优化提升】 2022年，县政府买单“三免两办”服务，在政务大厅推出政府买单“三免”（新开办企业首次免费刻章服务、政务大厅实行免费邮寄、免费复印）服务，降低企业、群众办事成本。建立帮办代办中心，县乡村三级帮办代办队伍432人，为企业、群众提供保姆式“一对一”贴心帮办代办服务。建立“政务+就创服务”，在县政务大厅设立智能在线招聘自助服务机，实现远程面对面就业招聘，提高企业、群众双向选择互动效率，线上依托“赣服通”兴国分厅对接“招稳引育留”平台，线下在县政务大厅设立就业创业服务窗口，满足企业、群众现场咨询和应聘服务需要。推行“跨省通办”服务，年内，与湖南祁东、深圳坪山区及福田区等5个地区签署“跨省通办”合作协议，建立“跨省通办”工作机制，为两地企业、群众提供更加优质、高效、便捷的政务服务，促进两地经济发展。营商环境指标优化，在省市高质量考评中，牵头的“放管服”改革工作为满分。牵头的企业开办、建筑许可、政务服务三大指标均完成年度目标，其中建筑许可指标列全省第27名。

（邱　洋　郭德鑫）

营商环境建设

【概况】 2022年，兴国县优化营商环境，助推企业高质量发展，坚持为企业长效发展提供优质服务，解决企业生产运营难题。用好“企业帮扶日”“金牌店小二”服务品牌，通过线上线下相结合的服务模式，建立“一站式”服务窗口，落实每月政企圆桌会议制度，听取企业发展诉求，协调解决相关困难和问题，针对企业反映的高频事项，加快推进处理流程，及时反馈问题办理情况，全年收集并解决问题93个。落实惠企政策，梳理企业诉求，指导企业申报惠企政策。减免疫情防控期间企业房租、电费107.36万元。完善配套服务，引进专业化物业管理公司，强化消防应急管理等商业配套。

【企业帮扶】 2022年，兴国县建立健全“企业帮扶日”制度，安排42名挂点县领导、47个精准帮扶单位、92名企业特派员，深入全县规模以上企业或成长型企业，开展企业各类支持帮扶。坚持落实企业帮扶走访问题情况反馈月报制，实行定期走访、主动协调、及时报送，挂点县领导及企业特派员共收集疑难问题43个，解决问题43个。

【“亲清潋江”政企餐叙活动】 7月，兴国县开展“亲清潋江”政企餐叙活动，搭建政企高层次沟通对话平台，政府人员与

10月，兴国县行政审批局窗口工作人员为企业负责人讲解普惠性纾困扶持政策

（陈欢　摄）

企业家代表欢聚一堂，倾听企业家心声心愿，研究解决企业实际困难。全年召开“亲清”潋江餐叙活动2次，20余家企业参与活动。企业结合自身发展实际，围绕品牌发展、转型升级、行业定位、宣传监管、企业难题等问题建言献策。

【政企圆桌会议】 2022年，兴国县每月落实政企圆桌会议，召集企业和相关责任部门进行专题议事，牵头单位提前收集企业反映的问题，研究问题解决的责任单位。会上，企业家代表围绕本企业、本行业发展现状及趋势、存在的主要问题和需要政府层面给予协调支持的事项发言。责任单位围绕企业提出的问题和建议现场解答回复，并抓好落实。会后对会议议定事项下发任务清单限时办结。年内，兴国县政企圆桌会议研究交办用工、用地、资金等各类问题50个，解决50个，办结率100%。

信访工作

【概况】 2022年，兴国县高度重视治理重复信访、化解信访积案工作，县委、县政府主要领导，各单位、各乡镇“一把手”定期接访、带案下访，为信访群众答疑解惑，帮助解决合理诉求，推动信访积案化解攻坚；统筹协调各乡镇、各职能部门共同创新初次信访化解核减闭环管理机制，减少重复信访，探索“红色文化+信访工作”模式，全县信访总量明显下降，信访态势持续向好。兴国县获评全省信访工作“三无县”和全市信访工作综合先进县、中共二十大信访保障工作先进集体；县信访局获评全国信访系统先进集体、全国节约型机关。

【初信初访化解办理】 2022年，兴国县建立县“数字信访”调度指挥研判平台，平台以现有“数字信访”业务办理平台为基础，充分利用网上信访大数据分析的优势，及时反映社情民意，强化信息预警和应急处置。运用信访大数据推动实现“最多访一次”，初次信访受理率达到100%、一次性化解率达到100%。

【信访积案“百日攻坚”行动】 2月，县委、县政府将信访积案化解工作列入“五大会战”“八大行动”之一，采取“一案一策”措施，坚持“每周一通报、每月一调度、每季一评选”，单设信访积案化解工作“奔牛”“蜗牛”奖项（每季度评选一次）。对县领导包案化解及乡镇（区）落实化解措施情况由县委组织提级督查督办，特别是针对国家信访局交办的2批重点信访事项，要求包案县领导逐一见面、认真倾听信访人诉求，解决合理合法诉求，千方百计化解到位，确保信访积案办1件，结1件，了1件。11月，中央信访联席办交办113件信访积案全部提前化解。

【依法治访】 2022年，县信访局按照诉访分离要求，通过政府购买法律服务的方式依法给予信访群众法律救助，引导群众通过法律途径维护自身合法权益，从根源上降低信访总量。年内，从信访事项转入律师参与调解和导入诉讼途径的信访事项有36件，结案化解31件、正在调解3件、代理诉讼2件。全年参加法治教育50余人次，其中教育警告10余人，训诫2人，化解越级涉访苗头性事件多起。

（刘雯娟　邹云飞）

县直机关事务管理

【办公用房管理】 2022年，兴国县机关事务管理中心推进县退役军人事务局、县科创中心、县城管大队、县结防所、县皮防所、县八大攻坚办、县粮食收储公司等单位办公用房的统一调配统一修缮工作。开展办公用房使用清理工作，建立全县办公用房使用台账，开展办公用房安全排查。5月，开展全县党政机关既有房屋安全排查整改工作，加强办公用房使用安全宣传教育，坚决杜绝办公用房安全事故发生，进一步提升办公用房安全管理水平。联合县纪委县监委、县委办、县政府办和县财政局组成10个联合督查组，对全县25个乡（镇）、71个部门单位办公用房进行专项督查，针对专项巡检工作中发现的问题，梳理问题督办清单，建立巡检问题台账，统一下发整改通知，明确整改时限、要求与标准，督促存在问题的单位严格按照办公用房管理有关政策规定整改到位；对全县党政机关和事业单位1330名县管科级干部签订办公用房承诺书，严防办公用房使用超标等问题反弹。

【公务用车保障】 2022年，兴国县保障全县公务活动用车及重大活动用车，平台用车共安全行驶84.4万千米，出车7346趟次。做好全县公务用车更新中的统一政府采购和车辆处置工作，严格按照编制配备、购置及运行，严格控制公车装饰标准，严格把住公务用车的定编标准、价格标准和更新标准等方面的关口，堵塞漏洞，切实防止超编制、超标准购车。严格实行网上预约派车制度，全县公务用车全部安装北斗定位设备，全面实行在江西公务用车信息化平台上审核、调度车辆，实现公车信息化管理，实现“全省一张网”公务用车实时监控。开展公务用车的监督检查，全县公务用车统一标识，严格落实标识化制度，并设立公务用车标识图案的监督电话，安排人员24小时接听监督电话；春节、“五一”、国庆等节假日实行公车定点封存停驶、集中停放制度，通过不定期抽查、明察暗访、群众举报等形式进行督查，进一步从源头上杜绝公车私用等违法违规行为。车辆维保实行公车保险、维修保养、加油、洗车政府采购，做到定点保险、定点维修保养、定点洗车、油卡绑定车牌加油，并与财政部门建立平台公车油耗、运行费用的年度单车核算制度。

【机关大院管理】 2022年，兴国县围绕“文明大院 共建共享”理念，持续开展绿色创建和环境改造提升工作，努力为机关大院广大干部职工营造“绿色、人文、和谐、幸福”的工作生活环境，逐步提高机关干部的幸福感和获得感。强化日常管理，确保大院干净整洁。加强对物业公司的监管，实行指标量化考核，不定期进行检查；抓保洁管理，及时清理卫生死角，对大院所有绿化带、下水道、卫生死角等处进行专业的、全方位的消杀行动，开展灭鼠、蟑螂、蝇、蚊的化学防治工作，有效预防疾病传播。加强安全检查，提升后勤服务水平。认真做好日常基础设施设备的维修保养工作，定期对路面、墙面、围墙、水管、电路等院内基础设施进行检查，保障机关工作正常有序进行；狠抓消防工作，适时对机关大院灭火器等消防器材进行故障排查及整治，加强消防安全管理；强化周转住房保障措施，规范周转住房管理工作。建章立制，完善档案，严格遵循周转房管理办法，强化周转住房保障措施，规范周转住房管理工作。

（邓寅辉　陈奉兰）

本栏编辑：曾　雄

中国人民政治协商会议兴国县委员会

综　述

【概况】 2022年，政协兴国县委员会及其常务委员会以“六大提升行动”（政协党的建设、政治协商、民主监督、参政议政、凝聚共识、自身建设）为总抓手，团结带领广大政协委员围绕中心、服务大局，担当实干、履职尽责，政协工作展现新作为，履行政治协商、民主监督、参政议政三大职能，在全县各项事业发展中作出贡献。政协十六届二次会议期间，立案120个提案，问题得到解决或建议采纳落实的90件，占75%；列入工作计划逐步解决的23件，占19%；因条件所限，一时难以解决的7件，占6%，均向提案人作出说明。

【委员构成】 2022年，县政协委员总数202人，设14个界别。其中，中共界别16人，青年界别13人，工会界别14人，妇女界别13人，工商联界别14人，科技界别14人，经济界别14人，文艺教育界别13人，农业界别14人，资源环境界别14人，医卫界别14人，民族宗教界别12人，归侨三胞界别12人，特邀界别25人。

【民主监督】 2022年，县政协针对营商环境的重点难点问题，制定《兴国县政协派驻营商环境领域民主监督员工作方案》，向全县直接联系服务企业和群众的35个行政执法、窗口服务单位派驻47名民主监督员，从政策落实、行政审批、执法监管、政务服务、工作作风、廉洁履职等方面开展全方位监督，

政协兴国县第十五届委员会界别设置及委员一览表

表9

界别	姓 名	人数(人)
中共界	王剑飞　王斯禄　邓燕萍　刘　俊　刘卫伟　李志海　邱小林　邱日榕　张开泉　陈　琦　钟　华　钟国庆　钟定生　钟敬国　郭源群　曾志明	16
青年界	万奕含　王　童　王志强　刘　欢　江福文　李金金　杨音兰　范　颖　黄勇博　曾　林　曾祥华　谢文煊　廖　群	13
工会界	王少平　王林荣　邓　婵　刘贤贵　李建民　李赞华　余庆祯　陈贵鸣　陈景佳　胡元春　钟素琼　钟海兴　黄　威　曾庆红	14
妇女界	邓　艳　李华莘　李美芳　杨美兰　吴艳梅　吴晓文　邹舒彦　钟小华　钟文青　钟丽萍　郭爱兰　赖英莲　赖家美	13
工商联	王金生　吕伟红　华攸鹏　陈　晗　罗祖良　胡乐明　钟允凌　钟永生　修明岳　唐　勇　黄敬荣　龚汉嵩　曾凡怡　谢运良	14
科技界	邓通亮　刘和潮　杜　玲　李文涛　何　绍　邹润长　张祖荣　陈仁忠　欧阳常清　徐　明　曾凡荣　曾海林　曾海洋　谢路长	14
经济界	王世兴　吕清泉　刘汉林　刘邦银　江学洋　李思成　杨艺璠　邱隆富　胡先发　胡忠明　钟光新　袁久福　曾　平　温剑华	14

续表 9

界别	姓 名	人数(人)
文艺教育界	吕常艺 朱复亮 李 敏 李世金 杨彩根 吴 庆 张 宁 欧阳荣明 谢燕九 管甫春 廖传银 廖华平 廖丽君	13
农业界	叶 方 许世勇 邱时林 何烈云 张功胜 陈云峰 陈剑亮 陈景智 姚钱昌 袁保华 黄光辉 黄显泳 管开祯 潘定明	14
资源环境界	朱家生 刘上尧 刘平生 刘东明 李明云 杨运锋 陈林飞 钟林铁 钟显荣 姚家栋 郭志谋 曾福生 谢文锋 赖晓明	14
医卫界	丁卫红 毛 萍 付心宁 付江江 宁根兰 邢媛媛 朱长华 张智斐 张颢舰 钟 玮 钟华兰 钟智荣 曾青松 赖丽萍	14
民族宗教界	兰 沛 刘繁荣 张继椿 张富强 黄禄生 释开庆 释坚明 释宏辉 蓝兆华 雷从华 雷东方 雷萍英	12
归侨三胞界	刘国森 李冬桂 肖忠慰 吴 岚 邱国林 何振超 陈远奎 陈春贵 欧阳瑞青 罗爱华 钟绪云 魏振华	12
特邀界	王方萌 王继业 卢 坚 刘三秀 刘林辉 汤梅珍 孙 慧 汪 堃 张世英 张炎泽 陈 亮 陈少辉 陈春杨 陈晓光 陈喜玖 罗 成 周余平 钟水生 钟科鸣 钟喜建 钟斐然 俞献文 曾荣华 赖文局 廖非香	25
合计		202

落实“六个一”（开展一次视察调研、组织一次执法检查、开展一次代表约见、开展一次进站接访、反映一批社情民意、组织一次志愿行动）措施，发出民主监督建议书 35 份，提出意见建议 105 条。年内，3 名委员被聘为县优化营商环境监督员，组织委员 20 余人次参加部门“政务开放日”活动，推动部门提升效能、改进工作。聚焦饮用水水源地保护情况开展专项监督视察，积极主动发现问题，提出生态保护、污水处理等改进措施，推动完善相关工作；围绕教育“双减”政策落实、“大干项目、大抓落实年”活动部署情况，参与市政协组织的市县联动监督，推动各部门落实县委、县政府制定的政策措施。县政协常委会定期听取全县经济运行、“八大行动”重点项目建设等情况通报，推荐政协委员担任“五型”政府和审计、巡察等特约监督员 13 人次，推动解决人民群众关心的实际问题，一批便民、惠民、利民项目得到有效落实。

【政协党的组织全覆盖】 2022 年，县政协创新党组织设置，在专委会中设立功能型党支部，在调研视察、学习培训等各项履职活动中设立临时党支部；探索党员委员“组织关系一方隶属、参加双重组织生活”管理机制，健全党员委员联系党外委员制度。

重要会议

【概况】 年内，县政协召开县政协全体会议 1 次，县政协常委会会议 3 次，县政协主席会议 12 次。

【县政协全体会议】 2 月 10—12 日，县政协十六届二次会议召开。会议听取和讨论县委书记李贱贵在开幕大会上所作讲

2 月 10—12 日，县政协十六届二次会议召开 （县政协办 供图）

话，审议批准县政协主席邱小林代表政协兴国县第十六届委员会常务委员会所作的工作报告；审议批准县政协副主席雷从华代表政协兴国县第十六届委员会常务委员会所作的提案工作情况报告。委员们列席兴国县第十九届人民代表大会第二次会议，听取、讨论兴国县人民政府县长刘章宏所作的政府工作报告；讨论县人民法院工作报告、县人民检察院工作报告和其他报告。

【县政协常委会会议】 1月28日，县政协十六届三次常委会会议召开。会议传达学习中共中央办公厅《关于加强和改进新时代市县政协工作的意见》、省政协十二届五次会议和市政协六届二次会议精神；会议决定于2022年2月10—12日召开县政协十六届二次会议；协商讨论《政府工作报告（讨论稿）》；听取县政府办公室关于县政协十六届一次会议以来提案办理情况的通报、县发改委关于兴国县2021年国民经济和社会发展计划执行情况的通报和县财政局关于兴国县2021年财政预算执行情况的通报；审议通过《县政协十六届委员会常务委员会工作报告（讨论稿）》《县政协十六届委员会常务委员会关于县政协十六届一次会议以来提案工作情况的报告（讨论稿）》。

2月12日，县政协十六届四次常委会会议召开。会议审议《政协兴国县第十六届委员会第二次会议决议（草案）》《政协兴国县第十六届委员会提案委员会关于十六届二次会议提案初步审查情况的报告（草案）》，决定提请闭幕大会通过。

7月26日，县政协十六届五次常委会会议召开。会议传达学习《中国共产党政治协商工作条例》《中共江西省委办公厅印发〈关于加强和改进新时代市县政协工作的二十条措施〉的通知》；听取全县2022年上半年经济运行情况通报和重点项目建设情况通报；县政协办公室和各专委会汇报2022年上半年工作情况和下半年工作打算；围绕“做强做大我县纺织服装产业”开展专题议政性协商。

【县政协主席会议】 1月4日，县政协十六届六次主席会议召开。会议传达学习中共中央总书记习近平近期重要讲话、重要指示，中央有关会议及省政协《关于发挥人民政协专门协商机构作用推进“赣事好商量”协商平台建设的实施意见》精神；审议《县政协2022年度协商工作计划（征求意见稿）》；研究县政协十六届二次会议筹备工作。

1月24日，县政协十六届七次主席会议召开。会议传达学习中共中央总书记习近平近期重要讲话、重要指示，中央有关会议、省政协十二届五次会议、市政协六届二次会议精神；审议《关于召开县政协十六届二次会议的请示》《县政协十六届二次会议民主协商会方案》并建议十六届三次常委会会议议题，审议《县政协十六届委员会常务委员会工作报告（讨论稿）》《县政协十六届委员会常务委员会关于县政协十六届一次会议以来提案工作情况的报告（讨论稿）》，决定提请十六届三次常委会会议审议。

4月13日，县政协十六届八次主席会议召开。会议传达学习中共中央总书记习近平近期重要讲话、重要指示，中央有关会议、全国政协十三届五次会议精神；审议《政协兴国县委员会常务委员会2022年工作要点（讨论稿）》《兴国县政协2022年“六大提升行动”工作任务清单（讨论稿）》《县政协关于推进全县基层协商民主建设的实施方案（讨论稿）》《县政协机关干部职工2022年度考核方案（讨论稿）》《政协兴国县委员会先进界别、先进乡（镇）政协小组和优秀政协委员评选办法（讨论稿）》《政协兴国县委员会优秀提案、先进承办单位和先进提案工作者评选办法（讨论稿）》；研究县政协领导班子成员工作分工。

5月31日，县政协十六届九次主席会议召开。会议传达学习中共中央总书记习近平近期重要讲话、重要指示，中央有关会议、《中共江西省委办公厅印发〈关于加强和改进新时代市县政协工作的二十条措施〉的通知》精神；审议《兴国县政协派驻营商环境领域作风不实问题“特约监督员”工作实施方案（讨论稿）》《兴国县政协“委员风采”展示活动实施方案（讨论稿）》。

6月20日，县政协十六届十次主席会议召开。会议传达学习中共中央总书记习近平近期重要讲话、重要指示，中央有关会议、《中国共产党政治协商工作条例》、全市政协提案工作座谈会、全省政协系统反映社情民意信息工作视频座谈会精神，研究贯彻落实意见。

7 月 4 日，县政协十六届十一次主席会议召开。会议传达学习中共中央总书记习近平近期重要讲话、重要指示，中央有关会议精神；审议关于成立习近平新时代中国特色社会主义思想学习座谈小组的有关事项、《关于开展“喜迎二十大·委员在行动”主题活动工作方案（讨论稿）》；建议县政协十六届四次常委会会议议题。

7 月 25 日，县政协十六届十二次主席会议召开。会议传达学习中共中央总书记习近平近期重要讲话、重要指示，中央有关会议精神；审议“委员风采”展示活动拟推荐名单；协商讨论《关于做强做大我县纺织服装产业的调研报告（讨论稿）》。

8 月 31 日，县政协十六届十三次主席会议召开。会议传达学习中共中央总书记习近平近期重要讲话、重要指示，中央有关会议、全市政协主席工作交流座谈会、市推进基层协商民主建设领导小组（扩大）会暨工作推进会议精神；审议《兴国县推进基层协商民主建设领导小组（扩大）会暨工作推进会议方案（草案）》，决定报县委研究；协商讨论《关于大力推动我县中医药事业发展的调研报告（讨论稿）》；传达学习县委主要领导在《关于做强做大我县纺织服装产业的调研报告》上的批示精神。

9 月 30 日，县政协十六届十四次主席会议召开。会议传达学习中共中央总书记习近平近期重要讲话、重要指示，中央有关会议精神、全国政协主席汪洋在《中国共产党政治协商工作条例》学习座谈会上的讲话精神；传达中央纪委国家监委、省市县纪委通报文件精神；学习《新型冠状病毒肺炎防控方案（第九版）》。

10 月 26 日，县政协十六届十五次主席会议召开。会议传达学习中共二十大精神，全省、全市、全县领导干部会议精神，研究县政协系统学习贯彻工作；研究基层协商民主建设、营商环境领域民主监督、县政协十六届三次会议筹备等工作，审议《关于推动政协委员深入基层开展履职实践活动的通知（讨论稿）》《协商工作规则（讨论稿）》《大会发言工作规则（讨论稿）》《调研视察工作实施办法（讨论稿）》；听取县政协“六大提升行动”进展情况汇报。

12 月 1 日，县政协十六届十六次主席会议召开。会议传达学习中共中央总书记习近平近期重要讲话、重要指示，中央有关会议精神；研究《贯彻落实中央、省委、市委加强和改进新时代县政协工作重点任务分工方案（讨论稿）》，决定报县委常委会会议审议；研究综合考核、书香政协（委员之家）建设及地下室改造工作；传达全市政协秘书长座谈会精神；听取县政协十六届三次会议筹备工作进展情况汇报；协商讨论《关于创新社区治理模式提升基层治理效能的调研报告（讨论稿）》《关于推动我县职业教育更好服务经济社会发展的调研报告（讨论稿）》。

12 月 29 日，县政协十六届十七次主席会议召开。会议传达学习中共中央总书记习近平近期重要讲话、重要指示，中央有关会议、市政协六届三次会议精神；审议《县政协十六届委员会常务委员会工作报告（讨论稿）》《县政协十六届委员会常务委员会关于县政协十六届二次会议以来提案工作情况的报告（讨论稿）》；审议优秀委员、先进界别、先进乡（镇）政协联络小组和优秀提案、提案承办先进单位、提案办理先进个人拟通报表扬名单；审议 2023 年度协商课题安排建议。

协商议政

【概况】 2022 年，县政协落实“党政点题、群众出题、委员荐题、自主命题”相结合的协商选题机制，专委会会议、主席会议、常委会会议审题机制和报请县委常委会会议审定制度，使协商更符合党政所需、群众所盼、政协所能。完善协商成果反馈机制和政协委员参与决策协商会商机制，助推党政决策同群众意愿深度融合。全面落实《中国共产党政治协商工作条例》，研究出台《政协兴国县委员会协商工作规则》，进一步明确协商的原则、

2月12日，县政府全体班子成员与委员面对面交流，举行兴国县政协民主协商会（县政协办 供图）

内容、形式、程序等，坚持每半年举行1次专题议政性常委会会议，每季度举行1次重要协商活动，构建以全体会议为龙头、“2+4+N”（每年至少召开2次议政性专题常委会会议，至少召开4次由县政协主席会议成员参加、专委会承办的对口协商座谈会议，N次乡镇、村协商议事活动）的全方位协商议政格局。全年开展各类协商活动30余次。县政协十六届二次全会期间首次分专题开展联组协商讨论6场，县党政主要领导带头参加协商，与委员面对面交流，开幕会当晚举行民主协商会，县政府主要领导带领全体班子成员参加协商，提出办理意见，取得良好效果。

【专题协商】 2022年，县政协主动融入全县发展大局，深入调查研究、协商议政，助力经济发展、乡村振兴、民生改善，形成一批具有政协特色的高质量履职成果。围绕“做大做强纺织服装产业”开展专题调研和常委会协商，提出19条建议，得到县委主要领导及相关县领导的充分肯定和批示，并批转部门落实，所提建议吸纳进《兴国县轻工纺织产业发展规划（2022—2035年）》；聚焦“推动我县职业教育发展”进行常委会专题协商，从加快新校项目建设、扩大办学规模、加强师资配备等方面建言，相关部门认真采纳。探究推进基层治理改革深入调研，学鉴贵州贵阳等地经验做法，召开对口协商会，形成《关于创新社区治理模式提升基层治理效能的调研报告》，提出5方面18条建议，为提升基层社会治理现代化水平贡献政协智慧；就大力发展全县中医药事业，走进中医院、“国医馆”，组织专家学者、界别委员协商座谈7次，提出10条有针对性、可操作性的建议；着眼乡村全面振兴，开展茶产业、芦笋产业专题调研和协商，从产业发展方向、鼓励创新创特等方面建言献策，一批有价值、有分量的意见建议被采纳，并转化为实实在在的政策举措。

【做大做强纺织服装产业专题协商】 6—7月，县政协经济委组织部分委员就“做强做大我县纺织服装产业”课题，采取实地查看项目、走访园区企业、召开座谈会等形式，并赴泉州市、龙岩市等地开展实地调研，提出坚定发展信心，制定产业规划；加大招商力度，着力补链延链强链；坚持创新发展，推动产业升级；完善产业配套，增强产业集聚力；强化要素保障，夯实产业可持续发展基础；健全工作机制，优化营商环境等6方面19条建议。

【推动职业教育发展专题协商】 7—9月，县政协教科卫体和文化文史学习委组织部分政协委员，以及县教科体局、县人社局等单位负责人，围绕推进职业教育发展、深化校企合作和产教融合、更好服务兴国县经济社会发展，到县内中职学校和部分企业开展专题调研，并学习考察宁都县、会昌县、于都县、信丰县、南康区等地经验做法，提出强化组织领导，在更强力度上推进职业教育融合发展；加强宣传引导，在更深层次上营造发展职业教育社会氛围；积极连线搭桥，在更高水平上推进校企合作产教融合；加大支持力度，在更高标准上支持中职教育生态化发展等4方面建议。

专题调研

【培强芦笋产业，推动大棚蔬菜提质增效调研】 7—10月，县政协农业和农村委组织部分政协委员前往县埠头、梅窖、古龙岗、均村等乡（镇）蔬菜基地对芦笋企业、芦笋基地进行调研，听取芦笋企业、芦笋基地、省蔬菜产业技术体系负责人等就芦笋产业发展工作情况介绍，围绕芦笋基地建设、加工、营销、品牌宣传等方面好的做法及存在的问题、对策措施进行交流，提出建设标准生产基地、培育种苗繁育体系、组建技术服务队伍、建立冷链物流中心、建设芦笋营销体系、补强芦笋加工短板、推动秸秆处理利用、做好品牌打造运营等建议。

【中医药事业发展调研】 4—6月，县政协教科卫体和文化文史学习委组织相关界别政协委员、相关单位和中医药专家等组成专题调研组，前往7个乡（镇）6个村级卫生室、县内4家县级医院等实地查看和调研座谈了解情况，赴修水县、武宁县、江西中医药大学及浙江省义乌市、东阳市等先进地区学习考察中医药建设先进经验和做法，提出加快构建优质高效的中医药服务体系、强化中医药专业人员队伍建设、夯实发展中医药事业的社会基础、强化中医药发展支撑保障等建议。

【创新社区治理调研】4—9月，县政协法制社团委组织部分委员赴贵州省贵阳市观山湖区、白云区、花溪区和清镇市及兴国县部分社区实地调研，召开座谈会听取意见，在综合分析的基础上提出强化党建引领，提升基层组织力；推广“一中心一张网十联户”模式，提升社区治理效能；明晰社区职能，优化社区治理结构；拓宽保障渠道，夯实社区服务平台；健全法治体系，推进社区法治化建设等建议。

7月28日，县政协开展工业人才队伍建设情况专题调研　（县政协办 供图）

【工业人才队伍建设情况调研】 4—9月，县政协办公室牵头组织部分政协委员通过走访座谈、实地调研、听取情况介绍等方式对兴国县工业人才队伍建设情况进行专题调研，提出持续完善人才政策、积极发挥平台作用、用心用情优化服务、引导转变就业观念、完善园区配套设施、做大做强职业教育等建议。

【高质量发展“赣南高山茶”调研】 4—7月，县政协农业和农村委组织部分政协委员到县内益香园、春赐福茶场，江西省上犹、崇义、遂川、铅山、浮梁等县和福建省武夷山市、政和县等地，对茶叶企业、专业合作社、茶叶基地进行调研，并听取茶企、合作社、茶叶基地、县（市）茶叶主管部门负责人作茶叶产业发展工作情况，围绕茶叶基地建设、加工、外贸出口、品牌宣传等方面的做法及存在的问题、对策建议进行广泛交流，提出进一步加大政策扶持，适度扩大种植规模；进一步加大宣传力度，提升影响力；进一步培植龙头企业，打造特色品牌；进一步提升科技创新，开发多元产品；进一步挖掘产业附加值，提高茶产业效益等建议。

【饮用水水源保护工作调研】 4—10月，县政协人资环委组织部分政协委员和政协工作者组成专项民主监督调研小组，到县饮用水水源保护地实地监督视察、走访了解，与具体负责饮用水水源保护的县水利局、县自来水公司等部门和单位座谈交流，提出尽早收回县级饮用水水源地水面经营权、不断强化水源地保护意识、组织经常性水源保护联合执法行动、保障饮用水水源地保护必要的人员和工作经费、规范农村饮用水水源管护等建议。

提案工作

【概况】 县政协十六届二次会议期间征集提案164件，立案120件，全部办复。针对提案办理效果不明显等短板弱项，出台《关于进一步提高提案工作质量的实施意见》，推动提案办理由“交办型”向“督办型”转变。选择13个社会关注度高、与人民群众切身利益密切相关的提案，列为重点督办提案，由县委、县政府、县政协领导领衔督办。县委办、县政府办、县政协提案委开展联合督查2次，与相关承办单位开展面对面的协商督办，提升提案办理质量和委员提交提案的积极性。廖群委员提出的“关于优化产业结构提升招商品质，加速工业倍增升级的建议”等18件提案被评为优秀提案，县农业农村局、县教科体局、县城管局、县民政局、县财政局、县卫健委等6个单位被评为提案承办先进单位。

【大力弘扬苏区精神 努力将苏区干部好作风陈列馆打造成国家级纪念馆的建议】 在县政协十六届二次全会上，青年界委员提交《大力弘扬苏区精神 努力将苏区干部好作风陈列馆打造成国家级纪念馆》的提案。该提案得到省市政协的高度关注，被提交到全国政协。2022年，兴国县高度重视，高位推动，明确提出兴国苏区干部好作风陈列馆是全国唯一以干部作风建设为主题的纪念性场馆，推动其打造成为国家级纪念馆是贯彻落实《中共江西省委关于深入推进红色基因传承的意见》的重要体现，是将兴国建设成为苏区精神、长征精神宣传教育高地的重要举措，对于赓续红色血脉、传承红色基因和发扬苏区干部好作风具有深远意义。建立工作专班，全年持续推进展陈提升工作。

【关于治理城区拥堵问题的建议】 在县政协十六届二次全会上，工商联界委员提交《关于治理城区拥堵问题的建议》的提案。2022年，交管大队针对优化红绿灯设置和优化街道中间隔断设置及优化停车泊位设置4个问题进行回复。年内，对城区所有路口的交通信号灯进行改造升级，增加个位数字倒计时显示；对220个黄灯拟全部替换为双色计时器和黄灯复合灯盘；对部分道路增设中央隔离护栏；对城区部分停车泊位进行取消和调整，节假日、周六、周日开放政府机关和企事业单位停车场。

【关于打造南坑“钼精谷”为兴国工业发展注入强大动力的建议】 在县政协十六届二次全会上，经济界委员提交《关于打造南坑“钼精谷”为兴国工业发展注入强大动力的建议》的提案。提出建设用地指标不足、对外交通无法满足、尾矿库建设滞后等问题3项。提出增加建设用地指标、解决交通运输“瓶颈”、加快尾矿库建设审批、协助办理相关手续、享受新办招商引资企业有关优惠政策等意见建议5条。提案由工信局主办。年内，在项目评审方面，完成“二合一方案”和“开发利用方案”、社会稳定风险分析评估报告及公示备案、水土保持方案及评审、矿山安全预评价及评审，项目环境影响评价报告，申报市行政审批局进行评审，取得省工信厅300吨/年采选技改工程核准的批复。在项目用地方面，完成临时用地土地复垦方案和评审、项目红线范围内用地规划和基本农田的调整、红线范围内需搬迁安置农户调查摸底及征迁费用测算。在项目设计方面，完成矿山选厂和尾矿库工程勘察，基本完成项目初步设计，正在开展矿山安全设施设计。

【关于加大职业教育力度推动工业经济发展的建议】 在县政协十六届二次全会上，文艺教育界委员提交《关于加大职业教育力度推动工业经济发展的建议》的提案。2022年，兴国县制定《兴国县职业教育发展招商指引》参与全市职业教育方面的招商活动，将职业教育作为招商引资项目对外招商，通过引进资金、项目的方式促进兴国县职业教育发展。2022年，兴国县新建职业技术学校项目，规划6000个学位，用地330亩，项目列入2022年县重点工程项目和2022年新增地方债券项目，总投资41500万元。县教科体局明确60%以上的春季招生人数留在县职校，年内，县职校完成2000人以上的招生任务。5月，在经开区设立实训基地，兴国中等专业学校与福州蕴美贸易有限公司、江西俱进教育科技有限公司、惠州宇博实业有限公司等企业分别共建美容美体实训基地、烹饪实训基地、智能制造实训基地，首期开设专业有电子商务、服装设计与工艺、智能制造等，学生600人左右。

【关于重视家庭教育促进未成年人健康发展的建议】 在县政协十六届二次全会上，赖家美委员提交《关于重视家庭教育促进未成年人健康发展的建议》的提案。2022年，兴国县教科体局加强与县妇联的对接，加大家庭教育讲师的培养和考核力度，壮大家庭教育讲师的队伍，以县教科体局、县妇联为主导，系统培训一批有兴趣有志于家庭教育事业的教师，为家庭教育事业发展提供人才支撑；依托家长学校、依托新时代文明实践站对广大家长进行《中华人民共和国家庭教育促进法》《如何对孩子进行远程的陪伴》《中华人民共和国未成年人保护法》《好家风促成长》《如何与孩子进行有效沟通》等系列法律和教育知识的宣讲。

政协专门委员会工作

【提案委员会工作】 2022年，提案委员会创新提案“预交办、协商调整、正式交办”工作机制，避免委员提案“回娘家”；实行重点提案“重点抓”，让办理成效更突出。确定二次全会重点提案13件，以“三办”联合下文，党政领导领衔督办，各专委会组织委员进行专题跟进，对承办单位的办理情况进行跟踪督办；实行提案督办常态化，让督办形式更多样。推动制定《政协兴国县委员会关于进一步提高提案工作质量的实施意见》，修订《政协兴国县委员会优秀提案、提案承办先进单位和提案办理先进个人评选办法》。召开功能型党支部会议2次，组织委员活动1次，提前谋划政协十六届三次全会的提案工作，组织本专委会委员协商确定三次全会集体提案“白蚁防治”和“数字城市”两个课题，并带领委员到爱卫办、住建局、白蚁防治备案企业开展调研。

【经济委员会工作】 2022年，经济委员会持续关注经济建设，以经济委名义提交集体提案2件，《优化营商环境，推动高质量发展》等5篇发言材料被列为县政协十六届二次全会发言。借力厦门招商会、于都服博会、广交会等国内外大型展会，围绕纺织产业开展精准招商，有针对性地招引纺织服装上游浙江立天科技、亘洪服饰等纺纱织布、面辅料配套企业，下游希音集团等轻工纺织电商平台入驻，引导上下游产业集聚，打造平台集聚区；服务经济发展，集中精力做好重点课题调研协商，深入开展“我县工业发展环境”课题专题调研，提出18条可操作性强的建议，有关意见建议被县委县政府或有关部门吸收采纳。主动承担起发展全县工业的重任，扎实做好纺织服装产业办筹建、招商引资、培训基地建设等工作，积极对接联系组建3支招商队，陪同市政协和县委主要领导前往广东、福建等地外出招商引资12次，引进起步集团、立天科技、港文服饰、嘉音美等项目18个，引进资金52亿元。牵头与福建石狮政协加强交流合作，缔结为“友好政协”，两地纺织服装产业发展、经贸往来等方面实现优势互补。节假日开展“不停工、不停产”走访慰问，主动协调解决重点项目建设中的节点难点问题，落实精准帮扶企业南方水泥优化升级、恒海洗水等项目顺利推进。

【农业和农村委员会工作】 2022年，农业和农村委员会参加省政协组织的“建设全国绿色农产品供应基地”“关于村级医疗卫生机构作用发挥情况”和市政协组织的“设施蔬菜产业发展情况”调研活动，为省市大力发展设施蔬菜产业，建设全国绿色农产品供应基地提出意见建议；牵头组织完成关于“着力培强芦笋产业，推动大棚蔬菜提质增效”“高质量发展赣南高山茶助力乡村振兴战略”调研工作，了解县“芦笋产业”和“赣南高山茶”产业发展现状、存在的困难问题，并对下一步发展壮大芦笋产业和赣南高山茶产业提出了意见建议。按照功能型党支部工作要求，组织县政协农业农村委功能型党支部党员开展学习活动4次，农业界、科技界界别学习活动5次。按照县政协派驻“特约监督员”工作要求，组织部分委员对县农业农村局、县林业局、县水利局、县乡村振兴局、县自然资源局、县交运局等6个单位开展营商环境领域民主监督，对派驻单位在营商环境领域中政策落实、行政审批、执法监管、政务服务、工作作风、廉洁履职等方面开展民主监督和民主评议，下发监督建议书。

【人口资源环境委员会工作】2022年，人口资源环境委员会组织委员参加政协委员培训、书香政协读书活动，组织开展专委会“书香政协”学习小组，功能型党支部的各项学习活动。组织部分委员和政协工作者开展关于全县水资源保护工作的民主监督，深入饮用水水源保护地实地监督视察、走访了解，与具体负责饮用水水源保护的县水利局、县自来水公司等部门和单位座谈交流、民主协商。加强对重点提案的督办工作，针对督办的《关于打造高速路口至县城区域标志性景观大道的建议》，走访县城管局、文广新旅局等承办单位，督促加快提案的办理。开展县政协十六届二次全会前的委员下基层调研工作，在大会筹备前，专委会采取走访委员、开座谈会等多种形式要求委员们开展集体调研和个人调研，并根据专委会工作特点引导委员们筹划好提案、大会发言和联组发言材料的撰写工作。联组讨论协商时委员们就“优化营商环境”方面积极发言，提出许多意见建议。并根据工作安排，做好十六届三次全会大会发言组的大会发言准备工作，选定8篇高质量的大会发言。

【教科卫体和文化文史学习委员会工作】2022年，教科卫体和文化文史学习委员会集中组织调研2次，形成意见建议20多条。多次组织有关部门和部分政协委员开展“发挥兴国资源优势、做大做强红色旅游”等课题调研，形成质量较高的调研报告。立足县情和政协文史资料的特点，创新文史工作思路，组织一批县内老政协委员、党史、文史专家学者，对兴国的民俗文化、客家文化、生态文化与红色文化，多角度、全方位进行追溯。邀请文史工作者编辑人员以极大热情、实事求是的精神、认真负责的态度、再次深入各乡（镇）、村组收集整理民俗文史资料。

【法制社团委员会工作】4月，对《创新社区治理模式，提升基层治理效能》课题进行调研工作，调研组一行先后实地调研长征社区、东街社区、振兴社区、永丰镇幸福社区等地，并赴贵阳市学习考察，形成调研报告。开展妇女、民族宗教界别活动。组织妇女、民族宗教界别委员到崇贤乡调研宗教规范化管理和农村留守孩子教育工作。在东村乡等乡（镇）建立协商议事会，指导东村乡、兴莲乡、梅窖镇、古龙岗镇等乡（镇）建立协商议事会，为打造“好商量”兴国品牌出谋划策。组织委员视察重点提案《关于治理城区拥堵问题的建议》《进一步提高困难群众救助补助专项资金绩效的建议》2件。开展营商环境领域派驻民主监督工作。向县司法局、民政局、应急管理局、公安局、交管大队派驻8名民主监督员，广泛反映各方面的意见和要求，推动提升工作效能，改进工作作风，提高工作质量。对口支援少数民族村组（均村乡长教村下雷屋、龙子脑畲族组）经济社会发展，巩固民族村组脱贫攻坚成果，与乡村振兴有效衔接，实现村组经济高质量发展。

（李芳君　曾志明　曾海林）

本栏编辑：曾　雄

中国共产党兴国县纪律检查委员会 兴国县监察委员会

综　述

【概况】 2022年，县纪委县监委坚定不移纵深推进全面从严治党，全县纪检监察工作高质量发展取得新成效，打造全面从严治党两个责任“三化”（网格化、岗位化、具体化）工作体系和“五治疗法”（系统诊治、规范医治、靶向施治、后续跟治、长效常治）推动以案促改、促建、促治及勤廉文化“七个一”（上好一堂“勤廉课”、办好一个“培训班”、编排一部“山歌剧”、创作一批“地方戏”、编印一本“勤廉书”、打造一档“勤廉节目”、建设一批“勤廉点”）品牌等纪检监察工作“兴国品牌”，得到省、市领导和县委主要领导12次批示肯定。县纪委县监委首次获评“全省纪检监察系统先进集体”，作为全省先进集体唯一代表作典型发言。

【作风建设】 9月，县纪委县监委开展落实中央八项规定精神十周年“回头看”，推动健全作风建设长效机制清单。开展“三公”突出问题专项治理，推动“吃公函”、办公用房超标、违规使用公车等125个问题整改。县乡村三级联动监督整治基层医院、学校“四风”突出问题，督促立行立改问题26个。坚持越往后执纪越严，查处违反中央八项规定精神问题35个55人。

【干部队伍建设】 2022年，县纪委县监委制定14条措施，对全县纪检监察系统学习宣传贯彻中共二十大精神工作作出系统部署。落实队伍建设“一把手”工程，突出业务人才培养，构建完善人才一体培养机制。选派干部60人次到上级纪委跟班锻炼、巡视巡察，安排乡（镇）纪检干部69人次到县纪委跟班学习，全面提升县乡村三级业务人才能力水平。在全市纪检监察系统业务人才大比武活动中，县纪委县监委获评监督审调类片区最佳组织奖，4人获评个人最佳荣誉，2人在赣州市第十一届反腐倡廉理论研讨征文比赛中获评优秀奖。年内，10名优秀纪检监察干部获提拔使用。

【派驻机构改革】 2022年，县纪委县监委建立派驻机构工作情况周报、“三重一大”监督季报、年度述职考核等制度，全面加强对派驻机构的领导和管理。通过“组组”联动、“室组地”联动等方式不断提升派驻监督质效，全年派驻机构共处置问题线索111件，立案22起，处分25人。深化派驻机构改革，实行派驻机构定期轮岗交流，提拔重用派驻机构干部7人、调整交流16人。

【制度建设】 2022年，兴国县规范处分执行工作，制定处分执行暂行办法、廉政教育谈话制度，实现处分执行由“一张纸”向“一堂课”的转变。树立底线思维，做细防范措施，守牢审查调查安全底线。运用法治思维和法治方式正风肃纪反腐，严格执行文书格式、措施运用等各项规范要求。协助做好监督平台建设，为监督插上信息化翅膀。县监委首次向县人大常委会专项报告群众身边腐败和作风问题整治工作。

【自我监督】 2022年，县纪委县监委建立纪检监察干部负面清单，实行反向测评机制，完善内控制度，压实领导班子、纪委书记、班子成员、干部监督室、部门和党支部六方监督责任，加强教育管理，严防“灯下黑”。县、乡两级聘请特约监察员，全面接受社会各界监督。常态化开展政治家访，全方位关心关爱纪检监察干部。坚持刀刃向内，严肃查处执纪违纪、执法违法的害群之马，运用“第一种形态”批评教育帮助纪检监察干部5人，处分3人。强化内部监督做法被市纪委专刊推广。

【乡（镇）纪检监督制度改革】 2022年，县纪委县监委全面落实乡（镇）纪委内涵式发展、县乡村三级联动监督、片区协作机制，实行人员统一调配，优化整合监督力量，统筹安排监督工作，通过联合、交叉和下沉协作，有效破解基层监督力量不足、人情干扰和能力不强问题，监督质效显著提升。年内，25个乡（镇）纪委立案133件，其中群众身边腐败和作风问题立案39件，办案数量和质量实现双提升。推行村级纪检组织规范化建设，打造标准化村级纪检委员工作室，村级纪检委员履职能力水平显著提升，主动监督发现问题线索21条。

重要会议

【县纪委全委会】 1月30日，中共兴国县第十九届纪律检查委员会第二次全体会议在兴国宾馆会堂召开。会议传达学习十九届中央纪委六次全会、省纪委十五届二次全会、市纪委六届二次全会精神，总结2021年全县党风廉政建设和反腐败工作，部署2022年工作任务。

【县纪委常委会会议】 2022年，召开县纪委常委会暨监察委员会会议34次，其中涉及研究讨论案件26次，在“第一议题”中学习研讨交流中共中央总书记习近平最新重要讲话、指示批示精神及中央会议精神21次。

1月29日，县纪委召开常委会会议，传达学习中央纪委十九届六次全会、省纪委十五届二次全会、市纪委六届二次全会精神，研究讨论县纪委十九届二次全会工作报告。

4月1日，县纪委召开常委会（扩大）会议，专题传达学习全市县（市、区）纪委书记集体政治谈话暨纪检监察工作高质量发展座谈会精神，研究贯彻落实措施。

7月28日，兴国县纪委常委会会议暨县监委会议召开。会议传达学习中共中央总书记习近平近期重要讲话精神，专题研究部署落实中央纪委国家监委纪检监察建议整改工作。

8月23日，兴国县纪委常委会会议召开，专题传达学习市委常委、市纪委书记、市监委主任饶华东在兴国调研时的讲话精神，研究贯彻落实意见。

12月19日，十九届县纪委第40次常委会（扩大）会议暨监委委员会会议召开，会议传达学习中共中央总书记习近平对11月21日河南安阳市凯信达商贸有限公司火灾事故作出的重要指示等内容，并研究讨论结案件。

监督执纪

【履行监督第一职责】 2022年，县纪委县监委围绕“三新一高”（立足新发展阶段、贯彻新发展理念、构建新发展格局，推进高质量发展）、疫情防控、粮食生产、乡村振兴、生态环保等战略部署强化监督检查，着力发现和纠正政治偏差，全年开展监督检查178次，查纠问题341个，确保政令畅通、令行禁止。协助县委高质量完成中央纪委国家监委关于肖某案、龚某某案纪检监察建议整改，反馈问题全部整改到位。

【专项整治】 2022年，县纪委县监委开展专项整治工作4次，立案4人，处分3人，组织处理1人。其中，开展高标准农田建设领域问题专项治理工作调研督导，守护群众的“粮袋子”；因时因势调整疫情防控监督措施、监督重点，以同频监督有力保障更好统筹疫情防控和经济社会发展；围绕“三大战略、八大行动”成立专项监督组开展全过程常态化监督；开展营商环境领域腐败和作风问题专项整治，严肃查处“中梗阻”“小鬼难缠”等腐败和作风问题84个132人，查处问

题及人数位列全市第一，公开通报一批典型案例，监督推动营商环境优化升级“一号改革工程”任务落实，全县营商环境进一步优化。

【“一把手”和领导班子监督】2022年，县纪委县监委紧盯“关键少数”持续强化对“一把手”和领导班子监督。严格执行请示报告制度，探索“1+4”（规范全面从严治党专题会议，开展政治谈话、发放履责提示、廉情抄告、纪检监察建议）模式推进全面从严治党，推动各级党组织和党员领导干部落实全面从严治党政治责任，协助县委开展政治谈话737人次，指出问题397个，完成整改措施695条，发送提示、抄告和建议50份，督促县领导履行“一岗双责”。规范审慎回复党风廉政意见，把好政治关、廉洁关，全年回复党风廉政意见7616人次，提出否定或暂缓性意见186人次。对58名新提任乡科级领导干部开展任职廉政谈话，督促严守底线，鼓励担当作为。紧盯落实全面从严治党政治责任不到位、落实意识形态工作责任制不力等突出问题，依规依纪依法精准问责7起10人。

【整治群众身边不正之风】2022年，县纪委县监委发力深挖教育医疗、养老社保、林业水利、安全生产等领域腐败和作风问题，查处群众身边腐败和作风问题55个88人。监督推动巩固拓展脱贫攻坚成果与乡村振兴有效衔接，针对脱贫攻坚后经营性扶贫项目闲置等问题，发送《督办函》25份，督促整改问题168个，严肃查处乡村振兴领域腐败和作风问题19个27人。坚持“打伞破网”常态化、机制化，查处涉黑涉恶腐败、失职失责问题3个4人，不断提升群众的获得感、幸福感、安全感。

【零容忍惩治腐败】2022年，兴国县坚持反腐惩恶零容忍，县纪委县监委立案审查调查乡科级干部32人，全县纪检监察机关立案196件，处分185人，留置6人，其中查处全市监察体制改革以来贪腐金额最大的科级干部黄某某。严肃查处县水利局水政监察大队原大队长赵某某贪污挪用公款案。坚持受贿行贿一起查，查处行贿人员3人。坚持惩前毖后，治病救人，注重纪法情理贯通融合，运用“四种形态”批评教育帮助和处理340人次，第一、二、三、四种形态分别占比48.5%、39.2%、4.4%、7.9%。

党风廉政建设

【勤廉兴国建设】2022年，县纪委县监委开展勤廉兴国建设29大项45小项工作任务，形成重点任务工程化、工程任务项目化、项目任务清单化的建设模式，一大批特色做法成效凸显，政府性投资工程标后监管做法被省委改革办在全省推广，“不胜任、不称职”村干部退出机制得到市委主要领导批示肯定。出台《关于锻造新时代“模范兴国好作风”的若干措施》等长效作风机制，汇编2021年以来查处的43起违纪违法典型案件，在全县深化干部作风建设动员会上公开通报曝光。开展澄清正名9人、1个单位，容错纠错3人，严肃查处埠头乡范某某诬告陷害他人问题并全市公开通报，有效激励干部担当作为，全县党风政风焕然一新，带动民风向上向好，全年受理信访举报件、检举控告件比上年分别下降26.6%、18.5%。

【全面构建“两个责任‘三化’”工作体系】12月，兴国县印发《关于构建“两个责任‘三化’”工作体系进一步推动全面从严治党向纵深发展的实施方案（试行）》，建立全覆盖、全过程、全方位的主体责任、监督责任“网格化、岗位化、具体化”的工作格局，推动党委（党组）主体责任、书记“第一责任人”责任、班子成员“一岗双责”、纪委监督责任贯通协调，落实落细管党治党政治责任。

【勤廉文化品牌建设】2022年，县纪委县监委利用兴国丰富的传统文化和红色文化资源，打造勤廉文化“七个一”品牌（上好一堂“勤廉课”、办好一个“培训班”、编排一部“山歌剧”、创作一批“地方戏”、编印一本“勤廉书”、打造一档“勤廉节目”、建设一批“勤廉点”）。陈奇涵、马荣海故居与王氏家庙等成为廉洁文化新地标。刘启耀纪念馆被评为江西省第三批家风家教实践基地、赣州市廉政文化建设精品示范点。创编电视访谈节目《勤廉夜话》，让党员干部沉浸式接受廉洁文化教育。大力宣传兴国县全面从严治党的做法成效，在市级以上媒体发表经验做法190篇（其中中央级媒体30篇），位居全市前列。挖掘整理42个勤廉故事，编写《勤廉榜样在兴国》，得到市委主要领导和市纪委市监委主要领导批示肯定，推广为全市干部廉洁教育本土教材。

11月10日，全县纪检监察系统学习贯彻党的二十大精神暨乡（镇、区）纪委书记座谈会召开 （县纪委县监委 供图）

【警示教育】 2022年，县纪委县监委注重用身边案警示身边人，拍摄警示教育片《被彩票吞噬的人生》《森林之“殇”》，分别召开水利、国企、医疗、粮食购销、林业等系统和全县领导干部警示教育大会，2000余名党员干部接受警示教育；全县各乡镇、单位聚焦“赶考”主题，结合当前实际，组织党员干部通过集体学习、座谈交流、观看警示教育片等形式，开展“3·23”警示教育活动；5月26日，举办全县科级领导干部配偶“廉内助”培训班，切实筑牢党员干部拒腐防变思想防线。

【纪检监察工作高质量发展座谈会】 4月2日，全县纪检监察工作高质量发展座谈会召开，会议传达学习全市纪检监察工作高质量发展座谈会精神，听取各乡（镇）区纪（工）委阶段性纪检监察工作情况汇报，对存在问题和不足提出解决办法和对策，并对下一步工作任务和目标进行部署。

【乡（镇、区）纪委书记座谈会】 11月10日，全县纪检监察系统召开学习贯彻党的二十大精神暨乡（镇、区）纪委书记座谈会，传达学习中共二十大和二十届中央纪委常委会第一次会议以及全省、全市、全县领导干部会议、市纪委常委会（扩大）会议精神、县（市、区）纪委书记座谈会精神。会议听取各乡（镇）（区）纪（工）委工作情况汇报，研究部署下一步工作。

巡察工作

【年度巡察】 2022年，兴国县巡察工作围绕工业倍增升级、乡村全面振兴、提高民生品质等市县重大决策部署开展巡察。突出加强对“关键少数”特别是“一把手”的监督，出台《兴国县关于在巡察中深化对“一把手”监督的实施办法》，制定《村书记、主任“一肩挑”巡察监督重点清单》，建立村（社区）监督“一条主线三条支线”工作机制［围绕村（社区）公共事务运行的权力、职责、作风这条“主线”，沿着基层党组织践行“两个维护”、围绕“国之大者”履职尽责，践行以人民为中心的发展思想，基层党组织自身建设等三条“支线”查找问题］，政治巡察更具体、更精准。2022年，县委三轮巡察覆盖党组织97个，反馈问题2111个，移交问题线索90条，追缴违规资金545.2万元。

【巡察整改】 2022年，兴国县强化对巡察整改情况全过程监督和评估，实施县委书记整改约谈机制，出台《兴国县委巡察整改质量评估办法（试行）》，推行巡察整改“五方”会审制度，完善“三评估一测评”机制（对被巡察党组织整改工作方案、整改专题民主生活会及整改落实情况进行评估，对整改情况满意度进行测评）。建立县委巡察整改监督特派员制度，聘请首批监督特派员12人，补强巡察整改监督力量。建立乡村一体化巡察“三级书记”抓整改机制，压紧压实被巡察党组织巡察整改主体责任。加强巡察成果运用，向纪检、组织、政法等业务主管部门移交共性突出问题，提出成果运用意见建议，强化系统施治提升整改质效，推动解决入园难、就医难、办事难等群众身边的“急难愁盼”问题。十九届县委前三轮巡察反馈问题整改完成率94.3%，被巡察党组织追责问责201人次，建立完善制度203项。

7月，兴国县第三轮巡察片区联席会在方太乡政府召开　（县纪委县监委 供图）

【巡察机构上下联动试点】 2022年，县纪委县监委高质量完成“市级巡察机构在上下联动中更好发挥作用”试点任务，在全市巡察业务会议上就纪巡联动、“码上巡”、破解抽人难等特色做法作典型发言。深入开展提升对村（社区）巡察质效试点工作，省委巡视办专刊推广兴国县对村（社区）巡察中建立巡察预备队、“三部曲”发动群众、“三级书记”抓整改等经验做法，出台《兴国县关于提升对村（社区）巡察质效工作的实施意见》，将经验做法制度化，市纪委市监委主要领导2次批示肯定兴国试点工作，中央纪委、省纪委网站、《江西日报》等刊发试点工作特色经验文章20篇。

【以案促改、以案促建、以案促治工作试点】 9月，兴国县出台《关于充分运用查办案件成果深入推进“以案促改、以案促建、以案促治”工作的实施办法》，并在县水利系统试点，通过“七步工作法”［制发纪检监察建议、召开党委（党组）专题会议、组织开展警示教育、查找岗位廉政风险点、召开专题民主生活会、开展专项治理、完善制度堵塞漏洞］、“五治疗法”（系统诊治、规范医治、靶向施治、后续跟治、长效常治），以“全周期管理”方式监督推动整改，督促水利系统开展项目质量专项治理，责令返工项目3个，涉及项目资金589.62万元，挽回经济损失55.4万元，得到省水利厅领导充分肯定。

（李赞华　林琼华）

本栏编辑：曾　雄

群众团体

兴国县总工会

【概况】 2022年，兴国县总工会（以下简称县总工会）以党的政治建设为统领，全年推进党建工作和业务工作深度融合，实现党建带工建、工建促党建工作格局。办好“兴国工会”微信公众号、微信视频号，累计向赣工惠App、《江西工人报》等报送并刊登工会信息90余条。年底，全县有工会组织802个，各级工会干部达2.7万人，工会会员突破5.6万人。

【劳模工作】 5月，县总工会开展全国、省、市五一劳动奖推荐评选工作，埠头乡田庄上养老中心王丹获评省五一劳动奖章，兴国县太平洋商贸有限公司吕伟红获评省女创业带头人，县自来水公司钟敬国、县二医院袁上桂、兴国三中赵万胜获评市五一劳动奖章。开展兴国县五一劳动奖章和工人先锋号评选及表彰工作，召开全县庆祝“五一”表彰大会，集中表彰50名五一劳动奖章和20个工人先锋号获得者，组织黄信璋、王丹、范贞秀3名劳模先进开展事迹宣讲，向全县职工发出《助力双“一号工程”、助推高质量发展倡议书》。1月，新成立兴国县劳模协会，组建赣鄱劳模宣讲团兴国轻骑兵队伍，打造关爱劳模、服务劳模、激励劳模新平台。

【产业工人队伍建设改革】 7月，县总工会召开产业工人队伍建设改革（以下简称产改）协调小组会议暨产改工作现场推进会，举办产改专题培训班，产业工人技能培训4745人，企业新型学徒制培养50人，培训提升技能等级3424人次；打造县自来水公司、雄鼎电子、富视兴电子等7家产改典型单位，推进产业工人队伍思想引领、素质提升、建功立业、地位提高、队伍壮大5项重点工作；5月，在兴国经开区创办兴国中等专业学校经开区校区产教融合实训基地，打造“兴国表嫂”特色品牌，形成一批可复制可推广、具有兴国特色的经验做法。

【基层工会组织建设】 2022年，县总工会继续推进基层工会组织“六有六规范”（有依法选举的工会主席、有独立健全的组织机构、有服务职工的活动载体、有健全完善的制度机制、有自主管理的工会经费、有会员满意的工作绩效；队伍建设规范化、组织机构规范化、履行职能规范化、制度机制规范化、职工之家建设规范化、工作绩效规范化）建设和“县级工会加强年”专项工作，制定完善“六有六规范”建设实施方案及支持奖补政策，重点打造富视兴、恒辉、联纲、锐兴通讯、自来水公司等15家建设示范点，其中联纲电子创评为省级“六有”工会、锐兴通讯创评为省级“六规范”工会，恒辉、富视兴创评为市级“六有”工会，百丈泉公司创评为市级“六规范”工会。提升打造振兴社区职工活动场所建设示范点，获得省市奖补资金38万余元。推进新就业形态劳动者入会服务工作，聚焦网约车司机、货运司机、快递员、外卖配送员等新就业形态劳动者群体，按照应建尽建的原则，分门别

类实施覆盖攻坚行动，2022 年度新增新就业形态劳动者入会 2920 人。

【职工维权权益】 2022 年，县总工会继续加大源头维权参与力度，充实“三师”（劳动关系协调师、法律援助律师、健康工程师）团队成员和“三师”人才库人员，制定完善“三师”管理、考核、经费补助制度，扩大“三师一室”（沙龙茶叙室）工作覆盖面和影响力，全年开展职工普法宣传 14 场，受理劳动纠纷 17 起，成功化解 15 起，提供法律和心理咨询服务 35 次。深化“法院 + 工会”诉调对接工作，成功调解处理建筑工程工资拖欠案件 1 起。

【职工普惠服务】 2022 年，县总工会为职工提供就业咨询服务 50 次，发布招工信息 500 余条，提供就业岗位 1400 个；为 11 个园区企业、7 个县重点工程项目和 5 家数字经济企业 2500 名一线职工送上 6.8 万元的清凉物资；选树数字企业名师 10 人，培养技术能手 100 人，在园区企业举办职工数字技能培训 4 场、技能竞赛 12 场；为非公有制企业和新就业形态群体 100 名女职工提供“两癌”筛查活动，开展职工心理健康讲座 6 场，举办职工联谊交友会 3 场；组织劳模和一线职工 60 人次赴安远、庐山开展疗休养活动。全年保障会费首次突破 500 万元，位居全省第二、全市第一，参保总人数 2.18 万人，年内理赔救助慰问职工 213 人次，发放理赔金 119.3 万元。

10 月 26 日，兴国县“庆祝二十大·助力双一号”职工篮球赛在体育公园体育馆开幕（县总工会 供图）

【职工文化活动场所建设】 2022 年，兴国县投入 200 余万元建设县工人文化宫并投入使用。县总工会在兴江乡、振兴社区、经济开发区高标准打造职工活动场所，推进基层工会职工之家建设，支持雄鼎电子、锐兴通讯、联纲电子、富视兴电子、恒辉新材料等 10 家企业建设基层工会职工书屋，赠送书籍 3000 余册。

【职工群众文化建设】 3—6 月，县总工会开展“中国梦·劳动美——喜迎二十大·建功新时代”全县职工摄影大赛和“聚焦八大行动、争创模范机关、展现兴国风采”微视频创作大赛；6 月，组织参加 2022 年赣州市首届“互助保障杯”职工气排球比赛；10 月 26 日，兴国县举办首届“庆祝二十大·助力双一号”职工篮球赛。

【职工帮扶救助】 2022 年，县总工会发放“赣州爱工贷”贴息贷款 90 万元，向 292 家小微企业返还工会经费 50 余万元，为 1772 名乡村教师免费健康体检；为 13 户困难职工家庭发放大学助学金 4.4 万元。年内，县总工会帮扶困难职工 176 人次，发放帮扶资金 80 余万元；开展“关心关爱新就业形态劳动者温暖服务季”活动，为新就业形态劳动者赠送“工会礼包”，为新就业形态劳动者赠送工会职工互助保障 900 份，新建成司机之家和户外劳动者爱心驿站 1 个。

（张　财　李建民）

中国共产主义青年团兴国县委员会

【概况】 2022 年，中国共产主义青年团兴国县委员会（以下简称团县委）从党政关注、社会关切、青年关心的问题入手，担当作为、破题攻坚，带领全县各级团组织政治意识强化提升，主责主业精准聚焦，从严治团拓展延伸，团的各项工作和事业实现创新发展。年内，县共青团工作获得省级以上媒体报道30余篇，多项工作被《人民日报》、“学习强国”学习平台、《中国共青团》、江西卫视、《赣南日报》等媒体报刊广泛报道。12月18—19日，兴国县召开中国共产主义青年团兴国县第二十三次代表大会，全县各乡镇、各学校、县直相关单位的团代表226人参加大会。年底，全县有基层团组织887个、团干部1049人、团员2.67万名。

【青少年思想引领】5月16日，兴国县召开学习贯彻中共中央总书记习近平在庆祝建团100周年大会上的重要讲话精神座谈会，发动各领域团组织开展中共二十大精神青年宣讲活动，组建青年宣讲团、红领巾巡讲团等特色宣讲队伍，深入村（社区）、学校、园区、企业等地开展宣讲100余场次。举办青年马克思主义者培养工程全员培训，覆盖青年700余人。年内，常态化组织动员全县887个团支部、37个少先队大队全覆盖开展“喜迎二十大 永远跟党走 奋进新征程”主题教育实践活动，通过主题团队日活动、讲红色故事、开展红色研学、青运史诵读等形式，引导广大青年听党话、跟党走。拍摄的音乐短片《追梦新征程》《少先队员寻访勤廉江西》等作品被上级媒体多次转发播放。累计组织1000余名青年志愿者围绕党政中心开展疫情防控、关爱特殊群体、防溺水、创文创卫、无偿献血、助力大型活动等方面志愿服务活动500余次。

【团组织建设】4月，严格落实从严治团要求，县委组织部、团县委联合出台《关于加强全县基层党建带团建工作的实施意见》《关于进一步加强和规范“推优”入党工作的通知》等文件，推动落实党建带团建、队建。严格入团程序，安排专人审核团员材料，对团组织、团员、团干部基本信息进行动态采集，实现对团员、团干部的网络化管理，对团的组织生活进行数字化记录。10月13日，召开县域共青团基层组织改革动员部署会，起草制定全县共青团基层组织改革实施方案，协调推动4方面26条具体改革举措落地见效。2022年，发展团员1380名，各项年度基层团建指标任务全面完成。

【青年先进典型选树培育】5月，团县委推荐县级表彰“两红三优”［五四红旗团委、五四红旗团支部（总支）、优秀共青团员、优秀共青团干部、优秀青年志愿者］集体27个、个人69人；推荐市级表彰“两红两优”［五四红旗团委、五四红旗团支部（总支）、优秀共青团员、优秀共青团干部］集体8个、个人12人；推荐省级表彰“两红两优”集体2个、个人1个；国家级表彰“两红两优”集体1个；推荐县级表彰“优秀少先队工作者”15人和“优秀少先队员”10人，推荐省级表彰“优秀少先队辅导员”1人和“优秀少先队员”1人，推荐国家级表彰“优秀少先队员”1人；推荐表彰在推进新时代江西“五美”乡村建设中展现青春担当、青年作为的“首届赣州市乡村振兴青年先锋标兵”1人，“首届赣州市乡村振兴青年先锋”7人。刘梦琦获评“全国优秀共青团干部”称号，颜灿获评“全国优秀少先队员”称号。实施“新时代赣鄱乡村好青年”选培计划，选树省、市、县级“乡村好青年”345人。

【青少年权益维护】2022年，团县委做好预防青少年违法犯罪工作，在驿博红兴谷建立兴国县预防青少年违法犯罪基地，通过开展“喜迎二十大，同心护未来”等主题的未成年人保护月宣传活动，引导未成年人“学法、知法、懂法、用法”。推动实施各类公益活动，全年社会化筹集资金突破15万元，用于青少年帮困助弱。团县委获评全县“平安兴国建设先进单位”。

【青年就业创业服务】2022年，团县委围绕大学生就业问题，开展青年英才“展翅计划”，发布各类实习岗位95个，解决大学生临时就业问题100余人；开展“爱在赣南 不收彩礼”等兴国青年婚恋新风行动活动，直接联系适婚青年2000余人。关爱帮扶农村留守儿童，筹集80余万元社会资金，在全县打造37个童心港湾关爱留守儿童项目点，数量全省第一。探索建立“1+1+N”（1个活动阵地、1套管理机制、N个关爱力量）模式，覆盖农村留守儿童1000余人，开展各类主题活动100余次，特色工作做法在《中国共青团》刊发。

【青年人才服务】 5月，注册成立兴国县青年联合会、兴国县青年企业家协会，入驻会员超过50人，为全县企业管理、法律与社会组织、教育体育、农业农村、医药科技、文化艺术与新闻出版等方面的青年人才搭建沟通交流平台。联合兴国数字人力共享中心、人社局等部门举办“春风送温暖、就业送真情”行动。通过多种媒介宣传最新的人才政策，向有需求的青年人才进行政策解读。持续助力青年社会实践，招募200余名寒暑期“返家乡”大学生围绕环境整治、疫情防控、关爱留守儿童、自建房安全隐患排查等开展活动。

【困境青少年帮扶关爱】 2022年，团县委争取“幻方助学计划”“快乐足球”“云支教”“姚基金”“嘉福集团·春华计划”“茅台王子·明亮少年”等公益助学项目落地兴国，惠及29所学校2000余名学生。联合童心港湾公益合作伙伴参与关爱留守青少年圆梦微心愿活动，为留守青少年点亮微心愿500余个。争取南昌市青少年发展基金会捐助价值23.7万元搜狗糖猫词典笔、录音笔729支，江西省童心港湾项目办捐助价值3万元儿童积木桌300余套，捐助课桌椅2300套，价值30余万元，改善农村青少年教学条件。

【少先队工作】 2022年，团县委组建县“红领巾巡讲团”，深入各地基层少先队组织，面向广大少先队员开展党史宣讲。组织全县各中小学少先队开展寻访“六个江西”（创新江西、富裕江西、美丽江西、幸福江西、和谐江西、勤廉江西）“五个赣州”（工业强市、开放高地、创业之州、区域中心、文化名城）少年儿童社会实践营活动。定期推送“红领巾爱学习”网上系列队课30期，每期学习人数达1000余人次。组织全县各级少先队开展分批入队、建队仪式、离队入团等少先队工作。打造驿博红兴谷、长冈乡调查纪念馆等6个少先队校外实践教育营地（基地），常态化开展革命历史、传统文化教育、法治教育、安全教育、劳动教育、等校外教育实践活动。开展青少年暑期夏令营和少先队寒假实践教育，通过军事化教育和管理，引导学生学习美德、弘扬美德，实现全面发展。

【喜迎二十大音乐党课暨青年红歌大赛】 7月3日，兴国县在文化艺术中心长征组歌大剧院举行“喜迎二十大 永远跟党走 奋进新征程”音乐党课暨青年红歌大赛，赛事主要以歌咏形式进行，共有节目13个，参赛人数70余人，采取“线上+线下”开展，直播观看人数超106万人次。经过评选，高兴小学黄海华演唱的《等着我，亲爱的人》获评一等奖，县委党校范颖演唱的《绒花》、崇贤乡乔婷婷演唱的《祝福祖国》获评二等奖，第七小学卢紫娟演唱的《我爱你，中国》、均村中学谢榕演唱的《走进新时代》、兴国三中杨瑞生演唱的《领航》获评三等奖。

（蒋佳敏　肖亚萌）

兴国县妇女联合会

【概况】 2022年，兴国县妇女联合会（以下简称县妇联）加强妇女思想引领，引导广大妇女投身改革开放和社会主义现代化建设，促进经济发展和社会全面进步。年内，入选《中国妇女》宣传舆论阵地建设奋进榜，获评市“春蕾计划——梦想未来”爱心公益行动先进

7月3日，兴国县“喜迎二十大 永远跟党走 奋进新征程”音乐党课暨青年红歌大赛在县文化艺术中心长征组歌大剧院举行　（团县委 供图）

集体、市妇联系统维护妇女儿童权益工作先进单位、市妇联系统组织工作先进单位、县“七五”期间普法依法治理工作先进集体等称号。年底，全县有妇女组织661个，妇女工作者5345人。

【妇女组织建设】 10月，县妇联深化妇联组织改革，推动“两新”组织妇联组织建设，做到“哪里有党组织，哪里就有妇联组织，哪里有妇女，哪里就有妇联组织”。协调县改革办出台《印发〈兴国县关于深化妇联组织建设改革实施方案〉的通知》，采取单独组建、行业统建、区域联建等方式建设妇联组织，推行“六有五规范”制度（有班子、有队伍、有场所、有制度、有经费、有活动；组织机构规范化、队伍建设规范化、制度建设规范化、场所设置规范化、职能发挥规范化）明确各领域妇联组织的具体工作内容和工作目标，建立基层妇联组织标准体系。年底，“两新”组织妇联组织组建259个。

【妇女思想政治引领】 2022年，县妇联组织干部到乡村（社区），以屋场会的形式宣传中共二十大精神，运用“赣鄱红色娘子军”，以红色故事、兴国山歌、情景剧、小品的方式，到全县各乡、村开展基层宣讲活动，年内，累计开展活动21场。2022年，评选县“三八红旗集体”6个、县“三八红旗手”20名、县“巾帼建功标兵”20名、县“优秀妇女工作者”74名。5人获评市“三八红旗手”、2人获评市“巾帼建功标兵”、3个单位获评市“三八红旗集体”，2个单位获评市巾帼建功先进集体、1个单位获评市“巾帼文明岗”、1人获评赣州市维护妇女儿童权益先进个人、县法院获评赣州市维护妇女儿童权益先进集体。5月，在全县开展最美家庭评选，评选出最美家庭129户，其中有5户获评赣州市最美家庭，9户获评赣州市抗疫最美家庭，4户获评江西省最美家庭，15户获评2021年度“赣南新妇女运动”之十个方面示范家庭。兴国县龙口镇刘启耀纪念馆被命名为江西省第三批家风家教实践基地。

【妇女儿童权益保护】 全年接待来信来访28件。购买第三方妇女儿童权益维护项目，项目金额3万元，由兴国县南芳律师事务所提供维权法律服务，建立妇女儿童维权法律服务站，每周四在服务站现场办公。实施“八五”普法工作，开展全国家庭教育促进法、民法典婚姻家庭编、妇女儿童权益保障法、反家庭暴力法宣讲，通过法律宣讲进乡村、进校园、编印宣传画册、传播专题视频等形式，开展法律解读。组织南芳律师事务所送法到基层，县乡村三级妇联开展“三八维权周”宣传，推动妇女“法律明白人”培养工程由农村向社区延伸。实施“建设法治兴国·巾帼在行动”，线上线下开展普法宣传68场次。联合检察院、公安局等部门共同办理的维护妇女儿童人身权利案，被评为2022年度赣州市检察机关“检爱同行 共护未来”未成年人保护法律监督专项行动优秀案例。培育女童保护讲师队伍，线上线下开展儿童防性侵宣讲50场。

【创新创业巾帼行动】 2022年，县妇联组织举办巾帼电商培训一期50人，“月嫂”培训一期50人，家政培训一期50人，欧莱雅美妆技能培训班二期100人，培训250人，进一步提升妇女劳动技能，带动妇女积极就业创业。兴国县赣南客家刺绣传习所被评为2022年赣州市巾帼产业振兴基地，获得赣州市3万元基地扶持资金。兴国春赐福生态茶场被授予“全省巾帼科技示范基地”。兴国县益香园茶业有限公司总经理李韦荣在江西省第三届“农行杯”农村创业创新项目创意大赛获评农产品产销类第2名。

【困境妇女儿童关爱帮扶】 7月，县妇联组织开展妇女“两癌”（乳腺癌和宫颈癌）筛查，全年筛查人数2.79万人，为33名“两癌”贫困妇女患者争取1万元救助金。常态化开展“春蕾计划——梦想未来”捐资助学活动，县本级募捐金额35.75万元，资助贫困女学生368人；争取省妇女基金会130万元，用于资助贫困女学生400人。开展妇联系统干部与留守儿童结对帮扶活动；利用寒假、暑假、“六一”、端午时间，组织乡镇妇联开展关爱儿童送温暖活动；开展“少年儿童心向党·用心用情伴成长”系列活动，累计受众900人；开展免费书画公益培训班3期，参训儿童90人。

5月29日，县妇联在埠头乡龙砂村新时代文明实践站开展“浓情端午 与爱同行”关爱少年儿童活动（县妇联 供图）

【家教家风家庭文明建设】2022年，县妇联参与市妇联实施的“家庭教育人才培养工程”，邀请家庭讲师到学校、社区开展“好家教好家风”“陪伴的力量”等家庭教育专题讲座活动，开展活动22场。开展“赣南新妇女”运动和扎实推进婚嫁新风集中引导行动，提倡勤俭节约、婚事俭办、健康文明的婚嫁新风尚；举办婚恋观教育引导主题活动，县妇联联合县委宣传部、县民政局、团县委、县妇幼保健院等单位举办树文明新风集体婚礼2场；制作《不要彩礼要幸福》公益视频，引导广大青少年和家庭树立正确婚恋观；5月26日，县纪委县监委、县委组织部、县妇联联合举办全县科级领导干部配偶“廉内助”培训班，推动净化党风政风和涵养清正家风深度融合。

【崇德向善家长学校开办】2022年，县妇联在各村（社区）开办兴国县崇德向善家长学校，每所家长学校有专门的家庭教育讲师队伍，制定专门的管理制度、教育理念、学习计划。设立专业家庭教育课程目录，深入学校、社区、家庭开展家庭教育、好家风等宣传活动，帮助家长树立正确的家教观，提高家长对家庭教育知识的掌握程度，向广大家长宣传党和国家的教育方针、政策和法规以及为辖区范围内的家长、青少年儿童提供心理咨询、家庭教育咨询服务。全年开展活动60场受益2400人，并为家长、青少年儿童提供心理咨询和家庭教育指导服务65人次。

（张晓春　林慧珍）

兴国县科学技术协会

【概况】2022年，兴国县科学技术协会（以下简称县科协）协助统筹做好科普宣传、公民科学素质提升、新冠疫情防控、助力巩固提升脱贫攻坚成效和乡村振兴有效衔接工作。年内，获评赣州市高质量发展考核“科普和科学素质建设”第二等次、县综合考核先进单位、县平安建设工作先进单位。赣州市金电电子科技有限公司的王满困获评全市第七届“十大科技创新人物”提名奖。建成市级科普示范村1个、县级科普示范乡2个、县级科普示范村2个。

【科协基层组织建设】2022年，县科协组建兴国兴氟化工有限公司等企业科技协会5个。稀土永磁磁浮轨道交通运输系统团队获评全市第六届“十大科技创新人物”；兴莲乡官田村获批江西省科普示范村；埠头乡垓上村、高兴镇山塘村获批赣州市科普示范村；兴国六中获批赣州市科普示范中学、城岗乡中心小学获批兴国县科普示范小学；埠头乡垓上组获批科普示范村小组；埠头乡拓诚农业基地被评为“赣州市科创中国达人”；江西驿博红兴谷教育科技有限公司、春天文化传媒有限公司获批省级科普教育示范基地；丰硒农业有限公司获批市科普教育示范基地；兴国县丰硒农业发展有限责任公司、江西富视兴电子科技有限公司被赣州市人才工作领导小组办公室、赣州市科学技术协会批准设立市级“专家工作站”。

【科普活动】5月，兴国县制定《关于印发〈2022年兴国县科普和科学素质建设工作要点〉

的通知》，推动全县科普和科学素质建设工作。各乡（镇、区）按照工作要求制定当地“十四五”全民科学素质工作具体实施办法，推进本单位、本部门科学素质建设工作。年内，县科协牵头组织县教科体局、文联、科创中心等11个单位举办全国科普日活动，相关活动在《赣南日报》刊登；组织参加市科协组织的全国科普日“科普轻骑兵”活动。

【科普服务】 2022年，县科协邀请中国植物病理学会、江西省植物病理学会、江西省农业大学专家教授等来兴国县开展产业帮扶技术培训班，提升油茶高产栽培技术及主要病虫害识别与防治意识，提高油茶高产栽培技术及主要病虫害识别与防治技术水平，2000余人参加培训；组织20余人参加省、市科协举办的“农村致富带头人”食用菌、油茶、茶叶、脐橙等产业培训班。

【科普宣传】 2022年，县科协利用科普大篷车分别到潋江镇等13个乡（镇）社区开展2022冬奥主题联合行动、致富实用技术宣传、疫情防控宣传、反电信网络诈骗等活动，发放科普宣传资料5万余册；举办农业科普使用培训15场次，直接受益种植大户、农户2000余人；在兴国县第七小学、红军小学、鼎龙中学、良村中学组织学生3000余人收听收看“天宫课堂”第二课，并开展实验活动；6月，2022赣鄱科普大讲堂暨赣州市科协系统心理健康知识科普“五进”（进企业、进农村、进社区、进学校、进家庭）宣讲活动走进兴国县第六中学，给八年级学生进行《解密青春期——青春期修炼手册》心理健康知识讲座，150余名学生代表参加活动。

【全国第十二次中国公民科学素质调查工作】 2022年，县科协向县委常委会、县政府常务会作全县全民科学普及和科学素质工作专题汇报2次。11月24日，全面接受国家抽样调查组调查评估，入户调查110户，以高于全省其他市县的分值，完成全国第十二次中国公民科学素质调查工作。

（张　捷　刘立洋）

8月31日，县科协在县政府会议室召开国家第十二次中国公民科学素质抽样调查培训

（县科协 供图）

兴国县工商业联合会

【概况】 2022年，兴国县工商业联合会（以下简称县工商联）引导103家工商联执常委企业及兴国外埠商会人士支持疫情防控工作，企业及外埠商会人士捐赠防疫物资、慰问防控一线工作人员，累计捐款50万元。年内，组织民营企业家、行业商协会及外埠商会开展捐资助学活动，为各学校捐款60万元。优化“百企帮百村”结对帮扶名单，帮扶企业投入资金362万元，受益农民1400余人。年底，县工商联有企业会员176个，个人会员132个；下辖县级行业协（商）会5个，乡镇商会4个，会员268人；异地兴国商会15个，会员4268人。

【服务民营企业】 10月21日，县工商联和县税务局联合启动“春雨润苗”专项行动，积极为纳税人缴费人办实事。两部门共同推动落实具体举措，让各项税费优惠政策和创新服务举措及时惠及小微企业，不断拓展小微企业成长空间，激发市场主体活力，优化营商环境。县工商联举办工商联执委（非公有制经济人士）冬季执委交流活动，工商联执委、各非公有制经济组织党支部书记、县非公有制办及县工商联机关干部80余人参加，其间，组织参观隆坪乡乡村振兴兰溪村油茶加工示范项目、隆坪乡乡村振兴实践展示馆，体验秦娥山乡村旅游项目。

【民营经济调查研究】2022年，县工商联开展民营经济调查研究4次，有各类非公有制经济企业6399家，从业人员3万人，非公有制经济有规模以上工业企业80户，占规模以上企业总量的87.91%；完成营业收入57.92亿元，占规上企业总量的61.3%。建有省级经济技术开发区1个，园区落户企业196家，其中在建项目10家，规模以上企业59家。规划建设智能家电产业园、金盛创业园、电子科技园、光电产业园等主题园区，成为“园中园”，其中光电产业园入驻海威电子、感恩5G、博领电子、优奕视界、满正科技、满星科技、鑫创力等项目，建成以盖板、缓冲、触摸、液晶、背光等为主的光电显示闭环产业链。年内，园区实现营业收入72.34亿元。

【商会建设】 2022年，县工商联直属商会有兴国县联合总会、兴国县家居建材行业商会、兴国县家居建材装饰协会、兴国县宁都商会（筹建）、兴国县女企业家商会、工业园等6个。挂牌的乡镇商会有城岗镇商会、良村镇商会，各商会建立健全相关规章、制度，规范商会队伍建设。

【民营经济社会服务】 2022年，新冠疫情防控期间，县工商联走访多家企业会员企业，针对企业提出的诉求进行解答，向企业讲解“国务院联防联控机制公布进一步优化疫情防控的二十条措施”“应对疫情助企纾困政策措施”等惠企政策。组织90家民营企业从办事效率、服务态度、依法合规、服务质量、政策落实等5个方面对县工商联营商环境进行评价。联合县人民检察院、县司法局、县财政局、县生态环境局、县国资办、县市场监督管理局建立《兴国县涉案企业合规第三方监督评估机制实施办法（试行）》《兴国县涉案企业合规第三方监督评估机制专业人员任选管理办法（试行）》，推动县企业合规工作依法开展。

【“万企兴万村”行动】 2022年，县工商联下发《兴国县民营企业参与“万企兴万村”行动结对帮扶安排表》，引导企业积极履行社会责任。5月13日，县工商联召开“万企兴万村”行动推进会议，按照五大振兴（产业振兴、人才振兴、文化振兴、生态振兴、组织振兴）要求，鼓励引导非公有制企业结合自身实际，履行社会责任，与“十四五”乡村振兴重点帮扶村进行对接帮扶，“万企兴万村”行动推进会召开后，35家执委企业开展帮扶对接活动。

【县工商联（总商会）十三届二次执委会】 5月13日，县工商联十三届二次执委会召开，新增副主席（副会长）2人、常委3人、执委3人，十三届二次执委会委员合计104人，其中工商联主席由政协副主席兼任。坚持民主集中制议事决策规则，建立健全例会和走访制度，召开主席办公会4次，定期走访各会员企业和基层商会。至年底，全县有商会组织5个，县工商联（总商会）企业会员176人。

【非公有制经济人士学习党的二十大精神培训班】11月21日，县工商联在品禄园宾馆大讲堂举办非公有制经济人士代表学

5月13日，县工商联在隆坪乡兰溪村召开“万企兴万村”活动现场推进会
（县工商联 供图）

习宣传贯彻党的二十大精神专题培训班，县政协副主席、县工商联主席雷从华出席活动并作开班讲话，县委统战部副部长、县工商联党组书记陈晗主持活动。培训班开展题为“谱写新时代中国特色社会主义绚丽华章”专题讲座，120 人参加培训。

（蔡　鹏　魏发生）

兴国县文学艺术界联合会

1 月 6 日，县作家廖晓云的长篇小说《肩担客》首发式和研讨会在县文化馆召开

（县文联　供图）

【概况】 2022 年，兴国县文学艺术界联合会（以下简称县文联）强化职能转变，推动机制创新，团结引导广大文艺工作者为繁荣全县文艺事业做贡献，取得新的成绩。至年底，有作家协会、诗词楹联协会、摄影家协会、书法家协会、美术家协会、兴国山歌协会、民间文艺家协会、音乐舞蹈家协会、戏剧家协会等文艺协会 9 个，会员 427 名。

【文艺创作】 2022 年，县文联组织会员开展诗词、美术、摄影、歌曲、戏剧采风活动，一批作品在报纸杂志刊登或入选上级展览。1 月，召开长篇小说《肩担客》首发式和研讨会；5 月，举办“不忘初心 · 感恩奋进”美术书法摄影展；10 月，举办《星火》读者兴国驿“山水怡情 · 书香润心”“山水怡情 · 书香润心”国庆假期读书会；11 月，开展“赣鄱文艺大家谈”民间文艺暨兴国县基层一线美术摄影培训。全年开设 10 余期诗词楹联“春风试新酒”“夏日饮清凉”“秋风是一场任性的盛宴”“为驱寒疫荐屠酥”线上作品展，加大对民间文艺题材创作，推送 2 幅作品入展全国“不忘初心共绘美好家园”乡村振兴主题美术作品展，《双拥旗更艳》获评全国歌曲类三等奖，是江西歌曲类唯一入选作品。

【文艺惠民】 2022 年，县文联举办学习宣传贯彻中共二十大精神“万名文艺家下基层”“让文艺照亮生活”新时代文明实践文艺志愿服务暨兴国山歌理论宣讲进新时代文明实践站等活动。抓住校园课后延时服务契机，开展“作家进校园”文学讲座活动，以课堂、讲座、社团活动的形式讲授写作经验和方法。年内，开展“迎新春、送春联”活动 12 场，组织多名书法家进中小学课堂。参与《长征组歌》合唱节，协助打磨提升《苏区干部好作风》舞台剧。开展“戏曲进乡村”活动 6 场，助力乡村振兴。

【文艺队伍】 2022 年，县文联号召党员文艺工作者在道德操守、党内生活、民主监督、文艺创作、志愿服务等方面当模范、作表率，努力打造“有信仰、有情怀、有担当”的文艺队伍。拓展巩固党史学习教育成果，组织 9 支文艺队伍开展红色现场教育等活动 12 次。重视文艺人才培养，引导各文艺协会创新人才培养机制，一批文艺青年加入国家及省市协会，至年底，有国家级会员 22 人，省级会员 75 人。

【文艺交流】 2022 年，县作家协会、诗词楹联协会、摄影家协会、书法家协会、美术家协会、兴国山歌协会、民间文艺家协会、音乐舞蹈家协会、戏剧家等各协会邀请专家学者来兴国县开展学术交流、培训授课 12 次。创作《百年伟业展辉煌》《学史明理颂党恩》等一批反映农村新貌乡风文明、乡村振兴等方面的文艺作品。

（邓丽华　雷智国）

兴国县残疾人联合会

【概况】 2022年，兴国县残疾人联合会（以下简称县残联）在全县25个乡（镇）以及城市社区管委会配齐乡（镇）、村（居、社区）专职委员，配齐办公设施，明确乡镇区残联理事长由乡镇区分管领导担任，安排2名干部负责残联工作，村（社区）残协配备1名干部负责日常工作，面向广大残疾群众提供惠残政策咨询、残疾证办理、补贴申请、矛盾调解等服务。

【残疾人帮扶救助】 2022年，县残联开展帮扶救助工作，实施资助特殊教育学校开展残疾人劳动技能教育培训项目，为45名在特殊教育学校参加初中阶段劳动技能教育的残疾学生给予每人每年1000元的资助，为6名参加技校阶段劳动技能教育的学生给予每人每年3000元的资助。落实助残惠残政策，全面排查残疾人“两项补贴”（护理补贴和生活补贴）落实情况，发放生活补贴3175人，护理补贴5279人，“两项补贴”5057人，合计1.35万人，总金额148.54万元；对690户残疾人家庭进行无障碍改造；做好生活无自理能力贫困重度残疾人的托养工作，为集中托养残疾人给予每人每月1000元的补贴，为居家托养的给予每人每月600元的补贴。至年底有集中托养13人，居家托养383人。扩面实施“阳光家园计划”项目，通过政府购买服务的方式为全县495名贫困重度残疾人实施“阳光家园计划”，工作人员每月为他们提供4次以上服务。

【残疾人康复服务】 2022年，县残联为161名残疾儿童提供康复救助服务，为72名残疾少年儿童提供康复训练服务，为156名有需求的残疾人提供辅具补贴服务。做好辅助器具适配工作，为视力残疾人验配盲杖，为重度以上残疾儿童提供人工耳蜗（单耳）或验配助听器（双耳），为肢体残疾儿童装配基本型假肢或矫形器、适配轮椅、站立架、助行器等辅助器具。年内，发放辅助器具156件，为4名安装人工耳蜗的听力残疾儿童给予每人7.5万元的补贴。

【残疾人就业服务培训】 6月，县政府出台《兴国县残疾人就业保障金征收使用管理实施办法》，为机关、企、事业单位按比例安排残疾人就业工作的开展提供政策依据，全年有62家企事业单位招聘安置120名残疾人就业。通过微信公众号发布残疾人招聘信息、开展残疾人专场招聘会等方式帮助残疾人寻找合适的岗位，安置残疾人公益性岗位150人、残疾人农家书屋管理员221人。举办残疾人抖音电商培训班2期，培训内容包括抖音电商和中西式面点培训等，120余名贫困残疾人参加培训。

【扶残助残活动】 5月，县残联开展全国助残日、残疾人文化进家庭“五个一”（读一本书、看一场电影、游一次园、参观一次展览、参加一次文化活动）、残疾人康复体育进家庭等活动。实施康复健身体育关爱家庭计划，建设残疾人自强康复示范点，培训残疾人康复健身社会体育指导员。选送残疾运动员参加全省首届青少年残疾人运动会、全市首届残疾人运动会，展示残疾人精神风貌，汇聚助残力量。

5月14日，县残联在五福广场开展残疾人公益服务活动 （县残联 供图）

【残疾人权益保护】 2022年，县残联做好残疾人医保、养老保险和人身意外险、残疾人维权等工作。结合“八五”普法，开展残疾人尊法学法守法用法专项行动，参加培训人数200人，发挥“12345”政务服务热线和网络信访平台作用，及时排查化解残疾人矛盾纠纷，全年来访接待3批，诉求主要是残疾人办证、残疾人“两项补贴”等，化解率100%。

【残疾人持证管理】 2022年，县残联办理重度残疾人证1.12万人（存量办理），解决残疾人“应办证未办证”问题，至年底，全县持证残疾人2.2万人，其中一级1385人、二级9877人、三级5043人、四级5733人。年内，对持证残疾人，特别是外迁、内迁、变更、婚嫁、注销残疾人证等残疾人享受“两项补贴”情况进行全面核实，实现“两项补贴”应享尽享目标。

（王马林　黄承德）

兴国县哲学社会科学学会联合会

【概况】 2022年，兴国县哲学社会科学学会联合会（以下简称县社科联）积极开展各类社科普及活动。加强对全县社科学会组织的联系、指导和管理工作，对所属学会（协会、研究会）进行督促检查，对其机构、人员、活动情况进行调查研究，明确工作方向，指导活动开展，提高各学会服务全县大局的社会责任感。全年，征集社科研究课题15个，完成结题5个，

9月21日，县社科联在五福广场开展“喜迎党的二十大 感恩奋进新征程”社科普及宣传周活动（县社联 供图）

内容涵盖政治、经济、社会发展、文化传承、心理教育等各领域。年底，全县有各类学会（协会、研究会）11个，会员200余人，其中，县社科联所属研究会2个，会员50人。

【社科教育】 2022年，县社科联完成市级课题5项，其中，《模范兴国创造“第一等的工作”成功经验研究》成功立项江西省社会科学“十四五”基金项目，推荐《共和国军嫂》等社科作品参加省市社科作品评选。

【社科普及】 2022年，县社科联扎实学习和宣传社科知识，组织对中共十九届六中全会和中共二十大精神、习近平视察江西和赣州时的重要讲话精神、习近平在中国共产党成立100周年的重要讲话的宣讲活动；牢牢把握中共中央总书记习近平提出的“方向明、主义真、学问高、德行正”的总要求，9月21日，开展“喜迎党的二十大 感恩奋进新征程”兴国县2022社科普及宣传周活动。活动期间，所属学会、协会、研究会及相关单位通过摆放展板、设立咨询台和免费赠阅等形式，向广大市民发放社科宣传资料和手册。9—12月，开展科学理论进新时代文明实践中心（所、站）活动10余次，进社区、进校园，发放《江西省社科普及条例》和中共中央总书记习近平重要讲话精神等500余本。

【学会活动】 2022年，县社科联在新时代文明实践站、村史馆、将军馆、苏区干部好作风陈列馆、长冈乡调查纪念馆、科普实践站等社科普及基地，开展文艺演出、农技指导、科技普及等科普活动50余场。10月，兴国县水保科技示范基馆成功申报市社科普及示范基地。至年底，全县有社科普及示范基地3个，各类学会(协会、研究会)12个，其中县红土地文化研究会致力于发掘兴国红色文化资源，讲好兴国红色故事，与各地开展红色文化交流，推动红色文化的宣传教育，编辑《红色中华中的兴国》等多部红色读本。

（康　艳　杨高飞）

兴国县红十字会

7月28日，县红十字会在兴江乡举办应急救护知识培训（县红十字会 供图）

【概况】 2022年，兴国县红十字会（以下简称县红十字会）认真履行工作职能，紧扣主责主业，在应急救援、应急救护、人道救助、献血液、献造血干细胞、献人体器官组织等工作中，取得新的成绩。年内，兴国县红十字会“99公益日”公益筹款金额位列全市第一，被省红十字会评为“良好”单位。

【红十字文化传播】 2022年，县红十字会在“5·8”世界红十字日、世界急救日等纪念日开展系列活动，广泛宣传“人道、博爱、奉献”红十字精神。发放红十字知识及“献血、干细胞捐献、人体器官捐献、防溺水”等宣传资料1000余份。举办多场应急救护和健康义诊、防灾减灾、无偿献血、造血干细胞捐献、器官捐献、防溺水宣传活动。加强与各主流媒体合作，利用各级平台宣传典型事件、典型人物，其中，“19岁少年捐献器官挽救他人生命”洪立鑫感人事迹、“情系桑梓，深耕公益事业22年”邓习才先进事迹在《中国红十字报》刊登。

【基层组织建设】 2022年，县红十字会根据《兴国县红十字会基层组织建设方案》精神，按照红十字会基层组织建设“六有”（有健全的组织机构和规范的管理制度、有稳定的会员和志愿者队伍、有必要的办公活动条件和热心红十字事业的带头人、有稳固的服务平台、有红十字特色活动、有必要的经费保证）标准，年内新发展基层红十字组织30个，至年底，村、社区、医院、学校成立红十字组织369个，乡镇、二级医疗机构、学校（不含村小）100%覆盖，村、社区覆盖率82.18%。新增将军园社区“博爱家园”项目建设，成立城区将军园社区红十字会，将红十字元素融入社区服务，参与文明实践活动。将军园社区红十字会获评“江西省红十字博爱单位”称号。

【人道筹资】 2022年，县红十字会依托腾讯“99公益日”平台，联合县乡村振兴局、县工商联开展“我为群众办实事”助力乡村振兴一起捐活动，为“安居兴国，助力农村困境家庭住房改善”和“橙心方太，产业振兴”公益项目筹款86.41万元，其中“橙心方太，产业振兴”公益项目获评全省精品项目奖。动员社会爱心力量筹款530.99万元，全部用于城区33个网格环境整治工作。“虔诚勇为”基金筹款40.97万元，位列全市第三。全县累计筹集爱心款物折合人民币1032万元。

【“三救三献”】 2022年，县红十字会组织开展应急救护“六进”（进旅游行业、进机关、进企业、进学校、进社区、进乡村）活动。全年组织开展应急救护普及培训150余场，培训人次1.91万人；组织开展救护员持证培训33场，培训人次1616人，推进公共场所密集地配备AED（自动体外除颤器）民生项目，首次在县公共场所密集地投入使用AED17台，并开展AED公益培训，通过开展应急救护培训，提升群众自救互救能力。开展无偿献血志愿服务活动15次，无偿献血人次7226人次，献血量271.67万毫升；动员造血干细胞志愿登记入库40余人；动员遗体器官捐献志愿登记535人，完成遗体器官捐献6例。开展“博爱送万家”活动，为200余户生活困难群众送米油、暖被等爱心物资，为30余户行动不便老人送上轮椅。实施“小天使基金”“生命光彩基金”等人道救助项目，为5名农村大病患儿、遗体器官捐献者困难家庭发放人道救助金25万元。6月14日，兴国县红十字曙光救援志愿服务队在瑞金市开展抗洪抢险应急救援1次，转移被困群众600人次。

【红十字志愿服务】 2022年，县红十字会发展红十字会员及志愿者410人，依托新时代文明实践站、博爱家园等地，开展“救在身边”“敬老爱老”“防溺水宣传”“博爱送万家”等红十字志愿活动80余场，惠及群众2万余人。3月，县人民政府副县长、县红十字会会长刘文组织县红十字会全体干部及红十字志愿者，走访慰问汽车站、火车站、高铁站以及高速路口的疫情防控一线工作人员。6月，瑞金市遭受洪灾，红十字曙光救援队第一时间赶往受灾现场开展救援，转移被困群众600余人。年内，开展红十字曙光救援活动60余场，开展应急预案演练2次，包括寻找走失人员、防溺水行动、抗洪抢险等救援行动。

【募捐项目监督】 2022年，县红十字会开展龙口镇中岭村柏坑居家养孝食堂改造及附属项目、2021年度“99公益”助力乡村振兴网络募捐项目、茶园乡河背村产业孵化基地项目、78千瓦分布式光伏发电车棚项目、健身器材采购项目等专项督查3次，督查发现的项目资料未完善、未及时归档等问题，督促项目单位立行立改。年底，存在问题整改到位，5个项目全部完成。

（曾　萍　张声兰）

兴国县计划生育协会

【概况】 2022年，兴国县计划生育协会（以下简称县计生协会）贯彻落实国家人口和计划生育政策、宣传卫生健康、优生优育指导等职能，协助政府推动卫生健康、人口和计划生育工作。联合县卫健委、县卫健服务中心、县疾控中心、乡镇卫生院等单位部门开展“5·29”协会会员日、“7·11”世界人口日和爱国卫生健康知识宣传普及等活动。结合乡村振兴和文明村镇建设，号召各乡镇、村（居）修订完善好计划生育《村规民约》，开展基层计生群众自治。年底，“江西卫惠保”投保6000余例。

【计生协换届选举】 8月26日，县计划生育协会六届二次理事会在县卫健委召开，会议选举产生会长、第一副会长、常务副会长、副会长各1名，兼职副会长2名。联合县卫健委下发《关于做好基层计生协会换届选举工作的通知》，指导乡、村计生协换届，至12月，乡、村两级全部完成换届选举。

【生育优质服务】 2022年，兴国县落实“放管服”改革要求，重新梳理办事流程。采取网上办理和现场办证相结合，从压缩时间、减少流程、改善体验、减少资料、送证上门等方面，改善群众办事体验。依托社区现有的场所和条件，在将军园社区建立县级“家庭健康服务中心”1个，把家庭健康服务融入社区日常活动中，重点突出对老年人的关心关爱、幸福晚年。年底，巩固推进各级各类公共场所母婴室建设，提高母婴室配置率和覆盖面，全县建成母婴室13个。

（王应斌　胡韵颖）

本栏编辑：曾　雄

法　治

政法委与综治

【概况】 2022年，县委政法委维护社会稳定，推进平安兴国、法治兴国建设，创新社会治理，确保人民安居乐业，促进经济社会发展，政法、综治、信访维稳、扫黑除恶等各项工作取得新突破。全年排查各类矛盾纠纷1.91万件，化解1.88万件，长冈乡被评为平安江西建设示范乡镇，长冈派出所被评为全国“枫桥式公安派出所”，埠头派出所被评为全国优秀公安基层单位。1月，县委政法委组织政法单位开展评查四类重点案件（取保候审、不批捕、不起诉、判处缓刑）和涉企业案件专项执法检查，共评查检查案件108件。完善司法救助操作程序，简化发放流程，提高救助发放效率，全年发放救助款91.92万元，救助群众23名。新建村（居）视联网系统318个。

【平安兴国建设】 2022年，兴国县优化网格管理，推进综治中心实体化建设，全年县财政投入180万元，打造乡（镇）、村综治中心示范点，新增长冈乡长冈村、永丰镇船溪村等县级示范点25个。开展党建引领城市社区网格治理“多网合一”，调整优化城市网格85个，招聘专职网格员85名；开展全年优秀网格员、网格管理员评选表彰活动，评选优秀网格员50名、优秀网格管理员10名；举办网格员业务培训，共组织各类培训活动56场，培训网格员3600余人次。创新打造“屋场说事”“网格说事”“中间人”调解、“兴法铺子”“红色驿站说事”等兴国红色治理品牌，兴国红色治理经验在全省新时代政法工作创新交流会上作典型发言。长冈乡创新基层社会治理党员“十带头”做法（带头遵纪守法、带头发展产业、带头整治环境、带头孝老敬亲、带头尊礼守信、带头移风易俗、带头团结互助、带头志愿服务、带头树立正气、带头维护稳定），作为全省示范乡镇（街道）唯一代表，3月31日在平安江西建设表彰大会暨市域社会治理现代化试点工作推进会上发言。

5月，兴国县在五福广场开展常态化扫黑除恶、反有组织犯罪法宣传活动
（县委政法委　供图）

加强铁路护路管理，建立情报信息互通共享机制、应急处突警务协作机制、维稳协作工作机制，将铁路护路联防工作经费纳入县财政年度预算，加强铁路沿线涉路问题多发的区段（部位）、特大桥梁隧道、城乡接合处的视频监控系统建设，在高铁、京九、兴泉沿线34个村安装89个点位，开展“5·26我爱路，平安铁路我来护”系列宣传活动175次，共发放铁路护路宣传资料1.5万份、宣传品1.3万份、悬挂横幅196条，受教育人数1.5万人。县心理健康协会结合“进机关、进企业、进农村（社区）、进学校、进医院”，开展心理健康讲座64场次，开展重点人群个案服务170人次，其中青少年43人次。

【扫黑除恶常态化】 2022年，县委政法委基层社会治理室加挂“扫黑除恶协调督办室”牌子，全面履行常态化扫黑除恶斗争工作职责，全年召开各类调度推进会19次，开展专项督导，侦办各类涉恶案件，开展打击围标串标、非法采矿专项行动，推进机制砂行业乱象整治，执法整治非法企业。加强《中华人民共和国反有组织犯罪法》宣传，开展宣传活动5次，发放宣传单6万余份。引导社区党员和居民群众学习好、宣传好、践行好常态化扫黑除恶工作。

【维护社会安全稳定】 2022年，兴国县委政法委常态化开展影响社会稳定的矛盾纠纷和安全问题排查化解，成功处置化解“江山一品”楼盘等各类较大涉稳问题32起，完成中共二十大、全国“两会”、冬奥会、冬残奥会期间安全保障工作任务，全年全县未发生群体性事件。做好重大决策、重大项目社会稳定风险评估全覆盖工作，全年完成稳评备案42份。

【市域社会治理】 2022年，兴国县实行“10+X”（设区市党委书记、市长、组织部部长、宣传部部长、政法委书记、公安局局长、法院院长、检察院检察长、司法局局长、民政局局长；“X”是指省平安江西建设领导小组市域社会治理专项组成员单位负责同志）清单管理及定期双调度工作规程，全年共召开市域社会治理现代化试点工作调度会、推进会31次，督促各项工作落实，30项重点指标、110项重点机制项目全部完成。

【打击整治养老诈骗专项行动】 4月，平安兴国建设领导小组办公室印发《全县打击整治养老诈骗专项行动实施方案》，开展打击整治养老诈骗专项行动。全年侦破涉养老诈骗刑事案件11起、行政案件2起，抓获违法犯罪嫌疑人16人，摸排涉养老经营场所201处，发现问题隐患8处，立案查处5家涉老诈骗经营违规场所，提醒告诫21家广告企业。12月28日，平安兴国建设领导小组办公室印发《兴国县健全落实常态化打击整治养老诈骗工作系列长效机制》，常态化保持对养老诈骗高压打击整治态势。

（刘士华　张祖苗）

法治政府建设

【概况】 2022年，县政府制定《兴国县法治政府建设实施方案（2022—2025年）》《兴国县2022年法治政府建设工作要点》《〈兴国县法治政府建设实施方案（2022—2025年）〉重要举措分工方案》，分解重点任务、明确责任单位和完成时限，推动法治政府建设工作落地落实。开展市委依法治市办对党政主要负责人履行推进法治建设第一责任人职责及法治政府建设专项督察反馈6方面21条问题的整改工作，做实法治政府实地督查，加大监督力度。规范行政行为，强化队伍建设，提升法治保障水平。

【合法性审查】 2022年，兴国县严格执行《重大行政决策程序暂行条例》《江西省县级以上人民政府重大行政决策程序规定》，把公众参与、专家论证、风险评估、合法性审核、集体讨论决定确定为重大行政决策法定程序，凡涉及全县经济社会发展的重大决策，必须经县政府常务会议集体讨论决定并向县委请示报告，县政府重大决策事项合法性审核率达100%。落实《江西省行政规范性文件合法性审核工作指引》《赣州市行政规范性文件管理规定》，加大行政规范性文件合法性审查备案力度，全县合法性审核政策文件189件，其中行政规范性文件7件、合同协议15件、其他政策文件167件。组织人员参加全省行政规范性文件备案审查系统操作视频培训，全县64个单位的业务人员参加培训，合法性备案审查系统注册率达100%。开展规范性文件清理工作，县司法局会同县政府办共同梳理2017—2020年下发的规范性文件，形成拟清理规范性文件目录，并广泛征求各单位各部门意见。经审核，共清理规范性文件208件，其中拟废止文件43件、失效86件、继续有效74件、修改5件。

【行政执法监督】 2022年，兴国县全面落实行政执法“三项制度”（公示制度、全过程记录制度、重大执法决定法制审核制度）“双随机、一公开”（在监管过程中随机抽取检查对象，随机选派执法检查人员，抽查情况及查处结果及时向社会公开）监管等工作，全年开展行政执法专项检查2次，对18个重点行政执法部门进行案卷评查，收集企业对行政执法检查方面的意见和建议2条，办理执法证790张、监督证55张，推进乡（镇）综合行政执法改革，提升乡（镇）依法行政能力，印发《兴国县乡（镇）综合执法大队规范化建设实施细则（试行）》《兴国县基层综合行政执法常用法律法规汇编》，从队伍建设、制度建设、基础设施、监督工作和执法办案等5个方面加大对乡（镇）规范化建设的指导力度，深入乡（镇）开展专项检查，督促落实。出台“企业安静生产期制度”，推动实施包容免罚，出台3批《兴国县轻微违法行为不予处罚清单》共计380项，法治化营商环境持续向好。选定民营企业30家建立企业行政执法监测点，选任20名行政执法监督员，派驻42名民主监督员，充分发挥行政执法民主监督作用。

【行政复议应诉】 2022年，兴国县司法局推进行政复议体制改革，畅通行政复议渠道。赣州市政府在兴国县司法局设立行政复议便民服务点，在各乡（镇）、经开区设立行政复议便民服务点，让群众、企业就近提出行政复议申请，最大化方便群众。开展行政复议场所规范化建设，完善基层行政复议审理、听证调解多功能室等基础设施。加大听证审理和调解力度，开庭式审理9件，组织调解4件，被申请人采纳意见主动纠错2件。年内，收到行政复议申请50件，增长47%；受理37件，增长48%，审结48件（含结转11件）；承办和办理县政府行政应诉10件，行政机关负责人出庭应诉率达100%。

【行政争议化解】 2022年，兴国县司法局共审结行政争议化解48件。采取向行政机关指出违法并反馈自纠意见、加大听证审理和调解力度等形式，县司法局与县检察院建立密切联系，形成长效工作机制，在行政复议听证、调解程序中邀请县检察院列席听证、参与联合调解，提升行政争议化解质效，全年调解和解结案数12件，占比32.43%。

【政务公开】 2022年，兴国县司法局推进政务公开标准化规范化建设，在政府网站公开信息5.25万条，其中重点领域信息1087条。推进重大行政决策目录公开，公开决策依据、决策草案17条，广泛征求意见17次，收集意见建议并发布结果反馈17条。严格执行政策文件与解读材料同步起草、同步审核、同步发布机制，对出台的64个重要政策文件及时解

12月13日，兴国县司法局特邀县检察院列席听证及参与联合调解

（县司法局 供图）

读，其中文字解读 18 篇、图文解读 25 篇、PPT 解读 7 篇、专家访谈 10 篇、新闻发布会解读 2 篇、媒体解读 2 篇，组织召开《兴国县稳经济保民生促发展若干措施》《兴国县妇女发展规划（2021—2030 年）》和《兴国县儿童发展规划（2021—2030 年）》新闻发布会。高度重视依申请公开工作，受理依申请公开信息 22 件。2022 年兴国县政务公开考核为全省“良好”等次，潋江镇入选全省基层政务公开标准化规范化示范乡（镇）。

【推进“法律明白人”培养工程】 2022 年，兴国县司法局持续推进“法律明白人”培养工程，组建“法律明白人”讲师团，对“法律明白人”采取县、乡（镇）、村三级巡回培训，全年组织“法律明白人”培训 200 余场，至年底，共选任“法律明白人”182995 人，其中“法律明白人”骨干 17245 名，社区“法律明白人”170 人，企业“法律明白人”136 名。加强民主法治村（社区）建设，杰村乡含田村被省司法厅、省民政厅授予第五批“省级民主法治示范村（社区）”称号。

（梅　茜　李赞福）

公　安

【概况】 2022 年，县公安局全力以赴战疫情、防风险、保平安、护稳定、赢民心，为全县政治安全和社会大局持续稳定贡献公安力量。年内，县公安局先后获评全省政府系统“五型”政府建设先进集体、全市公安机关规范执法“五个一”（每月一评议、每月一考核、每月一通报、每月一整改、每月一追究）工作成绩突出集体、“民调评警”“双提升”工作成绩突出集体称号、公众满意政法单位、全市信访工作先进集体等荣誉。长冈派出所被命名第二批全国“枫桥式公安派出所”，埠头派出所被评为“全国优秀公安基层单位”，刑事科学技术室再获评“全国示范刑事科学技术室”称号；交管大队被评为江西省第十六届文明单位，情报大队获评“全省公安机关情报信息工作突出集体”，刑事科学技术室获评“全省优秀公安基层单位”；9 个单位、38 人次获评市级及以上表彰。

【打击违法犯罪】 2022 年，全县刑事警情、治安警情比上年分别下降 25.07%、3.70%，亡人道路交通事故和亡人数分别下降 8.33%、6%，纠纷类警情比上年下降 7.50%。刑事案件侦办中，破获各类刑事案件 713 起，现发命案 3 起，均在较短时间告破，继续保持现发命案全破纪录，查处行政治安案件 802 起，排查化解各类矛盾纠纷 6500 余起，全县社会治安持续安全平稳。经济案件侦办中，全年共受理经济犯罪案件 24 起，立案 22 起，破案 10 起，移诉 4 起，涉案金额 2.5 亿余元，抓获犯罪嫌疑人 11 人，其中取保 10 人、监视居住 1 人，移送起诉 5 人。毒品案件侦办中，强力推动制毒窝点常态化排查，开展“清隐”行动，全年开展制毒窝点无人机巡查活动 80 余次，组织开展吸毒高危场所大排查 15 批次。

【专项打击行动】 打击涉黑涉恶犯罪 2022 年，兴国县公安局紧紧围绕年度扫黑除恶“十件实事”和年度扫黑除恶斗争工作重点，严厉打击涉黑恶违法犯罪。全年共核查涉黑涉恶类线索 14 条；“9+1 类”（强迫交易罪、敲诈勒索罪、寻衅滋事罪、聚众斗殴罪、非法拘禁罪、故意毁坏财物罪、组织卖淫罪、强迫卖淫罪、开设赌场罪等 9 类犯罪，故意伤害）涉恶个案立案 32 起，破案 23 起，打击处理 42 人，起诉犯罪嫌疑人 33 人；扫除吴某帅、徐某银等恶势力团伙 1 个，刑事打击处理 8 人。

打击电信网络诈骗犯罪 紧盯“降发案、断两卡、劝人员”3 个环节，聚焦“四联四打”（打击治理电信网络诈骗四级联动打击），坚决深挖金主、斩断链条、切断通道、摧毁窝点。全年立案 348 起，比上年下降 43%，破案 218 起，比上年上升 14%，打击处理 357 人，风控 3691 人，核减滞留缅北窝点人员 121 人，核减率 79.61%，惩戒 316 人，为群众挽回被骗经济损失 50 余万元。

打击整治养老诈骗 4 月，县公安局成立打击整治养老诈骗专项打击组，至年底核查涉养老诈骗线索共 16 条，打掉涉养老犯罪团伙 2 个，抓获犯罪嫌疑人 30 余人，侦破涉养老诈

6—9 月，县公安局开展夏季治安打击整治“百日行动” （县公安局 供图）

骗案件 11 起，打击处理 16 人，其中兴国县某民营医院诈骗医保基金案告破，被省刑侦总队发贺电通报表扬。

“百日行动” 6 月 25 日至 9 月 26 日，县公安局实施“百日行动”，共侦破涉养老诈骗案件 7 起，打击处理嫌疑人 13 名，打掉团伙 1 个，查扣涉案财物、资金 415 万元；查破“黄赌毒”案件 49 起，打击处理 135 人；侦破传统盗抢案件 101 起，抓获盗抢犯罪嫌疑人 73 人，打掉盗抢团伙 6 个，追缴返还被盗抢财物价值 110 万元，在 7 小时内快侦快破涉案价值 90 万元的金店盗窃案件 1 起，有力挤压各类违法犯罪滋生土壤。

【社会治安管理】 2022 年，兴国县公安局全面整治治安乱点，清查场所 3580 余家次，“九小”场所（小型学校或幼儿园、小医院、小商场、小餐饮场所、小旅馆、小歌舞娱乐场所、小网吧、小美容洗浴场所、小生产加工企业）5950 余家次，责令整改隐患 92 处，侦办查处“黄赌毒”案件 102 起，抓获处理违法犯罪人员 388 人；侦破各类涉枪涉爆案件 3 起，收缴各类枪支 33 支、子弹 742 发、炸药 92.4 千克、雷管 689 枚。

【户政管理】 2022 年，兴国县公安局加大“放管服”改革，提升服务群众能力，全年录入户籍电子档案 2.38 万条，实现户籍档案电子化管理；全面完成公安部下发的核查处理重复虚假户口线索，共注销重复户口 33 人，更正相片 99 人，核查率和处理率均达到 100%；集中开展“替头身份证”专项整治，线索经核查无误 216 条，更正照片采集错误 118 条，注销重复户口 283 条；推进“互联网 + 户政”服务，落实出生“一件事一次办”。全年依托“赣服通”“江西公安为民服务平台”，线上办理出生登记 11 人，线上办理身份证 1814 张。

【出入境及往来港澳台办证工作】 2022 年，兴国县公安局贯彻国家移民管理局办理出入境证件的相关政策，有序开展出入境办证工作。全年办理因私出入境及往来港澳台证件 525 人次，其中办理护照 61 人次，港澳通行证及签注 464 人次。

【道路交通安全管理】 事故预防与处理 2022 年，兴国县公安局以事故预防“减量控大”工作为抓手，健全源头隐患排查治理机制，完善源头隐患清零制度，加强部门联动，强化研判分析。全年督办道路隐患 61 处，下发隐患问题整改函 13 次，61 处隐患全部整改到位；全年发生道路交通事故 1.5 万起，死亡事故 48 起，死亡 52 人，受伤 4571 人，直接经济损失 846 万元。办理刑事案件 166 起，刑事拘留 20 人，取保候审 68 人；办理行政案件 113 起，行政拘留 113 人。

交通设施、执法基础建设 邀请厦门市国土空间和交通研究中心对全县城区交通组织开展优化设计，通过实地踏勘，提出优化方案，对城区所有路口交通信号灯进行升级改造，增加个位数倒计时显示，220 个黄灯全部替换为双色计时器 + 黄灯复合灯盘。全年集成指挥平台接入备案卡口 82 个，视频监控设备 140 个，执法取证设备 133 个。

道路交通秩序整治 全年共现场查处各类交通违法 19.58 万起，其中酒驾 1183 起、醉驾 124 起、再次饮酒 122 起、超速 5981 起、超载 1323 起、超员 1062 起、疲劳驾驶 277 起、逆向行驶 3.17 万起、未按规定佩戴头盔 3.33 万起、未按规定使用安全带 5.07 万起、其他违法 6.98 万起。

【监所安全管理】 2022 年，兴国县公安局共收押犯罪嫌疑人 364 人次，办理出所 405 人次，其中取保候审 123 人次，投送监狱 175 人次，刑满释放 84 人次，转外所 17 人次，其他 6 人次，年底，在押 122 人。拘留所共收拘 141 人次，办理出所 114 人次。深挖移交违法犯罪线索 15 条，协助破获案件 3 起。实现“疫情零输入、监所零事故、队伍零减员”目标。

【森林公安工作】 2022 年，兴国县公安局适应“食药环知水森”职能整合，全面理顺机构职能，提升业务能力，紧紧围绕中共二十大安保主线，严厉打击“食药环知水森”（食品、药品、环境、知识产权、水域、森林）领域犯罪活动。全年共立“食药环知水森”刑事案件 71 起，破案 72 起（含破往年案件），其中申报省督案件 2 起；刑事拘留 9 人，逮捕 9 人，取保候审 20 人，移送起诉 47 人。

【公安执法规范化建设】 2022 年，兴国县公安局推进规范执法“五个一”工作机制，创新集中阅卷、执法培训、执法制度，开展优质劣质案件评选，抓好全警情案件全流程智能监督管理平台和政法跨部门大数据办案平台的应用，提升法治队伍整体素质，提升公安工作法治化水平和执法公信力。全年开展执法检查案件 884 起，发现整改问题 2790 个，网上巡查案件 1013 起，开展网上执法质量考评 42 次，发布考评通报 30 次，问责追究 26 人。

【公安科技信息化建设】 科技强警 公安法医、痕检、理化、DNA 实验室等科学刑事技术业务日益精进，兴国县公安实验室成为全省唯一能开展理化检验的县级公安实验室。年内利用指纹技术破案 37 起，利用 DNA 技术破案 28 起，其他刑事技术配合协助破案 85 起，协助处置非正常死亡等事件 36 起，协助破获传统盗抢等民生小案 275 起。局刑事科学技术室具备公安法医、痕检、理化鉴定资质（含人员和机构），创建高标准 DNA 实验室，成为全省唯一能开展理化检验的县级公安实验室。

信息化警务（勤务）工作 按照“1244”模式［一个信息化警务（勤务）中心、两个信息化警务（勤务）模式单位、四个信息化警务（勤务）核心岗位、四种长效机制］，实现全局信息化作战响应需求，坚持定岗定员、专人专岗，建设“业务过硬、技术娴熟、研判精准”的核心岗位团队；做强一体化指挥体系、合作化作战体系，提高敏锐感知、动态管控、落地核查、应急处置的水平，提升预防化解风险，快速准确打击犯罪、服务基层服务群众能力。全年共接收上级通报信息 3245 条，核查反馈 793 条。

【警务为民服务】 2022 年，兴国县公安局持续深化“万警千车下基层”“新型警力护校园”等行动，组织同一小区居住的机关民警成立最小巡防作战单元，在本小区每周至少开展 2 次“晚间 110”巡逻，策应城区街面网格化巡防，推进落实治安防控“四项机制”（人、地、物、事）和城区处警“1、3、5 分钟”快反机制，303 个行政村、14 个社区居委会“一村一辅警”实现全覆盖并落实到位，社区警务得到加强，提升见警率、管事率，社会管理公安基层基础得到夯实。全年结合“我为群众办实事”实践活动和“万警千车下基层”活动，县公安局为群众办实事、好事 2492 件；通过问政江西、问政赣州、民声通道、“12345”、“12123”等平台，解决老百姓身边一批急难事麻烦事烦心事突出问题。结合“五型”政府建设和营商环境优化升级“一号改革工程”，落实“三加”“三减”（加办事渠道、加便民方式、加服务质效，减群众跑路次数、减办事繁杂程序、减办事慢急难繁）再推优化企业公章刊刻等 19 项惠民新举措。探索农村道路交通安全管理体制改革措施，推进“交所融合”工作机制，高频简易交管业务进驻 23 个派出所窗口，全年办理高频交管车驾管业务 4024 起。6 月 16 日起推出居民身份证制作免费邮寄政策，为高考、中考考生开通绿色通道办理身份证 148 张，落实错时延时服务，错时延时服务办件 8451 件，免费邮寄 1.22 万份居民身份证，为群众提供更便捷的服务。获评全省政府系统“五型”政府建设先进集体。

【长冈派出所获评全国“枫桥式公安派出所”】 5月11日，长冈派出所获评全国第二批“枫桥式公安派出所”。长冈派出所自创建“枫桥式公安派出所”以来，建立“四星望月”积分制，从学习教育、组织生活、履职尽责、志愿奉献和攻坚克难五个方面对党员民警量化积分、评星定级；常态化开展“五红”（“读红色家书、讲红色故事、观红色电影、看红色展馆、访红军后代”）党员教育活动，在常规建设“五小工程”（小食堂、小洗衣房、小浴室、小阅览室、小健身房）的基础上，新建心理调节室、设立文娱室、会客室、创建微训室、打造廉政教育室；开展民调评警和“百万警进千万家”活动，建立“民调评警”微信群237个，入群数3.1万人，做到家庭（户）全覆盖；白天组织民警到田间地头走访，为群众排忧解难，夜晚到村小组或家族聚居地召开“屋场会”，收集群众意见和建议，至年底，走访群众1.3万余人，召开屋场会220场，为群众解决实际问题130个，收集采纳意见35条。推行“1+1+1”(1位乡村干部、1位派出所辖区民警、1位“中间人”）调解社会矛盾纠纷工作法，通过聘请律师和老干部、老党员、老族长等有威望、存公心的“中间人”介入，简易矛盾纠纷就地解决，复杂纠纷“一事一专班”及时办结，至年底，调处各类矛盾纠纷1270起，化解率达99.3%；依托县公安局“兴国海警务”治安立体防控应用平台，精心打造“网格化管理、精细化服务、信息化支撑、开放式共享”的“智慧派出所”系统；用好“一村一辅警”队伍，实行“1+2+X”（1名驻村辅警、2名网格员、综治专干，若干名村小组长、妇女小组长、平安志愿者等）专群联动模式，月均投入巡逻力量1500余人次，做好日夜巡防、重点部位巡防；通过组建防电信诈骗志愿队、文艺节目表演、设立宣传展板、流动播放宣传片等形式，深入村组、企业开展反电信诈骗等安全防范知识宣传。至年底，长冈派出所民辅警获评省级表彰1人，省厅表彰3人，立三等功2人，被嘉奖1人，连续13年违法违纪“零”记录，民调评警成绩列全市B类所（户籍人口2.5万—5.2万人）第3。

（刘智敏　邱国林）

5月25日，全国“枫桥式公安派出所”授牌仪式在长冈派出所举行

（县委政法委 供图）

检 察

【概况】 2022年，兴国县人民检察院（以下简称县检察院）依法履行刑事检察、民事行政检察、公益诉讼检察等法律监督职责，全力以赴防风险、保安全、护稳定、促发展，各项检察工作稳步推进。司法救助、附条件不起诉等工作得到最高人民检察院调研组充分肯定，公益诉讼推动“机制砂”行业规范经营的经验做法，在最高人民检察院工作简报刊发并推广；办理的2件案件被评为全市优秀案件，获评赣州市“七五”普法工作先进单位，“兴国检察”微信号获评2022年全省检察系统微信影响力排行榜二十强。全年组织反诈防骗宣传预防活动，开展宣讲103场次，参与群众达1万余人，张贴发放宣传资料1万余份。

【刑事诉讼检察】 2022年，县人民检察院加强与监察机关办案衔接和配合制约，办理职务犯罪案5件5人，为一体推进“三不腐”贡献检察力量。依托侦查监督与协作配合办公室，对重大刑事案件及时介入引导，对疑难复杂问题实时会商研究73件次。加强“两法衔接”（行政执法与刑事司法衔接）工作，同步审查不起诉案件并建议给予行政处罚174人。建立案件“繁简分流”机制，加强与法院沟通，适用速裁和简易程序办理案件207件，平均办案时长比上年缩短3.6天。主动适应刑事犯罪结构变化，全面贯彻“少捕慎诉慎押”刑事司法政策，对犯罪情节轻微的不批捕113人、不起诉214人，不捕率、不诉率比上年上升13.7%、14.6%，最大限度缩小刑事打击面。强化刑事执行监督，牵头对宁都县看守所开展交叉巡回检察，配合做好对兴国县看守所常规巡回检察，助力提升监管改造效果。全年办理各类刑事案件640件848人，批准逮捕107人，提起公诉406人。突出打击重点和效果，起诉涉枪涉爆犯罪7人，故意杀人、强奸、故意伤害等严重暴力犯罪18人，“盗抢骗”等多发性侵财犯罪69人。严惩电信网络诈骗犯罪，与公安、法院等部门专项推进“断卡”行动，批捕35人，起诉120人，斩断黑灰产业链。全年深化认罪认罚从宽制度适用，在教育转化、释法说理、化解矛盾上下功夫，办理认罪认罚案件417件552人，适用率达93.8%，一审服判率超过95%。

8月5日，最高人民检察院办公厅“感悟基层”专题调研组青年干警座谈会在兴国县检察院召开（县检察院 供图）

【民事行政检察】 年内，县人民检察院办好典型性、指导性案件，办理各类民事检察案件45件，比上年增长21%，提出检察建议9件，力促个案纠正。强化释法说理，15件案件当事人主动撤回监督申请，实现案结事了人和。针对“打假官司”开展专项监督，依法办理龚某某与某公司借款合同纠纷涉嫌虚假诉讼监督案，以检察之为助力“诉讼打假”。充分履行既监督公正司法、又促进依法行政的双重责任，办理各类行政检察案件12件。开展行政非诉执行专项监督，提出检察建议3件。深入推进行政争议实质性化解，督促协调行政机关主动纠错，引导申请人在法律框架内处理争议，化解行政争议3件。针对办案中发现的行业乱象及监管漏洞，制发社会治理检察建议14份，切实推动诉源治理。

【未成年人检察】 2022年，兴国县积极教育挽救涉罪未成年人，不批捕25人，不起诉30人（含附条件不起诉11人），不捕率、不诉率分别高出总体刑事犯罪48个和32个百分点。严厉打击侵害未成年人犯罪，批准逮捕14人，提起公诉13人。推行涉未成年人“四大检察”业务统一集中办理，通过全流程履职、全方位保护办理的陈某某强奸案被评为全市优秀案件。深化从业限制制度，对1.37万名密切接触未成年人的从业人员进行准入查询。联合县监察委、县教科体局、县卫健委等8部门召开强制报告制度联席会，赴乡村张贴宣传海报400余份，推动强制报告有效落实。坚决贯彻新修订的未成年人“两法”（《中华人民共和国未成年人保护法》《中华人民共和国预防未成年人犯罪法》），开展“检爱同行 共护未来”未成年人保护法律监督专项行动，35名干警兼任法治副校长，举办法治巡讲、“订单式”法治课84场，发放宣传资料2.3万余册，受众超过2.5万人次。推动家庭教育指导，发出督促监护令39份，让“甩手家长”依法带娃。

【公益诉讼检察】 2022年，兴国县强化公益诉讼与行政执法衔接，推动实现诉前维护公益目的，办理行政公益诉讼案件66件，发出诉前检察建议66件。办理的督促整治部分项目水土保持补偿费欠缴问题案件，挽回国有资产损失15余万元。公益诉讼检察建议与代表意见、委员提案双向衔接转化7件，共同推动解决公益保护问题。积极回应人民群众新关切，办理食品药品安全、未成年人权益保护、安全出行、个人信息保护等领域案件31件。践行恢复性司法理念，督促有关部门治理被污染供水工程水源地2个、整治违法排污企业5家、收缴生态环境资源损失费用95余万元、修复被损毁矿山和林地9.33公顷。建立完善“林长+检察长”机制，发挥生态保护合力。创新“检察建议+调研报告”工作模式，形成关于兴国县老年代步车注册登记及上路有关问题的调研报告。

【司法救助】 2022年，兴国县坚持司法救助“应救尽救”，着力解决“法度之外、情理之中”的合理诉求，办理司法救助案件68件，办理的钟某某国家司法救助案被评为全市优秀案件。

【检务服务】 2022年，县人民检察院全面推开涉案企业合规改革，会同县工商联等8部门制定兴国县第三方监督评估机制及专业人员选任管理的办法，初步形成企业合规第三方监管合力。办理合规案件3件，对3家涉案企业“因罪施教”“因案明规”，经第三方评估整改合规后不起诉，促进企业守法经营、预防再犯，营造安商惠企的法治化营商环境。突出打击侵犯企业合法权益犯罪，起诉破坏市场经济秩序案件13件17人，让企业安全有保障、权益能维护、发展可预期。依托“12309”检察服务中心建立涉企案件优先办理机制，专人负责受理、移送、流转事宜，实现快流转、快办理。组织开展“百名检察官进百企”活动，走访企业150家，提供法律咨询67件次，妥善处理企业诉求12件，推动检企对话常态化、服务“门诊式”。

【创建“检察蓝”守护“基因红”检察文化品牌】 2022年，县人民检察院持续创建“检察蓝”守护“基因红”检察文化品牌，助推红色资源保护。全年办理红色资源保护领域公益诉讼案件7件，发出诉前检察建议7份，推动各类红色旧址保护46处，督促及时足额发放军人家庭优待金740余万元，以“回头看”推动红色古村保护和将军故居复原维修，并推动出台《兴国县英雄烈士纪念设施保护管理办法》，品牌创建和培育工作取得“办理一案、治理一片、惠及一方”的良好效果。

（曾繁榆　钟　欣）

法　院

【概况】 2022年，兴国县人民法院（以下简称县法院）立足审判职能，致力为大局服务、为人民司法，着力建成“忠诚、开放、高质、满意”四型法院，各项工作取得新进展。全年新收案件7554件，审（执）结案件7654件（含上年旧存案件），收、结案数比上年分别下降5.89%、3.86%，获评第十六届江西省文明单位、2021年度赣州市维护妇女儿童权益先进集体，2022年全市法院“夏日风暴”执行专项行动“先进法院、敢于亮剑”法院。

【刑事审判】 2022年，县人民法院审结各类刑事案件331件406人。推动完善“法、检、公、司”联席会议机制和涉众型经济犯罪防控协同机制，确保司法活动的有效衔接，严惩电信网络诈骗、养老诈骗案件52件。着力净化社会环境，审结“黄、赌、毒”等犯罪案件22件28人。保护青山绿水，审结破坏环境资源犯罪案件4件4人。严惩腐败犯罪，审结职务犯罪案件4件4人，把廉政课堂搬进庭审现场，邀请公职人员旁听案件138人次。坚持“教育、感化、挽救”方针，审结涉未成年人刑事案件14件14人。做好量刑规范化工作，对危险驾驶、赌博、开设赌场等常见犯罪量刑幅度以及盗窃、贩卖毒品、组织卖淫等28个罪名的罚金刑进行厘定，规范法官自由裁量权。

【民商事审判】 2022年，县人民法院调判结合审结民事案件4705件，共调处矛盾纠纷2450件，民事案件立案数比上年下降8.73%，扭转案件逐年上升趋势。深化案件繁简分流，坚持“简案快审，繁案精审”，民事结案平均用时24.5天，比上年缩短10天。保障民生权益，审结涉及房屋买卖、劳动争议、物业管理、道路交通事故等案件828件，快速审结涉红军大桥重建拆迁等一批县重点工程案件和涉民生案件。依法维护金融秩序，审结金融借款合同、信用卡等金融纠纷案件637件。维护社会和谐稳定，依法审结婚姻家庭、赡养继承、相邻关系等968件。

【行政审判】 2022年，县人民法院新收行政案件25件，其中非诉审查案件22件，全部审结，结案率100%。坚持落实行政机关负责人出庭应诉制度，行政诉讼案件的行政机关负责人出庭应诉率达100%。坚持完善和落实"府院联动"机制，加强与相关职权部门信息互通和工作联动。制定《兴国县人民法院关于规范行政机关办理非诉行政案件的指导意见（试行）》，同时加强对行政机关行政执法的监督，向有关部门发出司法建议。

【案件执行】 2022年，县人民法院执结执行案件3379件，发布失信被执行人名单2066人次，执行到位2.67亿元，比上年上升84.13%。构建与县公安局、自然资源、金融等部门的执行联动协作网，组建金融执行团队，推动财产查控"不见面"办理，发起查询6744次，查控不动产200余处，查控资金2.1亿元。深化"纪法联动"工作机制，推送公职被执行人名单49人次，敦促失信公职人员主动履行案款520余万元。以集约化替代条块化作业，采用"大中心、小团队"模式，实行分案、办案、结案全流程管理。试行执行通知前置，合理简化执行程序，助推执行工作再提速，执行结案平均用时缩短15.83天，1个执行案件入选全省十大涉执信访化解典型案例。

4月1日，兴国县人民法院在兴国县经开区设立"优化营商环境法官工作站"，为县工业园区企业提供法律服务 （县人民法院 供图）

【优化法治化营商环境】 2022年，县人民法院出台优化营商环境二十条举措，实行"1+4+1"工作模式，（1个领导小组、4个工作专班和1个园区法官工作站），安排干警对接工业园区规上企业，开展线上分类重点普法，赠送企业法律服务包，一对一提供"法治体检"、纠纷化解服务。对涉企案件实行"立审执直通"，确保涉企诉讼高效流转、高效办理。抓好营商环境"执行合同、办理破产"两个牵头指标，办结涉企案件1654件，办结破产案件5件，结案用时缩短10.2天，为企业追回欠款2152.36万元。

【诉讼服务】 2022年，县人民法院全面升级诉讼服务中心，实行"四快"（快诉答、快诉调、快诉立、快诉送）诉服运行模式。开展"快诉答"，配备诉讼辅导员，为群众提供法律咨询2500余次。开展"快诉调"，组建3个调解团队，诉前成功调结案件611件。开展"快诉立"，为当事人提供一站通办、一网通办、一次通办的诉讼服务，快速受理案件4572件。开展"快诉送"，通过直接送达、电子送达、邮寄送达快速送达法律文书，电子送达率提升至99.44%，位列全市法院第四。以信息化为抓手，落实便民措施，推进案件流转、文书送达等网上运行，推进诉讼材料"无纸化"应用，网上立案1333件，网络庭审595件，网络调解665件。

【司法公开】 2022年，县人民法院公开裁判文书2184份，随案推送审判流程信息2.98万条，庭审网络直播案件595件。加强普法宣传，组建宣传专班，开展"送法赶圩"普法宣传52场，发放宣传材料6万份，提供法律咨询1800余人次。拓宽宣传渠道，利用兴国山歌、短视频等群众喜闻乐见的形式，向社会公众传递法治声音。建强新媒体矩阵，利用微信公众号、抖音等平台推送普法宣传200余期，阅读量超过263万次，微信公众号5次进入全省法院榜单前30。创新普法模式，推出“兴法为民”抖音直播，直播11场次，点击量突破59万次。

【“三联”创建“无讼村（社区）”】 2022年，县人民法院坚持把非诉讼纠纷解决机制挺在前面，强化诉源治理、多元解纷工作举措，推进“无讼村（社区）”创建。全年建立“乡镇呼叫、法院响应”联动机制，每名党组成员对接1—2个乡镇，为乡（镇）提供风险预防、纠纷化解等点单式服务，根据各乡（镇）特点，为乡（镇）重点产业、重点企业、重点工程提供“法治体检”服务；建立与乡村工作“联系”的机制，每个乡（镇）选取1—2个村（社区），“联村共治”创建“无讼村（社区）”，推进诉讼服务在一线、调查研究赴一线、巡回审判到一线、判后回访去一线”的“一线工作法”，让矛盾纠纷化解在一线；建立与村民情感“联结”机制，推行“一村一法官”，进行点对点，包干分区式法律咨询、普法宣传等工作，全院干警主动加入各村、社区微信群，亮明身份，兼任“法律顾问”，为群众提供“家门口的法律服务”。年底，班子成员定点联系乡（镇），向乡（镇）通报情况52次，为乡（镇）提供风险预防、纠纷化解意见建议122条；融入基层治理格局，推行法官回村报到机制，开展村居（社区）法治体检活动，90名干警对接323个村居，实现全覆盖；诉源治理矛盾纠纷913件，提供法律咨询服务1867次，民事案件收案数比上年下降8.53%，13个村（社区）实现无讼。

（丁 敏 曾宪章）

司法行政

【概况】 2022年，兴国县司法工作坚持围绕中心、服务大局，切实履行“一个统筹、四大职能”，以全面依法治县为统筹，以法治政府建设为主线，发挥行政执法监督、刑事执行（社区矫正）、公共法律服务等方面职能作用，为加快建设工业强城乡美百姓富作风好的“模范兴国”，再创新时代“第一等工作”创造更加安全的政治环境、稳定的社会环境、公正的法治环境和优质的服务环境。县司法局获评“全国组织宣传人民调解工作先进集体”“全市社区矫正工作先进单位”“全市普法工作先进单位”“全市司法鉴定工作先进单位”；在全面依法治市考核中的得分为二类县第1名；在全县综合考核中获得第1等次。

【社区矫正】 2022年，兴国县司法局开展重点对象巡查41次，全面落实刑释人员必接必送制度，并做好帮扶工作，未发生脱管、漏管和重大违法犯罪行为。持续推进刑罚执行一体化建设，高质量完成社区矫正、安置帮教双基地建设。全年共开展审前调查81次，社区矫正入矫人员145人，解矫154人，接收刑释人员397人，发放生活补助23.69余万元。不断加大远程视频会见力度，全年成功会见406人次。

【法治宣传教育】 2022年，兴国县严格落实“谁执法谁普法”普法责任制，“谁执法谁普法”单位常态化组织开展“行政复议进园区”“法治体检”“送法进企业”等活动，县司法局全年开展《中华人民共和国民法典》《中华人民共和国宪法》等宣传活

1月4日，兴国县社区矫正中心对新入矫社区矫正对象开展入矫教育

（县司法局 供图）

动 100 余场，解答相关法律咨询 500 余人次，发放宣传折页 5 万余份。按照红色文化教育、干部党性教育、全民法治教育统筹融合理念，嵌入式地建设兴国县红色法治文化园，成功入选 2022 年“江西省法治宣传教育基地”。利用兴国山歌、兴法铺子、屋场会等特色文艺活动与普法深度融合，采用群众喜闻乐见的表现形式，传播法治文化，其中普法山歌走进 2022 年全省法治文化建设现场会，得到省、市高度肯定。

【人民调解】 2022 年，兴国县司法局坚持和发展新时代“枫桥经验”，优化升级人民调解员队伍，建立分层次、分门类的调解专家库，举办全县人民调解员暨“法律明白人”骨干培训班，对 2100 余名人民调解员进行培训，提高基层调解能力。全县各级调解组织开展矛盾纠纷排查 6150 次，预防纠纷 2217 件，调解案件 4749 件，调解成功 4609 件，成功率 97.05%。

【法律援助】 2022 年，兴国县司法局打造集法律咨询、法律援助、法律服务、公证等基本公共法律服务为一体的县级公共法律服务中心，实现公共法律服务实体、网络、热线三大平台融合发展，推进县公共法律服务中心和 26 个乡（镇）区工作站的标准化规范化建设，实现村（居）法律顾问全覆盖。持续深化便民利民举措，提供预约办、上门办、及时办、限时办等法律服务，全年为群众提供法律服务 1.49 万次，其中“12348”热线平台解答法律咨询 6780 次。持续开展“法援惠民生”系列活动，优化服务态度和服务环境，共办理法律援助案件 791 件。

【法律服务监管】 2022 年，兴国县司法局充分发挥法律服务工作职能，协调相关职能部门、律所专门组建专项法律服务团队，对“江山一品”问题楼盘的妥善处置进行积极探索。加强和规范法律服务行业监管，提高司法行政执法效能，县司法局组织工作人员对律所开展“双随机”检查，以查促改，进一步规范法律服务市场。县司法局回访中心和投诉中心每月对所有法律服务案件进行电话回访，全年开展回访 1442 起，满意率 98.75%，对不满意案件 15 件、投诉案件 3 件进行回访，均得到妥善处理，得到当事人一致认可。

【公证服务】 2022 年，兴国县司法局参与县政府房屋、土地的拆迁征收工作的证据保全、现场监督公租房摇号等工作。规范办证程序，提高公证质量，全年共办理各类公证事项 815 件。其中，经济、民事类公证 681 件、涉外公证 134 件。向弱势群体提供优惠服务，为残疾人、老人、低收入家庭等符合法律援助条件的当事人减免公证费 8 余万元。

【“行政复议进园区、商会、企业”专项法律服务活动】 6 月，兴国县司法局联合兴国经开区管委会、江西南芳（兴国）律所与工业园区企业代表开展“行政复议进园区、商会、企业”专项法律服务活动座谈会。结合民营企业实际情况，了解企业发展中遇到的困难，查找企业在经营中潜在的法律风险点；县司法局向企业代表介绍行政复议工作开展情况，讲解行政复议代表案例，引导企业通过行政复议依法维权；江西南芳（兴国）律所结合《兴国县企业“安静生产期”制度实施办法（试行）》，同企业代表进行涉企行政执法调研交流，听取代表对行政执法工作的意见建议。全年，县司法局加大宣传力度，与园区、商会、企业对接，提高行政复议的知晓率、满意率，引导企业在遇到“政企纠纷”时通过行政复议渠道依法维权；提升行政复议办案质效，加大行政执法监督力度，助力保障企业合法权益。

（梅　茜　李赞福）

本栏编辑：曾　雄

军　事

兴国县人民武装部

【概况】 2022年，兴国县人民武装部（以下简称县人武部）坚持聚焦国防动员主责主业，紧盯练兵备战和后备力量建设，着眼实战需求，推进潜力调查、民兵整组，立足质廉双优高标准完成兵员征集；研究解决部队建设、现役军人军属、退役军人现实问题，广泛开展拥军优属活动。全年，接收安置伤残退役军人3名，处理涉军涉法问题3起，解决军人子女入学入托和随军家属就业5人；结合建军95周年，走访慰问军烈属优抚对象3000余人，送立功受奖喜报200余份；组织全县“最美退役军人、最美军嫂”评选和表彰大会，召开“八一”座谈会；举办军地羽毛球大赛，全县党管武装、关心支持国防的氛围更加浓厚。在全市2022年党管武装工作考评中获评二类县第三名。

【党管武装】 1月，兴国县召开县委常委议军会和武装工作会议，研究解决兴国县入伍大学生优待安置办法、文职人员子女入学入托和家属安置参照现退役军人有关规定执行等问题，部署县武委会、国动委和全县武装工作会议有关事项，确定《2022年全县武装工作计划》，为年度武装工作明确方向。2月13日，兴国县武装工作暨县委武委会和国动委会议在长征组歌大剧院会议室召开。会上，传达学习上级党管武装工作会议和党委全会精神，宣读全年武装工作表彰通报，部署年度工作，党管武装先进乡（镇）党委书记、政治教导员进行大会述职。

【思想政治建设】 2022年，县人武部围绕推动部队建设高质量发展、弘扬伟大建党精神、聚力练兵备战、学习贯彻中共二十大精神4个专题，组织两级党委中心组（带机关）参加理论学习。落实《关于推进“第一议题”认真学习常态化长效化的措施》；结合“四严四整”（严抓政治意识、严防政治风险、严实政治担当、严格政治淬炼，整顿思想、整肃纪律、整饬作风、整治队伍）活动和《铁纪强军》《党内制度法律讲座》等专题片学习，组织机关干部职工和专武干部前往章贡区保密教育基地实地参观见学，强化法规

2月13日，兴国县党管武装工作暨县委武委会和国动委会议在兴国宾馆召开
（县人武部　供图）

军纪意识；围绕学习贯彻中共二十大精神，组织专题学习，开展“亮学习笔记、评学习心得、话体会感悟”活动，结合党团日开展“赞颂新成就、喜迎二十大”系列教育实践活动。参加民兵政治教员授课比武获评二等奖。组织人员参与制作《不可战胜的力量》访谈实录片，在军委国动部思想政治教育创新推进会上展播，引起强烈反响，新闻宣传工作列军分区“第一方阵”。

【军事训练】 2022 年，县人武部严格按照年度军事训练计划，有力推进首长机关和民兵分队军事训练“四落实”（人员落实、时间落实、内容落实、效果落实）。组织机关带专武干部、基干民兵开展以徒步拉练和应急情况处置为主要内容的新年度开训活动，为全年训练、战备开好局。全年完成新入队民兵训练，民兵应急分队、支援保障分队、专武干部、民兵干部和学生军训教学骨干集训。10 月，挑选 7 名选手参加军分区群众性比武活动，取得 2 个单项第一名、2 个单项第二名、全省总分第六名的好成绩。

【民兵整组】 2022 年，县人武部立足民兵“十四五”规划开局之年，组织召开部署会、培训会，明确目标任务要求，熟练掌握民兵整组工作方法。组织协调军地各方力量，对全县各有关行业编兵潜力进行统计摸排，为编组工作奠定基础。联合军地分片包干，加强检查督导，全年编实建强普通民兵和基干民兵队伍，其中基干民兵党员比例、退伍军人比例达到规定要求，民兵整组全面落地，高标准迎接上级国防动员、民兵工作综合考评，考评成绩优秀。

【兵员征集】 2022 年，县人武部坚持以推进军事人员现代化、提升部队战斗力、补充优质兵员为指导，以征集大学毕业生为重点，制定《兴国县入伍大学生优质安置办法》，县、乡两级兵役机关克服疫情带来的影响，扎实组织征兵宣传、兵役登记、应征报名、体格检查、政治考核、“五率”（报名率、上站率、合格率、择优率、退兵率）量化考评和廉洁征兵监督等工作。全年，适龄青年兵役登记率达 100%，大学毕业生入伍新兵比例达 79.1%，登记率、报名率、上站率考评均得满分，质廉双优完成兵员征集任务。

【拥政爱民】 2022 年，县人武部紧紧围绕兴国经济社会发展，积极在社会维稳、应急处突、抗洪抢险、森林灭火、疫情防控等行动中当先锋、打头阵，在乡村振兴、社区帮建、文明建设等工作中展作为、做贡献。2 月 23 日，县人武部机关带民兵应急分队 130 余人前往 328 国道贺堂段铲冰除雪保畅通，解救被困车辆 10 余台；4 月 23 日，组织全体机关人员带民兵分队 100 余人前往江背镇江背村春耕生产，插秧 20 余亩，协助完成春耕生产；全年组织 24 批次 430 余人参与全县城市环境整治网格化活动，为建设“最美乡村”出力做贡献；根据全县疫情防控形势，组织机关带民兵 200 余人次前往疫情防控重点区域外围驻点设卡和重点场所消毒防疫，协助地方做好疫情防控工作。

（刘上华　李春林）

武警兴国中队

【概况】 2022 年，武警兴国中队着眼“两个维护”使命定位，强化练兵备战鲜明导向，抓中心练精兵，严战备强力量，提升部队执行任务能力。加强思想政治工作，做好部队管理，推进后勤保障能力建设，提升中队战斗力。全面推进部队建设发展，完成以执勤、处突、反恐为中心的各项任务。

【思想政治建设】 2022 年，武警兴国中队开展“传承红色基因，赓续红色血脉”主题教育，利用黑板报、每日一案、课后讨论、影视欣赏、电子 LED 显示屏等载体，开展学习教育，及时掌握战士思想动态，确保官兵始终保持政治上的坚定性和思想道德的纯洁性。加强执勤、处突和训练中的思想政治工作，在提升官兵军事素质的同时，更加注重责任意识和忧患意识培养，组织官兵在荣誉室内进行队史军史教育，通过重温中队历史、唱队歌、宣队魂队训等环节，增强官兵以队为家思想。

【战备训练】 2022 年，武警

兴国中队严格落实各项军事训练规定，严抓部队日常训练标准，聚力以执勤安保、处突维稳、抢险救灾为背景的练兵备战，集中全部精力、保持全时全员在位，确保能够召之即来，来之能战，战之必胜。以元旦、春节、国庆节等重点时期为契机，开展实战化战备训练，强化官兵战备意识。

【看守执勤】 2022年，武警兴国中队担负兴国县看守所外围武装警戒任务，防止看守所监管羁押对象脱逃，制止监管羁押对象行凶、破坏、骚乱、暴乱，防范和打击敌特分子袭击、破坏劫夺监管羁押对象等犯罪行为，协助看守所预防和处置各类灾害事故。中队官兵牢固树立中心意识，认真履行职责，完成多起武装押解任务，为驻地社会安全稳定提供坚实保证。

（沈国昊）

人民防空

【概况】 2022年，兴国县有人防工程43个，总建筑面积达21万平方米。其中，完成竣工验收面积13万平方米，在建人防工程面积8万平方米。年内，人防指挥系统实现省、市、县三级互联互通，人防机动指挥所实现市、县互联互通。城区内安装26台电声警报器，防空警报音响覆盖率达到95%以上。2022年，兴国县获评“全省县级人防高质量发展优秀单位”“全市人防高质量发展目标管理考核优秀单位”荣誉称号。

9月16日，县人防办向学生发放《中学生人防知识读本》

（县发改委 供图）

【人防训练演练】 2022年，兴国县为提升人防指通干部业务素质，实现机动通信保障能力实战化、常态化，派员参加赣州市人民防空办公室组织的机动指挥平台拉动训练。通过为期3天的训练，使参训干部增长知识、开阔视野，明确方向、打开思路，增强危机感和紧迫感，为提升应急通信保障能力奠定坚实基础。

【人防工程建设维护】 2022年，兴国县以提升“战时防空、平时服务、应急救援”综合能力为目标，依法加强管理。加强对交付使用人防工程的管理，加大对人防工程的完好性、人防设备运转等情况检查，确保质量安全可靠，有效提高城市综合防护能力。全年对防工程进行常态化管理和维护。

【人防宣传教育】 2022年，兴国县利用“5·12”“9·18”等重要节点，赴校园、社区、工业园区开展人防知识、防灾减灾、居安思危、警钟长鸣等宣传教育，全年发放宣传资料约800份，《中学生人防知识读本》3500本，提升群众防灾减灾、人民防空意识。

（曾　炜　杨艺播）

退役军人事务

【概况】 2022年，兴国县全面做好双拥优抚、退役士兵就业创业、军转干部及转业士官安置等工作，组织中共二十大精神宣传队，开展“永远跟党走，建功新时代”主题活动，发挥新长征退役军人志愿者服务队和退役军人党员先锋模范作用，组建队伍350支，志愿者1895人，广泛参与疫情防控、春耕生产、森林防火、防汛抗旱、环境整治等志愿服务，参加活动人员3.8万余人次，推动全县退役军人各项事务发展。兴国县退役军人事务局（以下简称县退役军人事务局）获评全市退役军人服务保障水平高质量发展综合考评“综合工作先进单位”。

【优抚安置政策落实】 2022年，兴国县退役军人事务工作领导小组研究制定《兴国县2022年度困难退役军人帮扶援助实施细则》，全年帮扶困难退役军人161人，发放援助资金50万元。全力落实优抚政策，保障军休干部政治待遇、生活待遇，组织军休干部参加全省军队离退休干部“尊崇杯”运动会，前往红兴谷研学基地开展军事主题活动。推进县光荣院居住环境整修整治，制定《光荣院入住条件》；及时发放优抚对象抚恤补助金，落实部分优抚对象健康体检665人，会同省荣军医院专家组开展“关爱烈士父母行动”义诊活动，义诊5户7人；申报补评残和调整残疾等级43人，带病回乡23人，悬挂光荣牌594户，发放义务兵家庭优待金1125.21万元。重点做好优待证申领制发工作，完成全县退役军人、其他优抚对象优待证申领制发，公布第一批优待证持证人优待目录。强化荣誉激励和典型引领，组织评选“最美退役军人”5人，“最美军嫂”2人。

9月30日，兴国县举行“烈士纪念日”公祭活动 （县退役军人事务局 供图）

【退役军人权益维护】 2022年，县退役军人事务局开设政策咨询窗口、政策咨询热线，成立退役军人心理健康服务点、县退役军人法律援助工作站，为退役军人和社会公众提供政策咨询、政策解读服务，沟通诉求，维护退役军人合法权益。

【纪念褒扬】 6月，兴国县制定出台《兴国县英雄烈士纪念设施保护管理办法》，以革命烈士纪念馆（县烈士陵园）、零散烈士墓园为轴心，全方位、多层次开展烈士纪念设施管护。实施长征路兴国魂文化园（一期）项目、兴国县革命烈士纪念馆展陈提升项目、县级以下零散烈士纪念设施整修工程。良村、鼎龙、兴莲、长冈、方太、茶园、社富、枫边等10个零散烈士纪念设施维修改造项目基本完工。通过线上线下相结合的方式，组织召开“追寻先烈足迹·传承红色基因”主题座谈会，开展“奋进·清明祭英烈”“9·30”烈士公祭系列活动、参加湘江战役赣南籍红军烈士祭奠活动，参加祭扫人员20余万人次。

【退役军人服务体系创建】 2022年，县退役军人事务局以“规范建设县退役军人服务中心”为契机，按每个乡（镇）、城市社区至少创建2个示范村（居）退役军人服务站工作布局，组织开展示范创建考核评比，探索采取“以奖代补”的办法，按照项目化验收的方式，对示范建设成效明显的退役军人服务站给予资金奖补，梳理总结一套可复制可推广的标准流程和经验，实现服务体系提档升级。

【“双拥”模范创建】 2022年，县退役军人事务局深化双拥共建，在兴国县苏区干部好作风纪念园兴建“军人荣誉墙”。认真落实“千行百业共拥军”，迎接全国双拥模范城（县）届中考评。推进“尊崇工作法”，全年走访慰问军烈属、优抚对象3601人，送立功受奖喜报199人。

（陈　宇　胡启伐）

本栏编辑：曾　雄

经济管理

宏观经济调控

【概况】 2022年，县政府出台《兴国县切实稳住经济发展若干接续措施》等一系列促进稳经济一揽子政策。强化重点项目服务管理，向重点工程项目要税收。强化行业管理，财税部门组成联合工作组，深入矿产品加工业、商贸业等行业进行专题调研。开展税收清缴工作，强化重点环节管理，紧盯关键交易环节，加大保障房、经济适用房等闲置国有资产盘活处置力度，力促契税增收。优化招商引资机制，成立专门招商引资队伍。全方位激活市场主体，全力保障留抵退税“大头落地”，确保资金直达市场主体，降低工业企业用电成本，通过“政府出资、平台支撑、企业配套”的方式，充分撬动市场各方力量，提振市场信心，激发消费潜力。全年，兴国县生产总值（GDP）241.04亿元，按可比价增长5.1%；农业总产值62.36亿元，按可比价增长4.6%；全年规模以上工业企业96家，规模以上工业增加值比上年增长8.5%；财政总收入24.29亿元，比上年增长5.3%；完成500万元及以上固定资产投资比上年增长10.2%；社会消费品零售总额111.28亿元，比上年增长4.9%；货物进出口总额为9.31亿元，比上年增长59.04%；实际利用外资（现汇进资）407万美元，比上年增长299.02%；城镇居民人均可支配收入3.6万元，比上年增长5.2%；农村居民人均可支配收入1.57万元，比上年增长8.2%。

【重要政策制定】 2022年，全县落实“疫情要防住、经济要稳住、发展要安全”重要要求，坚持全县经济兜底线、保主体，及时制定出台《兴国县有效应对疫情帮助中小企业纾困解难若干政策措施》《兴国县“强攻二季度、确保双过半”行动方案》《兴国县稳经济促发展保民生若干措施》《兴国县切实稳住经济发展若干接续措施》《兴国县规范建筑材料（石料）、矿产品开采（加工）行业税收管理工作实施方案》等一系列促进经济政策，力促全县经济运行平稳有序达到预期效果。

【重点项目推进】 2022年，兴国县贯彻落实市委“三大战略、八大行动”部署要求，实施重点项目157个，完成年度投资200亿元，启耀故里、晶华微电子、海文生物等一大批县重点项目实现当年落地并投产运营。推进优化营商环境“一号改革工程”，对重点工程项目审批实行一窗受理、并联审批、容缺审批，210项权力事项实现“一枚印章管审批”，政府和企业投资项目审批时间分别压缩至7.5个、4.5个工作日。出台《管（杆）线迁改实施办法（试行）》，供电公司、自来水公司等部门主动靠前服务，全力保障项目进场施工。实行招商引资“一把手”工程，健全招商奖励机制，年内新签约引进项目69个、签约金额426.8亿元。上线运营全省首家县级“招稳引育留”数字人力共享平台。推荐江西富视兴电子科技有限公司等多家企业申报江西省“海智计划”工作站、专家工作站等平台。春天文化传媒公司被江西省委人才办和江西省人社厅联合认定为博士后创新实践基地。年内，入库科技型中小企业达51家，富视兴科技、恒辉新材料等龙头型、支柱型项目竣工投产。

【项目资金争取】 2022年，兴国县深挖支持革命老区振兴发展、乡村建设源泉，以县城为重要载体的城镇化建设等政策，瞄准全国稳住经济大盘电视电话会议明确的6方面33条政策措施，高频高效对接，主动“跑部进厅”（跑各个有关部委及省厅，协调事项、争取项目和投资），紧盯国家宏观取向、政策导向、资金投向，科学精准策划项目，全力争取项目资金，全年争取上级项目资金67.8亿元，比上年增长25%。其中，争取中央预算内资金1.04亿元、地方政府专项债券资金16.66亿元。平江灌区项目列入国家发改委《赣州革命老区高质量发展示范区建设方案》；国家管网集团批复同意西气东输管网161#阀室开口工程施工；自然资源部下达用地计划指标600亩，专项用于巩固拓展脱贫攻坚成果和乡村振兴用地需要。

【经济运行监测】 2022年，兴国县建立经济运行分析“分级调度、分析研判、统计联动、收集报送、资源共享、考核激励”六项工作机制，常态化召开经济运行监测分析联席会议，及时破解经济运行中存在的苗头性、倾向性问题。年内，全县主要经济指标运行良好，地区生产总值、农业生产总值、规模以上工业增加值、社会消费品零售总额等支撑性指标均稳定增长，位居全市第一方阵。

【固定资产投资】 2022年，兴国县提高民生品质行动项目40件县级民生实事工程全部完成，就业岗位、上学座位、养老点位等“七个位”指标超额完成年度目标。其中，5座人行天桥开放使用有效缓解中心城区交通拥堵，西气东输天然气管网161#阀室开口通气，结束兴国无管道天然气的历史。年内，固定资产投资比上年增长10.2%，其中民间投资增长10.83%。按投资领域分，基础设施投资增长13.28%，工业投资增长7.4%，工业技改投资增长3.12%；按投资构成分，建筑安装工程增长6.80%，设备工器具购置增长1118.1%，其他费用下降68.2%；按建设性质分，新建项目投资增长16.3%，扩建项目投资下降14%，改建和技术改造项目投资增长9.7%。

（杨艺播　吴　全）

【征信管理】 2022年，兴国县共查询个人信用报告53.64万笔，企业信用报告1044笔，登记个人征信异议申请5笔、企业征信异议申请3笔。推进四类信用主体创建，加大对信用评价结果的应用，对“信用乡镇、村”在信贷规划、网点（便民服务点）设置、支付结算等方面给予支持；对“信用农户、企业”在授信、利率、服务等方面给予优惠和便利，全年共评定信用农户3.57万户、信用村90个、信用乡镇8个、信用企业387个。

（张运忠）

【价格管理】 2022年，兴国县注重发挥市场价格作用，加大对市场价格动态监测，突出保供稳价监管，即时按规定启动价格临时补贴联动机制，确保低收入人群生活有保障。启动实施4次联动机制，共计发放补贴16万人次，发放金额335.29万元。加强水价、电价、天然气价格、中小学教育收费、停车服务收费、行政事业性收费等价费管理，对农业水价进行成本监审。全年价格认定中心受理、完成各类价格认定案件111件，认定金额704.72万元，其中涉案案件107件，认定金额241.24万元，涉税及行政机关提案件3件，认定金额194.51万元，其他交办事项1件，认定金额268.97万元。商品房备案27起。

（杨艺播）

自然资源管理

【概况】 2022年，兴国县自然资源系统围绕建设工业强城乡美百姓富作风好的“模范兴国”工作要求，保护资源，推进自然资源管理各项工作。全面完成县职校、兴国县智能机械产业园等71个重大项目2022年土地规划延续调整工作。加大节约集约用地力度，全年批而未供土地供应率达167.06%，超额完成省、市下达任务。加大批而未用土地处置力度，批而未用率由年初的16.8%下降至14.84%，消化周期由年初的1.7年下降至1.3年。

【国土空间规划】 2022年，兴国县自然资源局在县域国土空间的规划上，突出空间规划保增长，以彰显国土空间的规划引领作用。年内，完成“三区三线”

2022 年兴国县建设用地报批情况一览表

表 10　　单位：公顷

批次名称	总面积	新增建设用地	农用地	耕地	建设用地	未利用地	使用指标	批准机关
一批次城市建设用地	32.51	31.20	31.20	9.80	1.30	0	脱贫攻坚专项指标	省政府
二批次城市建设用地	24.75	24.57	24.57	1.96	0.17	0.01	省级指标	省政府
三批次城市建设用地	14.61	13.05	13.05	1.14	1.56	0	省级指标	省政府
一批次集镇建设用地	7.45	7.08	7.08	0.13	0.36	0	脱贫攻坚专项指标	省政府
四批次集镇建设用地	5.67	5.60	5.60	5.10	0.07	0	省级指标	省政府
五批次集镇建设用地	11.21	11.21	11.20	0.20	0	0.01	省级指标	省政府
G356 湄西线蕉溪均村改建	45.63	42.17	41.38	21.61	3.45	0.79	省级指标	省政府

（指国土空间规划中的三个区域和三条控制线。三区指城镇空间、农业空间、生态空间三类空间；三线指根据生态空间、农业空间、城镇空间划定的生态保护红线、永久基本农田和城镇开发边界线三条控制线）划定，为全县 37 个重大项目解决用地前期要素保障，推动全县 65 个自然村庄规划及 5 个乡（镇）的国土空间规划编制。

【耕地保护】 2022 年，兴国县严格落实耕地保护制度，坚决遏制耕地“非农化”、防止“非粮化”。探索“土地整治+”模式，验收土地开发项目、旱改水项目 16 个，建设规模 176.24 公顷（新增耕地 132.56 公顷），完成验收报备项目 3 个，报备面积 30.24 公顷，新增耕地面积 27.65 公顷。全县立案查处违法用地案件 59 宗。为遏制农村乱占耕地建房，印发《关于进一步加强农村农民建房管理的通知》，对农村乱占耕地建房违法案件根据管理权限，及时移送农业农村局及相关乡镇进行处理。2022 年，农村乱占耕地建房违法案件移交农业农村局及乡镇共 75 宗。

【土地收储与土地出让】 2022 年，全县出让土地 33 宗，出让面积 90.97 公顷，起始价 12.81 亿元，成交金额 13.19 亿元，溢价 3800 万元。其中，经营性用地出让土地 27 宗，出让面积 41.4 公顷，成交金额 12.76 亿元；工业用地出让土地 5 宗，出让面积 48.33 公顷，成交金额 4000 万元；公共管理与公共服务用地共出让土地 1 宗，出让面积 1.23 公顷，成交金额 300 万元。国有建设用地供应总量中，商服用地、住宅用地 46.79 公顷，其中县城规划区 38.17 公顷、乡（镇）8.61 公顷；工矿仓储用地 48.33 公顷；旅游用地 3.41 公顷；公共管理与公共服务用地即行政办公、文化设施、教育科研、体育用地、医疗卫生、社会福利、文物设施、宗教场所用地等 49.31 公顷。

【国土调查】 2022 年初，兴国县第三次全国国土调查领导小组办公室、县自然资源局、县统计局联合发布《兴国县第三次全国国土调查主要数据公报》，为全面铺开、分阶段推进全县自然资源统一确权登记工作，构建自然资源确权登记制度体系，按照上级下发的自然资源确权登记资料收集相关清单，完成县林业局、水利局、环保局、农业农村局等单位的资料收集；对国有林场、矿产及水流的数据进行初步梳理，并提交相关职能单位进行审核。完成 118 个调查单元中 71 个单元的外业调查工作，其中 37 个登记单元首次登记通告通过赣州市自然资源局批复并通告。开展遥感监测，通过县级实地调查及省级、国家级的核查，掌握 2022 年度国土利用的变化情况，更新国土调查数据库，保持“三调”（第三次全国国土调查）成果“现势性”（指在地理学中，地图所提供的地理空间信息要尽可能地反映当前最新情况），支撑自然资源“一张图”（指国土资源“一张图”工程，是遥感、土地利用现状、基本农田、遥感监测、土地变更调查以及基础地理等多源信息的集合，与国土资源的计划、审批、供应、补充、开发、执法等行政监管系统叠加，共同构建统一的综合监管平台）和综合监管平台平稳运行。

【生态修复】 2022年，兴国县有废弃矿山面积235.13公顷，涉及24个乡（镇）93个行政村。为修复生态，积极引进社会资本参与废弃矿山修复，探索建立起“政府主导、政策扶持、社会参与、市场化运作”的生态修复新模式。并计划三年内（2022—2024）分项目推进完成全县的废弃矿山生态修复工作。年内，启动实施东村乡小洞村等4个废弃矿山生态修复试点项目，立项规模83.02公顷，实际完成68.6公顷，完成率82.6%。至12月，全县完成184.8公顷废弃矿山治理任务，完成率78.6%。策应省自然资源厅联合生态环境厅、水利厅、农业农村厅、应急管理厅及省林业局等联合布置的矿山生态环境问题大排查大整治工作，县相关部门对矿权库内的91个矿山进行及时排查，排查出问题26个，其中纳入自然资源局的87个问题，年内整改到位并销号。

【自然资源执法监督】 2022年，兴国县结合耕地“占补平衡”等政策要求，加强对重点项目用地的巡查，对发现的违法用地进行立案查处。查处中强化联合执法，针对个别违法案件，组织县法院、公安、纪检、乡（镇）政府等部门，专案专纠，强制拆除违法建筑，发挥执法震慑作用。充分运用科技手段，全面配齐县、乡两级自然资源执法部门移动执法终端和设备，建立移动执法平台，着力打造融土地管理、土地开发整理等于一体的“智慧国土”，执法监察工作效能大幅提升。全年，开展土地动态巡查1.45万余次，发布土地动态巡查专报12期，下发责令停止违法行为通知书612份，立案查处土地违法违规案件25件，收缴罚没款243.47万元，面积计22.96公顷。矿产执法日常巡查192次，其中开展打击非法采矿行为102次、采矿权人开采情况检查及常态化巡查65次、稀土矿产县级巡查25次。实行联合执法3次，立案调查非法采矿案7起，制止非法开采行为20次，落实法治政府建设轻微不罚和首违不罚清单10起，利用卫星影像图片执法检查、遥感监测图斑和信访信息，对违法用地频发区域、重点区域，加大巡查频率，通过卫星影像图片监测图斑显示，县域内违法用地整改消化违法比例比2017年下降4.1%，兴国县连续6年实现“零约谈、零问责”。

4月，兴国市场化修复东村乡小洞村废弃矿山 （县自然资源局 供图）

【节约集约用地】 2022年，兴国县政府将“节地增效”行动作为寸土寸金利用土地的重要抓手，推动节约集约利用土地资源。县自然资源局按照“严控增量、盘活存量、优化结构、提高效率”要求，探索土地节约集约利用有效途径和模式。年内，全县供应2009—2018年批而未供土地26.66公顷，批而未供土地处置任务完成率为311.75%。实现闲置土地清零。全县批而未用土地消化周期降至1.3年，实现年度新增建设用地减量化发展。推进“多元化”供地模式，贯彻资源要素差别化配置政策，实施按“标”供地，推进“标准地+承诺制”试点，全县成交48.33公顷工业用地，其中“标准地”供应48.33公顷，占比100%。

【不动产登记】 2022年，兴国县开展窗口服务改革，一律实行“一窗综合受理、全员审批”登记服务模式。优化流程，压缩时限，房产交易实行“一链办”流程，实现“水、电、气”联动过户。提升“登记财产”指标评价，将登记窗口延伸至13家金融、32家房产企业、25个乡（镇）便民服务中心，开展转移+抵押等一系列组合流程，

11 月 15 日，县不动产登记中心在九里蓝湾项目三期举办“交房即交证”颁证仪式（县不动产登记中心 供图）

实现部分业务线上全程网办，抵押登记线上办理率 99.9%。全县颁发不动产权证书 1.36 万本，不动产权证明 5343 份，农房登簿 15.98 万宗，证书打印 14.48 万宗，完成率 90.64%。

（曾少华　杨佳伟）

国有资产管理

【概况】 2022 年，兴国县行政事业性国有资产总额 102.16 亿元。其中，行政单位国有资产 76.82 亿元，占 75.20%；事业单位国有资产 25.34 亿元，占 24.80%。负债总额 8.62 亿元，净资产 93.54 亿元，其中涉及行政事业单位 250 户，独立核算机构 210 户。行政事业单位流动资产 7.68 亿元，占资产总额 7.52%；固定资产 20.81 亿元，占资产总额 20.37%；在建工程 3.54 亿元，占资产总额 3.47%；无形资产 0.13 亿元，占资产总额 0.13%；公共基础设施等行政事业性国有资产 69.97 亿元，占资产总额 68.49%。企业国有资产总额 265.59 亿元，比上年增长 28.13%；资产负债 222.7 亿元，比上年增长 22.64%；净资产 67.08 亿元，比上年增长 58.03%；营业总收入 2.56 亿元，比上年增长 9.44%；其中县属国有企业为 16 户。

【行政事业性国有资产管理】 2022 年，兴国县国资委管好新增资产“进水闸”，坚持“能使用不更新、能调剂不购置、能共用不单配”原则，贯彻落实《兴国县行政事业单位国有资产配置管理暂行办法》，管好存量资产“储水池”，开展地方财经秩序专项整治资产领域专项行动，通过对行政事业资产管理领域重点问题的自查自纠、集中复查整改等形式，提高国有资产管理水平；印发《兴国县财政局关于开展已使用在建工程转固专项整治工作的通知》，解决资产底数不实、权属不清等问题，确保账实一致、管理规范；管好资产处置“排水阀”，坚持“达到报废更新年限但能正常使用的固定资产须继续使用，不得随意擅自处置资产”原则，按照处置权限履行审批程序，完善好资产现场核查和系统审批相统一的审批机制，避免国有资产流失。

【国有企业资产管理】 2022 年，兴国县国有企业资产管理工作推进政府平台公司优化升级，3 月制定《兴国县政府融资平台优化升级实施方案》，开展国有企业“健身瘦体”，整合县属国有企业资产及股权划转，按“1+4+N”（“1”为兴国城控实业发展集团有限公司。“4”为兴国县城市发展投资有限责任公司、兴国县国有资产经营有限公司、兴国县益民水利工程有限公司、兴国县产业发展投资有限责任公司。“N”为城控集团三级及以下子公司）结构定位做大做强兴国城控实业发展集团有限公司，县城控集团资产规模达约 210 亿元，主体信用评级达到 AA 级。探索混合所有制企业改革，通过合资新设方式成立县城控集团控股的混合所有制企业——兴国县创能园林绿化工程有限公司，试点研究探索混合所有制改革后评价机制；探索县属企业薪酬制度改革，研究制定《兴国城控实业发展集团有限公司组织架构与薪酬设计方案（试行）》《兴国县属国有企业负责人履职待遇业务支出管理实施意见》等文件，以县城控集团为试点，完善国有企业绩效考核、薪酬分配和人才选用机制。

【城建投资管理】 2022年，兴国县城市能级提升项目36个，总投资158.46亿元，年度计划投资45.24亿元，建设完成“迎宾大道、模范大道提升改造工程”及苏区大道、文明大道等环境整治项目，重建红军大桥，推进滨江水岸景观提升；实施学苑新区、教育局家属楼、中医院集资房、均福山家属房4个老旧小区改造项目，成片改造面积5.7万平方米；启动长征大道、滨江西大道向南向北延伸、迎宾大道南延等项目建设，打通城区“外循环”；畅通城区道路节点，推动兴国中学南门沿河路、和睦片区纬二路、和睦大道延伸（文化艺术中心至新县委党校）、丹枫龙廷至健康城道路等项目，提升道路品质；加快建设长龙水库应急备用水源、洋池口水库，实现城区双水源供水，提升城市供水应急能力；加快推进长冈220千伏及农网改造工程，构建“两核五环三覆盖”（形成以埠头、长冈输变电站为核心供电电源，35千伏全部环网，乡镇变电站布点、农网升级项目、配网自动化全覆盖）优质电网。

【重点项目投资】 2022年，通过以投带引，由兴国城控集团注资7000万元发起，聚合上海优势资本、赣州发投集团和瑞兴于基金等跟投5亿元，撬动社会资本20亿元，成功收购红太阳集团旗下准“独角兽”企业安徽瑞邦生物并在兴国建设总部基地，半年实现试投产。创新“云端工厂、协同生产”理念，按照操作无人化、生产自动化、管理信息化标准建设兴国数字孪生工厂，实现安徽、兴国生产基地链条互补、生产协同、销售一体，以点带面，带好节奏，助推兴国产业快速壮大，打造兴国工业4.0样板的“高端智能制造基地”。

（李甘顺）

财 政

【概况】 2022年，兴国县财政总收入24.29亿元，完成年初预算的100.3%，增长5.3%。其中，一般公共预算收入完成10.07亿元，增长4.7%；政府性基金收入完成9.35亿元，增长64%。全县向上争取资金67.8亿元，比上年增加7.84亿元，增长15.1%。其中，上级转移支付资金41.04亿元（省级以上40.6亿元、市级0.44亿元），比上年增加2.19亿元，增长5.6%；有偿资金18.83亿元，比上年增加7.84亿元，增长71.4%。

【财政监督管理】 2022年，兴国县政府采购管理严格遵循“无预算不采购”原则，从源头上制约违规采购、随意采购行为，增强预算约束力。全县完成采购项目213个，采购预算金额3.73亿元，中标金额3.61亿元，节约资金1290.28万元，节约率为3.45%。县财政局出台《兴国县政府性投资项目预结算评审管理办法（试行）》《关于进一步加强统筹整合财政涉农资金项目管理的通知》《兴国县重点工程和政府性投资项目管（杆）线迁改实施办法》等制度对财政评审管理进行规范与约束。制定《兴国县财政局基建评审议事规则》，强化基建评审内部控制，实行流程规范化、评审制度化、工作纪律化，防范财审风险。年内，完成预算评审562项，送审预算总价24.53亿元，审核后财审控制价20.56亿元，节约合理投资3.97亿元，平均节约率16.18%；完成工程款项拨付审核149项，送审总价4.62亿元，核拨控制价4.57亿元，核减金额500万

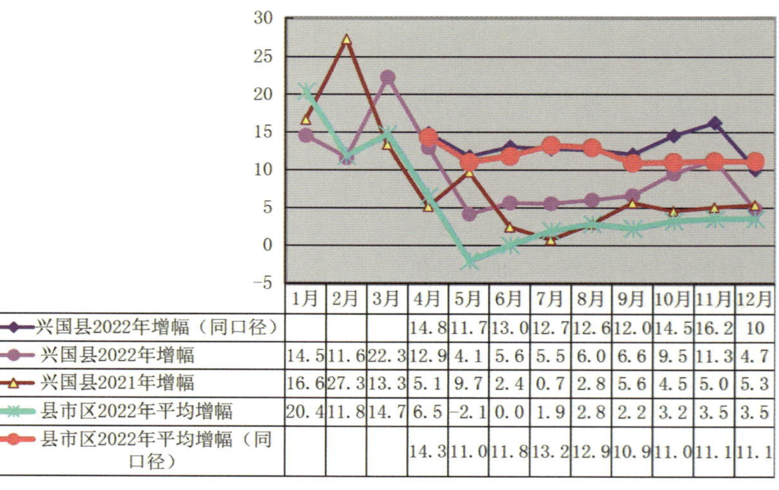

	1月	2月	3月	4月	5月	6月	7月	8月	9月	10月	11月	12月
兴国县2022年增幅（同口径）				14.8	11.7	13.0	12.7	12.6	12.0	14.5	16.2	10
兴国县2022年增幅	14.5	11.6	22.3	12.9	4.1	5.6	5.5	6.0	6.6	9.5	11.3	4.7
兴国县2021年增幅	16.6	27.3	13.3	5.1	9.7	2.4	0.7	2.8	5.6	4.5	5.0	5.3
县市区2022年平均增幅	20.4	11.8	14.7	6.5	-2.1	0.0	1.9	2.8	2.2	3.2	3.5	3.5
县市区2022年平均增幅（同口径）				14.3	11.0	11.8	13.2	12.9	10.9	11.0	11.1	11.1

图1 2022年兴国县一般公共预算收入情况走势图

元，平均核减率 1.1%；完成结算评审 238 项，送审结算总价 10.48 亿元，审核后财审结算总价 7.78 亿元，核减金额 1.4 亿元，平均核减率 13.4%。在绩效评价管理中，按照“全方位、全过程、全覆盖”要求，完成 16 个部门整体支出、12 个项目支出财政评价。其中，对县人民医院、县中医院、县妇保院部门整体支出进行重点评价；首次对 PPP 项目开展绩效评价的单位对县人民医院、县文化艺术中心、县体育公园三个 PPP 项目开展绩效评价；对全县教育系统中小学课后延时服务费、兴国中等专业学校、兴国县交管大队开展财务核查，对全县 22 家企业的车间装修补贴与设备补贴进行核实，以确保财政资金做到“取之于民，用之于民，造福于民”。

【预算执行管理】 2022 年，兴国县制定《关于推进兴国县乡镇财政管理体制改革试点的实施方案（试行）》，选取高兴镇为试点推进乡（镇）一级财政管理体制改革。全县一般公共预算收入总计 59.57 亿元。一般公共预算支出完成 55.68 亿元，比上年下降 1.7%。其中民生类支出 48.44 亿元，“三保”（保基本民生、保工资、保运转）支出 34.5 亿元，分别占一般公共预算支出的 87% 和 62%；加上解支出、债务还本支出、土地指标调剂转移性支出、一般公共预算支出 59.15 亿元。收支相抵，年终滚存结余 4158 万元。政府性基金收入完成 9.35 亿元，比上年增长 64%。加上专项债务对应项目专项收入、上级补助收入、地方政府专项债务转贷收入，2022 年政府性基金收入 28.43 亿元。政府性基金支出完成 23.45 亿元，比上年增长 83.2%，加上解上级支出、调出资金、债务还本支出，2022 年政府性基金支出总计 26.12 亿

2022 年兴国县财政收入执行情况一览表

表 11

项 目	本年执行数（万元）	与上年决算数（%）
一、税收收入	64010	-10.9
增值税	15548	-31.7
企业所得税	7059	-10.1
资源税	2046	44.2
房产税	4190	113.6
印花税	1842	94.3
城镇土地使用税	1715	56.2
土地增值税	7733	-1.6
个人所得税	1364	-16.1
城市维护建设税	8166	1.6
车船税	2159	52.8
烟叶税	1131	14.4
耕地占用税	2613	-46.4
契税	8136	-22.8
环境保护税	306	-16.4
其他税收收入	3	-97.2
二、非税收入	36683	50.6
罚没收入	13288	190.3
行政事业性收费收入	12686	1317.4
教育费附加收入	3910	-0.6
残疾人就业保障金收入	268	-9.8
水利建设专项收入	85	-35.6
政府住房基金收入	3303	22.3
国有资源（资产）有偿使用收入	2473	-78.8
一般公共预算收入小计	100693	4.7
三、上划中央“两税”收入	106394	5.6
增值税	29609	-7.2
消费税	76781	11.8
其他税收	4	-97.2
四、上划中央所得税	18048	-11.2
企业所得税	15126	-10.1
个人所得税	2922	-16.1
五、上划省级收入	17804	32.7
增值税	14062	53.7
企业所得税	3025	-10.1
个人所得税	584	-16.2
环境保护税	131	-16.5
其他税收收入	1	0.0
财政总收入	242940	5.3
分部门：税务部门	210167	0.0
财政部门	32773	60.4

2022 年兴国县一般公共预算支出执行情况一览表

表 12

科　目	本年执行数（万元）	与上年决算数（%）
一般公共服务支出	38265	0.3
国防支出	494	-13.5
公共安全支出	21457	0.5
教育支出	180157	1.0
科学技术支出	13800	0.7
文化旅游体育与传媒支出	6296	-62.8
社会保障和就业支出	73562	10.5
卫生健康支出	46366	-9.3
节能环保支出	15800	0.1
城乡社区支出	28280	0.9
农林水支出	93733	0.3
交通运输支出	7217	-35.8
资源勘探工业信息等支出	1698	5.7
商业服务业等支出	4811	3.7
金融支出	634	-60.6
自然资源海洋气象等支出	4862	5.9
住房保障支出	9500	0.6
粮油物资储备支出	12	-97.9
灾害防治及应急管理支出	2131	2.8
其他支出	0	-100.0
债务付息支出	7712	22.4
债务发行费用支出	33	-5.7
一般公共预算支出	556819	-1.7
其中，民生类支出	484396	-2.0

元。收支相抵后，政府性基金滚存结余 2.31 亿元。国有资本经营支出完成 728 万元，实现收支平衡。社会保险基金收入完成 6.24 亿元，其中社会保险费收入完成 2.87 亿元，财政补贴收入完成 3.09 亿元，利息收入 582 万元，委托投资收益 68 万元，转移收入 478 万元，其他收入 1684 万元；支出完成 5.5 亿元，其中社会保险待遇支出 5.49 亿元，转移支出 26 万元，其他支出 94 万元。社会保险基金本年收支结余 7387 万元，年末滚存结余 6.4 亿元。

【稳经济运行】 2022 年，县政府全力保障稳经济一揽子政策落地，将稳增长放在更加突出的位置，政策发力适当靠前，以对冲经济下行压力。服务上降成本减房租，降低工业企业用电成本，全年拨付符合条件的 34 户企业电价补贴金额 512 万元，对承租国有房屋从事生产经营活动的服务业小微企业和个体工商户，在免除上半年 2 个月租金基础上再减免 1 个月租金，全年国有房屋免租 417 户，兑现免租 407 万元；政策上搭建兑现平台，在全市各县中率先对接“亲清赣商”惠企政策兑现平台，按照《兴国县本级惠企政策专项资金管理暂行办法》要求，梳理上线惠企政策 65 条，设立“惠企资金池”，按照“线上一网、线下一窗”改革要求及时兑现各类企业奖补资金，全年兑现 713 户市场主体资金 2.39 亿元。通过“六个通”（账户通、汇款通、融资通、贸易通、金融服务通、跨境理财通）投入风险缓释金 3370 万元，撬动银行贷款 8.33 亿元。其中，财园信贷通放贷 79 户企业 3.25 亿元，小微通放贷 42 笔 5169 万元，创业通放贷 10 笔 215 万，创业担保贷款放贷 2.3 亿元（贴息 543 万元），农业产业振兴信贷通 1.83 亿元，财政惠农信贷通 3096 万元，产业扶贫信贷通 933 万元。通过“政府出资、平台支撑、企业配套”方式，激发消费潜力，全年拨付促消费资金 731 万元。其中，电子消费券 570 万元，惠及企业 250 家，购房消费奖补资金 151 万元，惠及企业 171 户。环境上优化发展，按照《政府采购促进中小企业发展暂行办法》要求落实价格扣除政策，政府采购项目招标文件设置价格扣除比例由 6%—10% 提高至 10%—20%，中小微企业参与政府采购项目时无须出具中小微企业证明，只需提交《中小企业声明函》。推广以电子保函等非现金形式缴纳涉企保证金，规范保证金收取和退还，采用电子保函形式占 20% 左右，加大对中小企业的支持。

【获评全国财政管理绩效考核先进县】 在财政部公布 2022 年县级财政管理绩效综合评价结果通报中，江西有 14 个县（市）进入全国前 200 名，兴国县名列其中。兴国县以深化预算制度改革为统领，严格规范审批程序，建立人大预算监督联网系统，实施预算项目库全生命周期管理。坚持做好“压、减、控、保”文章，规范财政支出优先顺序，把保工资、保运转、保基本民生放在支出的绝对优先位置，足额纳入预算、不留缺口、落实到位。严格落实“约法三章”，压减一般性支出和非重点、非刚性、无效低效支出，坚持“三公”经费只减不增，控制财政供养人员增长，降低行政运行成本。禁止新建楼堂馆所，建成近40年的县委办公楼坚持修葺使用，以“紧日子”换人民群众“好日子”。

（李甘顺）

税　务

【概况】 2022年，兴国县税务局坚持不断优化执法税收，健全税务监管体系，改善纳税缴费服务和税收的营商环境，全年完成财政口径税收20.63亿元，比上年减少收入54万元，下降0.03%；完成县级税收6.4亿元，比上年减少收入7428万元，下降10.4%。剔除留抵退税因素，全年入库县级税收6.97亿元，比上年增收1764万元，增长2.67%。全年累计办理留抵退税1.61亿元，新增减免政策减免税收8661万元，制造业中小微企业延缓缴纳税费3461万元。

【社会保险费与非税收入】 2022年，成立由兴国县人民政府领导牵头，县税务局、财政局、人社局、人民银行、医保局等部门负责人为成员的兴国县统一社会保险费征收模式工作协调组，抽调业务骨干人员成立专项工作专班，实行集中办公。全年累计入库社保费收入11.12亿元，比上年增收0.07亿元，增长0.67%；入库非税收入7.22亿元，比上年增收6.43亿元，增长813.92%；国有土地使用权出让收入和矿产资源专项收入划转至税务部门征收。

【纳税服务】 2022年，兴国县在册登记纳税人1.33万户，其中一般纳税人1175户。构建以办税服务厅为“中心”，以自助办税终端为补充，以“码”为媒介的办税缴费格局，持续落实发票免费寄送、远程帮办等涉税涉费等定制服务。完善升级“码”上交、“码”上办等“非接触式”办税服务，拓宽江西省电子税务局使用覆盖面。全年，向县委、县政府呈送税务专报17篇，为服务全县招商引资和实体经济发展，提供决策参考依据。

【减税降费】 2022年，兴国县组建退税减税降费落实工作专班，为企业减负2.48亿元。其中，办理留抵退税120户次1.62亿元（含微型企业退税金额为1.23亿元，小型企业退税金额为111万元、中型企业退税金额为2762万元），“六税两费”（指增值税、消费税、企业所得税、个人所得税、资源税、城市维护建设税以及教育附加、地方教育附加税收及费用）减免7506户次2020万元，小规模纳税人增值税免征667户2354万元，小微企业和个体工商户所得税优惠减免23户868万元，小规模纳税人增值税减征704户584万元，其他减免2835万元。

【税收征管】 2022年，兴国县税收主要是烟草制品业、房地产业和建筑安装业，三大行业入库税收占比64%。强化风险应对，年内成立风险管理团队8个，对重点行业开展常态化风险分析扫描，完成30批次风险应对任务，涉及纳税人80户，入库税费2340万元。征管

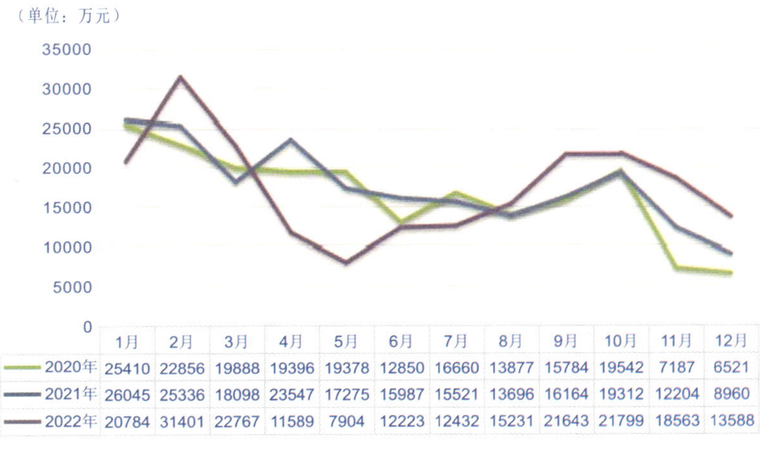

	1月	2月	3月	4月	5月	6月	7月	8月	9月	10月	11月	12月
2020年	25410	22856	19888	19396	19378	12850	16660	13877	15784	19542	7187	6521
2021年	26045	25336	18098	23547	17275	15987	15521	13696	16164	19312	12204	8960
2022年	20784	31401	22767	11589	7904	12223	12432	15231	21643	21799	18563	13588

图2 2020—2022年兴国县财政口径税收收入走势图

质量 5C 工作评级为 A，“非接触式”办税缴费达 96.19%，平均等候时长 0.12 分钟，平均业务办理时长 1.94 分钟。实现纳税服务零投诉，全市排名第一。开展全电发票推行工作，加快电子印章推广应用，强化同县自然资源、银保监等部门沟通对接，提升车船税、耕地占用税等税种的征收质效，共计查补车船税 550.87 万元、耕地占用税 1368.91 万元。

（程　敏）

金融监管

【金融风险防范】 2022 年，兴国县对辖区内法人银行机构风险进行月度动态监测，落实主监测人管理制度，加强辖内法人银行机构经营管理和风险状况的监测、分析，建立主监测人数据库。对法人银行机构开展偿付能力敏感性压力测试和流动性风险压力测试。落实存款保险制度，发挥存款保险早期纠正作用，做到早识别、早预警、早发现和早处置。对涉嫌参与“虚拟货币挖矿”（指获取虚拟货币的勘探方式）的酒店、商铺、住户等 14 家单位和个人进行逐一摸排，卸载“挖矿”软件和设备。对兴国阳光人寿、兴国县太平洋人寿 2 家保险企业开展反洗钱监管走访，现场形成《反洗钱监管记录》，并提出整改要求。对兴国农商银行、兴国新华村镇银行、江西银行 3 家银行机构进行征信监管走访，并对走访机构出具 3 份监管提示函，共提出 8 个整改问题。

【国库管理】 2022 年，兴国县金融机构加大对国库的管理，全年办理业务 40.31 万笔，金额 157.47 亿元。其中，预算收入业务 16.05 万笔，金额 49.32 亿元；预算支出业务 11.53 万笔，金额 91.96 亿元；退库业务 1.39 万笔，金额 3.08 亿元；其他业务 11.32 万笔，金额 10.36 亿元；增值税留抵退税 201 笔，金额 1.62 亿元。

【支付结算管理】 2022 年，兴国县大力推动移动支付便民服务工作，积极推广银联云闪付在公交、商圈等支付场景的运用，完成所有场景建设工作，移动支付活跃账户和交易量年内得到较大幅度的提升，移动支付用户推广完成率排全市前列。督促辖内银行机构优化老年人支付服务，对老年人移动支付和银行卡支付遇到的问题和困难进行逐一摸排，并制定针对性措施，推动老年人支付服务便利化。优化支付服务水平，电话和现场暗访县域内城乡银行营业网点 86 个，实地督导县域内 11 家银行机构共 36 个营业网点，电话暗访 50 次，提出整改意见 16 条。

【反洗钱工作】 人民银行兴国支行将反洗钱作为重要工作，2022 年加强与公安、检查、纪检、督查等部门协调，从案源掌控、案件跟进研判，到协调金融部门配合调查等各个环节发力。年内，推动辖区内一起受贿案、玩忽职守罪、洗钱罪三罪并罚的案件完成法院判罪，实现县辖内以洗钱罪判罪零的突破，进一步维护辖区内金融秩序、为反洗钱协助打击上游犯罪提供一个范例。

【银行保险监管】 2022 年，全县有银行业金融机构 12 家，其中法人银行机构 2 家（兴国新华村镇银行和兴国县农村商业银行）；保险公司 23 家，其中法人分支机构 1 家（恒邦财产保险公司）。中国银保监会赣州监管分局兴国监管组根据分局授权，全年履行对辖区内银行保险业的合规进行审慎监管，全年未发生事件。

【外汇管理】 2022 年，兴国县由于地处经济落后的内地山区县、外汇结汇量过小，未加挂外汇管理局的牌子，无直接履职。

【地方金融监管】 2022 年，人行兴国支行积极开展地方金融监管，组织各金融机构开展宣传活动，不断拓宽金融监管的广度和深度。开展 5 次综合执法检查，深化“两综合两管理”工作，根据金融机构，尤其是地方法人金融机构的风险状况、合规水平、执行政策效果、重大事项报告等情况，对金融机构进行综合评价。严格规范金融机构各项业务，维护金融消费者的权益。

（黄菁菁　张运忠　曾昭明）

审　计

【概况】 2022 年，兴国县审计局创新实施“五个一”（揭示一至两个关键问题、提出一至两项重要建议、移交一至两条问题线索、收缴一至两笔违规违纪资金、做成一至两个优秀项目）工作机制，围绕重大政策措施落实、财政预算执行、领导干部经济责任、乡镇党政主要领导干部自然资源资产等重点开展审计。全年完成审计项目43个，查出问题金额2.66亿元。其中，管理不规范金额995万元，处罚收缴违规资金入财政专户1089.36万元，非金额类问题87个。县审计机关提出审计建议40条，出具审计专报4个，向纪检监察、税务等部门移送问题线索7条。

【财政审计】 2022年，兴国县财政部门完成上一年县财政预算执行审计以及县林业局、县工信局、县商务局、县司法局、县城管局5个部门预算执行情况审计。全年共查出问题金额1.75亿元，提出意见建议17条，促进国有资本经营预算的规范化、预算绩效管理规范化。

【经济责任审计】 2022年，兴国县审计局完成30个单位（部门）主要负责同志经济责任审计（含兴莲乡党政主要领导干部自然资源资产审计），其中经济责任离任26个，经济责任任中审计4个。年内，查出6大类问题238个，涉及金额1.17亿元，收缴违规资金398.36万元，移送问题线索2条。

【交叉审计】 2022年，兴国县审计局组织抽调16人次，先后参加赣州市组织的税收收入和非税收入征管及税务部门预算执行审计、2021年度衔接推进乡村振兴补助资金专项审计调查、粮食购销领域的重大项目及资金使用情况专项审计调查、农村信用社联合社2021年度资产负债损益审计、职业教育政策落实情况专项审计等各县市相互交叉审计调查工作。年内，配合上级审计机关完成各项审计任务，通过“以审代训”方式提升审计干部业务能力和实战水平。

【殡葬政策落实专项审计】 2022年，兴国县审计局组织开展对县殡葬改革政策实施、服务保障等情况专项审计调查，查找兴国县殡葬行业在改革、服务、管理等方面存在的问题和风险隐患。通过审计，有效督促县殡仪馆退缴违规获取资金241.65万元，并从体制机制方面向民政等部门提出审计建议，促进殡葬服务管理规范，强化殡葬行业的公益性。

【乡村振兴政策措施跟踪审计】 2022年，兴国县审计局组织开展上一年乡村振兴政策措施跟踪审计，抽查5个乡镇31个村乡村建设点、人居环境整治、产业基地等项目情况进行审计，稳步推进各项工作。年内，推动100万元产业帮扶资金归还原资金渠道，促进结余资金上缴财政，规范乡村振兴资金使用，以审计监督实效推动乡村振兴战略决策部署贯彻落实到位。

【审计问题整改】 2022年，兴国县审计局组织对2021年以来审计发现的752个问题开展审计整改“回头看”，通过印发审计整改通知、审核资料、整改督查等多种措施，督促84个被审计单位（乡镇、部门）落实审计整改主体责任。通过审计，有效推动审计问题整改落实到位，整改率达到98%，进一步提升审计监督质效。

（赵智勇）

统计

【概况】 2022年，兴国县统计局深化统计方法制度改革，强化统计监测预警分析，主动服务地方经济社会发展，为“模范兴国”建设提供“数库”“智库”支撑。全年撰写经济运行分析18篇、统计专报17期，获得县领导肯定性批示8次。完成上年度《统计提要》《统计公报》《统计年鉴》编撰，每月更新《兴国县主要经济指标表》《兴国经济动态》，为全县经济社会高质量发展提供坚实的统计保障。

【统计调查】 2022年，兴国县统计局贯彻国家、省、市统计报表制度，常态化开展常规统计调查，高质量、高标准完成农业、工业、贸易业、服务业、建筑业、房地产业、能源、固定资产投资、劳动工资等专业上年统计年报和2022年定报报表的收集、汇总、上报、分析。精心组织、合理安排，高质量开展各项调查工作，先后完成“农业农村灾情调查”“投资项目专项调查”“高温旱情对企业生产经营影响调查”“油料成本收益快速调查”“冬油菜生产情况调研”等调查任务。

【城乡居民生活状况调查】 2022年，县统计调查部门为了解兴国县城乡居民收入、消费及其他生活状况，监测居民收入分配格局和不同收入层次居民的生活质量，国家调查队以省为单位总体，综合采用分层级、阶段与人口规模大小成比例和随机抽样相结合方法，抽取全县住户调查样本，分别为东河社区、将军园社区、长冈乡泗望村、长冈乡长冈村、潋江镇和睦村、长冈乡塘石村、樟木乡樟木村、兴江乡塘背村、永丰镇洙坊村、鼎龙乡石源村、南坑乡郑枫村、崇贤乡东风村12个调查点共120户记账户作为调查对象，调查周期为2017年12月至2022年11月。

【统计监测】 2022年，面对复杂严峻的外部环境和疫情、旱情等多重压力考验，兴国县统计部门按照“疫情要防住、经济要稳住、发展要安全”要求，牵头建立实施月度经济运行分析会、经济运行预警监测等制度，加强主要经济指标和GDP核算基础指标监测分析，及时提出预警监测建议，积极助力全县经济大局稳中向好。全县经济指标实现进位前移，10大主要经济指标增速中6项高于全市平均水平。

【信息服务】 2022年，兴国县统计部门及时做好经济社会发展数据的收集、整理、审核工作，规范做好统计数据管理、发布与提供工作。每月实时更新《兴国经济动态》共12期。撰写统计分析信息合计200篇（分析47篇，统计信息153篇），其中获得县级领导批示9篇，市级采用52篇，省级采用17篇，国家级采用2篇。加强对“兴国统计”微信公众号的运行管理，提高公众号运行效率，全年共推送各类信息65条，为社会各界更快速、更便捷了解统计数据提供掌上平台。通过政务公开平台对外发布统计数据和工作动态60余篇，向社会各界提供统计信息咨询服务300余次。

【依法统计】 2022年，兴国县统计单位坚持依法依规统计，将中央统计工作文件精神及《防范和惩治统计造假、弄虚作假重要文件汇编》和典型统计违法案件通报纳入县委常委会、县政府常务会学习，提高领导干部防范和惩治统计造假、弄虚作假工作思想认识。围绕权力干预情况、执法不严情况等8个方面20项事项开展全面自查，梳理出问题清单12个，制定整改措施，明确责任人和整改时限，对标对表扎实整改，全面完成整改销号。

【统计执法】 2022年，兴国县统计部门制定《兴国县统计造假不收手不收敛问题专项纠治实施方案》《兴国县统计局2022年统计执法检查方案》两个统计执法方向方案，对全县9家规模以上的企业统计数据开展执法检查，对上一年起全县168家入规企业、80家退库企业，进行逐一核查，企业依法统计意识得到进一步增强。

（谢平生）

市场监督管理

【概况】 2022年，兴国县市场监督管理系统通过“12315”平台与热线，受理消费者投诉644件、举报572件。开展“打非治违”等长效常治的专项整治

3月，县市场监督管理局、消费者协会在五福广场开展以“信用让消费更放心”主题消费者权益宣传
（县市场监管局 供图）

行动16起，县市场监督管理系统及各乡镇共出动一线执法人员3.1万人次，排查各类市场主体2.31万户次，其中3起案件被评为“兴国县优秀行政执法案件”，5起案件列入赣州市场监管系统民生领域“铁拳”行动典型案例。兴国县春季开学教育收费监督检查及打击整治养老诈骗等工作深入民心合民意，工作报道在中国质量新闻网、中国经济网进行报道。3月3—4日，全省特殊食品安全监管暨“守底线、查隐患、保安全”专项行动现场推进工作会在兴国县召开，兴国县作典型发言，经验做法向全省复制推广。年内，市场监督管理综合工作评为全市食品安全工作优秀单位、全市市场监管系统宣传报道先进单位。

【市场主体培育】 2022年，兴国县市场主体开办注册登记时限压缩至0.5个工作日，企业网办率100%。全年，“个转企”（个体工商户转型升级为企业）办理27户，歇业备案3户，全县新增市场主体6538户，有各类市场主体4.43万户，比上年增长9.21%。新增注册企业三年存活率81.22%，在全市二类县中排名第1。

【“双随机、一公开”监管】 2022年，兴国县建立“双随机、一公开”监管联席会议制度，推动“排查检查”向“双随机、一公开”转变。全年开展市场主体公示信息和登记事项“双随机”抽查工作3次，检查企业309户、个体工商户274户、农民专业合作社17户。对被检查企业实施必要性的审计，抽查结果通过国家企业信用信息公示系统网站进行公示。实施包容审慎监管，严格执行企业“安静生产期”制度及首违、轻微不罚制度，对全县的46起首违和轻微违法案件，给予免处罚。

【反垄断和反不正当竞争】 2022年，兴国县聚焦民生和新消费领域的热点问题、重要商品和要素市场中的侵犯知识产权问题、商业营销中和新产业新业态新模式中的不正当竞争问题，积极开展反不正当竞争执法专项行动。严厉查处网络不正当竞争、违规商业炒作、违法促销、医药购销企业不正当营销、医疗美容虚假宣传等违法行为。全年出动执法人员200余人次，查办不正当竞争案件4起，营造和规范公平竞争的市场环境。

【网络交易监管】 2022年，兴国县市场监督管理局积极开展网络交易监督管理工作，将辖区内2478户网络经营主体纳入国家总局网络交易监测监管五级贯通系统，与江西省网络交易平台监管服务系统并行实现对辖区内网络交易智慧监管。组织开展打击治理电信网络诈骗犯罪集中宣传进社区、百家电商平台点亮等专项行动，向消费者和网络经营主体普及《中华人民共和国电子商务法》《网络交易监督管理办法》《网络直播营销管理办法》等法律法规，联合县公安局、县商务局等8个部门开展2022网络市场监管专项行动（网剑行动），全年实现线上检查网络交易经营主体1500余户，发现违法线索9条，责令改正8条，立案查处1起。落实全面禁止非法野生动植物交易，对辖区内野生动植物非法交易进行常态化网络监管，检查网络交易平台24次、网络交易店铺360余次，发现野生动物交易信息4条，督促下架（删除、屏蔽）野生动物交易信息4条，责令整改1起。

【消费者权益保护】 2022年，兴国县全年受理各类消费投诉举报1773件，挽回经济损失21.26万元。其中，接到“12315”平台的商品质量、价格等投诉644件，接到服务态度、行为等各类投诉139件，接到举报类572件，接到“12345”政府热线投诉举报887件。所有举报均妥善解决，为消费者权益保驾护航。

【合同、广告监管】 2022年，兴国县市场监督管理局认真履行合同行政监管职责，积极组织企业开展推荐上报江西省、赣州市“守合同重信用公示单位”活动，8家企业获评省级、市级“守合同重信用公示单位”称号。年内，组织合同格式条款专项规范监管，受理企业合同格式条款备案112户，推进合同格式违法行为专项整治工作，引导经营者规范合同行为，推动相关企业以及个体经营者妥善处理消费纠纷。落实《中华人民共和国广告法》，针对人民群众关心老年代步车、医疗美容两个焦点问题，开展老年代步车（四轮电动车）市场、医疗美容行业虚假宣传侵害消费者权益问题的专项整治，全年共立案查处违法类广告案件15起，对违法经营行为形成震慑，有效净化辖区内广告市场环境。

【传销专项整治】 2022年，兴国县市场监督管理局联合公安等部门，对传销毒瘤进行整治，开展打击传销专项行动4次，取得明显效果。开展以“守护梦想，远离传销”为主题的系列宣传教育进社区、进学校、进园区活动20余次，深入兴国县将军中学等20多个学校，组织开展打击传销知识讲座和主题班会。开展广场宣传活动3次，核查上级移交的涉及传销线索3条，建立健全涉及传销人员数据库，加强涉及传销人员管理。

【企业信用监管】 2022年9月，兴国县全面对接启用“市场主体信用风险分类管理系统”，并将市场监管领域“双随机”抽查与企业信用风险分类结果有机结合，合理确定“双随机”抽查的对象和抽查比例、频次，以风险分类和信用分级为基础，实施“双随机”差异化监管，提高抽查的规范性、精准性、有效性，真正实现监管“无事不扰”“无处不在”。2022年度，全县低风险市场主体“无事不扰”实现率达90.26%。

【产品质量监管】 2022年，兴国县市场监管管理部门加强对建材、电线、电缆、液化石油气、机制砂、烧结普通砖、化肥等产品抽样检测，抽检样品793批次，合格765批次，不合格28批次。7月，县市场监督管理局对某混凝土有限公司以次充好生产销售混凝土行为依法作出没收违法所得1.15万元、罚款33.13万元的行政处罚。全年，立案查处产品质量安全案件23起。

【计量标准化监管】 2022年，兴国县市场监督管理部门以涉粮计量和民生计量为工作重点，年内对全县100余家企业的强检计量器具进行免费检定，完成计量器具检定1818台（件），其中加油机检定700余枪，压力表检定700余台，数字指示秤、模拟指示秤、非自行指示秤检定208台，血压计、血压表检定180台，天平检定30台，为计量器具的精准提供保障。

【特种设备安全监管】 2022年，兴国县市场监督部门扎实开展“打非治违”专项整治，紧盯高危行业、人员密集场所、复工复产及设备超期使用、无证作业等监管重点，排查整改安全隐患17处，严厉打击特种设备违法行为，立案查处特种设备违法案件4起。

【食品生产、流通安全监管】 2022年，兴国县市场监督部门开展食品安全“守底线 查隐患 保安全”专项行动，围绕保健食品、成品粮、肉制品、桶装水、食用油等民生领域重点产品，紧盯春秋开学季、节假日等重点时段，打击非法添加、过期变质、假冒伪劣、养老诈骗等重点违法行为。年底，共检查食品生产经营主体12188户次，检查覆盖率达153%，发现风险隐患问题681个，完成问题整改681个，完成处置率为100%。全年办理食品安全案件158件，涉案货值金额为8.8万元。

【餐饮服务安全监管】 2022年，兴国县市场监督部门以餐饮质量提升行动为抓手，认真实施食品经营许可，强化日常巡查，推行量化分级管理、“明厨亮灶”工程，创建餐饮示范街等措施，提升全县餐饮业质量安全水平，全县餐饮业食品经营持证率达到96%以上，持证者100%实行量化分级管理。年内，有1500余家餐饮服务单位和588所学校及幼儿园食堂实施“明厨亮灶”服务，校园食堂“明厨亮灶”率达100%。积极推进餐饮示范创建工作，完善潋江之春、滨江西路、将军公园和金茂大厦四条餐饮质量安全示范街，120余家宾馆、酒店、餐饮店的软、硬件设施明显提升。全县2家餐饮具集中消毒服务单位建立自查制度、落实生产过程质量控制措施，卫生安全管理水平得到提高。

【特殊食品监管】 2022年，兴国县市场监督部门强化特殊食品科普宣传，不断提高消费者自我保护意识和依法维权意识，引导公众树立科学的健康理念，广泛开展以老年人识骗、防骗为主要内容的宣传教育活动，并结合“3·15”等活动，发放宣传单1500余份，张贴如何正确选购特殊食品的宣传画300余份，提高群众对特殊食品的认知能力，增强经营企业依法经营的观念。根据特殊食品经营企业分布情况及经营的主要品种，明确重点监管经营户，将案件查办工作责任到人，各自对负责区域内的特殊食品经营企业进行摸底检查，对检查情况负责。年底，全县出动检查人员1000余人次，检查特殊食品经营企业680余家次，下发责令整改通知书17份，受理保健食品消费者投诉3件。3月4日，全省特殊食品监管工作推进会在兴国召开。

【“你送我检”食品安全抽检活动】 2022年1—10月，兴国县市场监督管理局多次组织食品快检专业人员在兴国县洪门家家兴超市、兴国县阳光超市丹凤龙庭店、兴国县五丰农贸市场、兴国县太平洋超市等地开展“‘你送我检’免费快检活动”，通过采取现场抽样、群众送检等方式，在现场设置快检点，由专业人员对群众送检的食用农产品进行免费快速检测，对食用农产品是否符合食品安全标准、是否存在农兽药超标等项目进行检测，检测服务全程免费，方便快捷，当场告知检测结果，做到有送必检、随送随检，共开展快检活动7次，抽检145批次，合格率98.62%。

【药品安全专项整治】 2022年3月开始，兴国县药品安全管理部门实施开展为期9个月的专项整治行动，覆盖药品、医疗器械、化妆品经营、使用领域，以严查违法违规行为、全面排查风险隐患为两项主要任务，针对“两品一械”安全领域违法违规行为，聚焦药品经营使用环节、中药饮片领域、第一类医疗器械生产环节、医疗器械经营使用环节、化妆品领域、药品医疗服务价格、药品抽查检验、打击制售假劣药品犯罪行为等八大领域。至年底，共出动执法人员5000余人次，检查药品零售企业750余家次，医疗器械经营企业400余家次，化妆品经营企业200余家次，医疗机构1150余家次，立案查处“两品一械”相关案件29件（简易程序案件8件），其中药品类案件10件（其中一件为中药饮片案件）、医疗器械类案件5件、化妆品类案件6件，罚没款共计100余万元，进一步净化全县的药械化市场，确保群众用药用械用妆安全。

9月，县市场监管局开展“你送我检”食品安全抽检活动
（县市场监管局 供图）

【“智慧药店”建设】 2022年11月底，兴国县验收通过智慧药店建设的药品零售企业250家，创建通过率达100%。“智慧药店”建设工程是指通过互联网、大数据、人工智能等创新技术，加速制药工业与零售终端从传统商业模式向创新产业模式的升级，是推进药品零售企业智慧监管的重要手段，对进一步规范药品零售行为、保障群众用药安全具有十分重要的意义。工程从6月部署实行，要求11月底80%以上药店达到“智慧药店”建设标准。通过搭建线上线下一体化“智慧药店”服务平台，融合药品综合监管系统、药品网络交易监管系统、四类药品监控系统、药品抽验系统、江西药械化大数据分析平台等20项监管模块，可实现药品风险预警监测、远程数据监管、公众药品信息共享等功能，提升药品安全智慧监管水平，使消费者购药更方便、更快捷、更满意。

【综合执法】 2022年，兴国县

聚焦民生重点领域突出问题，强化源头治理，重点整治食品、医疗、教育、房地产、建材、养老、金融投资理财等领域违法生产经营行为。全年查处各类市场违法违规案件258起。严格执行企业“安静生产期”制度及首违、轻微不罚制度，对46起首违和轻微违法案件免于处罚。加强行刑衔接，办理检察建议13份，申请强制执行案件1起，移交公安部门3起。化肥产品质量专项整治工作扎实有效，颇得民心，事迹被中国化肥网报道。

（陈新生）

知识产权管理与服务

【概况】 2022年，兴国县注册商标申请数1059件、注册数773件，有效注册量达5546件。新增授权专利415件（其中发明专利14件、实用新型专利249件、外观设计专利152件），累计有效发明专利62件，全县实现每万人有效发明专利拥有量0.86件。年内，查处各类侵犯注册商标案件5起。

【知识产权保护】 2022年，制定印发《江西省2022年知识产权行政保护工作方案》，开展知识产权执法专项行动，处理专项侵权假冒案3起。对重点领域、重点商名类别进行专项检查16次，出动执法人员16人次，检查市场主体30余家。

2022年兴国县发明专利授权情况一览表

表13

专利号	专利名称	专利权人名称
ZL202110014308.1	工业导爆索生产时自动收卷机	江西赣州国泰特种化工有限责任公司
ZL202110130225.9	LED背光源模组	兴国汇晨科技有限公司
ZL202010985214.4	可观赏吸水的玩偶	赣州承亮科技有限公司
ZL202011535968.6	轴端打磨用固定装置	赣州靖扬科技有限公司
ZL202110137806.5	导爆索抗水性能检测装置	江西赣州国泰特种化工有限责任公司
ZL202111171846.8	人体三维数据采集房间及其收费方法	刘智矫
ZL202011542802.7	可完成分解的串鸡爪装置	姜洁如
ZL202110387974.X	木雕加工用打磨抛光一体机	兴国春天文化传媒有限公司
ZL202110136711.1	制造乳化炸药用冷却水池清污装置	江西赣州国泰特种化工有限责任公司
ZL202110210193.3	皮肤科用疣体专用切除刀	周敏
ZL202011384746.9	半导体制造用机械手臂	赣州市兴顺辉科技有限公司
ZL202011047770.3	卫生间用拖鞋除水装置及其使用方法	赣州市兴顺辉科技有限公司
ZL202110013096.5	乳化炸药全自动输送装置	江西赣州国泰特种化工有限责任公司
ZL202110351232.1	双排折弯机及使用方法	赣州市崧岚电子科技有限公司

【知识产权服务】 2022年，联纲电子完成专利质押融资2000万元，同年9月与南昌合达信知识产权代理事务所签订10万元的服务协议，为企业免费提供知识产权咨询、布局、管理、侵权保护和维权、规划、质押等专业服务，通过购买第三方服务助力企业创新发展，加大发明专利申报储备。年内，出台《兴国县人民政府关于印发促进经济发展平稳健康发展若干政策措施的通知》，并设立专利专项资金以激励。全年，共发放各类专利奖励118.2万元，发明专利5件、实用新型专利147件、外观设计专利50件。

（罗贤俊）

本栏编辑：陈玉桃

农 业

综 述

【农产品品牌建设】 2022年，组织兴国拓诚农业科技有限公司等4家企业13款具有兴国特色的农副产品，参加在江西省浮梁县举行的“2022年中国农民丰收节”江西区活动，活动期间向全网推介兴国富硒芦笋、富硒脐橙、富硒茶叶等多款农副产品，助力兴国农副产品市场营销。兴国蒙山果业发展有限公司自主品牌“翠泰龙”、兴国益香园茶业有限公司自主品牌“方太妹”获得第三批“赣鄱正品”品牌认证。“翠泰龙”等脐橙品牌销售总值达1.18亿元，“方太妹”等茶叶品牌销售总值达3051万元。

【农业机械化】 2022年，全县落实农机购置补贴政策，简化补贴办理流程。全年发放农机购置补贴资金574.59万元，补贴农机（具）2529台（套），受益农户2410户。强化“为机育秧、机械强农”理念，全县提高水稻生产全程机械化水平，实行以机育秧、以机种植，启动17个水稻工厂化集中育秧中心建设。提升农业机械化综合水平，全县农机总动力31.86万千瓦，水稻耕种收综合机械化率达82.9%，比上年增长2.53%。

【基层农技人才队伍建设】 2022年，兴国县农业农村局强化对县乡农技人员的岗位教育、业务培训及知识更新，分层分类分批开展农业学法、农产品质检、农业生产、统计、农业农村改革等培训工作，全年开展培训班8期，培训780余人。注重实用农技人才的培养，宣传基层农技人员定向培养政策，年内考选5名定向生入校，其中4人就读江西农业工程职业学院，1人就读江西生物科技职业学院。

【农业科技培训】 2022年，全县选送25名学员参加江西省“一村一名大学生工程”成人高等教育学习。年内，首次开展高素质农民培训，参训农民350人，遴选33人参加市级高素质农民培训班。实施乡村产业振兴带头人培育“头雁”项目，培育乡村振兴带头人10名。开展农村实用人才带头人示范培训，组织参加赣州市实用技术人才培训班451人。首次开展农业从业人员职称申报与评定，遴选40余名农业从业者申报农民职称，其中获评中级农民职称23人，初级农民职称4人。

【高标准农田建设】 2022年，全县深入实施“藏粮于地、藏粮于技”战略，全面完成上年度3000公顷高标准农田建设任务，做好2022年度4000公顷高标准农田选址、勘测、设计、招投标等前期工作并进场开工。建立健全“县负总责、乡镇监管、村为主体”的高标准农田建后管护机制，将建成的高标准农田设施移交所在乡（镇）进行管护，全年拨付管护资金566.65万元，推动管护责任压实到人、管护措施落实到位。

（王均亮）

种植业

【概况】 2022年，兴国县围绕保障粮油安全，建立健全县级领导挂点乡镇、乡镇党政领导包村、乡镇干部包片、村干部包组包户的工作责任制，推进全县水稻、杂粮等粮食作物和油菜、花生等油料作物生产。年内，全县种植粮食作物 5.59 万公顷、比上年增长 2.48%，红薯种植面积 5131 公顷，大豆种植面积 1604 公顷，玉米种植面积 1276 公顷，均获丰收。

【水稻生产】 2022 年 2 月，兴国县委、县人民政府印发《兴国县 2022 年粮食生产工作方案》，统筹安排资金 5600 余万元用于粮食生产各项工作，落实早稻集中育秧、规模化种植等惠农奖补政策，加快发展农村集中育秧、代耕代种等社会化服务，提升农户种植粮食的积极性，扩大兴国主粮水稻播种覆盖面。年内，全县水稻种植面积 4.44 万公顷，总产量 23.05 万吨，为近 10 年新高。

【油菜、花生种植】 2022 年，兴国县持续出台冬种油菜奖补等各项政策，深入实施稻油轮作试点，激励农户开发冬闲田发展油菜生产，推进油料作物提质增效。全县冬种油菜面积 1846.67 公顷，比上年同期增长 162.09%，2022 年春季收获油菜籽约 2498 吨，比上年增长 186.8%。年底，全县冬种油菜面积 2900 公顷，任务完成率 113.87%。积极引导农户利用旱地扩大花生种植面积，全县花生种植面积 3240 公顷。

烟叶生产

【概况】 2022 年，兴国县组织高兴镇、长冈乡、均村乡、古龙岗镇、良村镇、崇贤乡、城岗镇、鼎龙乡、梅窖镇、埠头乡、社富乡、方太乡、龙口镇、枫边乡、兴江乡、樟木乡、隆坪乡 17 个乡（镇）105 个村组 189 户烟农共种植烟叶 833.33 公顷，收购烟叶 1560 吨，收购均价 33.04 元 / 千克，其中收购上等烟叶占 76.6%，每公顷产量 1867.35 千克，每公顷效益 16340 元，总产值 5140.66 万元，全县实现烟叶税收 1130.95 万元。

7 月，兴国县长冈乡塘石村早稻喜获丰收 （县农业农村局 供图）

【基础设施建设】 2022 年，兴国县在烟叶种植生产中牢固树立绿色发展理念，继续坚持有序推进生物质颗粒燃料改造，全年投资 149.24 万元，在全县开展烤房煤炭改造生物质颗粒燃料 195 座，修复烟叶烤房 62 座，优化完善烤烟设施，基础设施建设更上一个台阶。

【生产优化】 2022 年，兴国县紧盯农时，抢先启动深翻、施肥、盖膜等备栽工作，有序推进平衡施肥、中耕培土、打顶留叶等关键环节，重点攻坚采收烘烤、专业分级等核心技术。年内，全县营养土订单生产 689.33 公

2022 年兴国县主要农作物面积和产量一览表

表 14

指标名称	播种面积（亩）	总产量（吨）
粮食作物	837750	262353
（一）谷物	685355	233385
稻谷	666208	230484
（1） 早稻	266300	86833
（2） 中稻	131831	46670
（3） 晚稻	268077	96981
（二）豆类	74805	12363
（三）薯类（鲜薯）	77590	83025

（王均亮）

顷，占比 82.7%，比上年提高 10%，使烟叶早生快发，烤后质量明显提升，收购均价 32.96 元 / 千克；单产 33.2 千克 / 公顷，上等烟比例 76.57%；每公顷产值 274.19 元；全县烟叶种植户均收入较上年提高 6.77 万元。

【技术培训】 2022 年，兴国县积极开展烟叶技术的培训与推广，开展全县烟叶技术人员的管理培训 1 期、受训烟技人员 100 余人次；开展标准化生产技术培训 8 期，参训烟农 1400 余人次、参训务工人员 2 万余人次；烟叶技术人员“以考代训”320 余人次，通过以考核促争先，以评比促提高，采取烟叶专技人员现场评、建立微信群鼓励大家互相交流线上评及月度考核检查等多种模式，抓牢标准化技术的全面落实。推广站立式鲜烟不落地编烟法、优化后的鲜烟大样挑拣分类法、线上烘烤指导等采烤方面的小革新、小创新，着力提高烟叶烘烤质量，帮助烟农减工降低成本，全年帮助全县烟农降本增效 60 万元以上。

（王均亮）

蔬菜产业

【概况】 2022 年，兴国县聚焦提升首位蔬菜产业效益，坚持扩面、提质、补链并举，年内新增大棚蔬菜基地 18 个，面积 337.76 公顷。持续加强蔬菜基地的精心管护，培育基本菜农管理技能，成功签约引进食品（蔬菜）深加工项目 1 个，全县蔬菜播种面积 1.32 万公顷，总产量 45.05 万吨，总产值 13.5 亿元。

【蔬菜基地运营】 2022 年，兴国县龙口镇文院村蔬菜基地规模 34 公顷，建成钢架大棚 28 公顷，主要种植西红柿、辣椒、瓠子、黄瓜、台湾芶尖等蔬菜品种，基地平均每天用工 60 人左右，采摘高峰期达 120 人。采取“基地 + 合作社 + 农户”模式，无偿拿出 3.33 公顷大棚基地，用于培育本地菜农；兴国县潋江镇杨澄村蔬菜基地占地 66.66 公顷，大棚 46.66 公顷，主要种植茄子、辣椒、西蓝花等蔬菜品种，以单品种植为主，实行流水作业生产经营模式；兴国县拓诚农业蔬菜基地位于枫林村、垓上村，全部种植芦笋，总规模 75.93 公顷，该公司以“互联网 +”数字农业发展思路，建设数字智慧农业，实现浇水、施肥以及大棚顶部卷帘控制等自动化。年内，全县集中连片 3.33 公顷以上规模大棚设施蔬菜基地 79 个，面积 1553.33 公顷，主要品种为芦笋、辣椒、茄子、叶菜等，产量 14.47 万吨，实现年总产值 5.79 亿元，亩均产值约 2.5 万元，亩均年纯利润 5000 元。

2 月，高兴镇文溪村村民在烟叶基地进行种植前的打窝工作

（县农业农村局 供图）

【芦笋种植推广】 2022 年 11 月 16 日，全省蔬菜（芦笋）产业技术现场观摩会在兴国举行，江西省农业科学院兴国芦笋产业研究院在兴国揭牌成立。年内，全县重点推广芦笋种植，落实芦笋种植奖补政策，县人民政府印发《兴国县有效应对疫情帮助中小企业纾困解难若干政策措施的通知》，对 2022 年在县域范围内实施蔬菜基地种植芦笋 0.33 公顷以上的企业或菜农给予 2800 元 / 亩补贴，大力推广芦笋种植，在成立蔬菜办对基地进行挂点服务指导的基础上，与江西省农业科学院、赣南农科院签订蔬菜（芦笋）产业技术服务战略合作协议，全力支持建立“江西省农科院蔬菜产业示范基地”“江西省农科院芦笋科研试验示范基地”“兴国县国际芦笋种质资源圃与新品种示范园”“赣南稀土转光膜和稀土补光灯实验基地”“赣州市富硒产业示范基地”“赣州市富有机硒营

养芦笋实验基地”等园区基地，示范引领全县芦笋产业发展。全县新种植芦笋168.99公顷，总种植面积344公顷，芦笋产品获得富硒有机认证。

【技术推广】 2022年，兴国县深化与江西省农科院、赣南科学院科技合作，依托省农科院蔬菜花卉研究所、赣南科学院蔬菜团队，提升建设蔬菜（芦笋）示范基地3个，拓展基地观摩、技术示范等培训方式，从土壤改良、病虫害防治、施肥打药等环节对菜农进行现场指导与教学。从全国蔬菜(芦笋)主产区聘请蔬菜专业技术员29名，开展蔬菜基地蹲点指导，为全县蔬菜产业提供全方位技术服务，开展各类型蔬菜技术培训34次，参与培训2032人次。

（王均亮　陈麓天）

养殖业

【概况】 2022年，全县养殖主导产业有生猪养殖、家禽（含灰鹅）饲养、水产（含红鲤鱼）养殖。全县推广“公司+农户”养殖模式，促进养殖业稳定发展，牛、羊、兔等畜禽保持持续增长，生猪、兴国灰鹅养殖增长较快，其中生猪养殖比上年增长7.59%。

【生猪养殖】 2022年，对3个国家级、2个省级、1个市级、14个县级生猪产能调控基地实施能繁母猪补助政策，补助能繁母猪7070头，发放补贴资金66.43万元，保持全县生猪的产能稳定。持续开展非洲猪瘟等重大动物疫病的普查监测，严厉打击非法调运、私屠滥宰等违法违规行为。全县年末生猪出栏64.21万头，年末生猪存栏39.5万头，保持增产增收。

【兴国灰鹅养殖】 兴国灰鹅是国家地理标志农产品、全国名特优新农产品，是地方优良鹅种。2022年，兴国大力发展兴国灰鹅养殖，灰鹅出笼357万只，年末存笼46万只。全县发展年出笼万只以上的养殖基地51个，其中年出笼5万只以上的标准化示范基地5个，年出笼鹅苗1万只以上的二级扩繁场10个；建有灰鹅“三品一标”养殖基地4个，其中有机农产品基地1个，无公害农产品基地3个。

【兴国红鲤鱼养殖】 兴国红鲤鱼是兴国特有的优良名特品种，是国家地理标志农产品，被纳入全国名特优新农产品名录。2022年，兴国红鲤鱼养殖持续稳定发展，全县红鲤鱼养殖面积3633.33公顷，年总产量7152吨。

【畜禽疫病防治】 2022年，全县开展以接种禽流感、口蹄疫为主的春、秋预防，年内春、秋统一行动接种猪口蹄疫疫苗57.3万头，牛口蹄疫疫苗3.4万头，禽流感疫苗1358.6万只，免疫率100%，畜禽免疫抗体合格率均在90%以上。加强畜禽定点屠宰场管理，对屠宰场宰

2022年兴国县养殖业生产情况一览表

表15

指标	单位	数量	比2021年增长（%）
生猪出栏	万头	64.21	7.59
肉牛出栏	头	21169.00	-18.58
羊出栏	只	8327.00	1.55
家禽出笼	万羽	1142.68	-6.30
水产品养殖	吨	27507.00	8.16

2022年兴国县渔业生产统计表

表16

指标	单位	数量	比2021年增长（%）
鱼类合计	吨	27507.00	8.16
其中：兴国红鲤	吨	7152.00	8.18
其中：其他鱼类	吨	20355.00	8.16
养殖面积	公顷	4200.00	0
池塘	公顷	2266.67	0
水库	公顷	1933.33	0

杀的牲畜实行同步检疫，严禁未经检疫或检疫不合格的牲畜及其产品上市，确保上市交易的牲畜及其产品100%合格。

（王均亮 陈麓天）

绿色有机富硒产业

【概况】 2022年，兴国县立足天然富硒资源和良好的生态环境，坚持全产业链战略和品牌化发展，宣传落实绿色有机富硒产业发展扶持政策，开展绿色有机富硒产品认证和富硒产业示范基地建设，提升农业产业发展品质。全县累计认证富硒农产品89个、绿色有机产品54个。

【产品认证】 2022年，全县推进绿色有机富硒产品开发和品牌培育，年内新认证富硒农产品12个，新认证绿色食品3个，新认证有机农产品21个，再认证有机农产品21个。兴国拓诚农业科技有限公司出品的“富有机硒营养芦笋”获得江西省首个“富有机硒营养食品认证标识”认证。

【富硒产业示范基地建设】 2022年，全县加强富硒产业发展政策宣传，发动农业企业基地积极开展示范基地创建和富硒认证，成功认证高标准富硒产业示范基地4个，累计认证高标准富硒产业示范基地5个、富硒产业示范基地10个。年内建成富硒芦笋、富硒脐橙、富硒茶叶等千亩产业示范基地7个，辐射带动全县富硒种植面积4000公顷，综合产值超7亿元。

（王均亮 陈麓天）

果茶业

【概况】 2022年，全县围绕“打造具有国际影响力和市场话语权的优质脐橙产业”战略，坚持“专业化、标准化、规模化、集约化”思路，产业发展呈稳健态势。全县果业面积达1.34万公顷，其中脐橙面积1.1万公顷，产量8.5万吨，产值4.4亿元，培育蒙山果业、国力农业、丰硒农业等省、市级龙头企业，打造“蒙山有机、富硒吉祥橙”等特色有机和富硒品牌。至年底，全县建有大型气调保鲜贮藏库2座，贮藏能力3.2万吨，建设无病毒苗木繁育场1个，基本形成种植、加工、贮藏、销售一条龙的现代果业产业发展格局。全县茶叶面积1207.27公顷，年产量713.2吨，产值3.4亿元，以“均福山、方太妹、宋瑞”品牌为代表的兴国茶叶企业稳守发展。全县发展茶叶专业合作社9户，获得QS（SC）论证企业5家，市级龙头企业5家，国家级茶叶标准园示范园2家。

【脐橙示范基地建设】 2022年，兴国县申报建设赣南脐橙示范基地20个。其中，申报市级示范基地10个、县级示范基地10个。龙口镇龙砂村按照赣州市委“五个一”（选准一个产业，打造一个龙头，创新一套利益联结机制，扶持一笔资金，培育一套服务体系）产业发展模式，建成脐橙基地6.66公顷，村集体每年获得产业基地联结分红4.6万元。

2022年兴国县新认证富硒农产品一览表

表17

产品名称	产品描述	生产（经营）企业名称
西红柿	西红柿	兴国县耕作人农业科技开发有限公司
红茶	红茶	兴国县金春茶业有限公司
绿茶	绿茶	兴国县金春茶业有限公司
莲子	白莲子（干）	正南种养专业合作社
莲藕	莲藕（鲜）	正南种养专业合作社
脐橙	脐橙	兴国县起明种养专业合作社
橘	富硒天草柑橘	兴国邦邦农业发展有限公司
鸡	肉鸡	江西鲁赣泽兴禽业有限公司
鸡蛋	鸡蛋	江西鲁赣泽兴禽业有限公司
柿	甜柿	兴国县嵩林种植专业合作社
茶叶	茶鲜叶	兴国县雾园茶叶种植专业合作社
白茶	白茶	兴国县雾园茶叶种植专业合作社

【柑橘黄龙病防控】 2022年，县财政投入95.14万元采购柑橘黄龙病防控农药免费发放果农，用于柑橘木虱统防统治。新组建84支黄龙病防控专业队，以做好柑橘果树黄龙病普查和病树清除工作，并在长冈、均村、城岗、杰村、梅窖等乡(镇)新建柑橘黄龙病防控示范基地5个。

【茶叶品牌推广】 2022年，兴国县组织益香园茶业有限公司和春赐福生态茶场等茶企，参加赣州市第四届“赣南高山茶”品鉴暨品牌宣传推进会、2022年庐山国际名茶名泉博览会暨第八届庐山问茶会、江西省第二届赣茶杯质量评选大赛、第三届“农行杯”农村创业创新项目创意大赛和第十一届四川国际茶业博览会等。春赐福生态茶场郁金香黄茶在赣州市第四届“赣南高山茶”品鉴暨品牌宣传推进会上获黄化茶类特金奖，益香园茶业有限公司“方太妹白茶”获得白化茶类金奖、“方太妹黄茶”获得黄化茶类银奖。益香园公司“方太妹白茶”在2022庐山国际名茶名泉博览会上获得金奖。春赐福茶场“宋瑞郁金香”黄茶在第二届赣茶杯质量评选中获得金奖。益香园茶业有限公司在江西省第三届“农行杯”农村创业创新项目创意大赛上获得第2名。

【茶叶生产】 2022年，兴国县以茶叶绿色增长、茶农增收为目标，着力提升茶叶产业的市场竞争力和可持续发展能力。全县种植总面积1207.27公顷，总产量713.2吨，总产值3.4亿元，主要分布在崇贤、方太、枫边、杰村等乡镇，种植以绿茶、白茶、黄茶、郁金香、茯茶等。有市级龙头企业5家，专业合作社15个(其中明岳种养合作社是国家级示范社)；获得SC(QS)认证6家，创建国家级茶叶标准园示范园2个。创建“方太妹”“宋瑞”“均福山”等品牌，企业商标“方太妹”茶叶被评为江西省著名商标和江西名牌产品，并取得出口备案证书，出口到美国、日本、韩国、泰国、新加坡和中国香港等地。

(王均亮)

5月，县方太乡方山岭方太妹茶叶基地新茶采摘 (益香园公司 供图)

林 业

【概况】 2022年，全县林地面积22.73万公顷，森林覆盖率75.15%，高于全省63.1%的森林覆盖率。森林保有量22.62万公顷，活立木蓄积1159.8万立方米，亩均活立木蓄积3.41立方米，高于全省平均每亩3.29立方米、全市平均每亩3.04立方米的水平。全县马尾松纯林面积12.8万公顷，低产油茶林3.48万公顷，稀疏残次林(郁闭度0.5以下)面积9.25万公顷。公益林面积9.75万公顷(国家重点公益林7.71万公顷、其中省级公益林2万公顷)，占全县林地面积的39.52%；天然林保护面积4.41万公顷，其中国有林场422.4公顷，集体和个人4.37万公顷。

【产业发展】 2022年，全县调整优化林业产业结构，促进林业产业结构提升，全县打造营造林示范点18个、太秋甜柿示范点6个。利用采伐迹地、林间空地、低效林地，构建以林茶、林药、林果、林禽等立体式林业经济产业发展格局，种植无患子等森林药材200公顷，林下养鸡5万余只。推广“公司+基地+合作社+农户”经济发展模式，引导企业扩大生产规模，以点带面辐射周边林农，联结带动林农2.3万人，实现人均增收1.9万元。推广种植太秋甜柿173.33公顷，成为全省甜柿产业第一县，央视农业农村频道以“一亩山、万元钱”为题对兴国县甜柿产业发展进行综合报道。结合松材线虫病防控发展林下经济，利用疫木伐蔸变废为宝，种植茯苓1133.33公顷。承办江西省民族乡村三区人才及民族乡村致富带头人林业科技培训班，举办甜柿、油茶等经营管理技术培训班22期，培训林农近千人。县林业局干部杨清心、县果满红农业股份有限公司总经理刘新颂分别获评国家林草局授予的“全国最美林草科技推广员”“全国乡土专家”称号。

【林政资源管理】 2022年，全县推进林长制建设，推动乡、村两级林长和全县1840名护林员主动履职尽责，密织“县乡村三级林长+护林员”森林资源保护网。重组林政管理稽查大队，整合执法力量，严厉打击涉林违法犯罪，全年查处林业行政案件58起、滥伐林木案5起、违法占用林地案45起，其中移送公安机关案件7起，法院执行1起，处罚林政违法人员58人。推进森林资源保护，做好疑似违法图斑核查、生态公益林补偿资金纠错及天保林划分更正工作，加大生物防火林带建设力度，开展森林督查和自然保护地强化监督工作，完成巡视巡察、审计、环保督察、森林督查等反馈问题的整改。

【国土绿化行动】 2022年，兴国县实施国土绿化行动推动植树造林、低质低效林改造、森林质量提升及重点区域森林“四化”建设。成功申报森林

6月4日，全县松材线虫病防控工作调度会在兴国宾馆召开

（县林业局 供图）

乡村建设试点4个、小微湿地2处。完成2021—2022年度低质低效林改造、森林“四化”及人工造林任务6873.33公顷。

【油茶种植】 2022年，全县油茶林总面积为4.59万公顷，其中老油茶林3.48万公顷，新造高产油茶林1.1万公顷。年内，改造低产油茶林1266.66公顷，提升低产油茶林800公顷、新造油茶1080公顷，全年新增油茶营造林面积3146.66公顷。年内，培育发展油茶专业合作社16个，打造江西兴国嘉香乐食品有限公司、兴国红天下山茶油有限公司、江西友尼宝农业科技股份有限公司龙头企业3家，其中江西兴国嘉香乐食品有限公司升级为国家级龙头企业。同时，加强对低产油茶林改造、提升及新造油茶林规划种植等技术指导，做好油茶资源高质量培育成效监测，推动油茶产业高质量发展。

（钟杰辉）

【松材线虫病防控】 2022年，全县组织开展松材线虫病疫木清理、防控，组织专业除治队伍280支1700余人，落实现场监管人员140余人，清理松材线虫病疫情发生面积1.12万公顷，清除病枯死松树15.28万株，对优势松树实施注干保护打孔注药2.5万剂，安装极紫光虫害诱捕装备44套，实现松材线虫病疫情发生面积和病枯死松树双下降目标。

（李智兴）

农业产业化经营

【概况】 2022年，兴国县聚焦健全完善农业服务体系，统筹推进农业机械化、基层农技人才队伍建设、农业科技培训，发展农产品加工、休闲农业，宣传落实支农信贷，持续培育壮大新型农业经营主体。年末，全县累计培育县级以上农业产业化龙头企业52家，县级以上示范合作社21家，县级以上示范家庭农场65家。

【农产品加工】 2022年，兴国积极完善农业产业发展链条，以加快发展农产品加工业。着力推进加大集团100万头生猪屠宰深加工项目建设，年内建成并投入生产，填补全县乃至全市肉制品精深加工的空白。开展食品（蔬菜）深加工等项目招商，8月9日与江苏省启东市嘉禾力农业发展有限公司签订食品（蔬菜）深加工项目框架协议。谋划预制菜产业发展，12月9—11日组织江西国兴集团百丈泉食品饮料有限公司、兴国拓诚农业科技有限公司参加在福州市的第2届中国预制菜产业博览会，全力支持本地企业拓展预制菜加工板块业务。全县累计培育蔬菜、肉制品、粮食、油茶、茶叶等规模以上农产品加工企业23家。

【新型农业经营主体培育】 2022年，全县新培育县级以上农业产业化龙头企业4家。全县新发展农民合作社5家，创建县级以上示范合作社21家，其中国家级示范合作社1家，省级示范合作社7家，市级示范合作社10家、县级示范合作社3家。新培育家庭农场5家，创建县级以上示范家庭农场65家，其中省级示范家庭农场5家，市级示范家庭农场26家，县级示范家庭农场34家。

7月，兴国县长冈乡塘石村农民使用收割机收割早稻　（县农业农村局 供图）

【龙头企业规模化发展】 2022年，全县年营业收入达1000万元以上涉农规模企业52家，其中市级以上农业产业化龙头企业17家（省级龙头企业6家、市级龙头企业11家），年营业收入均达2000万元以上。积极向上争取农产品加工项目，支持本地龙头企业开展技改创新，共争取省级农产品加工项目2个、资金658万元，有效促进兴国县百丈泉、兴国县美园食品公司进一步提升农产品精深加工能力。

（王均亮　陈麓天）

本栏编辑：陈玉桃

工　业

综　述

【产业发展】 2022年，兴国县主动融入全市"1+5+N"（"1"是指现代家居产业集群，"5"指有色金属、电子信息、纺织服装、新能源、医药食品五个产值超2000亿元产业集群；"N"指化工建材等产值超500亿元产业集群）产业布局，聚力发展电子信息、纺织服装、新材料3个百亿元产业和配套产业，壮大富硒食品、新型建材、轻轨产业、新能源汽车及配套等N个30亿元产业的"2+1+N"（"2"是指轻工纺织、电子信息产业，"1"是指新材料产业，"N"是指N个特色小产业）产业集群。全县规模以上工业企业112家，增加值增长8.5%，全市排名第15；全县规模以上工业企业实现营业收入76.43亿元，比上年增长29.1%，增速全市排名第5，其中首位产业（含电子信息、纺织服装及配套企业）营业收入33.8亿元，比上年增长26.37%，首位产业营业收入占比44.23%；工业固定投资比上年增长7.4%，全市排名第13；工业技改增速3.1%，全市排名第8；工业税收12.78亿元，全市排名第3；工业用电量3.21亿千瓦时，比上年增长22.78%，增速全市排名第2。

【产业集群】 2022年，兴国县融入全省"2+6+N"（"2"是指2个万亿级产业，"6"是指6个5000亿级产业，"N"是指N个千亿级产业）和全市"1+5+N"产业布局，聘请国内知名团队，修订"2+1+N"产业发展规划，发展轻工纺织、电子信息和新能源新材料主导产业，推动富硒食品、预制菜、新型建材、矿产品加工、机械制造等多个特色产业协同发展。制订产业链图谱，落实产业链链长制，集聚资源，集中精力，及时协调解决产业发展中的政策、项目、资金、人才等方面问题，产业集群集聚水平不断提升。三大主导产业集群累计完成产值38.33亿元，占全县规模以上工业企业产值总量的54.59%。

【企业效益】 2022年，全县规模以上工业企业实现利润4.58亿元，其中利润超过1000万元的企业有6家：吉电新能源1.57亿元、中萤发展5821万元、赣州新能源5741.7万元、大唐风电3090.5万元、兴氟化工2387.4万元、赣州国泰1480.5万元。规模以上工业企业上缴税收1.18亿元，其中税收超过1000万元的企业有5家：中萤发展2971.12万元、赣州新能源1660万元、南方水泥1438.97万元、兴氟化工1366.78万元、宏益矿业1027.08万元。全年安排劳动就业人员1万人，其中联纲电子员工1055人、威保运动器材682人、汇晨科技344人、沈氏服装335人。

（赖家伟）

纺织与服装产业

【概况】 2022年，兴国县积极融入赣州纺织服装产业带，重点培育长胜服饰、恒海纺织、艾克佩特、美景服饰、万马服饰、利龙服饰、达特服饰、威保运动、港文服饰等10家服装龙头企业。打造全市重要的休闲牛仔、时尚服装产业基地，拥有纺织服装企业1112家，其中规模以上企业27家，拥有爱凸秀、你好、伊莎贝娜、风的设计者、COQUENA等自主品牌13个。拥有纺织服装从业人员近20万人，轻工纺织企业实现全产业链营业收入57.4亿元，比上年增长25.7%；实现利润和税收4.5亿元，比上年增长14.4%。

【企业梯次培育】 2022年，兴国县以重点企业“个转企、小升规”为切入点，坚持引导与规范、扶持与监管、政策配套与加强执法相结合，引导企业入园入规，促进企业提质增效，企业结构由家庭小作坊、个体工商户向现代化、规范化管理企业转变，生产环境由简易式工棚向标准化厂房转变，政策引导由无序粗放管理向守法遵规经营转变。筛选100家小微服装企业纳入“小升规”培育库，进行重点扶持，同年实现新增纺织服装企业43家，尚赢服饰、长胜服饰、达特服饰、华锦体育、兴赣纺织、信融服饰、千之都服饰7家实现当年培育入规。

【恒海洗水项目建设】2022年，兴国县成功引进恒海纺织，在县经济开发区建设江西恒海智能洗水产业园项目，项目于8月开工建设，一期投资3亿元，其中固定投资2.2亿元，形成年加工洗水服装5000万件产能。

【兴国时尚牛仔制造小镇项目】2022年，兴国时尚牛仔制造小镇项目在兴国工业园建设纺纱织布园区、牛仔服装加工园区、洗水产业园、牛仔特色街、牛仔风情馆五大板块。纺纱织布园区投资5亿元，引进先进国外剑杆织机200台，年产坯布500万米，年产值2亿元，占地20公顷，建标准厂房及配套用房25万平方米。该企业由黄氏集团牵头，引进行业内龙头企业投资新建纺纱生产线，引进气流纺设备20万锭，清棉、梳棉、并条、捻纱、络筒等前纺设备；牛仔服装加工园区，投资10亿元，新建标准厂房及各类配套用房20万平方米，进驻牛仔服装加工企业20家，项目由黄氏集团运营管理，厂房建成后采取租售并举的方式提供给入驻企业，兴国县政府出台相应政策；洗水产业园区由恒海纺织投资建设，占地10.33公顷。项目建成投产后可达年加工洗水1亿件服装的生产能力；牛仔特色街，占地3.33公顷，是集牛仔设计开发、新品发布、文化展示、面辅料交易中心、成衣销售市场、休闲娱乐为一体的特色服装街；牛仔风情馆占地3.33公顷，设立服装展览、文化展示、电商直播等板块，以及线上交易等主要功能区。

（赖家伟）

电子信息产业

【概况】 2022年，兴国县紧紧把握粤港澳大湾区产业转移机遇，抢抓京九（江西）电子信息产业带和赣粤电子信息产业带建设契机，确定电子信息作为县里工业经济首位产业，明确首位产业的发展方向、功能布局、重点项目和发展目标。联纲电子、汇晨电子、优奕视界、松田利华、旭航城、感恩科技等电子信息企业相继在县内投产运行，电子信息企业总数达75家，形成光电显示、新型电子元器件、智能终端、精密加工四大领域的电子信息全产业链条。年内，电子信息产业完成产值24.54亿元，比上年增长

2022年，兴国县电子信息产业园感恩科技公司生产车间工人在作业

（县工信局 供图）

2022年，兴国县智能家电产业园园区建成投运　（县工信局 供图）

49.53%；完成营业收入24.38亿元，比上年增长48.55%；上缴税金0.37亿元，比上年下降8.42%。

【电子科技园】 2022年，兴国县电子信息产业建有电子科技园、感恩科技产业园、智能家电产业园、智能终端产业园等电子信息产业链产业园，均建于兴国县经济开发区南区，共有电子信息类企业75家，其中光电显示企业25家，以汇晨电子、优奕视界、海威股份为代表，产品实现盖板、缓冲、触摸、液晶、背光五层产品全覆盖，形成光电显示全产业链条；有电子元器件企业21家，以联纲电子、雄鼎电子为代表，产品主要为各类电子数据线；精密制造方面，以感恩电子公司、锐兴通讯公司、武晓风电公司为龙头，主要进行金属配件制造与加工；智能智慧方面，主要以金电电子、博领电子为典型，重点研发和生产智能智联产品。

【重点电子企业】 2022年，江西联纲电子科技有限公司入驻兴国县经济开发区，公司主要生产和销售AOC\SFP\QSFP高速缆、光纤光缆、MFi线、AV电子产品、电脑周边线、特种线等产品，注册资金5000万元，厂区装修、设备及购置土地等资产性投资达1亿余元。至年底，技改及扩产等生产设备投入4000余万元，年度产值2.3亿元，各种税收1011万元（增值税872万元）。江西省感恩电子股份有限公司，位于经济开发区南区感恩科技产业园，注册资金1001万元，2022年有员工180人，是一家专业从事高精密电子配件制造的高新技术企业。产品广泛应用于手机、电脑、医疗器材、汽车、通信等领域。公司拥有计算机数字控制机床设备300台，各种测量设备及量具60台。2022年完成产值4231万元，比上年下降7.91%；完成营业收入3428万元，比上年下降25.4%。

（赖家伟）

新材料产业

【概况】 2022年，兴国县新材料产业主要以氟化工为主，初步形成以兴氟化工为龙头，中萤矿业、重峰集团、有义矿业、鑫硕矿业、永氟新材料等为辅的含氟新材料产业；以吉电为龙头，国电、大唐、竣腾新能源、旭行诚、锂工、永邦等为辅的风电、锂电新能源产业集群。新材料主要产品为烟酰胺、氢氟酸、氟利昂类制冷剂、有水酸、萤石精粉，可年产5万吨无水氢氟酸、3万吨氟利昂类制冷剂、2万吨有水氢氟酸、20万吨萤石精粉。2022年，累计完成产值18.74亿元，比上年增长115.43%；完成营业收入18.58亿元，比上年增长56.24%；上缴税金0.6亿元，比上年增长32.08%。

【矿产企业管理】 2022年，县自然资源局会同县财政、税务部门加强对全县矿产品加工企业税收征管，落实萤石、水泥、建筑用石料和其他重点矿种矿产销税月报制度，通过矿产品用量及用电量对生产量进行监测，通过销售情况监测矿产品加工业税收情况，实现数据横向共享。引导全县矿产品深加工企业入驻矿产品加工园区，年内落实6家矿产品加工企业入驻园区。

【兴氟化工有限公司】 2022年，兴国兴氟化工有限公司营业收入12.46亿元，实现利润税收4000余万元。公司是国内较早从事氟化工企业之一，位于县内经济开发区，注册资本5000万元人民币，占地面积20公顷，职工200余人，主要经营萤石精粉，腐蚀品，含氟化学品的开发、生产与销售。2022年有5万吨/a AHF（无水氟化氢）、3万吨/a R22(二氟一氯甲烷)、2万吨/a BHF（有水氢氟酸）生产线及相关副产装置。公司是江西省内唯一由生态环境部批准的氟利昂类制冷剂生产配额和三氟甲烷合法销售资格的企业。

（赖家伟）

特色产业

【食品加工业】 食品加工业是兴国县的特色产业之一，2022年主要以生猪屠宰、肉制品深加工及兴国鱼丝、兴国产肉禽制品、兴国本地大米、兴国山茶油、豆油等本地植物油、兴国矿泉水、兴国产饼干糕点等生产制造为主，全县形成以兴国县美园食品为龙头企业，以兴国百丈泉、兴国长丰米业、友尼宝、嘉香乐等为核心的产业集群。其中，兴国美园食品公司可年处理生猪100万头，兴国鱼丝成为国内驰名商标，各类兴国本地产食品在产品质量、包装档次、品种多样化等方面满足不同消费层次的需求，致力打造具有兴国特色客家元素的食品加工区。2022年，食品企业累计完成产值2.63亿元，比上年下降25.87%；完成营业收入2.64亿元，比上年下降24.44%；上缴税金249万元，比上年增长0.21%。

【建材业】 2022年，县内形成以南方水泥为龙头，南方万年青水泥、建安混凝土、兴旺混凝土等企业为辅的产业集群，可年产水泥200万吨、熟料150万吨、商品混凝土350万立方米、重钙粉5万吨。建材业是兴国县特色产业之一，主要以水泥、商品混凝土、砂石、重钙粉和砖瓦行业为主，是传统优势建筑产业。2022年，新型建材业累计完成产值14.98亿元，比上年增长4.94%；完成营业收入15.21亿元，比上年增长986.19%；上缴税金0.3亿元，比上年下降36.44%。

【海文生物制药】 兴国县生物制药产业主要以维生素B_3（烟酰胺）制造为主，2022年形成以江西海文生物科技有限公司为龙头，海星生物等为辅助的产业集群，至年底，江西海文生物年产维生素B_3（烟酰胺）4万吨，产品规模居世界第二，行销50多个国家，全年完成营业收入9.25亿元。

（赖家伟）

工业园区

【概况】 兴国县经济开发区为省级经开区，位于县城东南部，前身为兴国县工业园区，2001年5月动工建设，2005年3月经省政府批准升级为省级工业园区，2014年4月经省政府批

11月17日，江西晶华微电子有限公司技术人员正在调试全自动FOG机器

（县工信局 供图）

准同意扩区和调整区位，扩区调区后园区规划面积12.3平方千米，设“一区两园”（一区，即兴国经开区；两园，即北园南园）其中北园为老园区，面积有5.85平方千米，基本满园，呈现出产城融合新格局；南园（南区）为新园区，面积有6.45平方千米布局。其中，规划工业用地面积557.79公顷，建成标准厂房141.31万平方米，园区围绕含氟新材料等重点产业发展。2022年，兴国县经济开发区年营业收入72.34亿元，比上年增长30.92%，首位产业集聚度79.71%。2022年获评省级“两化”融合数字化转型示范园区、全县招商引资先进单位、城区环境综合整治大会战“奔牛奖”。2022年度全省开发区综合考核排名第59，较上一年前进30名。

【园区建设】 2022年，兴国县经济开发区建成老园区城市污水管网污水分流改造工程(一期3.7千米，二期2.3千米)、新园区46.66公顷地块平整，拥有23万平方米的智能终端产业园。园区采取“投融资+BPC”模式，分2期实施标准厂房和园区基础设施建设项目，总投资超过24亿元。其中，标准厂房占地40万平方米，红门大桥重建工程、ABC大道“白改黑”工程、赣闽产业园箱涵工程、经开区基础设施工程等项目的一期工程进场施工；推进南区综合体项目及幼儿园、小学项目建设，推动加快园区形成教育、商业、餐饮、娱乐等多样化业态。

【园区企业】 2022年，园区有企业249家，其中电子信息产业69家，纺织服装产业81家，新材料产业7家，机械制造产业11家，食品产业15家，新型建材产业31家，其他企业35家。电子信息产业实现营业收入41.58亿元，纺织服装产业实现营业收入8.3亿元，新材料产业实现营业收入18.58亿元，机械制造产业实现营业收入2.35亿元，食品产业实现营业收入2.64亿元，新型建材产业实现营业收入15.21亿元。全年园区实现营业收入72.34亿元，比上年增长30.92%，实现利润4.16亿元。

【园区管理】 2022年，经开园区出台《兴国县企业服务中心实施方案》，创新帮扶机制，对重点企业开展做好“惠企通”注册，申领电子印章。提升营商环境，为园区20余家企业协调解决问题230余起，牵头组织或配合各职能部门现场核查企业政策兑现40余次，发放各类助企贷款3.15亿元，及时为76家企业纾困解难。年内，成功签约引进亿元以上项目6个，其中黄金产业园项目总投资超20亿元、“国字号”晶华微电子项目总投资超10亿元。晶华微电子项目于5月30日签约，从洽谈签约、建成投产到申报入规入统用时3个月，刷新项目投产“兴国速度”。

（赖家伟　谢其宇）

本栏编辑：陈玉桃

商贸服务业·经贸合作

商贸服务业

【概况】 2022年，兴国县商贸服务业按照“构建产业链条、培育产业集群、壮大核心企业、建设重大项目”的思路，开展招商引资与安商服务工作，提升开放型经济发展水平，推动商贸服务取得一定成效。采取重点项目结合等措施，重抓招大引外，全年签约项目83个，签约资金467.3亿元，其中亿元以上项目58个、10亿元以上项目13个、20亿元以上项目7个。至年底，投资项目注册率、开工率、投产率分别达52%、44%、29.33%。全县电商经营企业256家，电商经营店铺4711户，实现进出口总额9.31亿元，其中出口9.12亿元，比上年增长64.59%。实际利用外资407万美元，比上年增长299.02%。年内，新增限额以上商贸企业任务数24家，完成率208.3%，全县限额以上商贸企业126家。

【消费品零售】 2022年，兴国县社会消费品零售总额111.28亿元，列全市各县（市、区）第6位，比上年增长4.9%，增速排名全市第16。其中限额以上消费品零售额25.4亿元，列赣州各县市第5位，比上年增长29.7%，增速排名全市第16。全县限额以上贸易企业126家，零售企业80家（含大个体18家），批发企业7家，住宿企业7家（含大个体1家），餐饮企业32家（含大个体9家）。

【服务业】 2022年，全县规模以上服务业企业实现营业收入13.95亿元，比上年增长16.46%。其中，装卸搬运和仓储业营业收入1.37亿元，比上年增长14.36%；互联网和相关服务营业收入8312万元；租赁和商务服务业营业收入3.5亿元，比上年增长1.36%；科学研究和技术服务业营业收入2323.7万元，比上年增长39.46%;居民服务、修理和其他服务业营业收入6720.7万元，比上年增长55.79%；文化、体育和娱乐业营业收入4122.1万元，比上年下降43.7%。2022年游客接待总人数1192.75万人次，比上年增长22.85%；旅游综合收入120.54亿元，比上年增长24.48%。红色旅游游客接待数775.30万人次，比上年增长23.16%；红色旅游综合收入78.56亿元，比上年增长25.24%。

全县规模以上服务业企业42家，其中2022年新增规上企业10家，新增企业具体行业分别为商务服务业2家，文化体育1家，居民服务业2家，信息技术1家，核算外其他行业4家。

（黄承浩　吴　方）

电子商务

【概况】 2022年，兴国县网络零售额6.75亿元，总量全市排名第10。兴国县注重发展电子商务，在经开区南区光电产业园综合办公楼建设占地4800平方米数字经济电商直播基地1个。推荐多家企业到省市参评电子商务企业，其中江西众诚大药房零售连锁有限公司被推荐认定为2022—2023年度江西省电子商务示范企业，兴国县精准广告传媒有限公司、江西国兴集团百丈泉食品饮料有限公司，被推荐认定为电商直播示范基地、电商乡村振兴示范基地。

【电商企业服务】 2022年，兴国县举办“抖音电商”培训班5期，参加培训人员250人次。8月，兴国县妇联、兴国县妇女儿童活动中心组织举办2022年第3期“抖音电商”培训班，来自各乡镇50人参加培训。兴国县通过实地走访企业，掌握企业诉求，针对性提出抖音电商培训、网络升级改造、政府大力支持等13条政策意见，以支持电子商务产业发展，更好地服务电商企业人员，抢抓电商发展新机遇、融入电商产业新业态。

【电商促产业转型助消费升级“十百千万”系列活动】 2022年，兴国县为贯彻落实《江西省商务厅办公室关于实施电子商务促产业转型和助消费升级“十百千万”行动的通知》（“十百千万”行动即十城百县密集开展线上线下产销对接，推动千家企业电商转型和万种商品数字化营销），统筹做好疫情防控背景下加快电商与产业融合发展、扩大网络消费促进工作，推动兴国县电子商务产业加快发展，坚持“政府部门引导，电商企业参与、线上线下结合、新闻媒体推进”原则，11月11日，在潋城文创街区举办“兴品出村”直播活动，组织多家电商企业和“网红达人”共同参与，安排6个直播间，以赣南脐橙、富硒大米、黄元米果、兴国茶油、兴国鱼丝、蜂蜜等产品作为此次直播重点推广农产品，提升全县特色农产品知名度。12月8日，兴国县电商直播创业大赛启动，参赛人员40余人，推广兴国优质农产品，发掘当地优秀主播和直播账号。12月16日，兴国县电商直播脐橙采摘节开幕，立足于当地特色农产品，组织县内多家优质农产品企业参与，通过抖音直播、线下展销方式展示兴国特色产品，加强与电商企业、批发和零售商户合作交流。活动期间，兴国特色产品累计销售额达150余万元。

【电商人才培训】 2022年，兴国县依托国家电子商务进农村综合示范项目建设，组织开展一系列电子商务普及公开课、电子商务实操技能提升培训课等各种课程，全年开展电商培训班200余期，培训人员达1.6万余人。全县电商从业人员3700余人，多数以微商为主。

（黄承浩　吴　方）

餐饮住宿业

【概况】 2022年，兴国县43家乡（镇）超市为全县百姓居家菜肴及餐饮原材料购买提供保障。全县餐饮业销售额18.6亿元，比2021年下降20%；住宿业销售额达2.86亿元，比2021年下降8%。全县有接待能力酒店10家，大小餐馆总量超6000家，营业额超10亿元，各种“农家乐”超4000家，营业额超3亿元，为乡村振兴发挥重大作用，各种餐饮店安置劳动力5万余人。

【五丰菜市场改造】 2022年7月1日，兴国县城五丰菜市场改造完成并投入使用。五丰菜市场位于县城五福路与普惠路交会处，由富圩管理有限公司开发、运营管理，五丰菜市场改造工程分为菜市场场地改造（包括地面铺设、地面排水等）、摊位整顿与规范、旧房修整及项目新建。其中，新建主体工程2栋：1栋为建筑面积3465.27平方米的两层楼建筑；1栋为建筑面积2997.2平方米的四层半楼建筑。改建标准化农贸市场内自贸区，建筑面积为1020.6平方米，店面摊位数500多个，为县城居民各类菜品的采购提供良好场所。

【“四星望月”入选“十大赣菜”】 2022年10月，兴国县“四星望月”名菜在参加由江西省商务厅举办的2022年江西省“十大赣菜”竞赛，评选过程中，社会各界踊跃参与，142.35万人投票评选。组委会综合大众投票，结合专家评审和菜品的代表性、多样性、带动性等因素，最终“四星望月”以第一名的票数入选“十大赣菜”。

【星级宾馆】 品禄园四星望月酒店　四星级酒店，坐落在兴国县城中心五福广场附近，拥有三幢酒店大楼，268间客房，可同时供应1400人用餐。有会议室7个，多功能会议中心1个。2022年，酒店将经营管理发展和国际先进管理理念相结合，设有中餐厅、西餐厅、咖啡厅及台球室、健身房、舞厅等娱乐设施。酒店为乡村振兴开办"农家乐"、小食店，培养了厨师，培训了接待人员，培训方法是让厨师直接参与菜肴的制作和旅客的接待并给予报酬，全年为参与培训人员发工资11万余元，参与培训人员2000余人次。

兴国宾馆　四星级酒店，2022年收入1549.46万元，其中政府补助收入529.05万元，经营收入1020.41万元，完成税收49.1万元。宾馆位于县城凤凰大道188号，占地2万平方米，建筑面积1.6万平方米，绿化覆盖率77%。配备有客房、餐厅、会堂及其他附属建筑6栋。拥有客房147间，其中有标准房、豪华套房、总统套房等；餐厅设有1个宴会厅、1个大厅、13个包厢，可同时容纳500人用餐，有中小型会议室6间，有可容纳600人的会堂1栋，接待室4间。

兴国中怡国际酒店　三星级酒店，隶属于中怡酒店集团，是一家集餐饮、住宿、商务洽谈、会议于一体的商务接待酒店，位于新区大道国兴汽车城，前身是永杰大酒店。一楼为大厅，7至12楼为客房。酒店占地面积1200平方米，建筑面积5200平方米，配备有客房、餐厅、会场及其他附属建筑，拥有客房112间，床位156个。设有1个可同时容纳100人自助早餐厅，1个可同时容纳350人用餐宴会厅，有1间可容纳200人中型会议室。2022年酒店接待党校乡村干部培训、国培计划教育培训、风水文化培训团队、研学旅行团队等各项培训及体育赛事5000人。

（黄九华）

8月6日，埠头直属库正在进行粮食收储　（县农业农村局　供图）

粮食流通

【概况】　2022年，兴国县认真组织实施粮食收储、轮换，推进粮食仓储物流设施和应急网络体系建设，持续做好粮食流通行业管理和粮食安全监管等工作，落实全县耕地保有量、永久农田、耕地质量等的保护提升，促进全县粮食流通发展，确保国家粮食安全。全年完成粮食收储量1.6万吨，其中5000吨省储量，1.1万吨县储量。

【粮食收储】　2022年，县政府制定《兴国县2022年度粮食收购工作预案》《兴国县超标稻谷收购处置方案》，以确保粮食收储工作。巩固政府粮食储备收购，全年按计划完成3500吨县级储备粮的轮换出库和早籼稻入库，县级储备粮推陈储新、规模实物到位率均达100%。按照国家超标粮归于属地处置原则，参照2.48元/千克的国家早籼稻最低收购价收购，年内收购县域内粮农生产重金属超标粮9090吨，以保护种粮农民利益及种粮积极性。支持、引导民营企业多元主体入市收购，引导银企合作，强化"农业产业振兴信贷通"支持，加快粮食加工和转化。

【粮食经营网点管理】2022年，兴国县围绕安全储粮、安全生产和质量安全"三个重点"，做好中储粮兴国分公司、县粮食收储公司及兴国长丰、家家福、万晟、佳禾等民营粮油加工经营企业的行业管理。全年组织开展粮食科技活动周、"世界粮食日"和粮食安全宣传周等多次活动，以活动促管理。做好粮食市场监测和统计工作，指导和监督粮食企业，对全县

14 个粮油收购企业进行备案。

【粮食质检】 2022 年，兴国县检测满仓粮食样品 71 个、代表量 5.50 万吨。做好农户新收获早、中、晚稻和花生的质量调查、品质测报和安全监测等工作，按规定抽取和检测农户产粮食样品 23 个。建立健全粮食质量安全监管检测机构和队伍，县财政拨付专款 77 万元，争取省级项目资金 50 万元，用于购置基层粮库粮食质量检验检测仪器设备，拓展对粮食常规质量、储存品质和食品安全指标的检验检测广度深度，提升基层粮库粮食质量安全检验检测硬性条件和检测能力，加强粮食入库、储存、出库、加工、执法监督、库存检查、储粮普查等各环节质量检测。

【粮食仓储设施项目建设】 2022 年，兴国县积极争取商品粮大省奖励资金，实施粮食仓储设施改造提升、粮食质量追溯提升、粮食品种品质品牌提升行动等项目。其中，粮食仓储设施改造提升行动项目对粮面走道板、空气呼吸器、仓储专用一体空调机、谷物冷却机等仓储设施设备进行完善；粮食质量追溯提升行动项目用于购置一批粮食质量检验检测仪器设备，提升粮食质检能力。实施粮食品种品质品牌提升行动项目，对获得上一年度“江西好粮油”品牌的兴国长丰米业有限公司，给予奖补资金 10 万元，鼓励粮食企业做优品牌、提质增效，带动粮农增收。

（王均亮　陈麓天）

物流业

【概况】 2022 年，兴国县落实商贸物流工作部署，坚持“政府扶持、市场引导、企业运作、综合开发”的原则，逐步形成大商业、大流通、大市场格局。全县有物流货运企业 65 家，2A 级以上物流企业 2 家，物流货运经营业 954 户，从业人员 1900 余人，营运车辆 1151 辆。货运干线主要为广东、福建、南昌、赣州等地。物流成本大约在 90 元 / 方，300 元 / 吨，快递发货单价在 3 元 / 单。

【物流服务建设】 2022 年，兴国县物流日均处理量达 2 万件，日均出口邮件处理量约 2800 件，开通县—乡 2 级邮运 4 条邮路，全年实现各乡（镇）进出口每天 1 趟次的有效对接。兴国县依托邮政物流公司，牵头整合其他商贸物流及网络资源，在交通便利的县城西兴国火车站前，建立邮政寄递事业部集散中心、兴国电商仓储配送集散中心，中心占地 1200 平方米，其中建筑面积 800 平方米。

【快递业务】 2022 年，全县 10 家快递分拨中心在城区和 25 个乡镇均设有代理点或驿站及村级代理点约 350 家（其中城区驿站 72 家），建立网络货运平台 1 家（江西运力嘉公司），通过数字赋能打造智慧快递物流。兴国县各快递企业针对散户寄件业务，收取费用基重 8—10 元，续重 3—10 元 / 千克；针对电商客户根据寄件量、寄往地区，设定价格区间差，区间差在 3—5 元浮动。发往江浙沪及广东、福建等省份，价格会低一些，偏远地区如新疆、内蒙古及东北三省会更高，具体需要根据客户的寄件量来核定价格。寄出与收件，均在每个小区门口或附近设有菜鸟驿站，市民可通过最近的菜鸟驿站寄出或者收件。

（黄承浩　吴　方）

供销合作

【概况】 2022 年，兴国县立足供销社服务“三农”宗旨，聚焦乡村振兴，持续深化供销合作社综合改革。组织合作社拓宽土地托管服务，众田合作社承包欣农公司农用机械，承接机耕、机割水稻集中育秧等服务，服务面积 800 余公顷。实现销售收入 3.41 亿元，其中农资 8345 万元，废旧物资 1135 万元；实现农产品回收 2.38 亿元，再生资源回收 1060 万元。

兴农合作社在兴江、古龙岗、梅窖 3 个乡（镇）签订优质稻回收托管协议，面积 400 余公顷，良田用于推广优质水稻种植。润丰合作社种植水稻 66.66 公顷，田森金合作社种植迷迭香 40 公顷。全县供销系统土地托管服务面积达 1 万公顷。挂牌成立鼎龙、茶园乡镇惠农服务中心。县农联社与优沃合作社合作，开发龙口丰溪优质香稻示范基地，建设野香稻示范基地，兴农合作社在江背华坪种植百香果和蔬菜，在兴江、古龙岗、梅窖带动社员农户推广优质稻种植 33.33 公顷。十八排合作社在茶园乡全坑村开发红薯种植 4.67 公顷。众田合作社崇贤烤烟基地种植烤烟 4.67 公顷、江背种植优质稻 3.33 公顷、席草 3.13 公顷，带动农户种植席草 66.67 公顷。精诚合作社种植槟榔芋 13.33 公顷，带动农户 6.67 公顷。江西供销欣农现代农业服务有限公司与广西绿海种业合作，发展系列野香稻种植，推广野香稻种植面积 20 公顷，链接扶贫户 200 多户。

【基层社建设】 2022 年，兴国县有社属企业 7 个，乡镇基层供销社 25 个，协会 3 个，领办农民合作社 54 个。年内，结合长冈乡圩镇建设，以开放办社模式对上社供销合作社进行升级改造，由供销合作社职工在供销社原有地皮上投资新建，产权归供销社，投资职工在期限内优先承包，上缴利润。新建上社供销社商贸服务中心，其中新建供销合作社占地面积 500 平方米，商贸服务场所面积 1000 平方米，办公场所面积 300 平方米。

【经营流通网络】 2022 年，兴国县不断完善农资、农副产品、日用消费品、再生资源回收等经营服务网络，以乡镇供销基层社为骨干，以村级服务点为基础，编织联结城乡、覆盖乡村的为民服务“一张网”，连锁化、信息化、便捷化经营服务新格局初步形成。全县农资连锁网点 271 个、再生资源网点 285 个（其中乡级网点 25 个、村级网点 260 个）、日用品消费网点 69 个。年内，争取太平洋肥业公司支持，将 500 吨国家储备钾生产的复合肥配送到各农资连锁店限价销售，在全县供销系统开展农资质量自查行动，保障农资商品质量。全县供销系统供应化肥 6000 吨、种子 50 吨、农膜 32.5 吨，秧盘 40 多万片。围绕特色农副产品推进农村电商，组织 24 个单位入驻 832 扶贫电商平台，组建电商扶贫线下馆、网上商城，实现农产品平台销售 3000 多万元。组织各基层社、专业合作社开展稻谷、茶油、红薯干、生姜等农产品购销。对标寻乌供销社、信丰县供销社，开展“互联网 + 第四方物流”建设，加强沟通取经，实现项目落地落实。

（侯克锋）

烟草专卖

【概况】 2022 年，兴国县实现烟叶综合税收 1131 万元，比上年增长 14.36%。年度对口援建项目获得国家烟草专卖局及时批复，4500 万元帮扶资金按期拨付到位。年内，完成系统外卷烟销售 1.78 万箱，比上年增长 1.27%。省产烟销售 1.12 万箱，比上年下降 1.89%；金圣烟系列销售 1 万箱，比上年下降 1.21%。

【卷烟销售】 兴国县重点在雪茄烟等创新产品培育上发力，以客户为纽带，建立“1+1”（1 个消费者会员数据库 +1 个线上知识共享平台）品牌营销方式。全年，实现销售收入 5.94 亿元，利税 1.57 亿元，比上年增长 9.19%，均价 132.83 元，比上年增长 4.15%。其中，省产品牌金圣烟销售 1 万箱，比上年减少 122.41 箱、降 1.21%；低焦油烟销售 1046.78 箱，比上年多销 176.05 箱、增 20.22%，占比 5.85%；机制雪茄销售 14.30 万支，比上年多销 6.34 万支、增 79.65%；手工雪茄销售 0.43 万支，比上年多销 0.15 万支、增 52.74%。

优化卷烟营销终端建设，全县投入烟柜、展架、推烟器等物料 3209 件，改善客户经营条件。在农村网络建设中，对客户开展“我与客户共成长”“星火改造家”等实践载体，进行销售帮扶。强化自律小组建设，将 3400 余户零售户组成 252 个诚信互助小组，客户覆盖面达 100%。开展“开口营销”活动，鼓励客户经理带动零售户现身说法，全年开展 50 场营销人员培训、200 场客户培训，培训 2467 人次，客户覆盖面为 72%，培养 16 位客户讲师。探索“值班经理”制度，引导客户经理主动转换站位，提升服务质量。完善现代终端建设，客户毛利率提升至 14.21%，客户满意度稳定在 95% 以上。

【专卖监管】 2022 年，兴国县有持证零售户 3415 户，持证户率 4.77‰。县烟草专卖部门加大市场监管力度，重点打击烟草销售违法大户，通过动态摸底、大数据分析等工具，办理打击违法大户案件8起，清退烟草销售违法大户3户，查处万元以上收购案件23起。严格落实电子烟监管过渡期要求，引导2户电子烟经营户规范办理经营许可证；查处2起向未成年人销售电子烟案件；劝阻1家电子烟生产企业落地兴国，成功过渡到常态化监管阶段。推进“放管服”改革，引导客户网上办理新办、延续、停歇业等行政许可业务1213起，网上办证率达83%。开展中小学校园周边市场整治，清理零售点4处。严格实行“总量控制、退一进一”机制，有效控制许可证数量。

【专卖稽查】 2022年，兴国县烟草系统加大与公安、高速交警信息共享，完善联合协作办案机制，深度拓展相关线索来源，全年查获涉烟案件90起，其中非渠道案件69起，销售假冒卷烟案件4起、无证运输案件17起、其他案件3起；2万元以上案件8起，5万元以上案件18起。涉案卷烟231.74万支，其中真品卷烟145.58万支、假冒卷烟86.16万支、烟丝烟叶15.61吨。涉案总值321.4万元，其中市场查获卷烟案值120.74万元，物流领域案值200.65万元，罚没款15.83万元。

（管恩娜）

成品油经销

【概况】 2022年，中国石化销售股份有限公司江西赣州兴国石油分公司按照“创新、创效”主题开展“零售抢量”竞赛，稳住老顾客，发掘新客户，有效促进柴油销量的上升。全年经营成品油销售5.12万吨，成品油销售收入4.96亿元，比上年减少0.69%，完成全年计划的91.78%；非油品基础品类销售总额1515.25万元，比上年增长38.87%，毛利率增长111.88%。

【成品油网点及建设】 2022年，兴国县有在营加油站37座，中石化兴国分公司在营加油站22座，含城区（郊）4座、国道2座、16座农网站；在营便利店22座，辖区内另含2座赣源合资高速加油站（兴赣高速东西站、兴赣高速南北站）、1座石化高速加油站（石吉高速南北站）。非中石化系统外在营加油站15座，其中中石油1座，其他社会站14座。年内，解决原城南加油站土地置换，建设完工城西加油站并投入使用。完成原油库土地置换“椰木加油站”土地，并办好土地不动产权证，完成方案设计及规划确认。

【安全环保建设】 2022年，中石化兴国分公司连续开展“百日安全无事故”“五查五严”“安全生产月”等活动，历时142天，完成22座加油站职业危害因素检测并全部合格。年内，投入资金对将军加油站、龙口加油站、南坑加油站3座加油站的化粪池进行整改，完成崇贤站排水沟、城岗站光缆迁移、县城站配电柜等7项隐患治理项目。

【油品质量检测】 2022年，兴国县强化成品油质量风险防控，对全县22座加油站进行油品质量抽检，全年抽检油样77个，送检合格率达100%。保障油品销售质量，为每一个加油站配发除水滤芯，全年配发664个。开展“质量月”活动，加强“数质量”（用数字表示物体的重量或质量的概念）培训及应急预案演练，提升员工技能。组织各站站长、管理人员、加油员现场开展学习抽检迎检流程、“数质量”投诉应对程序、“数质量”管理制度和操作规范等，开展“数质量”投诉应急预案演练8次。

（钱江生）

经贸合作

【概况】 2022年，兴国县经贸合作以扩大对外开放为抓手，实施“外向带动战略”为主攻方向，扩大出口创汇，经济外向度不断提高，初步形成全方位、宽领域、多层次的对外开放新局面，组建12支专业招商队、31个县直单位招商队、25个乡镇招商队、3支驻外招商队。紧盯三大主导产业实施精准招商。引进黄金产业园、晶华光电等重大项目先后投资落户。紧追高科技，瞄准高新技术企业和“专精特新”“隐形冠军”企业，开展恒辉电子项目，偏光片产业领域排名国内领先，弥补兴国县液晶玻璃新材料空白。2022年，兑现招商引资企业装修补贴6423.38万元，其中设备补贴441.62万元、搬迁补贴180万元、外贸出口补贴513.92万元、外资现汇补贴101万元、电商补贴117.7万元，实现其他按照投资合同和约定标准应补尽补。

【省外资金利用】 利用省外资金实现“进位赶超”，2022年利用省外2000万元以上项目资金44.28亿元，比上年增长9.79%，全市排第11名。利用外资实现突破，全年实际利用外资407万美元，比上年增长299.02%。2022年，兴国县上报“5020”项目3个，加大屠宰深加工项目、骏达触控显示屏项目被认定，单个项目平均投资额26亿元。

【内资引进】 2022年，兴国县与深圳垒石科技有限公司、厦门市康来迪进出口有限公司和东莞本铃车业科技有限公司3家企业签订投资协议，签约资金12.5亿元。市级调度项目江西骏腾新能源有限公司（深圳垒石科技有限公司投资）年产500万套太阳能灯具及智能家居用品项目，9月底完成入规入统。

【安商服务】 按照“面对面”、“零距离”、无缝对接、及时互动的要求，兴国县实现全天候、全方位受理企业诉求，及时帮助企业解决生产经营中遇到的实际困难和问题，做好入企服务常态化工作，督促各帮扶单位主动为企业排忧解难，共同为企业做好“店小二”式服务和“保姆”式服务。年内，为瑞昇解决厂房漏水事宜，协调解决昌众装修工程纠纷事宜；召开骏达项目推进调度会；帮扶对接伟梦股份，协助完成伟梦科技亿元项目成功落地，营业收入达5000多万元，完成税收90余万元，安排就业300多人。年内，兴国县为新落户园区的20多家重点工业项目企业纾难解困，兑现厂房装修补贴5169.68万元、生产设备补贴441.62万元、搬迁补贴180万元，缓解资金周转压力，为“一事一议”晶华微电子项目5个月时间拨付4笔装修补贴款1200万元及1笔搬迁补贴款180万元。在全省创新推行中小企业融资撮合平台，形成企业发单、政府牵线、银行抢单的“链条式”融资新模式，为中小企业解决融资需求近10亿元。

【对外及港澳台贸易】 兴国县加大外贸政策和外贸技能培训力度，及时兑现惠企奖补，帮助企业提升自营出口能力。做好企业帮扶，帮助联纲电子、澳特莱恩、兴氟化工、富视兴等企业形成出口规模。2022年，兴国县外贸出口逆势上扬，进出口总额9.31亿元，比上年增长59.04%，其中出口9.12亿元，比上年增长64.59%，全市排第5名；实际利用外资407万美元，比上年增长299.02%，增幅全市排名第1。

本栏编辑：陈玉桃

旅游业

综　述

【概况】 2022 年，兴国县政府印发《兴国县星级饭店优惠及奖励政策》，完善《兴国县推进文化旅游产业高质量发展若干政策》，加大对品牌创建等方面扶持力度。研发高质量红色培训课程，以兴国革命旧址旧居、纪念场馆为依托，邀请专家学者量身定制一系列突出兴国特色的红色培训课程。打造和加速推进《长征组歌》驻地演出，推动潋城文创街区建设，引入夜直播、夜消费、夜休闲等新业态，发展夜间经济，并申报省级旅游休闲街区。申报旅游景区红兴谷创建国家 AAAA 级旅游景区，长冈村乡村旅游创建省 AAA 级乡村旅游点。全年旅游接待人数 1192.75 万人次，比上年增长 22.85%；旅游综合收入 120.54 亿元，比上年增长 24.48%。红色旅游游客接待数 775.30 万人次，比上年增长 23.16%；红色旅游综合收入 78.56 亿元，比上年增长 25.24%。

【全域旅游规划】 2022 年，兴国县旅游业定位以红色为主，绿色、古色并重。年初，完成《兴国县文化和旅游“十四五”发展规划》，持续推进全域旅游以生态文明建设为发展基础，积极融入全市“一核三区”（以宋城文化核心区为龙头，红色旅游区为突破点，生态休闲度假旅游区、客家文化旅游区为支撑。）文化旅游发展格局，抢抓高铁开通机遇，按照“一座红城”（将“模范县”“烈士县”“将军县”“红军县”以及“军工精神”等红色元素植入城区各主要节点，打造一座以苏区干部好作风为核心的红色之城）“两核吸引”（以现有的苏区干部好作风纪念园和国防教育研学园区为依托，以“干部研修”和“学生研学”为主抓手，做大做强研修研学市场；以官田中央兵工厂旧址群为载体，寻根“军工文化”为内涵，对现有官田村进行打造，建设军工文化教育基地）“四廊牵引”（苏区精神廊道：苏园、将军馆、长冈乡调查纪念馆等；人民军工廊道：江西军区旧址、官田兵工厂、苏区造币厂等；红绿融合廊道：散葬烈士墓园、老营盘战场旧址、宝石仙境等；秀美乡村廊道：埠头田庄上、杰村含田、龙口睦埠等）发展思路，以提升文化和旅游产品供给水平为目标，以融合发展为主线，做大做强“苏区干部好作风”模范兴国品牌。年内完成《兴国县全域旅游发展总体规划》《苏区干部好作风项目策划及规划》2 个规划编制，文化和旅游产业发展进入快车道。

【旅游宣传与推介】 2022 年，兴国县创新旅游宣传方式，在大湾区目标城市——深圳开展高铁旅游推介活动。加强与红色旅游主要客源地旅行社合作，掌握客源市场旅游需求与变化，有针对性制定市场开拓专项计划，实现与大湾区市场“无缝对接”。实施高铁线冠名“模范兴国”号高铁列车宣传、深圳地铁 5 号线列车刊登旅游形象广告等。与县融媒体中心通力协作，借助微信公众号、视频号、抖音等新媒体，充分发挥旅游宣传员作用，丰富创新宣传方式，全方位宣传推介兴国旅游，打响“苏区干部好作风”模范兴国品牌，全面引爆兴国红色旅游。

【旅游设施建设】 2022年，在县经济开发区、埠头乡、江背镇、长冈乡、高兴镇、永丰镇启动兴国县旅游产业带服务设施建设项目，项目主要包括兴国县旅游集散中心及客运中心、2处旅途服务区（长冈旅途服务区、社富旅途服务区）、农业观光采摘园、旅游景区路网等。其中，兴国县旅游集散中心及客运中心占地面积2.8公顷，新建游客集散中心8000平方米、停车场1.2万平方米、旅游客运中心2000平方米，绿化道路、给排水、供配电等配套设施；长冈旅途服务区占地3.33公顷，服务设施建筑面积4200平方米，停车场1.5万平方米，绿化道路及相关配套设施；社富旅途服务区占地3.33公顷，服务设施建筑面积4200平方米，停车场1.5万平方米，绿化道路及相关配套设施：新建景区路网29.50千米，农业观光采摘园占地33.33公顷，新建休闲娱乐、观光采摘等为一体的综合农业生态园。项目总投资17.62亿元，资金为建设单位与社会资本方共同筹措。

（王天羽）

旅游资源

【红古绿旅游资源】 2022年，全县有国家AAAA级旅游景区1家（苏区干部好作风纪念园），AAA级旅游景区1家（黄隆顺“四星望月”文化景区），四星级酒店两家（品禄园酒店、兴国宾馆），三星级酒店两家（国兴大酒店、中怡酒店），AAAA级乡村旅游点1家（高兴归元生态园），AAA级乡村旅游点3家（龙口睦埠乡村旅游点、杰村含田乡村旅游点、龙口东龙湾乡村旅游点）。

兴国县红色资源丰富，全县红色遗址、革命旧址遍布20个乡镇、200多个村庄，有苏区革命战斗遗址、革命旧址和名人旧居100余处，其中全国重点文物保护单位5处，省级文物保护单位19处，市级文物保护单位2处、县级文物保护单位47处。全国爱国主义教育示范基地8处，省级爱国主义教育示范基地2处。年内，全县红色旅游景区12处、红色教学点16个。初步形成红色旅游体系，主要红色景点有苏区干部好作风纪念园（将军园）、启耀故里、红兴谷研学旅行营地、官田中央兵工厂等。

三僚村是中国风水文化的发源地，游客甚多，也是来兴国游客的必游之地。此外，还有“朱华塔”“永镇江南题额”“东韶古村”和具有“赣南小庐山”之称的均福山森林公园，风景奇特的灵山冰心洞、鬼斧神工的宝石仙境、典型丹霞地貌的丹霞湖等风景区以及一些题刻、古建筑群、古墓群、古牌坊等古迹景观。

【红兴谷研学旅行营地】 红兴谷研学旅行营地是2022年兴国县旅游打卡地，是集学生研学、成人研修、亲子旅游等功能于一体的景点打卡地，单日可同时容纳5000名学生食宿、600人客房住宿、1500人商务会议以及2万名游客休闲旅游活动，是全省规模最大、业态最全、体验最优、品牌最响的研学研修旅行综合体，2022年游客数量为29万余人次，由江西省交通投资集团投资建设，占地60公顷，总建筑面积12万平方米，总投资12.8亿元，因位于红色兴国，致力“红动兴国、红遍全国”而取名。“中华反潜第一舰”旅顺号落户园区，运用

2022年，研学团体在兴国县红兴谷研学基地参观长征二号火箭模拟发射器
（县委宣传部 供图）

AR、VR技术建设军工智慧馆，通过CS对战、军事装备展示与体验等，让人沉浸其中，深受教育。精心开发党性教育、爱国主义教育、国防教育、安全教育、劳动实践、素质拓展等6大主题百余门课程，通过模拟血战湘江、巧渡金沙江、飞夺泸定桥、激战腊子口等长征关键节点体验，让红色教育入脑入心。园内有直升机低空飞行体验，热气球、松鼠王国、亲子乐园等动力游乐区域与非动力游乐区域，还设置专门的劳动教育实践区，既能体验插秧、割稻子、拔花生、种菜施肥、趣味采摘等劳动实践，又能进行纸雕、竹雕、花灯、瓷艺等“非遗”技艺手工制作。

【官田兵工厂小镇】 2022年，兴国县官田中央兵工厂接待游客1万余人次。中国官田兵器博物馆主体完工，官田中央兵工厂旧址先后入选全国首批“大思政课”实践教学基地、中国工业遗产保护名录（第一批）以及全市第一批红色教育培训基地，获评“省级工业遗产旅游基地”。官田兵工厂小镇位于兴莲乡官田村，由总务科、枪炮科、弹药科、利铁科、工人俱乐部等5大旧址组成。中国工农红军第一个大型兵工厂曾在此村成立，对外称“中央兵工厂”，又称“中革军委兵工厂”“中央红军兵工厂”。苏区革命时期，在中央兵工厂的基础上发展起枪炮厂、杂械厂、弹药厂3个分厂，后在古龙岗镇寨上村分设杂械厂，在于都县银坑镇设立银坑弹药厂，编为分厂。官田中央兵工厂是中国人民解放军武器装备工业的发展开端，被列为省级文物保护单位、全国第二批百个爱国主义教育示范基地和全国重点文物保护单位，是国防科工局首批全国军工文化教育基地。

【“互联网＋文旅消费”新模式】 2022年，兴国旅游行业积极参加江西省“百城百夜”文化和旅游消费季，围绕“夜娱、夜游、夜演、夜购”进行点亮核心吸引物，促进夜间消费。以低频消费带动高频消费，以高频消费促进低频消费，通过打造“1+1”促消费模式，组合县域周边游和主体游等多款产品，通过飞猪、同程、携程、美团、视频号等平台设置专题页进行联合推广，借助线上流量、线下推广等加持，促进文化和旅游消费。

【乡村旅游资源】 2022年，兴国县共有高兴归元生态园、龙口睦埠田园综合体、杰村含田生态旅游区、龙口东龙湾休闲园及正在申报乡村旅游点的长冈乡长冈村项目5个乡村旅游点。民宿方面印发《兴国县民宿管理办法（试行）》，成立兴国县旅游民宿发展工作领导小组，明确申请条件、办证流程、等级评定、监督管理。兴国陌上花开含田民宿被评定为丙级旅游民宿，有客民宿、兴国县雅致民宿正在申报丙级旅游民宿工作。年内，大力推进崇贤乡村民宿、茶旅小镇等民宿项目建设。

（王天羽　钟荧屏）

红色旅游资源利用

【概况】 2022年，兴国红兴谷旅游景区做强研学研修，打造全国最大的研学营地——红兴谷研学基地，营业至年底接待游客29万余人次，研学学生4.6万余人次。研发高质量红色培训课程，以兴国革命旧址旧居、纪念场馆为依托，邀请专家学者为兴国县量身定制一系列突出兴国特色的红色培训课程，其中《继承先烈遗志，坚守初心使命》入围赣州首届红色教育培训精品课程大赛决赛。倾力打造和加速推进《长征组歌》驻地演出项目。完成红色教育主题动画片《长征先锋》全集制作，依托IP人物形象，加快推进文创产品研发。

【红色旅游推介】“五一”期间，兴国县与泰和县携手开展“打卡红土地·携手嘉游赣”两地互动互游活动，与泰和县共同搭建旅游、红培融合平台，把两地红色教育培训资源充分利用、挖掘，形成互动共享生动局面，并与两县共8家旅行社建立合作。年内，在福建省举办的“共叙红土情，邀客嘉游赣”——2022赣州/厦门/泉州红色文化旅游推介会中，兴国县红色课程《马前托孤践初心》大放异彩。“五一”“十一”期间，中央广播电视总台、中央电视台国防军事频道、中央电视台《新闻直播间》、中央电视台《朝闻天下》等栏目相继报道兴国县红色旅游盛况，进一步扩大兴国红色文化资源影响力。全年累计制作27条抖音视频、微信公众号等内容，推介兴国红色资源，擦亮兴国红色名片。

【红色资源挖掘研究】2022年，县委宣传部组织全县史志专家、资深作家深入挖掘研究全县红色资源，探寻人文历史、文物遗址背后的故事，选取具有代表性、独特性、典型性的人物、事件、风情风物进行编写、整理与创作，第一时间在人民日报客户端江西频道推出“你所不知道的兴国”系列文章60篇，其中有10篇文章点击量超过20万，同时在多个平台跟进推出“你所不知道的兴国”系列文章，进一步扩大兴国县红色资源的知名度和影响力。

【精品文旅线路规划】2022年，兴国县坚持推动文化和旅游深度融合发展，以长征国家文化公园（兴国段）等一批重点文旅项目为“点”，以中央红军长征出发准备重点展示园、崇贤茶旅小镇等一批特色园区、人文小镇为“面”，以点连线、连线成面，点、线、面相结合，实现景城一体，让红色文化“动”起来。其中“红色记忆游”是将长冈乡调查纪念馆、革命烈士纪念馆和江西军区旧址、官田中央兵工厂旧址等部分红色革命旧址串联，现场感受革命时期的精神。“红色研学游”将苏区干部好作风纪念园、长冈乡调查纪念馆、烈士纪念馆和红兴谷研学旅行营地串联。“红色乡村游”将苏区干部好作风纪念园、红兴谷研学旅行营地、潋江书院、高兴归元生态园串联。

2022年，《长征先锋》文创产品展示架　（县委宣传部 供图）

【《长征先锋》IP打造】 2022年，兴国县推出《长征先锋》数字藏品，首期共1.6万份，销售收入100余万元。依托《长征先锋》动画IP人物形象，探索覆盖影视、玩具、服装等多产业的红色文创衍生品开发，并衍生出手游、图书绘本、主题乐园等一系列生态产业链，以IP产业链孵化平台助推城市文创产业建设。年内，成功签约合作企业22家，授权45个品类，打造一系列“长征先锋”周边产品，通过IP优势带动全产业链发展。

【红培特色品牌确立】2022年，兴国县以革命旧址旧居、纪念场馆为依托，邀请专家学者为兴国县量身定制一系列突出当地特色的红色培训课程，研发高质量红色培训课程，开发“红色记忆游”“红色研学游”“红色乡村游”3条红色精品路线，研发40多门特色课程，20多家单位、企业在兴国挂牌成立现场教学点，超过5万名学员在兴国开展研修活动。确立以初心使命、苏区精神、人民兵工精神、调查研究优良传统和中央苏区第三次反“围剿”为特色主线的课程内容，每条主线都以具体的典型人物故事为依托，在丰富课程内容的同时又能彰显兴国特色，提升教学档次。年内，主要开发专题教学、现场教学、激情教学、体验教学、情境教学、模拟教学等教学模式共40余门课程，所开发课程在参加省、市两级组织部举办的“好课程”“双百微”课程评选中，有14门课程获评市级奖项，3门获评省级奖项，红培人数居全市第2。与深圳华美国际旅行社签订6000万元框架协议，2022年兴国成为粤港澳大湾区研学研修目的地。

（王天羽　肖士福）

旅游项目建设

【概况】 2022年，长征国家文化公园（兴国段）等全县旅游项目建设扎实推进。实施苏区干部好作风纪念园提升工程，崇贤茶旅小镇、启耀故里红色旅游示范村等项目建设。引进温泉旅游度假村酒店项目、均福山民宿项目，正在洽谈百里红山旅游区南部景区、檀越庄园旅游度假区。加大招商引资力度，全年外出招商32次，接待客商98批次，推介全县文化旅游资源，鼓励客商来兴投资。

【长征国家文化公园（兴国段）项目建设】 2022年，兴国县被纳入长征国家文化公园项目建设单位，负责长征国家文化公园（兴国段）项目建设，计划总投资5.11亿元，年内完成投入4.53亿元。编制《兴国县全域旅游规划》《长征国家文化公园(兴国段)建设保护规划》《兴国中央红军出发准备重点展示园修建》等项目规划，加快长征国家文化公园(兴国段)4个（兴国中央红军长征出发准备重点展示园、“长征路·兴国魂”文化园、长征历史步道兴国段、兴国官田红军长征村）国、省、市重点项目的建设。

【启耀故里红色旅游示范村】 2022年，启耀故里全年接待游客量约5万人次。启耀故里龙口镇睦埠村是原江西省苏维埃政府主席、被称为腰缠万贯“讨米人”刘启耀出生、成长之地，红色资源丰富，绿色生态突出，文化底蕴深厚，先后被评为“全国生态文化村”“国家森林乡村创建样板村”“省级红色名村”“省AAA级乡村旅游点”“省级乡村振兴模范党组织”等，是著名的红色旅游、乡村休闲旅游目的地，也是开展廉政教育、干部培训、党建团建活动的重要基地。刘启耀故居经过多次修缮，展陈综合运用浮雕、标语、绘画、雕塑以及声光电多媒体场景，系统全面呈现刘启耀的感人事迹。

【潋城文创街区】 潋城文创街区是兴国县打造的红色文化重点项目，位于县城瑶岗背，2022年投入运营后游客甚多，并成为全城市民的“打卡地”。该区由老旧小区改造，投入资金5400万元。项目将瑶岗背中心的仓库及居民楼变废为宝，盘活闲置资产，将其改造成为近现代新赣派建筑，赋予其商业经营功能，把反映兴国历史和文化的老城区改造成“吃住行游购娱”一站式多业态的产业新地标，实现瑶岗背等老旧片区“逆生长”，探索“改造＋补齐民生短板”“改造＋传承历史文化”“改造＋探索文创旅游”等3个“改造＋”模式，将街区植入客家文化、红色文化，打造成会讲故事的城市文化会客厅。

（王天羽）

旅游品牌创建

【概况】 2022年，兴国县旅游品牌创建有新突破。印发《兴国县星级饭店优惠及奖励政策》，起草《兴国县推进文化旅游产业高质量发展若干政策》，加大对品牌创建等方面的扶持力度。推动潋城文创街区建设，引入夜直播、夜消费、夜休闲等新业态，大力发展夜间经济，申报省级旅游休闲街区。红兴谷申报创建国家AAAA级旅游景区。沃尔顿大酒店、康莱博大酒店创建四星级旅游饭店，福丽思酒店、国兴大酒店创建三星级旅游饭店，通过市级初评。

【旅游景区创评】 2022年，全县共有国家AAAA级旅游景区1个（苏区干部好作风纪念园），国家AAA级旅游景区1个（黄隆顺客栈四星望月文化景区）。年内，集学生研学、成人研修、亲子旅游于一体，按照国家AAAA级旅游景区标准建设的红兴谷研学旅行营地于5月试营业，正在积极申报红兴谷研学旅行营地创评国家AAAA旅游景区，邀请省市专家对红兴谷旅行研学营地现场指导。黄隆顺客栈四星望月文化景区是国家AAA级红色餐饮文化旅游景区，位于潋江大道21号，交通便利，周围商业配套设施齐全。景区是以毛泽东命名的“四星望月”兴国特色菜为主题，通过图文及实物情景展示。“四星望月”是毛泽东思想灵魂活的体现。2022年，黄隆顺客栈四星望月文化景区成功创评国家AAA级文化景区并被列为“江西省省级非物质文化遗产”制作传承基地。

【乡村旅游点创评】 2022年，全县共有AAAA级乡村旅游点1个（高兴归元生态园），AAA级乡村旅游点3个（龙口睦埠田园综合体、杰村含田

2022 年，埠头乡田庄上乡村旅游示范点 （张声 摄）

生态旅游区、龙口东龙湾休闲园）。年内，对现有乡村旅游点进行升级改造，高兴归元生态园新增农耕文化体验区，龙口睦埠田园综合体全面升级，并积极申报长冈乡长冈村创评AAA 乡村旅游点，通过对长冈乡长冈村进行环境整治，外立面改造，完善旅游厕所、旅游道路、标识标牌等旅游配套建设，为创评 AAA 乡村旅游点做好充足准备。

AAAA 级乡村旅游点高兴归元生态园坐落在高兴镇北部老营盘村，园内森林覆盖，2022 年建成生态养殖区、蔬菜瓜果种植区、生态观光区、休闲度假区 4 个旅游区域，具备观光旅游、户外拓展、农事体验、农产品采摘等服务功能，园区拥有大型免费停车场、服务中心、餐饮配套等配套服务设施。

江西省 AAA 级乡村旅游点龙口睦埠田园综合体，位于兴国县最南边，村内建有青山大桥、睦埠大桥两座跨平江大桥，曾获得中国生态文化协会“全国生态文化村”称号。

江西省 AAA 级乡村旅游点杰村含田生态旅游区，位于杰村乡西北部，距离县城 15 千米，景区面积 13 平方千米。主要建设内容包括油茶观光园、农事体验园区、蔬菜采摘园、莲花观光区、游客服务中心、生态停车场、游步道、旅游厕所等旅游基础设施。

江西省 AAA 级乡村旅游点龙口东龙湾休闲园，位于龙口镇平江河畔，占地 100 公顷，建设内容为 1 个核心区、2 个功能区。核心区为 33.33 公顷四季果蔬采摘区，为四季水果采摘、蔬菜种植、禽畜养殖、农家食堂、农产品加工、竹柳树苗繁育和种植造林等；2 个功能区为“原生态养殖”休闲农业科教区和“山水游憩”健身度假旅游区，具体是依托平江河滩、东龙山天然风光等发展休闲旅游和农业科普教育。

（王天羽）

旅游管理

【旅游行业管理】 兴国县制定安全生产各项制度，传达普及《中华人民共和国安全生产法》《中华人民共和国旅游法》，全面压实涉旅企业安全生产主体责任。建立健全企业安全生产责任制，做到安全责任、安全投入、安全培训、安全管理、应急救援五到位。2022 年，开展对全县旅游市场安全生产专项检查和日常巡查。建立健全安全风险分级管控和隐患排查台账，全面辨识评估安全风险，实现“一企一清单”，建立隐患排查治理网做到自查自改自报。年内，共开展安全隐患排查 12 处，安全生产（含疫情防控）工作中共发现问题 30 个，下达责令改正通知书 19 份，停业整顿 8 家。

【旅行社管理】 2022年，全县共有将军旅行社、天诚旅行社、驿红旅行社、国兴旅行社4家旅行社，其中国兴旅行社为年内新增。根据《关于进一步调整暂退旅游服务质量保证金相关政策的通知》，对旅行社开展“六严查”（严查未经许可经营旅行社业务、严查“不合理低价游”、严查导游执业违法违规行为、严查在线旅游产品及信息、严查旅游包车违规行为、严查非法强制购物等行为）行动。通过严查行动，规范市场秩序，维护旅游者合法权益。疫情防控期间，要求旅行社和在线旅游企业不得经营入出境团队旅游及“机票＋酒店”业务，暂停在有中高风险区的县（市、区、旗）和直辖市的区（县）经营团队旅游及“机票＋酒店”业务，暂停陆地边境口岸城市团队旅游业务；要求合理控制旅游团队规模，不组织大型旅游团队，要求旅行社严格控制旅游包车载客率。对旅行社“不合理低价游”“非法一日游”等违法违规行为及无证上岗、未经许可经营旅行社业务等违规行为，开展5次专项检查。加强旅行团文明出游的宣传引导，通过旅行社行前说明会制度和导游领队“一岗双责”制度，巩固压实针对团队游客的文明宣传引导责任；为提高游客法律意识，采取播放宣传公益片、悬挂宣传标语、发送宣传单、播放语音提示语等多种形式提醒广大游客在旅游消费时选择具有合法经营资质的旅行社、如何识别微信群、户外俱乐部等非旅行社组织的团队旅游活动，避免掉入“不合理低价游”陷阱。另外，根据《关于进一步调整暂退旅游服务质量保证金相关政策的通知》，对3家旅行社暂退共计50万元质保金，且为新设立的1家旅行社办理暂缓缴纳质保金业务。

【讲解员培训】 2022年，兴国县通过招募、遴选的方式，组建一支文化旅游讲解员队伍。2022年，从将军园、革命纪念馆、城投天诚文化旅游开发有限责任公司等单位，选派10名优秀讲解员参加赣州市文化旅游讲解员培训班，培训采用课堂理论培训＋景区线路实地培训的形式，涵盖赣南文化培训、导游讲解基础知识培训、导游服务综合技能培训、导游讲解实务培训、新编赣南导游词讲解词培训和景区点及参观旅游线路实训，课程内容丰富多彩，形式生动活泼。

（王天羽）

本栏编辑：陈玉桃

金融业

综　述

【概况】 2022年，兴国县金融系统统筹推进抓党建、促发展、强监管、防风险、惠民生，全县金融机构新增存贷款总量超额完成市下达的目标任务数。其中，各项存款余额378.85亿元，比年初增加43.74亿元，比上年增速13.05%；各项贷款余额285.38亿元，比年初增加37.39亿元，比上年增速15.08%；存贷比为75.33%，上升1个百分点。

【支农信贷】 2022年，兴国县落实“财农信贷通”“农业产业振兴信贷通”各项优惠政策，做好支农信贷工作。年内，全县支农信贷合作银行发放贷款4.29亿元，其中发放“财农信贷通”6214万元、发放“农业产业振兴信贷通”3.67亿元，扶持全县566个农业企业、农民合作社、家庭农场、种养大户等新型农业经营主体发展。

【资本市场培育】 2022年，兴国县重新筛选5家企业纳入市重点培育改制上市企业行列，5家企业纳入省级拟上市挂牌后备行业，形成股改上市企业“梯队”。年内，2家股改企业并入省股权交易中心挂牌，完成市里下达的2家股改任务，列二类县第2名。积极拓展融资渠道，全县股权融资11.56亿元，超额完成市下达直接融资5亿元的任务数，列二类县前3名，股权融资金额列二类县第1名。

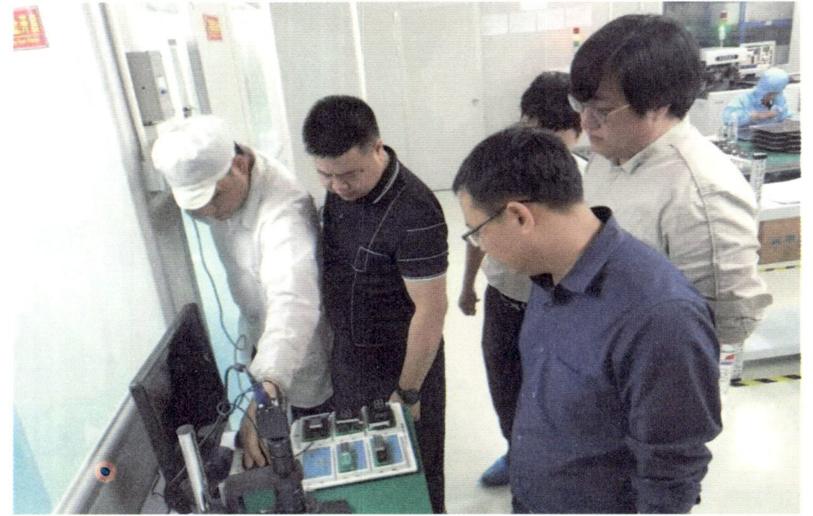

5月18日，县金融服务中心邀请金融专家走访调研重点上市后备企业
（县金融服务中心 供图）

【金融发展环境】 2022年，兴国县充分利用“3·15”（国际消费者权益日）“5·15”（全国投资者保护宣传日）、“6·15”（防范和处置非法集资集中宣传日）等特定活动日，开展远离非法集资、打击整治养老诈骗等主题的宣传活动。加大摸排力度，联合有关单位开展金融行业乱象整治行动9次，发现线索2条，对出现金融乱象的企业约谈1次，组织开展扫黑除恶宣传30余次。对4个非法吸收公众存款的陈案制定出“一案一策”的化解方案，明确包案工作领导，化解其中3件，完成市里下的化解任务。通过县法院等部门加大对涉金融债务案件的审判执行力度及

金融失信人员的惩戒力度，维护兴国县征信信用环境的健康发展。

【银企帮扶】 2022年，兴国县加强与企业对接力度，到园区企业和个体工商户做好各项惠企纾困政策及措施宣传，以解决企业资金紧张的燃眉之急。落实普惠小微企业贷款延期“支持工具”转换为普惠小微贷款支持工作，引导和激励银行加大对全县小微企业、绿色发展等领域的支持力度。对全县法人银行，共发放净增普惠小微贷款的支持工具激励资金2笔，金额342.98万元。组织开展银企融资对接签约活动，夏秋两季召开2次全县助企纾困政银企融资对接座谈会，两次座谈会现场累计签约企业29户，签约授信36.81亿元，其中亿元以上项目9个，为推动兴国县实体经济发展注入强劲动能。

【货币信贷政策】 2022年，兴国县运用宏观审慎评估（MPA），指导法人机构把控信贷投放节奏，保持货币信贷合理增长，引导加大信贷投放力度。对全县小微民营企业信贷导向效果、两项直达政策工具落实情况，开展效果核查评估，实行信贷工作推动协调机制，决定每月20号后对各金融机构实行定期调度并汇总通报制度。设立信贷目标考核，将新增存贷款的任务指标分解到全县各银行机构。全县金融机构本外币各项存款余额381.24亿元，比年初增加46.14亿元；本外币各项贷款余额282.94亿元，比年初增加34.95亿元。存贷比为74.22%。

【货币发行管理】 2022年，兴国县完成发行库撤库工作，及时处理3起拒收现金投诉。制定《兴国县假币危害重点整治工作方案》，认真抓好假币收缴工作，全年收缴假币1690张，金额1.54万元。对县域内11家银行业金融机构的20个营业网点开展全额清分工作现场督导，降低假币夹杂率和完残夹杂率。

【普惠金融服务】 2022年，全县加快普惠贷款投放力度，各银行机构共建农村普惠金融服务站332个、农村普惠金融示范站12个，实现行政村覆盖率100%。着力推进赣州市农村信用经营户信用信息联网核查平台建设，全年累计归集上报全县涉农数据123.78万条，录入系统93.81万条。“智慧兴国”平台上线推广，建立企业融资分类数据库，归集4.22万户企业融资信息，在全市推广后率先实行上线。全年绿色贷款保持高速增长，绿色贷款余额17.2万元，比上年增长87.92%，高于各项贷款增速72.84个百分点。涉农贷款增速平稳增长，涉农贷款余额185.54亿元，比上年增长17.88%。

【普惠金融改革】 2022年，兴国金融系统制定印发普惠金融改革工作方案，成立工作领导小组，组织开展各类普惠金融改革活动。全县支农支小再贷款余额4.88亿元；普惠小微贷款余额33.18亿元，比上年增长33.05%；涉农贷款余额92.82亿元，比上年增长4.06%。兴国县人民政府办公室印发《兴国县移动支付便民工程暨智慧金融平台推广实施方案》《关于公布2022年信用主体评定结果的通知》等文件，以提升全县金融行业服务小微企业意愿、能力和可持续性。全县推广“云闪付”7873户，推广总量在全市排名第3，通过“智慧兴国”提出融资需求调查5080户，融资需求填报总数在赣州市排名第2。

（黄菁菁）

银行业

【中国农业发展银行兴国县支行】 2022年，中国农业发展银行兴国县支行配合财政、粮食等部门向上级行争取资金，年内，发放县级储备粮贷款216万元，保证县域内粮食收购资金的需要。年内，争取到兴国智能终端产业园建设项目、兴国县红色文化旅游建设项目（一期）、兴国县改善农村人居环境建设项目、兴国县2022标准厂房建设项目（一期）、瑞兴于快速路建设项目等5个贷款项目，累计金额30亿元，3个月内先后完成4.5亿元智能终端产业园建设项目和4.5亿元兴国县红色文化旅游建设项目（一期）贷款申报、审批、发放工作。发扬“首创精神”，推动企业以林权作为反担保物，促成市、县两级担保公司为贷款提供担保的方式，向全县小微客户发放流动资金贷款。全年新获批小微企业贷款3户1598万元，其中发放小微企业贷款2户共1198万元，为兴国民营企业发展创造良好发展条件。

（黄雨晴）

【中国工商银行股份有限公司兴国县支行】 2022年末，兴国工商银行储蓄存款15.22亿元，比年初新增2.42亿元，储蓄存款新增金额突破历史新高，比上年增加1亿元以上，余额占比和增量占比显著提高。公司存款余额2.87亿元，比年初新增0.52亿元，增幅达22.13%，是全县系统内保持正增长的少数几个支行之一。机构存款余额0.86亿元，比年初下降1.21亿元。贷款余额3.23亿元，比年初增加1.45亿元，其中公司普惠贷款比年初增加0.65亿元。个人贷款余额19.85亿元，比年初增加2.86亿元，其中个人住房贷款比年初增加2.55亿元，列增量、余额同业双第一，个人普惠贷款余额比年初增加0.2亿元。普惠贷款余额比年初增加0.85亿元，项目贷款发放1.3亿元，实现零突破。全行实现营业收入8147万元，比上年增长1291万元，增幅18.8%；中间业务收入实现986万元，比上年增长322万元，增幅48.5%。金融资产余额20.89亿元，比年初增加2.42亿元，个人客户数10.56万户，比年初增加0.7万户。全年储备4000余张退役军人优待证。

（温莉伟）

【中国农业银行股份有限公司兴国县支行】 2022年，中国农业银行股份有限公司兴国县支行大力建设金穗惠农通服务点，将金融服务送到偏远地区。至年底，各项存款余额44.44亿元，比年初净增5.67亿元。其中，个人存款余额36.48亿元，比年初净增4.23亿元；对公存款余额7.96亿元，较同期净增3亿元，比年初净增1.5亿元。各项贷款余额28.94亿元，比年初净增739万元。其中，个人贷款余额21.56亿元，比年初净增1.4亿元；对公贷款余额7.39亿元。年内，农户贷款余额6.5亿元，较上年净增8924万元，贷款增速15.89%，其中惠农e贷贷款余额5.95亿元，较年初净增1.37亿元，增速达29.79%。移动端建档户数2279户，较年初净增1123户。

（明月心）

【中国银行股份有限公司兴国支行】 2022年，中国银行兴国支行努力加大对兴国的信贷投入，全力拓展市场营销，较好完成年初制定的工作目标。至年底，人民币各项存款时点余额22.60亿元，较2021年新增3.03亿元，日均存款余额21.22亿元，较2021年新增3.08亿元；人民币各项贷款时点余额达24.88亿元，较2021年新增3.87亿元，日均余额23.04亿元，较2021年新增4.97亿元。年内实现本、外币净收入8708.75万元，比上年增加1414.04万元，增长19.38%；拨备前利润7386.60万元，比上年增加1323.32万元，增长21.83%；实现净利润5099.56万元，比上年增加716.71万元，增长16.35%。紧跟县域重点项目开展对接营销，先后批复并投放兴国驿博教育科技有限公司红兴谷研学项目贷款2.5亿元、兴国华赣垃圾发电项目内部银团贷款4.6亿元、兴国县美园食品公司100万头生猪屠宰及肉制品加工项目贷款1亿元等信贷项目。

（刘维华）

【中国建设银行股份有限公司兴国县支行】 2022年，中国建设银行股份有限公司兴国县支行加强绿色信贷，开展送金融知识下乡活动，让利小微企业，推进小微企业金融服务工作，落实小微企业八大服务措施，按照“两个不低于”要求，单列小企业信贷规模，确保规模专项使用，小微企业贷款总量达1.55亿元，年内增幅32.05%。至年底，全行贷款余额25.53亿元，较年初新增5.63亿元；一般性存款余额17.49亿元，较年初新增3.62亿元；不良资产余额0.17亿元，较年初有所下降；中间业务毛收入600万元；拨备前利润0.7亿元。全力支持购房户购买住房贷款，年末住房贷款15.55亿元，比年初新增0.92亿元；存贷比为145.96%。

（李久艳）

【中国邮政储蓄银行兴国县支行】 2022年，中国邮政储蓄银行兴国县支行主动策应地方政策，加快经营转型，突出服务“三农”、服务小微的核心战略地位，提升服务经济薄弱环节能力。全年各项贷款余额11.09亿元。邮储兴国支行下设26个网点，其中一类网点3个，代理网点23个。为方便客户更快捷办理存取款业务，各网点共设立存折存取款一体机26台、ITM机29台、ATM、CRS共50台，至年底，3个一类网点储蓄存款余额12.36亿元，23个代理网点储蓄存款余额65.92亿元，公司存款余额1.68亿元。

（刘　芸）

【江西银行股份有限公司兴国县支行】 2022年，江西银行股份有限公司兴国县支行坚守“服务城乡居民、服务中小企业、服务地方经济”的城市商业银行定位，积极投入兴国经济发展主流，推出“映山红上市企业助力贷款”“流水贷”“超抵贷”“烟商贷”“税E融”“出口退税贷”“采购贷”“建企贷”“云企链”等信贷项目，并准入财园通、小微通、财农通等政银合作业务。至年底，各项存款余额9.24亿元，较上年增长1.6亿元，其中储蓄存款余额4.14亿元，对公存款余额5.1亿元；各项贷款余额4.47亿元，较上年增长1.07亿元，其中对公贷款余额及个人贷款余额1.88亿元。

（张元海）

【赣州银行股份有限公司兴国支行】 2022年，赣州银行股份有限公司兴国支行（简称支行）坚持“合规经营、内控先行、回归本源、改革创新、科技引领、稳健发展”的发展理念，夯实信贷基础，加强银担合作，服务小微企业，支持民生项目建设及当地首位产业发展，资产规模、质量、经营效益实现较大发展。至年底，支行各项存款余额34.06亿元，较年初新增3.35亿元；各项贷款余额28.49亿元，较年初增加6.05亿元；支行积极介入区域优势产业集群及区域特色市场小微客户，助力乡村振兴，累计投放“农业产业振兴通”1.33亿元，“财政惠农信贷通”530万元，“普惠快担”2200万元、“财园信贷通”2500万元。

（曾　涵）

【九江银行股份有限公司兴国支行】 2022年，九江银行股份有限公司兴国支行（简称支行）防范化解网点内系统性金融风险，维护网点生产安全，结合县域经济社会特点落实好各项金融宏观调控政策。至年底，支行存款余额5.05亿元，比年初增长2769万元；贷款余额6.18亿元，比年初增长5595万元。年内，与兴国县匡硒农业发展有限公司、兴国县登硒农业开发有限公司、兴国县阔硒农业发展有限公司、兴国县绝硒农业发展有限公司签约项目“项目融资贷款——三农”，助力全县大棚蔬菜项目建设落地3648万元；助力全县乡镇经济发展，发放乡村致富带头人贷款122笔，金额2296万元。

（胡春霞）

【江西兴国农商银行股份有限公司】 2022年，江西兴国农商银行股份有限公司坚持“立足本土、服务社区、支农支小”市场定位，不断完善金融服务功能，持续加大有效信贷投放，支持地方发展，实现与县域经济发展同频共振。至年底，资产总额152.5亿元，较年初增长11.84亿元，存贷款总量210.9亿元。其中，各项存款余额127.23亿元，比年初增长11.73亿元，增10.16%；各项贷款余额83.67亿元，比年初增加9.42亿元，增12.69%，年内，存贷款总量、增量均稳居全县同行业首位。

6月1日，县农商行到茶园乡小学开展“牵手向未来 农商送关怀”志愿活动
（兴国农商银行股份有限公司 供图）

保险证券业

【中国人民财产保险股份有限公司兴国支公司】 2022年，中国人民财产保险股份有限公司兴国支公司实现全险种保费收入1.47亿元，缴纳税金954万元。承保全县农村住房保险，保费136万元，为15万余农户提供72亿元的风险保障；承保全县精神病人监护人责任险，保费13.34万元，为全县2773名精神病患者累计提供风险保障3000万元；承保全县“顶梁柱公益保险”，实现签单保费30万元，为全县8571户低收入人群家庭顶梁柱成员累计提供4.28亿元风险保障。公司围绕巩固脱贫攻坚成果、保障乡村公共安全、助力乡村高质量发展等方面宣传介绍乡村保险业务，完善优化保险方案，提供全方面、针对性的风险保障，实现保险助力乡村振兴战略，公司全年赔付1.18亿元。

（谢秀春）

【中国人寿保险股份有限公司兴国县支公司】 2022年，中国人寿保险股份有限公司兴国县支公司实现保费收入2亿元，持证人300人。主要经营人寿保险、健康保险、意外伤害保险等各类人身保险业务，人身保险的再保险业务，各类人身保险服务、咨询和代理业务，国家保险监督管理部门批准的其他业务。全年理赔案2493件，赔付支出1064万元。推行“暖赔闪付”“重疾一日赔”等业务项目，客户可在寿险App自助申请理赔，小额赔案实行免交资料，当日申请即可结案到账。

（鄢惠娟）

【中国太平洋财产保险股份有限公司兴国支公司】 2022年，中国太平洋财产保险股份有限公司兴国支公司实现全险种保费收入3000万元，主要经营机动车辆保险、企业家庭财产损失保险、建筑工程保险、安装工程保险、货物运输保险、船舶保险、能源保险、一般责任保险、保证保险、信用保险、短期健康保险、意外保险和农业保险等经中国银保监会批准的其他财产保险业务。承保县域内10个乡镇的防返贫保险业务，保费260万元，为2.17万人次提供风险保障，为195户防返贫对象支付防返贫保险金233.31万元。

（王小林）

【国盛证券有限责任公司】 2022年，兴国县有证券业公司1家，为国盛证券有限责任公司兴国证券营业部（以下简称国盛证券兴国营业部）。营业部依托公司综合类券商“全牌照”（可以从事证券业所有业务），依法合规开展证券经纪、证券投资咨询、财务顾问、融资融券、证券投资基金销售、港股通、股票期权等业务，为客户提供资本市场全产业链产品及便捷的一站式综合金融服务。年末客户量2.06万户，托管资产5.15亿元，A股、基金成交金额83.34亿元。

（徐晓文）

本栏编辑：陈玉桃

交 通

综 述

【概况】 2022年，兴国县交通运输部门围绕乡村振兴、服务优化、安全稳定、提档升级、统筹推进各项业务工作，探索“投、融、建”一体化模式，抓好交通基础设施建设和交通民生工程，做好渔船技术状况检测，县交通运输局联合海事部门联检渡口渡船6次、纠正违章渡运行为9起，年内12艘渡船全部停渡，签订渡船拆解（处置）补偿协议。交通运输事业高质量发展，全年推进总投资91.9亿元的10大类32个“大交通”重大基础设施项目攻坚行动，8大类19个总投资128.18亿元的重大交通基础设施项目入盘。合作建设5大类路桥项目，总投资近40亿元。建制村通双车道、农村公路危桥改造、“四好农村路”建设和生命安防工程等交通民生实事全面完成，路域环境更加“畅、安、舒、美”。

【“四好农村路”建设】 2022年，兴国县继续推进“四好农村路”建设，农村公路列养率达100%，实现农村公路有效管养全覆盖。制定《建制村通双车道建设工作实施方案》《破损路面修复建设工作实施方案》《入户道通水泥路建设工作实施方案》。全县交通运输部门实施完成20个建制村64千米通双车道改造项目，总投资1.42亿元。改造农村公路中小桥危桥15座，总投资3409万元，完工9座、在建6座，完成投资2350万元。对全县自然村及6户（含6户）以上的入户路未通水泥路情况进行摸底调查，自然村及入户路未通水泥路3295条2008.6千米。年内全县开展乡村“道乱占”清理整治活动，协同各乡镇和有关部门出动整治人员382人次，出动各类车辆（设备）35台次，拆除公路用地范围内非公路标志广告32块，清理路肩种植物、农作物226处，清理摆摊设点26处，查处占用、损坏、污染公路46处2215平方米，清理搬运公路路肩边坡范围内垃圾82处。

【交通应急保障】 铲冰除雪保畅 2022，兴国县出现严重的冰雪灾害气候，2月20日晚至21日凌晨，雨夹雪，X907枫边至沙村公路贺堂至均福山段路面结冰积雪、枫边至贺堂部分路段结冰，封闭交通。县交通运输局启动预案，第一时间组织养护人员、铲车、运输车等与当地乡镇等部门联合抗冰抢险。共投入工业用盐45吨、反光锥500个，设立警示标志牌150块，动用机械设备铲车16台、运输车（工业盐）12台、巡查车辆28台次，出动抢险队员260余人次，抢通农村公路16条113千米（县道3条48千米，乡道、村道13条65千米），投入资金45万余元。赣州市公路发展中心兴国分中心机关工作人员及养护道班全体人员在G238贺堂（东固至寨脑段）铲冰除雪12千米、解救大货车6辆。

抗洪抢险救灾 2022年4月29日，兴国县强降雨造成埠头乡垃圾处理场专用公路高边坡坍塌，水泥路面悬板，县交通运输局组织实施修复并于5月20日完工。赣州市公路发展中心兴国分中心投入434.9万元，拆除重建G319江背士陂桥，恢复G319正常通行。5—6月，兴国持续普降大雨，灾情发生后，县交通运输局抢通20条42处塌方公路，投入水毁及抢险维修资金183余万元。

新冠疫情防控 2022年疫情期间，兴国县交通运输局积极应对疫情，组织安排5个执法组对交通运输部门的“三站一场”、公交、出租、驾校、维修、快递、渡运、在建工程、物流（冷链）等企业和从业人员落实防控措施检查全覆盖。督促210家交通企业、262辆客车（含公交车）全新张贴启用“赣通码场所码”。在新冠疫情防控中，全年调度车辆835辆次。

（赖黎明　钟长江）

公路建设

【概况】 2022年，全县推进交通基础设施实施项目42个，完成固定资产投资3.76亿元。向上争取G72官田互通出口等基础设施建设项目16个，到位资金4.36亿元。签约公路建设项目5类17个，项目总投资约37.1亿元，通过公开招标确定施工单位。

【高速公路建设】 泉南高速官田互通出口，位于兴国县兴莲乡官田村附近G72泉南高速K432+025—K432+942处。互通匝道跨主线，全长2.65千米，其中主线局部改造路段长约0.92千米，连接线长0.21千米，匝道长约1.51千米，配备建设收费站、管理用房等设施。估算投资1.82亿元，完成11项前期工作，投资6698万元。规划兴国至桂东高速（兴国段）、兴国至樟树高速（兴国段），新增纳入《江西省高速公路网规划修编（2018—2035年）》。年内，完成国土空间控制规划编制，报省自然资源厅审核。

【国道、省道改造】 2022年，兴国县全面开工平江河古竹大桥等6座大桥，完成G319瑞金至兴国（兴国段）改线工程（瑞兴于快速交通走廊）项目PPP段第一期征地拆迁，并全线启动开工。G356均村至五里隘段，路线全长6.06千米，二级路，全线设计时速60千米，路基宽10米，沥青砼行车道宽7米，硬路肩和土路肩各宽1.5米。项目投资估算1.84亿元。工程已批复，年内完成初步评审。省道219蕉坑至莲塘段，改建二期工程长9.5千米，采用“投资人+施工总承包”模式融资建设，总投资1.25亿元，年内完成施工单位招标。省道449樟木圩绕线改建工程，路线全长3.01千米，采用“投资人+施工总承包”模式融资建设，项目总投资7915.92万元，年内批复可研性报告，审批初步设计。S449隘上至杉村段，S449兴国隘上至杉村公路改建工程是兴国县党史学习教育“我为群众办实事”实践活动中46件民生实事之一，工程起点位于兴国县兴江乡桐林村隘上，终点为兴江乡杉村，路线全长12.28千米，年内实现通车。S452船溪至鹅公塘段，公路全长9.95千米，年内实现通车。

【县道改造】 2022年12月19日，X908鼎龙乡鼎龙粮管所至观音庙段建成通车。公路全长3.23千米，三级路，路基宽7.5米，沥青混凝土路面宽6.5米，预算总造价1061万元。X908枫边至城岗段，公路全长14.28千米，三级路，路基宽7.5米，路面宽6.5米，工程造价3298.5万元，项目纳入省公投合作实施范围，年底签订施工合同。X465忠田至官田至莲塘段，公路全长17.08千米，三级公路，设计时速30千米，路基宽7.5米，行车道宽6.5米。项目工程总造价1.99亿元，年内进入施工建设阶段。

【乡道改造】 2022年10月8日，Y029长冈乡合富村至灵山公路改建工程建成通车。该工程为兴国县“百里红山”旅游景区基础设施项目，路线起于长冈乡合富村（与灵山冰心洞旅游公路相接），路线往东经合富坪、下穿兴赣高速、黄泥岗，终于灵山水库坝边，全长3.77千米，三级路，设计时速30千米，路基宽8米，沥青混凝土路面宽7米，施工图预算3369万元。

【村道改造】 2022年5月2日，CE103兴国县高兴镇袁屋门口至古高公路改建工程建成通车，公路全长0.67千米（原道路拓宽0.52千米、新建0.14千米），四级路，路基宽7米，水泥混凝土路面宽6米。工程预算总造价343.67万元。

（赖黎明）

公路管护

【概况】 2022年，兴国县加强路政管理和强化超限超载车辆治理，全县有公路3025条4452.53千米。其中，高速公路3条146.16千米、国道3条152.68千米、省道5条152.65千米、县道17条454千米、乡道85条703.64千米、村道2912条2843.36千米。全年按照“县道县管、乡村道乡村管”原则，建立完善县、乡、村三级路长制管理体系。全县有3个乡镇采取公司化运作、22个乡镇采用个人承包的方式组织实施农村公路日常养护工作。通过政府购买服务方式，将4条县道主干线43.53千米日常养护交由具有养护资质的第三方承担。

【养护工程】 2022年，兴国县完成县管养公路G238路面修复养护工程，全长7.8千米，项目总投资1252.11万元，养护大中修及预防性养护工程全长26.41千米，项目总投资2083.73万元；组织实施县管养农村公路路面大中修工程（含路面提升工程）29.15千米，投资3845万元，完成13.18千米，完成投资1362万元；完成士陂桥重建工程，桥梁全长27米，公路等级二级，桥梁设计荷载等级为公路Ⅰ级，项目总投资434.98万元。推进S219兴国蕉坑至莲塘段公路改建工程，全长34.74千米，项目总投资1.23亿元。

【公路安全】 2022年，兴国县投入资金100余万元，完成8处市级、13处县级督办隐患21处，国省道两侧30处平交路口安全隐患整改；开展县道沿线及城区学校周边道路交通安全隐患大排查大整治。12月，组织实施5处公路地灾隐患点整治，总投资1044.2万元。

【路桥安防工程】 2022年，兴国县投资997.01万元，完成农村公路安防工程项目23个50.72千米，其中省计划内项目14个20.5千米，计划外项目9个30.27千米。完成赣州市民生实事安全生命防护工程，完善G238线、G319线、S449线、S450线、S451线的临水临崖路段、急弯陡坡路段、标线缺失路段、校园周边路段的安全设施，投资321.27万元。完成兴国县提升桥梁安全防护能力专项行动工程，对G238线下前桥、G238线霞光桥、G238线文溪大桥、S219线枫树坪桥、S449线下围桥、S449线忠田桥等桥梁进行安全防护能力提升，投资275.24万元。对其他计划外的农村公路急弯陡坡、临崖临水路段，新增设安全防护设施。

【公路绿化】 2022年，兴国县投入24万余元建设资金，对X467石吉高速鼎龙收费站至长冈大桥11.6千米、X801华坪至杰村11千米、X464高兴至茶园20.6千米、X908城岗至鼎龙观音庙9.8千米等路段进行美化绿化，补种红叶石楠球3009棵。

【文明示范路创建】 2022年，兴国县围绕“畅安舒美”要求，完成省级示范路兴国段工程，其中第一段起于兴国县贺堂与吉安市交界处，终于高兴镇文溪村岭脚下，实际实施路段总长41.07千米；第二段起于兴国县高兴镇G319线与G238线交叉口处，终于兴国县与泰和县交界处（老营盘村），路线全长18.01千米，总里程58.67千米，项目总投资2877.26万元。整治X467杞下至榔木公路（石吉高速鼎龙收费站至长冈大桥路段11.6千米）、X801华坪至新星大桥（华坪至杰村路段11千米）、X464高兴至均村公路高兴至茶园段20.6千米、X908东固至鼎龙公路城岗至鼎龙观音庙路段公路路域环境。

（赖黎明　钟长江）

道路运输

【概况】 2022年，兴国县重点加强道路客货运输、车辆维修、汽车驾驶员培训和运输服务的管理和监督检查，整治规范市场秩序，加强交通工程建设安全监督和市场规范，全县交通运输行业平稳运行。年内，全县有二级汽车客运站1座，四级区乡汽车客运站6座，农村汽车客运候车亭202座。

【公路运输】 2022年，兴国县新增（迁入）营运货车354辆5144.93吨；更新客运车辆14辆433座，完成客运量67.8万人次、客运周转量4264万人千米，分别比上年下降32.8%、54%。完成货运量52万吨，货运周转量7209万吨千米，分别比上年下降12.59%、5.76%。

【城市客运】 2022年，兴国县有省际汽车客运班线11条，客车32辆1717座。市际班线7条，客车8辆245座。县际班线12条，客车30辆1069座。县内班线70条，客车113辆3086座。旅游汽车客车11辆493座。往返赣州、兴国定制客车若干，每日兴国赣州往返对开，每30分钟发出1辆。全年发送量8.26万班次，发送旅客39.3万人次，与上年比下降5.48%、22.49%。

【运输审批】 2022年，兴国县为网络货运企业“代办帮办”，高效审核相关材料，最快时间为平台完成资质认定及发放许可证。5月6日，发放兴国县首张、赣州市（县、区）第二张《道路网络货物运输经营许可证》。落实道路运输电子证照许可事项“掌上办”，推进道路运输电子证照共享应用，通过电话引导、上门服务、现场教学运输企业和从业人员在“江西交通”公众号下载申领激活电子营运证427件，从业资格证1013件，网上年审1113件。为道路运输从业人员从业资格证补发、换发、变更、注销和道路运输驾驶员网上诚信（信誉）考核等5项高频事项提供智慧服务，跨省通办从业资格证112件。清理道路运输“僵尸户”192户、“僵尸车”23辆。12月，兴国县被列为赣州市开展网约车报备三个试点县之一，2家网约车平台公司（滴滴出行、万顺叫车）在兴国设立服务站，办理9辆新能源网约车（电子）道路运输证。年内，为运输企业延时服务400余人次、预约服务152人次，上门指导运输企业有关业务180余人次、回访道路运输企业50余人次，全年全县交通运输行业办理各类业务1.16万件，办结率99.8%。

【助企纾困解难】 2022年，兴国县对因疫情影响年审时间到期而暂时无法年度审验或不具备审验条件的道路运输车辆，采取临时延期3个月办理期限。办理期内，对未年审和技术等级未评定的车辆不予处罚，“延期办”年审车辆63辆。落实免征公交客运、出租车、长途客运、班车等企业增值税政策，按月下拨建制村通客车等客运相关补助167.5万元，兑现建制村新增客车购置补贴50万元。落实货运物流保通保畅措施，帮扶交通物流企业，组织全县62家物流企业负责人召开物流企业金融纾困解读会，安排5家银行与6家有资金需求的物流企业对接，解决企业信贷额度150万元；为赛通物流公司兑现水电补贴1363元；引导新颜物流（危货运输）公司申报“推进物流产业发展奖励”60万元。

交通运输管理

【交通行政执法“亮剑2022”专项行动】 2022年，全县开展道路运输、水路运输、公路路政、工程质量安全、超限超载治理等5个专项行动，规范交通运输行业秩序。其中，道路运输“飓风”行动，查处违法行为59起，申请法院强制执行4起；水路运输“破浪”行动，查处违法经营行为1起，实现水上执法案件零突破；公路路政“净路”行动，查处路产路权侵占案3件；工程质量安全“红线”行动，约谈监理单位4个，并行政处罚1例2万元、不按施工技术标准施工4例7.7万元；公路超限超载“织网”行动，检测货车2.30万辆次，查处非法改装车24辆并责令恢复原状、超限超载车80辆次，行政处罚64.51万元，转运货物1029.73吨；6个不停车检测点检测货车1.98万辆次，抄告外籍地超限超载车130余辆次，移送交管部门处罚逃避检测货车20余辆次，办结非现场执法案171件，执罚46.9万元。加强货源企业专项治理，全年巡查货源企业80余次，约谈8家并签订合法装载承诺书。

【交通安全监管】 2022年，兴国县排查各类交通隐患327项，完成整改323项。安全例检进出站客车3.75万辆次，排除故障196台次。检查旅客行包138万件，查获鞭炮13万余响、油漆40升、违禁刀具和液体120余件。查纠违规司乘人员23人次，停业整改客车17辆。开展燃气运输安全专项整治，检查1家客运站场、6家客运企业、8家驾校、13家二类维修企业燃气和瓶装液化气使用情况，排查整改隐患5个。检查危货运输企业2家，发现整改隐患1个。

【道路交通质量监管】 2022年，兴国县以“双随机、一公开”“四不两直”的形式，巡检道路交通在建项目49个210次，委托第三方抽检实体质量948点、合格901点，一次性合格率97.59%，查处工程安全质量及程序不到位问题123个，下达整改指令书65份，全部整改到位。组织交工检测项目28个、竣工验收10个通车试运营两年项目，检测和竣工验收合格率100%。

（赖黎明）

铁路运输

【概况】 2022年，兴国县有京九铁路兴国站、昌赣高铁兴国西客运站2个，京九铁路龙口站、京九铁路老营盘站，兴泉铁路兴国南线路所、兴泉铁路埠头站（中间站）会让站4个；京九铁路高兴货运站、兴泉铁路兴国货运站场等货运站2个。铁路客运货运主要方向有北京、上海、苏州、广州、深圳、重庆、厦门等列车，兴泉线通车后，兴国站增加开往龙岩、泉州方向列车，日均经过车流120列左右。年底，货发装车9265车59.3万吨，卸车408车，运输总收入1880.7万元。客发45.55万人，客收2188.42万元。

【铁路安全管控】 2022年，兴国县健全安全管理体系，科学运用安全双重预防机制，常态化开展人身安全教育及事故案例警示教育，提高从业人员安全防范意识和自我保护能力。严格抓好消防安全管理工作，落实消防设备月度现场检查，根据车务段要求落实消防应急演练16次，落实消控室人员24小时值班值守，为旅客解疑释惑、排忧解难和化解矛盾，重点做好餐饮供应、改签退票和转运疏解等工作。汛期月份恶劣天气影响下，退票165张。制定管理效能综合考评办法，将管理人员作风督查问责、日常安全问题追踪分析通报、工作质量等扣分情况作为绩效考核的依据，提升工作质量。

【铁路客运服务】 2022年，兴国县强化客运作业标准，开展客运服务专项整治活动，降低旅客投诉率，全年责任投诉0起。强化安检作业标准，设有民警巡逻维护治安，专业安检团队，含有无人售票机、无人检票机，提高检票速率。加强对京九线、昌赣线的客运营销宣传，加快培育新线客流；优化“高铁＋景区”出行攻略，梳理火车站至周边景区的公交线路、车票票价等信息。推进“乘意险”销售业务，年内，发售“乘意险”573份。

本栏编辑：陈玉桃

邮政·通信

邮政经营

【概况】 2022年疫情期间，县邮政系统保障党报党刊、机要邮件、防疫物资、民生必需品、快递服务等邮递持续畅通，防止疫情在邮政企业传播扩散。全县有邮政网点29个、邮政储蓄网点23个，实现业务收入1.23亿元，县邮政分公司业务收入规模列全省县域邮政第7位，分公司保民生、保畅通事迹被中央电视台1套、3套新闻报道。疫情期间县邮政系统在辖区内的23个网点保持汇兑、校园报刊订阅等传统业务。全年，报刊单项收入实现210.3万元，函件单项业务实现收入90.2万元。

【邮路与投递】 2022年，兴国县邮区内邮路全长738千米，全县投递段道69条，城市投递段道18条，其中普邮投递段道8条、包裹投递段道10条，农村投递段道51条。县城报刊、信件、商函等投递全面推行两轮电动车投递模式。县域内设电动车投递段道16条。全面启动国内、国际小包投递揽收业务，开设国内国际小包三轮电动车投送段道，县城三轮电动车投递段道10条。投递员日均负重约为68千克，日均外部投递时间7小时，日均行程20千米，城区报刊流转额312万元。全县24个自办乡镇网点，投递模式为自办，投递员27人，邮政营业员24人，2022年实现报刊收入210.3万元。

【分拣封发】 2022年，全县分拣封发工作由分拣邮政投递组承担，投递组设包裹台、特快台和挂号台。根据邮件流量流向直封邮袋封发标准确定设直封格眼，进口邮件必须在2小时内处理完毕，出口邮件必须赶发当频邮车出口，每天两个出口频次，根据时限要求，组织分拣作业。出口国际及港澳地区邮件，一律封发省分公司经转。出口小件邮件采用集包到县，实行专袋单独封发，直接发运。进口报刊分发，由报刊分发员按投递组相关段道细分到段。年内，全县配分拣封发员4名，分拣封发给据邮件26.16万件。

【集邮】 2022年，兴国县邮政分公司工作人员积极投入集邮宣传及对全县集邮爱好者的指导工作，全年完成集邮收入84.15万元，完成年计划的112.2%，通过线上、线下持续活动，举办各类集邮文化品鉴会、节日营销等活动，以实现项目创收；县邮政各金融网点还利用集邮展示柜，对前来营业厅办理金融业务的客户营销集邮产品。

【邮政服务地方经济】2022年，县邮政分公司充分发挥自身物流、资金流、信息流“三流合一”优势，助力解决农业合作社“三难”（融资难、销售难、物流难）问题。2022年，发挥资金流优势，为各类农民合作社累计发放融资E贷款665万元；发挥345个村级邮政站点的快递收寄转运物流优势，助力800余万元的农产品出村进城；发挥281个村邮乐购站点线下平台和邮乐网、微商城等线上平台优势，为农户或合作社销售茶园红薯干、社富九山生姜、方太腐竹、崇贤花生饼、枫边山茶油、高兴杨梅干、隆坪百合、樟木黄元米果等72款兴国特色农产品

196.4万元。积极向上级邮政争取寄递资费优惠政策，电商企业平均资费优惠率达55%，为10余家电商企业节省物流成本560余万元；提供1000平方米的免费仓配中心，为上规模的电商企业节省仓配成本26万元，主动服务地方、服务企业。

（王　媛）

通信基础设施建设

【基础建设】 2022年，中国电信兴国分公司加大基础设施建设投资，完成基础投资249万元，其中FTTH（指将光网络单元ONU安装在住家用户或企业用户处，是光接入系列中光纤到桌面外最靠近用户的光接入网应用类型）光纤接入上网建设企业投资45万元、ODN（基于PON设备的FTTH光缆网络）工程投资60万元、天网十一期投资112万元、基站光缆投资32万元。完成古龙岗、高兴、梅窖、长冈、城岗、埠头等乡（镇）的FTTH补盲和延伸，完成城区小区FTTH建设，新增H端口0.38万个，全县光纤上网接入端口达15.66万个。行政村覆盖率100%，自然村覆盖率98%以上。

中国移动兴国分公司全年汇聚机房建成投产3个，累计完成投产16个。启动宽带二期建设460个站点，投资245万元，对工业园区、城区及圩镇千兆强化覆盖，新增信息点约1.2万个。投资110万元为支撑5G建设在主城区和工业园区新增7段5.5千米配套设施管道建设。根据城区用户分布并结合城区发展趋势，对用户接入结构进行优化，新增或裂化综合业务区环网，完成7个综合业务接入区的投产，投资95万元。协同政府完成人行天桥、红军桥、圩镇线缆整治2个，示范点（兴江、睦埠）等10处线缆迁改工作。

2022年10月，兴国县广电网络公司完成户线工程建设10个，累计安装完成应急广播点位1080个，有线电视用户确保数3.61万户、宽带用户确保数9178户。完成广电手机卡192号段，放号700多张。

【5G网络建设】 2022年，中国移动兴国分公司5G基站建设项目新建329个5G基站，数列赣州市各县（市、区）前三。5G基站覆盖508个区域，针对县工业园、刘启耀纪念馆、党校新址等信号薄弱点，完成黑点整治18个；建设完成19万个宽带站点建设，覆盖全县303个行政村，完成埠头、龙口5G+智慧农业项目，埠头桃仙生态园5G+智慧农业项目获评省公司数智乡村振兴省级示范案例。

年内，中国电信兴国分公司围绕国家“网络强国”战略和数字经济一号工程，重点加快5G网络建设、千兆宽带等网络基础建设，新建55个5G基站，5G基站总量达216个，新建69个4G基站，4G基站达462个，农村4G覆盖率达88.3%，实现乡镇圩镇以上5G全覆盖。

年内，中国联通兴国县分公司建设5G基站37个，全县5G基站达198个（含室分），实现县城、乡镇5G网络全覆盖。

通信运营

【中国电信兴国分公司】 2022年，中国电信兴国分公司通过严格首问负责制、服务承诺制及工单回访制度，缩短装、移、维时限，提高装、移、维服务能力，线下实体渠道厅店达100家，全年完成主营收入1.20亿元，比上年增长4.79%；净计费收入完成1.18亿元，比上年增长5.16%。移动累计出账18万户，全年新装3.28万户，净增1.26万户，宽带出账9.56万户，新装1.32万户，净增8128户；ITV出账9.13万户，新装1.1万户，净增5313户。光纤网络资源实现全县范围（包括303个行政村）全覆盖，网速最高可达1000兆，宽带用户数9.56万户，其中双千兆用户占比37%。为全县29个小区搭建智慧社区平台，让小区实现智能化管理，车辆、业主、访客智能管理，提高管理效率和社区居民安全感与获得感；响应国家乡村振兴战略，以数字乡村建设助力乡村振兴，对全县303个村委会实现“天翼云眼”100%全覆盖，通过雪亮工程和天翼云眼的产品融合，打通“平安乡村”建设“最后一公里”。针对留守的老人、儿童实行“云协理”，确保村负责人和留守家庭，家属和留守成员的多维度覆盖。

（邓宜功）

【中国移动兴国分公司】 2022年，中国移动江西公司兴国分公司落实“三大战略、八大行动”决策部署，建设“工业强、城乡美、百姓富、作风好”的模范兴国，全年完成主营收入2.7亿元，比上年增长5%，新入网客户数5.3万，净增量2.4万。5G基站建设项目挑起大梁，新建329个5G基站，新建5G基站数列全市前三，完成19万个宽带站点建设，覆盖全县303个行政村，完成埠头、龙口5G+智慧农业项目，埠头桃仙生态园5G+智慧农业项目获评省公司数智乡村振兴省级示范案例。获评年度江西移动“红色党支部”“优秀党建品牌”“优秀宣传阵地”，赣州市“五四红旗团支部”、赣州移动“综合发展优胜奖”；兴国县委县政府“第一等次先进单位”等荣誉。

（刘小辉）

5月14日，县联通分公司在全国助残日与县残联开展公益活动

（中国联通兴国分公司 供图）

【中国联通兴国分公司】 2022年，中国联通兴国分公司通过网业协同、精准建网，提升网络竞争能力与用户满意度，将“大联接、大计算、大数据、大应用、大安全”作为主责主业。完成主营收入3100万元，比上年增长2.1%。积极抢占技术制高点，依托江西联通“四云、四院、两联盟、三基地、N实验室”创新生态体系，4G基站新增147个，宽带新增端口1.28万，新增接入强标小区5个、跟进老旧改造，宽带住宅覆盖率提升7PP达64%。

（刘 丹）

【江西省广播电视网络传输有限公司兴国县分公司】 2022年，江西省广播电视网络传输有限公司兴国县分公司，坚持“工作靠前、服务至上”原则，完成省公司下达的各项任务，全年完成主营收入2300万元，比上年增长1.8%。完成户线工程建设10个，累计安装完成应急广播点位1080个，有线电视用户确保数3.62万户、宽带用户确保数9178户。

（杨经奉）

本栏编辑：陈玉桃

城乡建设

综 述

【概况】 2022年，兴国县推进县级国土空间总体规划编制，合理划定开发边界和谋划空间布局，做好基本农田保护红线、生态保护红线的划定落图，形成全县空间开发整体格局。全年通过“三区三线”（城镇空间、农业空间、生态空间；根据生态空间、农业空间、城镇空间划定的生态保护红线、永久基本农田和城镇开发边界三条控制线）划定调出原永久基本农田内长期稳定耕地251.48公顷，开发边界内调出234.25公顷。推动65个试点村庄规划编制和5个乡（镇）国土空间规划编制及4个传统村落保护与发展规划。对中心城区、乡镇规划区内的规划管理实行“一书两证”（选址意见书，建设用地规划许可证和建设工程规划许可证）的管理制度，加大在项目开发建设中的规划执行力度，确保“一张图纸管到底”。

【规划编制管理】 2022年，县城市规划部门邀请专家全程参与会议审议，对兴国县重大城市规划建设项目提供指导意见，组织县规划委员会会议2次，审议城市规划建设重大项目20个。组织规划委员会专家委员会议15次，对2022年标准厂房项目等30个项目进行专家评审并提出具有专业性、建设性意见。完成兴莲中心敬老院、集福小院、兴国县建筑垃圾综合利用项目、兴国县第八中学与兴国县第八小学、崇贤敬老院、社富敬老院、城岗敬老院、兴国县第十幼儿园、兴国县第十一小学、2022年标准厂房、锦利陶瓷、城央学府、伟峰天悦等30个项目的方案审查、批前公示及方案批复工作，助推城市建设发展。

【城乡规划设计】 2022年，全县开展城市规划调规工作，做好项目落地后期保障。为确保重点项目的落地实施，开展土地成片开发方案的编制工作，完成兴国县经济开发区南区、东区、老园区及老城区等19个地块规划调整论证等事项工作，确保项目合规合法。加强项目用地要素保障，开展土地衔接方案编制工作2次，实现103个项目用地合法合规，为项目用地报批提供落地基础。年内，确定60个“十四五”省定乡村振兴重点帮扶村以及5个兴国县巩固拓展村和市级重点帮扶村名单，其中59个村庄“多规合一”实用性村庄规划编制采购项目完成公开招标公告，全面开展编制工作，高兴镇老圩村、崇贤乡东风村、鼎龙乡杨村村、兴江乡陈也村、潋江镇下渡村、东村乡小洞村、东村村、城岗镇小获村、社富乡五龙村、樟木乡塘埠村等40个村通过专家评审并按专家评审意见进行修改。将《兴国县农村全域规划》编制内容调整为编制国土空间规划体系中部分乡镇的13个实用性村庄规划及城岗乡白石村传统村落保护发展规划，全部提交初步成果，部分村庄组织村民代表、乡镇、县直部门有关单位进行审议。

（沈书用 孙永辉）

工程建设

【概况】 2022年，兴国县组

织实施重点项目36个，总投资146.6亿元，完成投资56.87亿元。各重点项目稳步推进，完成海文生物、启耀故里等“全市项目大会战流动现场会”项目的建设，获得社会各界好评。其中，兴城酒店（兴国县医疗应急能力提升项目）、和睦公园、海文生物等6个项目获评县“奔牛奖”；兴国县人民医院迁扩建项目获评“江西省优质建设工程奖（杜鹃花奖）”；兴国智能终端产业园获评“赣州市建筑安全生产标准化示范工地”。

【兴国县智能终端产业园项目】项目位于兴国县经济开发区南区E-05-01地块，规划用地面积10.2公顷，项目建设单位为兴国城投工业发展有限责任公司，项目总投资5.84亿元，工程费用5.24亿元，总建筑面积22.93万平方米，其中地上建筑面积22.31万平方米，地下建筑面积6201.70平方米。规划机动车停车位225个（货车停车位75个，小汽车停车位地上70个，地下80个），非机动车停车位690个。2022年，项目建设内容主要包括标准厂房6栋，建筑面积19.22万平方米；3栋人才公寓（552间），建筑面积2.40万平方米；食堂1栋，建筑面积6690.74平方米及地下室配套用房等。年内，项目完工投入使用。

【兴国县医疗应急能力提升工程项目】 项目位于兴国县经济开发区南区纬四路（原目田电子厂），占地1.06公顷，装修改造总建筑面积约1.2万平方米，其中厂房7853.96平方米、办公楼2359.16平方米（含地下室586.04平方米）、宿舍楼1659.2平方米，项目总投资约3000万元。2022年，主要建设内容为医疗应急提升项目中医疗厂房的改造，内部装修及市政配套工程。5月，完成1号楼、2号楼、3号楼装修改造工程和家具安装，完成95%的市政配套工程。装修改造留观室（酒店客房标准）及办公服务用房，新建消防水池、道路、雨污分流、绿化配套设施等项目完工并投入使用。

【江西海文生物项目】 项目位于兴国县经济开发区南区，占地5.33万平方米。2022年，新建生产厂房、仓库、配套设施等建筑，采用国内最具先进性的纯酶催化生产技术，一期建设完成后可形成300吨化妆品级烟酰胺和10吨烟酰胺单核苷酸及其衍生品（辅酶I、辅酶II）的生产能力；二期建设完成后可形成600吨化妆品级烟酰胺和50吨烟酰胺单核苷酸及其衍生品（辅酶I、辅酶II）的生产能力。一期项目厂房建设投资8000万元，建筑面积约2.8万平方米，主要建设酶制车间、烟酰胺车间、烟酰胺单核苷酸车间、仓库、办公楼、化验楼、食堂及相关配套设施。年内，一期项目完工。

【兴国县人民医院二期（传染病房）项目】 项目位于兴国县人民医院内，是兴国县《国民经济和社会发展第十四个五年规划和二〇三五年远景目标纲要》公共卫生应急能力提升项目重点建设工程。建筑总面积9996.99平方米，其中地下建筑面积1970.3平方米，地上建筑面积8026.61平方米；建筑长76.8米，宽26.1米，建筑高度21.3米，地上4层，地下1层，总投资5000万元。主要建设发热门诊、传染病房、ICU病房等，规划建设病房50间（其中负压病房10间），共100张床位。项目建成并投入使用后将形成独立区域，闭环为传染性疾病感染者提供诊疗服务，杜绝传染性疾病在医院内传播风险。2022年，项目完成主体工程建设，正在进行装饰装修工程及安装工程。

【江西景讯科技厂房建设项目】项目位于兴国县经济开发区老园区电商孵化园旁，总建筑面积为1.6万平方米，建设标准厂房1栋，框架结构，一层层高6米，二、三层层高5.2米，总造价约为3800万元。2022年，新建设水电、消防、道路、挡土墙、绿化及相应的市政配套设施，完成年度投资1570万元，完成工程量的50%，主体结构封顶。年内，项目完工投入使用。

【兴国县和睦公园建设项目】项目位于兴国县城和睦片区，周边由城市道路围合，北至平阳街，南至模范大道，西至和睦大道，东至维四路。2022年，项目占地面积7.62万平方米，公园建筑面积6131.91平方米，铺装园路2.02万平方米，整理水系1.48万平方米，机动车停车位59个及其他市政配套工程。项目总投资6217.4万元。主要设计工作包含水体景观、城市规划展览馆、游步道、景观绿化、园林小品等内容，塑造集“文化展示、生活休闲、健康运动、生态科普”于一体的中心公园，作为综合性城市公园服务整个县城。设计形成“一心一环两片多点”的景观结构。年内，项目完工投入使用。

（赖家伟　董联志）

城市管理

【概况】 2022年，兴国县着力推进城市建设管理，全县基础设施、城区环境得到良好改善。城区流域水环境综合治理工程（二期）完成道路白改黑22.6千米，雨污分流改造19.5千米；潋江之春地下停车场及第二水厂停车楼完工，新增停车位383个；完成苏区大道、迎宾大道、文明大道、模范大道和高速出入口绿化景观改造提升。五丰农贸市场和城南农贸市场提升改造项目完成并投入使用；完成龙口生活垃圾填埋场封场工程；推进建筑垃圾综合利用项目，一期炉渣处理设施11月底建成完工并投入试运营；飞灰填埋场项目完工并投入使用，年内填埋6000余吨；推动餐厨垃圾处理项目。完成小春河流域水环境综合治理（城区段）工程，改造雨污管网5.1千米。城区小街小巷改造项目，完成第一、二批共6处小街小巷改造；小游园、小广场建设工程，完成潋江之春广场提升改造工程，第二、三批10个小游园进场施工。

【城市能级提升】 2022年，兴国县构建“一办三组”（整治办、宣传组、督察组、验收组）组织架构体系，建立日常工作推进机制，将任务清单化、项目化、实物化，以确保各项职责落实到人到岗，实行“五个一”（一个项目、一名县领导、一个责任人、一套工作班子、一个实施方案）推进机制，高效推进。全年城市能级提升项目36个，总投资158.46亿元，年度计划投资45.24亿元，完成投资17.05亿元，完成投资率37.7%。围绕老旧街区、城中村、重要节点等开展城市更新，2022年实施教育局家属楼、中医院集资房、均福山家属房、学苑新区等4个老旧小区改造项目，涉及户数630户37栋房屋，建筑面积5.77万平方米。推进城市体检，聚焦城市建设的难点堵点，群众反映强烈的民生短板，把城市体检和城市建设紧密结合，列入城市更新的重点及能级提升行动计划，推动“旧貌”换“新颜”。

【市容市貌管理】 2022年，兴国县城市管理局联合33个网格单位，对各网格内占道经营、乱停乱放、毁绿种菜、外挑式防盗窗、违规铁皮棚、消防通道堵塞等乱象开展整治工作。针对五福小区个别居民占用消防通道铺设花圃问题，联合社区、综合执法办等部门对其进行集中整治，清除花圃并恢复消防通道，解决多年涉访涉诉的老大难问题；第五网格在整治中拆除违搭违建、完善基础设施建设、解决家禽散养问题，清理菜地1300余平方米用于设置停车位，为全县“安置区、城乡接合部”探索出一条可供复制的整治路径。以潋城文化街、五丰农贸市场及校园周边等区域为重点，抓好常态化管理，解决五丰农贸市场及周边多年的“脏、乱、差”等市容顽疾和兴国第五中学门口流动摊贩长期占道经营问题。

【市政设施养护】 2022年，兴国县常态化开展市政设施的日常维护，保障市政设施的完好完整，改造坑洼等损坏路面3850余平方米、人行道（盲道）5210余平方米，维修街道人行道路面井盖306座、路灯512盏。开展城区内涝点治理，疏通、治理城区内涝点24处，基本消除主城区内涝隐患。对兴国大桥段路面塌方问题第一时间进行应急抢修，确保群众出行安全。新增城区公厕12座共77个厕位，缓解群众反映的“如厕难”问题。

（洪　新）

市政公用事业

【供电】 2022年，兴国县总供电户数30.67万户。售电量10.94亿千瓦时，比上年增长12.52%；综合线损率5.23%，比上年下降 0.52 个百分点；营业收入 6.95 亿元，比上年增长 19.51%；概念收益 2.13 亿元，比上年增长 13.95%，其中其他概念收益 556.91 万元。公司同业对标全省排名第 12，比上年进位 85 名，进位列全省第 1 名；全年未发生人身、电网事故和网络信息安全事件。

全年有 220 千伏埠头变电站 1 座，主变总容量 24 万千伏安；110 千伏变电站 5 座，主变总容量 42 万千伏安；35 千伏变电站 17 座、27.9 万千伏安；110 千伏线路 8 条，总长度 105.29 千米；35 千伏线路 32 条，总长度 379.64 千米（其中专线 4 条，长度 47 千米）；10 千伏公用线路 144 条，总长度 3100 千米（其中专线 14 条，长度 87 千米）；0.4 千伏线路 6662.5 千米；公变 4044 台，容量 90.8 万千伏安；专变 877 台，容量 54.2 万千伏安。

年内，向上争取电网建设投资 4.61 亿元，其中主网建设 3.26 亿元，争取配网投资 1.35 亿元，位居全市前列。完成电网投资 1.86 亿元，35 千伏线路累计投产 7.5 千米，完成增容主变 1 万千伏安；新建改造 10 千伏线路 125.91 千米，配电变台 115 台，容量 3.35 万千伏安，低压线路 471.63 千米；开工建设 220 千伏长冈输变电工程，工程投资 2.26 亿元，完成 110 千伏构支架基础、配电装置楼基础等工作，完成工程总进度的 42%；其配套 110 千伏线路输出工程，工程投资 8900 万元，完成基础开挖浇筑。35 千伏江背输变电工程，工程投资 1100 万元，完成电气设备安装、铁塔组立等工作，10 月正式投运。完成南外 110 千伏输变电工程可研批复，龙口 35 千伏输变电工程评审，完成永丰至小山 35 千伏线路工程可研设计。向上争取中央预算内配网单体项目 53 个、投资 2140 万元，第一批自主实施 185 个单体项、投资 4101.43 万元，第二批、第三批配电网单体项目 2 个、投资 98 万元。新建改造 10 千伏线路 124.34 千米，配电台区 114 台 /1.98 万千伏安，低压线路 451.07 米。

（陈　婷）

【供水】 2022 年，兴国县共有用水户 13.1 万户（含乡镇），供水产量 1817 万吨，比上年增长 254 万吨。全年总铺设管网长度约 35.1 千米，完成自来水新装 2.57 万户（含乡镇），实现主营收入和供水人口持续上升；全年维修出勤 6307 次（含兴国县经济开发区），改造老化漏水管路 1.86 万米，其中 DN100 以上管路 4211.2 米，DN100 以下管路 1.44 万米，DN100 以上闸阀 38 只，更换消火栓 49 只，免费换表 367 只，完成改表出户 50 户，进行 9 次全城排污及 313 次定点排污，总排水量 12.93 万吨。

配合学苑新区、均福山家属楼、教育局家属楼、供销社家属楼等老旧小区改造，完成小区主管支管改造 23 处，同时配合对红军大桥、县医疗应急能力提升项目、恒海洗水项目、海文生物厂房项目等县重点工程的建设。查处违章用水 22 起，追缴水损 3.94 万元，有力打击违章用水、损坏供水设施行为。加强管网设施巡检测漏和二供设备科学管理工作，制订详细巡检计划，全年测查明暗点 DN25 以上供水主管 59 处，挽回经济损失约 50 万元；县兴国县宏润水务有限公司管理的二供泵房及加压泵站共 48 处，均按要求每周进行一次巡检，分站点到人、责任到人。

【供气】 2022 年，县城区燃气管道铺设 418 千米（其中，中压管 92.11 千米、低压管 103.73 千米、立管 224.35 千米），居民用户 8.67 万户（天然气用户 2.2 万户，瓶装燃气用户 6.47 万户），工商业用户 956 户（天然气用户 221 户，瓶装燃气用户 735 户），天然气价格居民用户 3.2 元 / 立方米，非居民用户 5.72 元 / 立方米。有管道天然气站 1 家，瓶装液化气站 3 家，全年完成供气天然气 569 万立方米、液化气 1792 吨。

年内，加大对燃气用户安全知识宣传和入户排查生产环节，深化城镇燃气安全隐患排查整治，建立问题隐患台账和隐患整治销号制度，建立健全城镇燃气安全监督信息化平台，基本形成源头可追溯、过程可监管、安全有保障的信息化监管体系。结合“百日攻坚”行动，开展日常检查 62 次，联合部门执法 1 次，检查 25 个乡镇瓶装液化气经营点，取缔无证经营 6 家，下发整改通知书 6 份，排查隐患 6 处，整改到位 68 处，组织部门、燃气企业对重点场所、餐饮企业进行安全检查，排查隐患560处，整改到位560处。

【西气东输三线东段项目（兴国段）投产供气】2022年，西气东输三线在兴国县境内的首次分输供气，对持续促进兴国县经济社会发展、改善革命老区人民生活质量意义重大。兴国县家欢天然气有限公司门站及LNG气化站是西气东输三线兴国支线的重要配套节点项目。兴国支线工程管线起点为西三线6#阀室，位于兴国县长冈乡合富村，止于兴国分输站，经长冈乡合富村、集瑞村，线路总长1.9千米。接通“西气东输”长输管道天然气后，兴国居民生活用气试行销售价格为3.2元/立方米，并实行阶梯价格制度，其销售价格为政府指导价，不得上浮，下浮不限。

（孙永辉）

建筑业、房地产业管理

【概况】2022年，兴国县积极引导企业提升资质等级，培育壮大本地优质企业，县政府印发《关于促进兴国县建筑业高质量发展的若干措施》，帮助引导促进江西晴朗建筑有限公司成功晋升建筑施工总承包二级，鼓励扶持鑫昌建筑工程有限公司成功申报房屋建筑工程监理甲级资质，引进建筑工程施工总承包一级江西华涌建设工程有限公司落户兴国。全县有建筑企业117家，资质内企业61家，其中施工总承包一级企业2家、二级企业6家、三级企业53家，专业承包施工企业10家，施工劳务企业38家，监理企业1家，预拌混凝土企业7家。年内，新增35家入库施工企业，累计有55家入规入统建筑企业。完成建筑业产值18.7亿元，增长14.%，全市排名第5。全年办理施工许可证56份。

【装配式建筑和绿色建筑推广】2022年，全县严格执行赣州市政府《关于进一步推进装配式建筑发展的实施意见》，新开工装配式建筑项目10个，政府投资项目采用装配式建筑项目2个、住宅项目3个，总建筑面积93.78万平方米，装配式建筑面积36.79万平方米，占比38.14%，单体装配率均为30%。在土地供应和规划审批时，3宗出让土地在规划条件中均明确装配式建筑要求。年内，新增节能建筑面积49.53万平方米，新开工建筑面积58.57万平方米，执行绿色建筑面积58.57万平方米，执行率100%。其中，长海上城西区单个建设项目获得“江西省绿色建筑评价标识项目”一星级标识。

【建材检测】2022年，兴国县对建设工程的材料、构配件以及工程实体质量、使用功能等进行测试确定其质品特性，为建设工程提供“一站式”检测服务。全年接受检测委托30项，其中政府委托24项、社会委托6项，为客户提供检测报告1万份，见证取样检测报告1万份，主体结构现场检测报告53份。

【农村个体建筑工匠技能培训】2022年8月，兴国县住建局组织开展2022年度农村个体建筑工匠技能培训，委托县城镇发展服务中心等专业技术骨干进行现场授课，印制《兴国县农村个体建筑工匠技术培训教材》，开设课程结合兴国县实际，从建筑施工及质量管理、常用建筑材料及性质、安全生产常识、房屋构造基本知识及施工图识读基本知识等方面的专业知识和赣南建筑风貌特色、传统村落保护与历史建筑传承等内容，全方面、多角度地为全县658名工匠学员开展系统性教学。

【工程项目】2022年，兴国县500套公共租赁住房工程开工建设，占地面积1.76万平方米，建筑面积5.2平方米，投资1.6亿元，年底完成50%。完成学苑新区凤凰大道310号、县教科体局家属楼、县中医院集资房、县均福山林场家属房4个老旧小区改造项目，涉及37栋630户，改造面积5.77万平方米，投资8780万元。

【人行天桥新建】2022年，为消除安全隐患，有效缓解县城区相关路段上下学高峰期交通拥堵问题，县政府在县城中小学校附近新建人行天桥5座。其中，兴国县第五中学人行天桥位于县城凤凰大道兴国五中与兴国县实验小学附近，全长23.5米，宽4米，项目投资342万元；兴国县第七中学人行天桥，位于兴国大道七中附近，全长 54 米，宽 4.5 米，项目投资 529 万元；兴国县第七小学人行天桥，位于 319 国道与滨江西大道交叉口七小、兴国县第七幼儿园附近，全长 50.3 米，宽 4.6 米，项目投资 1150 万元；兴国县第三小学人行天桥，位于兴国大道与和睦大道交叉路口三小附近，全长 46.5 米，宽 6 米，项目投资 1050 万元；兴国县第五小学人行天桥，位于将军大道与模范大道交叉路口五小附近，全长 138.2 米，宽 54 米，项目投资 1428 万元；5 座天桥主桥及梯道材料均为钢架结构。年内，项目完工投入使用。

（沈书用）

【建筑业监管】 2022 年，兴国县创新推行“推磨式”交叉监管及“反监督”机制，实行廉政告知与业务同步，建立企业履约信用评价，全面强化工程质量监管，规范安全管理及工程项目安全文明行为。推进工程质量安全标准化示范工地与优质工程创建工作，首次举办省、市级质量标准化工地现场观摩会。开展全国“两会”、中秋、国庆、中共二十大召开期间等 8 次大检查及重要节点施工安全生产专项整治检查，检查建筑工地 183 个次，下发整改通知单 172 份，排查隐患问题 686 条，年内整改到位。

【房地产开发投资】 2022 年，兴国县完成房地产开发投资 13.16 亿元，比上年下降 6.26%；全年商品房住房销售量 4780 套，商品房住房销售面积 58.92 万平方米，比上年增长 38.86%；商品住房销售均价 6673.95 元，比上年增长 2.03%。全年商业用房销售量 352 套，商业用房销售面积 3.02 万平方米，比上年下降 19.25%；商业用房销售均价 9350.32 元，比上年下降 8.38%。

【物业管理】 2022 年，全县有物业服务企业 25 家，为 51 个住宅小区近 2.9 万户居民提供物业服务。对物业服务企业的考核评比和信用评价机制，督促指导企业规范运营管理，其中“兴国嘉福·未来城”物业小区被江西省物业管理行业协会评为年度“物业管理示范住宅小区”，“兴国嘉福·尚江尊品”“九里·上善若水”2 个小区被评为年度赣州市物业管理“示范项目”。加强党建引领物业治理，打造“红色物业”“红色业委会”，成立中共兴国县物业行业综合总支部委员会，物业服务企业成立党支部 3 家，物业服务企业 22 家，成立 5 个联合党支部，实现“红色物业”全覆盖。加强专项维修资金的归集、管理和使用，全年共归集物业维修基金 4770 户 2300 万元，建筑面积约 65.34 万平方米，共受理维修资金使用申请 13 例，拨付维修资金共计 37.07 万元。

【二手房交易】 2022 年，兴国县二手房交易合同备案 588 套，面积 6.18 万平方米，成交金额 2.39 亿元，其中住宅 242 套，面积 3.19 万平方米，成交金额 1.23 亿元。成交面积比上年增长 -47.59%，成交套数比上年增长 -50%，成交金额比上年增长 -41.40%。

（沈书用　孙永辉）

水利建设

【概况】 2022 年，兴国县重点推进水利领域基础设施建设项目共 17 个，总投资 102.35 亿元。其中，大型平江灌区项目已组织召开工程规划报告咨询会和工程可研查勘对接会，组建起工作专班。崇胜水库、孤江治理兴国良村段防洪工程于 10 月开工建设。长龙水库应急备用水源、长冈灌区续建配套与节水改造工程、洋池口水库项目等重点项目进入收尾阶段。

【水利项目建设】 2022 年，兴国县水利部门实施 9 座病险水库除险加固工程，其中大塘、龙潭、黄竹坑、鳌源、井龙坑、暗井和富溪等 7 座小型水库均完工验收，大棚、上丰 2 座水库完成工程量的 60%；完成病险山塘整治 20 座；先后实施 2 批共 110 个水库移民后扶项目。

【水旱灾害防御】 2022 年，面对不同寻常的汛旱两情，兴国县压实水旱灾害防御责任，将洪旱灾害损失减少到最低程度。对全县水库（电站）、山塘、山洪灾害点及在建涉水工程开展安全检查 70 次，修订完善各类度汛预案，对发现的隐患均整改到位。开展水库安全运行管理、堤防巡查管理及山洪灾害防御业务培训和应急演练39次。组织全县开展河道和农田水利灌溉沟渠清淤整治，有效解决河道、水渠淤塞影响行洪等突出问题，共清理河道、渠道260余千米。为解决持续干旱影响，及时调度大中型水库（长冈水库、长龙水库）水闸，科学蓄水，研究制订2022年7月至2023年3月调度运用计划，全面保障城镇供水及灌溉用水需求。制定《关于印发农业抗旱用电安装及补助办法的通知》，落实电费补助13万余元，精准分解下达2022年中央农业生产和水利救灾资金837万元，通过打井、加深水井、管网延伸抗旱等措施，实施供水保障项目81个，采购柴油机等抗旱抽水设备48台，统筹保障农村安全饮水、抗旱救灾、秋粮稳产等工作。

【城乡饮水安全】 2022年，兴国县农村饮水安全出实招，解难题。着力推进城乡供水一体化建设，社富、南坑、江背、杰村新建供水管网工程全部完工，永丰、隆坪等13个乡镇管网改造项目完成预算财审。全面推进乡村振兴农饮项目建设，实施2022年统筹整合财政涉农资金农饮项目21个，总投资1137万元，全面完工。做好农饮工程提档升级，制定《兴国县农饮提档升级推进城乡一体化先行县建设两年攻坚行动方案》，计划实施31处百吨千人工程的提档升级改造。全年完成19个乡镇集中供水工程整体移交，设立农村供水监督电话，及时发现和解决农村供水诉求问题160余件。

【水生态治理】 2022年，县水利部门加强取用水管理，对全县109户取用水户进行网上录入登记管理。制定下发《兴国县县域节水型社会达标建设工作实施方案》，申报的江西赣州国泰特种化工有限责任公司、兴国华赣环境有限公司2家企业获评2022年省级节水企业称号，11月，县水利局被评为国家级节约型机关。有序推进河长制，县、乡、村三级383名河长共计开展巡河1万余次，巡河发现问题42个并全部整改。完成2022年水生态文明村自主创建前期选点工作，选定潋水崇贤河段开展幸福河湖建设试点，编制并完成崇贤河幸福河湖建设实施规划评审。开展清理河床大行动，全县共出动654人次，动用机械60艘，打捞水葫芦211.6吨，打捞垃圾116.4吨，平江流域内水功能区水质达标率100%，县内水环境质量持续向好。加强河湖监督执法，严厉打击非法采砂行为，开展执法巡查210次，查处非法采砂案件24起，非法运输河砂案件19起，非法取水案件12起，累计处罚款123.5万元，没收违法所得32.43万元。

【依法治水管水】 2022年，县水利部门认真修订完善《兴国县水利局工作制度》《兴国县水利局“三重一大”事项集体决策制度（试行）》《兴国县水利局水利专项资金管理制度》等一系列制度，邀请法律顾问对重大行政决策、规范性文件进行合法性审查，对行政执法全过程参与、指导、把关。结合“世界水日”“中国水周”“江西省河湖保护活动周”活动，围绕流域管理、节水护水、湖泊保护、河长制湖长制、农村供水、采砂管理、地下水管理、扫黑除恶等主题，加大《中华人民共和国长江保护法》《地下水管理条例》及涉水法规的社会宣传，依法治水、节约用水意识逐步提升。

（王志雄）

本栏编辑：陈玉桃

乡村振兴

综 述

【概况】 2022年，兴国县聚焦“守底线、抓发展、促振兴”，坚持“1234”（一条底线摆首位，两项工作抓全年，三份清单有序推，四大行动促提升）工作思路，牢牢守住不发生规模性返贫的底线，持续巩固两不愁三保障和饮水安全成果，统筹整合财政涉农资金，分类管好用好扶贫资产，深化易地搬迁后续扶持，稳中调优帮扶政策，确保脱贫群众收入持续增长，有序推进乡村发展、乡村建设、乡村治理，持续推动巩固脱贫攻坚成果同乡村振兴有效衔接工作再上新台阶。至年底，全县脱贫户2.87万户12.30万人，监测对象2163户9243人，消除风险1278户5499人。在2022年度省级巩固拓展脱贫攻坚成果考核中，兴国县再次获评“好”的等次，位列脱贫县第一方阵，全省排名第5；全国24个脱贫县上年度财政涉农资金统筹整合综合评价结果，兴国县评为A级。巩固拓展脱贫攻坚成果工作、全面乡村振兴行动重点工作均在赣州市排名第1。

【组织保障】 2022年，兴国县乡村振兴工作全面构建职责清晰、各负其责的责任体系，坚持每月有工作要点、季季有工作重点。县四套班子领导挂点联系65个省、市乡村振兴重点帮扶村。调整优化驻村工作队队伍结构，建立乡镇每周2次抽查、县级“周随机、月覆盖”的驻村干部常态化督查机制，乡村振兴第一书记、驻村工作队员做到吃住在村、工作在村。全县4812名帮扶干部按要求入户走访脱贫户和监测对象，其中1195名乡村振兴驻村第一书记、工作队员，乡村振兴工作组结对帮扶2163户监测对象。对标市级“2+4”（把防贫动态监测帮扶、项目资金绩效管理两项工作作为全年常态化督导内容。同时有针对性开展4项督导行动即产业、就业和创业提升督导行动、危旧土坯房动态清零及老人住老房危房专项整治督导行动、安全饮水和收入提升督导行动、到户政策享受和农村人居环境整治督导行动）督导重点，结合每月工作要点、季度工作重点、各级反馈问题等3份清单，制定14项县级挂牌督办情形，常态化深入乡村发现问题，并指导整改、跟踪问效。

【产业发展】 2022年，兴国县推进全县农村人居环境整治、农业农村改革等重点工作。县财政统筹投入农业资金8150万元，在全县各个乡（镇）选取1个以上行政村作试点，创建乡村振兴示范样板村31个。全年实现农业现价总产值62.37亿元，比上年增长4.6%。年内，投入8934万元实施51个农业产业发展项目，建成规模大棚蔬菜基地85个1486.66公顷。开展品牌创建，新增全国名特优新农产品2个，2个农业基地3个单品通过粤港澳大湾区“菜篮子”基地质量检测。培育新型农业经营主体1094个，其中龙头企业16个、家庭农场9家、农民专业合作社233个、创业致富带头人836人；建成村级扶持产业基地601个，累计联结带动脱贫人口10762人。规范村级光伏帮扶电站收益分配和运维管理，光伏收益资金

9月，兴国县利用产业衔接资金扶持建成拓诚农业有限公司芦笋基地
（县农业农村局 供图）

全部用于开发公益性岗位、小型公益项目建设、资产收益分红；建立光伏运维管护员日排查、第三方运维公司周管护、主管部门月考核机制，全县398座村级光伏电站发电产生收益2474.68万元，设置公益性岗位3012个。

【农村土地流转】 2022年，全县推进农村承包地“三权”（所有权、承包权、经营权）分置，培育新型农业经营主体，促进农业适度规模经营，累计流转农村耕地面积1.71万公顷，耕地流转率51%。推进农村宅基地制度改革试点和规范管理工作，全县25个乡（镇）均建立窗口对外、多部门内部联动运行的农村宅基地联审联办制度，规范农村宅基地审批和监管，以遏制农村建房“未批先建”乱象。盘活“沉睡”的农村房产和土地资源，扎实做好“宅改”四项基础工作（摸清农村宅基地底数、科学编制村庄规划、妥善处置历史遗留问题、做好宅基地使用权确权登记颁证工作）和两项改革（完善审批制度、健全监管机制），探索两项改革任务落实（完善宅基地集体所有权行使机制、探索宅基地农户资格权保障机制），改革试点隆坪乡和34个改革试点村工作正稳妥推进。

【涉农资金管理】 2022年，兴国县统筹整合涉农资金3.89亿元，批复项目550个，其中中央财政衔接资金用于产业发展的56%。强化项目库管理，严格项目申报流程，规范项目入库程序，保证项目库质量和数量。推进乡村振兴重点帮扶村建设，按照省、市乡村振兴重点帮扶100万元、50万元的比例，投入1.69亿元提升65个省、市乡村振兴重点帮扶村产业发展和基础设施。全面梳理2013年至2022年扶贫资金投入和项目建设情况，其中投入到户类资产6.85亿元，公益性资产24.6亿元，经营性资产4.83亿元。

（应慈惠 曾秋民）

脱贫攻坚成果巩固与拓展

【就业创业帮扶】 2022年，全县投入1500万元建成全省首家数字人力共享中心，线上线下动态传递就业信息，举办招聘会70余场，发放《2022年重点企业用工信息汇编册》4万余份，开展各类培训3100人，发放交通补贴3.6万人1641.57万元，全县脱贫劳动力实现就业6.87万人，比上年增加2669人，增长率4.8%。培育、发展和提升就业帮扶车间，12家园区企业与18家就业帮扶车间实现订单合作；85家就业帮扶车间带动脱贫劳动力和监测对象劳动力1065人就近就地就业。鼓励和扶持脱贫劳动力、监测对象劳动力创新创业，发放创业担保贴息贷款503万元和一次性创业补贴44万元。加大各类岗位统筹使用力度，健全“按需设岗、以岗聘任、在岗领补、有序退岗”管理机制，全县公益性岗位安置就业5303人，比上年增加169人。落实“雨露计划”（一项以政府主导，社会参与为特色的扶贫计划）政策，发放“雨露计划”补助8850人次1338.15万元。

【教育帮扶】 2022年，兴国县紧扣“脱贫户或监测对象家庭适龄儿童少年不失学辍学”目标，建立“双线”（指县、区、镇、街道、村、社区一条线；教育局、学校、班级一条线）控辍保学长效机制，加强动态监测及数据比对，持续保持义务教育阶段适龄学生失学辍学常态清零。全县6—15周岁适龄残疾儿童、少年实名登记868人，其中特殊教育学校就读、普通学校随班就读、送教上门843人，延缓入学25人。优化学生教育资助工作流程，实行“两下两上”（“两上”就是各校参照市资助中心所抛数据，结合省资助系统、全国资助系统以及学生在籍在校情况，将核对结果报给市资助管理中心进行汇总，由于系统特困库的更新和学生在校状况的变化，随时需要调整特困学生库，这个过程须经过若干次反复确认；“两下”就是下发最终确认的特困学生名单，经各校核对无异议，据此测算下达困难学生资助经费）数据反馈机制，有序推进学前教育到高等教育各类学生资助政策落实，2021—2022学年资助学生8.92万人次，发放资助金（含助学贷款）1.06亿元。

【健康帮扶】 2022年，兴国县夯实家庭医生签约履约服务，全县签约脱贫人口和监测对象12.97万人，其中高血压、糖尿病、结核病、严重精神障碍等4种重点慢性病脱贫人口和监测对象1.62万人，履约率100%。加强公有产权村卫生室管理，规范科室设置、功能分区和人员去向公示，全县294所公办村卫生室全面落实村医坐诊巡诊，每个行政村至少有1所村卫生室落实医保定点村卫生室医保即时结算。开展脱贫人口和监测对象参加城乡居民基本医疗保险动员行动，全县3.24万名脱贫人口和监测对象享受资助参保政策，9.90万人自行缴纳医保，实现100%参保。严格执行统筹基本医疗、大病保险、医疗救助“三重待遇”政策，按规定落实脱贫人口和监测对象住院医疗费用报销比例。全县41家医保定点医疗机构、157家医保定点药房、652家医保定点村级卫生室，全部实现“一站式”结算。

【防返贫监测帮扶】 2022年，兴国县乡村振兴工作严格落实“每月监测会商、每月信息比对、每月研判处置”工作机制，完善农户自主申报、基层干部摸排、部门筛查预警等“三线”常态化监测方式，创新实行乡镇党委书记带队入户现场核实分析研判机制，分层分类制定帮扶措施、跟踪帮扶效果，5月及10月分别开展防止返贫监测帮扶集中排查。投入788.45万元购买防贫保险，联合碧桂园集团出资30万元推出“顶梁柱公益保险”。全年新增监测对象556户2453人、消除风险109户472人。

【农村住房安全监测帮扶】 2022年，兴国县实行农村低收入群体住房安全和农户住房安全常态化巡查，建立农村住房安全动态监测月报制度，重点监测使用年限超过30年、实施危房改造维修加固、房屋安全等级鉴定为B级以及住房周边场地环境存在安全隐患房屋，兴国县3887户农户纳入农村低收入群体住房安全动态监测。加强农村自建房安全宣传工作，印发《农村自建房安全常识》宣传页15万份。强化农村保障房巡查监管，实时掌握保障房动态变化，及时安置符合条件的对象或因灾因困难无房居住的对象入住保障房。

【农村饮水安全帮扶】 2022年，兴国县开展农村饮水安全百日攻坚，投资1137万元实施长冈乡大塘村管网延伸工程及南坑、古龙岗等乡镇集中供水补充水源工程等农村安全饮水巩固提升项目20个，持续提升农村供水保障水平；投入1.8亿元，实施社富、南坑等18个乡镇供水主干管网建设和水厂提档升级改造，全面推进城乡供水一体化工程建设。以行政村为单位，投入60万元对全县农村集中供水和分散供水水质情况进行检测，实现水质检测全覆盖。

【易地搬迁帮扶】 2022年，兴国县健全易地搬迁集中安置点“点长制”长效管理机制，兴国县巩固拓展脱贫攻坚成果同乡村振兴有效衔接工作领导小组印发《兴国县2022年强化易地扶贫搬迁后续扶持工作的实施方案》，出台“点长”和专职管理人员考核细则，明确“点长”工作职责、任务清单，落实点长“月调度”、帮扶干部“双向帮扶”制度，制定安置点专职管理员职责，推进易地搬迁后续扶持各项工作。投入670.66万元乡村振兴经费，完善安置点产业就业、基础设施、公共服务等。开发就业帮扶车间8家，公益性岗位175人，在安置点周边流转土地3.33公顷开发6个“微田园”，帮助201户搬迁户提高种养收益。分批分次提升打造易地搬迁安置点29个，全县1272户6481人完成搬迁。

【化解疫情灾情帮扶】2022年，兴国县全力应对疫情、洪涝和旱灾，通过调整补助上限、降低起补门槛、恢复奖补种类、补充奖补项目等方式，优化产业奖补政策，2022年发放到户类产业奖补2.86万户次3509.95万元，比2021年增加1380.42万元，增长率64.82%。投入4312.86万元落实水稻、蔬菜、烟叶、生猪、肉牛、灰鹅等政策性农业保险，帮助农户及经营主体减少损失1328.69万元。加强脱贫人口劳动力就业信息监测，排查未就业、务工回流等人员，帮助稳住岗位、稳住收入。加大消费帮扶力度，推动12家专馆、3家专区正常运营，认定供应商36家、帮扶产品691款，销售帮扶产品3.87亿元，机关企事业单位采购帮扶产品7873.64万元。开展因灾影响“三保障”和饮水安全问题动态清零，安排中央水利抗旱救灾资金项目81个837万元，采取延伸供水管网和打大口井、公共深水井等方式，保障受旱情影响饮水困难群众基本生活用水。

【兜底保障】2022年，全县代缴养老保险费5.81万人581.35万元，代发城乡居民基本养老保险金3980万元。建立农村低收入人口常态化监测机制，全县农村低保对象1.40万户3.07万人（其中脱贫户9021户2.08万人，监测对象1522户4706人），农村特困人员2770人。兴国县人民政府办公室出台《关于做好2022年城乡困难群众提标提补工作的通知》，落实提标提补9.64万人次441.94万元，发放农村低保补助1.4亿元、农村特困人员补助2587.9万元、残疾人“两项补贴”13511人1486.2万元、临时救助3558人次460.5万元，其中对农村低保、特困人员、孤儿及事实无人抚养儿童增发一次性生活补贴1625.43万元。

（应慈惠　曾秋民）

美丽乡村建设

【概况】　2022年，全县推进31个示范样板村建设，安排资金8150万元。开展农村房屋突出问题整治提升，整治“赤膊房”1.2万栋448.96万平方米，拆除“空心房”8400栋88.75万平方米。一体化推进农村垃圾、污水、厕所专项治理“三大革命”，全县以村为单位划分建立1469个网格，通过“万村码上通”5G+长效管护平台AI技术，做到网格落实快、预警反馈快、整治效率快，农村生活垃圾收运处置体系更加完善；采用EPC模式，投入3.96亿元实施乡镇生活污水处理设施建设，改扩建17个乡（镇）圩镇污水处理设施，新建4个圩镇设施，新建34个中心村污水处理设施和国控断面附近4个村污水处理设施；开展问题户厕整改及改厕样板示范创建，完成问题户厕整改2883户，建成25个县级改厕样板示范村。

【村庄建设规划】　2022年，兴国县村庄规划突出重点，科学制定村庄规划编制计划，将历史文化名村及传统村落、红色名村、全域土地综合整治试点等重点村庄优先列入年度编制名单，按照因地制宜的原则，分年度稳步推进村庄规划编制，年内，完成55个村庄规划。在村庄规划编制中统筹谋划村庄

9月17日，隆坪乡组织开展人居环境整治　（隆坪乡政府 供图）

发展定位、主导产业选择、用地布局、人居环境整治、生态保护、建设项目安排等，做到规划先行。结合村庄资源禀赋和区位条件，制定产业发展措施，引导产业集聚发展。按照节约集约用地原则，提出村庄居民点宅基地控制规模，严格落实“一户一宅”和耕地保护要求。聚焦补齐各类设施和农村人居环境短板，合理配置乡村各类基础设施和公共服务设施，明确人居环境整治措施，促进村容村貌提升。按照传承保护、突出特色要求，提出村庄景观风貌控制性要求和历史文化景观保护措施。倡导参与式编制规划，在规划编制各个环节，充分尊重村民的知情权、决策权和监督权，将村民诉求、建设需求转化为规划内容。规划成果制作成简明读本或实用手册，并纳入村规民约执行，加强宣传引导。

【农村人居环境整治】 2022年，兴国县乡村振兴人居环境整治工作，实行一户一策，现场研判，做到前端动态监测，后端核实研判，着力推行农村人居环境改善，美丽乡村建设得到稳步推进，每月制定工作要点，强力推进人居环境突出问题整治。投入3.96亿元实施乡镇生活污水处理设施建设项目（二期），全县农村生活垃圾收运处置体系更加完备，生活垃圾实现“日产日清”。

【农村“厕所革命”】 2022年，兴国县按照“乡不漏村、村不漏组、组不漏户、户不漏厕”的排查要求，依据“五步法”（看、问、登、核、改）全面开展农村户厕问题摸排整改“回头看”工作，依照“六有”要求，建立健全农村户厕台账，共排查农户19.41万户，排查问题厕所16.41万个（其中厕所建设不规范但能使用16.39万个）。按照国家最新标准加强改厕全过程质量管控，“分类”开展问题户厕整改，采取边查边改、立行立改，远近结合、标本兼治，乡镇验收、县级复核等方式，着力每个乡镇建设1个县级“改厕样板村庄”，全县建设2个市级“改厕样板村庄”。至年底，完成户厕整改2883户，其中不能使用和不能全年使用问题厕所（226户）全部整改到位，25个“改厕样板村庄”正在有序推进，农村无害化卫生户厕普及率达到99.11%。

【农村“空心房”拆除及“赤膊房”改造】 2022年，全县分步推进房屋风貌整治提升工作，明确分三年、分批次稳步推进，优化制定“空心房”［指长期无人居住的农村住宅和废弃的乡镇企业、乡（镇）村公共设施、公益事业等建设用房以及其他闲置房屋］拆除台班费补助、“赤膊房”（指非在建房屋中，存在应粉刷而未粉刷，未安装门窗，或未浇筑屋顶而影响村容村貌的房子）改造提升等奖补政策，实行“普惠制奖补＋完成时限奖励”，以“三统一”（统一规划、统一风格、统一标准）、“五不搞”（“超高超大”建房不搞，“两违”建筑不搞，无人居住的“空心房”不搞，小矮房、附属房不搞和没有安装门窗不搞），全面启动国省道、高速高铁等沿线和31个示范村“赤膊房”整治。至年底，完成“赤膊房”整治2.64万栋1039.36万平方米、坡顶改造9147栋38.57万平方米、斜栏板建设1947栋14.57万米，并基本整治到位。

【农村基层组织建设】 2022年，全县303个行政村共有农村党员1.46万名，设村级党总支55个、党支部248个，村“两委”干部1703人（其中支委委员1209人，村委委员1232人），交叉任职比例76.48%；男性“两委”干部1225人（村党组织书记286人）占比71.93%，女性“两委”干部478人（村党组织书记17人）占比28.07%。年内，有村党组织书记303人，100%实现村党组织书记、村委会主任“一肩挑”。以新时代农村党员干部“十带头”积分制管理考核为载体，搭建农村党员干部干事创业平台，通过实施村级组织活动场所改造提升三年行动计划，提高村干部基本报酬标准并实行任职年限补贴，建立村干部人身意外保险、住房公积金等制度，村干部获得感、满意度不断提高，带动党员群众在基层社会治理、巩固拓展脱贫攻坚成果等中心工作中积极作为、奋勇争先。

【阳光村务工程】 2022年，兴国县推广阳光村务工程，落实清单制，细化制定基层群众性自治组织依法自治事项清单、依法协助政府工作事项清单、减负工作事项清单和村级事务小微权力清单及流程指南“四个清单”，明确自治事项20个、协助政府工作事项29个、减负工作事项8个和村级事务小微权力32条，依法依规为基层群众性自治组织明责、赋能、减负、增效，发挥基层自治作用。

【平安乡村建设】 2022年，兴国县推动平安乡村及乡村综治中心规范化建设，打造提升埠头乡旺口村、潋江镇联群村、城区西街社区等18个县级示范点，全县一类乡镇综治中心达25个，一类村级综治中心达89个。开展法律宣传和“法律明白人”培训，科学推进“雪亮工程”，常态化开展扫黑除恶工作，加强全县精神障碍患者、青少年、社区矫正、刑满释放等各类重点人群的服务管理。探索群众意见收集机制和矛盾纠纷调解机制，借鉴“枫桥经验”探索“贴心屋场会”经验，通过召开“贴心屋场会”，将党的最新理论、政策、精神及时向群众进行分解传达，把“话语权”交给群众，让群众变成“主角”，村干部变成“记录员”，说“土话俚语”、扯家长里短、聊问题、谈发展，及时帮助群众解决问题，真正实现“小事不出村、大事不出乡。”

【乡风民约】 2022年，兴国县深入开展乡风民约行动，推进移风易俗，依托新时代文明实践所（站）设立道德红黑榜，每季度更新好人事迹，组织群众评议学习；在人群密集、主要路口广泛设置宣传栏、文化墙及公益广告牌，推进乡风文明行动氛围。组织宣传小分队深入各村（居）逐户上门发放倡议书、宣传画、理事会章程等宣传资料共3300册。按照“四会一站一堂”的模式，将村民议事会、道德评议会、禁赌禁毒会、红白理事会、志愿服务站、道德讲堂，统一建设成“文明之家”，打造农村精神文明建设工作“融平台”。充分利用村（居）现有的祠堂、开放式村部等场地和设施，整合资源，建设农村公益性婚庆和治丧场所，命名为“文明理事堂”，由村委会委托红白理事会统一管理运行。

（陈麓天）

红色名村打造

【概况】 2022年，全县有各级红色名村10个，其中中共中央组织部命名的国家级红色名村有长冈乡长冈村、高兴镇老圩村，省委组织部命名的省级红色名村有龙口镇睦埠村、潋江镇坝南村、兴莲乡官田村，赣州市委组织部命名的市级红色名村有城岗镇白石村、长冈乡合富村、长冈乡塘石村、崇贤乡贺堂村、鼎龙乡茶岭村。年内，提升并打造长冈乡长冈村、龙口镇睦埠村以及城岗镇白石村等。

【国家级红色名村】 长冈乡长冈村 2022年，长冈村在已有的“一馆、三址、五点”（毛泽东作长冈乡调查纪念馆；消费合作社旧址、列宁学校旧址、长冈乡苏维埃政府旧址；花生田点、马荣海旧居点、古法榨油旧址点、耕田雕像景点、樟树塘小桥点）基础上，新建红色培训中心1个，至年底完成土地收储和项目设计；注重红色历史的挖掘、保护与传承，新建起村史馆；以红色名村承载的革命历史、事迹和精神为主题，组织开展缅怀学习、参观游览、情景体验等红色旅游活动10次。推动打造红色教育阵地村和红色旅游景点村相结合，深化农村人居环境整治和村庄环境常态化长效管护，提升村庄道路、农田水利、电力通信、生活垃圾清运、污水处

2022年，长冈乡长冈村新时代文明实践广场建成使用 （县委组织部 供图）

理等基础设施，配套完善群众休闲、文体活动等公共服务设施。新建长冈村仓储中心，拓宽增收渠道。依托红色饭店、红色商店等资源发展资产租赁、教育培训、有偿体验服务等增收新模式、新业态，持续壮大村集体经济。

高兴镇老圩村　通过开展讲述红色故事、开发红色主题课程，把兴国县革命烈士陵园、老圩村红色村史馆等打造成党性教育点、红色旅游点；以村为中心，串点连线老营盘战斗遗址、心田夜战等镇内红色资源，将村庄建设成为传承红色基因的重要示范点。投资80万元建成老圩村红色村史馆，投资260万元建设老圩村党群服务中心大楼；井边组乡村振兴示范点每天接待游客100人左右，全年村集体经营性收入突破100万元。

【省级红色名村】　龙口镇睦埠村　2022年，兴国县龙口镇睦埠村深入挖掘刘启耀光辉事迹，帮助提升刘启耀纪念馆，建设启耀红培中心，打造"两馆一心一片区"（两馆：刘启耀纪念馆、睦埠苏维埃政府旧址；一心：启耀红培中心；一片区：田园片区）等文旅项目，充实"两书一曲一电影"（两书：张品成作品《十三根金条》、刘九生作品《腰缠万贯讨米人》；一曲：陈留弟、陈淑蓉作词、时一林作曲、王慧军演唱的歌曲《赤诚》；一电影：深圳市兴国商会联合出品微电影《忠诚》）等红色载体，开发红色研学课程，链接党校、红兴谷研学基地等资源，塑造"讨米革命、启耀初心"红色品牌。投资修缮红军码头、墨庄等古建筑，配建特色民宿、亲子营地、开心农场，扶持村民开设"农家乐"，大力发展乡村旅游。村庄全年承接各级党组织中心组学习活动等10万余人次。

潋江镇坝南村　2022年，兴国县坝南村坚持党建引领，新开发龙虾产业基地、光伏发电基地、仓储物流基地，全年村集体经济经营性收入达40.2万元。协调解决村民矛盾纠纷，切实发挥党支部在维护全村和谐稳定方面的作用，做到小事不出组大事不出村。公开办事服务指南，提供帮办代办服务，设置干部去向牌，村"两委"干部坚持轮流坐班值班，实行"365天服务不打烊"，为民办事服务能力明显提升。

兴莲乡官田村　2022年被赣州市委组织部评为"市级乡村振兴模范党组织"。在村里醒目位置设立红色文化墙，打造"红色文化走廊"，培育红色文化讲解员6人。2022年1月，被江西省文化和旅游厅、江西省工业和信息化厅认定为"江西省工业遗产旅游基地"；8月，被教育部等8部门认定为全国首批"大思政课"实践教学基地；被国资委认定为"首批100个中央企业爱国主义教育基地"；推进兵工特色小镇建设，拆除"空心房"19栋，清理河道3800米，景区新建房屋坡顶、斜栏板32处，沿线房屋立面改造202栋5.8万余平方米，推进兴国中央红军长征出发准备重点展示园、中国兵器博物馆、官田高速互通和465县道拓宽等重点工程项目建设。采取"基地+合作社+农户"的方式，形成产业基地、红色休闲旅游为一体的特色产业带，擦亮"共和国军工摇篮"的金字品牌，做好军民融合示范，全年到村接受红色教育培训和参观学习5万余人次。2022年实现村级集体经营性收入33.15万元。

【市级红色名村】　城岗镇白石村　2022年，兴国县白石村集中流转土地66.66公顷，引进大户规模性承包经营种植双季水稻、烟叶、油菜、生姜等经济农作物，全村种植烟叶10公

2022年，兴莲乡官田村推进兵工特色小镇建设　（县委组织部　供图）

顷、油菜66.66公顷。建成160千瓦光伏电站，实现村集体经济收入32.67万元；投入150万元，打造乡村振兴示范点。污水处理项目主管道全部完成铺设，农户卫生厕所主管对接完成95%。用好“党员志愿者、村民小组长、妇女小组长”3支队伍，常态化整治主干道沿线、河道、农户“五净一规范”、鸡鸭散养等问题，坚持每月组织开展最美庭院卫生评比、公布红黑榜和随手拍问题整改工作，新打造示范组2个，评出最美庭院40户；建成四星级新时代文明实践站1个，成立6支红色志愿者服务队，年内，开展“道德宣讲”、乡风文明红黑榜评选等系列活动6次，普法宣传活动20余次，广泛开展“屋场会”、民情恳谈会等活动，成功化解矛盾纠纷30余起。

2022年，长冈乡合富新村活动广场完成建设　（县委组织部 供图）

长冈乡合富村　2022年，兴国县合富村整理修缮开国少将刘玉堂将军故居，在合富村石坑组建设“芒槌石”党性教育基地，新建党建广场、红色农庄、户外体验拓展中心和生态停车场等。在周边入股休闲旅游农业，开设红色电商驿站，拓宽红色旅游配套产业。利用上级扶持资金建设乡村振兴车间、仓储中心，增强集体经济实力。联合市中级人民法院举办法律志愿服务活动，进行未成年人保护主题宣讲，开展反有组织犯罪法、禁法、反邪教法等主题宣传，推进矛盾纠纷调处以及“江华工作室”“兴法铺子”运行，推动“无讼村”建设，提高乡村治理水平。

长冈乡塘石村　2022年，兴国县塘石村依托村内中共兴国（临时）县委旧址、谢名仁故居、塘石村村史馆等红色场馆场所，布展本村红色历史和名人志士事迹，由“五老”（老干部、老教师、老军人、老工人、老专家）干部担任义务讲解员。立足本村产业基础和资源优势，打造26.66公顷蔬菜、20公顷烟叶、13.33公顷中草药、100千瓦光伏、100头肉牛的“五百”产业发展格局，并以土地流转、基地务工、入股分红等方式链接村集体经济。

崇贤乡贺堂村　2022年，兴国县贺堂村争取资金1579.7万元实施基础设施项目13个，争取资金100余万元对国道沿线房屋进行立面整治，争取资金250万元打造红色、古色、绿色相融合的贺堂老街示范点。争取江西理工大学支持成功编制贺堂村产业发展规划，利用资源优势发展杨桐、茶叶、毛竹拉丝加工等产业，带动本地村民200余人实现家门口就业，人均月增收3000余元。整合各类资源，在赣州市章贡区建成乡村振兴电商服务平台和江西理工大学红旗校区校园乡村振兴超市，拓宽全村农产品销路。争取资金8500余万元整治提升方石岭战斗祝捷大会旧址（万寿宫）及其周边，打造大龙山红色生态文旅基地、方石岭胜利小道，建成“静岚山赋”轻奢民宿，打造茶旅融合发展、茶园智能管理、茶叶品质优良的兴国春赐福生态茶场。

鼎龙乡茶岭村　2022年，兴国县茶岭村设立“红色文化墙”“红色文化走廊”，成立红色文化传承理事会，培养一批熟悉村情村史、擅讲红色故事的群众宣讲员。向赣州市文广中心争取100余万元专项资金用于阵地建设，向农业农村局申请30万元周边亮化提升资金。结合村情制定阵地建设规划方案，初步完成红军小道、指示牌、墙绘及其他基础设施等建设。建立网格化长效保洁管理机制，拆除危旧土坯房，改水改厕，改扩建停车位，硬化道路，加设路灯。

（应慈惠　曾秋民）

本栏编辑：陈玉桃

生态环境保护

综述

【概况】 2022年，兴国县着力打好污染防治攻坚战，奋力实施美丽乡村建设行动，生态环境保护各项工作扎实推进。健全完善环委会工作下沉机制，共组建乡镇一级环委会27个，完成选聘村级“网格员”，基本形成市、县、乡、村四级协同攻坚体系。严格落实生态保护红线、环境质量底线、资源利用上线，不断强化生态环境分区管控在生态环境源头预防制度体系中的基础地位和作用。积极落实“三线一单”（指生态保护红线、环境质量底线、资源利用上线和生态环境准入清单）成果应用，建立“三线一单”生态环境分区管控体系，推行固定污染源排污许可管理制度，“三区三线”（“三区”即农业、生态、城镇三个功能区，“三线”即永久基本农田、生态保护红线和城镇开发边界）全面落实。

【森林乡村创建】 2022年，龙口镇龙口村、江背镇华坪村、均村乡均村村、均村乡长竹村、杰村乡曾田村、古龙岗镇营前村、埠头乡玉口村、埠头乡龙砂村等8个行政村创建省级森林乡村，年内获评省林业局授予“江西省森林乡村”称号。成功申报实施森林乡村建设项目4个，项目实施地分别位于江背镇华坪村、崇贤乡齐分村、枫边乡枫边村、龙口镇文院村。

【湿地建设】 2022年，兴国县新添小微湿地建设2处，分别位于兴国县枫边乡枫边村和兴国县方太乡方太村。年初，枫边乡积极争取省林业局80万元资金规划建设小微湿地，打造枫边村乡村振兴示范点，规划湿地公园文化品鉴带、休闲景观带、涉水游玩带等。方太村小微湿地经过一年的建设，取得良好的成效。年内，开展湿地生态效益补充项目4个，项目地分别位于兴国县鼎龙乡湖溪村及埠头乡垓上村、东村乡东村村、古龙岗镇瑶前村。

【潋江国家湿地公园建设】 加大园区环境日常管理和维护，及时发现、制止各类不文明游园行为100余起，更换木栈道地板和栏杆1976根，维修维护音响604套、景观灯11872套、游步道38平方米、大理石地板150平方米，新增绿地面积0.27公顷，公园设施维护维修成本共投入70余万元。全年移交自然资源局等相关部门关于破坏、违规占用土地和湿地等线索39起。

提升小微湿地群8000平方米，林泽湿地恢复1500平方米，种植池杉200株。文化主导型小微湿地布置沉水植物400平方米，藻类植物200平方米，浮叶植物500平方米，挺水植物200平方米，且投放水生动物于其间。通过乡土植物补植活动，共补植耐沙土环境、耐瘠薄且冠大荫浓的乡土乔木180株，草本地被植物300平方米，形成自然式的湿地入口空间，烘托自然野趣的湿地氛围，为鸟类提供觅食、筑巢的多样生态环境空间，丰富提升该区域植物景观风貌。

通过以生态教育为导向的湿地环境恢复、科普宣教设施以及生态体验空间的建设，引入多样化的互动、体验、参与的生态科普教育活动。悬挂宣传标语，设置宣传台，发放宣传资料2000多份，新增宣传牌51块，警示牌67块，通过宣教活动，有效提高湿地保护、野生动物保护、自觉遵守湿地法规等方面的全民意识。

【生态保护宣传】 2022年，县生态环境新闻稿件被省级媒体采纳5篇，市级媒体采纳48篇。在县生态环境局官方微信发布由车行、咏梅创作的《让中国更美丽》合唱作品；联合12个单位在县城五福广场向兴国市民宣传环境保护的法律法规，发放宣传资料600余份，参与法律咨询30人次，设立宣传板4块，推动公众参与生态文明建设。利用“6·5”世界环境日，普法日、清明节和重大节庆期间，宣传《中华人民共和国森林法》《中华人民共和国噪声污染防治法》和森林防火法规。

【获评国家自然资源节约集约示范县称号】 2022年底，兴国县获评全国节约集约示范县称号。兴国县深入贯彻落实节约资源基本国策，坚持以转型发展为主线，按照“严控增量、盘活存量、优化结构、提高效率”总要求，全面开展工业园区“亩均论英雄”改革、工业用地“标准地+承诺制”改革、建设用地“增存挂钩”改革、城镇低效用地再开发利用等重点工作，全力推进土地节约集约利用。落实资源要素差别化配置政策，实施按“标”供地，推进“标准地+承诺制”试点。建立企业用地退出机制，对提醒后仍未开工建设，并造成土地闲置的企业用地，通过依法收回原土地使用权重新挂牌出让的方式，实现低效用地的盘活再利用。

向废弃矿山要地，按照“谁修复、谁受益”原则，将获得的生态收益和资源权益回馈企业。向农村低效建设用地要地，先后实施兴江乡等6个城乡建设用地增减挂钩试点项目，农民安置后节余指标用于异地交易和城镇建设，缓解用地紧张和资金不足压力。

自然资源节约集约示范县（市）创建活动，首批认定自然资源节约集约示范县（市）将享受6项支持政策，包括优先列入试点、优先申报生态保护修复相关工程项目、优先盘活利用城镇低效用地支持政策及省级在资金分配、用地指标安排、重大项目落地等方面优先支持。

（潘　根）

环境质量

【空气环境质量】 2022年，兴国县城区$PM_{2.5}$（指空气质量指数）年平均浓度每立方米25微克，上升4.1%。PM_{10}年平均浓度为每立方米36微克，$PM_{2.5}$浓度排全省第68位，全市排第18位。空气质量优良天数346天，优良率94.8%，空气质量优于国家二级标准。

【水环境质量】 集中式饮用水水源地长冈水库水质优良率100%，农村“千吨万人”饮用水水源地全县有20个，水质达标率100%。出境断面水质达到Ⅲ类及以上标准，年均水质达到Ⅱ类标准，3个断面水质优良率均100%，水质综合指数3.2581，2022年上升6.07%，水环境质量排全省第36位、全市第8名。

【声环境质量】 2022年，兴国县区域内声环境质量基本稳定，全县环境噪声经监测达声环境质量标准中的一类标准。全县声功能区环境质量达标率为100%。全县各道路交通干线噪声等效声级处于较好水平。

【土壤环境质量】 2022年，兴国县开展农用地污染防治专项行动，印发《兴国县2022年受污染耕地安全利用及严格管控工作计划》，全县重点建设用地安全利用率、受污染耕地安全利用率分别达到100%、95%，地下水环境总体安全。

【辐射环境质量】 2022年，兴国县各核技术利用单位严格管控自己，积极对本单位射线装置所在场所，不间断开展环境辐射剂量监测，各单位核技术利用项目周围环境电离辐射水平总体未见明显变化，辐射环境处于安全状态，质量良好。

（邱　斌）

污染防治

【空气污染防治】 2022年，兴国县多措并举打好蓝天保卫战，持续深化预拌混凝土生产企业污染治理，加强联合执法检查，督促全县预拌混凝土企业严格按照上级要求建立完善污染防治设施；加强重点废气企业达标排放情况日常监管，督促企业定期开展环境监测，严格查处环境违法行为，确保在线监控运行正常、监测数据真实准确，企业废气达标排放；深入推进挥发性有机物治理，开展干洗行业、汽修店以及塑料制品业、表面涂装、包装印刷、有机化工、医药制造等五大行业排查整治，督促指导企业完善江西省废气治理系统信息填报，从源头上减少废气治理污染排放；科学精准整治"散乱污"企业及集群，按照"关停取缔、整合搬迁、升级改造"方式，分类整治"散乱污"企业及集群，坚持科学治污，细化界定标准，精准识别"散乱污"企业，按照"关停取缔一批、治理改造一批、加强监管一批"的原则，定区域、定人员分组开展整治；持续加大对砖厂的整治力度，对全县18家砖厂进行"全天候"监察，确保企业严格按环评要求作业，治污设施正常运行、烟气达标排放，对治污设施不正常运行的企业一律从严处罚；做好重点企业节能减排，监督江西兴国南方水泥有限公司、兴国兴氟化工有限公司等重点企业做好严格的减排工作。

2022 年，小春河一体化污水处理站投入使用 （县生态环境局 供图）

【水污染防治】 2022 年，兴国县投入 8.06 亿元，先后启动实施环黑臭水体治理、乡镇生活污水处理设施建设工程（二期）、城区流域水环境综合治理工程（二期）等 8 个项目建设，确保生活污水、工业废水全面收集处置；制定《兴国县排污口整治专项行动实施方案》，完成平江干流 10 个入河排污口、2 个国考断面上游 5 千米入河排污口排查整治工作，针对工业污水处理厂、生活污水处理厂等规模以上入河排污口开展检查，核查入河排污口审批手续，督促排污口规范化建设，并建立"一口一策"台账；对全县建成区水体开展拉网式摸排，累计排查疑似黑臭水体问题点 83 处。制定《兴国县乡（镇、区）主要河流跨界断面水质监测考核方案》，设置 27 个乡镇考核断面，对水环境 PH 值、高锰酸盐指数、化学需氧量、氨氮、总磷 5 项指标进行监测，将监测结果纳入生态环境年终综合考核；完成老园区雨污分流改造（二期）管网 6000 米，完成老园区雨污分流改造（三期）A、B 区管网长约 5000 米前期工作。

【声污染防治】 2022 年，对全县严格落实《江西省生态环境厅加快市县生态环境监测机构能力建设的通知》及《江西省市县生态环境监测机构能力提升指导方案》的通知，兴国技术服务站于 2022 年 6 月 2 日获得省市场监督管理局批准的 CMA 实验室检验检测能力的资质，能力附表项目两大类（水和废水、噪声）16 项。获取资质后，兴国技术服务站即开展监测工作，监督、帮扶在本县域内企业自行监测工作，对第三方检测机构提供的监测报告、数据的真实性、准确性、可靠性、公正性进行不定期监督检查。

【土壤污染防治】 2022 年，对全县涉危废企业进行常态化监管，定期检查企业转运台账、危废暂存点，指导督促企业严格按规定做好危险废物的贮存和处置。制订土壤污染防治行动计划，推进农用地土壤污染状况详查成果应用；建立土壤重点监管单位隐患排查制度，动态更新疑似污染地块名录；对兴国县第九幼儿园、江茂凤

凰城楼盘、集福小院等用途变更为“一住两公”(用地是指居住用地、公共管理与公共服务用地)地块进行土壤污染状况调查；全县受污染耕地安全利用率达到93%以上，建设用地安全利用率得到有效保障。

【废弃物污染防治】 2022年，兴国县积极推进公共机构垃圾分类，大力开展环保进校园、进社区宣传教育活动及“垃圾分类，从我做起”专题网络知识竞赛活动；组织机关事业单位工作人员开展垃圾分类志愿活动，争当垃圾分类的引领者、宣传者、监督者。

【辐射污染防治】 2022年，兴国生态环境局配合市局对辖区内核技术单位进行现场抽查，对辐射单位进行定期或不定期现场检查，全年共检查33频次，计56人。检查过程中，各单位辐射监测和应急工作总体状况良好，未发现一起辐射安全事故，未发现存在任何辐射安全隐患单位；对兴国平川中学物理实验室开展废旧放射源排查工作，经排查共有5台威尔逊云雾室闲置仪器里装配镅属放射源，待省、市生态环境辐射技术中心鉴别和处置技术支持后，将进一步处置消除辐射安全隐患。

（邱漪男）

生态保护

【水土保持】 全县水土流失面积502.02平方千米，占国土总面积15.6%，其中轻度流失面积468.23平方千米，中度流失面积19.39平方千米，强烈流失面积7.71平方千米，极强烈流失面积4.45平方千米，剧烈流失面积0.24平方千米。全县土壤侵蚀模数每年每平方千米687.64吨，年土壤侵蚀量221.07万吨。年内实施乡村振兴项目——统筹整合财政涉农资金项目中的水土保持工程项目，开展各乡镇高速高铁沿松材线虫病为害区水保植被恢复治理项目、龙口镇睦埠村乡村振兴点环境整治改造项目、兴江乡塅水村乡村振兴点环境整治改造项目、塘背水保科技园提升改造项目等24个，工程总投资1089万元，完成松材线虫病为害区水保植被恢复治理面积282.2公顷，治理崩岗2座。县水保中心联合县林业局、县自然资源局等部门单位完成省及市下达水土保持生态建设任务，完成崩岗治理104座、美丽乡村生态清洁小流域建设任务1条，治理水土流失面积26.74平方千米，重点预防保护面积3.9平方千米，占年度任务的101.96%。

【饮用水水源地保护】 2022年，县政府组织生态环境、水利、农业农村、交运、公安等部门成立整治行动小组开展保护长冈水库饮用水安全专项行动，5个行动小组35人昼夜奋战，出动警车和快艇，收缴钓鱼渔具58套，地笼69套，网箱3只，驱离捕鱼竹筏9艘，劝离钓鱼人员119人，投放鱼苗3.5万千克，清理垃圾42.5吨。长冈水库饮用水水源地、20个“千吨万人”饮用水水源地和63个“百吨千人”饮用水水源地水质监测达标率100%。

【水生态治理】 2022年，兴国县加强取用水管理，对全县109户取用水户进行网上录入登记管理。有序推进河长制，县、乡、村三级383名河长共计开展巡河1万余次，巡河发现问题42个并全部整改。完成2022年水生态文明村自主创建前期选点工作，选定濊水崇贤河段开展幸福河湖建设试点，编制并完

2022年，龙口镇塘背村水土保持科技示范园径流小区 （县水土保持中心 供图）

成崇贤河幸福河湖建设实施规划评审。开展清理河床大行动，全县共出动654人次，动用机械60艘，打捞水葫芦211.6吨，打捞垃圾116.4吨，平江流域内水功能区水质达标率100%，县内水环境质量持续向好。加强河湖监督执法，严厉打击非法采砂行为，开展执法巡查210次，查处非法采砂案件24起，非法运输河砂案件19起，非法取水案件12起，累计处罚款123.5万元，没收违法所得32.43万元。开展水资源论证、水资源费征收管理、用水总量统计、县级饮用水水源地达标建设评估、县域节水型社会和节水型载体创建等水资源管理工作，获批省级节水型企业2个、节水型灌区2个。组织全县开展河道和农田水利灌溉沟渠清淤整治，累计清理河道沟渠56千米，有效解决河道、水渠淤塞影响灌溉等突出问题。加快水毁项目修复，第一时间开展水毁设施排查，根据各乡镇对灾后的摸底调查，立即开展水毁抢修工作，全县投入540万元，实施水毁工程29处，其中堤防5处，灌溉设施12座，排渠、护坎等12处，有效保障下游灌溉用水问题。推进城乡供水一体化建设，总投资3.1亿元，其中社富乡、南坑乡、高兴镇、方太乡新建管网延伸项目和永丰圩镇管网改造项目完工。江背镇、杰村乡新建供水管网工程完成项目进度的60%，永丰、隆坪等13个乡镇管网改造项目正在财政审核预算中。

【森林资源保护】 2022年，兴国县完成人工造林826.67万平方米，封山育林1366.67万平方米。完成低质低效林改造总面积8335.2万平方米，其中更替改造1020万平方米、补植改造3120万平方米、抚育改造760万平方米、封育改造1366.66万平方米、生物防火林带建设101.87万平方米、低产油茶林改造提升1966.67万平方米。生态保护和修复专项项目完成人工造林666.67万平方米，退化林修复1666.66万平方米，封山育林1333.33万平方米。完成森林抚育补贴项目666.67万平方米。开展古树名木的保护管理工作，对25个乡镇、2个林场的古树名木进行补充调查。完成8个省级森林乡村年度申报，均村乡均村村等8个村获评“省级森林乡村”。启动天然林保护工程4.4万公顷落实界线工作，落实生态补偿资金4512.53万元。审批采伐蓄积2.79万立方米，集体采伐蓄积2.79万立方米。配备护林员1834人，公益林护林员334人，建档立卡贫困人口转为生态护林员1500人。落实护林员工资1834万元。

（钟兴根）

环境监管

【概况】 2022年，县生态环境局将环境执法大练兵活动贯穿在“双随机”抽查执法及日常执法各环节中，集中解决工作中存在的薄弱环节，严厉打击各类环境违法行为。下发现场监察记录20余份，下发《责令改正违法行为决定书》10份，行政处罚10家企业，累计罚款76.3万元。全县共办理生态损害赔偿案件15起，落实损害赔偿金18万元。坚持季度“双随机”抽查执法，充分运用江西省“双随机、一公开”行政执法监督平台开展执法检查，严格按要求随机抽取检查对象，随机选派执法检查人员，及时公布查处结果。年内共随机抽查企业24家，均按时开展现场执法并将结果进行公示。运用自动监控平台助力监管，县内共12家重点企业纳入污染源自动监控平台，其中停产2家，正常生产10家。按要求对重点污染源在线监控企业做到每个月最少监管监察1次，同时做好监察记录，确保有效数据传输率全部达90%以上。做好信访纠纷调处工作，年内共受理环境污染信访投诉件345件，其中涉水污染57件、噪声污染139件、大气污染136件、固体废物污染3件、其他10件。办结345件，办结率100%。所有信访件在规定时间内完成处理。

【专项检查】 2022年，兴国县贯彻落实国务院《排污许可管理条例》，加强污染源排污许可证后监管，强化企业“持证排污、按证排污、自证守法”意识，对辖区内企业开展排污许可证专项执法检查，重点对排污企业是否依法申领排污许可证、是否按证排污、是否规范化建设排污口、是否按要求开展自行监测等内容进行重点核查，并就企业无证排污、违反排污许可证规定等违法行为进行严厉查处。6月，在全县开展医疗废物、废水专项执法大检查。指导医疗卫生机构、医疗废物处置单位规范化开展疫情防控期间生态环境保护工作，防范化解疫情防控风险，联合县卫健委开展医疗废物及废水处置专项检查，全力守好防疫生态安全屏障。

【环境行政审批】 2022年，兴国县落实《赣州市“三线一单”生态环境分区管控方案》，在引进项目过程中落实生态环境准入清单。对不符合国家法律法规、产业政策及兴国县产业定位的项目，一律提出不予准入的环保意见。严把项目审批关，对不符合要求的环评文件一律退回，待修改完善后重新受理。对不符合要求的申请表，提出修改意见并退回，待修改后重新受理。根据项目产品方案、生产工艺及污染物排放情况，结合项目产业政策及兴国经济开发区产业定位等要求，提出项目准入生态环境保护意见，有效规避政策和环评风险，让业主少走弯路。对58个项目提出准入意见，对12个不符合产业政策、产业定位及“三线一单”管控要求项目提出不予准入意见。对材料齐全的项目，审查与公示并联进行，缩短审批时间。对材料不全的项目，采取“容缺＋承诺制”审批。2022年完成县级权限环评审批项目13个，共核发7本简化管理的排污许可证，协助2家企业获得重点管理排污许可证，帮助3家重点管理企业完成排污许可证变更；有47家排污单位完成网上排污登记。对56家获得简化管理的排污许可证进行排污许可证质量检查，抽查8家排污单位的年度执行报告。

【环境监测】 2022年，兴国县严格落实《江西省生态环境厅加快市县生态环境监测机构能力建设的通知》及江西省生态环境厅关于印发《江西省市县生态环境监测机构能力提升指导方案》的通知，认真抓好全县的环境监测工作。6月2日，兴国技术服务站获得江西省市场监督管理局批准的CMA实验室检验检测能力资质和能力附表项目两大类（水和废水、噪声）16项。8月起，每月对乡镇出境断面水进行采样监测，监测结果运用于乡镇年终考核；配合兴国县生态环境局执法大队纠纷监测、提供数据参考共5次；配合兴国县生态环境局水股对地表水排查等工作的监测4次；对国考断面加密监测3次，确保水质问题早发现、早治理；监督、帮扶在县域内企业自行监测工作，对第三方检测机构提供的监测报告、数据的真实性、准确性、可靠性、公正性进行不定期监督检查。

【生态环保督察问题整改】 2022年，中央、省派出专项调查组，对江西省进行环保督察，针对督察中涉及的兴国环境治理问题，兴国县通过源头管控、联合执法、日常巡查等方式进行专项治理行动。对城区涉及砂场、石场发放通知30余份，责令砂石场经营者协助规范驾驶员管理，严防水砂上路及未覆盖上路行为；对城区夜宵烧烤店进行专项整治，要求安装使用无烟烧烤车或油烟净化器等净化设备，对39家下达限期整改通知书；全面规范餐饮业油烟净化设施安装、使用、清洗工作，下达限期整改通知书160余份，以街道为单位逐片规范，全面提升餐饮油烟管理质量；严格执行“六必须”“六不准”“六个100%”（“六个必须”即必须打围作业、必须硬化道路、必须设置冲洗设施、必须湿法作业、必须配齐保洁人员、必须定时清扫施工现场；“六个不准”即不准车辆带泥出门、不准高空抛撒建筑渣土、不准现场搅拌混凝土、不准场地积水、不准现场焚烧废弃物、不准现场堆放未覆盖的裸土；“六个100%”即施工工地周边100%围挡；物料堆放100%覆盖；出入车辆100%冲洗；施工现场地面100%硬化；拆迁工地100%湿法作业；渣土车辆100%密闭运输）的要求规范管理，县中心城区在建项目33处全部实行围挡作业，为全县空气质量持续提升奠定扎实基础。

（凌　波）

节能减排

【公共机构节能管理】 2022年，兴国县开展“世界地球日”“中国水周”“公共机构节能宣传周”“全国低碳日”等重点节日的节能宣传活动，营造节能良好氛围，增强公共机构人员节能意识，推动绿色低碳生产生活方式成为新的风尚。推动全县各中小学校设立班级节能委员，以节能委员“小杠杆”撬动节能降碳“大成效”；完成县农业农村局、网信办、退役军人事务局等10家节约型机关创建申报工作；组织兴国中学完成全省第一批公共机构节能现场教学点验收工作；积极推进全县公共机构低碳积分制（绿宝碳汇）的推广和运用；全县220个公共机构注册人数1.15万人，蓝币数2503个，绿币数148.9万个，累计减排量36.22吨，进一步发挥公共机构在全社会节能工作中的示范与表率作用。

【节能降耗】 2022年，全县能源消耗总量80.89万吨，比上年增长2.21%，单位GDP能耗0.35吨标准煤/万元，比上年降低2.75%。其中，农林牧渔业能源消费2.04万吨，比上年增长2.93%；其他服务业能源消费21.38万吨，比上年增长2.35%；居民生活用能21.25万吨，比上年增长8.44%；工业和建筑业能源消费36.22万吨，比上年降低1.25%；单位工业增加值能耗1.21万吨，比上年降低13.68%。高新技术产业增加值占规模以上工业增加值比重首次突破30%。全年工业技改完成投资28.62亿元，比上年增长12.23%。鼓励开展绿色低碳创建活动，获评绿色工厂2家，新增“省级节水型企业”2家，实施清洁生产企业5家。

【新能源基础设施建设】 2022年，兴国县积极推进能源基础设施建设，风能、太阳能、生物质能等清洁能源产业快速发展。大水山风电场、莲花山风电场、云峰嶂风电场、茶园风电场建设完成，总装机规模为418兆瓦，年发电量达8.8亿千瓦时。年内，全县加快推广太阳能光伏电站，入库光伏项目4个，总容量350兆瓦。

【绿色公共服务设施建设】 2022年，兴国县积极推进新能源建设，全县有兴国县泉南高速公路北兴国服务区电动汽车充电站、兴国东收费站电动汽车充电站及兴国南服务区电动汽车充电站等，拥有新能源汽车充电桩465根，注册新能源汽车1500余辆，新增智能享停车位700个，绿色公共服务设施更加完善、便捷。

（刘　伟）

本栏编辑：陈玉桃

教　育

综　述

【概况】 2022年，兴国县有各级各类学校832所，其中高中6所（民办2所）、中职3所、初中29所、小学235所、教学点171所、九年一贯制学校2所、特殊教育学校2所（公、民办各1所）、幼儿园384所（民办141所）。在校学生15.99万人。其中，高中2.02万人、中职0.63万人、初中3.82万人、小学6.82万人、特殊学生0.08万人、幼儿2.62万人。有在编在岗各类正式教职工0.9万人。校园占地面积399.89万平方米，校舍面积186.19万平方米。

2022年，《兴国县“三个课堂”建设案例》入选国家教育资源公共服务体系联盟，被教育部评为优秀案例；县教科体局被评为“相守计划”全国最佳组织奖、全国“新时代好少年美好生活劳动创造者”主题教育先进集体、江西省实施妇女儿童发展纲要先进集体，江西省彩票公益金支持建设青少年校外活动中心优秀单位。

【教育基础设施建设】 2022年，兴国县投入资金13.05亿元，新改扩建项目92个，重点实施平川中学北校区建设项目、兴国县职业技术学校新建项目、良村中心小学建设项目等18个重点项目，新改建校舍面积21.9万平方米，改扩建运动场面积5万平方米，至年底项目完工62个。教育补短板PPP（政府与私人组织之间为提供教育服务，以特许权协议为基础形成一种伙伴式合作关系）项目顺利完成招标流程，与中标社会资本方签订PPP协议，项目涉及平川中学北校区、兴国县第八中学、兴国县第八小学、兴国县第九中学及兴国县第九小学等14个子项目，建设资金11.34亿元；成功争取兴国县职业学校新建项目专项债券资金1.5亿元，至年底完成建筑规划设计方案、土地调整规划等工作。

【教育装备】 2022年，兴国县教育信息化投入2049.2万元，其中139.3万元用于新添计算机312台，183.6万元用于新添智能采集笔3957支，78.93万元用于新添“班班通”（联网交互式教学一体机）50套。开发幼儿园报名系统、小升初及转学系统，完成兴国县第五幼儿园、兴国县第八幼儿园、兴国县第十幼儿园、兴国县第十二幼儿园的弱电工程及信息化设备改造。实现“班班通”覆盖率、教学点专递课堂覆盖率、智慧作业覆盖率100%。

【标准化考点建设】 2022年，兴国县大力完善各学校国家教育考试标准化考点建设，投入260余万元更新考点设备，重点升级兴国中学、平川中学、兴国县第三中学、将军中学4个标准化考点作弊防控设备和5G网络，标准化考点考场建设得到提档升级。

【“阳光招生”】 2022年，兴国县在“互联网+”的助力下，“兴国县义务教育入学服务平台”投入运行，同年秋季招生，全县首次启用“兴国县义务教育入学服务平台”，实现不动产登记信息、常住人口信息等数据共享和自动比对审核，县直入学通过平台申报入学人数4136人，新生100%完成线上报名。“数据赋能”“阳光招生”

成为兴国城区招生工作亮点。

【校园安全管理】 2022年，兴国县以县教科体局为主成立专项巡查小组，对校园安全开展常态化专项巡查，每月对巡查发现的问题或好的经验做法形成巡查通报。投入资金313万元，对全县150所学校校园安防"四个一"工程建设进行全面整治。抓好"雪亮工程"建设、门卫室建设、心防室建设、消防设施建设，加大"人防物防技防和心防"管理。兴国县获评"2022年度全省平安校园建设优秀县"。

【学生营养改善计划"兴国模式"】 2022年，兴国县面向全国公开招标，确定一家有实力有经验的现代化餐饮管理配送服务企业"成都金源鸿餐饮管理有限公司"，对全县学生营养餐食堂供餐的大宗食品及原辅材料实行"统一招标、统一采购、统一配餐、统一送餐"的"四统"企业配餐服务模式。全县有营养改善计划供餐学校401所，食堂401个，全学年供餐182天，享受营养改善计划餐饮供应学生人数7.15万人，营养改善计划项目全年支出5832.23万元，确保全县农村义务教育阶段学校学生全部享受农村义务教育学生营养改善计划政策。

2022年，全县注重农村义务教育学生营养改善计划，强化组织保障，创新供餐模式，得到社会各界普遍赞誉和江西省委、赣州市委主要领导高度赞扬，并在全省推广学生营养改善计划"兴国模式"。

（余厚鸿）

教育管理

【师资队伍建设】 2022年，兴国县招聘中小学及幼儿园教师503人，进一步充实教师队伍，加强师资力量。深入推进以"核心价值观"为主题的师德师风系列活动，实行师德师风"一票否决"，提升广大教师的师德修养师风品行。实施"名师、名校长培养工程"，设立名师、名校长培养专项基金。实施校级后备干部培养工程，全年有12名后备教育干部走上校（园）长岗位、18名后备教育干部走上副校（园）长岗位。颁发长期从教证书70份，在全社会提升对教师从教认可度，加大教师在全社会的赞誉度。

【义务教育服务】 2022年，兴国县实行义务教育阶段免试入学规定，合理设置义务教育阶段学区、学校，为辖区内每一所小学、初中合理划定招生范围，严格执行招生计划，控制招生规模，规范编班行为、招生秩序，完善城区义务教育招生入学平台建设，推进招生入学网上"一键报名"，保障进城务工经商人员随迁子女公平入学权利，助力推进教育公平。深入企业为150余名职工协调解决子女入学事宜。

【招生考试】 2022年夏季，兴国县招生办公室顺利完成全县1.01万名考生的高考各项工作以及2.77万名考生的初中学业考试各项工作、1.70万名考生的高中学业考试各项工作、1.24万名小学生教学质量监测组考工作任务，实现"平安、健康"的组考目标。全县高考普通本科录取3381人，录取率37.37%，其中一本上线1014人、占比11.2%，二本以上上线2367人、占比26.16%，较上年增长0.22%。平川中学付延广以661分、邱华平以630分双双被清华大学录取，将军中学毛埔崇以652分、钟全玺以648分双双被北京大学录取，清华、北大两校录取人数位居赣州市各县之首。九年级1.54万人参加考试，全县共录取高一新生9391人。参加高等教育自学考试报名150人。其中，4月份73人，10月份77人，上半年毕业生人数5人。

【教育经费】 2022年，兴国县公共财政预算内教育支出18.01亿元，剔除一次性投入等不可比因素，比上年增长1%，逐年只增不减。按在校学生人数平均的一般公共预算教育支出（剔除一次性投入等不可比因素），逐年只增不减，每生平均一般公共财政预算教育事业费支出小学1.0万元、初中1.15万元、普通高中8007.43元、学前教育1.90万元、中等职业学校8362.52元，分别比上年增长6.24%、5.43%、3.48%、1.15%、2.26%；每生平均一般公共财政预算教育经费支出小学1.03万元、初中1.17万元、普通高中8007.43元、学前教育1.90万元、中等职业学校1.06万元，分别比上年增长5.35%、3.17%、3.48%、1.02%、2.72%；每生平均一般公共财政预算公用经费支出小学4550.08元、初中6282.68元、普通高中3097.2元、学前教育1.45万元、中等职业学校3785.05元，分别比上年增长8.59%、6.41%、5.7%、1.36%、6.02%；财政性教育经费支出占国内生产总值比例为7.47%，一般公共预算教育经费占一般公共预算支出的比例为31.78%，均达国家规定比例。

【教研联盟】 2022年，兴国县域教研联盟体组建。3月，赣州市普通高中教研联盟体（兴国、于都、宁都片区）成立，为跨区域普通高中教研提供平台和动力；4月，思政课一体化建设（兴、于、宁）正式成立联盟体，为思政一体化建设搭建新的平台。县域教研联盟体的组建，推进大教研活动，省市县片区互通、城乡学校联盟、教研科研融通的大教研成效明显。年内，创建多个学科探讨教研群新模式，小学语文本学年以县直小学为试点，探索施行“盲盒式”教研；以“真问题”为导向，改变以往一人上课、众人旁观状况，让每个教师真正深入教研活动，实现每个教师的“真”成长。构建全县小学数学学习和教研共同体，加强校际间的教研交流合作，实现资源共享和优势互补，利用“一书两练”（一书指教材，两练指对上面配套的《数学新课程新练习》《数学作业本》大小练习）贯穿于师生教和学中，全年开展17次“画”“说”“编”“做”等数学思维训练教研开放日活动。有序组织部分中小学学生前往刘启耀纪念馆开展“研学睦埠，启智廉心”研学活动，推进思政课堂改革，提升思政实效。为提高课堂效率和落实作业减负，全年举办师生学科类竞赛12次，其中8人次获评省级奖。

【课题申报】 2022年，兴国县深入课题研究，助推教师专业成长，全县11所学校18人次参加2022年1月的规划课题申报，6月有96人次参加2022年省市基础教育课题申报，全年共立结项46项。

兴国县根据自身的实际需求和发展方向，制订出一系列教科研计划，并积极组织各单位参与申报。经过严格筛选和评审，成功申报一批具有重要意义的课题（省市有138人次参加2023年省市基础教育课题申报，立项结项正在评审中），课题将为兴国县的县域教育教学发展提供科学依据和理论支撑。各课题组在项目启动后，迅速展开工作，注重理论研究和实践应用的结合，注重将科研成果转化为实际教育教学能力，促进理论与实践的深度融合。通过学术会议、研讨会和学术期刊等方式，积极宣传和推广课题成果。

【“智教”“智学”】 2022年，兴国县组建教育信息化讲师团送培下乡、送培到校，全面推广“三个课堂”应用。全县三至九年级“八大学科”（语文、数学、英语、物理、化学、地理、历史、生物）任课教师配备率100%、使用达标率100%。年内，首创“智慧作业”与“专递课堂”融合应用，即课前通过智慧作业进行前测，教师基于数据分析集体研究备课，课中专递课堂环境下授课，课后通过智慧作业微课巩固学习，构建出“智教”“智学”的专递课堂模式，全县63所学校获评市智慧（数字）校园。

【教学培训】 2022年，兴国县共组织1400余人参加上级组织的各类培训，组织10次县级培训，有441所学校开展对应的校本培训，培训人数达8711余人，培训期间的各项活动中，共有463人次获得省市奖励。以常规培训促常态应用，全县教育系统借助各类教育培训认真组织开展一系列教学、展示、竞赛和课题研究等活动，带动形成信息化课堂新常态，通过培训有效推进全县信息技术与教育教学的深度融合。

【红色思政研学活动】 2022年，兴国县教科体局充分挖掘本土丰富的红色文化资源，倡导广大师生参与市委宣传部、市教育局、市红色资源保护中心联合开展的“行走的思政课 红色地标我打卡”活动，通过参观红色场馆、体验红色讲解、组织红色诵读写活动不断推动思政小课堂与社会大课堂相结合。4月19日，龙口中学组织七年级学生徒步4.5千米举行第二期“徒步研学，致敬英雄——重温刘启耀背着金条乞讨的故事”研学活动；5月，组织全县中小学生开展“五红”手抄报比赛，共收到108件以红色文化为主题的参赛作品，表达学生深深的爱党爱国之情。活动中，由县教育系统选送的18个主题短视频从全市海量作品中脱颖而出，分获评市级一、二、三等奖。其中，埠头中心小学钟浩宁的《喜迎二十大红色地标我打卡——兴国县烈士陵园》、兴国三中邹婷的《打卡兴国县中央红军兵工厂旧址》等作品分别取得中小学组别一等奖。

【“双减”工作】 2022年，全县基本构建完成“1+X+Y”（“1”为作业辅导，包括自主作业、答疑解惑、分层辅导，让孩子们尽可能在学校完成作业。“X”为各班级的自主活动，Y为学校的社团服务）兴国特色课后托管服务模式，保持义务教育阶段学校课后服务及有需求学生“两个全覆盖”。5月，举办县直小学办学特色暨“双减”（在我国教育领域中指要有效减轻义务教育阶段学生过重作业负担和校外培训负担）成果展示流动现场会。规范校外培训机构，开展“双减”工作专项部署和政策解读，建立33个培训机构网格片区。全县校外培训机构由204家压减至104家，所有无证无照培训机构全部关停、取缔，所有学科类培训机构全部转型，26家校外培训机构办证并纳入“全国校外教育培训监管与服务综合平台”监管。多途径开展学生文体兴趣特长培训，保障学生全面发展。乡村中小学课后延时课程开设兴国山歌、竹编、踩高跷、剪纸等具有乡土情怀、农耕特色的美育课程。新招聘音乐美术教师全部安排到乡村中小学任教，在送教边远农村学校的“走教行动”中联动成“美育共同体”。印发《兴国县2022年“双减”工作督导方案》，全年开展“双减”工作专项督导3次。教科体系统借助“有事找书记”工作平台，校长、书记第一时间接受社会家庭有关“双减”诉求，第一时间解决“双减”工作中遇到的问题。

【未成年人思想道德教育】 2022年，兴国县充分发挥“五老”（老干部、老战士、老专家、老教师、老模范）优势，适时安排“五老”为教师们上党课，给孩子们讲红色故事。参与各类教育培养活动、课后延时服务和“科技下乡”活动，打造出“山歌传承·兴国韵”“心旷神怡·太极拳”等学校特色服务。下发《兴国县“五老”工作站建设方案》，67所中小学、32所幼儿园建立“五老”工作站，实现公办学校全覆盖。

组建“红领巾”巡讲团，全年开展义务宣讲600余场次，覆盖人数3万余人次。用好“红领巾爱学习”平台，扩大参学范围，通过红色地标打卡、主题班会活动、红色研学等引导青少年听党话、跟党走。开展“党的故事我来讲”活动，吸引3000余名青少年报名参加，11月永丰中学学生刘研被市教育局推荐参加省级现场比赛，获评省一等奖第1名。

推进“小手拉大手”，助力“五净一规范”（院内净、卧室净、厨房净、厕所净、个人卫生净，院内物品摆放规范）。组织开展“未成年人保护宣传月”活动，发放《中华人民共和国未成年人保护法》，防范电信诈骗、禁毒等宣传材料，向家长普及未成年人保护相关常识，树立起立德树人的家庭教育理念。

【关爱留守儿童】 2022年，兴国县推动实施“安踏体育课”“幻方助学计划”“快乐足球”“云支教”“姚基金”等公益助学活动，惠及40余所学校1.1万余名学生。做好预防青少年违法犯罪工作，常态化开展青少年普法、禁毒等活动；聚焦青少年帮困助学，为3000余名中小学生圆梦微心愿。以“童心港湾”项目建设为抓手，精心选配“童伴妈妈”，在全县打造37个“童心港湾”项目点，招募24个公益合作伙伴以“一对一结对项目点”和“认领心愿活动”方式充实关爱力量，覆盖农村留守儿童1000余人。年内，第九期“相守”（农村留守儿童和乡村留守老师守望相助、相守相伴）计划项目建设学校36所，自主申报项目10个，其中高兴小学依托项目“心灵手巧 变废为宝”的推行被推荐为“标杆学校”。

（余厚鸿）

学前教育

【概况】 2022年，全县有幼儿园384所（其中县直公办幼

9月，兴国县第一幼儿园北园中一班举行开学仪式　（县第一幼儿园 供图）

儿园9所，乡镇公办中心幼儿园24所，村级附属幼儿园210所，民办幼儿园141所）。在园幼儿2.62万人，其中公办幼儿园在园幼儿1.64万人，公办幼儿占比62.44%。普惠性民办幼儿园92所，普惠性民办幼儿园在园幼儿占比94.9%，学前三年毛入园率89.7%。无证办幼儿园被全部取缔。聚焦规范管理和教学研究，积极开展示范幼儿园创建，至年底，全县有市级示范园28所、省级公办示范园2所、省级民办示范园1所，兴国县第一幼儿园等72所幼儿园被认定为“江西省标准化幼儿园”并予以挂牌。6月，在全省幼小衔接线上培训活动中，兴国县“幼小衔接，我们在行动”进行典型性经验介绍。年内，兴国县第二幼儿园钟云红获得“全国第十四届宋庆龄幼儿教育奖”荣誉，兴国县第六幼儿园刘荣秀获评“全国青少年普法教育优秀辅导员”荣誉称号。

【幼儿园规划与建设】2022年，兴国县累计投入幼儿园建设资金约9599万元，规划新建城区幼儿园5所。其中，兴国县第五幼儿园，按照幼儿园15个班的标准建设，项目投资800万元，改造建筑面积5201.96平方米，对该园进行二次装修，完善道路、活动场地及配套设施，2022年9月开园投入使用，新增园位450个；兴国县第六幼儿园，按照幼儿园9个班的标准建设，项目投资1900万元，新建校舍面积4700平方米，购置教学仪器设备，2022年9月开园投入使用，新增园位270个；兴国县第八幼儿园，按照幼儿园15个班的标准建设，项目投资500万元，改造建筑面积3218平方米，对该园进行二次装修，完善道路、活动场地及配套设施，2022年9月开园投入使用，新增园位450个；兴国县第九幼儿园，按照幼儿园21个班的标准建设，项目投资3999万元，新建校舍面积8023平方米，购置教学仪器设备，2022年9月开园投入使用，新增园位630个；兴国县第十幼儿园，按照幼儿园12个班的标准建设，项目投资2400万元，新建校舍面积4800平方米，购置教学仪器设备，2022年12月开园投入使用，新增园位360个。项目建成后，全县新增幼儿园位2160个。

【幼儿教师培养】2022年，兴国县统筹安排、系统规划，分阶段、分步骤逐步推进幼儿教师队伍素质提升，以省级示范园为教研培训基地园，以市级示范幼儿园为核心，形成兴国县学前教育教研指导团队，不断提升全县学前教育保教质量。全年招聘备案制幼儿教师99人，县外调入1人。有48名农村幼儿园教师被安排进城区幼儿园进行跟班学习，从而优化教师资源配置。

【“全人教育”】2022年，兴国县进一步扩大幼儿教师培养规模，加强幼儿园师资专业培养并与江西高校出版社联合制订三年培养计划，聘请江苏、浙江“全人教育”（从“发现人”到“立人”的一种新型教育模式）专家教授，为兴国幼儿教师进行多次培训，培训800余人次，为全县幼儿园培养一批学前教育专业专科层次教师。实施幼儿园教师全员培训计划，完善幼儿教师“国培计划”和“省级培训”项目课程设置。由县内开展的片区教研，实行每个片区每月举行一次片区教研，全面完成对全县幼儿园园长和教师的全员专业培训，加强园长、副园长后备人才培养，做好人才储备，提升幼儿园管理人员业务水平。

（余厚鸿）

义务教育

【概况】2022年，兴国县义务教育学校441所（其中初中35所，小学235所，教学点171个，特殊教育学校1所），在校学生10.63万人，其中小学生6.82万人，初中生3.82万人，在特殊教育学校就读学生331人。年内，全县小学阶段净入学率102.4%，初中阶段净入学率108.3%，义务教育阶段巩固率99.99%。

【教育服务新体系】从“五育并举”到“五育融合”，兴国教育为更多学生提供精准化、个性化、多样化的教育服务。2022年，兴国县中小学生中参与课后服务的学生达9.57万人，参与教师达6900余人，校内课后托管服务实现义务教育阶段学校和有需求学生“两个全覆盖”（义务教育学校全覆盖、有需求的学生全覆盖），探索出“1+X+Y”课后托管服务模式，服务项目走出教室，以“思政德育”“智育为本”“阳光体育一小时”“美育熏陶”“劳动教育”多种姿态呈现，全县育人的教育新体系初步成型。

【小学教育】2022年，兴国县第一小学、兴莲小学、兴国县红军子弟小学、兴国县第一幼儿园获得赣州市中小幼红色基因传承示范学校称号；兴国第三小学、兴国县实验小学获评全省中小学红色、绿色和古色文化教育活动先进单位。年内，全县义务教育学校小学235所（其中特殊教育学校1所就读学生331人），教学点171个，班级2272个，在校学生6.82万人（其中女生3.16万人）。全县接收进城务工随迁子女2147人，其中小学1535人全部就读公办学校，在公办学校接受义务教育比例100%。

2022年，兴国县县城小学开展课间活动　（县教科体局 供图）

【初中教育】2022年，兴国县深入推进初中生综合素质教育及教学质量提升，教学中更加注重理论联系实际，使实用性知识点学习明显增强，加强国情教育，育人性表现显著。教学方式不断改革与创新。年内，全县有初中学校29所，其中县直初中4所，乡镇初中25所，班级总数806个，学生总数3.82万人（其中女生1.70万人）。年内接收进城务工随迁子女612人全部就读公办中学。

【控辍保学】2022年，兴国县紧扣“家庭适龄儿童少年不失学辍学”目标，全力开展控辍保学工作，严格落实过渡期“四个不摘”（摘帽不摘责任、摘帽不摘帮扶、摘帽不摘政策、摘帽不摘监管）要求，保持教育帮扶政策不变、标准不降、力度不减，抓牢控辍保学、全面落实学生资助，持续巩固拓展教育脱贫攻坚成果，全面助力乡村振兴。紧扣“除身体原因外，脱贫户、监测户家庭适龄儿童少年不失学辍学”这一目标，全力开展控辍保学工作，建立控辍保学长效机制，加强大数据动态监测及比对，持续保持脱贫户、监测户家庭义务教育阶段适龄学生失学辍学常态清零。全力化解义务教育大班额。年内，全面消除超大班额，义务教育大班额占比为0.049%。

【兴国县红军子弟学校】兴国县红军子弟小学，又称兴国第六小学，位于县城平川北大道，是国家烟草专卖局捐资7000万元对口援建的重大民生项目。

学校规划科学、环境优美、师资雄厚、设备一流，占地面积4.26公顷，建筑面积2万余平方米，2022年有80个教学班，210名教职工，3725名学生。学校秉承“扬红色精神，享幸福教育”理念，红色文化、文明礼仪、足球竞技、家校合作等特色日益彰显，是兴国县义务教育阶段均衡发展的一面旗帜。教学成果《赣南原中央苏区红色文化育人的探索与实践》获评江西省基础教育教学成果一等奖，实现兴国县教育成果奖零的突破。被教育部授予“全国青少年校园足球特色学校”“全国国防教育特色学校”称号，被中华全国妇女联合会授予“全国巾帼文明岗”称号，江西省第一届“文明校园”、省“三色文化教育活动先进学校”、省“家校合作试点学校”、省“十佳孔子学堂”等称号。

【兴国县萧华红军小学】 兴国县萧华红军小学又称兴国县第一小学，是兴国县城最早的公办学校，占地面积9000平方米，校舍建筑面积9137平方米，2022年有教学班52个，学生2366人，教职工137名。学校以“红色资源”为主线，以“将军精神”为灵魂，以课程文化为核心，以活动文化为载体，办红色学校，创红星品牌，行红星教育，打造4栋校园主题文化楼，发挥德育基地主阵地作用，组建起小红星合唱团、小红星讲解团、小红星腰鼓队等小红星品牌团队，成立特色将军中队引领示范。学校先后获评“国家级语言文字规范化示范校”“全国传承红色基因赓续红色血脉先进单位”“全国国防教育示范学校”“江西省文明学校”“江西省首批红色基因传承示范校”“江西省现代教育技术示范校”“江西省安全文明校园”“赣州市德育示范校”“赣州市文明实践点”“赣州市首批红色教育基地”“赣州市校园文化建设示范校”等殊荣。

【兴国县列宁九年一贯制学校】 兴国县列宁九年一贯制学校是一所历史悠久、环境优美、学风纯正、质量优良的农村九年一贯制的学校，占地面积12638平方米，建筑面积9106平方米，2022年有教师52人，16个教学班，学生741人。1933年11月，毛泽东在学校召开群众代表大会，深入基层调查研究，撰写出著名的《长冈乡调查》，苏区时初名“列宁小学”，2014年9月，长冈列宁小学与列宁中学合并为“列宁九年一贯制学校”。以“弘扬苏区精神，传承红色基因，创办特色学校”为办学理念，植根历史，开启未来。打造红色主题文化，挖掘本地红色历史，当地开国将军、烈士的生平、毛泽东作《长冈乡调查》场景、毛泽东与列宁小学、毛泽东与儿童团的历史呈现，激发学生爱党、爱祖国、爱人民的感情，使之更好地继承革命传统、传承红色基因，充分发挥环境育人功能。

（余厚鸿）

9月8日，萧华红军小学小红星讲解员为少年儿童讲述红军故事

（萧华红军小学　供图）

高中教育

【概况】 2022年，兴国县有高中学校6所，班级80个，在校学生2.61万人，其中女生1.21万人，寄宿学生2.40万人。高中阶段教育毛入学率96.34%。年内，高中阶段教育结构调整力度不断加码，实现普通高中和中等职业教育招生规模大体相当。探索综合高中、特色高中、“二一分流、高三分流”等特色多样发展模式。兴国县平川中学被评为省级文明校园，

兴国中学获评第二批全国中小学中华优秀文化艺术传承学校荣誉称号，被评为全国足球特色学校；兴国县第三中学被列为全省普通高中特色发展试验学校，试验方向为农村高中分层自主学习模式改革。

【特色高中学校创建】 全县持续开展普通高中特色学校创建工作，构建高中教育多样化有特色的发展格局，提升普通高中办学水平，加强高中学生发展指导，积极开展生涯教育，2022年，兴国中学《高中心理健康教育》获评江西省中小学幼儿园第三届100门出彩校本课程二等奖。持续推进普通中学学生综合素质评价信息管理系统，全面实施学生综合素质评价工作。对照高考综合改革的要求和条件，对新高考改革场地保障进行全面摸底。

【平川中学】 学校位于县城洪门，是一所老牌省级重点中学，占地面积20公顷，建筑面积11.50万平方米。2022年有高中教学班114个，学生7243人，考取“211”以上重点大学164人，其中2人考取清华大学，高考二本以上录取人数1738人。教职工384人，其中全国优秀教师2人，省特级教师2人，省级学科带头人和骨干教师11人。发表国家级论文5篇，省级以上论文37篇，各级课题立项11项，结题10项；教师中有46人次获评市级以上教学竞赛等级奖，学生中有49人次获得市级以上学科竞赛奖，在奥赛指导上31人获奖，数学获得江西赛区全国二、三等5人，物理获得江西赛区全国二、三等4人，生物获得江西赛区全国二、三等4人，语文获得第二十三届世界华人作文大赛全国二、三等奖3人。

【将军中学】 深圳企业家陈远奎投资兴办、经教育行政主管部门正式批准的一所全日制民办重点中学，位于县城将军大道789号，占地面积12公顷，建筑面积10万多平方米，总投资3亿多元。2022年在校学生6000多人，教职员工450人。学校健康发展，形成良好的教风、学风，教育教学成绩斐然，年内，学生毛埔崇、钟全玺双双被北京大学录取。学校先后被评为“江西省重点中学”“江西省平安示范学校”“江西省先进社会组织”“赣州市优秀民办学校”“赣州市三星级学校”“中国社会组织评估4A级学校”“中国民办教育协会高中分会副理事长单位”。多次被市、县人民政府和教育主管部门授予教学质量先进单位、校园文化建设示范校等荣誉称号。

（余厚鸿）

兴国县平川中学　（平川中学 供图）

职业教育

【概况】 2022年，兴国县有中等职业学校3所，其中公办职校1所（兴国中等专业学校），民办职校2所（赣州市将军中等职业学校和兴国兴旺职业技术学校），在校学生6284人，教职员工323人。职业教育办学规模逐年扩大，围绕主导产业发展聚焦“产教融合、校企育人”定向培养目标，进行优化专业设置，首创设立产教融合实训基地。创新人才培养方案，加快推进产教融合工作的开展，通过引企入校合作，采取订单培养、工学交替、顶岗实习、资源共享等办法，全方位提升办学质量，全力推进工业倍增升级行动。

【校企合作】 2022年，兴国中等专业学校与福州蕴美贸易有限公司、江西俱进教育科技有限公司、惠州宇博实业有限公司等企业分别共建美容美体实训基地、烹饪实训基地、智能制造实训基地。企业提供实训设备设施，有效解决学生实训问题。将军中等职业学校内设兴国春雨中医医院、春雨爱心幼儿园，学生在校内就可进行实习，提升专业技能。兴旺职业学校在兴国宝华印务有限公司设立实训基地。5月，兴国中等专业学校在兴国县经济开发区创办兴国中等专业学校经开区校区产教融合实训基地，基地位于兴国县工业园319国道旁，重点打造服装设计与工艺、电子商务、光电制造技术、机电一体化4个专业。

6月24日，兴国中等专业学校经开区校区产教融合实训基地举行揭牌仪式

（兴国中等专业学校 供图）

【职业技能培训】 兴国县各职业学校发挥职业教育优势，整合学校资源，开展职业技术培训。2022年7月，县有3所职业学校开展电子商务、会计电算化、康复技术、幼儿保育、高素质农民教育培训、“兴国工匠”“兴国能人”等专业技能培训，参培参训2300余人次。年内，全县完成职业技能提升培训4464人，完成目标任务数的149%。其中，“兴国表嫂”就业技能培训1629人，创业培训947人，企业职工岗位技能培训1788人，企业新型学徒制培训100人，拨付各类培训补贴314万元。兴国中等专业学校培训工作得到中央部委和省市领导的充分肯定，并被央视新闻频道和《光明日报》、中国青年网、《江西日报》等主流媒体报道。

【兴国中等专业学校】 兴国中等专业学校为兴国县唯一一所全日制公办中职学校，占地14.86公顷，2022年有教职工239人，在校生4468人。开设电子商务、旅游服务与管理、建筑工程施工、计算机应用、数控技术应用等19个专业。投入6000万元配备各类实验实训设备。2022年县委、县政府投资4亿元，在兴国县经开区南区新建一所占地20公顷的全新职业技术学校并破土动工。学校先后被评为江西省重点职业学校，国家级重点中等职业学校、国家中等职业教育改革发展示范学校、第二批全国城乡社区教育特色学校、第三批全国职业院校数字校园建设实验学校，江西省教育系统先进单位、江西省文明单位。

（余厚鸿）

成人教育

【概况】 2022年，全县形成以兴国县职业中等专业学校为县级中心学校，以乡镇成人文化学校为基础，以村级成人文化学校为教学点的职业成人教育三级教育培训网络。年内，完善职业成人教育各项硬件与软件设施，充分发挥各级各类职业教育与成人教育学校教育培训职能，培育一批有文化、懂技术、善经营、会管理的新型职业农民，推进全县乡村振兴和现代农业高质高效发展。

【学历提升教育】 2022年，兴国县依托国家开放大学为平台，开设行政管理、金融学、学前教育、法律事务、畜牧兽医、会计、水利水电工程管理等27个专业。年内，新增学历提升学员219名，不同年级学历教育在籍学员657人，成绩合格毕业人数122人，为教科体系统教师、乡村“两委”干部及社会有志青年提供学历提升平台。

【成人教育管理】 2022年，兴国各乡镇成人文化学校在节假日承接农村技能和文化培养任务，吸收农村有志人员前来提升知识、获取技能，培养一大批养殖、种植能手和进城务工能手，带动一大批农民就业和创业。年内，依托老年大学开展老年远程教育，组织录制一批视频课，通过微信公众号等形式把视频播放到乡镇、社区老年学校。县老年大学挂起新时代文明实践中心（站）牌子，通过示范带动，全县推进 2 个乡镇、55 个村、社区，在新时代文明实践站办起村、社区老年学校（教学点）。

（余厚鸿）

特殊教育

【概况】 2022 年，兴国县建立完善特殊群体入学保障体系，简化优化入学门槛，实现“零障碍”入学。落实“两为主”政策，建立以居住证为主要依据的随迁子女入学政策，简化随迁子女入学流程和证明要求，对适龄残疾儿童少年坚持“零拒绝，全接纳”原则；全县 6—15 周岁适龄残疾儿童少年实名登记 868 人，其中特殊教育学校就读、普通学校随班就读、送教上门共计 843 人，延缓入学 25 人，实现教育关爱全覆盖。

【兴国县特殊教育学校新校区建设】 兴国县特殊教育学校新校区是县委、县政府 2022 年投资建设的重大民生项目，坐落于洪门工业园区新区大道，占地面积 1.66 公顷，建筑面积 1.17 万平方米，总投资 3000 余万元，办校规模 21 个班，可容纳学生 252 人，是县内唯一一所九年一贯制综合性特殊教育学校，规划有教学楼、康复楼、宿舍、食堂、职业训练楼等功能区和律动室、感统室、多媒体互动康复教室、多感官训练室、心理咨询室、美工室。年内，学校有班级 6 个（3 个听障班、3 个智障班），学生 110 人（在校 98 人，送教 12 人），教职工 20 人。学校以“从这里出发，融入新时代”为办校理念，致力于听障、智障儿童为主，自闭症、脑瘫儿童少年等为辅的教育和康复，培养学生学会做人、学会学习、学会生活，力争将学校打造成特殊孩子健康成长的乐园。

【课程设置】 2022 年，全县认真落实《江西省中小学管理规范》，严格执行《课程计划》，开足开齐课程，针对培智学生开设生活语文、生活数学、生活适应、绘画与手工等七门课程，各学科每周课时量不少于 4 课时，劳动技能课不少于 1 课时。针对听障学生学校开设思想品德、语文、数学、沟通与交往、体育与健康等课程，并根据课程设置学段要求，在保障课时量的同时，注重综合实践课程的开设，确保至少每两周一次。在开足开齐课程以外，学校针对听障学生和智障学生的特点，开设适合他们发展的兴趣课程。通过手工、舞蹈、美术等兴趣课程的学习，促进学生全面化发展。针对培智学生的个体差异，学校积极开设个训课、小组康复课等，由康复专业教师对学生进行认知、语言、动作等方面的康复训练，让培智学生在各方面有所进步。

（余厚鸿）

本栏编辑：陈玉桃

科学技术

科学普及与服务

【科技宣传与普及】 2022年7月26日，县科技创新中心联合县委宣传部、县科协、县中医院在长征社区联合举办“走进科技 你我同行”2022年科技活动周兴国县分会场科普宣传活动。通过宣传展板展示、发放宣传资料、面对面宣讲解读等方式，向群众宣传普及科技法律法规、疫情防控、健康教育、绿色生活、“双碳”环保、防灾减灾、防溺水、食品安全等科普知识，发放各类科普宣传资料1000余份。活动现场摆放流动科技馆的机械传动、电磁现象、数学思维、视觉体验等科普仪器，不少市民、学生面对面进行体验。活动还邀请中医院专家、医生为市民义诊并进行“糖尿病防治健康”和“中风识别与预防”健康知识讲座。9月28日，县科技创新中心会同相关部门在县城五福广场举办“喜迎二十大，科普向未来”主题科普活动。

7月26日，县科技创新中心联合县委宣传部等单位在长征社区举行科普活动

（县科创中心 供图）

【科技服务】 2022年，兴国县通过联络对接和运用江西省科技特派员管理服务平台，分别签约江西省农业科学院畜牧兽医研究所、江西省蚕桑茶叶研究所、赣州市林业科学研究所、赣州市蔬菜花卉研究所、赣州市蔬菜花卉研究所等组建畜禽、茶叶、油茶、蔬菜、花卉科技特派团5个32人、科技特派员4人，重点对接帮扶兴国县绿园花卉园林有限公司、兴国益香园茶业有限公司和兴国县荣清养殖专业合作社等涉农企业、农业合作社等18家经营主体，通过以点带面进行专题讲座、现场指导、示范服务、带动参与等方式，举办培训班50余次，培训农村技术带头人、基层农技人员、致富能手4000余人次，指导解决技术难题35项，有效提升农户农作物管理技能和水平，实现农业增产农民增收。举办全县研发投入统计、科技型中小企业入库、高新技术企业申报、专利申请等科技创新业务培训会6次，参会企业600余家次，培训人员600余人次。

技术产业培育

【高新技术产业培育】 2022年，兴国县立足产业创新发展，以智能科技产业为引领，围绕“2+1+N”产业（轻工纺织、电子信息 + 新材料 + N 个特色小产业）链部署创新链，着力壮大电子信息、纺织服装、含氟新材料等新兴产业，实现研发经费投入和强度双提升，全社会研发投入经费 2.55 亿元，约占 GDP 比重 1.02%，比上年增长 0.38%，高新技术产业增加值占规模以上工业增加值比重达30%以上，比上年增长7.41%。

【科技创意园建设】 创意园位于兴国县经济开发区新区，占地 1 公顷，建筑面积 1.71 万平方米，总投资 5000 多万元，是集一系列与科技文化相关联的、产业规模集聚的特定区域，吸纳兴国路畅交通工程设施有限公司等小微企业及创新创业群体 20 户。2022 年，兴国聚众文化科技创意园年产值突破亿元，该园与江西理工大学、江西环境工程学院等高校和北京爱尔设计有限公司等单位合作，年内吸收两家企业，一家“非遗”服饰企业，一家商品零售企业，与平川社区、东街社区及鼎龙乡政府合作举办活动 3 场，开发“文化创意产品在线交易 App 软件”“文化创意产品展示展览管理系统”“印刷设备废气处理智能化管控软件”等 14 项国家发明专利和计算机软件著作权登记。

（罗贤俊）

科技创新

【概况】 2022 年，兴国县紧扣国家政策导向和县域内产业基础，以实施创新驱动发展战略为核心，以增强区域自主创新能力为重点，聚集科技创新要素，推进科技创新体系建设，优化科技创新环境，培育科技创新主体，以推动科技成果转化。引进培育印度尼西亚籍人才方巧凤（汉语国际教育硕士研究生）就职于江西驿博教育科技有限公司（红兴谷），实现外国高端人才和专业人才来华（赣）工作零的突破；累计认定高新技术企业 34 家、科技型中小企业 200 家、潜在“瞪羚”企业 1 家，兴国县科技创新中心获评全市科技“双招双引”工作成效突出单位奖。

【科技创新投入机制建立】 2022 年，成立由县政协主席任组长的“兴国县科技创新赋能行动领导小组”，出台《2022 年兴国县科技创新赋能行动工作方案》《关于成立兴国县科技创新赋能行动“一办五组”的通知》（一办即领导小组办公室；五组即领导小组下设的人才培育和创新平台推进组、主体培育和创新生态推进组、科技创新赋能行动重点项目推进组、加大科技支撑推进组、服务高质量发展成效推进组）《兴国县 2022 年科技创新赋能行动工作考评方案》《兴国县强化科技创新赋能若干政策措施》等工作方案和科技惠企政策，兑现科技惠企政策奖励资金 505 万元，为大力实施创新驱动发展战略提供组织和政策保障。

【科技创新主体培育】2022 年，

2022 年兴国县省市科技创新平台情况一览表

表 18

科技创新平台名称	企业名称	级别
江西省汽车变速箱拨叉工程技术研究中心	江西省广蓝传动科技股份有限公司	省级
江西省赣南特色食品工程技术研究中心	江西国兴集团百丈泉食品饮料有限公司	省级
兴国聚众文化科技众创空间	兴国春天文化传媒有限公司	省级
赣州民爆技术工程技术研究中心	江西赣州国泰特种化工有限责任公司	市级
赣南油茶产品工程技术研发中心	江西兴国嘉香乐食品有限公司	市级
城市路灯智能节能及远程监控管理工程技术研究中心	赣州市金电电子设备有限公司	市级
赣州市绿色生态有机茶技术创新中心	兴国益香园茶业有限公司	市级
企业技术研究中心	江西赣州国泰特种化工有限责任公司	省级
企业技术研究中心	江西省广蓝传动科技股份有限公司	省级
博士后创新实践基地	兴国春天文化传媒有限公司	省级
中国科学院冯守华丰硒农业发展有限公司院士工作站	兴国县丰硒农业发展有限责任公司	市级

全县构建“科技型中小企业—高新技术企业—‘瞪羚’企业”等梯次培育体系，指导申报国家高新技术企业6家，入库科技型中小企业52家，梳理筛选50余家高成长企业分类纳入“瞪羚”企业、高新技术企业、科学技术型中心企业等培育后备库，精准施策，重点培育，开展“一企一策”辅导服务，全年认定高新技术企业34家、科技型中小企业200家、潜在“瞪羚”企业1家。

【省市科技创新平台建设】 2022年，兴国县大力实施创新驱动发展，鼓励企业加快创新平台和载体建设，全县初步形成以企业为主体、市场为导向、产学研紧密结合的科技创新体系，组织恒辉新材料、国康农业、金电电子等企业报送产业链图谱，争取纳入省级技术创新中心体系布局；感恩电子、博领智显申报市级技术创新中心；国康农业与江西省农科院规划联合组建江西省芦笋产业技术研究中心；兴国春天文化传媒有限公司依托众创空间“兴国聚众文化创意园”被省委人才办和省人社厅联合认定为博士后创新实践基地。

2022年兴国县17项科研创新合作交流项目情况一览表

表19

科研项目名称	企业名称
光学玻璃、光学元件以及光学玻璃原材料研究开发	赣州市兴瑞鑫光电有限公司
具有过滤功能的农业灌溉设备的研发	兴国拓诚农业科技有限公司
基于USB线的音响设备充电模式切换方法及装置的研究开发	赣州鹏创电子科技有限公司
增强聚丙烯木塑复合材料的研究开发	江西恒辉新材料股份有限公司
格栅式LED透明显示屏的研究与开发	江西博领智显电子有限公司
温度可调式防爆蓄电池的研究开发	赣州旭航诚新能源有限公司
柔性面板的电路板的研究开发	江西海威电子股份有限公司
多层抗氧化高密度线路板的研究开发	赣州雄鼎电子有限公司
可智能调光的节能防火玻璃的研究与开发	兴国县天盈钢化玻璃有限公司
高透光纤维水泥基复合材料的研究与开发	兴国县迪佳建筑装饰材料有限公司
Crossbar24端口高效率交换机的研究开发	江西省锐兴通讯设备有限公司
绝缘永磁直驱变频电动机的研究开发	兴国感恩电子有限公司
具有高性能的鱼丝生产折皮机的研发	江西国兴集团百丈泉食品饮料有限公司
柔性激光显示屏的研究开发	江西富视兴电子科技有限公司
自动化接箍数控加工机床的研究与开发	赣州锐豪机械设备有限公司
木业智能检测防火设备的研究开发	赣州市金电电子设备有限公司
具有过滤功能的农业灌溉设备的研发	兴国县天盈钢化玻璃有限公司

科技合作与成果

【概况】 2022年，全县突出实施创新主体培育、研发平台建设、科研人才引育和科技项目，深化科技成果合作交流，推动企业与各类大专院校、科研机构开展科研创新合作交流项目17项，技术合同交易额达5.77亿元，完成年度目标的147%。

【科技合作】 2022年，兴国县与江西理工大学签订战略合作框架协议，实施“兴国永磁磁浮技术工程示范线”项目（详见年度视点），建成全国首条稀土永磁磁浮轨道交通工程试验线，获评江西省十大科技成果典型案例，项目研发团队获评赣州市第六届“十大科技创新人物”；推动金电电子、富视兴电子等企业与中国林科院、浙江工业大学、南昌大学、清华大学研发团队、江西省农科院等高校科研院（所）开展科研合作交流；指导博领智显、旭航诚新能源、海威电子等17家企业完成技术交易合同登记认定5.77亿元；金电电子新产品“紫光诱捕松褐天牛装置”达国内领先技术水平，国泰 FHDB 防滑柔性导爆索获评江西省优秀新产品，推荐金电电子科技成果“基于 4G/5G 通信技术的城市路灯智能节能及远程监控管理系统”申报 2022 年江西省科学进步奖。

【创新创业人才培育引进】 2022 年，全县组织推荐省“双千计划”创新领军人才 8 人，直接走绿色通道进入最后讨论环节 1 人，进入省级答辩环节 2 人，助推优奕视界、恒辉新材料、锐兴通讯等多家创新企业在深圳、广州等地探索建立“研发飞地”，新增市级磁浮空轨技术创新团队 1 个，引进培育高层次人才 54 人，招聘吸引大学毕业生回兴就业创业 644 人，引进省市科技特派团 5 个 32 人，助力乡村振兴产业发展。

（罗贤俊）

气象服务

【气象观察】 2022 年，兴国县平均气温 19.9℃，较历年偏高 0.6℃。年降水量 1150.2 毫米，较历年偏少 431.3 毫米。年日照时数 1742.2 小时，较历年偏多 55.4 小时。7—8 月受副热带高压控制，出现高温酷暑天气，8 月 24 日创历史极端最高气温 41℃；7 月 9 日至 11 月 1 日出现历史罕见的伏秋连旱天气。

【公众气象服务】 2022 年，兴国县发布气象测报天气新闻 6 次，通过微信、短信、显示屏及网站等渠道，向全县所有群众发布预警信号 243 次，气象短信 108.52 万条次，制作天气周报 52 期，专题服务材料 57 期，雨情快报 18 期，气象呈阅件 4 期，决策服务材料 10 期，地质灾害气象风险预警 8 期，森林火险及干旱专题预报 46 期。积极开展人工增雨作业，发射人工增雨火箭弹 44 枚，燃烧碘化银烟条 41 根，有力缓解旱情，降低森林火险等级，改善生态环境，为粮食生产、果农增收和群众日常生活提供有力保障。

【防雷安全监管】 2022 年，全县完成对 62 家防雷安全重点监管单位进行全覆盖的防雷安全检查。采取“线上监管 + 线下随机抽查”的方式对企业和第三方服务机构进行监督，提出整改意见，督促企业整改落实。通过科普进校园、进社区、进农村等方式，天气影视节目、微信、微博等渠道，广泛开展雷电安全防护知识科普活动，提高公众安全防护意识和自救互救能力。

2022 年兴国县 1—12 月气温变化情况统计表

表 20

类别	1 月	2 月	3 月	4 月	5 月	6 月	7 月	8 月	9 月	10 月	11 月	12 月	年值
月平均气温（℃）	9.5	6.5	17.7	19.6	21.5	26.8	30.7	30.9	27.6	22.3	18.2	7.8	19.9
月极端最高气温（℃）	23.6	27.1	31.6	32.8	33.8	36.6	40.3	41.0	37.0	39.6	32.4	18.2	41.0
月极端最高气温出现日期	4	28	15	11	29	29	24	24	2 天	4	11	22	8 月 24 日
月极端最低气温（℃）	3.3	0.7	5.4	7.3	12.2	20.7	23.1	23.4	20.0	10.3	3.8	−1.7	−1.7
月极端最低气温出现日期	30	21	8	3	17	8	30	2 天	14	12	30	18	12 月 18 日
月降水量（mm）	49.4	121.3	110.7	270.5	183.0	152.6	26.2	45.8	3.2	0.0	155.5	32.0	1150.2
降水日数（天）	18	19	15	17	23	21	7	8	3	2	20	10	163
最大日降水量（mm）	15.2	18.0	26.7	112.1	46.2	63.7	16.5	36.8	2.5	0.0	38.2	11.6	112.1
最大日降水量日期	16	7	25	27	24	13	18	29	7	2 天	30	2	4 月 27 日
暴雨日数（日雨量≥ 50mm）				2		1							3
大风日数							1	1					2
月日照时数（h）	52.4	26.6	114.9	161.5	90.5	105.7	267.2	283.3	240.1	251.5	63.3	85.2	1742.2

8月24日，兴国县开展人工增雨作业　（县气象局 供图）

【天气雷达项目建设】 2022年1月11日，中国气象局综合观测司正式批复《江西兴国新一代天气雷达选址报告》。该项目总投资3261万元，其中中央财政投资2700万元，地方配套资金561万元，选址位于兴国县方太乡黄丰村方山岭，已开工建设。年内，利用中央投资110万元，完成兴国县气象局美化绿化等配套基础设施建设。

（古赞飞）

水文测报

【水文监测】 2022年，全县有雨量监测站45个，有15个水位站及1个水文站，其中兴国水文站是国家基本站、区域代表站。全年及时发送水情信息、水情短信670条，为当地减灾提供及时、准确的信息。全县平均降雨量1347.2毫米，比多年均值（1555.7毫米）偏少13.4%。全年第一、四季度降雨偏多，第二、三季度降雨偏少，4个季度降雨分别为：371.6毫米、681.7毫米、114.4毫米、189.5毫米，与多年均值比分别为：偏多10.5%、偏少4.1%、偏少68.4%、偏多17.9%；7—10月降雨偏少，排有记录以来倒数第1位；汛期平均降雨795.9毫米，比多年均值（1067.9毫米）偏少25.5%。北部降雨较多，南部降雨偏少，其中点降雨前三位是：贺堂站1948.5毫米、南坑站1765毫米、内王坑站1581毫米；最少是兴国站1012毫米。兴国水文站最大流量491立方米/秒，最小流量0.54立方米/秒，径流深575.1毫米。兴国水文站年径流量4.44亿立方米。

【水文服务】 2022年，全县开展地方防汛、抗旱、水资源调查评价及管理、水文站网规划、水环境监测、水文分析计算、水文勘测和水文资料整编、暴雨山洪预警监测管理、水生态服务等工作。有效对接县防汛抗旱指挥部门，提供水雨情服务信息。汛期，参加由县防汛抗旱指挥部组织县气象、水利、自然资源、城管、应急、教科体、交运、农业农村等部门召开的防汛工作会商会议14次，积极提供水文资讯，从水文角度提出防汛抗旱思路。大气降水、地下水、水质监测断面全年取样送样50次，水生态流量监测120次，同时做好县域水资源公报、水资源资产负债及农饮水安全监测保障等。

（王志雄）

本栏编辑：陈玉桃

文 化

公共文化服务

【概况】2022年，兴国县深入挖掘整理保护具有浓郁地方特色的民间文化遗产，做好兴国山歌等非物质文化遗产保护工作，组织实施优秀民族的传承普及工作。组织开展剧目创作，大型原创兴国山歌剧《苏区干部好作风》，在江西省第八届艺术节·江西第十二届玉茗花戏剧节上展演。指导重点艺术创作和艺术精品生产，大型经典音乐史诗《长征组歌》重回故乡，在兴国县长征组歌大剧院演出。组织、指导、继承弘扬地方传统文化艺术，组织对外艺术交流活动，培训各种艺术人才。

【总分馆制建设启动】 2022年，兴国县启动文化馆、图书馆总分馆制建设。文化馆总分馆制主要由总馆、分馆和服务点构成，鼓励社会力量共同参与；图书馆总分馆制指在一个合适的地域单元内，由一个或多个建设主体建成一个“公共图书馆群”，形成图书馆服务体系，提供普遍均等服务。配置总分馆建设所需服务器和图书自动化管理软件，采购16个乡镇文化、图书分馆的计算机设备，完成数据接转联通。组织基层文化图书管理人员进行培训6次，实现与各乡镇分馆的数字资源共建共享，从而转变传统文化、图书馆发展模式，改变区域文化、图书馆运营观念，制定统一的管理制度，建立并实施“总馆—分馆”相关负责人参加的两级例会制度，研判文化、图书馆分馆运行中遇到的问题，以及面向基层的文化、图书产品供需对接、服务效能、服务标准、服务项目推进实施等。完成8个文化、图书馆总分馆制建设，完成1个城市书屋、1个社区书屋建设，对6个乡镇综合文化站进行提升，购买更新全县303个村农家书屋图书。

【应急广播建设】 2022年，兴国县筹措资金800余万元，采用统一规划、分批实施的建设思路，建成县级应急广播播控平台1个，乡镇级应急广播分控平台25个，行政村应急广播分控平台303个，安装含县城社区在内的多模接收终端930个，实现应急广播每天常态化播出，在应急预警、中心工作宣传和丰富群众文化生活中发挥着重要作用。系统采用兴国广电网络公司传输链路，完成与赣州市级平台纵向对接，并按最新建设标准对县级平台及物理环境进行提升改造。委托国家广电总局规划院作为应急广播建设方案设计及验收评估机构，完成专家现场勘探和建设方案设计，发布项目采购需求预公告，完成省局下达每个行政村配置5套接收终端的应急广播建设任务。

【专技人员对接支援】2022年，兴国县积极参与专业技术人员支援对接工作。省直选派8名专业技术人员支援对接兴国图书馆、文化馆、山歌保护中心开展各项专业技术的研究发展；市直选派16人支援对接兴国图书馆、文化馆、山歌保护中心并开展各项专业技术工作；县直选派25人对接本县各乡镇文化站，进行文艺、音乐、舞蹈、群文、美术、剧目等进行辅导、支援及对接。

【戏剧电影进乡村】 2022年，兴国县送戏下乡360场，开展自办文艺活动76场，完成农村公益放映任务数4992场，其中农村、社区、广场3648场，学校1344场。放映故事片《中国蓝盔》《油桃熟了》《十八洞村》《建军大业》《建党伟业》《我和我的祖国》《战狼2》《人生大事》等，科教片《农村防溺水教育》《森林防火》《人畜共患病的防治》《儿童用眼健康常识》《肥胖与健康》等。不定期组织开展“广场电影月”“爱国主义影片展映周”，经常组织农村公益电影进社区、进敬老院放映活动，观众达59.93万人，真正做到全县303个行政村每村每月保证至少放映一场电影，丰富基层群众文化生活。

【惠民服务】 2022年，兴国县对303个行政村农家书屋图书进行更新，乡镇综合文化站、村级综合文化服务中心常态化对外免费开放。举办全民阅读活动4次，鼓励群众多阅读、倡导群众爱阅读。严格按照“三室一厅”(阅览室、教育培训室、管理和辅助用室、多功能活动厅)要求设立乡镇综合文化站、村级综合文化服务中心，配置相应的文化器材，为不同需求群众提供公共文化服务。指导每个乡镇组建3—4支文艺演出队伍，自办文艺活动60余场，为群众日常生活添加乐趣，增持情怀。

（黄友椿　钟荧屏）

群众文化

【概况】 2022年，兴国县文化馆组建“兴国县文化馆长青艺术团”“兴国山歌理论宣讲队”等群众文艺团体2个，以丰富兴国群众文化生活。县文化馆被中共中央宣传部、文化和旅游部、国家广电总局表彰为“第九届全国服务农民、服务基层文化建设先进集体”；12月28日，“园唱响‘哎呀嘞’，兴国山歌进校园”案例，被文化和旅游部公共服务司评为“中国民间文化艺术之乡”建设典型案例。

【群众性文化活动】 2022年，全县开展“山歌情韵”广场文化活动、兴国山歌队进村演出、金曲进社区活动以及“非遗”节目进社区、进景区、进敬老院“三进”活动上百场次。县长青艺术团在乡村开展帮扶文艺和移风易俗文明乡风活动，开展表演兴国山歌剧《老镜子》等各类经典节目共26场；县百姓大舞台在全县广场、校园、农村进行广泛演出，开展表演《扶贫攻坚奔小康》等各类经典节目125场次，参与活动的各级干部、工人、学生达2560人，累计观众人数达5.02万人次。

【“三区”文化人才培训】 2022年11月8—11日，第20期“赣鄱文艺大家谈”暨江西省文化工作者服务支持艰苦边远山区和基层一线美术、摄影培训班在兴国开班，作为省直支援对接兴国的一次“三区”(边远贫困地区、边疆民族地区和革命老区)文化人才培训，邀请江西师范大学教授万剑敏现场授课，来自全县美术、摄影工作者及群众文化骨干、乡镇文化站站长等近70人参加此次美术、摄影培训及实地创造活动，其间开办民族音乐培训班28场、美术创作人才培训班30场，开设少儿书画、舞蹈以及特殊群体培训20场，各乡镇、社区、单位组织各类文化活动60余场。县文化馆选派相关专业志愿者8人下基层指导培训文化活动团队，协助乡镇、社区、单位组织举办文化活动。

【美术书法摄影活动】 2022年，兴国县文学艺术届联合会下属美术、书法、摄影家协会三家会员共在市级以上纸质刊物发表美术作品20幅、书法作品35幅、摄影作品30幅。年内，美术、书法、摄影三家协会会员均向社会免费开放书法、美术、摄影展览馆，为全社会书法、美术、摄影爱好者们提供交流互动学习及作品展示的平台。共举办书画作品展16次，开展书法美术培训班18次，摄影作品展1次，摄影培训班3次，参与人数2.4万人次。报送的《红船颂歌》《滕王阁序》《古诗二首》《静物》《春暖花开》《硕果》6件美术书法类作品参加2022年江西省第十三届少儿艺术节获好评。

（谢昌炳　钟荧屏）

文学艺术

【概况】 2022年，兴国县文学艺术界联合会多措并举，鼓励全县文艺工作者多出作品，出好作品，完善“兴国作家”微信公众号，用新媒体形式为会员提供发表、交流平台。积极向《星火》《今朝》等省市文学刊物推荐刊发优秀作品，通过县作家微信群等为全县文艺工作者发布文坛信息、各类参赛事项，注重培养后备文艺人才，积极推荐并发展人才进入县、市、省级作家协会。年内，县红色资源活化利用课题被《人民日报》整版刊发、省改革报刊登推广，并获得省委常委、宣传部部长庄兆林批示肯定。大型兴国山歌剧《苏区干部好作风》获评第十二届江西玉茗花戏剧节编剧奖、新人奖等4个奖项；红色教育主题动画片《长征先锋》在同一时间段多次登榜同类影视全国收视第1。发表刊物或获奖档次提升较大，作家们积极参加各类文学征文及赛事，获得众多奖项。在“迎接党的二十大，讲述水土保持故事”全国水利系统征文活动中，陈留弟的报告文学《红色兴国的绿色传奇》获评一等奖，叶晓华散文《镌刻在家书里的英雄本色》在江西省作协“那一片红”散文征文活动中获评二等奖。

【音乐创作】 2022年，兴国县文学艺术届联合会选派人员参加赣州市文化馆、赣州市音乐家协会联合开展的“喜迎二十大· 讴歌新时代”主题原创歌曲征集评选活动，其中钟源兴、谢菲菲作词作曲《我的家乡兴国县》及姚荣滔作词，邹宇、黄晓慧作曲《乡村振兴，美好家园》2首原创歌曲获评二等奖。国家二级作曲杨纲辉创作新曲10余首，其中《客家亲、客家情》《恋山恋水恋龙南》在世界客属第32届恳亲大会主题曲征集活动中获评二等奖，《山哪》获评赣鄱群星奖，歌曲《双拥旗更艳》在“双拥”主题文艺作品征集中获评国家三等奖。

【《长征组歌》驻地演出】 2022年，大型经典音乐史诗《长征组歌》重回故乡，在兴国县长征组歌大剧院演出。《长征组歌》是兴国籍开国上将萧华以其亲身经历，综合大量长征史料，用680个字凝练出10首诗词谱就的史诗型声乐套曲，演出采用最新的全向声控技术手段，将剧场进行全覆盖设定，使每位观众能在不同座位感受“还原历史”的沉浸式体验，同时采用“云伴奏”与现场演唱相结合，由国家级交响乐团先期录音录像，在现场通过视频“植入”，形成国家级专业艺术院团与县级业余合唱团队“云合作”的全新演绎形态。在舞美的主形象设计上，兴国复排的《长征组歌》以“红旗漫卷西风”定义，充分体现红色文化的磅礴之气，在兴国县长征组歌大剧院开展驻地演出15场，观众人数达1.3万人。

【《苏区干部好作风》创作与演出】 2022年8月18日，由兴国县选送并参赛的大型原创兴国山歌剧《苏区干部好作风》，在江西省第八届艺术节·江西第十二届玉茗花戏剧节上展演。该剧以苏区革命时期中共兴国县委书记谢名仁、长冈乡乡苏主席谢昌宝、少共江西省委组织部部长李美群、江西省苏维埃政府主席刘启耀为原型而创作的4个不同革命故事，综合多种艺术手法，通过纪实和艺术相结合表现形式及“板块连

8月，《长征组歌》重回故乡，在县长征组歌大剧院演出 （县文广新旅局 供图）

8 月 18 日，大型山歌剧《苏区干部好作风》在兴国演出　（文广新旅局 供图）

缀”结构方式，艺术地再现苏区干部“模范带头、争创第一、关心群众、勤政为民、坚定信念、无私奉献、艰苦奋斗、清正廉洁”的优良作风，极具当代意义。该剧获编剧、新人、音乐创作、舞美设计制作 4 项奖。该剧是兴国县会集各方人才，省、县共同打磨出的一部红色题材精品力作。

【文学作品】 2022 年，兴国县作家协会会员在市级以上报刊、网络平台发表及参加赛事获奖的文学作品 209 篇（首），其中省级以上 108 篇（首）。作品质量提高明显，发表刊物或获奖档次提升较大。陈留弟、黄健民、潘毓祥、陈玉桃、丁志操等创作的反映兴国县历史文化的系列纪实作品在人民日报客户端江西频道集中推出，受到广泛关注。叶晓华创作的 20 集电视连续剧《陈赞贤》入选 2022 年“江西省文化艺术基金”项目。陈留弟、黄健民、李凌云、刘惠龙、含烟等会员的作品入选赣州市文联选编、百花洲文艺出版社出版的《〈今朝〉十年精品选》。邓京红的散文《“模范兴国”新画卷》发表于《人民日报》大地副刊。叶晓健的诗歌《夜行人》《夜宿木梓排》发表于《诗刊》，诗歌《荒野之夜》发表于《星星》诗刊。钟瑞华全年发表作品数量最多。

（黄友椿）

图　书

【图书馆藏】 2022 年，兴国县图书馆新增图书 6000 余册，征订报纸杂志 300 余种，报刊入库 3500 余册。馆藏有电子文献藏量 1000 余册，电子文献资源总入藏量 8.76 万册（种）以及 5 万册电子书阅读本，存有 3 万册电子图书、2000 种电子期刊、500 种电子报的移动图书馆平台和大数据展示系统，自建地方文献和线装古籍电子书目。运行图书馆自动化管理系统 UILAS，安装自助办证机、自助借还机，实现自助办证、自助借还、社保卡借阅、电子阅览等智能化借阅手段。年内，全面实行免费开放，取消押金，实现零门槛服务，全天候开放作息制。开展预约借书、代借代还、送书上门、免费提供饮用水、便民服务箱等优质服务。推动“书香兴国”建设，加大阅读推广力度，打造城市书房——“长征书苑”，优化网站、微信、公众号等自媒体建设。

【图书捐赠】 2022 年，兴国县图书馆接受江西省图书馆开展文化志愿者下基层活动捐赠珍贵影印古籍 2 套 8 册，赣州市图书馆赠送 36 册精美影印古籍，兴国县政协捐赠珍贵地方文献 33 册，兴国县党史办赠送地方党史文献 75 册，兴国县文化馆赠送“非遗”地方文献 60 余册，乡土摄影家黄家腾、“非遗”传承人姚荣滔等捐赠个人著作和家谱。县图书馆在接收到捐赠书籍后，及时进行分编上架，按照书籍类型，将古籍影印本入藏到古籍室，并将不同种类的地方文献收藏到专门设立的地方文献里，为读者提供有针对性的便捷服务。珍贵文献资料丰富馆藏文献资源，有效促进该馆地方文献建设。

【图书利用】 2022 年，兴国县进一步改善服务条件，优化服务质量，提升读者服务能力和服务水平，实现免押金办证，壮大读者队伍，有持证读者 1.7 万余人，年内新办借书证 5000 多个，总流通 16.8 万人次，书刊文献外借 12.2 万册次；利用世界读书日、图书馆服务宣传周、全民读书月、科技周、寒暑假等，举办各类知识讲座、业务培训、主题展览、读书会，开展系列阅读推广活动，全年举办全民阅读活动20场次，培训5次，线上讲座展览30余次，主题讲座2次，线下展览6场，好书推荐活动28次，参与人数达1.80万人次，丰富城乡群众文化生活。

【图书发行】 2022年，全县销售图书664.95万册，实现销售收入7239.06万元，其中门市一般图书7.72万册251.59万元。发挥书店主渠道作用，全力抓《百年大党面对面》《习近平谈治国理政》第四卷、中共二十大精神学习用书等政治读物发行，《习近平谈治国理政》第四卷发行1.15万册，超额完成任务，获省发行集团“最佳发行单位”荣誉称号。为确保“课前到书，人手一册”，提前谋划，统筹安排，在做好疫情防控前提下，各部门通力协作，配送全县中小学教材，在春、秋季开学前将教材100%配送到校。推进全民阅读，建设书香社会，广泛开展面向群众、主题各异、形式多样、内容丰富的阅读活动，营造全民阅读浓厚氛围，全年组织开展线下节假日促销、线上作家直播、读书分享会、陈列沙龙、图书展进社区等20多场活动，并在兴国融媒体报道宣传，在全县区域范围内不断营造爱读书、读好书、善读书的良好氛围。向乡村振兴所挂点的枫边乡石印村捐资4万元并做好全县“农家书屋”出版物的配送服务工作，不断满足农民群众日益增长的文化需要。

（吴定定）

融媒体

【概况】 2022年，兴国县把握正确舆论导向，深耕本土、守正创新，持续做深做实“融合”文章，讲述兴国故事，传播兴国声音。县融媒中心拥有兴国电视台、FM106.9兴国广播电台、新时代文明实践（应急）广播等全媒体传播矩阵，全方位展现兴国推进高质量发展蓝图。年初，县融媒体中心开发“兴国融媒体”微信视频号、抖音号，整合模范兴国App客户端，实现采、编、播、发一次生成多元传播的全新传播功能，为兴国的融媒体发展奠定基础。1月，县融媒体向县财政局争取专项年度预算100万元，结束县融媒体中心没有财政年度预算历史；8月，面向社会招聘4名专业技术人员，优化人才结构。

【外宣新闻上稿】 2022年，兴国县在中央、省、市级媒体刊播稿件1579条（篇），对外宣传成绩位居全市前列。在《人民日报》用稿18篇、《新华每日电讯》用稿17篇、《光明日报》用稿18篇、《经济日报》用稿10篇、《江西日报》用稿143篇、《赣南日报》、客家新闻网用稿619篇。电视台、广播电台拍摄制作的新闻有深度有力度，音视频在中央人民广播电台发稿11条、中央电视台发稿55条、江西电视台发稿95条、江西广播电台发稿26条、赣州电视台发稿312条、赣州广播电台发稿255条。

【广播电视】 2022年，兴国县广播电台调频FM106.9兆赫频率向城区及周边40余万人每天播送节目，其中有《想唱就唱》《大众服务台》《你好生活》《兴医话健康》《兴国新闻》《应急科普小课堂》6个自办广播栏目。疫情防控重点时期，紧跟县新型冠状病毒疫情防控应急指挥部节奏，在每个时间节点

兴国人民广播电台“兴国之声”节目　（县电台 供图）

发布公告和通知，及时在广播中优先插播，反复播放，让群众知晓，指导群众按照政府要求做好防控，录制各类方言版通知通告，及时发布疫情防控、森林防火、燃气安全、气象、汛情、防范电信诈骗、交通安全等公益宣传信息200多条。推出“献礼二十大 想唱就唱”嘉宾献唱节目，吸引听友参与，收到较好社会反响。8月，举办“兴国融媒少儿剧场”小演员招募活动，培训20名爱好主持表演的小朋友，拍摄首部少儿古装影视作品《新负荆请罪》。通过线上线下活动，丰富群众精神文化生活，提高电台收听率，得到广大听众认可和喜爱。电视台设置新闻综合频道，自办《兴国新闻》栏目，全年播出新闻节目320期，自办节目5760分钟。

【特殊人群收视资费减免】 2022年，江西省广播电视网络传输有限公司兴国县分公司，针对兴国县外来招商客户、困难群众、红军烈属等特殊人群，加大资费减免和项目支持力度，全年减免费用5000元。巩固脱贫攻坚成果同乡村振兴有效衔接的要求，对脱贫户有线电视收视执行收视费减免政策，全年减免31万元。

【重要事件报道】 2022年4月14日，兴国新闻记者采写的《县委县政府捐赠26吨蔬菜驰援上海》在央视新闻频道“时空观察、上海战疫”中播出，及时报道兴国组织26吨蔬菜驰援上海的新闻画面，获得广大人民群众好评；5月8日，《兴泉铁路今天全线铺轨贯通》在央视《新闻联播》播出；5月29日，《在希望的田野上 · 三夏时节》报道全国春播接近尾声、粮食生产形势良好，在央视《新闻直播间》播出时采用兴国场景画面；6月9日《江西：党建引领，红色乡村美丽蝶变 》及28日《聚焦赣南等原中央苏区振兴发展十年巨变，红土地上实现新跨越》等新闻报道，在国家级重要媒体播出。

【专题拍摄】 2022年，全县围绕主责主业拍摄制作防疫抗疫、警示教育、乡村振兴等主题专题片20部，其中11月宣传的江西红色名村长冈《昔日苏区模范乡，今日党建红色名村——长冈村的美丽蝶变》视频及《双拥山歌情》MV，均获全国双拥主题文艺作品歌曲类三等奖。积极参与江西省团省委百年纪念专题片《红领巾看江西》《高擎乡村治理新旗帜 绘就美丽乡村新画卷——兴国县乡村治理工作纪实上合组织培训》拍摄活动，拍摄制作视频被选作“上海合作组织”国际大型会议专用培训资料。

【新媒体平台】 2022年，“模范兴国”App开设新闻、综合、公告发布、文明实践、兴视频、廉洁兴国等栏目，发布稿件6456条，视频2790条，客户端日活跃量1.88万人。“兴国融媒体”微信视频号刊播短视频820条、抖音号刊播短视频1488条，总点击量5.3亿人次。其中，10万人次以上点击量87条，单条作品最高点击量3164万人次，转发80万人次。2月27日抖音号转播《外交部：中方决定对长期参与对台军售的美军工企业实施反制》，单条点击量破3000万人次，评论5.7万余条。全年开展18场大型直播活动。其中，7月3日在线直播“喜迎二十大，永远跟党走，奋进新征程，音乐党课暨青年红歌大赛”点击量106.45万人次。

（刘　欢　肖朝煌）

红色历史资源保护与利用

【概况】 兴国是创建“第一等的工作”的苏区模范县，悠久的历史长河，光辉的革命历程，为兴国县留下丰富的历史文化遗产。2022年底，全县据统计有文物保护单位73处，其中全国重点文物保护单位5处，省级文物保护单位19处，市级文物保护单位2处，县级文物保护单位47处。

【红色资源普查】 2022年，兴国县开展红色标语普查工作，张贴普查红色标语146条，3月起开展长江流域重点区域不可移动文物资源普查，普查县级以上文保单位73处，未定级不可移动文物169处，对两汉时期（含三国）可移动文物进行调查，包含对1面汉代铜镜、6块汉代砖和146件汉代五铢钱的数据采集，对56位开国将军故居现状进行调查，在开展的红色资源普查工作中，共采集127处革命旧址旧居、革命纪念设施、红色场

2022 年，完成开国上将萧华故居修缮 （县红保中心 供图）

馆等基础性数据。

【完成开国将军故居修缮方案】兴国是誉满中华的将军县，2022 年全县开展将军故居保存数量调查和质量评估，经实地踏看、专家评估，56 名兴国籍开国将军故居普遍破损严重，有的倒塌或消失。经普查现存还保留原貌的有 15 处，由文物部门和将军子女或家族集资按原貌维修的有 6 处，拆除重建新房或祠堂的有 19 处，倒塌消失的 16 处。年内，县委、县政府决定对开国将军故居启动维修工作，并纳入 2022 年兴国县“八大行动”项目内容，至年底编制完成保留原貌 15 处开国将军故居的维修设计方案。

（谢昌炳）

文化遗产保护

【概况】2022 年，兴国县文广新旅部门对全县非物质文化遗产和物质文化遗产进行全面搜集、整理、研究和保护。全县有文物保护单位 73 处，其中全国重点文物保护单位 5 处，省级文物保护单位 19 处，市级文物保护单位 2 处，县级文物保护单位 47 处。有非物质文化遗产 163 处，其中国家级非物质文化遗产代表性项目 1 个、省级非物质文化遗产代表性项目 6 个、市级非物质文化遗产代表性项目 8 个、县级非物质文化遗产代表性项目 148 个；有非物质文化遗产传承人 30 名，其中国家级非物质文化遗产代表性传承人 2 名、省级非物质文化遗产代表性传承人 9 名、市级非物质文化遗产代表性传承人 19 名。

【非物质文化遗产保护】2022 年，以“连接现代生活，绽放迷人色彩”为主题的兴国县“文化和自然遗产日”“非遗”购物节，把兴国山歌、兴国端戏、兴国提线木偶、兴国全堂吹等项目展演作为“非遗”购物节的重头戏，原汁原味地呈现其独特魅力。县文广新旅局组织兴国山歌、提线木偶、兴国端戏等项目进校园、进景区、进社区、进乡村展览，突出“非遗”保护的“人民性”，让“非遗”保护成果惠及人民群众，营造“非遗”保护的良好社会氛围。组织炁脉调理、枫边霉鱼制作技艺、九山生姜种植习俗、兴国客家霉豆腐、乙尊堂丹方等 5 个项目申报第七批市级非物质文化遗产代表性项目。开展 9 名省级和 19 名市级非物质文化遗产代表性传承人评估考核工作。县文广新旅局在美术馆开展“针尖上的‘非遗’，‘绣’出美丽新生活兴国客家刺绣作品展”，让更多人现场感受兴国客家刺绣的魅力。

【文物保护】2022 年，兴国县向上争取 8 个文物保护资金项目，争取项目资金 872.74 万元，其中全国重点文物保护单位“土地革命干部训练班旧址”和“江西军区旧址”（含红军检阅台）“三防”（消防、安防、防雷）项目 418.49 万元，江西省第一次工农兵代表大会会址抢救性维修 115.24 万元，赣州长征片区——红一方面军高多村第五次反“围剿”红一军团司令部旧址和洪门红五军团团部旧址整体陈列布展提升 159.01 万元，鼎龙茶岭红军总医院和红军军医学校旧址布展提升 150 余万元。省委宣传部争取资金 30 万元，启动长冈乡调查纪念馆等革命纪念地网上数字展馆项目。全年，投入 383.7 万元进行兴国县将军园质量提升，其中苏区干部好作风陈列馆绿化景观提升256.1万元，园区破损基础设施修复15万元，将军广场三面红旗、八大火炬雕塑翻新8.3万元。投入104.3万元对苏区干部好作风陈列馆消防问题进行整改提升，改善参观环境，及时消除安全隐患。年内，兴国县将军园被评为第四批江西省法治宣传教育基地，官田中央兵工厂入选全国首批“大思政课”实践教学基地。

文化市场管理

【概况】 2022年，兴国县文化市场经营单位数量较往年有所缩减，经营场所整体环境、服务质量有较大提升。全县共有网吧13家、歌舞厅娱乐场所7家、游艺娱乐场所3家、印刷企业8家、电影放映单位3家、出版物零售单位20家。文化市场经营单位点多面广，为便于开展监管，县文广新旅局采取日常巡查与“双随机”抽查相结合、普遍查与重点查相结合、明察与暗访相结合、教育引导与惩处打击相结合、专项整治与长效机制相结合的方式，既保证监管覆盖率，又突出监管的重点。适时采取“一人守一店”方式，对重点行业实施监管，有效提高工作效率，维护文化市场。

【专项整治】 2022年，兴国县文广新旅局派出精干力量对全县文化市场开展集中专项整治，先后在重要节假日、重大活动（会议）、中高考等期间针对网吧接纳未成年人进入营业场所和在规定的营业时间以外营业、出版物零售行业销售传播侵权盗版和色情淫秽及政治性有害出版物等违法行为开展专项整治7次，开展“扫黄打非”相关专项行动5次，巡查文化市场经营单位355家次，查处网吧接纳未成年人进入营业场所案4起、在规定的营业时间以外营业案4起，全部给予立案处罚。县文化市场综合执法大队专门组织全县网吧业主开展《互联网上网经营服务场所管理条例》等相关法律法规的业务培训，并现场签订《守法经营承诺书》，进一步增强守法经营意识，有效规范文化市场经营秩序。

【娱乐场所隐患排查】 2022年，兴国县开展网络交易监管工作，线上检查网站、网店90个，实地检查15个，查处网络交易案件1起。进一步深化网监平台应用建设，将辖区内2478户网络经营主体纳入网络交易监测监管五级贯通系统监管平台，处理平台检测线索3条。开展娱乐场所清查，重点检查有无涉黄涉赌涉毒，按照娱乐场所相关规定检查场所内房间门留窗口情况，自动消防设施是否运行正常，疏散通道、疏散楼梯、安全出口是否通畅；应急照明、安全出口指示标志是否醒目和无遮挡；消防控制室值班人员是否持证上岗、是否熟悉操作规程和岗位职责；消防安全管理制度及火灾应急预案是否完善；防火检查巡查记录是否按要求规范填写等娱乐场所的安全隐患，全年清查4次，发放“四个能力”（检查消除火灾隐患能力、扑救初级火灾能力、组织疏散逃生能力、消防宣传教育能力）“一懂三会”（懂该场火灾危险性，会报火警、会使用消防器材扑救初起火灾、会组织疏散逃生）消防安全知识资料。

（陈高伟）

本栏编辑：陈玉桃

卫生健康

综 述

【医疗资源】 2022年，全县有县、乡卫生健康单位48个，其中县直医疗卫生单位11个，医药总公司1家，民营医院11所（含二级医院2所），乡镇卫生院25所。县民政局直属的隆坪精神病医院1所。村卫生所（室）815所，在岗乡村医生811人（其中，承担国家基本公共卫生服务项目的乡村医生688人），个体诊所53所。有床位3921张，床位数5.48张/千人，执业（助理）医师2.35人/千人，注册护士3.63人/千人，全科医生2.37人/千人。

【医疗卫生人才队伍建设】 2022年，朱巍、史之峰、李爱青3名柔性引进专家入选江西省“双千计划”（省委、省政府推动的一项重大人才工程）。全县实施“人才强卫”战略，聚焦“引、育、用、留”全链条人才机制，为卫生健康事业高质量发展提供人才支撑。聘请上海华山医院朱巍博士挂职县人民医院副院长，柔性引进南昌大学第一附属医院等三级医院专家145名，招录硕士研究生等高层次人才26人，培养副高以上高层次人才77人，派往“北上广”等三级医院进修学习197人。与上海华山医院、江西省中医院、赣南医学院等建立长期对口帮扶机制，在县人民医院设立华山医院史之峰、董漪兴国博士工作站，南方医科大学南方医院李爱青兴国博士工作站；在县妇保院设立市妇保院李兵飞兴国工作室；在县中医院设立全国名老中医药专家传承工作室。

【老龄健康】 2022年，兴国县建成老年友善医疗机构33所，提前三年完成国家“十四五”规划任务；二级及以上综合性医院老年医学科设置率100%；完成县人民医院省级医养结合安宁疗护服务示范点建设，完成市级兴国县夕阳红养老公寓医养结合示范点建设，完成长冈乡中心卫生院、兴江乡卫生院公办医疗卫生机构延伸开展养老服务的县级医养结合示范点项目建设。建设安宁疗护试点单位3所，其中县人民医院安宁疗护科列入省级医养结合工程示范点。开展全国基层老年协会能力提升项目试点工作，中国老年协会发源地江背镇高寨村老年协会被国家人社部、全国老龄委表彰为“全国老龄系统先进集体”。

医政药政管理

【概况】 2022年，兴国县卫健委医疗管理践行“大卫生、大健康”理念，全面推进健康兴国建设，把医政管理工作提档升级，全面提高居民健康素养，提升医疗服务能力，改善群众就医体验，实现区域医疗的信息互通、资源共享、业务协同，医疗机构整体服务效能全面提高。建立药品供应保障和价格调整联动制度。实行药品、医疗耗材“两票制”，合理提升20余种医疗技术服务价格，实现医疗服务价格、医保支付、内部控费、分级诊疗等政策有效衔接。

【医疗服务能力建设】2022年，兴国县人民医院积极开展三级甲等医院创评，并顺利通过赣南医学院附属兴国医院创建国

2022 年兴国县卫生健康单位情况一览表

表 21

县级卫生健康单位		乡镇卫生院	
县直卫生健康单位	兴国县卫生健康委员会	中心卫生院	高兴镇
	兴国县人民医院		古龙岗镇
	兴国县中医院		城岗镇
	兴国县妇幼保健计划生育服务中心（兴国县妇幼保健院）		社富乡
	兴国县疾病预防控制中心		均村乡
	兴国县卫生健康综合监督执法局		长冈乡
	兴国县卫生职业技术学校	一般卫生院	兴江乡
	兴国县结核病防治所		梅窖镇
	兴国县皮肤病性病防治所		樟木乡
	兴国县卫生健康服务中心		兴莲乡
	兴国县医药总公司		东村乡
	县民政局直属医院——隆坪精神病医院		江背镇
民营医院	兴国县第二医院		杰村乡
	兴国县慧博源医院		埠头乡
	兴国县谐和医院		龙口镇
	兴国县南方医院		潋江镇
	兴国县康复医院		永丰镇
	兴国县众康医院		隆坪乡
	兴国县健民医院		鼎龙乡
	兴国县赣康医院		茶园乡
	兴国县春雨中医院		崇贤乡
	兴国县丁卫红口腔医院		方太乡
	兴国县爱康健康体检中心		良村镇
			枫边乡
			南坑乡

家级胸痛中心、省级创伤中心、卒中中心年内通过验收，卒中防治综合排名、溶栓介入等数据指标，均符合江西省防治中心指标。兴国县第二医院通过国家级胸痛中心和省级创伤中心验收，县危重孕产妇救治中心及危重新生儿救治中心建设进一步完善，兴国县中医院顺利通过“全国基层中医药工作先进单位”复审评估。年底，全县25家乡镇卫生院通过市级复核，达到一级医院标准率达 92%。

【药品集中采购】 2022 年，全县落实药品耗材集中约定采购工作，常态开展药品集中采购和使用工作。同步实现 5 批国家组织药品带量采购和省药品带量采购的中选药品和医用耗材，中选产品价格在上一年降价 80% 的基础上，再降 29%，全年耗材集中采购可节约资金 2000 多万元。超声刀头联盟集中采购的中选价格平均降幅 72.13%，最高降幅 94.55%，按照全县首年协议采购量计算，采购资金从 120 多万元降至近 60 万元，资金节约率约 54%。

【药品采购管理】 2022 年，落实审核各医疗机构报送情况，按规定分配好各定点医疗机构的带量采购，并监督执行招采工作情况。按照医药服务价格调整的有关政策，对全县各定点医疗机构床位收费情况进行审核，及时督促抓好床位费收费不符合标准定点医疗机构的调整，规范全县定点医疗服务价格收费行为。

（廖子权　李卫华）

疾病防控

【概况】 2022 年，兴国县结合疫情形势和季节性特点，重点落实新冠病毒感染、流感、H7N9 禽流感、手足口病、结核病、艾滋病等传染病防控措施，及时调查处置相关传染病疫情和突发公共卫生事件，确保疫情形势平稳、无严重危害公共健康的公共卫生事件发生。性病、艾滋病防治工作稳步发展。开展饮用水卫生监测、职业卫生、学生营养监测、青少年近视调查监测等工作，按要求完成监测工作任务。加强扩大免疫规划民生工程实施管理，全县免疫接种率保持在 90% 以上。

【传染病疫情报告】 2022 年，全县报告法定传染病 2506 例，报告乙丙类法定传染病 15 种，无甲类传染病病例报告。相比上一年报告发病率减少 4.45%。重点做好农贸及批发市场禽流感环境采样监测，每月对辖区内 64 户高暴露人群进行 2 次健康随访，H7 禽流感核酸均为阴性。4—10 月，持续在潋江水系及水产品开展霍乱监测，未发现霍乱弧菌，每月按要求完成 2 次媒介伊蚊监测。

【地方病与慢性病防治】 2022 年，全县开展碘缺乏病监测，完成 100 份孕妇、200 份学生的盐碘、尿碘监测工作。全县碘盐覆盖率为 100%、合格碘盐食用率为 96%；学生、孕妇尿碘监测指标均为合格。根据《江西省疟疾监测实施方案（试行）》要求，县级以上综合医院及所有乡（镇）中心卫生院为监测哨点，继续开展“不明原因发热”病人血检工作，全年完成 476 张血片检测，未发现疟疾及疑似疟疾病例。

【疫苗接种】 2022 年，兴国县持续推进免疫规划疫苗接种，抓实疫苗查漏补种，确保以乡镇为单位疫苗接种率 90% 以上，含麻疹成分疫苗接种率达到 95% 以上，为适龄儿童建立牢固的免疫屏障。全县有预防接种门诊 31 家，全年发放国家免疫规划疫苗 12.3 万支，其中卡介苗接种率 92.98%，脊灰疫苗接种率 93.53%，乙肝疫苗接种率 94.65%，百白破疫苗接种率 92.96%，含麻类疫苗接种率 95.18%，乙脑疫苗接种率 93.23%，A 群流脑疫苗接种率 92.15%，甲肝疫苗接种率 93.46%，白破疫苗接种率 93.58%，A+C 群流脑疫苗接种率 93.30%。

【卫生监测与检验】 2022 年，全县开展城市生活饮用水及水源水监测 120 份，乡村振兴饮用水监测 909 份，学校饮用水监测 365 份，国家城乡饮用水监测 98 份，监测结果及时反馈应用，并由卫生监督执法局加强日常监督执法。开展学生营养、近视调查监测，联合教育行政主管部门按要求完成 2308 名在校学生的营养健康状况监测，对 8 所学校 2578 名学生开展儿童青少年近视调查监测。开展职业病危害现状调查，对全县职业性尘肺病例进行随访调查，完成尘肺病例随访 194 例、疑似职业病病例随访 51 人。完成 26 家企业场所职业危害因素监测。完成 2 家小微企业 30 名重点人群职业健康素养监测。加强检验检测运行体系，规范管理、完善资料，按要求完成实验室资质认证及省、市组织盲样考核。

【艾滋病、性病、丙肝防治】 2022 年，兴国县全面落实国家“四免一关怀”政策，将符合条件的感染者和病人纳入城乡低保范围，推进江西省贫困家庭艾滋病机会性感染救治工作，为患者减免治疗费用 11.64 万元。全年开展 12 次高危职业人群的外展干预，对 348 名娱乐场所高危人群进行筛查。开展艾滋病自愿咨询检测和重点人群检测工作，完成自愿咨询检测 912 人次。开展艾滋病、性病、丙肝防治工作。6 月 20 日，在将军中学开展艾滋病防治进学校宣传活动。6 月 26 日，结合禁毒宣传日在五福广场开展禁毒防艾宣传，8 月 19 日结合医师节在文明社区开展老年、艾滋病、性病、丙肝知识宣传活动，12 月 1 日在县城中心五福广场开展防艾宣传。

【结核病防治】 2022 年，兴国县扎实开展结核病综合防治，与兴国广播电台合作开展结核病防治工作宣传，加强对各乡镇结核病防治工作督导，在初（高）中入学新生和部分教职工中开展结核病筛查，筛查新生 2.50 万人，筛查教职工 670 人，完成从业人员健康体检 7871 人。结核病人全部纳入规范化管理，并按要求服药和随访。

（朱小明）

新冠疫情防控

【概况】 2022 年，兴国县取得应急常态化阶段连续 1022 天未

发生本土病例的历史记录（全市连续760天记录）。坚持以快制快高效处置10余起输入性疫情，未造成本土的扩散传播。派出25批次305人次医务人员先后支援上饶、宜春、南昌、上海等地抗击疫情，紧急驰援上海抗疫生活物资20余吨。

【防控措施】 2022年，全县建立高效的指挥体系，县疫情防控指挥部坚持日调度、日会商、日研判，第一时间贯彻传达上级精神、部署工作、解决问题，密切关注疫情形势动态，及时调整并迅速部署各项防控措施。各乡镇疫情指挥部24小时值班值守，关键岗位人员昼夜在岗，确保第一时间接收、处置、落实。

（朱小明）

【驰援上海华山医院】 2022年4月13日，兴国县得知上海新冠疫情加剧，市民蔬菜等物资采购出现严重紧缺，县委、县政府迅速筹措26吨蔬菜、农副产品等抗疫生活物资捐赠给上海华山医院，表达兴国人民的感恩之心、守望之心。县青年志愿者协会、兴国城投弘心物业的志愿者及蔬菜基地工作人员，立即到长冈乡上社及潋江、埠头蔬菜基地冷链分拣车间，加班加点分拣、入箱包装、装贴标签等。16点30分，满载着兴国人民深厚情谊的捐赠车在平江大桥举行捐赠发车仪式后，前往上海。车里装的有埠头乡托城蔬菜基地、潋江镇博苑蔬菜基地、长冈乡上社蔬菜基地的包菜、西葫芦、胡萝卜、黄瓜、茄子等品种蔬菜。其中长冈乡1200件、潋江镇1200件、埠头乡1100件，每件7.5千克，共计26.25吨。

（陈玉桃）

卫生体制改革

【公立医院改革】 2022年，县级公立医院全面推广“6S管理”（整理、整顿、清扫、清洁、素养、安全6项办公要求管理模式），开展“人文医院”建设，全面推进预算管理，制定出台医院党委会议事规则、院长办公会议事规则。进一步强化现代医院管理制度，持续开展二、三级公立医院绩效考核，实施县级公立医院院长年薪制和总会计师制度。在全市2022年度DRGs（以疾病诊断相关分类为工具，从医疗服务能力、医疗服务效率、医疗安全、专科服务能力等不同维度，对二、三级医院医疗服务绩效进行排名）综合排名中，县人民医院在全市15家三级综合医院中排名第4，县中医院在全市15家中医类医院中排名第2，县妇保院在全市20家二级妇幼类医院中排名第2，县第二医院在全市16家二级综合医院排名第1。

【分级诊疗制度改革】 2022年，兴国县医疗部门充分发挥县级医共体主体医院龙头作用，通过医疗资源下沉、远程协作等方式，基层卫生院服务能力得到大力提升，逐步构建基层首诊、双向转诊、急慢分治、上下联动的分级诊疗秩序，将分级诊疗制度落实情况纳入单位综合目标管理考核。年内，县域内就诊率达95.85%，分级诊疗制度改革成效进一步凸显。

【医共体建设】 2022年，持续推进以兴国县人民医院、兴国县中医院、兴国县妇保院和兴国县第二医院共4家二级以上医院为主体医院、25家乡镇卫生院及所辖村级医疗机构为成员单位的县域医疗服务共同体建设，建立县域医共体协同联动的医疗服务合作机制。面对疫情高峰期，在农村地区，以县域医共体为载体，提升县级医院重症救治能力，发挥乡

4月13日，兴国县驰援上海生活物资车辆整装待发 （县人民医院 供图）

镇卫生院和村卫生室健康监测作用，有效降低重症率、病亡率。

（杨经勇）

基层卫生

【概况】2022年，兴国县为居民提供免费的基本公共卫生和家庭医生签约服务，开展重点人群随访、体检、履约等健康管理，建立电子健康档案73.7万份，居民规范化电子健康档案覆盖率达99.2%，通过健康兴国公众号电子健康档案向居民开放，重点加强高血压、糖尿病、结核病、严重精神障碍等重点人群健康管理。开展乡镇卫生院优质服务基层行暨等级医院评审活动。持续加强村卫生室规范管理，为公有产权村卫生室配备合格的坐诊医生，充实村医人员力量，安置订单定向生到村卫生室执业，安排定向生到乡镇卫生院进修学习。对65岁及以上新冠重点人群进行分类分级健康管理服务。

【基层医疗机构建设】2022年，县医疗卫生部门全力推进均村、社富、南坑3个卫生院整体搬迁。均村乡中心卫生院项目完成预算价财审意见和平整土地，南坑乡卫生院开工建设，社富乡中心卫生院财政出复审稿。促进乡村卫生人才培训，以3个二级以上医院为主体的医共体，对口帮扶乡镇卫生院，派驻47名医务人员到乡镇卫生院帮带，有效提高乡镇卫生院整体队伍素质和首诊能力。开展基层卫生人员线上和线下业务知识培训，组织基层医生定期在“健康中国、赋能县域”线上全科医师系列培训，安排乡镇卫生院骨干医生6人、全科医生1人和乡村普通医生31人参加全市基层卫生人才能力提升培训。为全县294所公有产权村卫生室安排合格的医务人员，其中实行坐诊的有263所、巡诊的有31所；安排18名定向医学生到乡镇卫生院实习，安置8名定向生到村卫生室执业，满足群众基本医疗和基本公共卫生服务。

【基层卫生院等级评定】2022年3月5日，全县医疗部门优质服务基层行暨等级医院评审调度会召开，全县抽调县级医疗专家对县域内各乡镇卫生院开展初评，一对一指导评审单位，年内申请市级复核的10家乡镇卫生院全部通过评审达到“一级医院”标准，截至年底有22所乡镇卫生院达到“一级医院”标准，达标率为88%。

（陈建辉）

妇幼保健

【概况】2022年，兴国县扎实推进新生儿出生缺陷综合防治工作，强化婚前孕前保健，提升产前筛查服务能力，免费为全县困难家庭提供新生儿出生缺陷防控服务。开展城乡适龄妇女“两癌”免费筛查、儿童营养改善等妇幼健康服务项目。实施母婴安全及健康儿童行动提升计划，强化孕产期保健及儿童健康集中管理，全县孕产妇管理率97.06%，3岁以下儿童管理率92.68%，7岁以下儿童保健管理率95.14%。

【妇幼保健服务】2022年，全县妇幼保健集中式管理孕产妇5525人，高危专案管理655人，专案管理率100%；管理0—6岁儿童6.54万人，高危专案管理1118人；开展0—6岁儿童眼保健和视力检查工作，检查覆盖率99.88%；为全县343家幼儿园进行卫生保健督促指导及幼儿健康体检2.26万人，入园体检6215人；开展城乡适龄妇女“两癌”免费检查工作，为全县35—64周岁的1.81万名妇女进行宫颈癌和乳腺癌筛查，宫颈癌初筛阳性491人，确诊4人；乳腺癌初筛阳性72人，确诊22人；为5963名孕产妇进行艾滋病、梅毒、乙肝筛查，对艾滋病、梅毒、乙肝病毒感染产妇所生儿童进行跟踪和随访管理。

【产前筛查和诊断】2022年3月，兴国县人民政府印发《兴国县出生缺陷综合防治实施方案》，成立全县出生缺陷防治工作领导小组，在全市率先实施非困难家庭孕妇产前基因免费检测项目；为全县5376名孕产妇进行产前筛查，全县产前筛查率90.2%，并对筛查为高危的362名孕产妇进行高危专案管理。

【免费婚前医学检查】2022年，全县婚前医学检查3686对，婚检率99.3%；检出患病总人数970人，其中男性453人，女性517人，总疾病检出比例13.16%；检出并建议不宜结婚1人，不宜生育5人，暂缓结婚66人，尊重受检者意愿385人。年内，全县形成“婚检、婚姻登记孕前优生健康检查、地中海贫血筛查、避孕药具和叶酸发放”为一体的婚育工作模式，落实免费婚前医学检查工作。

（付秋华）

爱国卫生

【概况】 2022年，兴国县坚持以人民健康为中心，充分发挥爱国卫生运动优势，推进爱国卫生、卫生城镇和健康细胞创建、健康教育与健康促进、病媒防制、城乡环境整治等各项工作，倡导每个人是自己健康第一责任人，推动广大群众自觉践行文明健康、绿色环保生活方式，健康环境明显改善，健康常识得到普及，居民健康素养水平持续提高，“四害”密度得到有效控制。

【卫生城镇和健康细胞创建】 2022年，全县开展爱国卫生组织管理、健康教育与健康促进市容环境、生态环境、“七小”（小餐饮店、小食品店、小熟食店、小旅店、小浴室、小理发美容店、小歌舞厅）行业、建筑工地、城乡接合部环境整治等各项工作，建立健全国家卫生县长效机制，以卫生城镇创建工作为抓手，广泛动员干部群众，组织开展环境卫生集中整治等活动。高兴镇、南坑乡、长冈乡、鼎龙乡、崇贤乡、茶园乡等6个乡镇成功创建省级卫生乡镇。开展各类健康细胞建设，创建健康社区3个、健康村镇6个、健康促进机关6个、健康促进企业2个、健康家庭50户、健康促进学校29个、健康促进医院6个。

【病媒生物防制】 2022年，全县采取“环境治理为主，化学防制为辅”的综合防制方针，科学开展病媒防制，发布各类除害信息，大力普及科学灭鼠灭蚊知识，培养良好卫生习惯。让“无积水就无蚊虫、无蚊虫就无登革热”的理念深入人心。3月及9月，开展城区公共外环境春秋两季病媒生物防制活动2次，对全县所有社区、菜市场、广场、公园、火车站、汽车站等重点场所投放鼠药1.2吨，消杀面积达12平方千米，动员群众翻盆倒罐，大搞环境卫生，消除蚊、鼠等虫媒滋生地，有效控制“四害”的密度，从源头上预防登革热、寨卡病毒病等虫媒传染病的发生。

（黄力松）

中医药事业

【概况】 2022年，兴国县全力推进基层中医药改革发展，基层中医药服务能力得到显著提升，让群众能真正享受到“简、便、验、廉”的中医药服务。全县3家县级公立医院、25个乡镇卫生院均有中医门诊，719个村卫生所（室）中以中医为主或能中西医结合的有573个，另有备案中医诊所8个。全国基层名老中医药专家传承工作室1个，治未病中心1个，热敏灸小镇1个。全县辖25个乡镇卫生院，均设有中医科、中药房和针灸、理疗等中医临床科室，建立起中医综合服务区，实现中医馆全覆盖。开展乡镇卫生院中医馆星级评审，均获得赣州市星级中医馆称号（其中五星级2个、四星级10个、三星级13个）。有执业（助理）医师1804人，其中中医类别438人，占比24%。有全国基层名老中医1人，江西省基层名中医1人，赣州市名中医3人。10月，兴国县人民医院开设中医特色护理门诊。兴国县妇保院获全省妇幼系统中医适宜技术推广先进单位，县中医药工作连续5年评为全市中医药工作先进单位。

【《中华人民共和国中医药法》实施5周年宣传活动】 2022年4月，全县学习《中华人民共和国中医药法》动员会议召开，会议主要学习宣传贯彻中医药法，各医疗单位在6—7月全面开展中医药法实施5周年宣传，科学合理开展各具特色的宣传活动。县直医疗卫生单位在院内公示栏张贴《中华人民共和国中医药法》宣传海报，中医类科室向患者发放宣传折页。兴国县中医院和兴国县人民医院在医院公众号做专题宣传。各乡镇卫生院除在单位宣传栏张贴海报和中医科室向患者及家属发放折页外，还在辖区内公办村卫生室宣传栏张贴海报。同时结合健康帮扶和家庭医生签约服务，入户向群众发放宣传折页，宣讲《中华人民共和国中医药法》及中医药知识。7月，份组织全县各级各类医疗卫生健康单位参加“《中华人民共和国中医药法》实施五周年知识竞赛”网上答题活动，有3500余人次参与。

【基层卫生院中医馆创建】 2022年11月，根据赣州市卫健委《关于做好2022年基层医疗机构星级中医馆评选（调整）工作的通知》要求，兴国县对25个乡镇卫生院中医馆进行星级评审，主要从中医科室设置、中药房建设和药事服务、中医药人员配备、中医医疗和康复服务、中医预防和保健服务、信息化建设、规章制度执行、中医药知识宣传教育等方面评分。星级中医馆分为三星级（85—89分）、四星级（90—94分）、五星级（95分及以上）三个等级。古龙岗镇中心卫生院、高兴镇中心卫生院为五星级中医馆，永丰镇卫生院、埠头乡卫生院、茶园乡卫生院、方太乡卫生院、南坑乡卫生院、社富乡中心卫生院、城岗镇中心卫生院、江背镇卫生院、龙口镇卫生院、潋江镇卫生院为四星级中医馆，兴江乡卫生院、樟木乡卫生院、均村乡中心卫生院、兴莲乡卫生院、隆坪乡卫生院、崇贤乡卫生院、杰村乡卫生院、鼎龙乡卫生院、枫边乡卫生院、长冈乡中心卫生院、梅窖镇卫生院、东村乡卫生院、良村镇卫生院为三星级中医馆。

【方太乡热敏灸小镇创建】 2022年5月，兴国县方太乡向省中医药管理局提交“热敏灸小镇”项目建设可行性报告和申请，6月省中医药局组织相关专家到现场踏看，并安排省财政转移支付中医药专项资金50万元。方太乡辖8个行政村，各村依托村卫生室建立起热敏灸体验馆，每个村均配备1名工作人员专门从事热敏灸服务工作；购置热敏灸床、艾（条）柱、灸具等相关配套设施，其中分水村新建热敏灸馆占地面积105平方米，建筑面积250平方米。由江西省中医院专家驻村帮扶，主动向群众宣传热敏灸知识，发放热敏灸知识宣传手册，现场学习热敏灸使用方法和体验治疗效果。同时组织专家前往各村指导、培训乡村医生和热敏灸志愿者学习热敏灸技术，自建设热敏灸服务体验室，打造热敏灸小镇以来，免费体验人数不断增加，特别是深受腰椎间盘突出症、肩周炎、颈椎病、慢性劳损、中风后遗症等慢性疾病患者欢迎。

（周祖春）

2022年，兴国县古龙岗镇中心卫生院“五星级”中医馆建成使用

（县卫健委 供图）

卫生监督

【概况】 2022年，兴国县注重监督执法规范化建设，强化“双随机”（随机抽取检查对象、随机选派执法检查人员）抽查监管，突出新冠疫情防控和查处非法行医工作重点，加大公共场所卫生、学校卫生、饮用水卫生、职业卫生、医疗卫生等监督执法力度，进一步整顿和规范医疗服务市场秩序，保障全县人民群众健康安全。年内，县卫监局分别被省卫健委、市卫健委评为全省、全市优秀县级卫生监督执法机构。

【卫生监督协管体系建设】 2022年初，兴国县卫生监管人员均配备巡查手机，平台卫生监督协管账号均正常使用，做到每季度巡查上报，全年开展乡镇卫生监督协管稽查1次，促进监督协管工作落实。认真落实行政执法中的强化事前公开、规范事中公示等3项制度，提升信息化、规范化水平，实现监督执法的现场证件收集，现场文书打印，现场信息上报的信息化执法管理模式。严格实行重大执法决定法制审批制度和行政执法公示制度。

【医疗机构日常监督检查】2022年，兴国县常态化开展传染病防治卫生监督工作，监督检查集中医学观察点32家次、县直医疗机构6家、乡镇卫生院25家、村卫生室（所）216家、民营医院10家、城区诊所和校医务室52家，查办传染病防治方面案件97件。

【专项监督检查】 2022年，全县对20家千吨万人集中供水单位进行现场卫生监督检查，对城区60余家二次供水单位开展专项检查，督促各乡镇监督协管员对本乡镇村级百吨千人集中供水单位开展巡查工作。春秋季开学前后对全县373家中职、中小学校、托幼机构开展学校卫生监督执法检查。根据国家卫生健康监督信息平台下达的“双随机”检查任务，年内完成检查28家。对辖区内美容美发、沐足行业共计546家店进行多次全覆盖重点监督检查。开展公共场所量化分级管理，制定《2022年公共场所卫生监督量化分级管理工作实施方案》，对取得卫生许可证的360余家公共场所经营单位进行量化评分，并按照要求进行公示。为确保“创国卫”工作目标的实现，聘请第三方检测公司，对全县城区公共场所进行空气微小气候、客用物品采样检测。开展尘毒危害专项执法检查，检查煤矿、非煤矿山、冶金、建材等重点行业87家，下发卫生监督意见书76份，涉及尘毒危害行业监督覆盖率100%，督促完成职业健康体检2523人。

（周诗豪）

医疗机构选介

【兴国县人民医院】 2022年，医院被中国卒中学会评为“红手环之歌”网络传唱活动优秀组织单位，神经外科、保卫科、宣传统战科、信息科获得省部级集体荣誉，谢芳、杨金等4人获得省部级个人荣誉；医院卒中中心获“全省优秀3级卒中中心”。医疗业务收入5.69亿元，增长9.58%；收治门诊患者69.29万人次，住院患者4.11万人次，平均住院日6.7天，

2022年，兴国县人民医院新院区 （周钦前 摄）

病床使用率 89.1%。总手术量 1.28 万台，三四级手术 4446 例，占比 34.71%。医院拥有骨科手术机器人、3.0T 核磁共振、直线加速器、飞利浦 1.5T 超导磁共振等先进的医疗仪器设备。实际开放床位数 851 张，在岗职工 1366 人，卫生专业技术人员 1245 人，占比 91.42%，其中正高级职称的 25 人，副高级职称的 161 人，硕士研究生学历 50 人。设立临床科室 42 个，医技科室 9 个，职能部门 31 个。医院神经外科、神经内科、肝胆外科、泌尿外科、妇科成为兴国县域及周边县（市）颇有影响的品牌学科，技术辐射周边 2 市 4 县。

兴国县人民医院是国有三级综合医院，是复旦大学附属华山医院、赣南医学院第一附属医院对口支援医院，赣南医学院附属兴国医院。2019 年 9 月 29 日举行新院落成揭牌仪式，2020 年 4 月 5 日搬迁新院，占地面积 15.46 公顷，一期建筑面积 13.54 万平方米，一期工程占地 7.86 公顷，建有门诊医技楼、住院大楼、传染病楼、高压氧舱，配套建有应急救援停机坪、园林景观等工程。

（许海峰）

2022 年，兴国县中医院大楼　（县卫健委 供图）

【兴国县中医院】 2022 年，医院被评为全市中医药工作先进单位，赣州市首批市级健康促进医院。全年门诊 25.1 万人次，住院 1.77 万人次。医院大力推广中药“软文化”，设置中药茶饮免费试饮茶座，在病区推广药膳汤，庭院建设体现中医药文化，设置党风廉政与中医元素融合的党建文化宣传长廊，采用中草药进行绿化，建立百草园；门诊和病区开展中医护理服务，全年服务 1.9 万余人次。安排中医专家参与全县新冠疫情防控的救治组。兴国县中医院是国家二级甲等中医医院。先后被评为全国基层中医药工作先进单位、全省特色中医院、全省第三批中医康复（热敏灸）联盟单位。有职工 644 人，其中高级职称 54 人，硕士研究生 12 人，占地面积 4 公顷，业务用房面积 6.5 万平方米，设有 21 个临床科室和 15 个住院病区。急诊科、骨伤科、针灸科、眼科、中风病是江西省重点专科（病），肛肠科、脑病科、肾病科是江西省基层特色专科。

（范仁鑫）

【兴国妇幼保健院】 2022 年，医院内设妇科、产科、普儿科、儿外科、新生儿科、中医科、儿童保健科等 24 个临床科室，医技科室 9 个，行政职能科室 25 个，编制床位 240 张。有职工 337 人，其中卫生专业技术人员 289 人；有正高级职称 4 人，副高级职称 25 人。医院是广东省妇幼保健院、赣州市妇幼保健院医联体成员单位，与江西

2022 年，兴国县妇幼保健院大楼　（县卫健委 供图）

2022 年，兴国县第二医院大楼　（县卫健委 供图）

省妇幼保健院建立远程协作关系，加入泛珠江三角新生儿专科联盟，在人才交流、培训，患者转诊，技术交流与资源共享、检验结果互认等方面形成紧密联系，使群众在“家门口”享受省、市级优质医疗保健服务，畅通转诊绿色通道，做到持续便民惠民。医院儿童保健科是江西省儿童保健示范化门诊，是赣州市残疾儿童康复机构。兴国妇幼保健院是国家二级甲等专科医院、国家爱婴医院、首批“国家分娩镇痛试点医院”、县级产科救治中心、县级危重孕产妇救治中心、县级危重新生儿救治中心、县医保定点医院。医院占地面积 1.84 万平方米，建筑面积 3.52 万平方米。

（赖旭棋）

【兴国县第二医院】 兴国县第二医院是综合性民营二级甲等医院，占地面积 4.13 公顷，建筑面积 4.48 万平方米，2022 年编制床位 619 张，全院医务人员 630 余人，年总收入超 2 亿元。是职工医保、城乡居民医保、商业险、民政救助医院。医院设临床医技科室 34 个，购置美国 GE 64 排 128 层容积 CT、美国 GE 1.5T 核磁共振、飞利浦 EPIQ5 彩超、美国 GE 四维彩超、美国 GE330 血管造影机（DSA）、日本奥林巴斯胃肠镜 CV-290/260、德国德尔格呼吸机、德国贝朗血透机、日立 7180 全自动生化仪、日本希森康全自动血红蛋白分析仪、德国 BE 全自动血凝仪等先进医疗设备，投资打造现代化百级层流手术室、消毒供应中心等。获国家基层版胸痛中心、江西省三级创伤中心认证，通过中国非公立医疗机构协会社会信用、服务评价“3A 五星”评审。

（钟惠琼）

本栏编辑：陈玉桃

体　育

体育设施

【概况】 2022年，兴国县以承办赣州市第六届运动会为抓手，推进全民健身活动向纵深发展。组织开展不同群体、不同项目、不同级别的体育健身活动43场次，直接参与活动2.46万人次。实施城南门球馆草坪等维修工程、凤凰桥下门球场、地掷球场项目，健身步道合计完成312.85千米。争取省级彩票公益金30万元，在县体育公园全民健身中心运动馆设置残疾人康复活动站，为活动站配备20套康复器材。

【体育场馆】 2022年，兴国县重大体育赛事均于兴国县体育公园举行。兴国县体育公园位于县城潋江镇坝南新区，占地12公顷，主要由室内游泳池、室外游泳池、体育馆、体育场、全民健身中心及全民健身广场6大区域组成。其中，室内游泳池是一个50米长标准池，建筑面积3899平方米；室外游泳池由一个半标准池和一个儿童戏水池组成；体育馆建筑面积1.15万平方米，设有3600个固定观众席及600座的活动观众席；体育场总建筑面积1.11万平方米，由一个带看台的400米标准田径场、一个标准足球场组成，设固定观众席位8000座；全民健身中心建筑面积6071平方米，由一个室内篮球场、一个室内网球场、乒乓球室、一个多功能训练房、一个器材健身房等组成；全民健身广场总面积6.86万平方米。体育公园规划停车位668个，其中地上384个、地下284个。

【公共体育设施建设】 2022年，兴国县全民健身设施得到不断完善，全年投入资金200万元，对县原体育局院内的六连片沙地老年门球场进行改造，实施灯光球场、网球场、排球场铁皮棚拆除及恢复其露天球场功能和道路水沟维修项目，完成兴国县经济开发区内足球场等12块社会足球场的建设，全县社会足球场建设任务完成率100%。年内，向上级争取全民健身设施建设资金20万元，完善崇贤乡贺堂村和江背镇洛光村农民健身工程建设，提升农村体育设施覆盖率，实施县城城南门球馆草坪等维修工程、凤凰桥下门球场和地掷球场项目。

2022年，兴国县“朝阳舞队”在县体育中心表演　（县教科体局 供图）

【公共体育场馆开放】2022年，兴国县积极推动全县公共体育场馆的定时免费对外开放，通过兴国在线网站公布20所对外开放公共体育场馆信息。年内，兴国城区公共体育场所除县体育公园外，还有潋江镇滨江社区（原兴国糖厂小区）多功能运动场、兴国县体育场旁边原灯光球场以及部分住宅小区（如中城模范城、绿柳居、长海云府、云顶公馆）等公共体育场所，均免费向广大民众开放。根据赣州市体育局、赣州市教育局联合印发的《关于进一步做好中小学校体育场馆向社会开放工作的通知》精神，在保证校园安全的前提下，双休日、寒暑假等学生不在校期间，均对学校周边社区居民和社会组织免费开放，极力满足广大群众参加体育锻炼的需求。

【体育彩票发行】 兴国县有体育彩票发售门店84家，其中县城71家，乡镇13家。2022年，兴国县不断加大体育彩票发售力度，全县体育彩票销售收入7743万元，电脑彩票销售7266万张，其中乐透玩法销售1541万张，竞猜玩法销售5725万张。即开型彩票销售477万张，超额完成任务，完成300万张任务数的159%，销售额比上年增长4.81%。

全民健身

【概况】 2022年，兴国县全民健身以“引导健康文明生活、共建共享和谐社会”为宗旨，大力推动群众体育工作的开展，以承办赣州市第六届运动会为抓手，全力推进全民健身活动向纵深发展，举办了迎六运庆“五一”5公里健步走活动、将军马半程马拉松比赛和市六运会倒计时100天暨全民健步活动。常态化开展群众参与度高、带动效果好的赛事活动，为广大群众健身运动提供更好的环境与服务，让运动成为时尚、让体育走进生活。

2022年，兴国县社富乡东韶村村民在广场健身 （县教科体局 供图）

【体育协会】 2022年，全县成立有兴国县宇锋羽毛球俱乐部、兴国县焦点轮滑俱乐部、兴国县运昌摩托车俱乐部、兴国县游泳协会、兴国县自行车运动协会、兴国县羽毛球协会、兴国县信鸽协会、兴国县青少年篮球协会、兴国县中国象棋协会、兴国县门球协会、兴国县钓鱼协会、兴国县足球协会、兴国县广场舞协会、兴国县乒乓球协会、兴国县轮滑运动协会、兴国县威保慢跑运动协会、兴国县围棋协会、兴国县棋类协会、兴国县机动车驾驶员培训行业协会、兴国县微马跑步协会共计20个单项体育协会和体育俱乐部。建立县、乡（镇）、单位三级老人体协组织68个。全县社会体育指导员1974名，有4人获评全省优秀社会体育指导员称号，兴国县教科体局被评为省群众体育先进单位。

【协会活动】 2022年，兴国县体育协会组织活动有序，开展正常，全县共成立20个单项体育协会和体育俱乐部，活动开展形式多样。年内，兴国县门球协会和钓鱼协会，除年度常规赛事外，格外承办江西省圆梦杯百队千人门球赛和江西省第八届老年人健身体育运动会钓鱼比赛。兴国县微马跑步协会，全年举办4场全民群体体育赛事，倡导全民健身，积极引导和鼓励广大群众广泛参与到体育运动中去。

【全民健身服务体系】2022年，兴国县着力构建覆盖县、乡镇、村（社区）三级全民健身设施网络和城市社区“15分钟健身圈”，全县人均体育场地面积达 2.6 平方米，改善各类公共体育设施的无障碍条件。新建社区体育设施覆盖率达 100%，新建居住区和社区要严格落实按“室内人均建筑面积不低于 0.1 平方米或室外人均用地不低于 0.3 平方米”标准配建全民健身设施。

竞技体育

【体育赛事承办】 2022 年，兴国县积极承办各类社会体育赛事和学校体育赛事。承办赣州市第六届运动会、世界力王争霸赛、全国围棋甲级联赛兴国主场、江西省圆梦杯百队千人门球赛、江西省第八届老年人健身体育运动会钓鱼比赛等各类社会体育赛事及兴国县职工运动会、江西省百县足球、田径、篮球运动会等省、市赛事的参赛工作。承办的各类学校体育赛事有：赣州市青少年田径锦标赛、赣州市青少年篮球锦标赛、赣州市青少年羽毛球锦标赛、赣州市青少年乒乓球锦标赛、赣州市青少年武术套路锦标赛等县内赛事。

【邓湘丽获拳击女子金牌】 2022 年，江西省第十六届运动会上，由兴国输送的兴国籍运动员邓湘丽在省运会拳击女子甲组 47—51 公斤级项目比赛中，获得金牌。邓湘丽是一位出色的运动员，在田径和拳击两个领域都取得不俗成绩。2017 年 5 月，被赣州市体校田径教练看中，从兴国第七中学选拔进入赣州市体校进行训练。训练两年，在田径项目上表现出色，拳击专项上也逐渐崭露头角。2019 年，邓湘丽的运动生涯迎来一个重要转折点，由田径专项改练拳击，这个决定让她在之后的两年里取得突破性进展。经过省运会备赛训练的磨砺，拳击技能得到极大提升，2022 年江西省运动会上，邓湘丽代表赣州队出战拳击比赛，凭借出色的技术和强大的心理素质，一路过关斩将，最终勇夺冠军。

【参加省十六届运动会赛艇项目比赛】 2022 年，江西省第十六届运动会上，由兴国输送的兴国籍运动员张好意在省运会赛艇比赛项目中，斩获 2 个第 4 名的好成绩。张好意是一位富有决心和热情的运动员，2021 年 9 月，被赣州市体校赛艇教练从兴国县鼎龙中学选拔进入市体校进行水上项目训练。在市体校中，张好意接受教练严格指导和训练，以高度的自律和专注的态度，不断努力提高自己的技能和体能，经过一年多备战训练，逐渐适应赛艇项目的高强度竞争，并取得显著的进步。在 2022 年省运会中，张好意代表赣州市参加赛艇项目的比赛，全力以赴，展现出出色的技术和稳定的心理素质，取得赛艇男子甲组大个子组 2000 米双人双桨第 4 名、赛艇男子甲组大个子组 2000 米单人双桨第四名的优异成绩。

【张亮攀岩项目斩获银牌铜牌】 2022 年，江西省第十六届运动会上，由兴国输送的兴国籍运动员张亮在省运会攀岩比赛项目中，分别获得一个第 2 名、一个第 3 名的优异成绩。张亮是一位极具潜力的运动员，2021 年 9 月被市体校赛艇教练从兴国县鼎龙中学选拔出来，进入市体校进行训练。在赛艇项目中，凭借出色的表现和不懈的努力，逐渐崭露头角。2022 年，被攀岩项目潘旭华教练看中，选入攀岩项目备战 2022 年省运会，凭借在赛艇项目中锻炼出的强大体能和坚韧毅力，短短一年时间内取得显著进步，2022 年省运会中，表现出色，获得攀岩项目两个优异成绩，攀岩项目男子甲组全能赛第 3 名、攀岩项目男子甲组速度赛第 2 名。

（谢海春　李　娜）

本栏编辑：陈玉桃

社会生活

人口家庭

【概况】 2022年，兴国县全面贯彻落实《优化生育政策促进人口长期均衡发展的决定》，推动优生优育政策，增加托育服务供给，完善落实计划生育奖励扶助政策，提升新时代人口治理能力和水平。年末，全县户籍总人口860200人。其中，城镇人口235064人，乡村人口625136人；年出生人口7644人，死亡人口3048人。年末，全县常住人口716045人。其中，城镇常住人口334272人，乡村常住人口381773人。常住人口城镇化率为46.68%。

【人口构成】 2022年，全县总人口中，以年龄分，0至14岁人口165250人，占比23.08%；15岁人口17298人，占比2.42%；15岁至59岁人口426151人，占比59.51%；60岁及以上人口124644人（其中65岁以上90738人，占比12.67%），占比17.41%。以受教育程度分，未上过学人口男3166人，女6558人，共计9724人；受过学前教育人口男17573人，女15668人，共计33241人；受过小学教育人口男82896人，女116131人，共计199027；受过初中教育人口男155919人，女134542人，共计290461人；受过高中教育人口男63308人，女43393人，共计106701人；受过专科教育人口男19156人，女13835人，共计32991人；受过本科教育人口男9241人，女6223人，共计15464人；硕士研究生学历人口男442人，女259人，共计701人；博士研究生学历人口男51人，女17人，共计68人。

【家庭发展】 2022年，兴国县有人口总户数233702户。其中，家庭户226696户，集体户7006户。在家庭户中，男329068人，女319187人，共计648255人；在集体户中，男37739人，女30051人，共计67790人。

【婚姻与收养登记】 2022年，兴国县结婚登记对象为3712对，离婚登记对象为741对；补发结婚证518对，补发离婚证84对。结婚登记数与上一年结婚登记数比下降18%，离婚登记数与上一年比下降0.01%。全县认真贯彻落实《中华人民共和国民法典》等有关法律法规，依法办理收养登记，做到程序合法，材料齐全，年内办理收养登记4例，主要是三代以内同辈旁系血亲收养和生父母有特殊困难无力抚养对象。

【婚俗改革试点】 2022年3月，兴国县开展婚俗改革试点工作，发挥县民政局微信公众号及县融媒体等新媒体传播优势，广泛宣传婚姻法规的有关政策，普及科学知识，传递文明理念，引导群众革除婚办陋俗，树立婚事新办、文明节俭、绿色环保的婚嫁新风尚。全年共发放宣传单1000份，移风易俗倡议书600份，长条横幅200条。推进婚姻登记、婚姻家庭辅导、婚姻文化展示等功能为一体的综合性婚姻家庭服务指导中心建设，探索出一条在公园、景区等环境优美场所开设婚姻登记颁证点的新途径，打造富涵文化、智能高效的“最美婚姻登记机关”。实施县婚姻登记服务中心提升项目，完成室内功能、户外颁证园改造，完成国家 AAA 级婚姻登记场所创建。

【生育支持政策落实】 2022 年，全县有阳光助学对象 41 人、城镇独生子女父母奖励对象 2396 人（其中居民 1442 人），全部落实独生子女父母奖励金、独生子女父母养老奖励金等奖励扶助政策。

按照《江西省人口计划生育条例》规定，严格落实婚假、产假、男方护理假等制度，对符合法律、法规规定结婚、生育的夫妻，除享受国家规定的假期外，增加婚假 15 日，增加产假 90 日，并给予男方护理假 30 日。在子女 3 周岁内，给予夫妻双方每年各 10 日育儿假，假期工资和奖金照发，福利待遇不变。设立 3 岁以下婴幼儿照护个人所得税专项附加扣除，按照每个婴幼儿每月 1000 元的标准定额扣除。取消社会抚养费，清理和废止相关处罚规定，将入户、入学、入职等与个人生育登记全面脱钩。优化规范服务流程，严格执行生育服务登记的相关要求，实行生育服务登记制度。推行网上办证、限时办结、委托代办和个人承诺制，建立完善生育服务登记信息通报机制，对工作落后乡镇直接点名并限期整改。全年共办理生育登记 5643 例，生育登记（审批）服务覆盖率达 98.27%，生育登记（审批）及时办结率达 98.27%。

【二孩、三孩及多孩生育】2022 年，全县常住人口总数 71.6 万人，出生人口 7644 人，出生率 6.4‰，其中一孩出生 3363 人，二孩出生 2598 人，多孩出生 1683 人，人口自然增长率 3.7‰，计生率 91.95%，早婚率 4.11%，晚婚率 58.75%，出生人口性别比 118.58（女为 100）。

【托育机构建设】 2022 年，兴国县通过集中发展“五个一批”即加快整合规划一批、幼儿园办托班发展一批、鼓励企事业单位自办一批、优化社区服务拓展一批、支持社会力量兴办一批来实现托位目标，全县建有各类托育机构 41 所（含公办幼儿园办托 27 所）、提供托位 2160 个，其中城区托育机构 17 所，城市社区托育服务覆盖率 64%，24 个乡镇均建有公办托育机构，每千人常住人口托位数 3.02 个。

【流动人口服务管理】 2022 年，兴国县为进一步加强流动人口管理和出租房屋服务管理，全力营造安全稳定的社会治安环境，县公安局制定下发《兴国县公安机关开展流动人口和出租房屋服务管理专项整治工作方案》，组织开展流动人口和出租房屋服务专项整治活动。各公安派出所以流动人口务工区、生活集中区域及日常访查易疏忽区为重点，全面清查各类治安隐患，推动流动人口和出租房屋信息采集，落实各项流动人口和出租房屋服务管理措施。根据 2022 年平安建设及网格化管理工作要求，各派出所和乡镇网格员将暂住人口、出租房屋的管理作为重要日常工作。年底，全县流动人口登记 4929 人，房屋租赁登记 3132 户。

【殡葬管理】 2022 年，兴国县积极推进城市公益性公墓、农村公益性公墓（骨灰堂）建设，基本实现全县公共殡葬设施全覆盖。长冈生态墓园项目建设顺利推进。全年遗体火化率 100%。开展散埋乱葬治理，建立健全常态化巡查机制，组织专门工作队对“三沿六区”（公路、铁路、河道沿线，水源保护区、文物保护区、自然保护区、饮用水保护区、农田保护区、其他乱葬明显的区域）常态化巡查，严禁公墓（骨灰堂）区外新增坟墓现象发生。引导殡葬协会组织开展倡导厚养薄葬，培育乡风文明相关活动，开展殡葬领域服务专项治理，有效维护群众利益。

（丁小平）

收入与消费

【城乡居民收入】 2022 年，兴国县城镇居民人均可支配收入 36011 元，较上年增长 5.2%。按收入来源分，人均工资性收入 23818.4 元，占可支配收入的比重为 66.14%；人均经营净收入 2158.7 元，占可支配收入的比重为 6%；人均财产净收入 3826.8 元，占可支配收入的比重为 10.63%；人均转移净收入 6207.1 元，占可支配收入的比重为 17.24%。

2022 年，兴国县农村居民人均可支配收入 15719 元，较上年增长 8.2%。按收入来源分，人均工资性收入 7769.4 元，占可支配收入的比重为 49.42%；

支出 1793.5 元，医疗保健人均支出 1726.2 元，其他用品及服务人均支出 159.6 元。

2022 年兴国县城乡居民人均可支配收入及构成统计表

表 22

指标名称	城镇居民			农村居民		
	2022 年（元）	2021 年（元）	增幅（%）	2022 年（元）	2021 年（元）	增幅（%）
人均可支配收入	36011.0	34227.0	5.2	15719.0	14525.0	8.2
一、工资性收入	23818.4	22390.7	6.4	7769.4	6163.7	26.0
二、经营净收入	2158.7	2378.0	-9.2	2506.5	2260.0	10.9
三、财产净收入	3826.8	3583.8	6.8	107.5	14.5	641.5
四、转移净收入	6207.1	5874.4	5.7	5335.6	6086.4	-12.3

人均经营净收入 2506.5 元，占可支配收入的比重为 15.95%；人均财产净收入 107.5 元，占可支配收入的比重为 0.68%；人均转移净收入 5335.6 元，占可支配收入的比重为 33.95%。

【城乡居民支出】2022 年，兴国县城镇居民人均支出 19757.7 元，较上年增长 5.1%。其中，食品烟酒人均支出 6419 元，居住消费人均支出 5470 元，衣着消费人均支出 879.3 元，生活用品及服务人均支出 903.9 元，交通通信人均支出 1983.4 元，教育文化娱乐人均支出 2004.3 元，医疗保健人均支出 1879.9 元，其他用品及服务人均支出 217.9 元。

2022 年，兴国县农村居民人均支出 14950.1 元，较上年增长 8.7%。其中，食品烟酒人均支出 4402.2 元，衣着人均支出 490.4 元，居住人均支出 3349.6 元，生活用品及服务人均支出 738.5 元，交通通信人均支出 2290.1 元，教育文化娱乐人均

2022 年兴国县城乡居民人均消费及构成统计表

表 23

指标名称	城镇居民			农村居民		
	2022 年（元）	2021 年（元）	增幅（%）	2022 年（元）	2021 年（元）	增幅（%）
消费支出	19757.0	18790.0	5.1	14950.0	13754.0	8.7
一、食品烟酒	6419.0	6128.9	4.7	4402.2	3917.5	12.4
二、衣着	879.3	827.5	6.3	490.4	420.9	16.5
三、居住	5469.5	5416.9	1.0	3349.6	3208.9	4.4
四、生活用品及服务	903.9	909.0	-0.6	738.5	788.2	-6.3
五、交通通信	1983.4	1966.0	0.9	2290.1	1993.1	14.9
六、教育文化娱乐	2004.3	1967.4	1.9	1793.5	1283.8	39.7
七、医疗保健	1879.9	1331.8	41.2	1726.2	1894.6	-8.9
八、其他用品和服务	217.9	242.7	-10.2	159.6	246.7	-35.3

【城乡居民消费价格】 2022 年，兴国县城镇居民人均食品烟酒消费 6419 元，比上一年的 6128.9 元增长 4.7%；衣着消费 879.3 元，比上一年的 827.5 元增长 6.3%；居住消费 5469.5 元，比上一年的 5416.9 元增长 1%；生活用品及服务消费 903.9 元，比上一年的 909 元减少 0.6%；交通通信消费 1983.4 元，比上一年的 1966 元增长 0.9%；教育文化娱乐消费 2004.3 元，比上一年的 1967.4 元增长 1.9%；医疗保健消费 1879.9 元，比上一年的 1331.8 元增长 41.2%；其他用品和服务消费 217.9 元，比上一年的 242.7 元减少 10.2%。

2022 年，兴国县农村居民人均食品烟酒消费 4402.2 元，比上一年的 3917.5 元增长 12.4%；衣着消费 490.4 元，比上一年的 420.9 元增长 16.5%；居住消费 3349.6 元，比上一年的 3208.9 元增长 4.4%；生活用品及服务消费 738.5 元，比上一年的 788.2 元减少 6.3%；交通通信消费 2290.1 元，比上一年的 1993.1 元增长 14.9%；教育文化娱乐消费 1793.5 元，比上一年的 1283.8 元增长 39.7%；医疗保健消费 1726.2 元，比上一年的 1894.6 元减少 8.9%；其他用品和服务消费 159.6 元，比上一年的 246.7 元减少 35.3%。

【城乡居民消费结构】2022 年，兴国县城镇居民人均消费结构

依次由食品烟酒、居住、教育文化娱乐、交通通信、医疗保健、生活用品及服务、衣着、其他用品及服务共8大类消费组成。人均消费资金在全年消费总额占比分别为32.49%、27.69%、10.14%、10.04%、9.52%、4.58%、4.45%、1.1%。

2022年，兴国县农村居民人均消费结构依次由食品烟酒、居住、交通通信、教育文化娱乐、医疗保健、生活用品及服务、衣着、其他用品及服务共8大类消费组成。与城镇居民消费结构不同的是，农村居民的交通通信消费排在所有消费第三位，人均消费资金在全年消费总额占比分别为29.44%、22.41%、15.32%、11.99%、11.55%、4.94%、3.28%、1.07%。

（高 媛 曾雪辛）

劳动就业

【概况】 2022年3月，兴国县印发《兴国县2022年重点工业企业招工实施方案》《关于加强就业帮扶巩固拓展脱贫攻坚成果助力乡村振兴实施方案》《关于进一步规范乡村振兴公益性岗位管理工作的通知》等系列文件，给予充足资金和政策保障，确保全县就业创业和就业精准帮扶工作取得良好成效。开展各项就业技能培训，培训总人数4464人；发放贴息贷款2.34亿元；城镇新增就业人数4594人，失业率控制在4.5%以内；新增转移农村劳动力9015人；托管高校毕业生档案4887份。

【创业担保贷款】 2022年，兴国县发放创业担保贷款2.34亿元，完成任务数的156.02%。其中，个人贷款1.71亿元，企业贷款0.62亿元，直接扶持1597人，带动就业6959人，新增担保金60万元，贷款回收率100%，实现创业担保贷款良性运作。

【就业安置】 2022年，兴国县完成城镇新增就业人员4594人，完成任务比109.4%，新增转移农村劳动力9015人。其中，省内转移7206人，帮扶困难就业人员474人，青年见习人数190人，完成任务比108.61%。城镇失业人员再就业人数1100人，城镇登记失业率有效控制在4.5%以内。为进一步落实党和政府对退役军人的关心关爱，兴国县注重做好退役士兵安置选岗，并将符合政府安置工作的退役士兵全部落实岗位。

【重点群体、困难群体就业】 为改变部分高校毕业生“慢就业”心理，缓解高校毕业生找工作难现状，2022年，全县56家就业见习单位举办“暖‘兴’就业，见习上岗”高校毕业生就业见习专场招聘会，提供见习岗位310个，吸引200多名毕业2年内的高校毕业生参与现场招聘会，有效促进高校毕业生见习就业。保持乡村公益性岗位规模总体稳定，优先安置符合条件的弱劳力、半劳力帮扶对象就业，对贫困高校毕业生就业给予见习兜底保障，政府为见习生出资2200元/月作为生活补贴，以减轻用人单位经济负担。健全“按需设岗、以岗聘任、在岗领补、有序退岗”管理机制，落实监管责任、考勤考核、补贴发放，及时纠正查处不履职取酬、顶岗替岗等行为。年底，通过公益性岗位安置就业5303人，二次返乡农民工995人，其中就业947人。

（李坷芯）

【事业单位人事管理】 2022年，兴国县共招录101名事业单位工作人员、34名卫生专技人员、503名中小学幼儿园教师（含21名硕士研究生及以上学历教

11月11日，兴国县就业创业服务中心、兴国数字人力共享中心开展兴国县就业宣传暨企业招聘活动

（县数字人力共享中心 供图）

师）、30名“三支一扶”大学生（支教、支医、支农、水利、帮扶乡村振兴、就业和社保）及服务期满安置者15人。完成事业单位管理岗职员等级晋升121人。其中，八晋七7人、九晋八103人、十晋九11人。赣州市人社局对全县144名事业单位工作人员给予记功奖励。

【专技人员队伍管理】 2022年，兴国县人事劳动和社会保障局对全县494名晋升高、中级专业技术人员办理评聘手续，其中办理评聘高级180人（正高级10人，副高级170人），办理评聘中级314人。并为408名初级专业技术人员进行资格认定，颁发资格证书。涉及农业（果茶）、林业等职业农民职称新评37人，其中办理中级31人，助理级6人。

【工资福利】 2022年，兴国县人事劳动和社会保障局完成全县职务岗位晋升、职称晋升工资变动31人，专业技术人员岗位等级变化工资变动599人、更改学历变动工资35人。为349名新入职人员建立工资档案，办理304名试用期满人员的转正定级审批工作，办理退休人员234人。

【人事档案管理】 2022年，兴国县人事劳动和社会保障局档案室，共保存全县人事档案3.85万份。其中，在职干部档案1.09万份、改制工人档案3473份、流动人员档案2.39万份，退休人员档案144份。同时保存有死亡职工档案8份。

【劳动仲裁】 2022年，兴国县人事劳动和社会保障局建设星级仲裁院，以劳动仲裁九项便民服务措施为基础，为社会弱势群体仲裁开“绿灯”，对涉及老弱病残职工的劳动争议案件开辟仲裁“绿色通道”，实行快立、快审、快结，有力促进和谐劳动关系的构建。年内，仲裁院共受理各类仲裁案件168起，结案168起，结案率100%，涉案金额899万元。

【工伤认定】 2022年，兴国县人事劳动和社会保障局共受理全县工伤认定案例181起，认定181起，其中死亡案例7起。上报劳动能力鉴定申请81起，评定81起。调解工伤经济赔偿纠纷15起，涉及金额达130余万元。

【劳动保障监察】 2022年，兴国县人事劳动和社会保障局派出人员到各类企业工地，全面掌握用工单位劳动用工情况，指导规范用工，及时发现问题，解决问题，降低案件发生率。联合县住建局、县市场监管局等部门，开展农民工工资专项检查、清理整顿人力资源市场秩序专项检查活动，常态化开展劳动保障日常巡查，维护社会稳定和农民工合法权益。全年，受理劳动监察欠薪案件103起，办理“12345”、信访转办件756件，涉及民工1396人，追回民工工资1600余万元，调解较为激烈的劳资纠纷3起。

【全省首个县级数字人力共享中心建设】 2022年，为缓解企业招工难留人更难等问题，县政府投入1500余万元，在县经济开发区建设兴国数字人力共享中心。中心突出招、稳、引、育、留五大功能，建立线上管理平台，并在企业及各乡镇（区）、村便民服务中心配备招工就业服务终端460个，实现用工需求和劳动力资源供给的智能匹配和高效对接。兴国数字人力共享中心7月27日揭牌正式运营，收集46.9万余条劳动力数据，为全县企业招工5860人，组织开展线上直播带岗、线下现场招聘活动近60场次，线上吸引近400万人观看，提供各类就业岗位1.2万余个，达成就业意向6500余人，为企业输送劳动力1.26万人。

（陈　操　胡崇任）

社会保险

【养老保险】 2022年，全县机关事业单位参保人数2.06万人（含退休人员），完成计划任务数的104.84%。至年底，征收养老保险基金2.19亿元，支付率和社会化发放率100%；全县企业职工养老保险参保人数7.79万人（含退休人员），完成计划任务数的105.69%。至年底，被征地农民参保人数1.15万人；退休人员1.94万人，领取养老金生活补助339人，企业征收养老保险基金4.18亿元，支付率和社会化发放率100%；全县城乡居民养老保险参保人数38.8万人（含退休人员），完成计划任务数的100.15%，收缴保费金额8494.98万元，城乡居民养老待遇人员10.57万人；其中政府代缴7.44万人（含二女户代缴），代缴金额806.24万元。

【医疗保险】 2022年，兴国县城乡居民医保实际参保人数71.33万人，基金收入6.85亿元，基金支出1.90亿元，基金累计结余4.95亿元。职工基本医保全年实际参保人数4.09万人，比2021年增加2135人，基金收入1.90亿元，基金支出0.89亿元，基金累计结余1.01亿元。

【失业保险】 2022年，兴国县完成失业保险扩面参保人数2011人，参保企业661家，基金征缴789万元。发放失业保险金163.88万元，代缴职工医疗保险费30.2万元。发放失业补助金205.9万元。落实一般企业稳岗返还企业户数287家，返还金额234.41万元。

【工伤保险】 2022年，全县工伤保险参保人数2.99万人，征收保费329.95万元，工伤保险基金支出总额1501.15万元。按照赣州市人民政府办公室《关于印发〈赣州市补充工伤保险办法（试行）〉的通知》，深入实施补充工伤保险试点，至年底，补充工伤保险参保企业681家，参保人数3.28万人，其中特定人员2376人。

【生育保险】 2022年，兴国县职工生育参保人数2.63万人，参保单位529个，支出总额505.52万元。生育医疗费总支出17.36万元。其中，男职工女配偶医疗费支出1.41万元，生育津贴支出486.75万元。

【社保服务】 2022年，兴国县社保中心开展社保宣讲“进企入村”活动，组织人员深入农村、企业，广泛宣传全民参保、社保卡应用、养老保险待遇资格认证等社保政策，提高社保政策知晓率和参与度，以实现全民应保尽保，共享经济社会发展成果，推动社会保险事业高质量发展。以“进企入村”为契机，上门入户提供生存认证、社保缴费、退休待遇领取等服务，让辖区群众、企业享受到体贴便利的人社服务，解决广大群众、企业“急难愁盼”问题。

（王正浩）

医疗保障

【概况】 2022年12月28日，兴国县医疗保障局正式更名为赣州市医疗保障局兴国分局，由赣州市医疗保障局垂直管理。医疗保障分局坚持“保基本、可持续、全覆盖”原则，深入推进医保制度改革，不断规范医保基金管理，坚决打击欺诈骗保行为，及时与医疗机构结算新冠患者发生费用，落实“两个确保”（确保患者不因费用问题得不到及时救治，确保定点医疗机构不因医保总额预算管理规定影响救治），会同相关部门全力做好新冠防疫药品及医用耗材保供应工作。

【医疗基金及监管】 2022年，兴国县城乡居民基本医疗保险参保人数71.33万人。其中，政府资助参保4.82万人、税务申报66.51万人。监测对象（含脱贫人口）实现县域内应保尽保、应资尽资、应享尽享，城镇职工基本医疗保险参保人数4.18万人。城镇职工基本医疗保险收入2.13亿元、支出1.2亿元。城乡居民基本医疗保险收入6863.49万元、支出2547.69万元。

持续开展打击诈骗医疗基金专项整治行动，对858家定点医疗机构进行全覆盖地毯式检查（含自查自纠），查处定点医药机构354家次，追回（扣回）定点医药机构所涉违规资金1307.89万元，对43家违规定点机构公开曝光，约谈负责人，对违规定点机构进行处罚。

【便民服务】 2022年，兴国县实行异地就医联网结算政策，简化异地就医备案流程，实行电话备案、手机App备案等便民举措，解决参保人员异地就医难题，受到参保群众欢迎。全年，异地就医直报4925人次，直接补偿金额3855万元。本着“只为办好寻办法，不为不办找理由”服务理念，改变之前“专人专岗、专项专岗”做法，设置“一岗通办”医疗保障综合岗位，提高经办人员服务水平，医保经办窗口获得全县“服务标兵”5人次。

【门诊统筹】 2022年，兴国县实行医疗门诊统筹，通过正确引导患者就诊，合理分流病人转住院为门诊，有效降低住院率。门诊待遇分为普通门诊、门诊“两病”（指高血压、糖

尿病）、中医门诊、门诊特殊慢性病和门诊特殊检查。普通门诊自然年度内费用超300元可纳入统筹基金（统筹基金是国家为保障参保职工的基本医疗待遇，由医疗保险经办机构按国家有关规定向参保职工筹集）报销，按医院级别分1、2、3级，报销比例为65%、60%、55%，年度统筹基金支付限额在职人员2000元，退休人员3000元；门诊“两病”、中医门诊、门诊特殊慢性病、门诊特殊检查都有不同住院待遇，大病保险待遇均有不同程度报销比例。全县累计就诊201.64万人次，门诊统筹195.41万人次，发生门诊统筹医疗费2.26亿元，统筹支付7896.4万元。

（曾凡荣）

住房保障

【概况】 2022年，兴国县完成公租房入住583户、人才住房入住126户，发放城镇住房困难家庭租赁补贴140.07万元，新建公租房500套、保租房300套，对34.71万栋自建房开展安全隐患排查整治。全县25家物业服务企业，共为51个住宅小区近2.9万户居民提供物业服务。1750套/户棚户区改造任务提前开工实施。

【城乡住房保障】 2022年，全县新市民、青年人等群体住房困难问题进一步得到解决。租房保障力度进一步加大，通过3批次摇号分配，583户公租房申请家庭顺利入住公租房，126名人才入住新房，圆了“安居梦”。年内，对城镇住房困难家庭进行租赁补贴，共发放租赁补贴806户140.07万元。健全完善保障性住房管理长效机制，实行常态化申请受理，严格准入和退出审核把关，加快推进公租房管理信息化建设和小区智能化升级改造。

【棚户区改造】 2022年，县人民政府制定《兴国县城市棚户区改造攻坚行动方案》，提前实施2023年棚户区改造工作任务，在西街社区设立兴国县棚户区改造工作指挥部，由县委常委、县政府常务副县长担任总指挥，县人大常委会副主任、县政府分管副县长任副总指挥，抽调相关县直单位、城市社区、乡镇部分科级干部和优秀后备干部组建动迁工作组，履行征收任务“六包”责任（包宣传动员、包纠纷调解、包协议签订、包搬迁腾房、包房屋拆除、包后续信访维稳）。提前实施的兴国经济开发区、富源街等片区棚户区改造按货币化折算共计658套/户。

【住房公积金管理】 2022年，兴国县住房公积金归集实缴单位398个，实缴职工2.26万人，归集4.45亿元，增长39.93%，完成全年3.89亿元任务的114.61%，累计缴存28.77亿元，缴存余额15.94亿元。住房公积金提取使用5.65万人次，计2.42亿元。发放住房公积金贷款614户，计2.35亿元，贷款余额13.18亿元，个贷率82.7%。

【自建房安全专项整治】 2022年，兴国县开展自建房安全专项整治，全县共排查自建房34.71万栋。其中，经营性自建房1.12万栋。排查出存在安全隐患房屋535栋。其中，经营性自建房161栋。排查出违规改扩建（加层）自建房518栋。经委托第三方检测评估机构开展房屋安全鉴定，可安全使用房屋180栋，C级危房204栋，D级危房151栋。拆除C、D级危房45栋、维修加固151栋、腾空闲置137栋，剩余22栋C、D级危房采取发放告知书（明白卡）、封闭停用、人员撤离、张贴警示标志、拉设警戒线等措施落实管控，确保人民群众生命财产安全。

（孙永辉　王新宇）

社会救助

【概况】 2022年，兴国县有城乡低保15313户33223人。其中，农村低保14214户31301人；城市低保1099户1922人。城乡低保全年累计发放资金1.81亿元。全县城乡特困2887人。其中，农村特困分散1938人，农村特困集中866人；城市特困分散48人，城市特困集中35人。特困全年累计发放资金3165.38万元，年内发放临时救助4125人次，发放临时救助资金603.1万元。

【特困人员供养】 2022年，兴国县城镇特困人员供养标准提高85元，每人每月达1080

元。全县有城镇特困人员对象83人。其中，集中供养35人，分散供养48人；新增17人，核减8人。农村特困集中供养人员和分散供养人员标准提高110元，每人每月 达780元。全县有农村特困人员2804人。其中，分散供养1938人，集中供养866人；新增农村特困人员352人，核减432人。规范农村特困人员审批程序，严把申报程序、材料审核，入户抽查，审批、公示程序，杜绝弄虚作假情况发生。累计发放农村特困人员资金3165.38万元。其中，集中供养资金1055.3万元，分散供养资金2110.08万元。

【特困失能老人集中照护】 2022年，兴国县共有特困失能人员243人。其中，城市特困分散失能人员3人、城市特困集中失能人员29人；农村特困分散失能人员22人、农村特困集中失能人员189人。在城乡特困人员中，获得集中照护的失能人员占全县失能人员总数比例为89.71%，获集中照护失能人员2022年稳步上升。

【最低生活保障】 2022年，全县获保障城乡低保对象1.53万户3.32万人，发放低保资金1.67亿元。为保证居民家庭经济状况核对平台正常运行，通过各部门信息资源共享实行救助家庭经济状况核对1.83万户6.39万人。年内，城乡低保新增1455户3528人，取消1203户4681人。1月，印发《关于做好2022年城乡困难群众提标提补工作的通知》，进一步保障和改善城乡困难群众基本生活，全县提标提补10.27万人次，金额457.78万元。其中，农村低保9.64万人次金额441.94万元，城市低保6344人次金额15.84万元，均于4月12日发放到位。

【临时救助】 2022年，兴国县发放临时救助4125人次，发放临时救助资金603.1万元，充分发挥临时救助在解决城乡居民各类突发性、紧迫性、临时性基本生活困难的作用，切实兜住兜牢民生底线，保障困难群众基本生活权益。4月，县社保局联合县财政局下拨乡镇临时救助备用金409万元，保证乡镇有资金开展临时救助工作，保障急难型临时救助需求支出。

（刘金凤）

【医疗救助】 2022年，兴国县医疗救助收入3662.35万元，城乡困难群众享受医疗救助6.71万人次，支出3704.62万元（不含资助参保费用支出），超支42.27万元。特困人员和孤儿在县域内享受普通门诊100%救助待遇；门诊慢性病救助分I类、II类，经基本医保、大病保险报销后的个人自付部分，对特困人员、低保对象和返贫致贫人口，按其住院救助政策予以救助，与住院救助共用年度救助限额。

对经基本医保、大病保险、医疗救助三重制度支付后政策范围内个人自付费用仍然较重的给予倾斜救助，年度累计超过2.6万元的个人自付费用按75%予以救助，年度最高支付限额5万元。全年有6人享受该政策，共倾斜救助6.5万元。脱贫不稳定人口、边缘易致贫人口、低保边缘家庭人口、因病支出型困难家庭患者、突发严重困难人口的致贫风险消除后不再享受医疗救助待遇。

【受灾人员救助】 2022年，兴国县先后遭受风雹、干旱等自然灾害。灾害发生时，灾情核查组及时深入灾区实地查看灾情，准确把握灾情灾况，为灾情信息统计上报和受灾群众救助提供依据。灾情发生后，相关部门严格按照《自然灾害救助应急预案》《自然灾害情况统计制度》等规定，结合各乡镇上报的灾情，及时与县气象、水利、交通、农业农村等有关部门做好灾情会商和评估等工作，第一时间上报灾情，密切跟踪灾情发展动态，准确把握灾情发展趋势，做好受灾人员救助工作。全年下拨中央冬春救助资金994万元，用于帮助解决冬春期间受灾困难群众口粮、衣被、取暖等基本生活困难，救助共计1.52万户6.58万人。

【慈善救助】 2022年9月5日，“慈善兴国 情暖万家·慈善一日捐”活动开展，县委书记李贱贵、县长刘章宏及县四套班子领导带头捐款，民政部慈善社工司副司长臧宝瑞发来祝贺视频。晚会直播浏览量达40余万人次，全县各部门各单位、社会各界人士共募集慈善捐款690万元。所捐资金用于扶老、助残、救孤、济困、乡村振兴等工作；走访慰问困难老人400余人，共用资金及物资约25万元；推动社会组织实施未保关爱行动投入资金近30万元；支持公益志愿者协会对56名孤儿开展结对帮扶关爱服务。争取省慈善会支持，投入资金约40万元在县内落地童伴妈妈项目。

（丁小平）

社会福利

【残疾人福利】 2022年，兴国县下拨残疾人"两项补贴"资金共1784.78万元，保障残疾人1.36万人。其中，生活补贴人数为3207人、护理补贴人数为5340人、"两项补贴"人数为5076人。全县下拨贫困重度失能残疾人照护和托养补助281.89万元，保障对象387人。其中，居家照护对象373人、机构托养对象14人。困难残疾人生活补贴（1类对象）每人每月80元，重度残疾人护理补贴（2类对象）每人每月80元，"两项补贴"（3类对象）每人每月160元。农村贫困重度失能残疾人照护和托养补助，按照对提供居家照护和日间照料服务的个人、组织或机构按每人每月600元的标准给予补助。对在各类集中托养服务机构托养的，按每月1000元的标准给予补助；对在农村公办养老机构集中照护的，参照兴国县特困人员供养和护理费标准给予补助。

【儿童福利】 2022年，兴国县下拨孤儿养育资金113.15万元、发放养育保障对象69人；下拨事实无人抚养儿童生活补助资金335.28万元、发放保障对象240人；下拨残疾孤弃儿童照料护理补贴资金20.97万元、发放保障对象15人；拨发"福彩圆梦·孤儿助学"资金15万元，惠及孤儿19人。7月下旬，分4期举办全县乡镇儿童督导员、村（社区）儿童主任培训班。印发《关于做好农村留守儿童监护评估工作的通知》《关于组织开展农村留守儿童"3+N"（"3"是指青少年防溺水，预防和治理未成年人违法犯罪、防止未成年人受侵害，关爱青少年心理健康；"N"是指兴国县关爱服务青少年各项活动的N件实事）关爱保护行动工作的通知》等文件，对全县留守儿童情况进行全面摸排，针对摸排出来的重点儿童，县民政、教育、医疗、残联等部门根据各自工作职能，及时落实生活救助、教育资助、医疗救助等帮扶措施，做好关爱帮扶服务工作，积极开展未成年人保护示范创建。

【老年人福利】 2022年，兴国县常态化发放高龄补贴、经济困难养老服务补贴。全年为1.61万人发放高龄补贴1754万元；为1782人发放经济困难养老服务补贴110.47万元。投入36.25万元为6.44万名老年人购买老年人意外伤害险。老年人福利政策发挥社会保险、社会救助、社会福利政策的协同效应，共同、持续提高老年人基本生活保障水平。

【民政项目园建设】 2022年，兴国县民政园项目工程完工并交付使用。兴国县民政项目园是集儿童福利院、老年公寓、救助中心、残疾人康复托养中心为一体，民政部直接援建的民生工程，位于高兴镇山塘村大窝组，占地16.46公顷。项目分两期实施，一期6.66公顷用于公办设施，总投资1.1亿元，建筑总面积3.6万平方米，设计总床位860张。民政项目园建成投入使用后为全县老年人、残疾人提供生活保障、文化娱乐、康复训练、医疗保障等多项服务，基本解决城区特困人员、孤儿、流浪乞讨人员的集中供养问题。

2022年，由民政部援建的兴国县民政项目园投入使用　（县民政局 供图）

【福彩事业】2022年，根据《赣州市财政局 赣州市民政局关于下达2022年中央集中彩票公益金支持社会福利事业专项资金预算的通知》，中央福彩公益金共安排兴国县604万元，按照要求用于养老服务、孤儿助学、社会工作3个方面共9个项目，总投资约911万元，建设面积约5.67万平方米，受益人数约5000人。省级福彩公益金安排兴国县208万元，按照要求用于养老服务、殡葬改革、孤儿助学、社会工作、乡村振兴衔接专项5个方面共13个项目，总投资约528万元，建设面积约0.6万平方米，新增骨灰堂骨灰格位2053格。

（温国梁　付江江）

老龄事务

【概况】2022年，兴国县建成老年友善医疗机构33所，提前3年完成国家“十四五”规划任务；二级及以上综合性医院老年医学科设置率100%；完成县人民医院省级医养结合安宁疗护服务示范点建设，完成市级兴国县夕阳红养老公寓医养结合示范点建设，完成长冈乡中心卫生院、兴江乡卫生院公办医疗卫生机构延伸开展养老服务的县级医养结合示范点项目建设。建设安宁疗护试点单位3所，其中县人民医院安宁疗护科列入省级医养结合工程示范点。开展全国基层老年协会能力提升项目试点工作，中国老年协会发源地江背镇高寨村老年协会被人社部、中国老龄协会表彰为“全国老龄系统先进集体”。

【养老服务体系建设】2022年，兴国县推进社富、崇贤敬老院新建，兴莲、城岗敬老院改扩建。实施开展17个乡镇敬老院提升改造“暖心工程”项目。筹集1217万元对全县的养老机构消防设施进行改造提升，从设施功能上为全县养老机构织密织牢消防安全保障网。采取政府补贴的方式，完成192户特殊困难老年人居家适老化改造。开展分散自理特困人员照料护理服务4.5万人次。整合资源建成1所嵌入式养老院，新增农村互助养老服务设施6个，覆盖率达85%。统一各居家养老站点助餐收费标准，加强站点常态化运营考核。为70周岁以上3.79万名老年人购买意外伤害险，为80周岁以上老人发放高龄津贴和经济困难高龄养老服务补贴775.83万元。

【夕阳红老年公寓建设】2022年，兴国县夕阳红老年公寓有工作人员98名。其中，医护人员30人。在住人数369人。其中，社会供养人员277人，政府兜底人员92人。公寓位于兴国县社会福利中心院内，是一所医养结合养老机构，配有一级综合医院1个。公寓占地面积2.21万平方米，建筑面积2.35万平方米，总床位629张。公寓为公建民营养老机构。

【“助老圆梦计划”项目实施】2022年，兴国县“助老圆梦 振兴乡村”项目在参加2022年中国公益慈善项目大赛主赛程中，成功进入百强（全省仅有2家）。6月上旬，《中国社会组织》杂志刊登兴国县农村居家互助养老的经验做法。“兴国县助老圆梦计划”项目是在中国乡村发展基金会“活水计划”项目的支持下，通过引入社会资金，激活农村居家养老服务中心，以帮助农村困境老年人提供专业、优质的居家养老服务为出发点，让农村老年人享有更好的养老服务。项目设于全县11个乡镇15个村居家养老服务中心，每天可为约800名困难老人提供居家养老服务。至年底，该项目开展服务3300余次，受益人数达10万人次，赢得各级政府和社会各界充分肯定。

（李卫华）

基层治理

【概况】2022年，兴国县城市社区辖区面积22.11平方千米，辖（由原潋江镇的5个社区新增复兴社区、城东社区、振兴社区、东河社区、文明社区、将军园社区、国兴社区、滨江社区、长征社区9个）14个社区，有居民小组120个，常住人口3.19万户7.25万人。下设机关党支部1个，社区党委5个、党总支部4个、党支部5个，“两新”组织党支部8个、党员1206人。有社区干部108人、专职网格员85人。

年内，围绕扫黑除恶、反电信诈骗、“双提升”（提升人民群众安全感、政法队伍满意度）、禁毒等主题，组织“三类”（党小组长、妇女小组长、居民小组长）小组长、志愿者、党员开展走街入户式宣传，切实增强居民群众的获得感、幸福感和安全感。主办受理信访件5件、协助办理受理16件，比上年下降64%；初信初访2件，比上年下降50%，网上信访3件，比上年下降70%，连续6个月实现零初信初访，主办协办的信初件均如期办结，办结与核减率达100%。

【“网格说事点”建设】 2022年，兴国县设立网格说事点36个，固定每周五为网格说事日，四级网格员、社区法律顾问、中间人调解员等社区力量下沉网格说事点，按照说、议、办、评“四步法”，组织居民群众说事议事，把“网格说事点”打造成收集社区民意、宣传党的政策、听取居民建议、化解各方矛盾、解决社会问题的平台。全年收集群众意见、建议560余件，全部办结到位，群众对“网格说事”满意率达100%。相关做法先后在《中新网》《组织人事报》等媒体刊发。年内，全县村（居）合理划分社区服务管理网格，对每个村（居）按照区域面积人口分布和城市功能布局等，以居民小组或住宅小区、若干楼院为单元，按照每个网格覆盖300—500户村（居）常住居民的标准，统筹整合网格内党建、综治、民政、城管、信访、卫生健康等各领域工作。同步组建网格党组织，将辖区内各类党员全部纳入网格党组织管理，实现党的组织和工作全覆盖。按照“一格一员”要求配备专职网格员，城市社区率先在全市完成公开招聘专职网格员85名，并全部培训上岗，统一纳入社区工作者队伍管理。

【“中间人”调解服务】 2022年，兴国县成立由“五老”干部、党员小组长等组成的“中间人”调解服务队，落实“一案一补”有奖机制，充分发挥人民调解、司法调解、行政调解的综合作用，化解各类矛盾纠纷。创新实施“三级排查”制度，坚持“日排查、周研判”，每月2次定期研判各类矛盾纠纷，解决群众意见建议及诉求450余件。将军园社区被评为“全省优秀人民调解组织”，长征社区被评为“全市模范人民调解委员会”。

2022年，兴国县城市社区“网格说事点”调解现场　（县城市社区党工委 供图）

【“365天”不打烊服务】 2022年，兴国县推行党群服务中心窗口“365天不打烊”服务，通过健全村（社区）服务制度、打造村（社区）全科服务队伍、制定1份村（社区）服务事项清单、建立1套督促检查机制等，采取延时、错时、预约和建立“节假日”弹性工时制度等方式，形成村（社区）党群服务中心“365天不打烊服务”工作局面，满足群众服务需求，着力解决群众“上班没空办、下班没处办”的堵点和痛点问题。持续用好赣政通、微信群、公众号、客户端等信息化服务平台，有效提升居民办事效率。全年窗口办理服务事项55.56万件，服务群众55.67万人次。

【服务设施建设】 2022年，全县对村（居）及办公场所重新统一Logo标识、按“党建+”要求设置公共服务区及专题服务区、协商议事区，配套设立“四点半学堂”、青年驿站、邻里之家、居家养老服务中心等群团功能室，打造集党员教育、综合服务等于一体园的综合性党群服务中心，推行“一站式”服务和“最多跑一次”改革，高标准打造睦埠村、将军社区、程水村党建“三化”（标准化、正规化、信息化）建设示范点。

推进 25 个无物业小区智慧安防建设，安装 553 台 400 万全高清监控摄像机，与公安部门“天网”“雪亮”及治安防控体系平台无缝对接，为居民提供全天候安保服务。针对街道老、院老、房老、设施老和生活环境差、乡村厕所污水处理等问题，对背街小区、平川小区、老司法局等老旧小区进行改造提升。完成改造征收 300 多户，并交付使用。

2022 年，兴国县在职党员干部赴社区报到 （县城市社区党工委 供图）

【在职党员社区报到】 2022 年，兴国县实现 4562 名在职党员到社区报到全覆盖，组建志愿服务队 98 支，帮助群众实现“微心愿”3716 个，有效推动提升城市基层社会治理水平。积极开展“结对共建”和在职党员到社区报到工作，20 名县领导挂点联系 14 个社区，100 个县直机关企事业单位党组织与社区党组织开展结对共建，深入推进在职党员到结对共建社区和居住地社区“双报到”。

【基层群众自治】 2022 年，兴国县积极推进城市社区“星级社区”评定工作，省民政厅对兴国县 1 个五星级、2 个四星级社区进行现场评估，并给予充分肯定；开展“江西最美城乡社区工作者”“全国优秀城乡社区工作者”创评推荐，五里亭村党总支部书记、村委会主任曾庆龙被评为“全国优秀城乡社区工作者”。推进城乡社区协商制度化、规范化和程序化，向省民政厅推荐上报 3 篇优秀协商案例，3 篇优秀村规民约（居民公约）；开展市级绿色社区创建工作，推荐 3 个村（居）为市级“绿色社区”；做好农村离任“两老”（村党支部书记和村委会主任）干部生活补助提标发放，拨付补助资金 342.44 万元，惠及“两老”干部 649 人。

【社会组织监管】 2022 年，根据上级要求对全县所有社会组织正式开展“三同步”工作，即在注册登记时同步收集党员基本信息，年度检查时同步检查党建工作，社会组织评估时同步将党建工作纳入重要指标。年内，对 200 家社会组织一并进行“三同步”的监管工作。

【社工人才队伍建设】 2022 年，兴国县先后出台《关于印发〈兴国县推进乡镇社会工作人才队伍建设增强基层民政服务能力实施方案〉的通知》《关于印发〈兴国县 2021 年乡镇社会工作服务站建设实施方案〉的通知》，积极推动社工人才队伍建设。通过宣传动员社会各界人士积极参加社会工作者职业资格考试，全年参加社会工作者考试人数 168 人，通过社会工作者考试人数 26 人，取得社会工作者职业资格证书 43 人，其中取得社会工作师（中级）6 人，助理社会工作师 37 人。这些人员分布在各单位和各乡镇区，其中城市社区 30 人，各乡镇村 7 人，各单位 6 人。所有持证社工能够运用“助人自助”的服务理念，积极开展助老、助残、助孤、未成年人保护、优抚等工作，受到社会的好评。全年开展个案社会工作服务 39 例，开展小组社会工作服务 18 例，开展社区社会工作服务 6 例。

【社工团体介绍】 兴国县幸福家园社会工作服务中心 2022 年，中心探视巡访服务特困老人 1900 人，上门服务 3.6 万余次，送棉被、大米、羽绒服等折合人民币 20 万元。开展农村居家互助养老服务，10 个农村居家养老服务中心得到幸福家园社会工作服务中心活水计划项目支持，农村居家互助养老服务模式在兴国正式推广。同县检察院签订《涉案未成年人综合服务协议》，全年为46个涉案未成年人提供服务。链接北京新民社会组织能力建设促进中心，开展“银龄守护一对一物资”活动为200位困难老人每人发放400—600元现金红包。链接江西省家乐社会工作服务中心，送上价值约40万元手动轮椅和电动轮椅各15台并发放到残疾困难群众手中。链接中国听力医学发展基金会，送上价值约30万元助听器38个并发放到38个听障困难儿童手中。投入资金218万元，参加疫情防控和乡村振兴工作，被县民政局评为3A级社会组织。

兴国县社会工作服务中心 2022年，中心承接长冈乡、埠头乡、潋江镇、龙口镇、城岗镇、均村乡、良村镇等7个乡镇社会工作服务站项目试点工作。在高多等村开展《兴国县助老圆梦计划》项目，服务老人约80人。在15个乡镇社会工作服务站执行“蓝马甲项目”（蓝马甲是纯公益志愿组织，主要普及反诈知识、助老学用智能手机、提供社区服务等）。所执行的乡镇社会工作服务站项目长冈、埠头2个乡社会工作服务站，被省民政厅评为江西省“六化”（组织规范化、设施标准化、人员专业化、服务精准化、活动常态化、项目品牌化）乡镇（街道）社会工作服务站；长冈乡社会工作服务站阳光家园计划——智力、精神和重度残疾人托养服务项目，被江西省民政厅评为2022年“五社联动”（社区、社会工作者、社区社会组织、社区志愿者、社区公益慈善资源共同组成的社会关爱服务体系）乡镇（街道）社会工作服务站典型项目。

【区划与地名管理】 2022年，兴国县完成2条县级行政区域界线、9条乡镇级行政区域界线的联合检查工作，主要涉及杰村、社富、埠头、龙口、江背、潋江、永丰、均村8个乡镇，总长度168.77千米。完成《行政区划图》《城区图》《地名志》及地名普查档案的归档工作，其中地名普查档案进行移交。完成地名与区划数据库系统5个项目的招标工作。《行政区划图》《城区图》二稿的修改和《地名志》的编纂初稿接近尾声。结合5月1日起国务院新修订《地名管理条例》的正式施行及全县地名管理的实际需要，对县城区19条未命名道路拟命名，县政府同时发布道路命名通告。

（曾　林　温国梁　谢东福）

民族宗教事务

【概况】 2022年，兴国县深入开展民族团结进步创建活动，召开全县民族团结一家亲工作站建设现场会。及时掌握少数民族人员在兴国状况，并给予关心。积极做好宗教领域安全生产工作，持续抓好疫情防控。组织各乡镇区对辖区内宗教场所自建房安全隐患进行排查，建立台账，对整改情况进行跟踪问效，将工作开展情况及时上报。为云景寺、灵山寺、乌云寺等宗教场所处理矛盾纠纷，做好调解工作。

【对口支援民族村建设】 2022年，县委统战工作领导小组印发《兴国县第六轮对口支援少数民族村组经济社会发展工作方案》，安排39个单位对口支援4个民族村41个民族组，共发放帮扶项目资金230多万元。将2022年度衔接推进乡村振兴补助资金（少数民族发展方向）180万元按程序拨付至古龙岗镇瑶前、建设畲族村，用于基础设施建设及产业发展等项目。根据民族村组经济发展需要，及时将省、市、县少数民族发展资金39.1万元拨付至相关民族村组，并对项目进行实时跟踪问效，建立项目进展情况台账。

【“民族团结一家亲工作站”建设】 2022年，兴国县为加强对城市社区“民族团结一家亲工作站”建设，动态掌握工作对象，建立工作台账，落实5万元工作专项经费。县委统战部（县民宗局）经常组织干部及相关社区走访在兴国的少数民族经商人员，向他们宣传民族宗教政策法规及惠民政策，详细询问工作和生活中需要协调解决的难题，并对少数民族流动人口进行及时信息登记和动态更新。年内，为少数民族经商人员解决用电问题、小孩入学问题等实际困难3起。

【“五好”宗教活动场所建设】 2022年，全县组织召开宗教工作专项整治调度会，对专项整治工作进行安排部署。印发《建设“五好”宗教活动场所方案》，召开建设“五好”宗教活动场所启动会，组织全县宗教界别政协委员，围绕开展建设“五好”宗教活动场所进行专题调研，成功打造兴国县大圣寺、兴国县普惠寺、兴国县大乌寺、兴国县秦娥寺、兴国县福清寺、兴国县冰心洞观“五好”宗教活动场所试点。

【宗教场所规范化管理】 2022年9月，全县制定宗教场所不动产登记工作方案，11月，下发《关于做好全县宗教活动场所不动产登记委托第三方评估的通知》，县委统战部（县民宗局）会同县自然资源局、县不动产中心和第三方测绘评估公司，有序推进宗教场所不动产登记工作。县委统战部（县民宗局）下发《关于规范和加强宗教团体和宗教活动场所财务管理的通知》，对重点场所进行财务管理培训。统一印制收入票据下发至各宗教场所，由专人管理登记票据收发。通过召开宗教团体联席会、走访宗教活动场所、赴抚州市金山寺等地聘请教职人员担任负责人等方式，多措并举，全面完成兴国县宗教场所赋码换证工作，换证率100%，注销登记场所2处。

（卢　健）

精神文明建设

【新时代文明实践所、站建设】 2022年，兴国县346个所、站配齐专职文明实践员，由县财政保障基本薪资待遇。按照“五有”（预算有科目、增量有倾斜、投入有比例、拨款有标准、资助有制度）标准，加快站、所标准化、规范化建设，全力打造布局科学、功能完备、便民惠民的综合体。进一步盘活农村闲置祠堂、校舍、广场等沉睡资源改造提升，推动园区、景区、窗口单位等领域破题破局，科学构建“一站多点”格局，打造15分钟文明实践活动圈，将文明实践触角延伸至群众家门口。全县建成26个新时代文明实践所、320个新时代文明实践站、6个延伸领域建设示范点，做到“群众在哪里，阵地建设就到哪里”。建立县领导挂点新时代文明实践站制度及省、市级文明单位结对帮扶机制，选取15个示范点，启动新时代文明实践延伸领域建设，加快推动县级优质资源和各类社会资源下沉基层。

【“六个一”文明实践“兴国品牌”建设】 2022年，兴国县重点以“一卡一线一基金，一课一队一广播”为抓手，打造兴国新时代文明实践特色亮点。“文明幸福卡”家庭积分制实现303个行政村全覆盖，用户达7.93万户；“文明实践基金”有效吸纳乡贤会捐助、群众自筹等资金，9个乡镇成立文明实践捐资助学基金会，筹资39万元；“一课”通过文明实践讲堂形式，以群众需求为基础，每月为群众上好一节课，增强广大群众对新时代文明实践站点认同感、归属感，推动“兴国山歌理论宣讲队”进行理论宣讲、政策宣传、知识普及等。开展“学习宣传贯彻党的二十大精神”主题宣讲60余场；“新时代文明实践广播”实现常态化播报，采用县新时代文明实践中心定时统一播放，各村新时代文明实践站根据需要自主播放相结合形式，在疫情防控、防溺防灾、安全生产等重点工作中发挥有效作用。

3月4日，兴国县拓展新时代文明实践中心建设工作暨推动党的基层阵地资源整合和新时代文明实践中心建设领导小组第一次全体（扩大）会议在兴国宾馆召开

（县委宣传部 供图）

【乡风文明“专项整治行动”】2022年5月18—19日，县委宣传部联合县民政局、县妇联、团县委、县农业农村局等单位组成6个小组，深入全县26个乡（镇、区）开展兴国县移风易俗乡风文明“专项整治行动”，通过实地走访、座谈调研、问卷调查方式了解情况、收集建议，形成调研报告，总结工作案例，其中兴国县“文明幸福卡家庭积分制”案例上报赣州市委宣传部汇编。整治行动后，全年组织各村、组（屋场）集中开展“扶德扶志、感恩教育”活动3500场次，接受教育群众10.50万人次。

【新时代文明实践志愿者】2022年，全县注册志愿服务社会组织10家，全国志愿者网注册志愿者9.76万人。积极构建完善志愿服务体系，充分调动具有一技之长、社会爱心人士等群体，广泛吸纳社会各界充实文明实践志愿服务力量，建成“1+18+27+N”志愿服务队伍（1支志愿服务总队、18支专业志愿服务分队、27支乡镇志愿服务大队、N支志愿服务小队）。精心培育山歌理论宣讲队、长青艺术团、“兴法铺子”志愿服务队、“肖阿姨工作室”等一批反映地方特色、深受群众欢迎的志愿服务队伍品牌，不断提升志愿服务感染力和影响力。全年累计参加志愿服务活动志愿者13.68万人次，开展各类志愿服务活动9595起，其中抗疫志愿者11.72万人次。开展服务8896次；助老志愿者1.64万人次，开展服务466次；关爱未成年人志愿者869人次，开展服务36次；其他志愿者2368人次，开展服务197次。

【文明阵地建设拓展】2022年4月18日，兴国县启动新时代文明实践延伸领域建设工作，在文明风景旅游区、文明单位、红色教育场馆等地初步选取15个新时代文明实践建设延伸领域建设示范点。5月20日，召开相关单位负责人碰头会，制定初步实施方案，兴国中学、兴国法院、兴国一小等3个延伸领域阵地评为达标阵地。全县完成新时代文明实践中心（所、站）全覆盖，共建成五星级中心1个，五星级示范所1个，五星级所1个，四星级所1个，三星级所3个，五星级示范站3个，五星级站7个，四星级站19个，三星级站41个。

【党建宣传员业务培训】2022年6月2日，召开党建宣传员业务培训班，对全县320位文明实践员、27位乡（镇、区）业务骨干进行专项业务培训。各乡（镇、区）定期组织镇村级文明实践员培训学习，交流工作经验和心得体会，并现场解决问题，以绩效的形式发放年终奖金，有效提高文明实践员整体素质，形成你追我赶的良好氛围。

【“‘十佳’文明实践员”评选】2022年，为激励广大党建宣传员取得更大工作动力和成效，根据工作的开展情况，兴国县授予10位优秀党建宣传员“第二批‘十佳’文明实践员”，颁发荣誉证书及奖金共1万元。为建好、用好党建宣传员队伍，全县27个新时代文明实践所均招募专职党建宣传员。

（陈婉漪）

本栏编辑：陈玉桃

应急管理

综 述

【概况】2022年，兴国县应急管理部门深入推进“1+5”（全面加强党的建设，推进责任落实、风险识别、隐患整治、宣传培训、能力提升5个全覆盖）工作机制的落实，打响“忠诚卫士、应急先锋”党建特色品牌。成立燃气安全专业委员会，开展安全生产访谈专栏录制。出台农业抗旱用电补助办法。弘扬暖心“代祭扫”清明新风尚。实现专业森林消防队靠前驻防，承办全市首届半专业扑火队大比武。全年参与森林火灾扑救、防汛抗旱、疫情防控、防灾减灾救灾等任务70余次，出动队员2000余人次。9月30日，兴国县抗旱救灾工作在赣州市抗旱救灾会上作典型经验介绍。

【预案和规划编制与修订】根据机构改革，部门职责、人员变化以及省、市总体应急预案和安全生产类专项预案调整变化，2022年，兴国县应急管理部门组织编制《兴国县“十四五”应急管理体系和能力建设规划》《兴国县大型活动应急预案》《兴国县突发事件总体应急预案》，修订《兴国县防汛抗旱应急预案（修订）》等安全生产、自然灾害总体应急预案和专项应急预案，为兴国县“十四五”应急体系和能力规划建设作再深入规划。

【抢险救援队伍培训】2022年，兴国县县、乡两级组建应急抢险救援队伍共41支1920人。其中，县级组建专业（机动）抢险应急救援队伍9支，乡镇区组建每支不少于50人的机动抢险队伍27支。3月31日，县防汛抗旱指挥部举办全县防汛抗旱业务知识培训班，参加培训人数200人。5月10日，举办全县灾害信息员培训会2次，每次参加培训170人。通过培训，迅速提升全县抢险救援队伍素质。

【执法监察】2022年，兴国县制订《2022年度安全生产监督检查计划》《2022年度防灾救灾监督检查计划》《2022年度综合行政执法监督计划》，对纳入监督检查计划的580家生产经营单位开展执法检查工作。检查工作分为2类开展，列入重点监管企业102家，由县应急管理局实行全覆盖检查，每季度1次；列入一般监管企业478家，采用“双随机、一公开”系统方式随机抽取，按60%的抽取比例确定检查对象，每年至少1次。全年，县应急管理局累计检查生产经营单位400余家，使用执法文书927份，下达限期整改指令书186份，“双随机、一公开”发起任务5次，开展跨部门联合执法6次，全面提高全县安全生产监管的覆盖率和有效率。

【安全责任落实】2022年，兴国县应急管理部门实行“双主任”制度，进一步加强安全生产工作领导，强化安全生产3个主体责任落实，构建“党政同责、一岗双责、齐抓共管”工作格局。修订《兴国县安全生产工作职责规定》，明确各乡镇区、各部门单位安全生产责任，推动履职尽责。强化应急管理基层建设，全县27个乡镇区成立党政主要领导为主任的应急管理委员会，增强应急管理综合统筹能力，把握工作主动权，改变应急管理工作“末位分管”“事微言轻”的局面。定期开展会商研判，聚焦各时间段安全形势和事故灾害，定期开展事故复盘、原因剖析、警示约谈，加强责任追究、查找短板、明确措施，推动各项工作落地落实。围绕自然灾害防治“预防为主、综合治理”，建立一线指挥、队伍整合、力量前置、带装巡护的防灾减灾救灾应急处置机制和指挥体系。

（钟恩法）

应急救援

【概况】 2022年，根据机构改革要求，县防灭火办由县林业局转到县应急管理局。县森林防灭火及应急救援工作用车22辆，其中指挥车3辆、机具运输车1辆、工具车3辆、消防水车1辆、运兵车14辆，运力达300人。

年内，县消防救援大队完成大量急难险重救援任务，接警819起，出动消防车辆2302次，出动人员1.38万人次，抢救被困人员69人，抢救的财产价值达295.46万元，保护的财产价值达1787.5万元。其中，专职队伍参与出动561起，营救被困人员36人、疏散被困人员4人、抢救的财产价值达1073.56万元。全年参与抗洪抗旱、扑救山火次数共计217次。

【应急队伍建设】 2022年，兴国县防汛抗旱指挥部分别与兴国县红军大桥新建工程施工项目部、兴国县洋池口水库工程施工总承包项目部签订组建2支（每支30人）民间专业机械抗洪抢险队伍服务协议。长冈水库、长龙水库和桐林水库管理单位，按水库防洪预案要求，于2022年5月分别组建起不少于100人、80人、50人的防汛抢险队伍，乡（镇、区）同时组建起27支、每支不少于50人的机动抢险队伍。小（一）型、小（二）型水库，山塘以及保护33.33公顷以上的堤防工程及其他主要堤防工程，均由工程所在的乡镇区负责，并组建起群众抢险队伍。年内，全县共组建抢险队伍54支，计2690人。

【应急演练】 2022年，兴国县应急管理部门共组织开展应急演练243场，参与人数4600余人次，投入经费107万元。其中，工贸行业演练共组织进行69场、非煤矿山行业演练共组织进行12场、危险化学品行业演练共组织进行103场、抗洪抢险演练共组织进行29场、森林火灾演练共组织进行30场。通过各类应急演练，迅速提升锻炼应急救灾人员体能，提高快速反应意识、团体救灾意识以及集体作战意识。

【卫生应急】 2022年，新冠疫情防控期间，兴国县疾控中心多次开展新冠疫情的防控业务知识培训、疫情应急处置演练。开展每日疫情监测工作，实行日报告和零报告制度，对各乡镇当日监测信息进行及时收集、分析与报告。加大防控各项物资储备。对县城大型农贸市场进行每日环境消毒。对各小区、企业进行消毒知识培训。对城区主要工地现场、商场和超市等公共场所区域进行消毒指导和宣传。对企业、学校复工复学进行疫情防控指导。主动开展医疗机构新冠疫情及春冬季传染病防控督导。

（钟恩法）

【曙光救援队】 兴国县曙光救援队是由兴国县热心公益青年志愿者组建的非营利性公益民间救援队，专注于兴国县及周边区域的应急救援、防灾减灾技能培训和推广。2022年，曙光救援队培训正式队员40人，预备队员200人。参与各类中小型应急救援、防溺水宣讲、安全培训活动数百场次，水上作业寻找落水者26人次，6月24日营救起崇贤乡崇义村落水学生以及营救起县城洪门大桥落水少女。协助做好防疫消杀、疏通被堵住水道涵洞、打捞便桥、浮桥归位等义务工作23次。6月15日前往支援瑞金洪灾救援。协助寻找走失人员20余次，找回走失人员20余人。安全宣讲防溺水、心肺复苏知识、急救知识、反诈和留守儿童方面主题开展讲座10余次，受益群众累计达数万人。

（邓万腾）

防灾减灾救灾

【概况】 2022年，兴国县应急管理部门建立健全防灾减灾救灾工作机制，培育688名乡、村两级灾害信息员，及时统计上报各类灾害信息，全面提升基层灾情管理水平和灾害应急救助能力。全县受大暴雨及干旱影响，共发生5次不同程度自然灾害过程，造成各乡镇受灾人口12.78万人，紧急避险转移人口1190人，因旱需生活救助人口148人；农作物受灾面积9892.57公顷，农作物成灾面积5529.76公顷，农作物绝收面积924.57公顷，水产养殖受灾面积14.93公顷，一般性损坏房屋74户103间，直接经济损失1.36亿元。灾情发生后，县政府组织有关部门及时实施受损作物补种补救措施，恢复生产，减少洪涝灾害带来的损失。做好综合减灾示范单位创建，将隆坪乡隆坪村打造成2022年全省综合减灾示范社区。积极争取冬春生活救助资金994万元并及时下拨，惠及灾民、困难户1.52万户6.58万人。

【自然灾害隐患排查】 2022年4月，兴国县应急管理部门会同水利、自然资源等防汛抗旱指挥部主要成员单位、专业技术人员，组成5个检查组，对全县各乡镇区水库、山塘、水电站、尾矿库、拦砂坝、山洪灾害易发区、地质灾害隐患点等进行巡查排险，重点检查各乡镇区防汛责任人落实、防汛应急预案修订、应急演练、山洪地质灾害防御、水毁修复工程、在建涉水工程、防汛应急救援物资储备、抢险救援队伍建设等情况，针对检查中发现的隐患和问题，要求立行立改，一时不能整改的建立台账，明确责任人限期整改，确保整改不走过场，隐患得到根本治理。通过汛前安全大检查，发现隐患15处，风险源13处，下发整改通知书21份，及时查摆存在问题，处置一批度汛安全隐患，为全县2022年度汛安全奠定坚实基础。4月中旬和5月9—12日，多次组织督促检查和专项巡查组，深入乡镇、企业、单位开展巡查检查，对各乡镇区、各相关单位的安全问题整改情况进行“回头看”。6月，全县遭受持续强降雨，又会同水利、自然资源联合工作组对全县水库、山塘、水电站、山洪灾害易发区、地质灾害隐患点等进行督导排险，共计派出51个工作组201人次。

2月22日，县应急管理局赶赴崇贤乡贺堂村开展“铲雪除冰”行动
（县应急管理局 供图）

【防震减灾】 2022年，兴国县防震部门巡检地震台站24次，故障处理2次。在新冠疫情及全国“两会”、国庆、重要节假日，加大巡检密度与力度。年内，兴国防震部门聘请江西省地震局高级工程师对江背镇地震监测站建设质量和监测设备，进行系统全面的检测并升级，以提高监测预测预警能力。兴国县获评2022全省地震监测预报预警等重大项目协调“二等奖”、全省测震学科一般监测站第3名。

【防汛抗旱】 防汛 2022年，兴国县应急管理部门根据《兴国县2022年防汛抗旱目标任务书》制定全县防汛责任制度，全县63座水库、2座大型水闸工程落实防汛管理责任人；140个山洪灾害防御点和2229处地质灾害隐患点都建立五级联防责任体系。及时修订、完善防汛抗旱应急预案、山洪灾害防御预案，制定重点部位度汛方案；组织县气象、水利、自然资源、城市管理、应急管理、交通运输、农业农村、水文等有关部门，召开防汛工作会商会议14次，4月上旬到中旬派出工作组51个201人次开展汛前检查。4月7日，县防汛抗旱指挥部组织县专业森林消防大队会同埠头乡人民政府开展防汛抗洪抢险演练，参与人员170人。

4月，根据灾情启动防汛4级应急响应3次，帮助群众提前转移避险，先后调集钩机铲车61辆、排污泵6台、清淤车1辆，清除道路故障，铲除屋后滑落泥石，疏通水圳，增设危险警示告知宣传牌，加强值班值守等措施，组织群众开展生产自救自护，无人员伤亡。

抗旱　全年因旱灾造成受灾人口9.4万人，因旱饮水困难需救助人口148人，经济损失1.05亿元。其中农作物受灾面积7882.94公顷，水产养殖受灾面积7.43公顷。6月下旬起，兴国持续高温少雨，出现重度气象干旱，针对持续高温干旱形势，县委、县政府及时组织调度。8月16—22日，县防汛抗旱指挥部组织应急管理、水利、农业农村等成员单位成立4个工作组，开展防旱抗旱工作专项督导。8—9月，县防汛抗旱指挥部会同县气象局密切关注天气趋势变化，及时召开会商会6次。8月22日9时，启动抗旱4级应急响应1次。组织县森林消防大队到各乡镇抗旱送水30余次。下发《关于明确农业抗旱用电安装及补助有关事项的通知》，对用水户补助30万元，投入抗旱资金585万元，出动抗旱人数4087人，投入泵站290处，投入机动抗旱设备412台，调拨抗旱设备48台到相关乡镇。县气象局发射人工增雨火箭弹44枚，燃烧碘化银烟条41根。

【森林防灭火】　2022年，兴国县应急管理部门以乡（镇）为单位，把全县划分为25个责任区域，每个责任区域由1个指挥部成员单位包干负责，实行网格化管理。根据各乡（镇）分布情况，将全县划分为若干联防联控责任区，实现区域联防联控；县指挥部组织各地开展防火巡回宣传1000余次，参加宣传人员4000余人次，张贴禁火令、野外用火通告等8万余份，发放宣传单、宣传册10万余份，悬挂条幅、标语1000余条，设立固定宣传碑（牌）50余座。按照野外火源专项治理行动要求，组织各村护林员强化日常巡护，抓好源头管理，减少火灾隐患，保持“高密度、高强度、全覆盖”态势，引导社会公众自觉遵守“五个禁止”（禁止携带火种及易燃易爆品进入林区，禁止烧荒、烧田埂草、烧草木灰、烧秸秆，禁止在林区内吸烟、野炊和烤火，禁止上坟烧纸、燃放烟花爆竹，禁止烧山、焚烧疫木）。结合火险等级形势，各成员单位对挂点联系乡镇适时开展督查，围绕工作部署、责任落实、宣传教育、火源管控、值班值守、应急准备等方面工作进行督导。2022年度，由于降雨量少，森林火灾发生率比上年有所增加，县专业森林消防大队全年共参与扑救处置森林大小火情、火灾26起次（含异地支援扑救），出动扑火力量1078人次。

【防震减灾宣传】　2022年，兴国县应急管理部门利用“5·12”防灾减灾宣传周、“7·28”唐山大地震纪念日、“9·28”国际减灾日等重要时间段，开展防灾减灾宣传，防震减灾工作编成兴国山歌进行宣传，得到中国地震局、省地震局等单位和社会各界的赞誉。组织兴国六中、兴国实验小学4名学生参加江西省地震科普讲解大赛，1人获三等奖、3人获优秀奖。加强学校科普图书馆和应急物资储备室建设，全县中小学校申报安装防震减灾科普智能屏幕和应急物资柜302组。利用“村村通”应急广播，不定时播报防震减灾、安全生产等应急宣传知识；依托各乡（镇）、村组建的半专业扑火队伍，协助开展各项救援工作及科普宣传。

【应急避难场所和避灾点建设管理】　2022年，全县共建将军园、体育公园、兴国六中体育场3个综合应急避难场所。11月13日，为进一步提升应急避难场所的应急避难功能，县应急管理局对滨江区大道、原红军桥至将军园路段的应急避难导示牌进行更新和加强，完善应急疏散线路、应急供水、应急供电、应急厕所、应急停车、应急排污等指示标识，同时完善应急供水管道布网、应急排污等配套设施，组织做好安全管理及保障。

【灾害救助物资保障】　2022年4月，兴国县应急管理部门将县政府调配的1379平方米厂房，改建成防汛抗旱物资仓库，落实仓库管理责任人，制定仓库管理制度，使综合应急抢险物资达到规范管理，并对防洪抗旱设备进行养护。全县共储备冲锋舟 4 艘、橡皮艇 3 艘、发电机 60 台、挖机 1 台、叉车 1 台、装沙神器 900 个、大型抽排泵 1 台、水泵机组 90 台、应急照明灯 2 盏、救援绳 300 米、水上飞翼 2 台、水下机器人 1 台、救生衣 900 件、救生圈 30 个、编织袋 2 万条，各水工程按规定储备砂石料，加强物资更新与补充，确保防汛物资储备计划数量到位、质量保证、责任到人。与高兴镇山塘村签订黏土代储协议，与城投公司签订大型机械设备调用协议。强化县雨水情监测设施、山洪地质灾害预警预报设施、监测预警信息平台、视频监控和会议调度系统、通信网络等设备的日常维护，确保运行正常。

【气象减灾】 2022 年 6 月下旬始，兴国县持续高温少雨，出现重度气象干旱，部分乡镇农作物受到不同程度的旱情，杰村乡和平村、江背镇澄龙村、梅窖镇梅窖村、古龙岗镇江夏村等地出现水稻、蔬菜较为严重缺水情况，尤其是江夏村坳上组河流支流出现断流情况。县防汛抗旱指挥部决定及时开展人工增雨作业，会同县气象局发射人工增雨火箭弹 44 枚，燃烧碘化银烟条 41 根，通过人工增雨作业，天空如期下雨，杰村乡、江背镇、梅窖镇、古龙岗镇 4 个特别干旱乡镇及周边乡镇村近 3000 公顷水稻、蔬菜等农作物得到有效缓解，减轻因干旱造成的灾情。

（钟恩法）

安全生产监督管理

【安全生产宣传教育】2022 年，兴国县应急管理部门采取线上线下相结合等方式，结合“5·12”防灾减灾宣传周、“安全生产月”、安全消防救援宣传“五进”（进企业、进农村、进社区、进学校、进家庭）等活动，统筹整合宣传教育资源，建立应急管理部门、新闻媒体和社会组织协作宣传教育长效机制，增强公众安全风险防范意识、应急避险和自救互救能力。全县开展安全宣讲活动 26 场，开展线上线下安全教育 62 场，受教育 2.3 万余人次；悬挂宣传横幅、宣传展板 50 余条（块），发放宣传资料 3 万余份。在全市 2022 年度应急管理新闻宣传工作中兴国县获得第 1 名。

【安全生产标准化建设】 2022 年，兴国县应急局聘请安全专家，持续对各企业在安全生产建设管理方面存在的问题及困难给予指导和帮助，并加快推进全县企业标准化建设工作，提升经营企业安全管理水平。全县有安全生产标准化达标企业 104 家。分 3 次组织企业主要负责人培训，参加培训 83 人；组织安全生产管理人员培训，参加培训 129 人次；组织特种作业操作人员培训，参加培训 308 人，组织新上岗员工培训，参加培训 98 人次；组织班组长技能提升培训，参加培训 174 人次；组织其他在岗员工技能提升培训，参加培训 971 人次。

【安全生产资金投入】 2022 年，兴国县人民政府累计投入安全生产资金 4214.38 万元，全县各企业累计投入安全生产资金 4114 万元，主要项目资金用于兴国县金龙金矿大、小牧庵尾矿库闭库工程，中萤发展隆坪萤石矿塌陷区治理工程，兴国兴氟化工有限公司自动化提升改造项目和 5G+ 智慧工厂建设项目。

【安全隐患排查整治】2022 年，

7 月 8 日，县应急管理局联合公安局在埠头乡横江背开展烟花爆竹销毁活动

（县应急管理局 供图）

兴国县深入开展“企业安全生产主体责任落实年”“安全生产专项整治三年行动”等活动，督促企业开展安全生产责任自查自纠，与585家企业签订安全生产主体责任承诺书，累计检查企业3425家次，管控风险1.15万处，整改隐患5520条，停产整顿212家，对违法违规行为实施行政处罚53.4万元。出动执法检查人员4562人次，排查隐患2122条，整改隐患2109条，隐患整改率99.38%，暂扣吊销证照企业1家，责令停产整顿企业19家，实施联合惩戒1家，对违法违规行为实施行政处罚56.5万元。县公安局联合县应急管理局开展烟花爆竹“打非治违”专项行动，采取明察暗访、突击检查等多种方式，对辖区集贸市场、商铺、祭祀用品店等易出现非法售卖烟花爆竹的场所进行地毯式排查检查，对非法销售、存储的烟花爆竹当场查扣收缴。全年，共缴获1256箱非法运输、储存及销售的烟花爆竹，吊销5户烟花爆竹零售经营户的《烟花爆竹经营（零售）许可证》，并对收缴非法经营、运输、储存、销售的烟花爆竹集中销毁。

（钟恩法）

危险化学品安全监管

【概况】 2022年，兴国县有危险化学品生产企业1家，即兴国县兴氟化工有限公司，主要生产无水氟化氢、工业氟酸及二氟一氯甲烷等氟化深加工产品，取得生产经营许可。有成品油加油站43家，氧气销售部3家，不带储存氧气销售点1家，油库1家，西气东输配气站1家，烟花爆竹批发公司3家。按照《全国危险化学品安全风险集中治理方案》部署，落实《危险化学品企业双重预防机制数字化建设工作方案》有关要求，2月23日，组织1次全县危险化学品生产企业的在线培训，重点对10家危险化学品企业双重预防机制数字化建设要求和建设内容进行培训，要求企业把重大风险作为管控的重点，持续改进风险清单、管控措施和隐患排查内容动态完善，通过线上线下对10家危险化学品企业的全面覆盖，压实企业风险分级管控措施的落实。

【危险品生产监管】 2022年，兴国县对重大危险源企业“三类包保责任人”履职与隐患排查相结合工作进行提升，管控重大危险源的安全风险，压实企业主体责任的落实；开展危险化学品生产经营企业装置设备带“病”运行和老旧装置排查整治，落实对危险化学品企业装置设备运行安全风险常态化排查管控措施，巩固兴国县高危细分领域企业的本质安全。

【运输监管】 2022年，兴国县结合冬季特征，加大路面防控，全力做好冬季危化品运输车辆管理工作，分批组织全体民（辅）警进行危险化学品知识业务培训，使民（辅）警熟练掌握相关危险化学品的基本常识、安全要求及特殊情况下的抢救技巧，熟练掌握常见的剧毒、易燃易爆等危险化学品类别和特性、处置方法和安全防护知识。深入辖区危化品运输企业开展安全隐患大排查，重点检查10个危险化学品企业经营许可和安全管理制度、危化品运输车辆安全技术状况、车辆道路运输证以及配备驾驶人、押运员从业资格证情况，全年进行5次排查，发现问题11项，限期整改11项，并依法处罚。落实监管制度，不定期抽查危化品运输企业GPS定位监控平台，加强对危化品运输车辆的动态监管。充分发挥执法站、执勤点、收费站、服务区等滤网作用，对危化品车辆超载、超速以及不按规定的通行时间、路线行驶等重点违法行为一律严格按照法律规定予以处罚。全年未发生安全运输事故。

【危险化学品隐患排查】 2022年2月10日，江西省危险化学品安责险共保体派出专家，对兴国县兴氟化工有限公司、双健氧气销售部、安洁气体厂、敏兴工业气体销售部、城东加油站、东村加油站、樟木加油站、龙林加油站、吉美烟花爆竹销售公司、鹏宇烟花爆竹销售公司出具的风险管控服务报告进行梳理，对10家危化品企业的安全管理现状和主要风险以及风险管控进行分析、提出建议，对10家企业现场检查存在的12项隐患，下达责令限期整改指令书并在限期内整改到位。

（钟恩法）

消防救援

【概况】 2022年，兴国县消防救援大队有指战员35人（其中消防员24人）、政府专职队员173人，政府专职队站31个（城区站7个，乡镇队24个），31个队站全部完成正规化管理创建工作。年内，落实780万元资金配备更新大跨距举高喷射车1辆、抢险救援车1辆、3.5吨水罐消防车1辆、各类器材装备及山岳救援机动队器材装备。落实经常性消耗消防器材采购经费（含宣传费、视频会议系统等）200万元；组织开展专职队伍岗位练兵2次、深入各乡镇队开展突击检查36次。城区7个已建成投入使用的小型消防站均按标准完成升级达标，配齐配强专职力量。县特勤站及训练基地项目土地获得政府批复并完成地质勘查工作，基地用地面积2.73万平方米，总建筑面积1万平方米，项目总投资3318.7万元。

【实战实训】 2022年，兴国县应急管理部门按照“全灾种、大应急”要求，开展“大练兵、大比武、大考核”活动，抓体能、精技能，从严实行全员等级达标考，持续固化“日练、周测、月考”练兵模式；积极备战执勤岗位练兵和专职队比武竞赛。紧盯战训基础工作，完善联勤联动机制，组织辖区队站每月开展“六熟悉”（熟悉辖区交通道路、消防水源情况，熟悉消防安全重点单位数量、分类和分布情况，熟悉消防安全重点单位建筑物结构和使用情况，熟悉消防安全重点单位重点部位情况，熟悉消防安全重点单位内部消防设施和消防组织情况，熟悉辖区主要灾害事故类型和处置对策、基本程序）业务大讲堂、案例复盘研讨会、典型灾害事故处置桌面推演等工作。开展灭火救援、专业救援队伍、实战演练等拉动200余次。在专业能力建设中，7人取得初中级绳索救援资格证、2人取得水域救援资格证、2人取得B2机动车驾驶资格证。

【火灾隐患治理】 2022年，兴国县开展电动车、自建房、高层建筑等综合治理；“打非治违”、消防安全大检查、应急疏散大演练、燃气“百日攻坚”等专项行动；“防风险、保安全、迎二十大”、物流仓储场所等专项检查。围绕外培训机构、社会福利和公益机构、民宿、“农家乐”、“九小”场所（合用场所）、酒店（餐饮场所）、高层公共建筑、老旧住宅小区、易地扶贫搬迁安置点、节假日对不停产重点企业、不停工重点项目、经营性（村）居民自建房、电动自行车、燃气场站、餐饮、重大火灾隐患整改销案等专项行动有序开展。检查单位269家，发现火灾隐患121处，督促整改火灾隐患112处，下发“责令整改通知书”93份、“行政处罚决定书”3份、“临时查封决定书”1份，罚款6.5万元。

【消防设施建设】 2022年，兴国县财政消防经费预算3755.68万元，比上年增长43.18%，营房及物资代建代购、公共消防设施建设等经费1060万元。完成指挥中心改造、乡镇消防所挂牌、城区小型消防站正规化建设升级改造、停车场升级改造，推动乡镇落实消火栓建设5处，普查应急水源53处，购买装备器材549件（套）。24个队站建设推进任务纳入乡镇年

9月16日，县消防救援大队开展消防宣传进农村活动
（县消防救援大队 供图）

度重点改建；全力推进兴国县特勤站及训练基地项目建设。

【消防宣传】 2022年，兴国县消防部门推进“一警六员”［指一线社区民警、多种形式消防队伍队员、村（居）委会工作人员、综治网格员、保安员、物业服务企业职员、消防安全重点单位工作职员］实操实训302次，培训“准消防员”3728人；开展消防“云课堂”17次，线上观看人数2.83万人；应急疏散演练168场，参与人数4533人；印发宣传海报、宣传折页、明星海报14.6万份，发放13万余份；摩托化宣传8216次；巡回宣传2.93万次；消防大喇叭、大篷车对全县303个行政村进行覆盖播放；开展开学第一课消防知识进校园活动。

【队伍正规化管理】 2022年，兴国县消防救援大队完成市消防救援支队制定征召人员任务数173名，所有专职队站满编执勤，其中4个专职队站实行独立营院单编执勤，31个队站全部完成正规化管理创建工作，规范标识、标牌及软件台账。9月，完成全部乡镇消防所挂牌，乡镇购买装备器材549件（套），24个队站建设推进任务纳入乡镇建年度重点改建，推动乡镇落实消火栓建设5处，普查应急水源53处。从严治队、制度管人，制定《兴国县专职消防员管理规定（试行）》和《兴国县专职消防员考评实施细则（试行）》，严格落实，常态化开展测酒督察、岗位练兵、作战训练安全培训。

7月28日，赣州市首届半专业扑火队大比武活动在兴国县国防教育训练基地举行　（县消防大队　供图）

【承办赣州市首届半专业扑火队大比武】 2022年7月28日，赣州市首届半专业扑火队大比武在兴国县国防教育训练基地举行，兴国代表队获“大比武”团体第1名、风力灭火机操作单项集体第1名、1500米负重跑单项集体第1名；个人单项获奖7名。比武历时两天，共有20个县（市、区）和森林经营单位的21支代表队210余名半专业扑火队员围绕理论考试、风力灭火机操作、油锯操作、1500米负重跑等41个科目展开角逐，对进一步推动各地加强森林防灭火队伍建设和做好森林防灭火工作具有重要意义。

（李化平）

本栏编辑：陈玉桃

乡 镇

潋江镇

【概况】 潋江镇位于兴国县城中心城区，是全县政治、经济、文化中心，地处兴国县中部偏西南，东倚江背镇，南、西邻埠头乡，北毗高兴镇、长冈乡。2022年，全镇辖14个村委会，172个村民小组，总户数1.2万户，总人口4.1万人。总面积51.6平方千米，耕地面积755.07公顷、山地面积400余公顷。全年财政收入6162.18万元。

【乡村振兴】 2022年，潋江镇围绕全镇1100户4279人脱贫户和监测对象，重点开展防止返贫动态监测、两不愁三保障查缺补漏、“三业”巩固提升、衔接资金项目建设、推进乡村建设和乡村治理，抓好上级历次督导调研反馈问题的整改、聚焦收入支出变化和应对疫情灾情影响巩固脱贫成效等工作，新增三类人员26户111人，消除风险人员1户3人，全年无返贫现象发生。成立工作专班，推进澄塘村、杨澄村乡村振兴示范点建设，澄塘村在全县“三比三看”流动现场会上获得第2名。

【产业发展】 2022年，潋江镇现代产业示范园成果巩固提升，以电商服务中心为核心的澄塘村精品产业带成型。加快实施睦敬村、筲箕村、联群村等村仓储基地项目。坚守粮食生产底线，全年实现水稻种植面积1016.51公顷，比上年增长105.6%，旱作面积220.11公顷，比上年增长107.8%。简化办事流程，为小微服务行业从业者办理事项100余起。整合重组非公有制企业联合党支部，多措并举壮大村集体经济，村均经营性收入达53万元，居全县第1。

【民生事业】 2022年，潋江镇全面落实社会保障政策，发放农村低保、临时救助、高龄补贴、残补、计生、优抚、助学等各类补助资金1142.79万元。全年实施建设水利工程4处，统一购置抽水机26台，有效缓解旱情影响。

【社会治理】 2022年，潋江镇排查调处矛盾纠纷745起，受理办结县级以上信访件48起，化解信访积案7起，一体推进常态化扫黑除恶斗争、反电诈、打击整治养老诈骗专项行动、

5月，潋江镇现代农业产业示范园　（潋江镇政府 供图）

“八五”普法、禁毒等工作。落实水域风险点网格化“点长制”管理模式，构筑防溺水安全防线。落实安全生产十五条措施，组织安全生产大排查大整治，开展加油站、烟花爆竹、工业企业、消防、电力、燃气、交通、防汛等各类检查230余次，发现整改问题隐患1100余处，全年未发生一起安全生产事故。

【人居环境整治】2022年，潋江镇在杨澄村、澄塘村建成人居环境整治“万村码上通”5G+长效管护平台，统筹整合1002万元实施“城中村”改造，粉刷“赤膊房”1.99万平方米，摸排整治农村问题厕所1.15万个。开展“空心房”整治集中攻坚月行动，拆除“空心房”面积1.63万平方米，获评全县二季度环境整治“奔牛奖”。全面排查整治秸秆焚烧、畜禽养殖等农业面源污染行为，运用清、保、改、补、查“五步法”全面拔除松材线虫疫木，顺利通过“省检”，被省林业局确定为2023年撤销松材线虫病疫点乡镇。

【城市能级提升】年内，征收经开区南区扩区、学校建设、城市开发等县重点项目所涉房屋91栋、土地46公顷，完成经开区南区扩区历时8年遗留房屋征收任务，完成兴国职校14户征迁对象的签约，获评全县一季度征地拆迁“奔牛奖”。加大“两违”（违法、违规）和“超高超大”建房巡查管控力度，查处“两违”案件146起，整治面积1.1万平方米。

【“五型”政府建设】2022年，潋江镇坚持“五力齐发”（磨砺“讲政治”的定力，增强“破难题”的能力，激发“谋发展”的活力，集中“办实事”的精力，永葆“优作风”的动力），推进“五型”政府建设。开展全省第三批“五型”政府先进单位创建，迎接省级实地核查。全面推行“365天不打烊”机制，组建镇村两级帮办代办队伍43人，通过实施“四个三”（组建“三个作战专班”，拓展“三个前沿阵地”，推进“三个深度融合”，优化“三个建设标准”），提升“四个度”（提升政务公开“合成度”，提升政务公开“纵深度”，提升政务公开“规范度”，提升政务公开“满意度”），打造政务公开“潋江样板”，相关经验在省政府官网刊发，并接受市考核评估。及时受理办结问政平台、“12345”热线等各类投诉咨询件320余件，办结率和满意度均达100%。落实政治家访、绩效考核、定期体检等激励措施，制定“12条计划”，推进党风廉政建设和反腐败斗争，全年运用第一种形态处理13人，给予党纪处分10人。

【招商引资】2022年，潋江镇采取外引内联方式广泛捕捉信息，推动以商招商、中介招商、节会招商，引进齐兴矿业有限公司投资1亿元、年产6万吨高品位萤石粉综合利用项目，成功签约落户工业园区，实现当年引进、当年投产，为县域经济发展注入新动力。着力解决工业企业用工难题，加强企业用工信息宣传，增强群众知晓度，全年累计为重点工业企业送工500余人次。

（刘子瑜　王志勇）

江背镇

【概况】江背镇位于兴国县城东南面，距县城19千米，距赣州市98千米，东与东村乡、樟木乡和于都马安乡毗邻，南连杰村乡，西接潋江镇、长冈乡，北与鼎龙乡相邻，319国道自东向西穿境18千米。全镇总面积132平方千米，耕地1133.33公顷，山地面积8240公顷。2022年，江背镇辖13个行政村，总人口3.21万人，是全县闻名的草席之乡。全年财政收入7079.49万元。

【乡村振兴】2022年，江背镇做好防止返贫动态监测，坚持自主申报、干部走访、数据排查“三线”工作法，强化监测对象精准识别，新纳入“三类人员”14户62人。投资40万元新建园岭村甜柿基地，按投资额8%缴纳村集体经济；争取50万元中央扶持壮大村集体经济资金，用于洛光村建设光伏发电项目，增加村集体经济收入5万元；争取自然资源部50万元产业扶持资金，完善提升江背永发席草厂基础设施和加工设备，巩固江背席草传统特色产业。投入500余万元整治提升农村“赤膊房”13.2万

江背镇街道　（江背镇政府 供图）

平方米；精心打造洛光村示范点，投入500余万元新修桥梁、新铺道路、新建河堤等；国家烟草局援建700余万元，推进华坪村乡村旅游点建设，提升村部功能设施和整体风貌，该村入选“江西省森林乡村”；完成郑塘、高寨、来源3个村5千米的建制镇通双车道项目主体建设；兴泉铁路保全项目完成，有效解决全镇村组交通整体性薄弱问题；投入1300余万元的25个巩固拓展脱贫攻坚成果和乡村振兴有效衔接项目全面完工。

【民生事业】2022年，全镇有生态护林员、保洁员、光伏管理员等公益性岗位251个；全年开展家政服务、建筑工匠技能培训活动2次，参训80余人次。宣传医保、社保政策，加大动员群众医保、社保缴费力度，医保和社保参保率分别达99.99%、71.73%；全面落实惠民政策，发放低保金750万元，特困人员供养资金79万元，临时救助资金17.6万元，残疾人“两项补贴”（困难残疾人生活补贴和重度残疾人护理补贴）67.5万元，冬春救助资金21.93万元。实施民生项目，华坪村便民服务中心竣工入驻，35千伏江背变电站项目投产运行，上丰水库除险加固项目稳步实施，城乡供水一体化建设加速推进。

【社会治理】2022年，江背镇开展社会治安大防控、突出问题大整治、矛盾纠纷大化解和综治网格化工作，化解洛光村拖欠环境整治项目补助款和澄龙村公益林资金纠纷等信访问题；推进法治兴国建设，开展普法宣传，持续强化防止电信诈骗宣传力度，提升“国家反诈中心”App安装率，劝返果源村缅北诈骗人员1人。在江背村、高寨村认真开展人口变动抽样调查，获评“赣州市人口普查先进单位”称号；高寨村老年协会被评为“全国老龄系统先进集体”。加强建房管理，审核农民建房规划58宗、0.65公顷，收集一户一档资料300余份，发放不动产登记证书500余本。落实安全生产“一岗双责”，开展自建房安全排查整治工作，对全镇1.4万栋房屋进行全面排查并录入系统，整治C、D级危房12栋，确保“人不进危房、危房不进人”。

【人居环境整治】2022年，全镇清理垃圾死角415处，收集转运生活垃圾123吨，配备污水管网1220米，其中雨污分流管网420米；整治占道堆物68处，清理道路两侧无人认领“僵尸车”6辆，拆除占道建筑物和构筑物3栋，拆除违法建筑8栋，整治占道经营25处，整治占道施工和挖掘道路3起，对3条道路（街巷）的架空线缆“蜘蛛网”进行整治并清理废旧线缆，推动工作由“清脏”向“治乱”扩展，拆除危旧土坯房419栋4.24万平方米；持续推进“厕所革命”，改造问题厕所285个。推进投资2000余万元的圩镇、洛光、华坪污水处理项目；开展生猪养殖污染整治“百日攻坚”行动，整治养殖场3家，完成52家禽畜养殖粪污处理资源化利用；推进松材线虫疫木除治工作，落实“河长制”工作制度，完成两处“河长制”反馈问题整改工作，江背镇获评“兴国县‘河长制’工作先进单位”。

【席草产业】2022年，江背镇申报席草加工提升项目，8个村拥有种草基地，种植席草200公顷，产量2700吨；购烘干机50台，每台计价12万元，投资600万元；通过政府扶持正常运行作坊、烘干基地6个。为确保消化全镇200公顷席草种植，投资53.5万元新建10座厂房，占地面积2700平方米，实行5台编织机为一分厂，全镇5台编织机以上的分厂9家，组建30台编织机的龙头加工厂1家，实现总编织机75台以上，每台消化2.67公顷席草。引导、鼓励农民每家购买编织机1台，实行分片分村划分收草区域，跟每片、村农户签订收购席草意向性合同，保证价格在4.80元/千克，形成由加工厂保护原料，原料保证加工的良性循环。席草产业吸纳脱贫群众就业，全乡增加脱贫户20人以上就业，增加转移农村剩余劳力150人。优化农村产业结构，壮大村集体经济，其中寨联村以设备列入固定资产，村级集体经济收入每年在4万元以上，增加村级“造血”功能。

（朱佐治 黄传英）

古龙岗镇

【概况】 古龙岗镇地处兴国县东北部，距离县城50千米，东与梅窖镇交界，南与樟木乡相接，西与兴莲、良村、南坑乡相邻，北靠兴江乡，与宁都、于都两县相距50多千米，樟青线、兴（国）陈（也）、古（龙岗）南（坑）公路在境内纵横交错，并接319国道以及泉南高速（古龙岗互通），是兴国、宁都、于都三县交通枢纽，总面积206平方千米。为“三县七乡”的中心区域，素有“上兴国”的美誉。古龙岗镇辖15个行政村（2个少数民族畲族村），209个村小组，1.16万户4.52万人，耕地面积3044.27公顷，林地面积1.46万公顷。全年财政收入4615.49万元。

【乡村振兴】 2022年，古龙岗镇识别纳入“监测户”47户203人，全覆盖落实“一户一策”帮扶措施，及时消除返贫致贫风险。持续关注农村低收入群体等重点对象住房安全，完成农村危房改造1户。争取资金90余万元做好易地扶贫搬迁点建设，安排资金120万元解决安全饮水问题。全镇脱贫户和监测对象慢性病认定1305人，家庭医生签约随访服务全面到位。发放各类教育补助1999人次127.08万元，聘用公益性岗位326人，利用光伏电站收益分红等村集体经济自主按需设置公益性岗位115个。申报脱贫户劳动力一次性创业补贴5户2.5万元。对外出务工人员落实交通补贴政策，全年申报2852人，补贴金额133.04万元。鼓励引导农户因地制宜发展产业，落实产业帮扶奖补政策，申报一般产业1664户次，落实补助245万元，蔬菜产业366户次，落实补助30万元，享受产业帮扶项目覆盖率81.36%。推进“农业产业振兴信贷通”，解决帮扶对象扩大产业规模、发展产业种养资金难题，全年放款287笔1373万元。

【产业发展】 2022年，古龙岗镇围绕“283”产业发展格局，围绕打造1333.33公顷有机水稻产业发展思路，出台《古龙岗镇2022年粮食生产工作方案》，早稻生产组织召开3次流动现场会，压实各村责任，落实集中育秧点48.67公顷，创新思路打造集中育秧示范基地5.33公顷，全年种植早稻1200公顷，落实种植大户80余户，出台政策整治抛荒撂荒55.33公顷，被评为“2022年度全县先进乡镇”。

【民生事业】 2022年，古龙岗镇认真落实民政低保、困难群众救助等各项民生政策，全年发放农村低保金615户628.89万元、特困供养救助金129人102.96万元，保障面7.71%，兜底面6.43%。年内实施临时救助103户58.1万元，冬春救助3471人，救助资金50.02万元，为15名孤儿、事实无人抚养儿童发放基本生活费18.24万元。办理残疾证23人，落实残疾人“两项补贴”（困难残疾人生活补贴和重度残疾人护理补贴）687人103万元。

【社会治理】 2022年，古龙岗镇调处各类矛盾纠纷90余件，受理群众来信来访80余次，化解稳控73件，其中化解信访积案2件、重复信访2件，协调解决群众困难、帮扶救助及安全保障等方面问题34起，确保全镇安保维稳各项工作平稳有序推进，2月获评全县信访积案大会战“奔牛奖”。组织干部及第三方力量对全镇1.8万余栋房屋（其中经营性自建房687栋）进行全覆盖安全隐患摸排，对疑似不安全房屋进行第三方鉴定，对存在安全隐患的房屋落实防范措施。开展交通运输、非煤矿山、危化品、烟花爆竹、

古龙岗镇瑶前畲族村艾草产业园　（古龙岗镇政府 供图）

居民消防、建筑施工、燃气安全等重点领域隐患排查，开展安全生产“打非治违”联合行动 7 次，对辖区企业主体印发安全生产责任告知书 22 份，处罚违规经营单位 3 家，罚款罚没金额 10.4 万元，实现安全生产事故零发生。常态化开展防溺水巡逻值守，危险水域新增警示标志牌 32 块，设置救生圈 25 个、救生杆 50 余根，有效防范和杜绝溺水事故。完成辖区内 217 家市场主体“惠企通和电子印章”注册申领，为 145 家当地企业注册“中小企业融资信用服务平台”。处置各类土地违法行为及建房违法行为 65 宗，下发责令土地违法行为限期整改通知书 65 份，有效遏止各类土地违法行为。开展林业执法 8 次，查没非法木材 60 余立方米。组建综合执法队，对镇区主街乱象进行综合整治 20 余次，开展清除乱搭乱建行动 30 余次。

【人居环境整治】 2022 年，古龙岗镇围绕“1+15+209”（1 线、15 区、209 个网格点，全覆盖、拉网式地开展农村人居环境集中整治专项行动）工作思路，将全镇环境卫生整治区域分区划片，落实网格点长制，围绕村庄拆、清、整、建、种“五部曲”工作要求，推进“三清两整一拆除”（以“清理河道垃圾、清理菜园围栏、清理乱堆乱放”为主要行动内容，整治乱堆乱放，整治乱搭乱建，拆除“空心房”）为主要内容的人居环境整治大会战，拆除“空心房”376 栋 4.71 万平方米，清运生活垃圾 30 余吨、建筑垃圾 20 余吨，营造干净、整洁、有序、宜居的秀丽村庄环境。

【“五型”政府建设】 2022 年，古龙岗镇推进“五型”政府建设，推行便民服务中心“365 天不打烊”机制，优化综合便民服务流程，筹措资金 3 万余元印制各类便民办事服务宣传品，接待群众办事服务 6400 余人。及时受理办结问政平台、“12345”热线等各类投诉咨询 870 余件，办结率和满意度均 100%。加强党风勤廉机关建设，定期分析研究党风廉政建设和反腐败工作形势，组织开展警示教育 3 次，专题教育 1 次，在重大节假日等时间节点推送廉政提醒信息 16 次。

【瑶前畲族村乡村振兴示范点】 2022 年，瑶前畲族村利用有效衔接资金 215 万元，整合其他各类资金近千万元，通过“一河两岸”（瑶前河，村委会门口岸、里坑门口岸）、“一部一馆”（族谱馆部，乡贤馆）、“五个产业”（脐橙、艾草、烟叶、油茶、大棚蔬菜产业）建设，打造瑶前畲族村乡村振兴示范点，推动人居环境、民族文化、民生福祉的发展。全村种植烟叶 10 公顷，年产值 50 余万元。新种艾草 5.4 公顷，新建脐橙产业基地 42 公顷，建有 75 千伏光伏发电站 1 个，年收益 8 万元，联结脱贫户 30 余户。大棚富硒芦笋基地 20 公顷，每年村级分红 19 万元，带动农户 100 余户，户均增收近万元。整合资金 500 余万元，分别建成民族文化生态林、客家文化及族谱文化教育基地、禾苗戏“非遗”文化戏台、人才公馆等文化项目，修复湿地 1.07 公顷、河道整治 4 千米、矿山治理 10 公顷、建设小型污水处理设施 1 处，投资 510.51 万元完成瑶前畲族村、建设畲族村 4.63 千米双车道改造。

（江立斌　钟海华）

梅窖镇

【概况】 梅窖镇位于兴国县城

东北部，距县城65千米，东与宁都县赖村镇毗邻，南接宁都县葛坳乡，西连古龙岗镇、樟木乡，北与兴江乡相邻。总面积85.42平方千米。2022年辖7个行政村86个村民小组，7015户3.01万人。全镇财政收入2595.68万元。

【乡村振兴】 2022年，梅窖镇抓牢防止返贫监测帮扶，严格落实“每月监测会商、每月信息比对、每月研判处置”机制，通过“三线预警”发现预警对象212户，新纳入35户153人，“一边倒”开展巩固拓展脱贫攻坚成果“大排查、大整改”，补齐“一收入两不愁三保障”和饮水安全问题短板，促进产业、就业、健康、教育，兜底保障等政策应享尽享。新建改造桥梁4座，拆除土坯房、违章建筑等5000余平方米，清理存量垃圾、卫生死角121处。

【产业发展】 2022年，梅窖镇完成早稻生产种植面积615.73公顷、中稻种植面积137.07公顷、晚稻种植面积800公顷，其他粮食作物344.73公顷。持续巩固42.84公顷富硒芦笋基地，实现富硒芦笋产业增产增效。壮大脐橙、油茶、烟叶等传统产业，完成脐橙苗木新植6.67公顷，新种植油茶18.67公顷，种植烟叶39.33公顷。实施统筹整合财政涉农扶贫资金项目24个838万元，其中公路道路硬化项目10个、维修河堤水陂项目3个、新建人行桥2座、污水处理项目和水库加固项目各1个、其他重点民生实事项目8个，涉及基础设施、农业产业、乡村建设等领域。与兴国县南方水泥有限公司签约年产100万吨骨料线和粉磨线项目，项目投资额达2亿元；与惠州市豪景鹏新能源有限公司签订5亿元战略投资协议，获评全县第四季度“奔牛奖”。

【民生事业】 2022年，梅窖中学完成整体搬迁工作，新校区设24个教学班，可容纳学生1200人，建设总面积4.86万平方米，围墙、校门、道路广场美化绿化等附属设施完善齐全，为办学提供良好基础设施条件。新建梅窖中心小学操场，为广大师生提供舒适、安全的活动场所。完成敬老院草坪硬化、绿化，改造提升生活和活动设施，安装空气能热水器，实现每个房间有热水。强化社会保障，落实低保473户1261人、特困供养34人，全年整户新增低保65户106人、户内调增32人，特困对象34人（其中分散供养16人，集中供养18人）。开展临时救助，实施临时救助117户514人，发放临时救助金14.83万元。

【人居环境整治】 2022年，梅窖镇全面落实“河长制”“林长制”，常态化开展巡河行动，垃圾下河现象得到有效遏制。组织对松材线虫疫木开展“清零行动”，全年清理疫木220余吨，确保高速、省道和景区公路等主要通道沿线无病、枯、死松树。持续推动农村人居环境整治工作，以创建全国卫生乡镇为抓手，对高速沿线、主干道沿线“赤膊房”进行风貌整治，投入资金2100余万元，粉刷立面墙近46.5万平方米。推进“空心房”整治，拆除“空心房”197栋2.5万平方米。

【三僚村建设】 2022年，梅窖镇重点围绕“两点一线”，即景区、村部周边、公路沿线开展环境整治，示范引领带动各村小组对标对表，常态化开展环境整治。不定期对各村小组环境整治工作进行评比，坚持问题导向，现场交办，明确责任人，限期整改。立足特色文化做文章，紧扣文化振兴、产

梅窖镇三僚村景区　（梅窖镇政府 供图）

业振兴主题进行规划设计，将乡村建设与乡村旅游相融合，统筹项目资金，完善村庄的旅游配套设施，打造“文化三僚、生态家园”的乡村振兴“新样板”。

（曾　乐　侯海飞）

高兴镇

【概况】 高兴镇位于兴国县西北部，东邻崇贤乡，南接潋江镇，西靠茶园乡，北界泰和县，距县城13千米。2022年，高兴镇辖20个村、1个农村社区，319个村民小组，总户数1.6万户，总人口6.3万人。总面积236平方千米，其中耕地面积2807公顷、山地面积1.28万公顷。全年财政收入8153.34万元。境内有竹篙山、老营盘、兴国烈士陵园等红色景点。是全县第一个省级园林城镇。

【乡村振兴】 2022年，高兴镇推进村级集体经济发展，探索推进“1+N+1”模式（擦亮“1”个党建品牌，焕发振兴活力。盘活“N”个闲置资产，集体经济提质增效。牢记“1”个服务宗旨，保障村民福利）。充分运用扶持项目与入股分红等形式提高村集体经营性收入，全镇20个村村均集体经济经营性收入达40.22万元，其中90%的村突破20万元，6个村突破50万元，老圩村突破100万元大关。投入691万元打造老圩村井边组、文溪村文峰组乡村振兴示范点，实施道路维修、户厕改造、村庄环境整治等项目，实现农村环境面貌大提升。建立全县首个村级乡贤馆——蒙山村乡贤馆。以建设模范机关为抓手，推进基层党组织组织力、凝聚力、战斗力整体提升，蒙山村党支部被评为“省级乡村振兴模范党组织”，文溪村党支部书记刘正平被选树为“省级乡村振兴担当作为好支书”。

【产业发展】 2022年，高兴镇围绕县“135”（以富硒芦笋为主的蔬菜首位产业，以脐橙、油茶、生猪为主的三大主导产业，以灰鹅、茶叶、烟叶、蜂蜜、富硒米为主的五大特色产业）现代农业产业布局，建成万亩脐橙、万亩油茶、4000亩烟叶、2000亩蔬菜、2000亩花卉等特色产业，创建以时鲜瓜果基地为主导休闲采摘示范带。扛牢粮食安全责任，统筹各类资金实施高标准农田、节水灌溉等农田水利设施，在县级补助政策基础上，对集中育秧、规模种植、农机购置进行叠加奖补，激发种粮热情。完成早稻生产33.33公顷以上示范点5个、6.66公顷以上示范点21个，建成文溪村水稻生产千亩示范基地1个，全年粮食种植总面积达4488.91公顷，粮食总产量达2.44万吨。

【民生事业】 2022年，高兴镇落实民生实事，补齐污水设施、道路、桥梁等农村基础设施短板。争取专项经费2681.7万元。实施圩镇污水管网改造升级以及长迳、文溪、高兴、兴国四中生活污水处理新建项目，提升农村污水处理能力。完成高湖、高多双车道改造工程征地工作，硬化通组道路4.22千米，新修水圳4.64千米，完成蒙山田中桥、上密坑口桥、老营盘龙经桥建设。加大教育投入，新建蒙山小学教学大楼。高兴镇捐资助学促进会全年累计奖励优秀教师学生160人，发放奖励金30.48万元。引进赣州恒洋置业有限公司投资4500万元，建设全县第一个农贸综合体项目试营业，投资270万元更新改造2个老旧农贸市场。

【社会治理】 2022年，高兴镇坚持矛盾纠纷三级排查和多元化解机制，共排查化解矛盾纠纷992条，按“三到位一处理”（群众诉求合理的解决问题到位、诉求无理的思想教育到位、生活困难的帮扶救助到位，行为违法的依法处理）化解处置信访案件33起，“12345”热线交办工单213件，信访积案5件。做好中共二十大等重点时期维稳安保工作，高兴镇获评全县中共二十大信访保障工作先进集体。以新时代文明实践站为载体，开展移风易俗、乡风文明宣传活动，高多、新圩、水口等3个村文明实践站分别获评市级五星级、四星级、三星级文明实践站。

【人居环境整治】 2022年，高兴镇落实上级人居环境工作部署，推进农村人居环境整治行动，累计清理各类垃圾1.27万吨、黑臭水体32个、沟渠150千米。开展“赤膊房”集中整治，完成外墙粉刷24.86万平方米，安装屋顶斜栏板2万米。

5月，高兴镇农贸综合市场建成并试营业 （高兴镇政府 供图）

拆除“空心房”3.23万平方米，分类整治畜禽养殖场80家，获评全县三季度城乡环境整治工作“奔牛奖”。4月，示范镇建设项目顺利通过市级评估验收，成功创建全市第二批新型城镇化建设示范乡镇，获得专项奖励奖金200万元，获评“2022年度江西省生态园林城镇”称号。

【全县首个村级乡贤馆——蒙山村乡贤馆】蒙山村乡贤馆建于高兴镇蒙山村松山组，占地面积120平方米，建筑面积260平方米，投资30余万元。该馆是全县首个村级乡贤馆，馆内由前言、组织架构、章程和工作制度、将军墙、数字蒙山宣传墙、蒙山姓氏地图、古今乡贤墙、魅力蒙山新篇章、美食特产专柜、文物陈列柜、乡贤议事室等组成，体现蒙山村乡贤助力乡村振兴，展示蒙山新乡贤风采。收藏有20位乡贤名人事迹及诸多传统文化，其中包含古代乡贤、共和国将军、近现代优秀新贤、文艺家、美食特产、民俗风情、文物单位、节日风采等。蒙山乡贤馆以“我的家乡我的梦”为主题，以“乡土乡情乡愁”为纽带，以“乡贤联谊组织”为平台，开展新时代乡贤工作。

（刘常清 钟观发）

良村镇

【概况】良村镇位于兴国县东北山区，东与古龙岗镇、兴莲乡接壤，南和城岗镇毗邻，西与枫边乡相邻，北与南坑乡相连，距离县城42千米。2022年辖15个村，210个村民小组，总户数5547户，总人口2.89万人。总面积189平方千米，耕地面积1443.42公顷、山地面积14606.73公顷。全年财政收入7461.99万元。林业资源有松、杉、油茶、毛竹，森林覆盖率85%。矿产资源有萤石矿、稀土矿、铁矿、金矿等，其中萤石储量多、品质高。种植业以烟叶、水稻、脐橙为主，养殖业以养鸭、养猪、养蜂为主。有民国20年（1931）毛泽东发布“八八”命令的约溪万寿宫、红三军团休整遗址慈云庵、岭下村战斗遗址等革命历史旧址。

【乡村振兴】2022年，良村镇健全防止返贫动态监测和帮扶机制，实现政策落实排查全覆盖。新识别“三类人员”20户83人，落实产业直补1271户次167.02万元，发放交通补贴1690人次62.11万元，申报“雨露计划”377人，招工送工351人。强化易地搬迁后续扶持“点长”工作机制，易地搬迁群众实现搬得出、能致富。

【民生事业】2022年，良村镇秉持“以民为本、为民解困、为民服务”工作理念，实施低保救助720户1546人、特困供养84人。发放残疾人“两项补贴”485人，高龄补贴652人，临时救助、自然灾害救助47万元，新农合、新农保参保率达90%以上。推进教育基础设施建设，争取专项资金1182万元用于良村中心小学校舍及相关附属设施建设，拆除旧校舍8栋，搭建板房6间，主体工程建筑面积5106平方米。全镇各校通过全国义务教育均衡发展工作评估。

【产业发展】2022年，良村镇开展以商引商、乡贤招商模式，引进江西钒钛科技、智谷科技、江西重峰集团和江西民拓等优秀企业，为兴国县创造千余个就业岗位。治理耕地抛荒撂荒、稳定播种面积、落实强农惠农政策、高标准农田建设，培育种植大户，完成2381.4公顷水稻种植任务，移栽烟叶66.67公顷。推进油茶低产林改造及油茶新造工程，完成油茶种植133.33公顷。建成前村太秋甜柿种植基地3.33公顷，“乡贤+”模式引领产业发展，落实太秋甜柿种植面积56.67公顷4500余株。统筹整合200万元建设1300平方米良村扶贫车间，盘活处置经营性扶贫资产56个，依托上迳、前村、厚村大棚蔬菜基地17.33公顷，带动就业150余人，村均经营性收入38.67万元。

【社会治理】2022年，良村镇实施“清单制”乡村治理，常态化推进扫黑除恶，宣传推广“国家反诈中心”App，依法打击电信网络诈骗行为，同步做好“双提升”、禁毒、防养老诈骗专项行动。开展重复信访事项集中化解专项行动，建立健全领导包案责任制和定期信访接待制，化解县一级交办事项4件，镇村矛盾纠纷排查调处600余起，调处率100%。良村镇获评全县第一季度信访工作“奔牛奖”、全县信访工作“三无”（无非正常上访、无治安刑事案件、无公共安全事故）乡镇第1名，红星、群山、中洲、约口等6个村获全县信访“三无”村。加强森林防火、生产安全、食品安全、交通安全、消防安全、地质灾害等领域隐患排查整改，组织开展应急演练10余次，排查整改各类安全隐患60余处。开展反窃电活动，查出窃电16户5.58万元，维护社会稳定。

【人居环境整治】2022年，良村镇推进农村人居环境整治提升工作，召开村民“屋场会”280多场次，整治乱堆乱放垃圾2800多处，清理乱贴乱画110多处，清理河道沟渠约12千米。出台《2022年良村镇城乡环境综合整治工作要点》《2022年良村镇城乡环境综合整治工作考评方案》《良村镇“五定包干”村庄管理长效机制的实施方案》和《关于成立良村镇生活垃圾分类工作领导小组的通知》等文件，建立“7+N”（“7”是指抓好卫生保洁、户上“五净一规范”、路域环境、水域环境、规范宣传标语、村庄风貌管控和公共设施维护7个方面；“N”是指在抓好以上7项管护工作基础上，精心管护好其他生产生活和旅游设施）、“五定包干”（五定即定管护范围、标准、责任主体、经费、考核奖惩，包干即省统筹考核、市牵头指导、镇主推监督、镇宣传组织、村具体实施、农户房前屋后“三包”）以及清洁家园评比、督查等村庄人居环境长效管护机制，实现“有新房、有新村、有新貌”。通过公众号、微信工作群、大喇叭、横幅标语等宣传方式，对人居环境整治、“厕所革命”等进行宣传。镇驻村干部、各村党员干部利用夜晚时间，分片分组深入各自然村，以村组为单位召开村民“屋场会”，动员各家各户搞好门前“三包”，组织在家群众和社会志愿者参与人居环境整治工作。成立人居环境整治工作专项督查小组，每天巡回各村督查督导人居环境整治工作。

12月，良村镇乡贤馆——“良村记忆”（良村镇政府 供图）

【前村村示范村建设】前村村位于良村镇南部，距镇政府6千米，辖22个村民小组，耕地193.64公顷（种植早稻99.13公顷，中稻22公顷，晚稻134.27公顷），山地1247.46公顷。2022年，良村镇精准发力打造前村村示范村，围绕“三业”（产业、就业、创业）提升，新种植油菜10公顷、烟叶8公顷、大棚蔬菜13.33公顷；新开发甜柿3.33公顷，县委组织部支持专项资金50万元用于光伏产业（120千瓦）带动村集体增收，村集体收入 58.56 万元，比 2021 年翻一倍，带动周边老百姓增收致富。

【新时代文明实践】2022 年，良村镇首创新时代文明实践每月工作例会培训、每周工作调度、每日工作提醒的工作制度，开辟文明实践工作每月微信公众号专刊，创建良村镇文明讲堂等。抓好中共二十大精神学习宣传贯彻工作，开展各类宣讲 1000 余场次。宣传报道投稿被市级以上媒体刊登 30 余篇，县级平台刊登 220 余篇。良村镇实践所及下辖 15 个实践站开展实践活动 967 场，完成志愿服务闭环 1132 单，举办文艺会演 30 余场次，解决群众“微心愿”356 个；开通文明幸福卡 7390 户，发出积分 56.06 万分，兑换积分 17.19 万分。良村镇文明实践所获评市三星级所，亩元村、龙升村、西岭村实践站获评市三星级站。

【乡贤馆建设】2022 年，良村镇建立全镇乡贤数据库，摸排乡贤人才 400 多名，建立乡贤联谊微信群。新建总面积约 700 平方米的乡贤馆——“良村记忆”，以打造“良”文化为宗旨，设计 8 个“良”文化主题展厅及议事场所，搭建集引资、引才、引智、引项目于一体的“乡贤 +”平台载体。创建“乡贤联谊会”、“教育促进会”、基层商会等平台，成立乡贤联谊会（捐资助学教育促进会），捐款金额达 170 余万元。

（彭　昕　余春凤）

龙口镇

【概况】龙口镇位于兴国县南部，东与社富、赣县区三溪乡毗邻，南连赣县区南塘乡，西接赣县区田村镇、白鹭乡，北与埠头乡、永丰镇相邻，京九铁路、238 国道及平江水运自北向南贯穿全境。2022 年，龙口镇辖 10 个行政村，129 个村民小组，2.53 万人。总面积 66 平方千米，其中山地面积 4166.67 公顷，耕地面积 882.8 公顷。全年财政收入 4783.03 万元。

【乡村振兴】2022 年，龙口镇脱贫群众申报产业直补 1119 户 155.93 万元，新增发放脱贫户、监测对象贷款 102 户 500.6 万元；开展线上线下招聘会，组织技能培训 3 场 124 人次，培训合格率 100%，对外出务工人员提供就业补贴 1821 人 84.19 万元；持续培育、发展和提升就业帮扶车间，带动脱贫人口 58 人实现就近就地就业。全镇搬迁群众 40 户 189 人实现安居乐业。推行“强村带弱村，联村发展”模式，全镇 10 个村经营性收入稳定在 20 万元以上。开设屋场课堂、田间课堂等，培育党员致富带头人 21 人，帮带群众 181 户。成立青年人才党支部，选树 21 名县级“新时代赣鄱乡村好青年”，助力乡村振兴。

【产业发展】2022 年，龙口镇完成粮食生产监测样方点种植任务，接受省市县督查考核。新建睦埠村 20 公顷大棚蔬菜基地，并将大棚分包给 19 户菜农租种，新建 6.67 公顷睦埠脐橙基地。

【民生事业】2022 年，龙口镇新建 0.55 公顷村民休闲文化小游园、篮球场、羽毛球场、游步道、休闲广场等娱乐设施。规划新建 2 个停车场，新增车位 80 余个。规范市场经营，改造农贸市场，新画标志线 250 余米、规范摊位 60 余个，引导商户和摊贩养成良好经营习惯，随意摆摊、占道经营现象成为历史。

【社会治理】2022 年，龙口镇采取召开屋场会、入户走访、电话访问等形式，重点听取群众关于基础设施、矛盾纠纷、产业发展、教育卫生、国土规划、干部作风等方面意见建议。实现全镇群众走访全覆盖，收集意见建议 500 余条。每周四组织驻村干部和村干部，深入各网格巡查巩固拓展脱贫攻坚和乡村振兴有效衔接、殡葬改革、安全生产、“林长制”、信访、控违拆违、环境整治等方面存在的问题，能整改的立即整改，建立整改工作台账，实行销号管理。

【人居环境整治】2022 年，龙口镇清理陈年垃圾 300 余吨、臭水沟 400 余米，拆除违章搭建、残垣断壁、占河道、通道厨房等 920 余平方米，完成街道“白改黑”1 万余平方米、路

12 月，龙口镇睦埠村乡村振兴示范点　（龙口镇政府 供图）

面硬化 2100 余平方米、沿街立面改造 8000 余平方米。实行网格化管理，将全镇划分为 57 个网格，结合网格大巡查，整改相关问题 200 余个。落实“河长制”，修建睦埠河堤，开展畜禽养殖污染防治整改行动，粪污资源化利用推进项目加快实施。争取项目资金 900 余万元，完成圩镇和睦埠村污水处理站点建设。

【启耀故里红色旅游示范乡村建设】 2022 年，龙口镇组建工作专班，“5+2、白加黑”推进睦埠村乡村振兴示范点建设。完成睦埠村 9 条主要道路沥青路面改造，修建睦埠河堤 1000 米，改造刘启耀纪念馆，新建茶室、民宿、红培中心、绿色田园片区等项目。开发红色研学课程，链接党校、红兴谷研学基地等资源，塑造“讨米革命、启耀初心”红色品牌；坚持修旧如旧、原汁原味修缮红军码头、墨庄等古建筑，点缀性配建特色民宿、亲子营地、开心农场，扶持村民开设农家乐，以发展乡村旅游。全年承接各级党委中心组学习活动等 10 万余人次到村学习参观，“红培研学 + 乡村旅游”的红色品牌逐步成型。

（刘　岳　谢齐亮）

城岗镇

【概况】 城岗镇位于兴国县东北部山区，东毗兴莲乡，南邻鼎龙乡，西连方太乡，北接良村镇、枫边乡，距县城约 40 千米。2022 年，城岗镇辖 18 个村、2 个社区，其中晨光社区于 7 月挂牌成立，总户数 5812 户，总人口 3.08 万人。总面积 144 平方千米，其中耕地面积 1200.6 公顷，山地面积 1.05 万公顷。全年财政总收入 2717.46 万元。工业总产值 1560 万元，增长 3.2%。主要工业产品有服装、数据线等。粮食总产量 1.21 万吨，生猪出栏 1.38 万头，家禽出笼 27 万羽。城岗镇获评全市无偿献血先进乡镇。

【乡村振兴】 2022 年，城岗镇聚焦两不愁三保障及饮水安全等核心指标，开展防返贫动态监测和帮扶集中排查工作，新识别监测户 35 户 175 人，通过两轮集中排查，解决问题 16 个；脱贫人口和监测对象实现稳定就业 2598 人，新增公益性岗位 12 个。累计发放产业补助 708 户 131.61 万元、交通补助 62.57 万元、教育补助 103.47 万元。通过补短板补弱项，“三类人员”消除风险 75 户 341 人，1338 户脱贫户及“三类人员”两不愁三保障持续巩固。

【产业发展】 2022 年，城岗镇坚持提早谋划、不误农时，完成粮食生产任务。加大农业基础设施投入，超额完成抛荒地整治 35.2 公顷，高标准农田改造 226.48 公顷。新建东坑、增溪 2 个百亩脐橙园，脐橙种植规模达 304.65 公顷。推进油茶低产林改造及油茶新造工程，新增油茶种植 135.4 公顷，累计完成 880.1 公顷。加强对白石村红色文化的保护与利用，做好“农业 + 旅游”产业融合发展，投入 250 万元打造白石村乡村振兴示范点。

【民生事业】 2022 年，城岗镇为退役军人发放优待证，累计发放低保、“五保”金共计 991.61 万元，为 643 名高龄老人发放津贴 67.5 万元，救助困难群众 136 余人次。城乡居民养老保险 60 岁以下参保人数 10872 人，参保率达 90% 以上，城乡居民医保参保 2.63 万人，参保率 100%。开展捐资助学活动，为考取清华大学的 1 人，

6 月，城岗镇东坑村新建脐橙基地 （城岗镇政府 供图）

全镇 160 余名优秀学生、31 名优秀中小学教师颁发 21.01 万元奖励金，在全社会营造尊师重教的浓厚氛围。新建镇便民服务中心，为广大群众提供窗口化“一站式”服务。城岗镇“党建 + 农村养老服务”走在全县前列，全覆盖建成居家养老服务中心和便民服务点，罗兴村、小获村获评“党建 + 农村互助养老服务”省级示范点。

【社会治理】2022 年，城岗镇探索“乡贤 +”治理新路径，开展“矛盾纠纷大排查、初信初访大办理、信访积案大化解”专项活动，共受理调处各类纠纷 260 余件，获评全县“七五”普法先进单位，赴县以上信访量比上年下降 62.7%，民事案件立案数比上年下降 18%，3 个村被评为“无诉村”。

【人居环境整治】2022 年，城岗镇聚焦“城乡美”，开展“清网行动”、清除建筑垃圾、整治农户庭院、规范畜禽养殖以及“空心房”、小矮房和残垣断壁整治等五大行动为核心的农村人居环境整治大会战，累计制止违规搭建 22 处，拆除“空心房”419 栋 3.98 万平方米、违章建筑 6 处 1000 平方米、围挡围栏 1600 余处。清除建筑垃圾 190 余处。扎实推进“厕所革命”，完成农村户厕问题整改 78 户。建立网格化管理和长效管护机制，坚持“随手拍”问题的整改机制和每月户上“五净一规范”评比制度，开展“最美庭院”评比活动，累计评选出 430 户“最美庭院”。

【肉牛养殖】2022 年，城岗镇大力发展肉牛养殖产业，建肉牛养殖场 3 家，推动合作社做大做强。扶持规模养殖户，为其争取肉牛养殖所需物资优惠，帮助规模养殖户降低养殖成本，提高养殖利润，全年肉牛出栏量 744 头，存栏量 1644 头。

【乡村振兴示范点建设】2022 年，城岗镇从产业兴旺、治理有效、环境优美、红色基因传承 4 个方面打造白石村乡村振兴示范点。通过土地流转、务工、入股分红等壮大村集体经济，流转土地 86.67 公顷，引进江西现代种业，建设现代化制种基地。发展太秋甜柿、烟叶、油菜等产业种植 73.3 公顷，形成多元产业结构。紧扣“城乡美”目标，实施“清网行动”，整治“空心房”和残垣断壁，拆除破旧围挡 150 余处，整治房屋立面墙 2.6 万平方米，改造路面 800 米。推行网格化管理、“红黑榜”、“小手拉大手”等长效机制，用好“乡贤 + 社会治理”团队，把矛盾纠纷消除在萌芽状态。拓展文明实践活动，推动形成文明乡风、良好家风、淳朴民风。白石村成为全县 13 个“无诉村”之一。盘活红一方面军白石军事会议旧址、毛泽东旧居等红色资源，挖掘“剪黄”供军粮、“毛泽东救小孩”红色故事，带动特色民宿、“农家乐”发展，打造乡村旅游、红色旅游。

（李 旺 钟衍胜）

永丰镇

【概况】永丰镇位于兴国县西南方向，昌赣高铁穿镇而过，东邻埠头乡、龙口镇，南界赣县白鹭乡，西连均村乡。2022 年，永丰镇辖 17 个村、2 个社区、241 个村民小组。总户数 1.01 万户，总人口 4.28 万人。总面积 161 平方千米，耕地面积 1706 公顷、山地面积 1.19 万公顷。全年财政收入 5733.06 万元。

【乡村振兴】2022 年，永丰镇聚焦“守底线、抓发展、促振兴”，坚持“1234”（“1”是以党建工作品牌凝练升级为目标；“2”是关键抓好镇、村两级干部能力素质提升；“3”是坚持从党员教育管理、干部考核激励、党建机制创新三个着力点来管人、管钱、管事；“4”是落实党员干部能力提升、村集体经济壮大、村级活动场所升级和村级治理效果提升四项举措。）工作思路，统筹整合财政涉农资金 911 万元实施项目 22 个，持续加强防返贫动态监测与帮扶，新增监测对象 51 户 190 人，风险消除监测对象 7 户 30 人，培育创业致富带头人 52 人，带动脱贫户和监测对象 260 人增收致富，确保脱贫群众和监测对象增收途径不减、增收效果不降。

【产业发展】 2022 年，永丰镇完成早稻种植面积 1162 公顷，中稻种植面积 260 公顷，粮食生产监测样方点 2.7 公顷种植任务，受省市县督查考核通过。新引入经营主体种植永丰村蔬菜产业基地 7.2 公顷，整合发展富硒特色蔬菜基地面积 35 公顷。组建工作组，推进乡村振兴示范点建设，完成硬化道路 3 千米，修建水圳 500 米，房屋改造 120 余户，建设富民生态园 0.67 公顷，高标准打造百亩蔬菜大棚、千亩脐橙基地、丰硒咸鸭蛋展览馆。

【民生事业】 2022 年，永丰镇统筹资金 99.5 万元，推进镇村新时代文明实践所（站）规范标准化建设，永丰新时代文明实践所获评省级三星、市级五星实践所，蕉溪村等 4 个村文明实践站获评省市星级实践站，全年累计开展活动 2600 余次。马良小学新（扩）建校舍 2000 余平方米，添置 20 余万元各类教育装备设施，学校标准化建设得到提升。统筹各类资金 362 万元，完成永丰桥、永丰二桥等 5 座危桥改建，扩宽樟坪村通村公路 1200 米。完成西江、富溪水库除险加固，圩镇自来水管网、“千吨万人”水厂改造收尾，实现基础设施提档升级。

【社会治理】 2022 年，永丰镇深入推进安全生产专项整治三年行动和自建房安全隐患排查整治行动，排查整治存在安全隐患自建房 13 栋。整合资金 588.84 万元，推进区域性地质灾害防治，完成简易治理点建设 47 处。定期落实对道路交通、建筑工地、“三合一”场所等重点领域的排查整改，整体推进森林防火、防汛抗旱、防溺水等工作，全年未发生安全生产事故。坚持矛盾纠纷“三级排查”[三级指镇、村（社区）、村民小组]，信访积案“三到位一处理”原则，共调处矛盾纠纷 193 起，妥善办理初信初访案件 18 件，化解信访积案 3 件，为各类人员提供心理咨询服务 24 人次，发放法治宣传资料 2000 余份，船溪村 e 道诉源治理示范点建设完成并接受验收，旗岭、樟坪等 7 个村（社区）获评 2022 年度全县信访工作“三无”村（社区）。

【人居环境整治】 2022 年，永丰镇开展人居环境整治五年行动，持续开展“空心房”整治，治理“空心房”351 栋 3.57 万平方米。推进“厕所革命”，拆除旱厕 172 个，改建标准化厕所 100 余户。抓国省道沿线综合环境整治，完成国省道沿线立面整治 947 栋 41 万余平方米，高铁沿线坡顶 339 栋 6.497 万平方米。新建凌源、社背污水处理设施，农村人居环境持续改善，获评 2022 年全县第三季度人居环境“奔牛奖”。开展畜禽养殖污染集中整治，断面水质得到提升，出境断面水质保持在Ⅱ类水平。打好松材线虫病疫木除治歼灭战，累计清理疫木达 1.1 万余吨。完成蕉

10 月，永丰镇市级示范镇建设　（永丰镇政府 供图）

溪村山杉石场、兴安石场矿山治理8.8公顷，关停境内洗砂场5家，完成耕地流出问题整改23公顷，镇域生态环境得到改善。

【示范镇建设】2022年，永丰镇加强示范镇建设，永丰公园、永丰社区便民服务中心、道路“白改黑”、镇文明实践所、农贸市场和圩镇主街防盗网整治等45个项目基本完工，省道连接线、社区服务中心、永丰公园等项目有序推进。争取以工代赈示范工程项目资金500万元，对永丰片区进行综合开发，完成河道疏浚1000米、新建水坝3座、水池2座、游步道200米、公路硬化400米，推进堤岸、堤内、堤外等建设，“一河两岸”整体布局初步形成，圩镇功能得到提升。

（张祖阳　曾丹丹）

兴江乡

【概况】兴江乡位于兴国县城东部，东与宁都县安福乡毗邻，南连梅窖镇，西接古龙岗镇，北与宁都县蔡江乡相邻。总面积1.56万公顷，耕地面积1325.27公顷，山地面积118平方千米。2022年，兴江乡辖11个行政村、3个居委会、156个村民小组，7750户2.86万人。全年财政收入1062.75万元。

【乡村振兴】2022年，兴江乡坚持“上下联动、部门协同、信息共享”工作机制，开展两不愁三保障问题摸排12次，开展防返贫集中排查2次，纳入“三类人员”13户67人，清退16户62人，风险消除10户42人。全乡76处疑似住房安全隐患全部整治到位。发放小额信贷198户951.87万元，“财农信贷通”8户200万元。发放各类教育资助金85.03万元，申报各类交通补助1707人79.47万元，落实“雨露计划”170人51万元，帮扶车间享受补贴5.9万元。

【产业发展】2022年，兴江乡早稻种植面积761.47公顷，薯类、豆类、玉米等其他粮食作物445.6公顷，油菜100公顷。按照“村村有产业、户户能增收”总体思路，持续巩固香芋、制种、烟叶、蜂蜜、关生酒等富民产业，接续发展粮油加工、光伏、脐橙分拣、果业等朝阳产业，粮油加工基地1个，光伏电站3个，甜柿脐橙基地1个。

【民生事业】2022年，兴江乡打造省三星级新时代文明实践站，建成清风广场、篮球场、老年活动场所。完善矿工和居民住房条件，建设保障房29套。争取统筹整合财政涉农资金1309万元，实施项目19个，完工项目13个，在建项目6个。“记住乡愁、小溪人家”示范点建设完工，陈也村示范点建设争取项目资金750万元。修建硬化道路7千米，新建桥梁3座、水圳水陂2座、河堤2000余米。

【社会治理】2022年，兴江乡落实安全生产责任制，推进安全生产专项整治行动，开展安全生产培训18次。推进“法治兴江”“平安兴江”建设，排查调处矛盾纠纷300余起，调解成功率96%，化解黄某、敖某历时六年的信访积案。段水村、墅田村、小溪村、塘背村被评为全县信访工作“三无”村。严守安全关口，开展农村自建房安全隐患排查整治工作，进一步规范房屋改建改装和合理使用，排查全乡自建房4248栋，发现隐患36处并全部整改到位。排查地质灾害隐患点28处，向群众发放地质灾害明白卡200余份；在主汛期乡村干部全员入户开展安全巡查和“挪床”行动，在危险水域安装警示标志牌14个，安放救生圈、救生杆50余个。

【人居环境整治】2022年，兴江乡完成圩镇破损路面维修7400平方米，新建排水沟和排污管1480米，老街拓宽改造，增加路面宽度3米，规划车位400余个，道路标线全部翻新，开展杂乱线缆整治，圩镇创建品质全面提升。确保圩日摊点有序摆放，车辆规范停放，杜绝占道经营、乱搭乱建、乱堆乱放等现象。彻底清除乱搭乱建、乱立乱挂、乱养乱放等，拆除违章建筑347处，面积5200平方米。

【矿山小镇建设】省属重点企业江西画眉坳钨业有限公司坐落在兴江乡陈也村境内。2022年，为摆脱陈也村资源枯竭困境，兴江乡践行新发展理念，坚持“传承画矿精神，推动转型发展”的工作主线，打造“钨金之恋，魅力陈也”示范点。

兴江乡陈也村全景　（兴江乡政府 供图）

推进“空心房”整治，拆除“空心房”74栋5257.16平方米。投入资金403万元，对进村主干道进行维修拓宽，开展水系治理2000余米，修建河岸游步道1100米，增设停车位20余个，建设保障房29套。利用中央财政扶持资金，建成150千瓦光伏电站1个。

（肖学铭　谢　徽）

樟木乡

【概况】樟木乡位于兴国县城东部，乡政府驻地樟木圩，距县城38千米，与于都县相邻，与江背、东村、兴莲、古龙岗、梅窖5个乡镇相接，319国道、449省道穿境而过。总面积76平方千米，耕地面积472.53公顷，林地面积5836.47公顷。2022年，樟木乡辖樟木村、源坑村、塘埠村、新城村、肖南村、牛岭村、螺形村7个行政村，96个村民小组，3858户1.58万人，全年财政收入1669万元。

【乡村振兴】2022年，樟木乡落实“一月一监测、一月一会商”机制，新纳入监测7户35人，帮扶风险消除7户32人；全年提供93个公益性岗位，发放产业直补708户次83.67万元，交通补贴1102人49.83万元，发放教育补助28.83万元，“雨露计划”241人次36.15万元。全乡划分为32个网格，常态化开展“月月比、季季评”并进行“红黑榜”公示，建立健全长效管护机制，实现环境整治常态化；稳步推进“厕所革命”，完成改厕211户。对国省道沿线“赤膊房”统一标准进行整治提升，整治“赤膊房”494栋19.33万平方米；对残垣断壁、“空心房”进行整治，修缮、拆除“空心房”143栋1.41万平方米。推进美丽河湖建设，严格落实河长制，严厉打击违法捕捞，关停禁养区养猪场3个、整改限养区和可养区养猪场7个，清退无排污处置设施牛蛙养殖户5户。

【产业发展】2022年，樟木乡引进兴国锦鸿玩具有限公司、赣州轩达服装有限公司、赣州大翥梦服装有限公司，总投资6.8亿元。做好江西穗禾年产200万吨生物有机肥项目安商工作。紧盯“黄元米果”产业发展，争资建成提升仓储冷库2个、黄元米果生产车间1个，用好“网红”宣传、直播带货等网络方式，助力樟木黄元米果销路多元化，进一步做强做响“黄元米果”特色品牌。完成蔬菜大棚经营主体变更，引进西蓝花和制种产业，全乡产业发展蓬勃向好。

【民生事业】2022年，樟木乡落实项目14个资金934万元，完成樟木桥、樟木中学桥危桥拆除重建，拓宽樟木乡卫生院至樟木中学路段，完成圩镇路面“白改黑”、农贸市场改造。主动对接，争资争项，完成S449圩镇段改线项目和新敬老院建设项目立项，并收录县重点项目清单。协调沟通，促成开通“农村校园定制公交专线”。落实低保301户624人，分散特困供养人员25人，集中供养人员10人，发放救助金7.09万元惠及216人。开展残疾人无障碍改造，为16户残疾家庭提供生活便利，落实残疾人补贴280人31.52万元，为7名残疾儿童落实“送教上门”，抓实抓细弱势群体政策。依托文明实践站、居家养老服务中心开展文娱、助餐活动100余次，丰富老年人生活。落实分散特困供养人员第三方照料护理，实现一月一走访确保分散供养人员安心养老。

【社会治理】2022年，樟木乡强化反电诈宣传，组织动员

5305 人下载和使用“国家反诈中心”App，逐人逐户上门宣传反电诈知识，构筑起坚实的反电诈屏障。成立 35 支摩托车队伍，常态化进行森林防火巡逻。联合校园多渠道做好防溺水工作，在隐患点设置安全标识牌、放置救助杆、安装摄像头等，全年实现重大安全事故零发生。处理矛盾纠纷 260 余起，获评 2022 年全县信访工作“三无”乡镇，肖南、新城、塘埠、源坑 4 个行政村获评全县信访工作“三无”村。

【示范村建设】2022 年，樟木乡依托村情特色，实施“甜美螺形”示范村建设，打造蔬果采摘园、黄元米果生态体验园、烟叶产业园，开发大棚管护、果蔬采摘、烟叶烘烤等岗位，实现 230 余人次家门口就业，建设丰收广场、运动健身广场、清风竹林以及甜蜜驿站，进一步丰富群众精神文化生活，引导文明乡风。

（钟文淋　黄奕强）

东村乡

【概况】东村乡位于兴国县东部山区，是兴国长冈水库库淹区，东邻樟木乡，南毗江背镇，西连鼎龙乡，北界兴莲乡。乡政府驻地春江村，距县城 31 千米。总面积 85 平方千米，有林地 633.33 公顷，耕地面积 545.87 公顷，其中水田 509.33 公顷，旱地 36.53 公顷。2022 年，东村乡辖 7 个行政村、110 个村民小组。全乡有 4479 户 2.07 万人，其中农业户 3855 户，农业人口 2.02 万人。全年财政收入 1733.21 万元。

【乡村振兴】2022 年，东村乡按照摘帽不摘责任、摘帽不摘政策、摘帽不摘帮扶、摘帽不摘监管的“四不摘”要求，推进稳固拓展脱贫攻坚成果同乡村振兴有效衔接。全乡建档立卡脱贫户和监测对象 884 户 3943 人，其中一般脱贫户 823 户 3658 人，监测对象 61 户 285 人，消除风险的监测对象 29 户 142 人，未消除风险的监测对象 32 户 143 人，脱贫人口和监测对象人均收入达 1.65 万元，增长 12.39%。全乡 3 处集中供水工程，覆盖 6 个村，安装 1307 户 8415 人，其中脱贫户和监测对象 102 户 521 人。建立农村低收入人口常态化帮扶机制，全乡低保家庭 445 户，享受低保补助人数 994 人，每月发放低保金 40.08 万元。全面落实重度失能残疾人照护和托养工作，发放残疾人“两项补贴”342 户，每月 3.86 万元，为 12 名重度失能残疾对象发放居家照料补助每月 7200 元；事实无人抚养孤儿 7 人，生活补贴每月 1200 元 / 人。2022 年度全乡脱贫户和监测对象全部缴纳城乡居民医疗保险，其中政府代缴 955 人，自行缴费 2988 人，参保率 100%。落实家庭经济困难学生生活补助 29.39 万元，其中幼儿园学生 62 人 4.58 万元，小学学生 253 人 8.53 万元，初中学生 215 人 16.24 万元，为因身体原因无法上学的 13 名学生安排老师送教上门，小学送教上门学生 7 名，东村中学送教上门学生 6 名。

【产业发展】2022 年，东村乡实施 2 个农业产业项目，分别是小洞村 4 公顷中药材基地、澄江村 20 公顷茶叶基地提升项目，合计资金 70 万元，增加村集体收益 5.6 万元。至年底，全乡脱贫攻坚农业产业项目 25 个，总投资 900 余万元，增加村集体收益 50 余万元，有效壮大全乡村集体经济收入。

【民生事业】2022 年，东村乡投入 60 余万元用于各类应急抢险救援，东坪村、春江村和坝子村等滑坡塌方点应急建设高效完工。开展社会救助动态管理工作，实施临时救助 134 人次 15.55 万元；做好 453 户低保户动态管理，及时核销不符合条件或死亡低保对象 46 人。应对旱情，安排消防车输送水 30 余次，购置抽水机 2 台，打井 8 口，解决群众饮水难问题。落实安全生产责任制，组织开展 26 次大规模安全生产检查，遏制道路交通、建筑施工、消防、燃气、特种设备、食品药品等各类安全事故发生。

【社会治理】2022 年，东村乡实行社会治理“网格化”模式，合理划分网格 35 个，实现力量在网格聚合、问题在网格解决。开展“反电诈”行动、森林防火、防溺水、双提升等各类政策宣讲 600 余次、志愿服务 360 余次、调处纠纷 110 余件，群众安全感、获得感、满意度持续提升。

东村乡油茶基地　（东村乡政府 供图）

禁毒工作考核名列全县第2，获全县“信访工作进步奖”；齐心村、东坪村、小洞村获评全县信访工作“三无”村。

【人居环境整治】2022年，东村乡持续保持整治“两违”（违法用地、违法建设）建筑高压态势，开展土地建房执法巡查，制止“两违”行为22起。开展卫星图斑执法整改工作，及时完成整改图斑26个。严格落实“林长制”“河长制”要求，全乡巡河率100%。

【废弃矿山生态修复】2022年，东村乡小洞村废弃矿山生态修复试点项目修复总面积35.81公顷，工程投资约4600万元，分六个片区实施，运用“地质环境治理+工矿废弃地复垦+土地开发+山水林田草”综合性治理理念。2022年，通过给山顶戴上“绿帽子”，山上采取削坡放阶减载、客运土壤、挂网覆毯、铺设生态截排水沟等工程措施，解决山体滑坡、泥石滚落等地质灾害安全问题，再通过乔灌混交、喷播混合草籽等生物措施和喷洒土壤改良剂的方法，加速植被恢复；给山腰围上“绿带子”，采取分级护坡，种植植被和防护林，加速生态系统的稳定和良性发展，通过地形整治、客运耕作土，修建水利设施等工程措施改善耕作环境，改良土壤种植作物，在山腰田间打造一条具有生态功能的“绿腰带”，确保各项工程措施能够长久发挥功能作用；给山下铺上“绿毯子”，结合地形地貌，就地取材，因地制宜开展河道治理、农田整治和道路修缮，改善群众最关心的通路、通水、水土保持等生产生活问题，大量种植绿色植物和作物，给裸土地盖上“绿毯子”还原绿水青山，变“生态伤疤”为“阡陌良田”。实施地形整治工程、农田水利工程、道路系统工程、生态防护工程、护岸工程、监测与管护等综合治理工程，做到“山上山下同治，流域上下游同治”，实现生态功能恢复和人居环境改善的治理目标。项目区消除地质灾害隐患点6处，治理水土流失面积80公顷，恢复生态功能区面积53.33公顷，林草覆盖率90%，成活率95%以上，水土流失得到有效治理，地质灾害得到有效控制，2022年直接经济效益达500万元。

（吴　海　贺松涛）

兴莲乡

【概况】兴莲乡位于兴国县东北部，距县城42千米，东与古龙岗镇、樟木乡毗邻，南连东村乡，西接鼎龙乡、城岗乡，北与良村镇相邻，泉南高速石吉段穿境而过。总面积104平方千米，耕地面积926.67公顷、山林面积8600公顷。2022年，兴莲乡辖8个村、126个村民小组，全乡5567户2.33万人。全年财政收入2343.44万元。

【乡村振兴】2022年，兴莲乡新纳入监测对象35户133人，风险消除7户33人，清退、回退16户55人。支持脱贫户及“监测对象”因地制宜发展产业，“农业产业振兴信贷通”发放贷款161笔772.95万元，完成新增贷款任务64笔317万元。建立巩固拓展脱贫攻坚成果同乡村振兴有效衔接项目库，全年入库项目58个，涉及资金2183.45万元。实施产业发展、道路交通、水利设施等项目20个，投入资金560.58万余元，其中官田、睦田、下埠等“十四五”省级重点帮扶村投入资金402.88万余元，占比71.87%。加强扶贫项目资产管理和监督，明确管理责任，分类落实管理责任人，持续壮大村集体经营性收入，2022 年村均经营性收入达 37.86 万元。全年拆除“空心房”392 栋 4.35 万平方米，整治率排名全县第 1。推进农村宅基地改革试点工作，完成农民建房审批 14 栋，对违法建房“零容忍”，拆除违法建房 2 处，制止 22 起，整改问题厕所 122 户。敬老院改扩建工程完成改扩建建筑面积 1100 平方米，新增床位 27 张。

【民生事业】 2022 年，兴莲乡完成城乡居民养老保险、居民医疗保险征缴任务，全乡脱贫及监测人员医保参保率达 100%，一般农户参保率 98%。关爱特殊人群，落实残疾人“两项补贴”（困难残疾人生活补贴和重度残疾人护理补贴）39 万余元。乡中心小学综合教学楼竣工并投入使用，中学教学楼和教师周转房完成主体工程建设。

【社会治理】 2022 年，兴莲乡未发生一例赴省及以上信访案件，比上年下降 20%，获评兴国县 2022 年度信访工作“三无”乡镇，下埠村、立新村获评兴国县信访工作“三无”村。推广安装使用“国家反诈中心”App，防范打击网络电信诈骗，在全乡范围内开展打击整治养老诈骗专项行动。

【人居环境整治】 2022 年，兴莲乡推进忠山废弃矿山修复项目，完成总工程量的 90%。推深做实“河长制”“林长制”，整治偷挖盗采河砂、木材等自然资源行为，查处非法盗采案件 6 起。做好松材线虫病疫木除治工作，组织松材线虫病疫木除治队伍 5 支 30 人常态化开展工作，聘用旁站式监管员 8 人。推进畜禽养殖污染整治“百日攻坚”专项行动，关停禁养区畜禽养殖场 2 户、搬迁 1 户，指导督促限养区和可养区养殖场完善环保设施 17 户。

【G72 泉南高速官田互通项目建设】 官田互通项目于 2022 年 6 月 20 日开工，完成土地征收 23.73 公顷，房屋征收 3 栋，进展有序，获评县委、县政府第二季度征地拆迁工作“奔牛奖”。项目路线全长 2.65 千米，其中 G72 泉南高速上改造路段长 0.92 千米，设 5 个匝道，匝道全长 1.51 千米，连接线长 0.21 千米。建 69 米桥梁 1 座，设收费站 1 处、管理房 1 幢。建设标准为公路一级，设计洪水频率 1/100，沥青混凝土路面。高速上改造路基宽 24.5 米，设计速度每小时 80 千米。互通形式为 A 型单喇叭；匝道设计速度为每小时 40 千米。A 匝道路基宽度 16.5 米，其余匝道路基宽度 9 米，收费广场段路基宽度 42.2 米。项目合同总价为 1.49 亿元，计划总工期 18 个月。

【官田兵工特色小镇建设】 2022 年，中国官田兵器博物馆主体完工。官田中央兵工厂旧址先后入选全国首批“大思政课”实践教学基地、首批 100 个中央企业爱国主义教育基地、中国工业遗产保护名录（第一批）以及全市第一批红色教育培训基地，获评“省级工业遗产旅游基地”。官田村省级红色名村通过上级验收，建成官田村史馆。

（张地长 邱祖贵）

兴莲乡官田村兵工文化广场 （兴莲乡政府 供图）

杰村乡

【概况】 杰村乡位于兴国县城东南部，距县城 23 千米，东与于都县马安乡毗邻，南连社富乡，西接埠头乡，北与江背镇相邻。2022 年，杰村乡辖 9 个村，总人口 2.10 万人。总面积 112 平方千米，耕地 1066.67 公顷，山地 1 万公顷。全年财政收入 3811.64 万元。

【乡村振兴】 2022 年，杰村乡成立乡村两级防返贫动态监测工作体系，全年收集预警信息 169 条，精准研判 12 户纳入监测帮扶。引导脱贫户及“三类人员”发展养殖、种植产业，全年为 890 户对象发放产业奖补资金 137.167 万元。抓实稳岗就业，开展 2 期家政服务培训班，83 人参加培训，为 1368 人发放交通补贴 62.46 万元，脱贫户就业率达 91.8%。全面落实易地搬迁点“点长”责任制，流转 1.33 公顷田地建设“微田园”，搬迁群众幸福感、获得感进一步增强。制定“一村一策”，建成产业帮扶基地 26 个，村级集体经济村均收入达 36 万元。2022 年，白石村驻村帮扶举措和搬迁安置点“点长制”“微田园”经验做法先后在《人民日报》《江西日报》刊发推广，和平乌皮山乡村振兴示范点在“三比三看”流动现场会中获兴国县第 7 名，含田村获评第七批“江西省民主法治示范村（社区）”，曾田村被评为“江西省森林乡村”。

【产业发展】 2022 年，杰村乡落实招商引资“一把手”工程，全年外出招商 9 次，与深圳汉和能源科技有限公司签订框架协议，引入弘德智信科创有限公司计划投资 2 亿元用于建设工业机器人及智能设备显示屏，引进维晟电子科技有限公司开办就业帮扶车间，吸纳劳动力 30 余人。有序推进全乡 27 个巩固脱贫攻坚成果项目，完工率 100%，实现项目投资 1093.9 万元。持续深化“非粮化”整治，种植粮食 1535.13 公顷，粮食总产量达 9210 吨。发展蔬菜产业 36.67 公顷，提升含田、韶溪 2 个百亩大棚蔬菜基地示范效益。投入 1666 万元建设含田和平乡村旅游点，完成旅游景区功能布局，以田园文旅为载体，打造融合生态休闲、亲子游乐、研学培训等内容于一体的和平乌皮山新型田园综合体。

【民生事业】 2022 年，杰村乡发放救助金 9.5 万元惠及 46 户 206 人，为 389 户低保户发放低保金 394.8 万元，为 64 名分散特困供养人员发放“五保”金 60.6 万元，为 7 名残疾人农家书屋管理员发放岗位补贴 2.5 万元，为 470 位 80 岁以上高龄老人发放高龄补贴 70.8 万元，切实落实应保尽保、应兜尽兜。完成含田村公路车道“单改双”建设。争取各类基础设施建设项目 8 个 121 万元，完成杰村桥路面修复及围栏加固等一系列基础设施。成立杰村乡捐资助学促进会，通过理事会发动乡贤、企业及爱心人士捐资 170 余万元，举办捐资助学促进会成立大会及奖学金颁发活动，向 85 名优秀学子及教师发放奖金 19.78 万元，完成乡残联换届选举工作，残疾人事业得到进一步发展。

【社会治理】 2022 年，杰村乡加强矛盾纠纷排查调解，全年完成重大决策社会稳定风险评估项目 3 个，受理信访问题 30 件，曾田村、里丰村等 5 个村被评为 2022 年度全县信访工作“三无”村；深入推进安全生产专项整治三年行动、“打非治违”专项行动，对“九小”场所、道路交通等重点场所、重点行业开展隐患排查 50 余次，及时整治安全隐患 10 余处，含田村获评第七批“江西省民主法治示范村（社区）”。

【人居环境整治】 2022 年，杰村乡持续整治乡村人居环境，以点带面、整体推进农村人居环境整治工作，纵深推进“厕所革命”，全乡摸排问题户厕 4972 户，整改 523 户；扮靓村庄面貌，完成国省道沿线“赤膊房”外立面墙整治 578 栋 29.9 万平方米，拆除、修缮“空心房”293 栋 2.6 万平方米。巩固提升新时代文明实践站建设，投入 20 万元建成杰村乡新时代文明实践所，新增白石村实践站获全市三星级站。开展畜禽养殖污染防治百日攻坚，打击非法排污等危害水源安全行为 5 起。推进土地复垦和整改工作，完成流出耕地整改 13.61 公顷。生态环境持续向好，曾田村被评为“江西省森林乡村”。抓松材线虫病治理，全年除治疫木 1.5 万吨，49 个图斑点全部通过省级考核验收。森林防火、秸秆禁烧全面管控，全年未发生火灾火情。全面推行“河长制”，实现河湖管理保护责任全覆盖。加强水资源保护，开展禁捕联合执法 20 余次，严厉打击河湖违法捕捞等行为，劝离垂钓 100 余人。

杰村乡含田村示范点　（杰村乡政府 供图）

【含田村示范点建设】2022年，杰村乡重点围绕“三个目标”对含田村示范点改造提升，初步形成“党建+产业+旅游”新格局。以乡村旅游为引擎，树精品意识，推动含田村在赣州“出圈”。聘请具有乡村旅游开发类经验的队伍进行高起点规划设计，科学划分乡村旅游功能区域，重点打造涵盖村部、民宿的含田旅游一千米景观，对原有路段景观提升，精细至“盆景”级别，满足群众对乡村旅游景致的期盼。新开发大江村樟树林环步道，以环形步道为辐射，村庄环境不断提升，串联水文景观、水果采摘、餐饮民宿、亲子乐园、观荷长廊、蔬菜基地等景区项目，塑造赏、购、娱、食、宿“一条龙”的乡村旅游业态，不断辐射带动周边村产业、旅游发展。

（方裕灵　温　文）

社富乡

【概况】社富乡地处兴国县正南部，东与于都县仙下乡毗邻，南连于都县岭背乡、贡江镇，西接赣县三溪乡、兴国龙口镇；北与兴国埠头乡、杰村乡相邻镇。总面积171平方千米，其中耕地面积1640公顷，山地面积1.11万公顷。2022年，社富乡辖15个村，总人口4.75万人，财政收入1692.44万元。

【乡村振兴】2022年，社富乡紧盯“一收入两不愁三保障”，开展“三业”巩固、政策享受、住房保障、饮水安全等4大提升行动。严格落实“四个不摘”要求，坚持“每月监测会商、每月信息比对、每月研判处置”工作机制，新识别未消除风险监测对象66户254人。做足提升巩固，实施项目22个1491.5万元，安排防返贫补短板资金45.57万元；重视稳岗就业，发放交通补贴3124人145.54万元，新增贫困劳动力就业250人；鼓励脱贫户发展产业增收致富，发放产业信贷通246户1472万元，申报产业奖补1225户207.98万元；做实教育帮扶，落实学前幼儿补助141人，义务教育寄宿生补助378人、非寄宿生补助394人，申报“雨露计划”269人37.95万元；全力保障住房安全，房屋安全排查率100%。

【产业发展】2022年，社富乡强力推进稠村、五龙高标准农田整村建设，确保粮食扩面增产。坚持抓早抓细抓实，从集中育秧、大户培育、抛荒撂荒治理等环节入手，发展种植大户49户485.27公顷，全面完成早稻种植任务。推广九山生姜品牌，打造“九姜源”深加工基地，推出醋泡姜、甘姜片、姜糖膏等延伸产品，提升九山生姜产品附加值。桂江黄桃、桂江桑蚕、社富香瓜等特色产业基本形成，初步构建“一村一品”产业发展格局。

【民生事业】2022年，社富乡立足康养结合、健全社会化养老服务体系，争资650万元建设敬老院二期工程，实现“老有所养、老有所乐”。投入资金3000余万元持续创建美丽圩镇，建设九龙大道、富兴街、精品街和沿河游步道等民生项目；拆除小街小巷乱搭乱建45处2355平方米，规范店外经营36处，整治凌乱线路2250米，新规划停车位510个，圩镇拥堵乱象得到有效缓解。落实饮水安全管护，整体推进城乡供水一体化，让越来越多的社富人民实现自来水和自流水（山泉水、井水）双向覆盖，饮水安全双保险。注重农村污水治理，投入3500万元建设五龙、桂江、东韶、稠村等5个村污水处理设施，实现污水集中收集、高效治理。落实低保动态管理与特困供养，纳入最低生活保障1482人、发放低保金679.1万元；全乡特困供养176人，发放特困人员生活保障金168.3万元。切实做好双拥工作，发放抚恤补助398人326万元。推崇尊师重教，筹集第一批希望之星捐资助学资金118万元，召开第一届希望之星捐资助学表彰大会，发放优秀教师、优秀学子奖励金35万余元。

【社会治理】2022年，社富乡深入实施“反电诈”、养老诈骗专项行动，常态化推进扫黑除恶斗争和反邪教警示教育工作。开展各领域安全隐患排查整治，安全生产专项检查13次；做好自建房安全隐患整治行动，实行边查边改、立行立改，切实保障农户住房安全。全面排查防范地质灾害隐患，技术核销地质灾害隐患点57处，安全生产总体形势持续稳定。全面落实便民服务“四个一”，开发“社富码上办”系统并投入使用。继续高效办理“问政江西”“问政赣州”“12345”市民热线等平台群众反映问题，着重解决群众身边的急难事、麻烦事、烦心事。严格落实“林长制”“河长制”巡查制度，高效推进松材线虫疫木除治，接受省级第三方评估。

【人居环境整治】2022年，社富乡实施农村人居环境整治行动，全面落实网格责任制，每月开展卫生评比和流动现场会，以“红黑榜”公示正反面激励引导，不断提升人居环境整治工作水平。深入推进“厕所革命”，组织乡村干部、志愿者对全乡1.2万户户厕进行全覆盖摸排，针对问题建立台账、实行销号整改。向上争资4000余万元，提前启动鹭溪至五龙示范带建设项目，对沿线2000余栋46万平方米“赤膊房”进行外立面墙整治，并规划建设6个精品示范点。按照“存量即是任务”原则，对破旧土坯房进行集中攻坚，全年拆除“空心房”1100余栋，拆除面积近10万平方米。

【东韶古村乡村旅游示范点建设】东韶以古村闻名，取日出东方、韶光焕发之意。东韶古村始建于南宋，由北宋著名水利专家刘彝的第七世孙刘文达在南宋初年开基，至今仍完整保存26栋、占地面积2000多平方米的古建筑群，是兴国县明清赣派古建筑群保留最完整的古村落，入选第五批中国传统村落名录和江西省第一批省级传统村落名单。2022年社富乡围绕东韶传统村落保护，争取资金500多万元，整合各方力量，按照修旧如旧的原则，围绕古寨墙内部进行打造，重点修复6栋明清时期的古建筑，并对东韶古村历史文化、名人逸事进行挖掘，提升其独有的文化内涵，举办书法比赛、写生摄影大赛等，打造集“古村学史、红色陶冶、生态游览、农耕体验”于一体的乡村旅游示范点。

（刘立志　陈异青）

埠头乡

【概况】埠头乡位于兴国县城南郊的平江河畔，东邻潋江镇、经济开发区，南连社富乡、杰村乡，西界龙口镇、永丰镇，北靠高兴镇，属丘陵地带，气候温湿宜人。2022年，埠头乡辖14个行政村、215个村民小组，1.29万户农户4.58万人。总面积92平方千米，农业用地面积5660公顷，其中耕地1586.67公顷、林地4073.33公顷。龙砂村、桐溪村先后入

社富乡东韶古村乡村旅游示范点　（社富乡政府 供图）

选“江西省十大秀美乡村”，2022年玉口村、龙砂村获评“省级森林乡村”。全年财政收入1544.73万元。

【乡村振兴】2022年，埠头乡统筹财政资金1484.49万元，建设民生项目22个，投入265万元实施旺口、蕉田、枫林等村饮水工程管网延伸项目；持续巩固拓展脱贫攻坚成果与乡村振兴有效衔接，发放产业直补1357户次171.52万元、交通补贴1788人81.89万元、教育资助2412人次164.65万元，落实“雨露计划”资助170人25.5万元，为脱贫户及监测对象代缴医保1504人48.1万元。推进抓党建促乡村振兴行动，垓上村、枫林村被评为“省级乡村振兴模范党组织”；推进“感恩埠头、书香埠头、美丽埠头”工程，垓上村复评保留“国家级文明村镇”，龙砂村文明实践站被评为“赣州市五星级站”。

【产业发展】2022年，埠头乡持续落实最严格的耕地保护制度，完成玉口、旺口、垓上高标准农田建设162.6公顷，新增耕地15.47公顷；狠抓粮食扩面增产，完成早稻播种1058.6公顷、中稻播种236.6公顷、晚稻播种1443.53公顷，种植其他粮食作物592.53公顷。推行“双季稻+油菜”轮作模式，油菜种植面积达203.33公顷，打造枫林、垓上花海吸引大量游客赏花打卡。围绕“一乡一业、一村一品”农业产业发展格局，建设蔬菜、果业、苗木、肉牛、中药材等产业基地31个，带动农户增收3632户，实现村集体经济收入56.5万元。依托全县富硒芦笋产业核心区建设，持续推进农产品深加工和数字化转型，全省蔬菜（芦笋）产业技术交流观摩会在埠头乡召开，垓上村富硒芦笋基地获评赣州市富硒产业示范基地和粤港澳大湾区“菜篮子”生产基地，被列入“省级农业强镇项目”，“富硒芦笋”品牌唱响赣南大地。打造埠头“一日游”精品线路，推进乡村休闲旅游建设，旅游品牌显著提升，龙砂村获评全省“宜居乡村”。

【民生事业】2022年，埠头乡落实低保动态管理与特困供养政策，纳入最低生活保障809户2002人、特困供养86人，发放低保金846.46万元、特困人员生活保障金104.34万元，享受抚恤补助优抚对象480人，发放补助267万元。精准落实城乡医疗救助政策，发放临时救助258户31.63万元，开展60周岁以上老人养老保险生存认证5283人。建设11个村级居家养老服务中心点，开展助残、助老、未成年人保护等社会服务2000余人次，埠头乡社会工作服务站被省民政厅评为全省“六化”（从业资格化、运行信息化、服务精准化、管理精细化、设施一体化、装备标准化）乡镇社会工作服务站。持续落实精神障碍患者有奖监护政策，发放有奖监护资金11.94万元，送治精神障碍患者31人。

【社会治理】2022年，埠头乡召开210余场次“屋场会”宣传反电信诈骗知识，增强群众防范意识。开展重大节日、重要节点安全生产检查活动，重点检查辖区企业、加油站、非煤矿山等安全隐患点，开展各项检查60余次，整改问题197个。做好自建房安全隐患整治行动，完成全乡房屋排查1.8万栋，排查经营性自建房安全隐患4栋，非经营性自建房20栋。排查防范地质灾害隐患，技术核销地质灾害隐患点35处，组织申报2023年地质灾害治理二期工程。推进道路安全隐患排查，排查整治13处安全隐患点，加装安全防护栏2300米。

【人居环境整治】2022年，埠头乡常态化开展人居环境整治卫生评比，实施“网格化”及“万村码上通”等长效管护机制，整治占道经营、违章搭建等现象。推进农村房屋整治，整治干道沿线“赤膊房”440栋22.21万平方米，改造提升高铁沿线房屋坡顶176栋3.47万平方米，安装斜栏板392栋2.62万米，拆除“空心房”201栋2.42万平方米，拆除铁皮棚47处3560平方米，改造菜地围栏4200米，整治拆除“两违建筑”29处261平方米，打击遏制违法用地、违法建设行为，干道沿线及村庄人居环境颜值品质实现双提升；全市农村人居环境整治现场会在龙砂村召开。投入资金650万元，规划建设圩镇体育健身广场、小游园、停车场、人行道等公共设施，圩镇功能配套设施不断完善。常态化开展禁燃、禁捕、非法采砂工作宣传、巡逻执法，持续开展“蓝天碧水净土”行动。

【城乡一体化进程加快】2022年，埠头乡保障装配式建筑产业园、木工机械园、加大集团100万头生猪屠宰深加工、赣闽陆港等工业项目、城市建筑垃圾填埋场、瑞兴于快速通道、兴国中学道路扩延等基础设施项目开工。实施征地46公顷，完成房屋和土地征收工作。持续推行“互联网+政务服务”，提供帮办代办服务，简化办事流程，实现线上线下一体化办理。帮助企业协调解决实际困难60余件，“惠企通”平台和申领电子印章，注册完成率100%。

（梁志琛　何香平）

隆坪乡

【概况】隆坪乡位于兴国县境西北部，东与高兴镇接壤，南与永丰镇相连，西与均村乡毗邻，北与茶园乡相接。2022年，隆坪乡辖8个村、91个村民小组。总户数3656户，总人口1.45万人。总面积55.77平方千米，耕地面积704.07公顷、山地面积4314.35公顷。全年财政总收入2660.31万元。

【乡村振兴】2022年，隆坪乡深入开展“春风入户”、集中帮扶月行动，抓好防返贫致贫动态监测帮扶，做到“应纳尽纳”、精准帮扶，20户87人通过帮扶消除风险。落实产业政策，发放产业直补565户60.1万元，教育资助1158人81.4万元。脱贫人口2971人全面参保，实现贫困劳动力就业1553人，发放交通补贴915人40.7万元。

【产业发展】2022年，隆坪乡完成1184.87公顷粮食生产任务，开展耕地“非粮化”“非农化”整治，完成10.8公顷土地复耕。新发展脐橙产业基地13.33公顷、烟叶种植6.67公顷，27个产业扶贫基地实现资产盘活，兰溪油茶展销一体中心建成运营，形成油茶产业链，村均集体经济经营性收入达到36.8万元，比上年增长3.7%。大力招商引资，对接大湾区，外出考察12批次，成功签约项目2个，总投资近3亿元。

【民生事业】2022年，隆坪乡城乡居民社会养老保险参保5988人，领取养老保险2006人，基本医疗保险参保12330人，参保率分别达到78%、95%。持续加大低收入人群保障，实施低保救助241户621人、特困供养38人，临时救助111人次。

【社会治理】2022年，隆坪乡实施“反电诈”、养老诈骗专项行动，推进扫黑除恶专项斗争和反邪教警示教育工作，全年电信诈骗“零案发”。推出矛盾纠纷化解机制，成功调解矛盾纠纷90件，有效化解信访积案2起，获评中共二十大期间信访先进乡镇和第三季度信访工作“奔牛奖”，吾立村、牛迳村、咸潭村、龙下村4个村被评为全县信访工作“三无”村。开展安全生产专项检查30次，下达整改通知书10份。加强非煤矿山、交通安全、地质灾害等重点领域监管，做好中萤矿业采空区塌陷处置工作。持续防汛抗旱、森林防火、防灾减灾等工作。整合村组干部、“五老”等基层力量，组建移风易俗“好理事”，老人住老房整治、殡葬改革深入，开展各类文明实践志愿服务活动190余次，兰溪村文明实践站被评为全市五星级实践站。

【人居环境整治】2022年，隆坪乡全面落实网格责任制，每月开展环境卫生评比。拆除违章搭建20余处，清理建筑余料30余处，规范占道经营摊点15处。推进农村房屋整治，“赤膊房”提升改造82户2.93万余平方米，拆除“空心房”164户2.04余万平方米，整治拆除“两违”建筑20处，落实“林长制”“河长制”，巡河巡林工作实现常态化。推进松材线虫疫木除治，完成疫木除治600余吨、重点图斑整治71个，进行畜禽养殖污染整治，拆除禁停污染养殖户7户，实施限养区域改造养殖户9户，组织开展隆坪河清淤疏浚。农村污水处理设施实现8个村全覆盖。基本完成农村“厕所革命”。

【基础设施建设】2022年，隆坪乡启动农村宅基地改革工作，列为全县唯一试点乡镇。高质量建设隆坪村乡村振兴示范点。隆坪至上龙绿化工程、隆坪一桥、兰溪村通双车道改造项目、隆坪至龙下村道路拓宽、鳌源水库除险加固顺利完工，打通龙下村、兰溪村、吾立村、牛迳村等“断头路”4.87千米，实施水圳、水陂项目4个，投入262.93万元，实施地灾治理项目点48个，提升防灾减灾能力，隆坪村获评2022年度“全省综合减灾示范村”。

（万 远 王海军）

均村乡

【概况】 均村乡位于兴国县西部山区，距离县城28千米，东连隆坪乡，南接永丰镇，西界万安县，北靠茶园乡与泰和县交界，素有“一脚踏三县”之称。2022年，均村乡辖19个村、1个社区、304个村民小组，总户数1.07万户、总人口4.8万人。总面积193平方千米，其中耕地面积1164公顷、山地面积13698公顷。全年财政收入1677.78万元。

【乡村振兴】 2022年，均村乡全面巩固拓展脱贫攻坚成果同乡村振兴有效衔接，加强低收入人群动态监测，确保不发生返贫致贫风险。组织小型招聘会6次，为工业园送工298人，开发公益性岗位322个，组织35人开展中式面点培训，申报两批交通补贴2558人119.8万元。推动森林“四化”（绿化、美化、彩化、珍贵化）建设和低质低效林改造1467.4公顷、油茶低改800.4公顷，种植茯苓40公顷、阔叶林0.8公顷。集中开展畜禽养殖污染整治，投放11万尾鱼苗。开展G356上达至石门段“微整改”，打造均村网红路。

【产业发展】 2022年，均村乡围绕“特色＋品牌＋规模＋多元”发展模式，依托优美的自然环境、丰富的林业资源、优质的种植环境，打造“稻香田园”“花香果园”“养殖庄园”三大优势产业基地，驱动脐橙、油茶、水稻、甜柿、杨梅、葡萄、生猪等产业全面开花，打造甜柿基地30.02公顷、脐橙园1200.6公顷、油茶林6670公顷、烟叶基地60.03公顷，实现村村有产业、户户有收入。

【民生事业】 2022年，均村乡落实民生政策，实施低保救助917户2024人、特困供养169人，发放残疾人“两项补贴”755人、高龄补贴973人，临时救助24.8万元、自然灾害救助24.68万元，发放退役军人补助13.2万元，新农合、新农保参保率达90%以上。开展模范孝老敬亲家庭、优秀教师、优秀医护工作者等模范表彰活动。筹备捐资助学促进会，接收捐款10余万元，考取北京大学的1名学子享受助学金。各村文明实践站全年开展活动1020场，解决群众“微心愿”402个。均村乡泮溪村文明实践所获评市四星级站，均村村、高溪村实践站获评市三星级站。完善民生基础设施，全乡共有中小学校34所，在校学生6858人，其中初中1所、完小16个、村小1所，一师一校教学点16所；拥有乡级卫生院1所；通信信号覆盖率达95%，村村通广播电视、村村通程控电话；完成G356均村至五里隘段老路修复。

【社会治理】 2022年，均村乡开展“我为群众办实事”活动，解决一大批群众关心的热点难点问题。班子成员联村包组，联系指导重点工作、重点项目、信访化解、乡村振兴、巩固脱贫攻坚成果等，畅通干群沟通渠道，实行书记“码”上办、党员“码”上学、万村“码”上通的网络平台，将“组织所做”和“群众所需”无缝对接，坚持推行党员十带头积分、村干

隆坪乡兰溪村新时代文明实践站 （隆坪乡政府 供图）

部百分制管理、村“两委”千分制考核等3个制度，对党员干部实行考核管理，落实志愿主动作为、积分换钱换物、模范表彰表扬3项激励活动。整合党员、环境整治、文明实践等志愿队伍，开展环境卫生整治、法治宣传、结对帮扶、扶贫济困等活动。做到来访必接、来信必复，全乡信访量大幅下降，提升乡村治理效能。

【人居环境整治】 2022年，均村乡投资1000余万元对G356沿线进行提质改造，重点对国道沿线“赤膊房”“空心房”“小矮房”“超高超大房”“两违房”等进行集中整治，整治房屋近800栋。均村乡获得自主创建水生态文明、森林乡村、文明村镇等3项工作省级先进。按照“1—10”（打造“一河两岸”风景线、新建“三站四场”服务区、构建“五纵六横”新格局、整治“乱七八遭”外立面、绘就“九光十色”美画卷）工作思路，推进“魅力圩镇建设”工程，实现“干部十分卖力、群众十分满意、效果十分明显”。共拆除不安全“空心房”1054栋，修缮770栋；打造长竹村、三坑村“厕所革命”示范点；持续开展整治乱停乱放、乱搭乱建等行为以及清理“线乱拉”“牛皮癣”顽疾。

（刘　杰　温存燕）

茶园乡

【概况】 茶园乡位于兴国县西北山区。东与高兴镇毗邻，南和隆坪乡相连，西接均村乡，北界泰和县，距县城36千米。2022年，茶园乡辖12个村、124个村小组，总户数5034户，总人口2.17万人。总面积120平方千米，耕地面积686.67公顷、山地面积9338公顷。森林覆盖率为80%，盛产杉木、油茶、茶叶、毛竹等林木产品。全年财政总收入3417.31万元。

【乡村振兴】 2022年，茶园乡落实返贫预警机制，对纳入监测的对象因户施策，对有劳动能力的坚持开发式帮扶，脱贫户及监测对象1337户6027人，其中监测对象109户441人，消除风险80户345人。投资250万元打造全坑村乡村振兴示范点、茶园乡新时代文明实践所、茶园乡乡贤馆、茶园乡勤廉馆等文化阵地，组织200余名新时代文明实践志愿者开展人居环境整治、亲情连线、关爱老人、童心港湾等各类志愿活动600余次。利用茶园宣传微信公众号平台，发布推送文章135篇，营造文明和谐的浓厚社会氛围，茶园宣传微信公众号获评赣州市优秀政务微信。

【产业发展】 2022年，茶园乡以“因地制宜、生态环保、富饶宜居”为主题，以沿途山水茶园为脉络，以油茶产业为依托，以六畜灯等本土文化为背景，引领打造现代化产业兴旺、生态宜居的幸福乡村。利用网红经济、线上线下销售、引进外资等方式，将“茶园四宝”（茶油、红薯干、火腿、沙参）做大做强。依托本地土壤富硒，积极打响“茶园岗”农业品牌，推广销售茶园大米、红薯干、油茶、露天蔬菜等富硒农产品，提高产品附加值。守住耕地红线，遏制耕地“非农化”“非粮化”，鼓励规模连作种植双季稻，落实早稻种植365.72公顷，中稻种植83.65公顷，晚稻种植498.25公顷。

【民生事业】 2022年，茶园乡统筹整合财政涉农资金988万元，推进一批重点民生工程建设。其中，豪兴至教富道路拓宽50万元，十八排景区安防设施60万元，里溪村、河背村安全饮水巩固提升126万元，八罗垭桥危桥改造115万元，大年坑口桥危桥改造86万元，水背桥危桥改造83万元。城乡居民医疗保险参保1.79万人，参保率99.37%；城乡居民养老保险参保8270人，参保率78.8%。生存认证工作全面完成，茶园乡享受养老保险待遇3173人、享受高龄补贴462人。落实低保政策484户947人，发放低保资金36.86万元；落实特困供养政策120人，发放特困供养金9.9万元。加大残疾人康复力度，足额发放残疾人“两项补贴”393人，涉及资金4.3万元。绿色殡葬成效凸显，新建7个村级骨灰堂投入使用，全年火化率100%。

【社会治理】 2022年，茶园乡把信访工作摆在突出位置，坚持“清存量、控增量”原则，做到初信初访和积案化解两手抓。共排查、调处各类矛盾纠纷246起，核减信访积案15件，核减率达100%。开展安全生产专项整治三年行动，对重点地区重点行业领域深入开展排查，发现整改安全隐患112处，完成对1.10万栋农村自建房开展全覆盖安全隐患摸排。

【人居环境整治】2022年，茶园乡投资894.08万元，实施圩镇能级提升项目14个。完成大唐桥头集“光、储、充”一体化光伏停车棚，圩镇河堤护栏、瑞景小区“白改黑”、廉政文化广场项目建设。建立人居环境长效管护“334”机制（即开好三个会议，乡村网格员大会、党员大会、屋场会；发动三类人员，党员、乡贤、志愿者；建立四项机制，村规民约机制、日巡查机制、月评比机制、保洁员考核机制）推进“厕所革命”和“空心房”整治，整改问题厕所166户，拆除“空心房”5.17万平方米。

【特色农产品】2022年，茶园乡共有油茶林5669.5公顷，产茶油500吨，茶园红薯干闻名省内外，倒蒸红薯干生产历史悠久，制作工艺精良，其色如琥珀、味若甘饴，是红薯干中的上品，也是宴宾和馈赠佳品。营养均衡，含有维生素A、B、C，纤维素以及钾、铁、铜等10余种微量元素，具有益气生津等食用和药用功能，被联合国誉为最健康的食品。全乡红薯种植面积200.1公顷，年产红薯干1000吨，以豪兴、教富一带产量最大。

【十八排景区建设】2022年，茶园乡融合十八排美景、民宿、古迹、红色旧址，发展乡村旅游，助力乡村振兴。十八排位于兴国和泰和两县之间，因十八个横排而得名，面积3平方千米，海拔1176米，森林覆盖率达95%，有“天然氧吧”之称，是兴国县第二高峰。46台风电机组错落分布十八排与自然风光浑然一体，形成独特的高山草甸风车景观。村民在半山腰上自建1家集烧烤、KTV、住宿等为一体的“农家乐”。十八排还有出木井、禅师塔院遗迹以及古石刻等古迹。风机下设有“我在兴国十八排等你”指引牌，成为旅客打卡的一大特色。投资60万元建十八排公路防护栏，保障游客安全。

（吴　方　刘和春）

茶园乡十八排风景区　（茶园乡政府 供图）

崇贤乡

【概况】崇贤乡位于兴国县北部山区，距兴国县城30千米，东连枫边乡，南邻方太乡、高兴镇，西与吉安泰和县老营盘镇接壤，北与吉安东固毗邻。2022年，崇贤乡辖12个村，总户数7140户，总人口2.82万人。总面积189平方千米，耕地总面积1649.43公顷、山地面积1.35万公顷。全年财政收入2686.77万元。境内有红色生态文旅基地、第三次反“围剿”方石岭战斗遗址、第三次反“围剿”祝捷大会旧址万寿宫等红色旅游资源。

【乡村振兴】2022年，崇贤乡有效衔接务实有力，运用衔接资金1700余万元，实施农业产业、基础设施建设及农村安全住房“六有”等项目28个，发放各类补助资金127万余元，落实39户脱贫户土坯房改琉璃瓦，开发公益性岗位15个，扎实筑牢返贫防线。落实易地搬迁“点长制”长效管理机制，在东风移民安置点新建40千伏光伏发电站，引进赣州维昇电子科技有限公司投资办厂，稳住移民群众的幸福“阵脚”。年内，崇贤乡整合资金250万元，高标准打造贺堂老街乡村振兴示范点，在2022年度全县

"三比三看"流动现场会评比中居第 6 名。

【产业发展】 2022 年，崇贤乡产业发展量质齐飞，落实早、中、晚稻种植面积 2334.5 公顷，培育种粮大户 50 户，保障农产品有效供给。编制完成崇贤乡"十四五"农业产业发展规划，因村制宜发展农业产业，种植脐橙 1200.6 公顷、井冈蜜柚 66.7 公顷、大棚蔬菜 72.17 公顷、茶叶 240.12 公顷、烟叶 43.36 公顷、油茶 3468.4 公顷、玫瑰葡萄高标准示范种植园 7.07 公顷。

【民生事业】 2022 年，崇贤乡完成 G238 三角村至贺堂村最美示范路建设，打造东风船坑、贺堂龙下、贺堂白石公路沿线休闲景观带。推进高标准农田项目，覆盖农田面积 92.11 公顷，新建水渠 20 千米，新建水陂 25 座，新建机耕道 13 条 2860 米，项目总投资 633.94 万元。完成中心敬老院建设项目、贺堂至大龙公路改造工程、崇胜水库项目、日处理污水量 500 吨的圩镇生活污水处理设施。落实低保 408 户 968 人、特困供养 157 人，办理残疾证 804 人次、发放残疾人"两项补贴"482 人，发放高龄补贴 641 人，发放临时救助 51 户 8.35 万元。捐资助学筹集爱心善款 210 余万元，首批奖励 188 名学子 22 万余元。

【社会治理】 2022 年，崇贤乡抵住旱情、水情等的冲击，排查整改安全隐患 67 个，查处野外用火 6 起，抓实防溺水工作。常态化开展扫黑除恶专项斗争，大力防范和打击电信网络诈骗。化解矛盾纠纷 56 起、信访案件 10 起，接处警 220 起，刑事立案 10 起，破案 6 起，行政受案 14 起，查处 8 起。

【人居环境整治】 2022 年，崇贤乡农村人居环境持续优化，推进"赤膊房"整治、"空心房"拆除，G238 公路沿线"赤膊房"改造 523 户 22.8 万余平方米，补助资金 797 万余元，"空心房"拆除 236 栋 2.79 万平方米。推进"厕所革命"，全乡 7121 户全面过筛。齐分村、贺堂村、大龙村、北胜村、上沔村、龙潭村被列为市级生态创建村，乡党委、政府向广大乡贤发起"我为家乡捐枫树 共绘最美回家路"活动倡议，号召每人捐赠一棵红枫，乡贤捐红枫 500 余棵，3 月 15 日在东风村国道沿线完成栽种。完成北胜村低质低产林改造 133.4 公顷，贺堂村、齐分村老油茶林改造 133.4 公顷，打击乱砍滥伐等违法行为 12 余起。定期开展河道巡查，遏制辖区内非法电捕鱼多发现象，"林长制""河长制"落实到位。

【招商引资】 2022 年，崇贤乡扎实推进招商"一把手"工程，外出招商 3 次，接待外商 16 次。引进赣州海鸟电子有限公司，签订投资合同，落户经开区南区标准厂房，3 月开工装修厂房，新建先进自动流水生产线 12 条，自动包装流水生产线 4 条，项目总投资 2.5 亿元。

【文旅产业融合发展】 2022 年，崇贤乡持续培育壮大红色文旅、特色民宿、茶旅小镇等旅游业态，贺堂"静岚山居"民宿、东晟民宿、齐分民宿等总床位达 100 余张，崇贤成为"忆红色、品古色、享绿色"优选之地，推进贺堂示范点建设，融入特色产业、数字经济、村情村史、文明实践等元素，打造集红色、古色、绿色为一体的贺堂驿站。

【电商平台建设】 2022 年，在江西理工大学支持下，崇贤乡联合江西国兴集团百丈泉食品

9 月 1 日，兴国县乡村振兴电子商务服务平台揭牌启动 （崇贤乡政府 供图）

饮料有限公司，上线乡村振兴电子商务服务平台，在江西理工大学周转房店面设立崇贤乡助农产品专柜，崇贤特色农副产品搭上“线上引流＋线下推广”的“电商快车”，按下助农富农的“加速键”。

（吕 波 李善敢）

枫边乡

【概况】 枫边乡位于兴国县北部，东邻良村镇，南接城岗乡、方太乡，西与崇贤乡和吉安市青原区东固乡接壤，北与永丰县龙岗乡毗邻。境内的大乌山，海拔1204.3米，是兴国境内第一高峰，现存有抗元英雄文天祥题写的“永镇江南”牌匾。2022年，枫边乡辖12个村、149个村民小组，总户数3965户，总人口1.53万人。总面积149平方千米，其中耕地面积1179.07公顷、山地面积1.11万公顷。全年财政收入5129.19万元。

【乡村振兴】 2022年，枫边乡围绕巩固拓展两不愁三保障和饮水安全成果，落实教育、医疗、住房、饮水等衔接帮扶政策。全乡脱贫户911户3593人，监测对象62户265人，新增18户69人监测对象；监测对象中脱贫不稳定户33户139人、边缘易致贫户22户96人、突发严重困难户7户430人，消除风险35户154人，未消除风险27户111人。全乡发放教育资助金772人次50.91万元，发放产业直补5批次共922户次138.81万元。落实“雨露计划”申报127人，发放补助金19.05万元。实施“产业＋就业”帮扶措施，安置就业（含弱劳力）179人，产业扶持36户，发放务工交通补贴960人次42.74万元。开发光伏电站养护员、农家书屋管理员、生态护林员、乡村振兴信息员、光伏保洁员等公益性岗位务工233人。推进村级集体经济经营性收入实现村均15万元。“十四五”省定乡村振兴重点帮扶村1个（枫边村）。

【产业发展】 2022年，枫边乡按照“一乡一特色”“一村一品”的要求，重点围绕“135”（以油茶为主的首位产业，以毛竹、甜柿、经济林为主的三大主导产业，以腊鸭、霉鱼、蜂蜜、烟叶、茶叶为主的五大特色产业）现代农业产业发展布局，创建现代农业产业园，培植“一村一品”专业村4个（茅坪村、枫边村、西林村、扳坑村），带动特色产业创效益，促进当地农户增收。引导农业企业树立品牌意识，推广枫边油茶、枫边腊鸭、枫边霉鱼特色农产品的宣传。

【民生事业】 2022年，枫边乡聚焦补齐民生短板，统筹财政涉农资金1148万元，实施项目26个，改善水陂水圳、桥梁道路、河堤等基础设施，推进枫边村森林公园建设。争取中央扶持资金50万元，为枫边村、河溪村发展光伏发电产业；争取农村产业发展资金180万元，新增枫边村、社坪村甜柿产业基地共5公顷，新建枫边村腊鸭、油茶加工基地；争取易地搬迁后续扶持资金53万元，新建山下村光伏发电基地，发展壮大村级集体经济。

【社会治理】 2022年，枫边乡创新“十户长”（每十户农户组成一个联防小组，通过自荐、推选、指派等形式，产生一名十户长）社会治理模式，增强村民自治能力。社会治理实现“六零”（零赴市以上信访、零电信诈骗发案、零森林火灾、零境外涉诈重点人员、零涉“两卡”线索核减任务数和存量、零新发乡村干部违纪）。《探索枫边乡“十户长”社会治理模式》获得赣州市社会治理创新项目展示大赛优秀奖，赣州市市域社会化治理现代化工作专刊第40期对“十户长”创新做法进行专门刊载，全国基层党建网、中国报道网进行报道。

【人居环境整治】 2022年，枫边乡以农村人居环境整治为抓手，完善农村基础设施，开展生活垃圾处理、污水治理和村容村貌整治，对石印村圩上主干道沿线“赤膊房”进行风貌整治，粉刷墙面8640平方米。推进“空心房”整治，全乡共拆除“空心房”197栋2.33万余平方米，常态化开展巡河行动，垃圾下河现象得到遏制。组织松材线虫疫木除治队伍对松材线虫疫木开展“清零行动”，砍伐清理疫木2500余吨。推进畜禽养殖污染整治“百日攻坚”行动，对全乡禁养区内养殖场

“枫边腊鸭”晾晒　（枫边乡政府 供图）

实施取缔或搬迁，实行问题整改销号管理。推动农贸市场改造，完成圩镇千吨万人备用水源项目。

【示范村建设】 2022 年，枫边乡围绕提升圩镇品质，突出特色，对圩镇进行全域规划设计。建成总投资 1000 万元枫边乡污水处理厂项目，处理圩镇及周边居民、商户 630 户 3500 人的生活污水。推进圩镇河堤建设，投资 120 万元在圩镇沿河低洼河段，新建 350 米防洪河堤，提高圩镇防洪。推进交易棚改造升级建设，投资 60 万元对原交易棚升级改造，完成显示屏、玻璃墙面、坡顶玻璃、地面改造、墙体改造等建设，缓解交易棚脏乱差和冬天漏风的问题。推进临时停车场建设，枫边乡租用加油站对面闲置地块作为临时停车场，用于缓解圩镇停车乱、停车难的问题。高标准打造茅坪村、枫边村乡村振兴示范点。

【大乌山景区建设】 2022 年，枫边乡抓实茅坪村大乌山景区建设，打造兴国边陲明珠，结合大乌山深厚的人文底蕴、欣赏日出日落极佳观景点，聘请中国青年旅行社为大乌山景区做旅游发展规划，规划观景台、倚云居民宿、高山酒店、缆车、滑草等项目，建成山上观景、山下娱乐体验的 AAA 级以上旅游景区，大乌山景区将成为人文圣山、旅游名山、避暑胜地、康养乐园。引进江西省孝盛旅游开发有限公司投资建设精品民宿，建设玻璃桥、滑草等相关设施；村民自建 2 家民宿、2 家“农家乐”。组织团队通过深入挖掘大乌山的人文底蕴，出品 5 个大乌山故事，点击量突破 100 万次。聘请中国摄影协会会员为大乌山旅游开发首席摄影师，在“大音视界”微信公众号发表摄影作品 9 期，制作歌曲《乌山情》《仙与仙寻烟雨错》；拍摄微电影《乌山志》，新华社对其进行专题推广。根据茅坪村自身条件，制定“一核二区三道四园”（“一核”即茅坪村文化展示馆；“二区”指大乌山风景区和沿山观景区；“三道”指红军小道、樱花大道和风车隧道；“四园”即茶叶文化园、蓝莓采摘园、风情民宿体验园、亲子游乐园）规划，逐步打响“醉美乌山、仙气茅坪”品牌。

（邹云云　娄长福）

南坑乡

【概况】 南坑乡位于兴国县东北部边沿山区，距县城 72 千米，东界兴江乡及宁都县黄陂镇，南邻古龙岗镇，西接良村镇，北靠永丰县君埠乡和宁都县大沽乡。2022 年，南坑乡辖 6 个村、122 个村民小组，总户数 3219 户，总人口 1.21 万人。总面积 128 平方千米，耕地总面积 622.81 公顷、山地总面积 1.17 万公顷。全年乡财政总收入 2099 万元。

【乡村振兴】 2022 年，南坑乡全乡新增 8 户脱贫不稳定户、16 户突发严重困难户、10 户边缘易致贫户，76 户监测对象。全面落实帮扶干部和帮扶措施，守住不发生规模性返贫底线，代表全市顺利通过省级资金绩效评价及考核。高质量完成富兴乡村振兴示范点建设、相关情况列入 2022 年度兴国县政府工作报告。省烟草专卖局对口帮扶南坑村建设的 200 千瓦光伏发电站完工并网发电。投入 50 万元发展壮大村集体经济资金，建成楼溪村 100 千瓦光伏电站。申报产业直补 445 户 51.8 万元，申报比例创历年新高，交通补贴638人28.78万元，开发公益性岗位170个。争取巩固拓展脱贫攻坚成果统筹整合涉农资金项目5个381万元，解决群众亟待建设的基础设施等问题，争取资金806万元投资的南坑乡供水改造工程，解决圩镇及沿线南坑、郑枫、楼溪、富兴、富宝等村组的供水保障问题。

【产业发展】 2022年，南坑乡完成水稻种植947.14公顷，引进、培育2公顷以上大户15户，坚持特色产业发展，建成全县唯一的省级四星级蜂场1个、美丽蜂场2个，全乡蜂群规模达3000余箱，通过线上促销、人人推销、线下售卖、合作供销等方式，年销售蜂蜜1万千克；工业产业后劲深厚，完成潋江矿业总投资20亿元的钼矿开采加工项目前期工勘工作，探明储量占全县钼矿储量的约80%。

【民生事业】 2022年，南坑乡全面落实低保、特困供养、残疾人补贴等各项提标提补保障政策。全乡农村低保对象259户523人，累计发放金额262.9万元；分散特困供养人员50人、集中供养对象29人，累计发放金额76.5万元；累计发放残疾人“两项补贴”216人28.4万元、临时救助60人6万元，冬春救助15.98万元，保障困难及受灾群众基本生活权益。推进卫生健康事业，南坑卫生院迁建项目破土动工，年底投入使用。面对疫情新形势，乡村两级干部昼夜奋战，在周边县乡守住“兴国北大门”，为全县群众树立坚强的防疫防火墙，得到县委、县政府主要领导肯定，作为典型经验在全县推广。南坑乡获省级卫生乡镇称号。

【社会治理】 2022年，南坑乡开展矛盾大排查大化解、网格化管理、历史积案化解，反电信诈骗、禁毒等工作，调处各类矛盾纠纷110起，接待受理群众来信来访8件，处理信访件8件，全乡电信网络诈骗刑事案件零发生，社会治安秩序持续稳定，提升公众安全感和政法满意度，信访工作获评全县第一季度信访工作“奔牛奖”。压实属地监管、行业监管责任和企业责任，开展安全生产大排查大整治活动，发现并完成整改安全隐患55条，扛起防汛责任，筑牢防汛“安全网”，开展地质灾害隐患排查整治，抓牢应急队伍建设，守护人民群众的生命财产安全，全年安全生产事故“零”发生。

【人居环境整治】 2022年，南坑乡明确第三方保洁公司、公路养护方、村委会三方责任，组织挖机、铲车200余车次专项整治，做到乡村保洁全覆盖。全面推进“空心房”拆除和“两违”建筑整治等工作，拆除土坯房158栋1.35万平方米、拆除“两违”建筑3处500余平方米。落实“红黑榜”、积分制等长效管护机制，爱护环境逐步成为多数人自然而然的行为，乡村面貌持续提升。

【生态环境保护】 2022年，南坑乡守好发展和生态两条底线，做实“林长制”“河长制”。油茶更新改造800.4公顷，南坑乡老油茶林纳入全县碳汇试点基地；松材线虫病处置迅速规范，兴赣高速及主干道沿线得到清理，历次检查得到上级肯定；森林防灭火措施有力，尊重自然规律预防在先，强化“乡村组户人”大防火体系建设，常态化开展宣传巡查管控，实现全年“零”森林火灾；开展畜禽污染整治“百日攻坚”行动，对全乡60家畜禽养殖场落实“一场一策”（一个养殖场，一个整改措施），争取项目资金300多万元实施农村生活污水处理项目，解决圩镇污水直排、收集不全等问题，全域河流水质稳定二类水以上。

【招商引资】 2022年，南坑乡招商小分队开展外出招商考察活动9次，洽谈项目15个，引进项目3个、合同签约3亿元，完成固定资产投资1.5亿元，输送劳动力62人，引进的深圳市骏达光电股份有限公司、广州圣佳服装制造有限公司等2家企业顺利投产。

（翁智慧 刘 欢）

方太乡

【概况】 方太乡位于兴国县北部，距县城30千米，东邻城岗镇，南界鼎龙乡、长冈乡、高兴镇，西接崇贤乡，北靠枫边乡。方太乡因南枕海拔907米的方山岭，古属“太平乡”，寓有“方山岭下，太平盛世”之意。旅游胜地“宝石仙境”坐落在方太乡宝石村；百丈泉矿泉水源产自方太乡。2022年，方太乡辖8个村、118个村民小组，总户数4436户，总人口1.8万人。总面积89平方千米，耕地面积973.82公顷、山地面积6143.07公顷。全年财政收入2350.08万元。

【乡村振兴】 2022年，方太乡围绕全乡918户3727人脱贫户和监测对象，落实“每月监测会商、每月信息比对、每月研判处置”工作机制，抓牢监测、帮扶、退出三个环节，做到早发现、早干预、早帮扶。年内通过3条途径共排查出349条预警信息，新识别监测对象8户30人，消除风险2户11人，做到应纳尽纳。常态化开展两不愁三保障、安全饮水大排查、大整改。落实义务教育补助1089人49.74万元。举办家政护理培训班1批40余人次，培育联农带农经营主体25个，有效带动190名脱贫人口增收致富。全年发放交通补贴1023人46.79万元、941户93.98万元，开发公益性岗位143个，全乡脱贫人口及监测对象实现“三业”全覆盖。

【产业发展】 2022年，方太乡按照“标准化、机械化、智能化”思路，发展脐橙、大棚蔬菜、烟叶、茶叶等特色产业。新建示范脐橙基地13.34公顷，全乡脐橙面积达8671公顷52万株，新种植油茶114.99公顷、茶叶5.27公顷、芦笋23.35公顷、烟叶40公顷、甜柿6.67公顷，形成万亩脐橙、千亩油茶、千亩茶叶、百亩烟叶、百亩蔬菜、百亩甜柿的“123+光伏长廊”产业发展新格局。方太乡被誉为“脐橙之乡”，脐橙产业成为振兴乡村、富民强村的支柱产业。养殖业有生猪、灰鹅和肉兔；林业以松、杉、油茶为主；矿产品主要包括陶土矿、硅矿、高岭土等。

【民生事业】 2022年，方太乡实施基本养老保险扩面增效，城乡居民社会养老保险参保9364人，领取养老保险2722人，基本医疗保险参保1.48万人，参保率分别达90.3%、99.18%。抓好农村富余劳动力输出转移就业工作，为园区企业送工200余人，开展技能培训300余人次。落实低保动态管理与特困供养，共纳入最低生活保障669人，发放低保金156.47万元；特困供养100人，发放特困人员生活保障金51.12万元。做好双拥工作，享受抚恤补助待遇的优抚对象206人，发放补助71.49万元。

【社会治理】 2022年，方太乡排查调处矛盾纠纷314起，常态化开展扫黑除恶、反电诈、打击整治养老诈骗专项行动、“八五”普法、禁毒等工作，做好矛盾纠纷排查化解，诉讼案件较2021年下降40%，为全县降幅最大。落实重点水域网格化管理模式，坚实构筑防溺水安全防线。落实安全生产十五条措施，开展加油站、烟花爆竹、工业企业、消防、电力、燃气、交通、防汛等各类检查100余次，发现整改问题隐患200余处；完成全乡房屋排查1.10万栋，技术核销地质灾害隐患点18处，安全生产总体形势稳定。

【人居环境整治】 2022年，方太乡推进农村人居环境整治，提升改造“赤膊房”586户26.35万平方米，拆除“空心房”174户1.8万平方米，整治拆除“两违”建筑5处。建立网格化管理模式，实行网格长包干到底，组织召开流动现场会4次，下发督查通报4期，推动村庄环境共建共治、共管共享。落实“林长制”“河长制”

方太乡方太街全景图 （方太乡政府 供图）

巡查制度，打击秸秆焚烧、垃圾焚烧、野外焚烧等三烧行为，年内未发生森林火灾。开展畜禽养殖污染“百日攻坚”专项行动，保护生态环境。

【美丽乡镇建设】2022年，方太乡筹资2500万元实施美丽乡镇建设项目，推进投资965万元的圩镇污水处理项目，完成府前路、沿河路整治，提升立面2万平方米，改造人行道2000米，新建停车场2处；自筹资金建设固定摊位32个，定期开展圩镇集中整治，拆除违章搭建50余处，清理建筑余料120余处，规范占道经营摊点30余处，有效治理圩镇乱停乱放、乱搭乱建、占道经营。

【营商环境】 2022年，方太乡结合“模范机关”创建，组织开展“将心比心、一线体验营商环境”“营商环境月”活动，落实便民服务“四个一”（一厅式办公、一个窗口受理、一次性告知、一站式办结），优化整合便民服务中心，承接上级下放的107项权能，贯彻“让群众少跑路、让数据多跑路”的目标，加大“互联网＋政务服务”的运用，优化办事流程、制度、时间，实行预约、延时、错时、帮办代办服务，累计办理政务服务事项1562件、办结率100%。

【帮扶工作】6月8日，省委办公厅有关领导深入方太村、井口村调研粮食生产、农业产业发展、红色资源保护等，指导驻村帮扶工作。省委办公厅驻村工作队按照“谋定而动、规划先行”的指导原则，与省城乡规划市政设计研究总院合作，对方太村1.93平方千米核心区域的道路交通、基础设施、形象塑造等进行全面规划。争取省林业局支持，申报获批小微湿地公园、乡村森林公园2个项目，拨付资金80万元，完善黄沙河桥上下游两侧绿化，修建森林休闲步道、广场、科普宣教等设施。新建脐橙基地13.4公顷。省慈善总会以及爱心人士捐赠善款19万元，组织施工队对十几户困难群众进行“坡屋顶”改造。对接团中央、厅机关团委、省委信保中心等部门，募得图书、玩具、体育用品，以及87台办公电脑；与省红十字会和各类社会爱心组织共同开展捐资助学、“小年团圆宴”等活动；借助江西省乡村振兴公益“100+”项目大赛，在腾讯公益平台上线“橙心方太产业振兴”项目，募集资金54.7万元。

（罗日升　胡信宝）

鼎龙乡

【概况】 鼎龙乡位于兴国县中部，距县城20千米。东邻东村乡、兴莲乡、长冈水库，南至长冈乡、江背镇，西接长冈乡，北靠方太乡、城岗镇。2022年，鼎龙乡辖13个村，总户数8523户，总人口3.21万人。总面积128.83平方千米，耕地面积1046.39公顷、山地面积8388.13公顷。全年财政收入4251.22万元。

【乡村振兴】 2022年，鼎龙乡持续巩固拓展脱贫攻坚成果，抓实防返贫动态监测，做到“应纳尽纳、应帮尽帮”，研判风险户16户，申报纳入“三类人员”12户，风险消除6户，清退25户121人。紧盯住房、饮水安全、收入等核心指标，落实民生保障措施。常态化开展脱贫劳动力就业务工信息监测，通过推介企业务工、公益性岗位开发、基地车间务工等方式，全年脱贫户和监测户劳动力3033人，就业2658人，就业率达88.51%。抓好乡村振兴与巩固拓展脱贫攻坚的有效衔接，打造杨村莲心塘乡村振兴示范点，规划先行，整治环境、配套公共基础设施、发展产业。

【产业发展】 2022年，鼎龙乡落实产业奖补政策，鼓励脱贫户发展产业，落实产业直补申报767户145.22万元，产业覆盖率达58.23%。统筹光伏、基地分红、村集体经济，对无劳力、无其他收入来源的特殊对象进行资产收益分红链接，每年户均固定分红800—3000元。推进“产业振兴信贷通”，全年累计发放贷款722.6万元，解决扩大产业规模资金难题。坚持每月研究调度村集体经济发展工作，以蔬菜、芦笋、南美白对虾等43个产业基地为依托，抓好产业基地扩容升级，村均经营性收入达39.3万元。压实班子成员粮食生产责任，超额完成全年粮食生产目标任务。

【民生事业】 2022年，鼎龙乡评定农村低保对象696户1625

人，发放低保金741.84万元；分散特困供养对象73人，发放特困供养金64.71万元；残疾补助对象555人，发放残疾人补贴67.41万元；高龄补助对象704人，发放高龄补贴70.5万元；孤儿3人，发放孤儿补贴3.96万元；事实无人抚养儿童30人，发放补贴39.36万元；临时救助117户117人、发放救助金19.98万元。实施敬老院暖心工程，完成32户特殊困难老年人居家适老化改造。城乡医疗保险和养老保险覆盖面不断扩大，参保率分别为99.5%和85.6%。改善库区村交通状况，完成涉及4个村15.5千米的双车道改造，方便村民出行。统筹衔接资金1159.48万元，推动29个项目完工，提升基础设施和公共服务水平。

【社会治理】2022年，鼎龙乡化解一批信访老案积案，在第二季度信访工作中获得“奔牛奖”。常态化开展扫黑除恶、反电信网络诈骗、禁毒、“双提升”等平安建设重点工作，群众安全感得到提升。11月，在全县综治中心运行管理工作中，在全市排名第3。

【人居环境治理】2022年，鼎龙乡开展农村人居环境整治提升行动，加强对第三方保洁公司的对接协调，抓好公共区域的环境整治。建立长效管护机制，实行网格化管理，全乡划分67个网格实行“1+1+N”（安排一名乡干部、一名村干部、若干名小组长）网格化管理模式。开展常态化清洁户卫生评比，每月进行“红黑榜”公示和积分兑换奖励，引导村民自觉搞好户内“五净一规范”。开展网格整治“大比武”，不定期开展环境整治流动现场会，评比结果纳入长效管护工作经费考核和网格责任干部工作考核。加强农村生活污水治理，全乡建有4个集中式农村生活污水处理设施，建设鼎龙圩镇和杨村污水处理管网，总投资达1100万元。拆除“空心房”215栋1.6万平方米；整治“赤膊房”39.77万平方米；整改户厕150余户；推行人居环境整治“主题周”制度，每季度开展农村人居环境流动现场会，实行环境卫生“奔牛奖”“蜗牛奖”制度，督促各村环境整治落实落细。全面落实“河长制”“林长制”，常态化开展巡河行动，垃圾下河现象得到遏制，组织松材线虫疫木除治队伍对松材线虫疫木开展“清零行动”。推进畜禽养殖污染整治“百日攻坚”行动，禁养区内养殖场实施取缔或搬迁，实行问题整改销号管理。关停3户，整改5户，推进龙溪湖饮用水水源地保护工作。

【示范村建设】2022年，鼎龙乡通过整合政府项目资金、乡友促进会募捐资金，打造杨村（坑口组）昆虫主题文旅基地。通过整合资金约280万元，打造乡村振兴示范点，新建南美白对虾产业基地，高标准建设养殖池18个，年产8吨对虾，年收入40余万元，示范发展致富新路子。

【农村养老服务】2022年，鼎龙乡通过“党建+农村养老服务”，逐步构建满足农村老年人需求的新时代农村养老服务体系。杞下村开展的“党建+农村养老服务”活动具有典型性，组建以老党员、离退休村干部为主的文艺宣传队，创作山歌、相声、小品、大型锣鼓词、采茶戏等26个乡村文艺节目，杞下村的“党建+农村养老服务”模式先后在“学习强国”学习平台、《赣南日报》、江南都市网、客家新闻网、文明赣州等新闻媒体上报道。

（丁　文　吴欣钊）

鼎龙乡杨村村乡村振兴示范点　（鼎龙乡政府 供图）

长冈乡

【概况】 长冈乡位于兴国县城北郊4千米，东邻鼎龙乡，南连江背镇，西靠潋江镇，北界方太乡。2022年，长冈乡辖13个村、236个村民小组，总户数1.51万户，总人口5.06万人。总面积104平方千米，耕地面积1900.95公顷、山地面积5416.04公顷。10月，长冈水库水源进入“长江流域重要水源地名录”。全年财政总收入5630.23万元。主要农产品粮食总产量1.69万吨，水果3679吨，生猪出栏5.28万头，家禽出笼110万只。果业面积638.07公顷，其中脐橙种植面积250.33公顷。

【乡村振兴】 2022年，长冈乡围绕全乡1437户5754人脱贫户和监测对象，全面落实“每月监测会商、每月信息比对、每月研判处置”工作机制，抓牢监测、帮扶、退出3个环节，做到早发现、早干预、早帮扶。全年通过3条途径共排查出427条预警信息，新识别监测对象22户99人，消除风险5户15人，做到应纳尽纳。常态化开展两不愁三保障、安全饮水大排查、大整改。全年落实义务教育补助1214人次67.97万元。举办家政、育婴、工匠培训、养老护理等培训班20余批600人次，培育创业致富带头人29人，带动144名脱贫人口增收致富。发放交通补贴1315人57.72万元、产业补助204.09万元，开发公益性岗位195个，全乡脱贫人口及监测对象实现“三业”全覆盖。认领考核反馈问题51个、细化整改措施91条，均全面整改到位。

【产业发展】 2022年，长冈乡有粮食作物1414.04公顷、大棚蔬菜80.04公顷、烟叶86.71公顷，稻虾、脐橙、油茶、生猪、肉牛等农产品，形成完善的现代化农业发展格局。工业发展全面推进，综合区位交通、城市规划、土地平整等优势，谋划建设小型工业园区，做到与县工业园区有机衔接、优势互补，嘉禾医院、黄金产业园、中石油加油站、220千伏长冈变电站等重点项目稳步推进。红色文化旅游产业，围绕红培教育、红色旅游的目标定位，对周边区域进行打造提升，加快推进百里红山项目建设，用“旅游+”思路推进生态旅游产业，进一步盘活全乡旅游资源，打造旅游精品线路。

【民生事业】 2022年，长冈乡聚焦补齐民生短板，抓好一批涉及群众关切的民生项目实施，争取项目资金3790万元，完成山塘水库加固、河堤修复、水渠维修改造、农民饮水管道延伸8000米、新修水圳2969米，新建水陂4座等17个水利项目，完成道路维修1600米、硬化4208米、扩宽1185米、长冈村至石燕村双车道改造5.4千米、新建桥梁1座等15个交通项目，同时投资600余万元的圩填污水处理工程完工并投入使用，榔木污水处理升级改造项目全面启动，新建圩镇5个停车场并完善充电桩等配套设施。发放农村低保、临时救助、高龄补贴、残补共计840.45万元。

【社会治理】 2022年，长冈乡开展安全生产集中整治行动36次，制作森林防火宣传牌143块，防溺水宣传牌174块，发放各类安全宣传资料6.84万份、组织防火演练21次，防汛演练3次，安全生产大讲堂8次，开展安全生产进校园12次，排查各类安全隐患241处，均整改到位。坚持外防输入内防扩散的原则，抓严抓实疫情防控各项措施，守住群众健康安全底线。通过开展无偿献血活动助力疫情防控，献血量达13.76万毫升。

【人居环境整治】 2022年，长冈乡实行网格化管理压实责任，制定网格环境卫生每月评比制度，建立“长冈乡人居环境整治大数据平台”和人居环境重点问题清单，通过召开流动现场会的形式，常态化开展人居环境整治行动。全乡共组织9次环境整治流动现场会，大力开展“空心房”整治，拆除“空心房”4.92万余平方米、修缮2.11万余平方米。打好污染防治八大攻坚战，加强对辖区内7家砖厂巡查，整治不合格畜禽养殖场8个。打好松材线虫病防控战，完成疫木除治1065吨。定期开展河道巡查，遏制辖区内非法电捕鱼多发现象，“林长制”“河长制”落实到位。

【示范镇、示范村建设】2022年，长冈乡围绕补齐民生短板，提升圩镇品位，突出长冈特色的目标，对圩镇进行全域规划设计。投资6000万元对乡综合便民服务中心、农贸市场、圩镇立面整治、圩镇路域改造、生态停车场、长冈乡红色旅游精品点建设等12个项目进行重点打造，圩镇风貌焕然一新。整合400万元，高标准打造上社村乡村振兴示范点，在全县“三比三看”流动现场会评比中居第五名。

【获评全省平安江西建设示范乡镇】 2022年，长冈乡在推进平安建设工作中创新治理模式，创新出台《长冈乡党员干部“十带头”积分制管理考核办法》，设立党员先锋岗、示范岗，成立法治建设志愿服务队、先锋突击队，做好社会治安巡防、矛盾纠纷化解、社情民意收集等工作，全方位构建网格治理格局，为群众提供各类民生服务260人次，为群众办实事解决群众生产生活难题132件。推行“屋场会”，创新协商共治平台。将新时期基层普法依法治理工作融入“屋场会”新的载体中。在全乡建立“屋场说事点”63个，构建“驻村领导牵头、驻村干部和村干部组织、村民参与”的联动机制，达到村组全覆盖，实现普法无死角。利用“屋场会”平台开展法治宣传教育活动160多场次，受教育人数4.88万人次。用好“中间人”，优化纠纷解决模式。积极组建人民调解员队伍，推广新时代“枫桥经验”，构建矛盾纠纷多元化解机制。精心选配人民调解员，对容易引发“民转刑”案件的婚姻、家庭、感情类纠纷，严格落实通报预警机制。创新出台“一案一补”政策，不定期举办调解培训班，实行年度考评。全年排查化解矛盾纠纷247起，积案化解率达75%以上，刑事治安案件、诉讼案件分别下降40%、52%，群众满意度和安全感实现“双提升”。2022年，长冈乡获评全省平安江西建设示范乡镇。

（孙水英　刘兆东）

本栏编辑：黄海涛　雷　安

人物·荣誉

江西省五一劳动奖章获得者

王丹 女，1988年8月出生，大专学历，中共党员，兴国县田庄上养老中心养老护理员。自2016年从事养老护理员工作以来，用心工作，不嫌脏累，把养老中心当作自己的家，把入住老人当成自己亲人护理。她的爱心与耐心、善良与朴实、努力与付出，赢得老人们及社会赞许。六年来，王丹没有请过一次假，365天都在养老中心，工作兢兢业业，从未有过丝毫怨言。2020年8月，在江西省“最美家政人”家政服务业职业技能选拔赛上，获得养老护理项目个人和团体三等奖。2021年9月，在江西省“振兴杯”职业技能大赛养老护理员职业技能竞赛暨全国养老护理职业技能大赛江西赛区选拔赛中，取得笔试成绩第一、综合成绩第三的好成绩，获得二等奖。2022年4月，获评江西省五一劳动奖章。

赣州市五一劳动奖章获得者

袁上桂 1984年1月出生，本科学历，中共党员，主治医师，兴国县第二医院脑科主任。作为学科带头人，袁上桂在科室实行科学规范管理，充分发挥自身精湛临床技术和丰富临床经验，言传身教，全身心地投入科室工作中。2020年，医院组建脑科，袁上桂担任科主任，带领全科医护在半年时间里，从开科时几个病人到稳定在40个病人左右。同时主导卒中中心建设，规范各项诊疗措施，大力推进脑卒中静脉溶栓和重型脑外伤患者的创伤急救，缩短静脉溶栓时间，改善了预后，挽救了很多急危重症患者。大力开展各项新技术，特别是神经科最前沿的微创血管介入技术，填补医院在脑血管病治疗空白。2022年4月，获赣州市五一劳动奖章。

赵万胜 1975年2月出生，研究生学历，中共党员，江西省兴国县第三中学党总支书记、校长。1999——2004年，历任枫边和龙口两所农村初中校长，用充沛的精力和敢闯敢拼的干劲，迅速改变学校落后面貌。2017年8月，担任兴国三中校长兼党总支书记后，开拓创新，首创“特培班”培养模式，改善学校生源。2021届中考总分800分以上2人，总分700分以上117人，总分优秀147人，完成率达到142.7%。高考全面超额完成任务，理科最高分669分，列全县第2名；文化一本上线85人，二本上线302人，上线总人数约为上一年的3倍；艺体特长生文化专业双上线163人，本科上线率达72%，较上一年增加66%，创造兴国三中教学质量历史新高。2022年4月，获赣州市五一劳动奖章。

钟敬国 1975年8月出生，大学本科学历，中共党员，兴国县自来水公司副经理兼兴国县宏润水务有限公司经理。近年来，他带领宏润水务参与全县脱贫攻坚管网入户、巩固拓展脱贫攻坚成果等项目，所负责的农饮水项目作为40件政府民生实事工程之一，在2020年脱贫攻坚供水管网延伸项目中，提升改造8个乡镇28个行政村供水管网；在2021年百日攻坚及脱贫巩固拓展项目中，完成7个乡镇16个“百吨千人”集中供水项目的饮水安全工程提升项目，管网铺设及改造10.49万米，极大程度提升农村供水安全保障能力，让越来越多的农村用户用上安全、洁净的自来水，在推动城乡均衡发展、助力农村脱贫解困进程中发挥积极作用。2022年4月获赣州市五一劳动奖章。

先进个人名录

2022年度兴国县五一劳动奖章获得者一览表

表24

姓　名	单位职务	姓　名	单位职务
陈柏龙	县乡村振兴局计划财务股股长	陈文蔚	县交运局县乡公路站副站长
崔　珉	兴国县第五中学教师	范贞秀	杰村乡和平村党支部书记、村委会主任
傅延荣	兴莲乡人民政府一级科员、乡村振兴站副站长	何　花	兴国县第七小学教师
何久泉	县财政局预算股股长	胡　星	县公安局指挥中心主任
胡兴华	县人民医院骨一科副主任	黄　鑫	县水利局农村供水股副股长
黄信璋	兴国县平川中学工会副主席	李建新	县民政局办公室主任
林福秦	鼎龙乡古顺村党支部书记、村委会主任	林升有	兴国县新的社会阶层联谊网络分会工会主席
凌　睿	梅窖镇人民政府一级科员	刘立志	社富乡党政办主任
刘满华	县工业和信息化局经济运行股股长	刘诗仁	县住房保障安置服务中心人秘股股长
刘月生	县应急管理局减灾股股长	刘志强	赣州市兴建工程监理有限公司总经理
刘忠俊	隆坪乡农业技术推广综合站站长	邱恒清	兴国县供电分公司安全总监
邱日汉	崇贤乡北胜村党支部书记、村委会主任	邱　洋	县行政审批局办公室主任
陶红江	江西省锐兴通讯设备有限公司装配班领班	王　仁	县税务局社会保险和非税收入股股长
魏　云	兴国县第一幼儿园教师	谢　龙	县商务局办公室主任
谢齐瑞	县发改委苏区振兴股股长	谢圣君	兴国县红军子弟小学校长
徐　峰	兴江乡桐林村党支部书记、村委会主任	杨清心	县林业局林业技术推广站站长
杨　镕	兴国城投建材有限公司行政部部长	杨运锋	中节能江西公司兴国工业污水处理厂厂长
余　筱	县卫健委党办主任、宣传股股长	曾金华	长冈乡中心小学教师
曾祥英	兴国夕阳红老年公寓服务部副主任	曾祥云	东村乡人民政府综合执法大队副大队长
曾小金	方太乡人武部副部长	张祖阳	永丰镇党政办主任
赵志清	长冈乡综合便民服务中心工作人员	钟华兰	县人民医院产科副主任医师
钟坚武	县市政公用事业服务中心市政设施股副股长	钟名生	县中医院急诊科主任
钟文淋	樟木乡党政办主任	钟　雯	龙口镇纪委副书记
钟有发	均村中心小学校长	钟玉珍	兴国县第七中学教师
周岚峰	县教科体局教育股股长	邹龙龙	古龙岗镇人民政府一级科员

2022 年获市级以上表彰的先进个人一览表

表 25

姓 名	所在单位	荣誉称号	颁奖单位
蔡智敏	公安局	全省打击虚开骗税违法犯罪专行动成绩突出个人	省公安厅
陈芳勇	国网赣州市兴国县供电公司	赣州市“八大行动”先进个人	市委、市政府
龚海英	赣州市公路发展中心兴国分中心	2022 年度全省交通运输系统“优秀工会工作者”	省交通运输厅
黄桂花	中国银行兴国支行	中银优秀个人（十佳管理者）	中国银行江西省分行
刘梦琦	平川中学	全国优秀共青团干部	共青团中央
邱日胜 何箕全	司法局	全省矛盾纠纷排查化解专项行动先进个人	省司法厅
王 丹	田庄上养老中心	全省“最美养老护理员”	省民政厅
谢 芳 杨 金 杨冠桂 曾凡荣	人民医院	中国卒中学会红手环志愿服务先进个人	中国卒中学会
谢媛兰	金融服务中心	2022 年度全省政务信息工作优秀个人	省政府办公厅
熊金国	南坑乡	江西省第七次人口普查先进个人	江西省第七次全国人口普查领导小组办公室
叶 霞	田庄上养老中心	江西省“振兴杯”职业技能大赛三等奖	省民政厅
曾庆龙	潋江镇五里亭村	全国优秀城乡社区工作者	民政部
曾志明	政协办	2022 年度优秀市政协委员	政协赣州市委员会
朱新明	中国银行兴国支行	中银优秀个人（扶贫工作）	中国银行江西省分行

先进集体名录

2022 年获省级以上表彰的先进集体一览表

表 26

所在单位	荣誉称号	颁奖单位
兴国县信访局	全国信访系统先进集体	人社部、国家信访局
兴国县信访局	全国节约型机关	国家机关事务管理局、中央直属机关事务管理局、国家发改委、财政部
兴国县交通运输局	全国节约型机关	国家机关事务管理局、中央直属机关事务管理局、国家发改委、财政部
兴国县公安局	长冈派出所获评第二批全国“枫桥式”公安派出所	公安部
兴国县公安局	埠头派出所获评全国优秀公安基层单位	公安部
兴国县民政局	全国节约型机关	国家机关事务管理局
兴国县水利局	国家级节约型机关	国家机关事务管理局、中直机关事务管理局、国家发展改革委、财政部

续表 26

所在单位	荣誉称号	颁奖单位
兴国县乡村振兴局	国家级节约型机关	国家机关事务管理局、中直机关事务管理局、国家发展改革委、财政部
兴国县商务局	公共机构节能节约型机关	国家事务管理局
兴国县文广新旅局	县文化馆获评第九届全国服务农民、服务基层文化建设先进集体	中宣部、文旅部、国家广电总局
兴国县财政局	财政部 2022 年县级财政管理绩效综合评价第 94 名并获得表彰奖励	财政部
兴国县红保中心	官田中央兵工厂入选全国首批“大思政课”实践教学基地	教育部
兴国县卫健委	江背镇高寨村老年协会获评全国老龄系统先进集体	国家人社部和全国老龄委
共青团兴国县委	“一起云支教 携手创未来”全国大学生 2022 年暑期“返家乡”社会实践专项活动“突出贡献团组织”	中国光华科技基金会
兴国县司法局	全国组织宣传人民调解工作先进集体	中华全国人民调解员协会
兴国县	粮食生产先进县	省委、省政府
兴国县人民检察院	第十六届江西省文明单位	省委、省政府
兴国县人民法院	第十六届江西省文明单位	省委、省政府
兴国县交管大队	第十六届江西省文明单位	省委、省政府
兴国县农业农村局	县委农村工作领导小组获评 2022 年“江西省农业和农村先进集体”	省委、省政府

2022 年获市级表彰的先进集体一览表

表 27

所在单位	荣誉称号	颁奖单位
共青团兴国县委	赣州市文明单位	市委、市政府
兴国县公安局	年度公众满意政法单位	市委
兴国县商务局	全市服务非公有制经济发展先进单位	市政府
兴国县人民法院	2022 年全市法院“夏日风暴”执行专项行动先进法院	赣州中院
兴国县人民法院	2022 年全市法院“夏日风暴”执行专项行动“敢于亮剑”法院	赣州中院
兴国县	全省绿色有机农产品示范县	省农业农村厅
兴国县	耕地保护先进县	省农业农村厅
兴国县委纪委监委	全省纪检监察系统先进集体	省纪委监委
兴国县委组织部	2022 年度全省组织系统网络宣传先进单位	省委组织部
兴国县保密和机要局	全省机要密码工作优秀单位	省委机要局
兴国县政府办	全省政务信息优秀单位	省政府办公厅

续表 27

所在单位	荣誉称号	颁奖单位
兴国县总工会	第九届全省百万学法、用法知识答题竞赛暨“百万网民学法律”《工会法》专场知识竞赛优秀组织单位	省总工会
兴国县总工会	《民主管理谋发展 璀璨电亮将军县》微视频获得全省企业民主管理微视频大赛二等奖	江西省厂务公开领导小组办公室
兴国县红十字会	“99公益日”市、县红十字会网络众筹良好单位	省红十字会
兴国县红十字会	将军园社区红十字会获评江西省红十字博爱单位	省红十字会、省人社厅
兴国县人民检察院	档案工作规范化管理省特级单位	省档案局
兴国县农业农村局	县级先行标杆	部省共建江西绿色有机农产品基地试点省联席会议办公室
兴国县住建局	全省县级人防高质量发展优秀单位	省人民防空办公室
兴国县住建局	全省美丽乡镇建设专项工作先进单位	省住建厅
兴国县财政局	2022 年度全省财政系统信息宣传工作先进单位	省财政厅
兴国农商银行	2022 年度信贷资产质量先进单位	江西省农村信用社联合社
中国银行兴国支行	2022 年度“中银优秀集体”	中国银行江西省分行
兴国县公安局	全省政府系统“五型”政府建设先进集体	江西省“五型”政府建设领导小组
兴国县市政公用事业服务中心	全省园林绿化工作先进单位	江西省城市建设管理协会园林行业分会
兴国县市政公用事业服务中心	全省环境卫生工作先进单位	江西省城市建设管理协会环卫行业分会
兴国县红保中心	兴国县将军园、苏区干部好作风纪念园获评为“江西省文明公园”	江西省城市建设管理协会
兴国县供电公司	2022 年度先进县级供电企业	国网江西省电力有限公司
兴国中学	江西省园林式单位	江西省城市建设管理协会
平川中学	省平安学校	省教育工委、省教育厅
兴国县气象局	2022 年度全省县级气象部门高质量发展考评优秀单位	省气象局
兴国县气象局	全省气象灾害综合风险普查工作先进集体	省气象局
兴国县气象局	事业单位工作人员集体嘉奖	省气象局
杰村乡含田村	江西省民主法治示范村（社区）	省司法厅
均村乡长竹村	全省水生态文明村	省水利厅
均村乡高溪村	第七届江西省文明村镇	省文明办
高兴镇	江西省生态园林城镇	省住建厅、省生态环境厅、省林业局
潋江镇	第七届江西省文明村镇	江西省精神文明建设指导委员会
兴国县经开区	省级两化融合数字化转型示范园区	省工信厅

2022 年度兴国县获正高级专业技术职务资格人员一览表

表 28

姓　名	单　位	资格名称	专业技术服务
黎　钢	兴国县人民医院	主任医师（县区类）	耳鼻喉（头颈外科）
陈彦震	兴国县人民医院	主任医师（县区类）	骨外科
黄　珠	兴国县人民医院	主任医师（县区类）	小儿内科
邱胜凤	兴国县人民医院	主任医师（县区类）	妇产科
朱艳萍	兴国县人民医院	主任医师（县区类）	妇产科护理
李忠东	兴国县人民医院	主任医师（县区类）	传染病
林玉冬	兴国县疾病预防控制中心	主任医师（县区类）	传染性疾病控制
钟恩春	兴国县第二医院	主任医师（县区类）	骨外科
谢　凡	兴国县妇幼保健院	主任医师（县区类）	超声医学
黄信璋	兴国平川中学	中小学正高级教师	数学（高中）

2022 年度兴国县获副高级专业技术职务资格人员一览表

表 29

姓　名	单　位	资格名称	专业技术服务
黄英军	中国共产党兴国县委员会党校	党校高级讲师	历史学
朱耀礼	兴国县人民医院	副主任医师（县区类）	心血管内科
刘盛金	兴国县人民医院	副主任护师（县区类）	护理学
钟爱芳	兴国县人民医院	副主任医师（县区类）	病理学
刘根凤	兴国县人民医院	副主任医师（县区类）	麻醉学
刘　沨	兴国县人民医院	副主任医师（县区类）	中医骨伤科
李根秀	兴国县人民医院	副主任技师（县区类）	临床医学检验临床基础检验技术
朱侣明	兴国县人民医院	副主任医师（县区类）	放射医学
刘　颖	兴国县人民医院	副主任医师（县区类）	消化内科
钟露华	兴国县人民医院	副主任护师（县区类）	护理学
刘立斌	兴国县人民医院	副主任医师（县区类）	骨外科
刘淑红	兴国县人民医院	副主任医师（县区类）	小儿内科
梁海华	兴国县人民医院	副主任护师（县区类）	内科护理
廖理华	兴国县人民医院	副主任护师（县区类）	外科护理
陈义华	兴国县人民医院	副主任护师（县区类）	护理学

续表 29

姓　名	单　位	资格名称	专业技术服务
余长章	兴国县人民医院	副主任医师（县区类）	骨外科
钟　琴	兴国县人民医院	副主任护师（县区类）	护理学
陈淑华	兴国县人民医院	副主任护师（县区类）	护理学
易　娜	兴国县人民医院	副主任医师（县区类）	妇产科
肖贵珍	兴国县人民医院	副主任护师（县区类）	护理学
刘文萍	兴国县人民医院	副主任护师（县区类）	妇产科护理
谢九香	兴国县人民医院	副主任护师（县区类）	护理学
刘招凤	兴国县人民医院	副主任护师（县区类）	妇产科护理
谢芳钰	兴国县人民医院	副主任技师（县区类）	临床医学检验临床基础检验技术
王素华	兴国县人民医院	副主任护师（县区类）	护理学
李良芳	兴国县人民医院	副主任医师（县区类）	消化内科
谢　华	兴国县人民医院	副主任护师（县区类）	护理学
江莉娟	兴国县人民医院	副主任护师（县区类）	护理学
钟志民	兴国县人民医院	副主任医师（县区类）	放射医学
钟启盛	兴国县人民医院	副主任医师（县区类）	传染病
刘汉建	兴国县人民医院	副主任医师（县区类）	普通外科
李筱梅	兴国县人民医院	副主任医师（县区类）	超声医学
吕　芳	兴国县人民医院	副主任护师（县区类）	护理学
周　婷	兴国县人民医院	副主任医师（县区类）	超声医学
钟生华	兴国县疾病预防控制中心	副主任医师（县区类）	传染性疾病控制
杨家惠	兴国县疾病预防控制中心	副主任医师（县区类）	传染性疾病控制
李珍生	兴国县疾病预防控制中心	副主任医师（县区类）	传染性疾病控制
张文伟	兴国县第二医院	副主任医师（县区类）	普通内科
袁上桂	兴国县第二医院	副主任医师（县区类）	中西医结合外科
周雪梅	兴国县第二医院	副主任医师（县区类）	妇产科
钟建辉	兴国县第二医院	副主任医师（县区类）	精神病
廖主荣	兴国县第二医院	副主任医师（县区类）	骨外科
李　玲	兴国县第二医院	副主任护师（县区类）	外科护理
刘淑莹	兴国县第二医院	副主任护师（县区类）	外科护理
朱春霞	兴国县妇幼保健院	副主任医师（县区类）	妇产科
陈亚兰	兴国县妇幼保健院	副主任医师（县区类）	妇产科
温声琼	兴国县妇幼保健院	副主任护师（县区类）	妇产科护理
杨　霞	兴国县妇幼保健院	副主任医师（县区类）	妇产科

续表29

姓　名	单　位	资格名称	专业技术服务
陈　琦	兴国县妇幼保健院	副主任医师（县区类）	妇产科
陈秀平	兴国县妇幼保健院	副主任医师（县区类）	妇产科
徐翠珍	兴国县妇幼保健院	副主任医师（县区类）	超声医学
陈纪红	兴国县妇幼保健院	副主任医师（县区类）	小儿内科
庄玉荣	兴国县中医院	副主任护师（县区类）	护理学
刘　君	兴国县中医院	副主任医师（县区类）	呼吸内科
范星华	兴国县中医院	副主任医师（县区类）	骨外科
张书林	兴国县中医院	副主任中医师（县区类）	中医内科
古润连	兴国县中医院	副主任护师（县区类）	中医护理
林　华	兴国县中医院	副主任护师（县区类）	护理学
刘东生	兴国县中医院	副主任医师（县区类）	普通内科
刘季平	兴国县中医院	副主任医师（县区类）	消化内科
刘忠培	兴国县中医院	副主任中医师（县区类）	中医骨伤科
吕素文	兴国县中医院	副主任护师（县区类）	妇产科护理
叶石平	兴国县中医院	副主任中医师（县区类）	中西医结合外科
温永生	兴国县中医院	高级会计师	会计
肖春福	兴国县水土保持中心	基层高级工程师	水利水电工程
邱修洪	兴国县结核病防治所	副主任医师（县区类）	结核病
曾桂福	兴国县兴江中心小学	中小学高级教师	数学（小学）
李善荣	兴国县古龙岗中心小学	乡村中小学高级教师	语文（小学）
陈雪萍	兴国县古龙岗中心小学	中小学高级教师	学前教育
邹　斌	兴国县古龙岗中心小学	乡村中小学高级教师	语文（小学）
肖绍克	兴国县古龙岗中心小学	乡村中小学高级教师	数学（小学）
温世林	兴国县古龙岗中心小学	乡村中小学高级教师	语文（小学）
廖书红	兴国县梅窖中心小学	乡村中小学高级教师	语文（小学）
巫立烘	兴国县梅窖中心小学	乡村中小学高级教师	数学（小学）
丁永华	兴国县梅窖中心小学	乡村中小学高级教师	语文（小学）
曾发旺	兴国县梅窖中心小学	乡村中小学高级教师	数学（小学）
刘名松	兴国县梅窖中心小学	中小学高级教师	数学（小学）
曾凡胜	兴国县梅窖中心小学	乡村中小学高级教师	语文（小学）
雷天宝	兴国县樟木中心小学	中小学高级教师	语文（小学）
张文盛	兴国县兴莲中心小学	中小学高级教师	语文（小学）
吴景祥	兴国县东村中心小学	中小学高级教师	数学（小学）

续表29

姓　名	单　位	资格名称	专业技术服务
凌全森	兴国县东村中心小学	中小学高级教师	语文（小学）
王桂连	兴国县江背中心小学	中小学高级教师	数学（小学）
张继椿	兴国县江背中心小学	中小学高级教师	语文（小学）
康卫民	兴国县杰村中心小学	乡村中小学高级教师	数学（小学）
朱道东	兴国县社富乡中心小学	乡村中小学高级教师	数学（小学）
陈立新	兴国县社富乡中心小学	乡村中小学高级教师	数学（小学）
刘福秀	兴国县社富乡中心小学	中小学高级教师	数学（小学）
肖红英	兴国县社富乡中心小学	乡村中小学高级教师	语文（小学）
肖　平	兴国县埠头中心小学	中小学高级教师	语文（小学）
陈新明	兴国县埠头中心小学	中小学高级教师	语文（小学）
林达海	兴国县龙口中心小学	中小学高级教师	数学（小学）
钟友虹	兴国县永丰中心小学	中小学高级教师	数学（小学）
谢建平	兴国县永丰中心小学	乡村中小学高级教师	数学（小学）
谢清泉	兴国县永丰中心小学	乡村中小学高级教师	数学（小学）
杨继堂	兴国县永丰中心小学	乡村中小学高级教师	语文（小学）
吴世森	兴国县均村中心小学	中小学高级教师	数学（小学）
吴金平	兴国县均村中心小学	乡村中小学高级教师	数学（小学）
刘立兴	兴国县隆坪中心小学	中小学高级教师	数学（小学）
刘桂芗	兴国县隆坪中心小学	中小学高级教师	数学（小学）
康君正	兴国县高兴中心小学	中小学高级教师	数学（小学）
谢日清	兴国县高兴中心小学	乡村中小学高级教师	语文（小学）
李文卿	兴国县枫边中心小学	中小学高级教师	数学（小学）
李善怡	兴国县良村中心小学	乡村中小学高级教师	数学（小学）
余叶发	兴国县城岗中心小学	中小学高级教师	数学（小学）
邱海洋	兴国县城岗中心小学	乡村中小学高级教师	语文（小学）
王敷霖	兴国县方太中心小学	中小学高级教师	数学（小学）
钟国林	兴国县鼎龙中心小学	乡村中小学高级教师	数学（小学）
李建军	兴国县长冈上社中心小学	中小学高级教师	数学（小学）
李青松	兴国县实验小学	中小学高级教师	数学（小学）
陈莉娜	兴国县第一小学	中小学高级教师	数学（小学）
邱欣华	兴国县第三小学	中小学高级教师	语文（小学）
谢行义	兴国县第四小学	中小学高级教师	数学（小学）
曾爱平	兴国县第五小学	中小学高级教师	数学（小学）

续表 29

姓　名	单　位	资格名称	专业技术服务
樊　莉	兴国县红军子弟小学	中小学高级教师	语文（小学）
张　敏	兴国县红军子弟小学	中小学高级教师	语文（小学）
郭宝康	兴国县兴江初中	乡村中小学高级教师	信息技术
江渭东	兴国县古龙岗中学	乡村中小学高级教师	英语（初中）
王桂香	兴国县兴莲初级中学	中小学高级教师	英语（初中）
林艳辉	兴国县均村中学	乡村中小学高级教师	英语（初中）
杨海元	兴国县均村中学	乡村中小学高级教师	数学（初中）
吴良发	兴国县南坑中学	乡村中小学高级教师	英语（初中）
刘水秀	兴国县良村中学	中小学高级教师	英语（初中）
张文俊	兴国县城岗中学	乡村中小学高级教师	物理
余莉花	兴国县城岗中学	中小学高级教师	英语（初中）
曾祥珂	兴国中学	中小学高级教师	物理
钟小飞	兴国中学	中小学高级教师	体育
蔡周星	兴国中学	中小学高级教师	地理
温　滢	兴国中学	中小学高级教师	心理健康
谢国金	兴国中学	中小学高级教师	数学（高中）
李　芳	兴国中学	中小学高级教师	物理
黄懿佳	兴国中学	中小学高级教师	数学（高中）
钟春凤	兴国中学	中小学高级教师	语文（高中）
孟　丽	兴国平川中学	中小学高级教师	思想政治
练继盛	兴国平川中学	中小学高级教师	物理
刘梦琦	兴国平川中学	中小学高级教师	英语（高中）
邱红琴	兴国平川中学	中小学高级教师	英语（高中）
刘春明	兴国平川中学	中小学高级教师	地理
高根凤	江西省兴国县第三中学	中小学高级教师	数学（初中）
钟贤芬	江西省兴国县第三中学	中小学高级教师	语文（高中）
杨慧兰	江西省兴国县第三中学	中小学高级教师	语文（高中）
肖　玮	江西省兴国县第三中学	中小学高级教师	体育
刘松柏	江西省兴国县第三中学	中小学高级教师	数学（高中）
潘锦堃	江西省兴国县第三中学	中小学高级教师	数学（高中）
邱　琛	江西省兴国县第三中学	中小学高级教师	信息技术
肖家玉	兴国县第四中学	中小学高级教师	英语（高中）
谢菲菲	兴国县第五中学	中小学高级教师	语文（初中）

续表 29

姓　名	单　位	资格名称	专业技术服务
曾　星	兴国县第五中学	中小学高级教师	数学（初中）
吕德军	兴国县第六中学	中小学高级教师	语文（初中）
廖晓云	兴国县第六中学	中小学高级教师	语文（初中）
钟小美	兴国县均村乡中心卫生院	副主任医师（乡镇类）	妇产科
黄继珉	兴国县农业技术推广中心	基层高级畜牧师	畜牧
张秀玲	兴国县农业技术推广中心	基层高级农艺师	农村合作组织管理
钟志峰	兴国县市政公用事业服务中心	高级工程师	建筑工程管理
李振荣	兴国县城镇发展服务中心	高级工程师	建筑电气（建筑智能化）
罗　娟	兴国县城镇发展服务中心	高级工程师	建筑工程管理
谭新龙	兴国县农业综合行政执法大队	基层高级农艺师	植物保护
刘新明	兴国县农业综合行政执法大队	基层高级农艺师	农村合作组织管理
曾　艳	兴国县林业技术推广中心	基层高级工程师	林业技术推广
应学亮	兴国县林业技术推广中心	基层高级工程师	林业技术推广
黄林香	兴国县第七小学	中小学高级教师	数学（小学）
喻春华	兴国县崇贤乡卫生院	副主任医师（乡镇类）	妇产科
温秋香	兴国县就业创业服务中心	高级人力资源管理师	人力资源管理
周　琳	兴国县教育体育事业发展中心	中小学高级教师	英语（初中）
温定祯	兴国县樟木乡综合便民服务中心	高级会计师	会计
方　芳	兴国县交通运输综合行政执法大队	高级工程师	公路与桥梁工程
汤桂生	兴国县兴江乡综合行政执法大队	基层高级工程师	林业生态建设
朱侣彬	兴国县南坑乡卫生院	副主任中医师（乡镇类）	中西医结合内科
张福元	兴国县东村乡卫生院	副主任医师（乡镇类）	传染性疾病控制
肖春林	兴国县鼎龙乡卫生院	副主任医师（乡镇类）	普通外科
汪　林	兴国县杰村乡卫生院	副主任药师（乡镇类）	医院药学
周华盛	兴国县樟木乡卫生院	副主任医师（乡镇类）	普通内科
谢传华	兴国县政务服务和大数据发展中心	高级工程师	工程造价
刘春兰	兴国县思源实验小学	中小学高级教师	数学（小学）
胡信能	兴国县思源实验中学	中小学高级教师	思想政治
陈禄寿	兴国县思源实验中学	中小学高级教师	数学（初中）

本栏编辑：钟志薇　陈丽琴

统计资料

土地面积、户籍人口统计表

表 30

乡（镇、区）	土地面积（平方千米）	年末总人口（人）	乡（镇、区）	土地面积（平方千米）	年末总人口（人）
合计	3235.96	860209	隆坪乡	55.77	14832
兴江乡	156.00	28355	茶园乡	120.00	21046
古龙岗镇	206.00	45389	高兴镇	236.00	63349
梅窖镇	85.42	30096	崇贤乡	189.00	28292
樟木乡	76.00	15878	枫边乡	149.00	16134
东村乡	85.00	20922	方太乡	89.00	18457
兴莲乡	104.00	23325	城岗镇	144.00	30699
江背镇	132.44	32601	良村镇	189.00	29034
杰村乡	112.00	22416	南坑乡	128.00	12045
社富乡	170.60	47487	鼎龙乡	128.83	32182
龙口镇	66.00	25202	长冈乡	104.00	50629
埠头乡	92.00	45977	潋江镇	51.60	108321
永丰镇	161.00	43047	经开区	12.30	6098
均村乡	193.00	48396			

各乡（镇）村委会和村民小组统计表

表 31

乡（镇、区）	村民委员会（个）	村民小组（个）	乡（镇、区）	村民委员会（个）	村民小组（个）
兴江乡	14	156	隆坪乡	8	91
古龙岗镇	15	209	茶园乡	12	124
梅窖镇	7	86	高兴镇	21	319
樟木乡	7	96	崇贤乡	12	133
东村乡	7	111	枫边乡	12	149
兴莲乡	8	126	方太乡	8	118
江背镇	13	208	城岗镇	20	198

续表 31

乡（镇、区）	村民委员会（个）	村民小组（个）	乡（镇、区）	村民委员会（个）	村民小组（个）
杰村乡	9	162	良村镇	15	210
社富乡	15	330	南坑乡	6	122
龙口镇	10	129	鼎龙乡	13	186
埠头乡	14	215	长冈乡	13	236
永丰镇	19	241	潋江镇	14	172
均村乡	20	304	城市社区	14	120

乡村基本情况统计表

表 32

指　标	单　位	2022 年	指　标	单　位	2022 年
乡镇政府	个	25	镇政府	个	9
村民委员会	个	303	村民小组	个	4600
乡村人口	万人	625136	通汽车的村委会	个	303
通电话的村委会	个	303	通电的村委会	个	303

农业总产值及其增加值统计表

表 33

指　标	单　位	2022 年	2022 年比 2021 年增长（%）
农业总产值	亿元	62.36	4.60
一、产量			
粮食总产量	万吨	26.23	13.78
蔬菜产量	万吨	45.05	3.58
油料产量	万吨	1.23	19.13
其中油菜籽产量	吨	2498.00	186.80
二、面积			
粮食播种面积	万亩	83.77	2.51
蔬菜播种面积	万亩	19.84	2.02
油料播种面积	万亩	7.64	32.86
其中油菜籽面积	万亩	2.77	162.09

主要经济作物总产量统计表

表 34

指　标	单　位	2022 年	2022 年比 2021 年增长（%）
油料	万吨	1.23	19.13
蔬菜	万吨	45.05	3.58
烟叶	万吨	1.56	0.26
茶叶	吨	713.00	17.85
水果	万吨	10.01	3.34
其中脐橙	万吨	8.33	3.07

肉类总产量及其增加值统计表

表 35

指　标	单　位	2022 年	2022 年比 2021 年增长（%）
肉类总产量	万吨	8.04	13.78
其中猪肉	万吨	5.20	5.26
其中牛肉	万吨	0.24	-17.63
其中羊肉	万吨	0.01	-12.10
其中禽肉	万吨	1.87	2.13

渔业生产情况统计表

表 36

指　标	单　位	2022 年	2022 年比 2021 年增长（%）
水产品产量	万吨	2.67	5.33
其中鱼类	万吨	2.64	5.31
水产品养殖面积	亩	63000.00	持平
渔业从业人员	人	20185.00	-2.13

规模以上工业总产值及增加值统计表

表 37

指　标	单　位	2022 年	占全县规上工业总产值（%）	2022 年比 2021 年增长（%）
规模以上工业总产值	亿元	76.43	—	29.10
首位产业（含电子信息、纺织服装及配套企业）	亿元	19.74	25.83	-5.48
含氟新材料产业	亿元	12.46	16.30	6.61
食品加工产业	亿元	2.64	3.45	-2.45
新型建材类产业	亿元	10.41	13.62	-1.82
矿产品加工产业	亿元	11.80	15.44	-5.94
新能源产业	亿元	6.40	8.39	-2.47

社会消费品零售总额统计表

表 38

指　标	单　位	2022 年	2022 年比 2021 年增长（%）
社会消费品零售总额	亿元	111.28	4.90
限额以上消费品零售额	亿元	25.45	29.70
年末在库规模以上商贸企业	个	98.00	—

服务业情况统计表

表 39

指　标	单　位	2022 年	2022 年比 2021 年增长（%）
年末在库规模以上服务业企业	个	46.00	—
年末在库规模以上服务业企业营业收入	亿元	13.95	16.50

续表 39

指　标	单　位	2022 年	2022 年比 2021 年增长（%）
年末在库规模以上服务业企业利润总额	亿元	0.95	-7.54
按行业分			
交通运输和仓储业	—	—	-4.28
信息传输、软件和信息技术服务业	—	—	150.00
房地产业	—	—	61.51
租赁和商务服务业	—	—	1.36
科学研究和技术服务业	—	—	39.46
水利、环境和公共设施管理业	—	—	0.14
居民服务、修理和其他服务业	—	—	55.79
教育业	—	—	16.86
卫生和社会工作业	—	—	16.86
文化、体育和娱乐业	—	—	-43.70

固定资产投资增速情况统计表

表 40

指　标	2022 年比 2021 年增长（%）	指　标	2022 年比 2021 年增长（%）
固定资产投资	10.20	三、按投资构成分	
其中民间投资	10.83	建筑安装工程	6.8
一、按产业分		设备工器具购置	1118.1
第二产业投资	6.00	其他费用	-68.2
第三产业投资	23.20	四、按建设性质分	
二、按领域分		新建项目投资	16.3
基础设施投资	13.28	扩建项目投资	-14.0
工业投资	7.40	改建和技术改造项目投资	9.7
工业技改投资	3.12		

九大行业劳动工资总额增速情况统计表

表 41

指　标	2022 年比 2021 年增长（%）	指　标	2022 年比 2021 年增长（%）
房地产业从业人员工资总额	-6.1	公共管理和社会组织工资总额	20.2
科学研究和技术服务业工资总额	0.4	租赁和商务服务业工资总额	-16.3
居民服务、修理和其他服务业工资总额	19.3	文化、体育、娱乐业工资总额	10.4
教育行业工资总额	32.7	水利、环境和公共设施管理业工资总额	10.0
卫生和社会工作行业工资总额	23.3		

2022 年兴国县国民经济主要指标统计表

表 42

指 标	单 位	2021 年	2022 年	2022 年比 2021 年增长（%）
土地面积	平方千米	3215.00	3215.00	—
乡（镇）政府	个	25.00	25.00	—
镇政府	个	9.00	9.00	—
村民委员会	个	303.00	303.00	—
村民小组	个	4597.00	4600.00	—
年末总户数	万户	23.27	23.37	0.40
年末总人口	万人	85.87	86.02	0.20
乡村人口	万人	63.46	62.51	-1.50
地区生产总值	亿元	224.43	241.04	5.10
第一产业	亿元	35.93	37.93	4.30
第二产业	亿元	73.41	80.47	6.40
第三产业	亿元	115.09	122.64	4.60
三大产业比重	—	16.0 ： 32.7 ： 51.3	15.7 ： 33.4 ： 50.9	—
农林牧渔业总产值	亿元	58.77	62.36	4.60
规模以上工业增加值	亿元	—	—	8.50
固定资产投资	亿元	—	—	10.20
社会消费品零售总额	亿元	106.10	111.28	4.90
进出口总额	亿元	6.00	9.31	59.00
出口总额	亿元	5.70	9.12	64.59
实际利用外资	万美元	12545.00	407（新口径）	299.00
实际利用省外 2000 万元以上项目资金	亿元	40.33	44.28	9.80
一般公共预算收入	亿元	9.62	10.07	4.70
一般公共预算支出	亿元	56.62	55.68	-1.70
金融机构年末存款余额	亿元	328.66	379.00	13.10
金融机构年末贷款余额	亿元	241.67	285.00	15.10
城镇居民人均可支配收入	元	34227.00	36011.00	5.20
农村居民人均可支配收入	元	14525.00	15719.00	8.20

财政收支情况统计表

表 43

指 标	单 位	2021 年	2022 年	2022 年比 2021 年增长（%）
财政总收入	亿元	—	24.29	5.3
一、税收收入	万元	—	64010.00	-10.9
二、非税收入	万元	—	36683.00	50.6
一般公共预算收入	亿元	9.62	10.07	4.7
一般公共预算支出	亿元	56.62	55.68	-1.7
政府性基金收入	亿元	—	9.35	64.0
政府性基金支出	亿元	—	23.45	83.2
向上争取资金	亿元	52.03	59.87	15.1
上级转移支付资金	亿元	38.85	41.04	5.6
有偿资金	亿元	10.99	18.83	71.4

兴国县 2022 年主要经济指标及全市排位统计表

表 44

指标名称	单 位	指标值	总量排位	增 速	增速排位	全市平均增速（%）
地区生产总值（季度）	亿元	241.04	8	5.10	12	5.20
三次产业结构比	—	15.7 ∶ 33.4 ∶ 50.9(一产 37.93 亿元，增长 4.3%；二产 80.47 亿元，增长 6.4%；三产 122.64 亿元，增长 4.6%）				
规模以上工业增加值	亿元	—	—	8.50	15	8.80
工业用电量	亿千瓦时	3.21	12	22.78	2	4.10
500 万元以上固定资产投资	亿元	—	—	10.20	13	9.70
其中：工业投资	亿元	—	—	7.40	13	-0.30
财政总收入	亿元	24.29	—	5.30	—	—
一般公共预算收入	亿元	10.07	10	4.70	7	4.10
其中：地方税收收入	亿元	6.40	9	-10.90	13	-12.80
社会消费品零售总额（季度）	亿元	111.28	6	4.90	16	5.70
其中：限额以上社会消费品零售额	亿元	25.45	5	29.70	16	19.10
进出口总额	亿元	9.31	—	59.04	—	39.90
其中：出口总额	亿元	9.10	14	64.59	5	43.00
实际利用外资（现汇进资）	万美元	407.00	16	299.02	1	4.30
利用省外 2000 万元以上项目资金	亿元	44.28	13	9.79	11	9.77
城镇居民人均可支配收入（季度）	元	36011.00	10	5.20	10	5.20
农村居民人均可支配收入（季度）	元	15719.00	10	8.20	9	8.30

（谢平生）

本栏编辑：曾晓云

附　录

组织机构及负责人

（起讫时间 :2022 年 1—12 月）

县级领导机构成员名录

中共兴国县委

书　记：李贱贵
副书记：刘章宏
　　　　张人富
　　　　李旭丹（任至 5 月）
　　　　潘薪如（女，挂职）
　　　　柴一凡（挂职，7 月任）
常　委：李　敏　邹芬芬（女）　邓冬猛
　　　　王　冰　文　武　汪世海　梁　敏
　　　　任家胤　申维东（挂职，任至 5 月）
　　　　陈　铭（6 月任）

兴国县人大常委会

党组书记、主任：魏国寿
党组副书记、副主任：刘玉林
党组成员、副主任：范景元　江　华
　　　　　　　　　庄　敏（女）　曾春生
副主任：王丽娟（女）
原主任：曾令峰
三级调研员：吕　敏
保留副处级待遇干部：杨爱群
二级巡视员：陈文俊（任至 9 月）

兴国县人民政府

县　长：刘章宏
副县长：邹芬芬（女）　潘薪如（女，挂职）
　　　　柴一凡（挂职，6 月任）　文　武
　　　　陈　铭（6 月任）　申维东（挂职，任至 5 月）　刘震民　唐芳浩　刘　文
　　　　张茶根　毕　潋（女）
党组成员：曾祥燕　余晓龙（4 月任）

政协兴国县委员会

党组书记、主席：邱小林
党组副书记、副主席：叶　方
党组成员、副主席：李文涛
副主席：吴晓文（女）　雷从华（女，畲族）
　　　　谢燕九（女）
一级调研员：钟贺雄
党组成员、秘书长：曾志明

县委工作部门

县委办公室

主　任：曾高良
副主任：邱先华　钟龙兴（任至 9 月）
　　　　曾三宝　江科强（12 月任）
县发展研究中心副主任：肖　明（4 月任）
　　　　　　　　　　　欧阳培源（8 月任）

县委组织部

部　长：王　冰
常务副部长：李崇星
副部长：曾　春（女）　张继兴　谢荣培
部务委员、“两新”工委副书记：杨　婷（女）
县直机关工委书记、“两新”工委书记：张继兴（兼）
县委党建和人才服务中心主任：王斯禄(任至8月)
县委党建和人才服务中心副主任：赵　峰
县委老干局局长：曾　春（女，兼）
县老干部活动中心主任：徐常荣

县委宣传部

部　长：邓冬猛
常务副部长：曾祥海
副部长：练卫灵（11月兼任文明办主任）

县委统战部

部　长：汪世海
常务副部长：姚荣臻（兼任侨联主席）
副部长：陈　晗　陈春贵
统战工作联络中心主任：李文柱

县委政法委

书　记：梁　敏
常务副书记：刘庆红
副书记：钟富海　梁耀祖
政治部主任：李文滢（12月任）
县综治中心主任：李愈宽（8月任）

县委网信办

主　任：曾　智
副主任：李　桦

县委编办

主　任：谢荣培（兼）
副主任：张才桂（女）　吕　琛（女）
县机构实名制管理中心主任：刘衍锋（11月任）

县委信访局

局　长：曾祥燕
副局长：徐洪卫　邹云飞
信访督查专员：欧阳海燕（女，9月任）

县委保密和机要局

局　长：张学平
副局长：王大祺
县委保密委专职副主任：江雨珍（女）

县史志研究室

主　任：张开泉（4月任）
副主任：钟宗亮（4月任）

县委党校

校　长：张人富（兼）
常务副校长：刘　毅
副校长：罗雪姣（女）　赖福荣（任至4月）

县人大常委会机关

县人大常委会办公室主任：邹志斌
副主任：陈瑞珍　郑兰生（任至5月）
县人大财政经济委员会主任委员：林周敏
副主任委员：梁祖斌
县人大法制委员会主任委员：赖云峰
副主任委员：郭小平
社会建设委员会主任委员：凌传昌
副主任委员：肖　林
县人大教育科技文化卫生委员会主任委员：康小青（女）
副主任委员：谢玉平
县人大农业农村与城市建设环境资源保护委员会主任委员：黄翔机
副主任委员：李虞森
县人大常委会监察司法和备案审查工作委员会主任：胡智荣
副主任：叶　青
县人大常委会预算审查工作委员会主任：钟功斌
副主任：宋光灿
县人大常委会选举任免和代表联络工作委员会主任：李燕平
副主任：何绍东（11月任）
县人大常委组成人员：
魏国寿　刘玉林　王丽娟（女）　范景元
江　华　庄　敏（女）　曾春生　邹志斌
林周敏　赖云峰　钟功斌　黄翔机
康小青（女）　胡智荣　凌传昌　李燕平
李崇星　姚荣臻　曾祥海　林慧珍（女）
王声辉　黄水宝　黄承福　兰雪萍（女 畲族）
王世鹍　黄青梅　王兴华（女）　何久泉

陈积慧　张丽群（女）　何绍明

县政协机关

机关党组书记：曾志明
办公室主任：曾海林
　副主任：汪丽芳（女）
提案委员会主任：欧阳瑞青
　副主任：曾　军
经济委员会主任：胡忠明
　副主任：刘积新
教科卫体和文化文史学习委员会主任：张智斐
　副主任：陈小健
法制社团委员会主任：张富强
　副主任：汪荣生
人口资源环境委员会主任：钟林轶（女，任至5月）
　副主任：林　勇
农业和农村委员会主任：许世勇
　副主任：易祖源
县政协常委会常委：
　邱小林　叶　方　吴晓文（女）　雷从华（女）
　谢燕九（女）　李文涛　曾志明　王志强
　王斯禄　邓　婵（女）　吕伟红（女）
　刘东明　许世勇　李建民　李美芳（女）
　杨艺璠　邹润长　张　宁　张智斐　张富强
　张颢舰　陈　晗　陈远奎　欧阳常清
　欧阳瑞青　胡忠明　钟小华（女）　钟永生
　钟光新　钟林轶（女）　钟显荣　钟素琼（女）
　修明岳　黄勇博　曾海林　谢文锋　谢文煊
　赖丽萍（女）　赖家美（女）　廖　群（女）

县纪委县监委机关

纪委书记、监委主任：李建华（任至6月）
　温秋宁（7月任纪委书记、代主任）
纪委副书记、监委副主任：钟圣炯　危先民
　林琼华
纪委常委、监委委员：杨传宝　李丽荣　黄　海
纪委常委：黄建云　李　泓
监委委员：张艳芝　黄　斌
办公室负责人、赣州党风廉政教育兴国管理中心主任：熊胜勇
信访室主任：娄向东（任至11月）
组织部部长：马　莉（女）
宣传部部长：余敏燕（女）
党风政风监督室主任：张才林
案审室主任：张　琼（女，任至8月）
纪检监察干部监督室主任：连仕珍（女）
案件监督管理室主任：张艳芝（女，任至8月）
　娄向东（11月任）
第一纪检监察室主任：黄建云
第一纪检监察室副主任：曾博文
第二纪检监察室主任：方奕昌
第三纪检监察室主任：邓远红
第四纪检监察室主任：黄　斌（任至8月）
第五纪检监察室主任：刘志辉
第六纪检监察室主任：黄　海（任至8月）
派驻第一纪检监察组组长：侯克平（任至11月）
　朱向夷（11月任）
　副组长：黄友柏（任至11月）
派驻第二纪检监察组组长：钟盛明（任至11月）
　刘水香（女，11月任）
　副组长：罗穆煌（任至11月）
派驻第三纪检监察组组长：李永宏
　副组长：谢昌全（任至11月）
派驻第四纪检监察组组长：李卫东
　副组长：魏勇峰（任至11月）
派驻第五纪检监察组组长：欧阳海燕（女，任至8月）　魏勇峰（11月任）
　副组长：刘衍煌（任至11月）
派驻第六纪检监察组组长：王先伟（任至11月）
　刘　伟（11月任）
　副组长：刘　伟（任至11月）
派驻第七纪检监察组组长：李　泓（任至11月）
　王学伟（11月任）
　副组长：王学伟（任至11月）
派驻第八纪检监察组组长：肖生辉
　副组长：刘水香（女，任至11月）
派驻第九纪检监察组组长：邱福军（任至11月）
　曾旭升（11月任）

副组长：曾旭升（任至11月）
派驻第十纪检监察组组长：肖一帆（女）
副组长：余晓斐（任至11月）
派驻第十一纪检监察组组长：陈 航（女）
副组长：朱向夷（任至11月）
派驻第十二纪检监察组组长：朱能荣（任至11月）
罗漫森（11月任）
副组长：罗漫森（任至11月）
县委巡察办主任：李丽荣
副主任：黄 璜
县委第一巡察组组长：李玉生
巡察专员：钟 盛
副组长：曾 华
县委第二巡察组组长：黄 志
巡察专员：钟功奇
副组长：郭 明
县委第三巡察组组长：曾祥海
巡察专员：揭玉金
副组长：杨 民
县委第四巡察组组长：韩卫东
巡察专员：廖先荣
副组长：崔 瑛（女）

县人民法院

党组书记、院长：陈俊奇
党组副书记：宋润生（7月任，9月任副院长）
党组成员、副院长：徐宏煦 肖久明 钟国庆
政治部主任：黄力波
执行局局长：钟国树

县人民检察院

党组书记、检察长：谢 灯（女）
党组副书记、副检察长：周永生
副检察长：杨彩茂（9月任） 胡嘉应（任至9月）
谢文煊（9月任）
政治部主任：李 伟

县政府工作部门

县政府办公室

主 任：余晓龙（5月任）
副主任：范逢先 陈 琦 刘祥平
县金融服务中心党组书记、主任：江正荣（2月任）
副主任：邱仁中 张 君 罗祖根（4月任）

县发改委

党组书记、主任：刘方明
副主任：李文明 李 华
县项目推进中心书记、主任：陈先亮（2月任）
副主任：林传汶（2月任） 刘小英（女，5月任）

县教科体局

工委书记、局长：庄 刚
工委副书记、副局长：郭声文
副局长：邱昌源 刘建荣 周 伟 钟云明
总督学：邱福军（12月任）
教体事业发展中心主任：黄福荣（6月任）

县工信局

党组书记、局 长：谢 磊
副局长：钟修源 邹舒彦
县工业和信息化局融合推进中心主任：谢 申

县公安局

党委书记、局长：刘震民
党委副书记、政委：钟东荣
副局长：胡怀通 赵禾苗（3月任）
鲁玺龙（任至3月） 余政梁（挂职）
副政委：邱国林 陈 峰
工会主席：汪传勇
县交管大队大队长：姜芳友（7月任）
教导员：姜芳友（任至7月） 李周基（7月任）
副教导员：李雪平
副大队长：刘小园 邱禄民（7月任）
黎淦清（7月任）

县司法局

党组书记、局长：刘磊元
副局长：肖建明 刘熙海 李 玉（女）

县民政局

党组书记：李晓玲（女，5月任）

局　长：李晓玲（女，任至4月）
钟林轶（女，5月任）
副局长：刘卫东　林家发
县民政服务中心主任：杨美兰（女）

县财政局

党组书记、局长：赖如钦
副局长：凌联优　谢剑平　刘　英（女）
县国有资产服务中心副主任：吴艳梅（女）
县公共服务中心主任：欧阳筠（女，5月任）

县人力资源和社会保障局

党组书记、局长：刘和亲
副局长：胡崇任　朱贤文　李　慧（女，10月任）
就业中心主任：钟小华（女）
社保中心主任：钟桂生（7月任）

县自然资源局

党组书记、局长：刘中华（5月任）
副局长：钟声材
县自然资源综合服务中心主任：钟旭辉
县自然资源监察大队大队长：欧阳红星

县住房和城乡建设局

党组书记、局长：王　捷
副局长：曹新兴（女）　魏崧山　刘德宝
黄　海　王新春　刘良峰
县建筑勘察设计院院长：钟敬华

县交通运输局

党组书记、局长：谢　志
副局长：吴海萌　罗金明　谢庆寿

县水利局

党组书记、局长：袁仕峰
副局长：温正茂　刘　伟　雷建芳
工会主席：郭新娣（女）
县水土保持中心主任：刘文忠（7月任）

县农业农村局

党组书记、局长：刘世环
党组副书记、副局长：李赞强
副局长：刘世俊　邓慧敏　钟恩春（任至4月）
曾昭标（任至12月）　张　健
县农业综合行政执法大队大队长：黄　鹏
县农业技术推广中心主任：邱晓辉（6月任）

县乡村振兴局

党组书记、局长：吴　沣
副局长：黄春华（女）

县商务局

党组书记、局长：邱　林
副局长：张成林　廖香海　侯小红（女）
黄勇博（12月任）
县招商服务中心主任：黄丽萍（女，7月任）
副主任：王明华（女，任至9月）　邓燕萍（女）

县文广新旅游局

党组书记、局长：李人庆
副局长：曾宪炜　吴小琴（女）　谢昌炳
张　宁　潘定明
文化市场综合行政执法大队大队长：李年锦

县卫生健康委员会

工委书记、主任：王金陵（女）
副主任：刘　波　夏唐辉　肖　洪
工会主席：雷　力（女，畲族）
计生协会会长：廖蒂琼（女，兼）

县退役军人事务局

党组书记、局长：胡启伐
副局长：杨建桓　王艳春（女）
李　超（兼，3月任）

县应急管理局

党委书记、局长：焦利华
副局长：钟保华 邱卫红
县防灾减灾中心主任：夏侯芳（7月任）
副主任：林春华（女）　严　亮

县审计局

党组书记、局长：杨朝晖
经责办主任：邱隆富
副局长：李如军　李美芳（女）
总审计师：张丽群（女，2月任）

县林业局

党组书记、局长：钟齐俊（5月任）
副局长：李小平　钟正蓬

县市场监督管理局

党组书记、局长：邓富明
副局长：谢贻荣　刘　建　廖卫平
谢开军　熊绪茂
市场监督稽查大队大队长：方富强
县商务执法大队副大队长：王世鹍　谢启清

县统计局

党组书记：邱联鸿

局　长：廖　群（女）

副局长：陈　崴（5 月任）

县城市管理局

党组书记、局长：钟茂辉

副局长：张声明 温世荣 戴文军

市政公用事业服务中心主任：黄　波（2 月任）

综合行政执法大队大队长：钟　华（2 月任）

县行政审批局

党组书记、局长：郭德鑫

副局长：钟定生　潘永平（女，12 月任）

县政务服务和大数据发展中心党组书记、主任：
谢林洪（9 月任）

副主任：王　萌（女，8 月任）　毛健宇（12 月任）

县机关事务管理局

党组书记、局长：黄　毅

副局长：郭源群　陈奉兰（女）　吕丽珍（女）

红色资源保护发展中心

主　任：曾三生（4 月任）

副主任：冯红艳（女）

县住房保障安置服务中心

党组书记、主任：卢　坚（7 月任）

副主任：邱　宇（女，7 月任）

潋江国家湿地公园管理局

局　长：曾　文

副局长：陈国华（女）　肖来金

县果茶发展服务中心

主　任：肖　楠（4 月任）

县科创中心

党组书记、主任：肖观福（4 月任）

副主任：李素美（女，2 月任）　刘　敏（5 月任）

县融媒体中心

主　任：魏凡祥

副总编辑：李志海

副主任：谢华荣（8 月任）

县供销社

党组书记：陈　勇

理事会主任：刘东明

理事会副主任：夏立波（3 月任）

监事会主任：赖福荣（4 月任）

监事会副主任：李宇清

工会主席：刘和宾

群团组织

县总工会

党组书记、主席：刘玉林（兼）

常务副主席：李建民

副主席：陈美英（女）　谢均平（挂职，11 月任）
黄福荣（兼）　黄忠东（兼）

县群团综合服务中心主任：李　群（女，1 月任）

共青团兴国县委

书　记：肖亚萌（女）

副书记：魏明涵　温　峥（挂职，11 月任）

县妇联

党组书记、主席：林慧珍（女）

副主席：游慧桢（女）
张晓春（女，挂职，11 月任）

县科协

党组书记、主席：吴椿华（任至 3 月）
陈　平（4 月任）

副主席：黄　晓　王根深

县文联

主　席：雷智国

副主席：钟贞培　李尚峰（挂职，11 月任）

县社联

主　席：王培斌

副主席：康　艳（女，挂职，11 月任）

县残联

党组书记：黄承德

理事长：曾　莹（女）

副理事长：刘小平　李　楠（挂职，11 月任）

县红十字会

会　长：刘　文（兼）

常务副会长：张声兰（女）

专职副监事长：顾　盼（女）

县工商联

工商联主席：雷从华（女，兼）

党组书记、常务副主席：陈　晗（兼）

副主席：魏发生

县国有企业部门

城投公司

城控集团、城投公司董事长：刘　俊
副总经理：钟显荣
城投公司副总经理：巫祚炎　曾振华（任至5月）
城投集团副总经理：吕　毅　肖　明
国资公司董事长：黄卫全
副总经理：吴　岚（女）　陈建冬
国资中心副主任：吴天祥
城控集团监事长、城投集团副监事长：陈长春

县汽车站

站　长：陈效宏
副站长：刘晓鹏（任至4月）　刘福沛（任至9月）
　　　　朱仕华（11月任）

县医药总公司

总经理：刘南海
副总经理：刘德桢　肖春福　李喜华（女）
　　　　　严　政　陈庆炳

兴国宾馆

总经理：陈永健

县自来水公司

总经理：刘叶飞

驻县单位

县消防救援大队

教导员：简建军
大队长：宋永贵
副大队长：赖　华

县税务局

党委书记、局长：吕学昌（任至3月）
　　　　　　　　赖俊勇（4月任）
副局长：何伟林　欧阳少鸿　廖书东　曾庆华
纪检组组长：邱学亭（任至8月）
　　　　　　朱红华（10月任）

县生态环境局

局　长：张家亮
党组负责人：陈景德
副局长：谢　振　邱漪男（女）
执法大队大队长：朱华东
技术服务站站长：李　杰

县医保分局

局　长：曾宪涵
副局长：洪　桢

兴国调查队

队　长：黄德思
副队长：欧阳翠华（女）　肖崇玮（8月任）

住房公积金中心

主　任：黄　红（女）

县银保监组

组　长：曾昭明

中国人民银行兴国县支行

党组书记、行长：刘忠云
副行长：陈元斌　黄海民
纪检组组长：石健雄

县气象局

局　长：曾海荣
副局长：王文勇
县气象台台长：古赞飞（9月任）

县烟草专卖局

局长、经理：陈　刚（任至2月）
　　　　　　曾　鸣（3月任）
副经理：丁振伟　许明敏
副局长：胡柏川

县公路发展中心

主　任：钟小洪
副主任：揭林生

县邮政公司

总经理：李伟平（5月任）　谢良干（任至4月）
副总经理：廖丁生　钟玉红（女）　钟文星

中国农业发展银行兴国县支行

行　长：桂仪菲（女）
副行长：刘江南

中国建设银行股份有限公司兴国支行

行　长：邓　伟
副行长：曾健辉

中国工商银行股份有限公司兴国支行

行　长：胡　明

中国银行股份有限公司兴国支行

党总支书记、行长：黄桂花（女）

副行长：邓　清（女）　何　敏

中国农业银行股份有限公司兴国支行

党委书记、行长：郑章华（4月任）

纪委书记：黄福建

副行长：凌厚伟　钟俊峰（7月任）

江西农商银行兴国支行

党委书记、董事长：黄文彬

行长：刘　斐

副行长：王智斌　陈淏龙

监事长：陈志凌

赣州银行兴国支行

行　长：钟　慧

副行长：胡建华 肖宇翔

中国邮政储蓄银行兴国支行

行　长：赖圣泉

副行长：张抚州

江西银行兴国支行

行　长：朱 亮

副行长：谢宗良

九江银行兴国支行

行　长：张 文

新华村镇银行兴国支行

董事长：钱 竞

行　长：王学辉

副行长：束少红

中国人寿保险股份有限公司兴国支公司

经　理：杨　锋（任至3月）

白春兰（女，3月任至8月）

刘志亮（8月任）

副经理：周思才　艾景富

中国财产保险有限公司兴国支公司

经　理：刘江坤

副经理：刘建民　杨小英（女）

县供电公司

经　理：陈芳勇

党委书记、副经理：张　闻

纪委书记、工会主席：许智柠

副经理：王德凯　贺永峰

副经理、总工程师：詹亮星

县电信公司

总经理：刘名海

副总经理：欧阳瑞峰　袁　莉（女）

县移动公司

总经理：何　军

副总经理：赖庆锋　钟少阳

县联通公司

总经理：叶观福

县石油分公司

经　理：李子丰

副经理：刘田民

县新华书店

经 理：欧阳如添

副经理：叶春平　陈　军　艾永生

中储粮兴国分库

经　理：刘怡平

副经理：刘贵升　罗　毅

广电网络兴国公司

总经理：欧阳澔（任至2月）　胡海涛（3月任）

副总经理：胡海涛（任至2月）　谢伟东

王　清

学 校

兴国中学

党委书记、校长：钟小彧

副校长：刘安金　吴欣然　钟付尘（8月任）

工会主席：连仕玉（女）

平川中学

党委书记：李忠明

校　长：李忠明（任至8月）　钟文锋（8月任）

副书记：杨彩根（任至8月）　钟文锋（8月任）

副校长：谢宝珠（任至8月）　廖　平（任至8月）

王光祖　谢海清（8月任）

李华平（8月任）

兴国三中

总支书记、校长：赵万胜

副书记：邱群华（任至8月）

副校长：刘德福（8月任）　黄承华（8月任）

邱　琛（8月任）　王斯芳（任至8月）
钟文锋（任至8月）　李华平（任至8月）

兴国中等专业学校

总支书记：王斯禄（8月任）
校　长：陈紫庄（任至8月）　胡东京（8月任）
副校长：谢显棋（任至8月）　胡东京（任至8月）
陈佑炳　张永松（8月任）

中等卫生职业技术学校

校　长：兰雪萍（女）

医　院（含疾控中心）

县人民医院

副书记、院长：朱艳萍（女）
副书记：黄向萍（女）
副院长：杨　军　黎昌茂　赖丽萍（女）
纪委书记：张运宇
工会主席：侯军文（女）

县中医院

副院长：刘忠培　李建兴　钟南海
工会主席：杨兴玉

县妇保院

党支部书记：王利民
院　长：李德辉

县疾病预防控制中心

主　任：曾洪运（任至8月）　周祥军（9月任）

乡　镇

潋江镇

党委书记：杨　苧（女）
副书记：魏恩平　钟科鸣（兼宣传、统战委员）
纪委书记：胡开梅（女）
组织委员：张国军
政法委员：许国春
人武部长：张　森
人大主席：王声辉
副主席：李　蓉（女）
镇　长：魏恩平
常务副镇长：谢金标
副镇长：李兴平（女）　王志勇　王显华
黄子良
综合行政执法大队大队长：蔡彦平（5月任）
综合便民服务中心主任：王晓敏（女）

江背镇

党委书记：肖燕萍（女）
副书记：宋愈胜　王继业
纪委书记：池美艳（女）
组织委员：张昌祯
宣传委员：黄燕玲（女）
政法委员：李志锋
人武部长：郭龙兴
人大主席：刘东升
副主席：胡师鹤（12月任）
镇　长：宋愈胜
常务副镇长：汤光华
副镇长：李庆华　黄必鑫
司法所所长：王显树
综合行政执法大队大队长：张祖平
综合便民服务中心主任：黄传英（女）

古龙岗镇

党委书记：胡启斌
副书记：曾庆斌　俞献文
纪委书记：钟崇旺
组织委员：曾文蓉（女）
宣传、统战委员：黄金泉
政法委员：陈景洲
人武部长：谢　欣
人大主席：肖光辉
副主席：邱联锦
镇　长：曾庆斌
常务副镇长：钟海华
副镇长：叶剑波　王　冰　钟海明
司法所所长：何箕全
综合行政执法大队大队长：谢　龙
综合便民服务中心主任：温承鑫

梅窖镇

党委书记：温永泉（任至9月）　钟太斐（10月任）
副书记：丁煜峰　陈晓光（兼宣传、统战委员）
纪委书记：吴腾飞

组织委员：侯海飞
政法委员、人武部长：杨建林
副主席：李林法
镇　长：丁煜峰
常务副镇长：曾庆旭
副镇长：廖燕梅　吴太阳　陈煜文　邹应钦
司法所所长：熊芳明
综合行政执法大队大队长：曾小明
综合便民服务中心主任：徐雪梅（女）

高兴镇

党委书记：廖桥生
副书记：吕　泓　王方萌
纪委书记：黄　清
组织委员：黄雄飞
宣传、统战委员：曹绪通
政法委员：许春伟
人武部长：钟观发
人大主席：黄水宝
副主席：黄雄飞（兼）
镇　长：吕　泓
常务副镇长：陈　中
副镇长：李名雪　廖芸茹（女）　周甘华（女）
　　　　刘献华
司法所所长：廖纶江
综合行政执法大队大队长：刘载斌
综合便民服务中心主任：肖玉燕（女）

良村镇

党委书记：邱　安
副书记：刘厚祥　周余平
纪委书记：谢　帅
组织委员：凌素青（女）
宣传、统战委员：余春凤（女）
政法委员、人武部长：孙　卉
人大主席：李　炳
副主席：刘上林
镇　长：刘厚祥
常务副镇长：邹远星
副镇长：张有金　杨祥明　王话宁（女，3月任）
司法所所长：钟　宇（女，5月任）
综合行政执法大队大队长：凌永辉（5月任）
综合便民服务中心主任：陈祚林

龙口镇

党委书记：娄向南
副书记：明　南　陈　亮（兼宣传、统战委员）
纪委书记：邱修智
组织委员：谢齐亮
人武部长：张　超
人大主席：杨春辉
人大副主席：谢齐亮（兼）
镇　长：明　南
常务副镇长：洪　忪（任至5月）
副镇长：汪扬帆　谢贻萍（女）　吕　倩（女）
司法所所长：谢采虹（女）
综合行政执法大队大队长：钟　杰（5月任）
综合便民服务中心主任：钟　健

城岗镇

党委书记：康汉林
副书记：王文锋　钟斐然
纪委书记：谢怡君（女）
组织委员：周小斌
宣传、统战委员：曾荣华
政法委员、人武部长：张　辉
人大主席：钟衍胜
副主席：周小斌（兼）
镇　长：王文锋
常务副镇长：付太平
副镇长：谢小平　曹　斐（女）　宋仙伟
司法所所长：魏明涵（任至1月）　寿　威（2月任）
综合行政执法大队大队长：曾卫民
综合便民服务中心主任：邹贵雄

永丰镇

党委书记：刘延明（任至9月）　钟龙兴（10月任）
副书记：张栩滔　钟喜建
纪委书记：刘国宝
组织委员：李志斗
宣传、统战委员：韩建超（女）
政法委员：丁国梁
人武部长：钟艳平
人大主席：钟崇禧（任至11月）　刘三秀（12月任）
副主席：李志斗（兼）
镇　长：张栩滔
常务副镇长：谢根平

副镇长：杨建华（女） 谢国志 谢红英（女）
综合行政执法大队大队长：刘 智
综合便民服务中心主任：曾丹丹（女）

兴江乡

党委书记：陈正卫
副书记：何绍明 张炎泽
纪委书记：杨经鼎
组织委员：江科强（任至11月） 谢 徽（12月任）
宣传、统战委员：娄泽根
人武部长：刘金泉
人大主席：钟 明（女）
副主席：钟佐亮
乡 长：何绍明
常务副乡长：肖崇玮（任至7月） 黄浩（12月任）
副乡长：黄 盖 钟海龙 罗 洪（1月任）
司法所所长：胡 婷（女，5月任）
综合便民服务中心主任：彭海东

樟木乡

党委书记：陈启斌
副书记：王 姝（女）
刘三秀（女，兼宣传、统战委员）
纪委书记：赖 湉
组织委员：黄奕强
政法委员、人武部长：康志勇
人大主席：涂剑峰
副主席：黄奕强（兼）
乡 长：王 姝（女）
常务副乡长：庄建兴
副乡长：刘香莲（女） 吴玮皓
综合行政执法大队大队长：钟 春
综合便民服务中心主任：谢 辉（任至11月）

东村乡

党委书记：曾万鸿
副书记：贺松涛 汪 堃
纪委书记：李赞松
组织委员：邹 升（女）
政法委员、人武部长：邓良星
人大主席：江南昌
副主席：邹 升（女，兼）
乡 长：贺松涛
常务副乡长：陈 勇
副乡长：黄东明 王远钦（6月任）
综合行政执法大队大队长：刘志强
综合便民服务中心主任：钟才彬

兴莲乡

党委书记：徐久发
副书记：杨广慧 陈春杨（兼宣传、统战委员）
纪委书记：巫福兴
组织委员：黄 文
政法委员、人武部长：陈日升
人大主席：钟玉金
副主席：黄 文（兼）
乡 长：杨广慧
常务副乡长：王粮元
副乡长：姚钱昌 钟时盛 黄 艳（女）
司法所所长：杨佳钰
综合行政执法大队大队长：邱祖贵
综合便民服务中心主任：熊跃辉

杰村乡

党委书记：刘新林
副书记：彭同芳 陈少辉（兼宣传、统战委员）
纪委书记：钟检秀（女）
组织委员：廖艳晖（女）
政法委员、人武部长：何绍东（任至10月）
人大主席：邱日桦
副主席：廖艳晖（女，兼）
乡 长：彭同芳
常务副乡长：黄道鸿
副乡长：赖德鑫 陈 超 王万福
综合行政执法大队大队长：连海松（5月任）
综合便民服务中心主任：温 文

社富乡

党委书记：罗琼华
副书记、乡长：刘献拥 罗 成（任至12月）
纪委书记：闻 洪
组织委员：凌育洲
宣传委员：龚婷华（女，任至12月）
政法委员：邓经清
人武部长：陈长盛
人大主席：刘和子
乡 长：刘献拥
常务副乡长：黄奕荣

副乡长：朱福万　黄维兴　陈晓红
　　　　肖陈尚业（12 月任）
司法所所长：杨志华
综合行政执法大队大队长：谢文君（5 月任）
综合便民服务中心主任：陈异青

埠头乡

党委书记：王亚男（女）
副书记：赖家钿　刘林辉
纪委书记：张苑斌
组织委员：何香平
宣传、统战委员：叶远龙
政法委员：张小荣
人武部长：张业明
党委委员：佘欣璐（女，7 月任）
人大主席：刘　俊
副主席：凌宏香（女）
乡　长：赖家钿
常务副乡长：黄双海
副乡长：曾国华（女）　张红艳（女）
　　　　刘凡冬　钟　立
司法所所长：曾　璐（女，2 月任）
综合便民服务中心主任：张　强

隆坪乡

党委书记：谢燕玲（女）
副书记：刘韩斌　汤梅珍（女，兼宣传、统战委员，任至 11 月）　王海军（12 月任）
纪委书记：邱　建
组织委员：王先政
人武部长：陈宝红
人大主席：陈名武
副主席：王先政（兼）
乡　长：刘韩斌
常务副乡长：吕燕春（女）
副乡长：李寿平　赵焱平
司法所所长：王培元（5 月任）
综合行政执法大队大队长：陈庆辉
综合便民服务中心主任：赵林财

均村乡

党委书记：陈　军
副书记：朱耀盛　曾荣华
纪委书记：谢瑞平
组织委员：丁声滨
宣传、统战委员：徐云翔
政法委员：王春谷
人武部长：巫荣华
人大主席：蔡裕华
副主席：丁声滨（兼）
乡　长：朱耀盛
常务副乡长：陈　勇
副乡长：刘　菁（女）　钟福明
　　　　黄勇博（任至 11 月）
　　　　范　非（挂职，11 月任）
司法所所长：温存燕（女，2 月任）
综合行政执法大队大队长：刘忠俊（5 月任）
综合便民服务中心主任：邹万辉

茶园乡

党委书记：周子泓
副书记：刘和春　廖非香（女，兼宣传、统战委员）
纪委书记：刘　艳（女）
组织委员：崔　玮
人武部长：岳强仁
人大主席：唐怀忠
副主席：崔　玮（兼）
乡　长：刘和春
常务副乡长：王秦仙（女）
副乡长：钟飞元　上官泱（女）
综合行政执法大队大队长：李跃圣
综合便民服务中心主任：刘凤秀（女）

崇贤乡

党委书记：黄远波
副书记：王　芳（女）　陈喜玖
纪委书记：谢光明
组织委员：邓海东
人武部长：赵彦生
人大主席：黄承福
副主席：刘　琼（女，3 月任）
乡　长：王　芳（女）
常务副乡长：吕思昌
副乡长：谢文鑫　张功辉　肖　斌
综合行政执法大队大队长：郑亮福
综合便民服务中心主任：邱修林

枫边乡

党委书记：赖德桥
副书记：谢思敏　赖文局
纪委书记：刘　伟
组织委员：娄长福
政法委员、人武部长：吕其湘
人大主席：胡怀珍
乡　长：谢思敏
常务副乡长：欧阳昔勇
副乡长：高　飞　张　飙
综合行政执法大队大队长：肖江辉
综合便民服务中心主任：肖玉荣（女，5月任）

南坑乡

党委书记：徐　位（土家族）
副书记：刘文岩　曾宪华（兼宣传、统战委员）
纪委书记：万秀浪
组织委员：黄　瀛
政法委员、人武部长：边卫平
人大主席：杨文俊
副主席：黄　瀛（兼）
乡　长：刘文岩
常务副乡长：刘　欢
副乡长：熊金国　李灵杰
司法所所长：刘　兴（2月任）
综合行政执法大队大队长：罗伟清
综合便民服务中心主任：郭素梅（女）

方太乡

党委书记：谢龙华
副书记：谢剑云　钟水生（兼宣传、统战委员）
纪委书记：谢志刚
组织委员：胡信宝
政法委员、人武部长：赖光荣
人大主席：肖燚娜（女）
人大副主席：胡信宝（兼）
乡　长：谢剑云
常务副乡长：钟少芊
副乡长：杨立新　江集芬　朱　蕾（女）
司法所所长：谢　斌
综合行政执法大队大队长：马谟誌
综合便民服务中心主任：范海林

鼎龙乡

党委书记：刘世云
副书记：黄森澜　张世英（女）
纪委书记：张小丽（女）
组织委员：饶德寿
宣传、统战委员：王志强（3月任）
政法委员、人武部长：廖北京
人大主席：侯乐法
乡　长：黄森澜
常务副乡长：王志军
副乡长：程亮亮　王小亮　李崇亮
司法所所长：刘啟标
综合行政执法大队大队长：张　坚
综合便民服务中心主任：吴欣钊

长冈乡

党委书记：黄　鹏
副书记：钟太斐（任至9月）　孙　慧
纪委书记：刘汉文
组织委员：王海军
宣传、统战委员：王先荣
政法委员：刘兆东
人武部长：肖厚旗
人大主席：张瑞荃
副主席：王海军（兼）
乡　长：钟太斐（任至9月）
常务副乡长：彭家栋
副乡长：邓筱霖（女）　黄　浩
　　曾令钰（女，任至1月）
　　袁　赛　熊凤娇（女）
　　彭阳煌（5月任）　高　飞（12月任）
司法所所长：刘　辉
综合行政执法大队大队长：刘小荣
综合便民服务中心主任：李　良

城市社区

党工委书记：王永禄
副书记、管委会主任：罗观树
副书记：赖炜平
纪工委书记、监察组组长：江润民
党工委委员、管委会副主任：卢　坚（任至6月）
　　黄　艳（女）　曾繁根

经开区

党委书记：任家胤（兼，任至3月）
　　　　　钟　明（4月任）
副书记：钟　明（任至3月）
管委会主任：钟　明
党委委员、副主任：谢邦华　陈　亮
副主任：袁　赛（挂职）　曾远和（挂职）
司法所所长：聂开云

重要文件选辑

兴国县深入推进数字经济“一号发展工程”实施方案

兴发〔2022〕4号

为深入学习贯彻习近平总书记关于数字经济发展的重要论述，落实省、市关于深入实施数字经济“一号发展工程”的决策部署，抢抓数字经济产业密集创新和高速增长战略机遇，实现数字经济产业高速发展，结合我县实际，制定本方案。

一、发展目标

全力推动经济社会各领域数字化转型发展，按照“一年见成效、三年大突破、五年站前列”的目标定位，力争用5年左右的时间，实现数字经济增加值增速持续快于全县经济增速，快于全市平均增速，努力实现规模倍增、占全县GDP比重达到45%左右，数字经济核心产业增加值占全县GDP比重达到10%以上，数字产业化特色鲜明，产业数字化步伐加快，数字化治理提质增效，数字化新基建支撑有力，数字信息网络基础设施支撑能力和服务水平显著增强，工业企业数字化转型取得突破，推动全县数字经济发展水平迈上新台阶。

——*数字产业体系基本成形*。积极承接粤港澳大湾区、长三角、海西经济区等地区产业转移，引进一批高成长性的数字经济企业和项目，基本形成5G产业链、电子信息产业、大数据产业、物联网产业和线上经济产业等数字经济新业态。

——*数字基础设施显著提升*。促进数字化、网络化、智能化转型升级，打造高质量工业互联网，进一步完善城市数字化治理，促进智慧城市发展建设。到2025年，建成5G基站1000个以上，实现全县城区和行政村5G网络全覆盖。

——*数字赋能升级效果明显*。三次产业加快向数字化、网络化、智能化发展。到2025年，完成数字化转型工业企业50家以上，企业上云数量300家以上，数字技术在现代农业产业、服务业中得到广泛应用。

——*数字服务能力显著增强*。持续推进全县信息化集约化建设、信息基础设施共建共享，基本形成医疗卫生、教育、交通、环保、社保等公共服务领域城乡覆盖的集成化数字服务体系，通过“赣服通”兴国分厅实现“一网通办”和“掌上办”。

二、重点任务

（一）产业数字化转型赋能行动

一是加速工业数字化转型。围绕“2+1+N”产业集群，实施传统产业转型升级，开展全链条数字化改造。加强信息技术、自动化及人工智能技术的融合，鼓励企业建设智能生产线、智能车间、无人车间，打造智能工厂，建立数字化供应链体系，力争培育建成2个以上智能工厂、数字车间。加快构建工业互联网平台服务体系，鼓励企业开展产线级、车间级5G应用场景创新运用。推进工业互联网标识解析综合二级节点和纺织服装行业二级节点建设。实施“企业上云赋智”行动，力争2022年企业上云数突破30家，打造1家上云标杆企业。支持企业开展工业物联网基础设施改造，形成与经济社会发展相适应的融合基础设施体系。

二是提升服务业数字化水平。发展智慧文旅，鼓励景区、酒店、民宿、商铺与电商平台加强合作，开展门票酒店在线预订、产品网络销售、优惠团购等线上服务。推动人工智能与养老陪护等特色行业的融合应用。依托兴泉铁路高标准建设赣闽国际陆港，建设智能仓储和智慧物流体系，发展云仓、城市末端共同配送等物流新模式。积极争取省市绿色金融、普惠金融、科技金融、供应链金融、红色文化金融等试点示范，抢抓区块链等技术在支付清算、金融交易等领域应用机遇，赋能我县服务业转型升级。

三是加快农业数字化步伐。深化“互联网 +”农产品出村进城工程，大力发展农产品直播带货等新模式，出台扶持政策，助力规范规模发展。探索建立“模范兴国”地域性农特产品营销品牌，整合特产资源，挖掘文化、塑造品牌、打造爆款、统一推广，助推油茶、茶叶、灰鹅、脐橙、红薯干、生姜等特色农产品做大市场、唱响品牌。建设一批数字化农业基地，推动农业生产、经营、管理智能化。依托富硒芦笋基地，搭建蔬菜产业大数据平台，通过大数据、人工智能、区块链等技术在农资供应链、生产检测、农产品溯源等应用场景开展深入探索，打造智慧粤港澳大湾区蔬菜供应基地。

（二）数字化治理创新提质行动

一是建设智慧政府。依托“赣政通”电子政务一体化平台，完善推广掌上办公应用，全面推进县、乡、村移动办公，实现办文办会、后勤管理、资产管理等数字化应用，构建办公数字闭环。利用“一网通办”数字化改革试点县契机，推动基于互联网、自助终端、移动终端的政务服务入口全面向基层延伸，结合“赣服通”兴国分厅建设，实现政务服务“全程在线”，搭建县级惠企政策兑现平台。全面推行政务服务“异地办”，积极扩大“异地通办”范围，逐步打通跨省业务链条和数据共享堵点。推行政务服务“一次办”，在“赣服通”兴国分厅上线县本级特色便民服务事项，逐步实现“掌上办”。

二是建设智慧城市。建设智慧社区综合信息服务平台，探索数字化在智慧物业管理、智慧养老服务、社区综合治理等场景的应用，加快智慧安防小区建设，提升网格化管理水平。建设全县医院网上就医、统一预约挂号、电子病历共享等网上平台，全面实现就医全流程智能化。建设兴国县教育云平台，提供线上课程资源，吸纳提供优质、适配的课程资源，促进教育均衡发展。完善县应急指挥中心建设，为应急指挥调度、城市运行监控、领导决策提供服务。建设智慧景区，对停车场、检票口、卫生间、路牌引导标识等景区基础设施进行智能化改造，创新景区公众号、电子路线图、智能找厕、智能停车、电子讲解等数字化服务，提升旅游体验。

三是建设智慧乡村。加强农村信息基础设施建设，推进集约高效、绿色智能、安全适用的数字乡村基础设施建设。加快建设“智慧乡村一码同用”数字平台项目，重点在一体化乡村大数据中心、乡村治理一张图和乡村一码同用平台等方面积极探索。加快建设基层党建信息化县乡村三级信息化软件平台，开通网络资源等第三方服务。深入实施“天网工程”“雪亮工程”，强化数字技术在疫情防控、乡村治理等方面的应用。

（三）数字产业化开源培育行动

一是精准招引数字名企。紧抓省、市深入推进数字经济创新发展行动机遇，围绕电子元器件、半导体照明、智能终端、物联网等重点产业赛道，实施数字经济产业链精准招商行动，积极举办数字经济靶向招商活动。建立完善数字经济项目“一把手招商”和数字经济重大项目社会化招商机制，强化与第三方专业招商机构合作，组建高质量的数字经济招商团队。用好兴国区位、交通优势，紧盯大湾区、长三角、闽东南等重点区域，重点引进一批引领性、标志性的数字经济项目。每年引进投资额亿元以上数字经济项目 5 个以上，到 2025 年初步形成数字经济产业集群。

二是发展壮大数字商贸。大力开展数字商贸智慧赋能行动，推进生活性服务业、传统零售业、夜间经济等数字化转型，推动商场、超市、便利店、农贸市场等传统商业进行数字改造。推广“线上订购服务到家”新理念，着力打造“一刻钟生活圈”，为居民提供购物、订餐、家政等线上预约、线下到家一站式服务，拓展商贸服务智能化。结合“传播兴国好声音、讲述兴国好故事、展示兴国好产品”推广计划，探索应用短视频、直播等引流形式，大力推进短视频、网红直播新业态。支持枫边、崇贤和茶园等乡镇打造“抖音小镇”，支持直播关注度较高的个人网红利用抖音、快手、小红书等 App 大量吸粉。用好流量经济，通过当地自然风光、民俗、农产品直播短片带动当地乡村旅游，农产品销售，推进乡村振兴。

三是扶优扶强电子产业。大力推进电子产业扶优扶强计划，出台电子产业扶持政策，引导电子信息企业向“专精特新”发展。鼓励电子产业加强对新技术、新工艺、新装备、新产品的开发运用，支持企业强化自主创新、协同创新，促进科技成果加速转化为企业市场竞争力。扶持做强联纲电子等电子信息产业重点企业，全力推进智能终端产业园、兴国永磁磁浮技术工程示范线等项目建设。加强企业工厂数字化规划设计、生产调度可视化管理，加强装备、系统间数据互联互通和数据实时采集分析，打造绿色安全、集约高效、实时优化的5G+生产新体系。

四是融合拓展数字文创。推动文旅资源数据化，依托“一园”“一院”“五馆”“七大革命旧址”等红色场馆红色文化聚落，建立红色文化数字化资源库。充分挖掘红色文化、山歌文化、民俗文化、历史文化等特色资源，提炼文化内涵，培育长征IP品牌，大力发展“动漫+文化+旅游”产业生态，培育“动漫+消费”新业态。鼓励长征IP动漫等衍生数字内容创作，打造统一的长征IP对外形象，加强长征IP资产、版权保护。结合“长征主题”之旅、“将军故里”之旅、“山歌体验”之旅等主题研学活动，开发一批内容丰富、地域特色鲜明、可研可学的沉浸式在线文化体验课程、数字研学产品等，积极培育文化创意设计、数字传媒等产业。

（四）数字新基建提档升级行动

一是全面升级网络基础设施。推进5G基建攻坚行动，加快部署5G网络，持续提升5G基站建设共建共享水平，提高重点区域5G覆盖密度，统筹推进5G网络城区及行政村全覆盖。推进宽带扩容及光网改造，实现“光纤到户”，推动网络提速降费，实现城乡光网全覆盖。城乡普遍提供双千兆级接入服务能力，满足城乡家庭灵活多样信息服务需求。加强工业互联网建设，打造高质量园区网络，做好关键信息基础设施和数据安全保护，强化网络安全。

二是聚力打造融合基础设施。高效布局人工智能基础设施，加快城市服务智能感知设施部署。推进能源、生态环境、道路交通等传统公共基础设施的数字化、网络化、智能化改造。建设智慧电网、智慧管网、智慧生态、智慧水利等新型融合应用基础设施。部署智慧灯杆、智能充电桩等新型城市基础设施，对原有路灯及充电桩进行智能化改造，打造更为智能、便捷、高效的全方位一体化的城市资源感知体系。

三是大力筑牢平台基础。不断提升园区承载能力，大力推进开发区基础设施建设，完善园区市政设施配套建设工程，建成智能终端产业园。持续推进开发区扩容提质，每年新建标准厂房不少于50万平方米。着力推进闲置土地清理，实施“腾笼换鸟”工程，强化“亩产效益论英雄”导向，全面提升园区土地利用效率。提升工业园区的数字化治理能力，加强园区集聚效应，建立智能化、一体化园区管理体系。

三、工作保障

（一）加强组织领导，助推“一号发展工程”。成立兴国县发展数字经济领导小组，统筹协调全县数字经济发展各领域重大决策、工作部署，及时协调解决工作推进中的重大问题。领导小组由县委、县政府主要领导同志担任双组长，下设办公室于县发改委，承担牵头组织、统筹协调、调度推进、考核评价等具体职责。各有关部门要把深入推进数字经济做优做强“一号发展工程”作为“一把手”工程，根据自身职责建立推进机制，各司其职、密切配合，落实好各项重点工程和政策举措，形成齐抓共管、协同高效的工作格局，凝聚起发展数字经济的强大合力。

（二）加大政策扶持，浓厚发展氛围。整合工业、电商、科技、文旅、招商等相关政策，细化和落实相关财税、投融资等优惠政策，制定完善传统产业数字化改造、电子商务、网红经济、旅游文创等政策。加强政府数字化项目和资金的统筹安排，成立数字经济发展专项基金，重点支持数字经济重大项目招引、重点平台建设、产业数字化改造等。完善数字经济金融服务体系，推动“财园信贷通”等信贷服务，为数字经济领域的创新企业优先提供信贷支持、政策性融资担保服务。

（三）注重人才支撑，培育转型动能。支持数字经济企业与兴国中专等职业学校联合办学，共建数字经济相关专业。加强领导干部数字经济专业知识培训，培养一支敢抓、会抓数字经济的干部队伍。启动“高层次特殊人才引进计划”，将数字经济人才纳入全县急需紧缺人才目录，加快引进一批数字经济人才。优化人才服务体系，设立专项资金，对新引进的数字经济人才给予安家补助、购房补助、生活安居补助等政策支持，为引进的人才落户和子女入学等提供便利。

（四）强化信息安全，提升应急能力。建立健全网络安全、数据安全保障体系，加强云计算、大数据、物联网、工业互联网、人工智能等新领域风险防范。加强对涉及国家利益、公共安全、商业秘密、个人隐私等重要信息的保护，提高网络安全、数据安全保障能力。开展重点行业数据安全监督检查，常态化开展打击虚拟货币“挖矿”整治行动。组织网络安全事件应急演练，提升安全防范和应急处理能力。

兴国县深化“放管服”改革打造新时代“模范兴国第一等”营商环境工作方案

兴发〔2022〕5号

为贯彻落实《中共江西省委、江西省人民政府关于深入推进营商环境优化升级“一号改革工程”的意见》（赣发〔2022〕5号）及《赣州市深化“放管服”改革打造新时代“第一等”营商环境工作方案的通知》（赣市发〔2022〕4号），进一步深化我县“放管服”改革，加快政府职能转变，打响“干就赣好”品牌，提升全县“兴速办”政务服务和营商环境品牌，打造新时代“模范兴国第一等”营商环境，着力培育和激发市场主体活力和社会创造力。现制定如下方案。

一、指导思想

以习近平新时代中国特色社会主义思想为指导，深入贯彻党的十九大和十九届历次全会精神，认真贯彻习近平总书记视察江西和赣州重要讲话精神，以及省委书记易炼红对赣州提出的“打造新时代第一等的营商环境”要求，以简政放权为重点，以数字赋能为突破，纵深推进“放管服”改革，全链条优化审批、全过程公正监管、全周期提升服务，全面提升营商环境市场化、法治化、便利化水平，争当全市政务服务满意度的排头兵，打响“干就赣好”品牌，为加快推进革命老区高质量发展示范区建设提供强大动力。

二、工作目标

按照“市级做了的、县级也要做到”的要求，2022年底前与市同步完成“一网通办”、“市县同权”、“全产业一链办”、工程项目“一站式集成”审批等改革任务，率先在全市推出一批“放管服”改革创新举措，力争2022年营商环境在全省排名位次前移进档，2023年各项指标有重大突破，2024年总体营商环境能进入省市第一方阵。

三、主要任务

1.深化“全市通办”改革。根据《关于公布第一批“全市通办”事项的通知》要求，全面落实第一批“全市通办”102项事项清单。按照标准化要求，实行同一事项“同一办理流程、同一办理材料、同一办结时限、同一收费标准”，市民在办事过程中不受户籍地或居住地限制，可在我县政务大厅“异地通办”专窗或网上办理同一事项，最大程度解决异地办事“多地跑”“折返跑”问题，有效提升企业群众办事便利度和满意度。

2.全面落实“市县同权”改革。深化相对集中行政许可权改革，创新探索建立市县联动审批机制，实现市县一体集成审批服务。承接直接下放权限；承接下放实质性审核权，报对口市级审批部门备案；对不能直接下放，又不能下放实质性审核的审批事项，在县政务服务大厅设置“市县同权”受理窗口，由县级窗口负责受理申请材料，开展形式性审批，推送至市级审批部门办理。

3.全面落实二次事项划转工作。深入推进“三集中，三到位”改革，按照“审批事项向一个审批科室集中，审批科室向行政审批局及政务大厅集中，审批事项向一窗受理平台集中”的要求，“应进必进，应划必划”原则，根据市级划转事项清单、各单位二次划转事项清单，进一步梳理我县二次事项划转清单，将各单位依申请事项二次划转至县行政审批局或进驻县政务服务大厅。

4. 推进工程建设项目“一站式集成”审批改革。将政府投资和企业投资工程建设项目涉及的所有审批服务事项的部门整科室进驻政务大厅，集中办理，实现全流程“一站式”快速审批。2022 年 6 月底前，将政府投资及企业投资项目审批时间分别压缩至 75 个、45 个工作日。

5. 全面推行“一照通办”改革。开展企业办事“一照通办”改革，以江西省市场监管“一照通办”系统为基础，推动跨行业跨领域许可证集成办理，实现“准入即准营”。探索建立市场主体除名制度、歇业备案制度，让企业仅凭营业执照即可办理更多高频涉企事项。

6. 有效推行科学精准监管。科学构建企业信用风险分类指标体系，依托省“互联网 + 监管”系统、省企业信用监管平台、省公共信用信息平台等，全面归集企业登记注册、备案、行政许可、行政处罚、列入经营异常名录和严重失信主体名单等信息，依法依规推进企业信用风险分类管理。根据行业风险特点，建立重点监管事项清单制度，对涉及人民群众生命健康和安全的食品、药品、特种设备、环保、安全生产等领域实行重点监管、全链条监管。除重点监管事项清单之外，推进“双随机、一公开”监管全覆盖，与企业信用风险分类结果相结合，扩大跨部门联合抽查范围，提高监管效能，使监管对诚信经营者“无事不扰”、对违法失信者“无处不在”。加强风险监测和预警，通过大数据分析、重点指标监测等，及早发现企业异常情况和风险，适时对企业进行提醒。

7. 创新包容审慎监管模式。依法建立并动态调整“轻微违法不罚”“初次违法不罚”等免罚清单。完善行政执法程序，实行涉企行政检查备案制度，畅通违法执法行为投诉渠道。深化“互联网 + 监管”，提升监管智能化水平。公布涉企行政执法事项清单，减少人为干预，压缩自由裁量空间。落实企业“安静生产期”制度，加大对随意执法等行为的监督力度。

8. 推进社会信用体系建设。依法依规归集信用信息，健全失信惩戒和守信激励机制，推进失信主体专项治理，加大信用修复工作宣传。加快公共信用信息平台建设，加强“信易 +”示范创建，优化应用模式，分行业、分领域健全和落实事前信用承诺、事中分级分类监管、事后信用联合奖惩制度。

9. 加大中介服务市场培育。对标先进发达地区做法，出台中介服务运行管理办法，编制全县统一的行政审批中介服务事项清单，严禁行政机关将单位应承担的行政审批中介服务费用转嫁给企业。依托网上中介超市，规范财政性资金选取中介服务行为。引进国内一流的中介机构，培育中介服务市场主体，推动中介服务减时、降费、提质。

10. 全面推行通用综合窗口全覆盖。积极推动政务服务“以部门为中心”向“以事项为中心”转变，大力实施“一网、一门、一窗、一次”改革，按照“前台综合受理、后台分类审批、综合窗口出件”审批服务模式。将除部门必须保留的专业窗口按分类综合受理外，其余事项全部实行通用综合窗口无差别受理。2022 年底前，县乡两级政务服务中心（便民服务中心）实现通用综合窗口全覆盖。

11. 深化惠企政策兑现改革。进一步落实惠企政策梳理、上线、宣传推介和申报兑现工作，精简再造审批流程，优化资金拨付机制，推动更多惠企政策“免申即享、即申即享”。推动建设线上“亲清赣商”惠企政策兑现平台，在县政务大厅开设线下“惠企政策兑现专窗”。县行政审批局牵头梳理全县惠企政策清单，线下窗口集中受理符合兑现条件的企业提交的政策兑现资料，并及时转办县商务局、工信局、人社局等政策主管部门办理，县财政局根据资金需求情况，安排一定的惠企政策兑现资金形成“惠企资金池”，做好政策兑现资金拨付工作。同时，县商务局确定联合现场踏勘时段后，由县工信局、县财政局、县审计局等部门安排人员共同参与，力争 20 个工作日办结政策兑现工作，推动惠企政策“一网查询、一窗受理、一站兑付”。

12. 推进政务大厅“五化”建设。按照“大湾区能办的，我们也要能办到”的要求，推动政务服务大厅标准化、规范化、便利化、智能化、人性化建设，建成“一触即达”智能导办系统，全面优化办事环境，为重点招商引资企业提供全链条、清单式、定制化五星级政务服务。

13. 扩大政务服务“异地通办”“朋友圈”。深化与广州、深圳等大湾区城市及湘鄂相邻省份的通办范围，探索互设自助设备，逐步实现赣粤湘鄂等多地区证照互用、资质互认。推动“跨省通办”向闽粤湘鄂赣周边城市及长三角延伸，实现更多的事项“异地通办”。

14. 畅通营商环境沟通渠道。设立“12345 政务服务热线”营商专席，全面受理企业反映营商环境方面的诉求。建立完善“12345 热线”与政法委、公安局、信访局、网信办等单位热线资源共享机制。充分发挥热线大数据作用，分析研判企业和群众反映的热点诉求、趋势性和苗头性问题，为政府科学决策提供参考。

15. 统筹推进数字政府建设。加快编制数字政府总体规划，推动政务服务和大数据管理体制融合，实现政务数据共享，推进政府治理方式全方位、系统性、协同式发展。出台政务信息化项目管理办法，实现统一规划、统一申报、统一审核、统一验收，提升政务信息化项目建设质效。

16. 全面推进“一网通办”数字化改革。按照市行政审批局《“一网通办”数字化改革县（市、区）试点工作方案》相关要求，推进各类事项标准化梳理工作；上线 50 条惠企政策对接“亲清赣商”惠企政策兑现服务平台并实现应用；完善并丰富我县电子证照数据，力争县级签发的电子证照归集率达 100%；着力打造“一件事一次办”服务专区，梳理上线“一件事一次办”事项不少于 20 件；依托市级“AI 智能审批”平台，对接“一窗式”受理平台和“免证办”系统，梳理上线不少于 10 项 AI 智能辅助审批事项。

17. 推动政务服务软件系统迭代升级。聚焦数据整合共享、服务能力提升，推动“赣服通”县分厅迭代升级，按时限要求上线运行“赣服通 5.0”。2022 年底前，秒批秒办服务事项达 10 项，高频政务服务事项办理使用数据、电子证照、电子材料比例达 50%，掌上可办比例达 80%。加快推动“赣政通”县分厅运行，2022 年底前实现县乡村平台组织架构全覆盖。

18. 建设“一网通管”智慧治理体系。对标大湾区数字治理水平，加快兴国“城市大脑”建设，围绕政务服务“一网通办”、城市运行“一屏统管”、应急指挥“一键调度”、社会治理“一网共治”、普惠民生“一码智联”、营商环境“一触即享”等系统应用，打造具有兴国特色的“智慧城市”治理模式。

19. 营造公平竞争的市场环境。健全市场主体准入和退出机制，推动行政审批与市场主体准入清单相衔接，实行清单之外“免批即入”。优化信贷业务审批流程，推行线上服务、线上审批等便捷信贷服务。推行“不见面开标”，推动实现远程异地评标，全流程电子化交易比例达 95% 以上。持续开展降成本专项行动，全面落实国家、省、市、县减税降费政策，最大限度降低市场主体运行成本。

20. 建设平等保护的法治环境。严格执行市场监管行政处罚自由裁量权适用规则，规范市场监管自由裁量权。禁止将罚没收入与行政执法部门利益挂钩，严禁下达或变相下达罚没收入指标。实行破产案件繁简分流，依法适当简化破产案件办理程序性事项。全面推广落实认罪认罚从宽制度，开展“超权限、超标的、超范围、超时限”违法办案行为整治。

21. 打造包容创新的人文环境。建立政商交往正负面清单，建立“政企圆桌会议”常态化机制，进一步完善县处级领导联系商会（企业）制度，健全党委、政府重大经济决策向民营企业家问计求策机制，深入开展“入企走访连心”调研帮扶活动。优化完善高端人才配套政策，鼓励支持企业引进培育科技领军人才及创新团队。

22. 开展营商环境专项治理。围绕营商环境国家评价指标，扎实推进新一轮营商环境对标提升、政务服务满意度一等县建设目标、降成本升级、“新官不理旧账”问题专项治理、行政审批中介服务规范治理、招投标领域专项治理、公职人员不作为乱作为专项治理等重点工作，严肃查处营商环境领域腐败和作风问题，实现更多的评价指标进入省市前列，打造新时代“模范兴国第一等”的营商环境。

23. 试行低风险项目“豁免审批”制、深化“容缺 + 承诺制”改革。公布兴国县“豁免事项”清单，针对低风险及形式性审批和政务服务事项，采取直接豁免或告知承诺制、备案等方式提升审批服务效率；审批部门要加强与监管部门联动，监管部门要加强事中事后监管。对照《江西省投资项目“容缺审批 + 承诺制”办理模式事项清单》中的“容缺 + 承诺制”审批事项，相关行政主管部门在规定时间内对承诺人履行承诺情况进行检查，未履行承诺的，可依法撤销行政审批决定。

24. 大力推行“多测合一”。鼓励企业在《江西省工程建设项目“多测合一”中介服务机构名录》中选取的一家具备相应测绘资质的中介服务机构，提供工程建设项目竣工验收阶段（涉及规划、土地、房产、人防、消防等审批）和不动产登记阶段的各项测绘服务，县自然资源局和县住建局要共享认可该中介服务机构提交的测绘成果，避免重复测绘和多头测绘，同时要求中介服务机构 5 个工作日内完成测绘业务，切实提升测绘服务质量和行政审批效率。

25. 强化联合验收机制。由县住建局牵头开展联合验收工作，制定联合验收制度流程，确定联合验收时段后，县自然资源局、县城管局、县气象局等部门必须安排人员共同参与验收，确保在规定时间内完成联合验收工作。

26. 组织开展区域评估。对县经开区供地地块按照准入产业分区域开展地震安全性评价、压覆重要矿产资源评估、地质灾害危险评估、环境影响评价、节能评价、水资源论证、水土保持、洪水影响评价、气候可行性论证、建设工程文物保护和考古许可等。今后入园企业的安评、环评、能评、水评等均由区域评估替代，进一步缩减并联审批事项和办理时限。

27. 全面推进基层赋权改革。进一步深化“放管服”改革，明确基层权力运行程序、规则和权责关系。按照省市文件精神，调整赋予乡镇县级审批服务执法权限，明确乡镇行政权力目录和村（社区）公共服务事项目录，并及时依法对社会公布；2022 年 4 月底前，各乡镇全面完成相关目录事项的认领、公布并实施，各相关职能部门加强与各乡镇沟通对接，同时在政策解读、业务培训、连接专网、开设账号、配置权限等方面予以保障，确保权力事项承接与落实到位。

28. 全面开展对标优化提升行动。对标对表大湾区，全面梳理各部门权力事项和行政备案事项清单，进一步减环节、减材料、减时限，统一事项名称、申报材料、办理流程，实现全县同一事项“同标准办”。推进县、乡、村三级政务服务“帮代办”服务机制，组建“帮代办”服务队伍、搭建“帮代办”服务平台，明确“帮代办”服务范围，为重点项目、政策兑现、特殊群体提供保姆式“一对一”贴心“帮代办”服务，构建主动型为民服务模式。

29. 打通提升营商环境“最后一公里”，建立政务服务“好差评”机制。组织单位主要负责人开展“将心比心、一线体验营商环境”活动，通过一把手陪同办事人员进行一线体验业务事项办理流程，“零距离”发现群众企业办事过程的堵点、难点和痛点，促进流程再造、效能提速。开展政务服务“好差评”，加强差评整改，对差评件实行闭环管理，强化“好差评”系统运用管理，落实评价工单互联互通，对县乡两级“好差评”系统评价结果实行每月通报，并将结果纳入效能监督和考核考评内容。

30. 打响“兴速办”政务服务和营商环境品牌。将“兴速办”作为兴国县政务服务和营商环境品牌，各单位、各部门结合部门特点融入品牌，充分利用广播、电视、报刊、网络等媒体，加大对优化营商环境各项政策措施的宣传和解读，提高政策知晓率和覆盖面，认真开展“营商环境月”活动，营造人人关注、人人参与的良好氛围，增强企业和群众的改革获得感。

四、保障措施

（一）加强组织领导。建立县委、县政府主要领导同志为双组长的工作推进机制，县发改委、县行政审批局履行深化“放管服”改革打造新时代“模范兴国第一等”营商环境工作的组织、协调、调度、督促职责，县直有关部门履行行业主管责任。各乡镇（区）要落实优化营商环境改革“一号工程”主体责任，不折不扣完成各项改革任务。

（二）建立调度机制。强化工作调度、通报考核。县政府每月听取相关部门“放管服”改革、营商环境提升工作情况汇报，研究制定改革有关政策措施，解决改革推进过程中的节点难点问题。各部门各单位要强化工作督查检查，建立常态化工作调度机制，确保各项任务落到实处。

（三）强化改革协同。各部门各单位要牢固树立全局观念，强化协同、形成合力，按照“系统抓、抓系统”的要求，抓实各项任务落实。要解放思想、主动作为，探索创造更多管用可行的改革举措，以营商环境检验深化“放管服”改革成效。

（四）加强考核考评。县营商办要牵头制定考核细则，加大明察暗访工作频次，定期下发通报、简报，组织开展营商环境满意度测评，适时进行体验式、沉浸式督查检查，及时发现存在问题和短板，纪检部门要提前介入，严肃查处破坏营商环境的人和事。

关于 2022 年实施乡村全面振兴行动着力打造乡村振兴“兴国样板”的意见

兴发〔2022〕6 号

2022 年是党的二十大召开之年、“十四五”时期的关键之年，是全面推进乡村振兴、加快农业农村现代化的攻坚期，全县上下必须充分认识“三农”工作的极端重要性，坚持以习近平新时代中国特色社会主义思想为指导，深入贯彻习近平总书记关于“三农”工作的重要论述以及视察江西和赣州重要讲话精神，全面落实中央、省委、市委“一号文件”要求，大力实施乡村全面振兴行动，全力促进农业更强、农村更美、农民更富，着力打造乡村振兴“兴国样板”，加快建设工业强城乡美百姓富作风好的“模范兴国”，再创新时代“第一等工作”。

一、做稳主要农产品保障供给，筑牢乡村振兴“兴国样板”建设根基

（一）全力以赴稳定粮油生产。坚决扛起粮食安全政治责任，全面落实粮食安全党政同责。深入实施“藏粮于地、藏粮于技”战略，突出保面积、保产量，不断提高粮食综合生产能力，确保粮食种植面积稳定在 55851.8 公顷、产量稳定在 5.44 亿斤以上。支持家庭农场、合作社和产业化龙头企业多种粮、种好粮，大力培育种粮大户。继续落实早稻集中育秧、规模化种植等惠农奖补政策，加快发展集中育秧、代耕代种等社会化服务，提升农户种粮积极性，扩大粮食播种覆盖面。深入实施优质粮食工程，提升粮食单产和品质。严格执行国家粮食补贴、保险和收储等政策，合理保障农民种粮收益。持续推进油料作物提质增效行动，继续深入实施稻油轮作试点，大力开发冬闲田发展油菜生产，油菜面积稳定在 1800 公顷以上。引导利用旱地扩大花生种植，花生面积稳定在 4.5 万亩以上。持续推进油茶扩面、改造和提升。深化粮食购销领域监管体制机制改革，加大涉粮巡察发现问题整改力度。落实粮油储备规模，强化库存动态监管。开展粮食节约行动，推进产运储加销全链条节粮减损。

（二）充分保障“菜篮子”产品供给。深入推进农业供给侧结构性改革，全面落实“菜篮子”工程责任。巩固生猪复产增养成果，稳定生猪基础产能，大力推行标准化养殖。稳定水产养殖面积，扩大牛羊和家禽生产，推进畜禽产业转型升级。稳定商品蔬菜种植面积，加强设施蔬菜种植管理技术指导服务，提高大棚蔬菜基地的种植效益。加快补齐农产品冷链物流设施短板，扩大肉品冷链配送试点，构建高效的农产品流通体系，确保蔬菜、肉类等农产品市场供应。

（三）加快提升科技设施装备水平。加强农业关键实用技术攻关和集成推广，大力提升农业数字化水平。加快高标准农田建设与管护，完成 2021 年度 4.5 万亩、启动 2022 年度 6 万亩高标准农田建设任务，用好“田管家”智慧高标准农田监管平台，加强建后管护。实施丘陵山区农业机械购置累加补贴，逐步建设一批水稻、蔬菜、脐橙、茶叶等产业全程机械化示范基地，力争农机总动力增长 3.6%。鼓励发展工厂化集约养殖、立体生态养殖等设施，探索利用可开发的空闲地、山坡地、废弃地发展设施农业。加强外来入侵物种防控管理，强化非洲猪瘟、松材线虫病、红火蚁、草地贪夜蛾等动植物疫情防控，加强农业防灾减灾能力建设。

（四）严格落实耕地保护目标责任。落实耕地保护党政同责要求，建立健全耕地保护责任体系，严守永久基本农田和耕地保护红线。对划定的永久基本农田，任何单位和个人不得擅自占用或改变用途。严格落实耕地利用优先序，永久基本农田重点用于粮食生产，高标准农田原则上全部用于粮食生产。已经种植林果、苗木、草皮和挖塘养鱼的永久基本农田、高标准农田，要逐步恢复种粮或置换补充。强化耕地占补平衡管理，严格前置审查和补充耕地项目指标入库审查，建立耕地后备资源储备库。严格耕地执法监督，采取“长牙齿”的硬措施，坚决制止耕地“非农化”、管控耕地“非粮化”。严格管控耕地转为其他农用地，常态化“零容忍”监管农村乱占耕地建房行为。巩固提升受污染耕地安全利用水平。持续巩固“大棚房”问题专项清理整治成果。严格执行工商资本通过流转土地审查审核和风险防范制度。

（五）提升完善现代种业发展。持续深入开展农作物、畜禽、水产、农业微生物等农业种质资源普查收集，推进九山生姜、樟木红芽芋等特色种质资源保种提纯复壮，推动实施种业振兴行动。加快培育现代种业企业，建设一批优质种苗繁育基地。提升柑橘良种繁育体系建设水平，确保脐橙苗木和产业安全。提高畜禽渔业供种能力，加强兴国灰鹅原种场、兴国红鲤良种场建设。持续开展种业监管执法和种子市场检查，强化种业知识产权保护。

二、做牢巩固拓展脱贫攻坚成果，坚守乡村振兴“兴国样板”建设底线

（六）持续开展动态监测帮扶。对照巩固拓展脱贫攻坚成果各责任主体主要职责清单，坚持五级书记抓乡村振兴，全面压实乡镇党委、政府和行业主管部门责任，保持主要政策总体稳定，适度优化调整相关帮扶政策，健全防返贫保险机制。聚焦脱贫不稳定户、边缘易致贫户、突发严重困难户“三类人员”，优化识别机制，简化工作流程，落实乡镇党委书记带队入户核实研判机制，缩短认定时间，实现及时有效预警监测和分层分类帮扶。加强定点帮扶、驻村帮扶和结对帮扶工作管理，精选严管驻村第一书记和工作队。建立巩固脱贫成果挂牌督办制度，坚决抓好国家后评估和省级考核反馈问题整改。

（七）持续巩固两不愁三保障和安全饮水成果。做好稳定脱贫人口参保工作，优化调整农村低收入人口资助参保政策，提升大病保险保障能力，夯实医疗救助托底保障。全面落实教育资助政策，常态化开展控辍保学工作。继续实施农村危房改造，鼓励支持农户改善住房条件和提升居住环境，严防“老人住老房”现象反弹，让广大群众住上更加整洁舒适的住房。全面完善小型供水工程水源及制水设施设备，系统性解决季节性、工程性缺水及水质不稳定问题。压实各级管护主体责任，确保供水工程管理服务全面规范落实到位。完善优化易地搬迁“点长制”，持续强化后续扶持。对安置人口规模达200人以上的安置点，全部成立“一站式”便民服务中心，专职管理人员工资统一纳入财政预算，享受一般村（居）干部同等工资待遇。巩固兜底保障成果，切实兜牢民生底线。

（八）持续促进脱贫人口和监测对象增收。加大产业、就业、创业帮扶力度，千方百计促进增收，让脱贫群众和监测对象生活更上一层楼。发展壮大特色产业，完善联农带农机制，提高脱贫户和监测对象家庭经营性收入。中央财政衔接资金用于产业投入占比不低于55%，重点支持帮扶产业补上技术、设施、营销等短板。提升衔接资金项目监管水平，加强扶贫资产后续管护。引导金融机构加大产业帮扶支持力度，特别是加大对脱贫户和监测对象的小额信贷力度，增强“造血”能力。持续推进消费帮扶。巩固光伏帮扶工程项目成效。多措并举拓宽脱贫劳动力和监测对象就业渠道，开展就业信息动态监测，帮助有就业意愿和就业能力的脱贫劳动力和监测对象稳定就业。加强帮扶车间和公益性岗位动态管理。积极引导各类人才返乡下乡，加速资本、人才、技术等要素向乡村一线流通，大力促进创新创业。

三、做强绿色有机富硒农业，增添乡村振兴“兴国样板”建设动能

（九）高质高效发展优势特色产业。围绕建设优势农产品产业带和特色农产品优势区，坚定不移发展壮大“135”现代农业产业。聚焦提升首位蔬菜产业效益，坚持扩面、提质、补链并举，新建设施蔬菜基地5000亩，加强蔬菜基地管护，大力培育基本菜农，建成一批面向粤港澳大湾区和“南菜北运”蔬菜基地。持续壮大脐橙、油茶、生猪三大主导产业，大力实施“沃土工程”，持续防控柑橘黄龙病，新建脐橙基地5000亩、认定标准果园2万亩以上；深入实施低产油茶林改造提升三年行动，改造提升低产油茶林2.95万亩，建设示范基地8个；加快建成加大集团100万头生猪屠宰深加工项目，构建生猪和家禽养殖、屠宰和精深加工的完整产业链条。依托资源禀赋和产业基础，培育发展灰鹅、茶叶、烟叶、蜂蜜、富硒大米等特色产业。大力培育龙头企业、合作社等新型主体，推广“公司（合作社）+基地+农户”发展模式，实现小农户与现代农业发展有机衔接。

（十）做大做强“兴国富硒”产业。立足天然富硒资源优势，坚持全产业链战略和品牌化发展，大力发展富硒功能农业、现代食品工业、特色服务业产业集群，新建高标准富硒示范基地4个，培育示范企业2家，新认证富硒农产品8个以上，建设1个市级富硒产业园区。以“一核两翼”万亩富硒芦笋产业园区为重点，大力示范推广富硒芦笋标准化种植，力争全年新植芦笋3000亩以上。深化与省农科院、赣南科学院、江西农大等科研院校合作，开展富硒关键技术攻关，支持百丈泉、美园食品等企业壮大，加强富硒农产品开发，加快构建富硒食品工业体系。加大品牌培育和推广力度，突出兴国富硒芦笋、富硒茶叶、富硒大米等重点品牌宣传，引导本地商超设立富硒产品展销专柜，打响“兴国富硒”农产品品牌。

（十一）全域创建绿色有机农产品基地。深入推进全域创建绿色有机农产品基地先行先试工作，全面推进品种培优、品质提升、品牌打造和标准化生产，全域打造农业生产和产品两个“三品一标”样板。推进绿色有机地理标志农产品、名特优新农产品认证，力争全县有效期内绿色有机农产品达60个。全面推行承诺达标合格证制度和“区块链溯源+合格证”开证模式，全面实施乡镇农产品质量安全网格化管理，探索建立农产品质量安全“红黑名单”制度。加强农业面源污染治理，持续推进化肥农药减量增效，深入推进绿色种养循环试点工作，发展畜禽养殖标准化和水产健康养殖。

（十二）持续推进农业产业补链延链强链。重点围绕补齐农产品加工短板，加大招商引资力度，引进落地农产品加工企业，推动种养业前后端延伸、上下游拓展。支持龙头企业开展农产品加工技改、扩建项目，扶持农民合作社、家庭农场和产业基地发展冷藏保鲜、分级包装、腌制熟制等，提升产地初加工能力，力争农产品加工转化率突破66%。创建农业现代化示范区，打造一批现代农业产业园、农业产业强镇和优势特色产业带。大力发展乡村休闲旅游、农村电商等产业，拓展开发农业多种功能。加强农旅结合，用好特色小镇、美丽乡村等资源，大力发展农业观光、休闲垂钓、农事采摘等休闲农业。支持农民直接经营或参与经营乡村民宿、“农家乐”特色村（点）发展。力争新发展乡村民宿3家、各类休闲农业主体8家，打造1个以上特色乡村康养基地。

（十三）扩大农业对外开放合作。充分利用毗邻粤港澳大湾区的区位优势，把大湾区作为农产品主销地、农业招商主阵地，打造大湾区产业协作高地和优质农产品供应基地。积极参与农产品展示展销活动和组织开展农产品产销对接活动，依托大湾区“菜篮子”产品赣州配送分中心平台，推动优质特色农产品进入大湾区市场。加大招商引资力度，积极引进大湾区农业企业建立直供基地、发展农产品精深加工业和订单农业，申报认定2个以上大湾区“菜篮子”生产基地，主动抢占粤港澳大湾区农产品直供市场份额。

四、做实乡村建设行动，提升乡村振兴“兴国样板”建设后劲

（十四）规范健全乡村建设推进机制。立足村庄现有基础开展乡村建设，不盲目拆旧村、建新村，深入挖掘乡村产业、文化、生态等特色优势，精心打造31个乡村振兴示范村庄。以乡镇政府驻地为重点，兼顾周边村庄，将农林垦殖场、工矿区纳入乡镇建设发展统筹考虑、同步推进，实施以深化卫生秩序综合整治和提升服务功能、提升乡镇品质、提升管理水平“一深化三提升”为主要目标的美丽乡镇建设行动，建成长冈、永丰2个示范类乡镇和埠头、江背、社富、龙口、梅窖、均村、方太、古龙岗等8个提升类乡镇。不超越发展阶段搞大融资、大开发、大建设。坚持数量服从质量、进度服从实效。坚持先规划后建设，全面完成60个省定乡村振兴重点帮扶村、5个市级巩固拓展村和重点帮扶村的“多规合一”实用性村庄规划编制。严格规范村庄撤并。落实各类管控底线，划定村庄建设边界，统筹产业发展与乡村建设，加大历史文化名村和传统村落保护利用力度。加强乡村建筑风貌管控，持续推进赣南乡村建筑风貌特色保护与传承。实施“拯救老屋行动”，保护特色民族村寨。

（十五）着力提升乡村人居环境品质。启动实施村庄环境整治提升“扫一遍”行动，重点在高铁、高速和国省道沿线遴选105个行政村先行推进乡村全面振兴，倾斜安排新农村建设点，全面完成高铁、高速、国省道和4条示范道路沿线村庄房屋和道路整治提升，纵深推进新农村建设“五大工程”，深入开展村庄清洁行动，推动农村人居环境由村庄整治向功能品质提升迈进。稳步推进农村“厕所革命”，新建农村户厕1000户，分类推进农村问题户厕整改5000户。大力开展改厕样板示范创建，每个乡镇建成1个县级“改厕样板村庄”，全县打造5个市级“改厕样板村庄”。持续开展城乡环卫一体化治理服务，完善农村生活垃圾收运处置体系，建成县级生活垃圾焚烧发电厂并投入运行使用，推行农村生活垃圾分类减量与利用。加快推进乡镇生活污水二期治理项目建设，全面整治农村黑臭水体，加强污水处理设施运维管理。深入实施乡村绿化美化行动和“河长制”、“林长制”，加强河湖管理和保护，推进森林乡村建设，改造低质低效林12.5万亩。

（十六）加快补齐农村基础设施短板。以推动农村基础设施往村覆盖、向户延伸为重点，分步推进全县农村进户道建设，加快“四好农村路”和建制村双车道公路建设，实施农村公路安全生命防护工程和危桥改造。修复水毁灾损农业水利基础设施，加强沟渠、山塘、水库、泵站建设和管护。加快平江灌区项目前期工作。全面推进城乡供水一体化，着力提升农村供水保障能力。深入开展全国水土保持高质量先行区建设。推进农村电网巩固提升工程，健全乡村配电网管理体系。大力推进数字乡村建设，加强农村地区信息通信、广播电视基础设施建设。接续推进农村亮化工程，安装农村路灯3500盏，提高农村公共照明覆盖面。完善乡村应急管理体系，合理布局应急避难场所和防汛、消防等救灾设施。

（十七）不断提高乡村公共服务水平。加强基本公共服务县域统筹，推动基本公共服务供给由注重机构行政区域覆盖向注重常住人口服务覆盖转变。提高义务教育教学水平和质量，加强农村普惠性学前教育资源供给，推动城乡学校共同体建设。深入推进健康乡村建设，强化乡村医疗卫生机构一体化管理。加强乡村卫生健康服务能力建设，加快农村定点医疗机构医保信息化建设，提高乡镇卫生院和村级卫生室首诊率。落实分类资助农村低收入人口参加城乡居民基本医保政策。实施“党建＋农村互助养老服务”工程，提升乡镇敬老院标准化建设，不断健全社会救助体系。建立基层党员、干部探访“空巢”老人、留守儿童、残疾人的关爱联系制度。

（十八）持续增强乡村治理综合效能。健全党组织领导的自治、法治、德治相结合的乡村治理体系，实行网格化管理、数字化赋能、精细化服务。进一步巩固提升“三化”建设成果，按每个乡镇1个的要求，重点选树打造25个乡村振兴模范党组织。深入挖掘各乡镇红色资源，对照红色名村建设“441”规范要求，提升原有10个红色名村建设档次和水平，继续挖掘打造一批特色鲜明的红色名村示范点。推动农村基层党组织全面过硬，抓好乡镇、村“两委”班子建设。统筹推进乡村治理体系建设试点及示范村镇创建，创新村民理事会等治理方式，探索“互联网＋”治理模式。规范村级组织机构牌子和证明事项，推行村级基础信息统计“一张表”制度。启动实施文化产业赋能乡村振兴计划。拓展新时代文明实践中心建设，创新开展“听党话、感党恩，跟党走”宣讲活动。深化群众性精神文明创建活动，大力推进文明村镇创评。推进更高水平的平安法治乡村建设，完善县乡村三级综治中心规范化建设、实体化运行，加快农村“雪亮工程”建设，健全农村扫黑除恶长效机制，持续打击整治“村霸”、宗族恶势力和农村毒品违法犯罪问题。加快推进公共法律服务中心（工作站）标准化规范化建设，实施农村“法律明白人”培养工程，规范程序遴选农村“法律明白人”骨干，开展“赣南新妇女运动”、“兴国好人”评选等活动。稳步推进绿色文明殡葬改革，落实基本殡葬服务免费制度。加强农村新冠疫情常态化防控，落实联防联控、群防群控措施。

五、做深农业农村改革，激发乡村振兴“兴国样板”建设活力

（十九）全面推进农村综合性改革。扎实推

进1个乡镇、若干个村“三改合一”改革试点，打造农村产权制度、土地制度、经营制度三项改革综合实施平台，探索集成性改革。稳定土地承包关系，有序推进土地“三权分置”，推动农业适度规模经营发展。做好农村集体产权制度改革“后半篇文章”，建立农村集体产权流转交易体系，盘活低质低效资产。持续深化供销合作社综合改革，开展生产、供销、信用“三位一体”综合合作试点。探索开展排污权、用能权、用水权市场化交易。推动集体林权制度、垦区集团化农场企业化、农业水价综合改革走深走实。

（二十）统筹农村宅基地制度改革和建房管理。启动并实施农村宅基地制度改革和规范化管理三年行动，积极探索宅基地所有权、资格权、使用权“三权分置”。建立健全农村建房规范化审批、管理工作机制，建立一个窗口对外、多部门内部联动运行的“一门式”办理宅基地审批机制，推动乡镇设立农村建房联审联办窗口。加强宅基地申请、审批、使用的全程监管，严格落实“三到场三公示”工作要求。压实乡镇、驻村干部、村干部对农村建房的“网格化”动态监管责任，发挥村民理事会正向引导作用，把规范农村建房列入村规民约，探索实行建房保证金制度，严格约束、强化监管，坚决杜绝“一户多宅”和超高超大建房。全面开展农村房屋乱象整治行动，分类整治“赤膊房”，扎实开展“空心房”识别认定，将“空心房”拆除和传统村落、历史文化村落保护有机结合，精准开展“空心房”拆除、修缮、开发利用工作，实现应拆尽拆。抓好农村个体建筑工匠培训，提高农村建房安全质量水平。

（二十一）加快县域城乡融合发展。加快健全完善城乡融合发展体制机制和政策体系。加强县域基层创新，强化产业链与创新链融合。支持县域发展吸纳农民工就业能力强的民营经济、中小微企业，推动重点村发展乡村作坊、家庭工场，引导农民就地就近就业。实施县域农民工市民化质量提升行动，保障农民工平等享受住房、社保等基本公共服务，维护农民工合法权益。实施县域商业建设行动，逐步建立以县城为中心辐射乡、村两级的农村商业体系。合理建设配送中心、冷链物流交易网项目，完成县级物流中心建设。实施“互联网+”农产品出村进城工程，发展乡镇客货邮综合服务站和村级寄递物流综合服务点，确保快递服务全覆盖。

（二十二）大力推进乡镇经济发展。加大扩权强镇改革力度，创新管理体制加快推进乡镇经济发展，基本形成乡镇事权和财权相匹配的体制机制，择选1个以上乡镇开展“一级财政”试点。积极探索、激活乡镇发展经济的活力，每个乡镇打造1个特色鲜明的主导产业，新增1个“四上”企业、1个市级及以上示范新型农业经营主体，培植一批乡村旅游景区景点。

（二十三）加快壮大新型村集体经济。实施村集体经济提质增效三年行动计划。积极引导乡村因地制宜拓宽发展路径，用好用活脱贫攻坚财政投资建设的经营性资产，持续推进“1+N+1”强村带弱村模式，推动村级抱团发展，力争每个乡镇都有1个经济强村，确保每个村集体经济经营性收入稳定在10万元以上，力争年内80%的村经营性收入过20万元，15%的村经营性收入过50万元。严格落实村级集体经济经营性收入增长与村干部报酬待遇挂钩机制，提升村干部发展村级集体经济内生动力。推动农村集体经济组织实体化运行，探索村集体经济组织参与资金合作、民宿开发、资产入股、景区运营、电子商务等合作方式，建立相融共生的新发展模式，厚植富有强劲动力的经济增长点。规范农村集体“三资”管理和村级财务核算，提升农村集体“三资”管理平台监管实效。

六、加强党对“三农”工作领导，强化乡村振兴“兴国样板”建设保障

（二十四）全面压紧压实工作责任。全面加强和改善党对“三农”工作的领导，落实乡村振兴责任制，构建责任清晰、各负其责、合力推动的责任体系。落实五级书记抓乡村振兴要求，推动乡镇党委政府主要负责同志、村党组织书记履行乡村振兴工作第一责任人落地见效。将实施乡村振兴战略实绩和巩固拓展脱贫攻坚成果成效作为乡镇党政领导班子和领导干部年度考核的重要内容，把推进乡村振兴战略实绩列入年终述职内容。聚集“1+1+5”重点任务，坚持抓点带面，打造一批乡村振兴示范点，重点推进一批行政村全面振兴，实现“十四五”期间所有行政村“扫一遍”，在此基础上，择优打造3—5个在全市叫得响的乡村振兴示范乡镇。做好《乡村振兴战略规划（2018—2022年）》实施总结评估工作。对落实责任不力和不担当、不作为等作风问题，依规依纪依法严肃追责问责。

（二十五）加快完善工作推进机制。强化县委农村工作领导小组牵头抓总、统筹协调作用，建立健全契合实际、运行高效的巩固拓展脱贫攻坚成果、全面推进乡村振兴的议事协调工作机制。充分发挥各职能部门作用，推动乡村振兴重点任务分工落实，切实形成“一盘棋”工作格局。切实加强县委农村工作领导小组办公室机构设置，确保有专职工作人员承担日常工作。

（二十六）优先保障“三农”资金投入。坚持把农业农村作为财政支出的优先保障领域，稳步提高土地出让收入用于农业农村比例。2022年县本级土地出让收入用于农业农村比例均不低于5.5%（含省级统筹部分）。引导各类金融机构探索农业农村基础设施中长期信贷模式。深化农村信用体系建设，发展农户信用贷款。强化地方政府专项债项目储备，争取发行更多专项债券支持乡村振兴项目。引导一般债券资金重点支持乡村振兴领域公益性项目。强化行业内涉农资金源头整合、行业间涉农资金统筹使用，提高资金使用效益。积极开展地方特色农业保险以奖代补、小农户特色农业价格（收入）保险、农业巨灾保险等险种试点。

（二十七）不断建强乡村人才队伍。实施新时代基层干部“凝心·强基·赋能”主题大培训行动，将优质培训资源向乡村倾斜。结合乡村人才学校建设，2022年县级乡村振兴示范点探索建立人才驿站，鼓励各行业各部门将精英人才服务平台延伸至基层一线。扎实开展“三支一扶”大学生招募，引导各类人才向基层一线流动。实施“一村一名大学生”工程，加强基层农技人员定向培养，大力开展高素质农民培训。深入实施科技特派员制度。稳步推进特岗教师、公费师范生、定向培养等乡村教师补充工作，扎实推进公有产权卫生室乡村医生“乡聘村用”，配齐乡镇、村级综合性文化服务中心文化管理员。实施“新时代赣鄱乡村好青年”选培计划，开展“乡村振兴带头人”评选活动。适当放宽基层一线专业技术人才职称评定条件，不断完善城市人才定期服务乡村制度。深入推进“万企兴万村”、乡村振兴青年建功、乡村振兴巾帼等行动，引导社会力量参与乡村振兴。

兴国县2022年民生实事工程安排方案

兴府发〔2022〕9号

为深入贯彻党的十九大和十九届历次全会精神，全面落实县第十九次党代会部署，建设工业强城乡美百姓富作风好的“模范兴国”，聚焦人民群众“急难愁盼”问题，集中办好涉及群众切身利益的40项实事。

一、就业和创业

1. 延续减负稳岗政策，健全灵活就业和新就业形态劳动用工社会保障机制，增加就业岗位，促进高校毕业生、农民工、退役军人、城镇困难人员、残疾人等重点群体优先就业确保新增就业人数12800人。其中，新增城镇就业人员4200人、新增转移农村劳动力8600人。

2. 推进创业孵化基地、返乡创业园和“招稳引育留”招工一体化平台建设，加大小微企业创新创业扶持力度，力争发放创业担保贷款1亿元以上。

3. 落实工程建设领域农民工工资保证金制度，常态化开展根治欠薪执法行动，切实保障劳动者合法权益。

二、抚恤救助和社会保障

4. 加大社保扩面征缴，力争企业职工养老保险参保全覆盖。

5. 持续做好城乡困难群众政策保障，确保不落一人。

6. 按照上级标准，及时落实优抚对象优抚补助调标件，适时补发补助资金，确保优抚对象待遇按时、足额发放到位。

7. 按照上级统一安排，在 2022 年 5 月份开始为全县退役军人、其他优抚对象办理优待证，营造浓厚尊崇氛围。

8. 按照上级标准，及时落实企业军转干部生活补助调标要求，适时补发补助资金，确保企业军转干部生活待遇按时足额发放到位。

9. 完成 192 户特殊困难老年人居家适老化改造，提升居家老年人安全性、舒适性。

10. 争创全国未成年人保护示范县。

11. 加大医生、教师、乡镇干部等群体住房保障力度，加快新（改）建保障性租赁住房 1000 套、公共租赁住房 500 套项目建设进度。

三、科教文卫事业

12. 进一步做好计划生育奖励和特殊家庭特别扶助工作。对男性满 60 周岁、女性满 55 周岁的城镇居民独生子女父母，及农村符合条件的计划生育家庭按规定发放奖励金。对符合条件的独生子女伤残、死亡家庭给予特别扶助，每人每月扶助标准平均提高 200 元。继续开展计划生育特殊家庭住院护理补贴保险工作，财政补助护理保险标准由每人每年 100 元提高到每人每年 220 元。

13. 建立婴幼儿入托补贴制度。鼓励托育机构降低收费标准，对按照当地政府普惠指导价招收 3 岁以下婴幼儿的托育机构，财政按照实际收托数、月数和每人每月 200 元的标准给予婴幼儿入托保育费补助。积极引导社会力量举办托育机构，重点支持新（改、扩）建示范托育机构、综合托育中心。

14. 推进基本公共卫生服务均等化。继续实施建立居民健康档案管理、健康教育、预防接种、妇幼卫生、医养结合、卫生应急等基本公共卫生项目，财政补助标准提高 5 元，达到每人每年 84 元，为城乡居民提供免费的基本公共卫生服务。

15. 实施医养结合工程。推动公办医疗卫生机构延伸开展养老服务，按照每张床位 2 万元标准支持养老床位建设；按照每个 10 万元标准支持公办养老机构配建医务室、护理站、临终关怀室；按照每张床位 10 万元标准支持公办医疗卫生机构建设示范性安宁疗护病床。

16. 为困难妇女提供“两癌”免费检查和救助服务。对全县城乡困难家庭妇女和农村妇女实施宫颈癌和乳腺癌免费检查，对符合救助条件的城乡困难家庭妇女“两癌”患者进行救助。

17. 提供免费婚检和困难家庭出生缺陷防控服务。持续推进城乡免费婚前医学检查工作，巩固婚检和婚登机构紧邻设置、婚育“一站式”服务。凡夫妻一方具有本省户籍的困难家庭孕妇，可享受免费胎儿颈部透明带检查（NT 检查）、无创产前基因检测、地中海贫血基因检测及新生儿遗传性耳聋基因检测服务。

18. 加快提升城区幼儿园承接能力。争取第十幼儿园、第十一幼儿园、第十二幼儿园等新建幼儿园如期开工，抓紧实施第六幼儿园改扩建工程，年内完成第五幼儿园和第八幼儿园二次装修工程，确保新增公办幼儿园学位 1080 个。

19. 加快优化中小学校布局。加快实施小学校园建设项目，争取第八小学、第九小学、第十一小学等新建学校年内如期开工，抓紧实施思源实验学校改扩建工程、良村中心小学建设项目。加快初高中及职业院校项目建设，全力推进平川中学北校区、职业技术学校、第八中学、第九中学等新建学校项目，打造一所农村寄宿制学校，争取均村中学年内启动整体搬迁、梅窖中学年内搬迁到位。确保新增中小学学位 5040 个。

20. 加快提升县级医疗救治水平。推动兴国县人民医院二期项目建设（传染楼），力争医疗应急能力提升项目年内投入使用。

四、乡村振兴发展

21. 持续推进乡村建设行动。打造 4 条精品干道、31 个乡村振兴示范点，建设美丽庭院 5200 户，完善村内路厕水电、公共照明等基础设施，整治村庄沟渠河塘等公共环境。开展“厕所革命”，基本实现农村无害化卫生厕所全覆盖，建成市级“改厕样板村庄”2 个。

22. 实施高标准农田建设。完成 2021 年度 4.5 万亩、推进 2022 年度 6 万亩高标准农田建设。

23. 加大农业保险支持力度。开展产粮大县水稻完全成本保险工作，统一为所有水稻种植户兜底购买保险。政策性能繁母猪保险应保尽保。

24. 稳步推进农田水利基础设施建设。深入推进水利建设三年行动，启动平江灌区项目前期，完成洋池口水库、长龙水库应急备用水源等项目建设。高质量整治病险水库山塘 9 座、中小河道

36 千米以上，开工建设孤江河良村段 23 千米。

25. 强化农村安全饮水建设。新改建南坑、社富、江背、杰村等供水主干管网 91.335 公里，开工建设崇胜水库工程。

五、畅通城乡运输脉络

26. 实施农村公路危桥改造。完成 15 座中、小桥危桥改造，启动平江河古竹大桥等 6 座农村公路大桥改造。

27. 建好“四好农村公路”。年内启动忠田至官田至莲塘、合富至灵山、X465 鼎龙至宝石、X465 兴莲至鼎龙公路建设，改造 19 个建制村通双车道 68 千米。

六、创建美丽兴国

28. 力争飞灰填埋场、龙口生活垃圾卫生填埋场封场工程年内完工，建筑垃圾综合利用项目第一期炉渣处理项目 12 月初投入试运行。

29. 开展乡镇（农村）生活污水处理设施建设。实施乡镇生活污水处理设施建设项目（二期），新建均村、永丰、茶园、城岗、兴江等 24 个乡镇 65 个污水处理站及新铺设污水管网。

30. 实施生态林田湖草修复工程。完成 25 平方千米水土流失治理任务，完成 200 亩废弃矿山生态修复治理任务。

七、城市能级提升

31. 抓好城区老旧小区升级改造。新改造学苑新区凤凰大道 310 号、教育局家属楼、中医院集资房、均福山家属房等 4 个老旧小区，改造面积 5.77 万平方米。

32. 新建人行天桥及桥梁景观提升项目。新建实小、五小、七小、三中、七中等 5 座人行天桥，对凤凰大桥、将军大桥、模范大桥等桥梁景观进行提升。

33. 实施城市立面整治及市政工程。加快推进城区流域水环境综合治理工程，预计 2023 年 3 月份完工。

34. 实施中心城区路网提升工程。建设迎宾大道、兴国中学南门沿河路、和睦片区纬二路、和睦大道延伸（文化艺术中心至新县委党校）、丹枫龙廷至景行研学项目道路。

35. 加快完善城区便民设施。积极实施交通出行提升工程，确保新建停车位 500 个以上。加快破解“如厕难”问题，确保新建如厕厕位 2400 个，城区建成区每平方千米公厕达到 3 座以上。

36. 推进和睦农贸市场、客家市场改造提升，完成和睦公园建设，启动朱华塔郊野公园建设，新建 3 个城市小游园小广场，努力构建“15 分钟休闲生活圈”。

37. 加强能源保障。加快实施 220 千伏长冈输变电工程、220 千伏长冈变电站配套 110 千伏线路送出工程，2023 年年底前完成投运。今年年底前完成 35 千伏江背输变电工程、2022 年 10 千伏及以下配电网建设改造工程。加快 161# 阀室对接施工建设，推动落实管道气气量指标，争取 8 月底前完成改造工程。

八、群众生活

38. 充分发挥人民调解组织化解基层矛盾纠纷的作用，实现“小事不出村、大事不出乡、矛盾不上交、就地化解”。各级人民调解组织配备必要的专职人民调解员，强化人民调解员队伍培训（县级培训 360 人次，乡级培训 2060 人次）。落实矛盾纠纷调解奖补政策。

39. 推进非煤矿山、危险物品、道路交通、城镇燃气、食品药品等重点领域风险识别和隐患治理。加强应急管理队伍、民兵应急分队建设，提高应急处突能力。

40. 抓好“雪亮工程”、智慧安防小区建设，常态化开展扫黑除恶斗争，坚决防范和打击电信网络诈骗等各类违法犯罪，持续提升公众安全感。

2022 年中共兴国县委重要文件选目一览表

表 45

发文日期	编号	标题
1 月 13 日	兴发〔2022〕1 号	中共兴国县委关于印发《中共兴国县第十九届委员会常务委员会工作规则》的通知
2 月 13 日	兴发〔2022〕3 号	关于 2021 年度综合绩效考核等工作结果的通报
3 月 21 日	兴发〔2022〕4 号	关于印发《兴国县深入推进数字经济“一号发展工程”实施方案》的通知
3 月 21 日	兴发〔2022〕5 号	关于印发《兴国县深化“放管服”改革打造新时代“模范兴国第一等”营商环境工作方案》的通知
3 月 21 日	兴发〔2022〕6 号	关于 2022 年实施乡村全面振兴行动着力打造乡村振兴“兴国样板”的意见
4 月 21 日	兴发〔2022〕7 号	关于贯彻落实《新时代公民道德建设实施纲要》的实施意见
5 月 25 日	兴发〔2022〕8 号	关于印发《进一步加强生态环境保护深入打好污染防治攻坚战的实施方案》的通知
6 月 17 日	兴发〔2022〕10 号	关于印发《兴国县“工业强”高质量发展实施意见》的通知
7 月 26 日	兴发〔2022〕11 号	关于印发《兴国县法治政府建设实施方案（2022—2025 年）》的通知
8 月 24 日	兴发〔2022〕13 号	中共兴国县委兴国县人民政府关于深入贯彻落实《赣州革命老区高质量发展示范区建设方案》的实施意见
9 月 8 日	兴发〔2022〕15 号	中共兴国县委关于调整部分单位党组设置的决定
11 月 6 日	兴发〔2022〕16 号	中共兴国县委关于认真学习宣传贯彻 党的二十大精神的通知

2022 年兴国县政府、政府办重要文件一览表

表 46

发文日期	编号	标题
3 月 25 日	兴府发〔2022〕3 号	关于印发《兴国县全民科学素质行动规划纲要实施方案（2021—2025 年）》的通知
4 月 12 日	兴府发〔2022〕5 号	关于印发《兴国县全民健身实施计划（2021—2025 年）》的通知
4 月 13 日	兴府发〔2022〕6 号	关于印发兴国县“十四五”应急体系规划的通知
7 月 25 日	兴府发〔2022〕8 号	兴国县人民政府关于印发《兴国县妇女发展规划 (2021—2030 年)》和《兴国县儿童发展规划 (2021—2030 年)》的通知
7 月 22 日	兴府发〔2022〕9 号	关于印发《兴国县 2022 年民生实事工程安排方案》的通知
9 月 4 日	兴府发〔2022〕10 号	关于印发兴国县“十四五”教育事业发展规划的通知

续表 46

发文日期	编号	标题
10 月 2 日	兴府发〔2022〕12 号	关于印发《兴国县健身设施建设补短板五年行动计划（2021—2025 年）》的通知
10 月 14 日	兴府发〔2022〕13 号	关于新形势下进一步推进“五型”政府建设走深走实的意见
11 月 14 日	兴府发〔2022〕14 号	关于印发兴国县机制砂产业发展规划（2022—2030 年）的通知
11 月 26 日	兴府发〔2022〕16 号	关于印发《兴国县切实稳住经济发展若干接续措施》的通知
2 月 17 日	兴府办发〔2022〕1 号	关于印发《兴国县大型活动应急预案》的通知
4 月 18 日	兴府办发〔2022〕2 号	关于印发《兴国县火灾事故调查处理规定》的通知
4 月 21 日	兴府办发〔2022〕3 号	关于印发《兴国县防汛抗旱应急预案（修订）》的通知
4 月 27 日	兴府办发〔2022〕4 号	关于印发 2022 年度消防工作目标任务的通知
5 月 6 日	兴府办发〔2022〕5 号	关于印发《兴国县政务信息化项目管理办法》的通知
8 月 18 日	兴府办发〔2022〕6 号	关于印发《兴国县入伍大学毕业生优待安置办法》的通知
11 月 6 日	兴府办发〔2022〕7 号	关于印发《兴国县“深化乡村地名服务点亮美好家园”试点工作方案》的通知
12 月 1 日	兴府办发〔2022〕8 号	关于转发《赣州市人民政府办公室关于印发赣州市政府投资工程项目标后监管办法的通知》的通知
12 月 1 日	兴府办发〔2022〕9 号	关于转发《赣州市人民政府办公室关于印发赣州市公共资源交易管理办法的通知》的通知

本栏编辑：钟宗亮
钟志薇

索引

一、索引采用主题分析法编制，大部分选用关键词。

二、索引按标引词汉语拼音字母顺序排列。

三、由类目、分目提取的索引采用黑体字，条目采用宋体字。标引词后面的数字表示内容所在页码，数字后的 a、b、c 分别表示页码从左至右的第一、二、三栏。标引词后第二个页码起，表示该索引同一主题参见内容所在位置。

四、为便于读者检索，在兴国县的企事业单位和在兴国发生的事件名称前的“兴国”二字，除非产生歧义，均省略。特载、专记、大事记、人物·荣誉及附录等内容未作索引。

主题索引

A

B

C

D

E

F

G

H

J

K

L

M

N

P

Q

R

S

T

W

X

Y

图表索引